本项目由福特基金会提供资助

Great Cases of American Constitutional Criminal Procedure · 2
美国宪法刑事诉讼经典判例丛书 · 2

美国联邦宪法第四修正案：令状原则的例外

The Fourth Amendment: Exceptions to the Warrant Requirement

译者：吴宏耀　牟绿叶
陈　芳　邵夏虹

评论：丹尼尔 · J. 凯普罗　吴宏耀

中国人民公安大学出版社
· 北　京 ·

图书在版编目（CIP）数据

美国联邦宪法第四修正案．令状原则的例外/吴宏耀等译．—北京：中国人民公安大学出版社，2010.1

（美国宪法刑事诉讼经典判例丛书；2）

ISBN 978-7-81139-640-9

Ⅰ.美…　Ⅱ.吴…　Ⅲ.①宪法—审判—案例—研究—美国②刑事诉讼—审判—案例—研究—美国　Ⅳ.D971.21　D971.252

中国版本图书馆 CIP 数据核字（2009）第 130205 号

美国联邦宪法第四修正案：令状原则的例外

The Fourth Amendment: Exceptions to the Warrant Requirement

译者：吴宏耀　牟绿叶　陈　芳　邵夏虹

评论：丹尼尔·J. 凯普罗　吴宏耀

出版发行：中国人民公安大学出版社
地　　址：北京市西城区木樨地南里
邮政编码：100038
经　　销：新华书店
印　　刷：北京兴华昌盛印刷有限公司

版　　次：2010 年 1 月第 1 版
印　　次：2010 年 1 月第 1 次
印　　张：25.625
开　　本：880 毫米×1230 毫米　1/32
字　　数：666 千字
印　　数：1~3000 册

书　　号：ISBN 978-7-81139-640-9/D·547
定　　价：58.00 元

网　　址：www.cppsup.com.cn　www.porclub.com.cn
电子邮箱：cpep@public.bta.net.cn　zbs@cppsu.edu.cn

营销中心电话（批销）：（010）83903254
警官读者俱乐部电话（邮购）：（010）83903253
读者服务部电话（书店）：（010）83903257
教材分社电话：（010）83903259
公安图书分社电话：（010）83905672
法律图书分社电话：（010）83905637
公安文艺分社电话：（010）83903973
杂志分社电话：（010）83903239
电子音像分社电话：（010）83905727

本社图书出现印装质量问题，由本社负责退换

丛书顾问委员会

陈光中教授　中国政法大学终身教授，中国政法大学诉讼法学研究院名誉院长

Chen Guangzhong, Professor of Law, Honorary Dean of Procedure Law Institute, China University of Political Science and Law

樊崇义教授　中国政法大学诉讼法学研究院名誉院长

Fan Chongyi, Professor of Law, Honorary Dean of Procedure Law Institute, China University of Political Science and Law

卞建林教授　中国政法大学诉讼法学研究院院长

Bian Jianlin, Professor of Law, Dean of Procedure Law Institute, China University of Political Science and Law

王兆鹏教授　（中国台湾）台湾大学法律学院

Wang Zhaopeng, Professor of Law, College of Law Taiwan University

丹尼尔·J. 凯普罗　菲利普·里德教席教授，福特汉姆大学法学院

Daniel J. Capra, Philip Reed Professor of Law, Fordham University School of Law

柏恩敬　福特基金会“法律与权利”项目官员

Ira Belkin, Program Officer of Law and Rights, The Ford Foundation

撰稿与翻译说明

撰稿分工：

丹尼尔·J. 凯普罗（Daniel J. Capra）：判例的美方评论

吴宏耀：判例的中方评论

翻译分工：

吴宏耀：约翰逊案；何达瑞案；阿切韦多案；卡罗尔案；纳多恩案；王森案；尼克斯案；利昂案（反对意见部分）以及各判例的英文评论

向　燕：博伊德案；卡兹案；海登案；特瑞案；威克斯案；沃尔夫案；马普案

刘　静：威尔逊案；沃森案；麦克拉夫林案；佩顿案；布里格姆市案；利昂案（多数意见部分）

邵夏虹：迪克森案；门登霍尔案；罗耶案；施奈克罗斯案；德雷顿案

陈　芳：罗宾逊案；柯立芝案；贝尔顿案；霍顿案；默里案；哈得孙案

高　翡：盖茨案；加里森案；安德森案；伯格案

牟绿叶：戚莫尔案；闵希案；希克斯案；伦道夫案；冯·拉比案；埃德蒙德案

中国刑事诉讼的曙光

（序言）

王兆鹏[*]

执业律师期间因见司法之弊而兴起出去读书的念头，求教于台湾大学的老师，他们在得知我对刑事诉讼法有兴趣后，几乎都要我去美国深造，虽然他们都是留学德国的学者。美国的刑事诉讼法是举世闻名的，对其他国家的影响也极为深远。日本在第二次世界大战后重新改写刑事诉讼法，几乎是完全移植美国法；德国被称为欧陆法系的代表国家，其联邦最高法院判决及学术论著，也经常引用美国刑事诉讼相关判决；近来新兴的欧洲人权法院判决中，更不时看到美国联邦最高法院判决的踪迹。

在美国读书时，虽然对刑事诉讼法最有兴趣，却发现这是最难掌握的一门课。第一个原因是欧陆法与英美法的训练不同，欧陆法以法条直接教授学生，英美法却要学生自己从判决中推演法律内涵。欧陆法之法律体系严谨、结构清楚，一套法律条文就是一个圆融完整的生命体，鲜难发现有矛盾或疏漏之处；美国没有一套全国性的刑事诉讼法典，法律的主要内容由无数联邦最高法院判决编织而成。这些判决先叙述事实及程序经过，然后是双方当事人争辩之理由，最后是大多数大法官对此案的法律意见，经常是长篇大论、深入而翔实地阐述其得出结论之理由，有时自英国普通法源起开始讲起，有时从美国立宪的时代背景切入，有时

* 台湾大学法律学院教授；台湾大学法律学院刑事法研究中心主任

又详列各州对此议题的歧见。在大多数意见后，又常附有所谓的协同大法官意见、反对大法官意见，而这些意见有时甚至比多数意见更长或更重要。一个判决通常只代表一部法律，但一个判决却常占据好几页的教科书。我与许多来自欧陆法系的同学，常抱怨美国人为何如此迂回，为何不直截了当说明法律到底为何。一个判决就如此庞大，要研读全部放在一起的一堆判决，常如迷失在浩瀚的林海间，既不见树，也不见林。

第二个原因是观念与思想的截然不同。杀人者死、伤人及盗抵罪、正当防卫不罚，几乎是人类社会所共通的。在美国读其刑法时，只能说轻松裕如，有如以英文复习台湾的“刑法”。然而，读其刑事诉讼法时，却如未曾接触过法律之门外汉，美国刑事诉讼的观念与思想，对于当时极为封闭的台湾，只能说太先进了，常为闻所未闻，甚至是匪夷所思，也因此颇难掌握其精髓与脉络。

在美国绷紧神经准备期末考试时，惊见日本人竟然有已经翻译成日文的美国教科书，在羡慕与感叹之余，也兴起将来一定要出版一本中文版的美国刑事诉讼法的念头。几年前我在台湾与大陆出版的《美国刑事诉讼法》，就是希望以后的学子不要再像我一样辛苦了。但比起我的书，这套“美国宪法刑事诉讼经典判例丛书”又远胜于我，更有助于读者。

我的书虽然可以使读者直接、快速明了美国刑事诉讼法之梗概，但从某种程度上而言，我的书又有太多的“缺漏”与“偏见”。“缺漏”者，乃因要维持我论述的主旨与文气，许多判决的相关内容、重要协同意见或反对意见，我只能概略论述、点到为止，甚至于完全割舍；“偏见”者，乃因由我挑选判决，由我诠释判决主要意旨，其中难免有太多“我”的成分，或许未能呈现客观的全貌。

“美国宪法刑事诉讼经典判例丛书”完整呈现出美国法学院训练所需的全部重要元素。美国判决多如繁星，法学院不要求学生读所有的判决，但要求学生对重大判决反复思索，必须不断思维、解析、抉择各判决之时代背景、利益冲突、说理辩论、理论基础、政策影响。这本书就刑事诉讼重要议题，挑选最具意义之重大判决，再以争点、判决主旨、判决影响、判决主文、多数意见、协同意见、反对意见的方式，完整呈现美国判决之原貌，使读者能完全融入法院判决之中，真正体会该判决之思想与重要性。此亦为美国法训练之特色，常常就重大议题的判决，或就扭转或引领时代的判决，进行非常详尽的论述与辩论，但其他如何适用的细枝末节就简单带过。研读判决时，也一定要包括协同大法官及反对大法官之意见，否则不能真正了解问题之所在，不能洞悉这些大法官所面临的挣扎、痛苦及所展现的智慧。直到自己在法学院教授法律后，才逐渐体会到这才是培养学生思考法律的正确方法，难怪美国法学院坚持此种教学方式。

本套丛书最具创意及弥足珍贵者，在于加入了“美方评论”及“中方评论”，使本书不只是一本单纯之翻译书。在浩瀚的美国判决大海中，若无高人指点，常不能体会某特定判决之时空意义或独特之处。“美方评论”犹如在长篇议论后为读者画龙点睛，帮助读者勾勒出该判决在刑事诉讼思潮中之意义与地位。“中方评论”犹如中美思想鸿沟之桥梁，无此桥梁，美国判决虽具深意，但与中国不能接轨也毫无交集，翻译成中文又有何意义？我认为这个部分，对当今中国最具启发及影响力，毕竟在此领域中国还有一段长路要走。

将美国判决完整翻译，是极为艰巨的工作。读美国判决原文，能解其意，是一回事；将所理解的意义，以中文书写表达，又是另一回事；要将判决逐字逐句译成中文，对我来讲，简直是自讨苦吃，这是终生也不可能完成的工作。吴宏耀教授在美国耶鲁大学深造，对美国刑事诉讼法早已融会贯通，埋首投入本系列书艰困的翻译工作，无非是为了惠及广大的中国读者，希望能对中国法律文化有深层及长远的影响。我敬佩之余，也为中国庆幸此系列书的出版。本系列书的翻译属超大型的重要计划，理应由国家统筹出资协助，吴教授却能总揽一切，独力完成。年轻的吴教授早有鸿鹄大志，看到他以坚毅的精神实践理想，完成此系列之巨作，似乎也窥见了中国刑事诉讼未来的光明。

2009 年 7 月 27 日

目 录

截停与拍身搜查

（逮捕后的）附带搜查

紧急例外

汽车搜查例外

一览无余

同意搜查

“特殊需要”的搜查

探寻宪法规制下的搜查扣押制度

（前言）

这是一套关于美国宪法刑事诉讼的判例集。该判例集的目的是，通过美国宪法刑事诉讼经典判例的翻译与评论，深化我们对美国宪法刑事诉讼各项具体制度的理解。

本判例集收录的判例都是在美国当代刑事诉讼制度形成过程中具有里程碑意义的判例。在美国，这些判例素有“宪法大判例”（Great Cases）的美誉，是美国宪法刑事诉讼的基本骨架和支撑。因此，这些判例不仅是美国法学院学生学习刑事诉讼制度的必读资料，同时，也是美国各级法院在裁判案件时常常引用的依据。更重要的是，透过这些判例，我们不仅可以深入了解美国最高法院通过判例逐步发展起来的宪法刑事诉讼的制度细节，同时，也可以直观地感受到，即使在美国，一些重要的法律规则，其形成过程也并不像我们想象的那样一帆风顺；相反，这些规则依然需要最高法院的抗争并不断通过新的判例予以捍卫、澄清。在此意义上，这些判例就像未经修剪的原始丛林，尽管不像教科书那样条理明晰，却散发着藤树缠绕的鲜活气息。因此，直面这些判例，我们可以根据自己的兴趣择取自己想看的东西，而不是被动地接受别人向我们展示的特定侧面。

其中，该判例集的前三卷是有关美国第四修正案规制下搜查扣押制度的宪法判例。

为什么选择搜查扣押

在我国，搜查扣押是一个颇受冷落的研究话题。从立法规定来看，1979 年刑事诉讼法关于搜查扣押的规定只有区区 9 条；在 1996 年刑事诉讼法中，涉及搜查扣押的修改只有两处：一是在第 117 条增加了关于授权侦查机关查询、冻结的规定；二是新增了第 118 条，明确了返还被扣押物的具体时间。立法的薄弱不仅没有激起理论研究的必要反思，反而进一步强化了理论界对搜查扣押制度的漠视。

在方兴未艾的刑事诉讼法再修改中，尽管侦查制度改革受到了前所未有的关注，搜查扣押的改革问题却远远未能引起各界的重视：有人乐观地认为搜查扣押的现行立法及其实践问题不大，有人则务实地强调搜查扣押制度的改革尚未达到必须提上议事日程的迫切程度。因此，与逮捕/羁押制度相比，有关搜查扣押制度的研究显得门可罗雀。在过去 5 年间，审前羁押问题一直是诉讼法学界关注的焦点并为此前前后后组织了多次大规模的理论研讨会，但是，关于刑事搜查，迄今尚未看到有深度的理论研讨，更遑论学界蜂拥而上的红火局面。其实，在有关强制措施的改革中，人们往往也会从司法审查/令状原则的角度，将搜查作为“对物的强制措施”之一纳入强制措施体系化研究的视野。但是，这种“捎带式”的研究，根本无法凸显刑事搜查自身的特点，当然也就不可能回答以下“中国问题”①：为什么必须将搜查置于与剥夺人身自由的强制措施同等的高度？为什么搜查不能

① “中国问题”是我自己杜撰的一个概念。在我国刑事诉讼法学研究（甚至法学研究）中，有许多问题在他国可能根本不会成为一个问题，但是，由于受到我国特殊的历史境遇、法律移植中的扭曲、学理上以讹传讹的错误、执法中为权宜之计而沉积下来的旧习等因素的影响，这些问题却严重羁绊着我国法治的发展，因而需要认真面对它、回答它。

由公安机关自行决定？简言之，为什么必须认真对待搜查？

更重要的是，对搜查扣押的漠视根深蒂固地渗透在我们的法学基础教育之中。在我国法学本科教材中，关于搜查扣押的内容最多不超过10页，而且，习惯并满足于对现行法律条文的简单梳理与解释；此外，在教学实践中，搜查扣押也根本不享有像强制措施、讯问犯罪嫌疑人、询问证人等内容所享有的“重点知识”的特殊待遇，而是与勘验检查、鉴定、通缉一起分享少得不能再少的教学课时，甚至被一带而过。因此，即使受过正规法学本科教育的法科学生，对于搜查扣押的了解也并不比普通人多多少。

然而，在现代法治国家，搜查扣押制度是不应当受到冷落的。从宪法层面上看，搜查扣押直接关系到公民的诸多宪法基本权利（如人身自由权、财产权、个人隐私、人格尊严等），因而必须为此设置相应的法律界限和保障。从有效追诉犯罪角度讲，搜查扣押作为刑事侦查活动必不可少的强制手段之一，直接关系到侦查机关收集证据、查获犯罪人的现实能力。恰如丹宁勋爵所言：“社会必须有权逮捕、搜查、监禁那些不法分子。只要这种权力运用适当，这种手段就是自由的保卫者。但是这种权力也可能被滥用。而假如它被人滥用，那么任何暴政都要甘拜下风。”①

在我国，由于关于搜查扣押制度的研究相当薄弱，现行搜查扣押制度既无法有效发挥其对于追诉犯罪的积极功能，也不能在捍卫公民宪法基本权利方面提供必要的法律保障。我国《刑事诉讼法》第109条规定：“为了收集犯罪证据、查获犯罪人，侦查人员可以对犯罪嫌疑人以及可能隐藏罪犯或者犯罪证据的人的身体、物品、住所和其他有关的地方进行搜查。”据此，为了收集犯罪证据、查获犯罪人，侦查人员有权进行搜查。然而，尽管

① ［英］丹宁勋爵：《法律的正当程序》，李克强等译，法律出版社1999年版，第109页。

自1979年刑事诉讼法颁布生效以来，该项规定已经存在了30年，但是，在司法实践中，通过搜查获取证据还远未成为侦查机关的常规活动。

但是，搜查手段没有得到应有的重视和使用并不意味着搜查中公民的宪法基本权利就得到了有效维护。通过《刑事诉讼法》第109条、第114条的笼统授权，我国侦查机关取得了一种近乎“任意的权力”（arbitrary power）。例如，根据第109条规定，对于第三人的“身体、物品、住处和其他有关的地方进行搜查”，只需要侦查人员认为相关地方“可能隐藏罪犯或者犯罪证据”；根据第114条规定，在勘验、搜查中，对于发现的“可用以证明”犯罪嫌疑人有罪或者无罪的各种物品和文件，应当予以扣押。在此，对于“可能隐藏”、“可用以证明”的立法规定，且不说其设定的标准有多么模糊，也不说这一标准的要求有多么低，单就其完全仰赖侦查机关的判断而言（事实上，判断者最终只能是居于某一职位的具体侦查人员），事实上已经剥夺了被搜查人、被扣押人对搜查扣押的正当性提出质疑的任何可能性。在我国，与讯问犯罪嫌疑人相比，搜查扣押暴露出来的问题不多，固然与搜查扣押的使用频率不高有关，但同时也不应忽视以下事实：在现行法律框架下，又怎么可能出现“非法的”搜查与扣押呢？

因此，在我国，搜查扣押制度的完善，既关系到侦查机关追诉犯罪的能力，进而影响刑事诉讼维护社会秩序的能力，同时，也是我国“建设社会主义法治国家”、“尊重并保障人权”的宪法需要。具体而言，拘捕搜查、住宅搜查、夜间搜查、第三人搜查、紧急搜查、附带搜查等制度的确立，不仅仅有助于推动、鼓励侦查机关适时发动搜查扣押，同时也将为搜查活动中国家与个人之间的权利和义务划出明确的界限，防止为了搜查而任意限制公民的宪法基本权利。

在此，需要特别强调的是，搜查扣押制度是一项与宪法紧密相连的法律制度。搜查扣押活动直接关系到公民的宪法基本权利，如人身权、财产权、隐私权、住宅安宁权、人格尊严等。在现代法治国家，干涉公民基本权利的公法行为，必须依照法律授权并具备相应的正当性事由。我国《宪法》第37条明确规定："中华人民共和国公民的人身自由不受侵犯。……禁止非法搜查公民的身体。"《宪法》第39条明确规定："中华人民共和国公民的住宅不受侵犯。禁止非法搜查或者非法侵入公民的住宅。"此外，《宪法》第13条第1款、第38条还分别对公民的私有财产权、人格尊严等权利作出了规定。因此，在我国建设社会主义法治国家的语境下，搜查扣押与公民宪法基本权利的关系应当引起刑事诉讼法学界的高度重视。换句话说，搜查扣押制度尽管只是刑事诉讼法规定的具体制度之一，但是，从公民的宪法基本权利及法治国家的角度来看，搜查扣押活动却蕴涵着更为丰富的宪法内涵。正是在此意义上，现代法治国家，尤以大陆法系国家为代表，其刑事诉讼法通常将搜查扣押作为对物的强制措施纳入强制措施体系之中，并要求有关搜查扣押的立法、司法活动必须遵循法律保留原则、司法保留原则、比例原则的要求。

在我国，基于依法治国的理念，拘留、逮捕等涉及人身自由的强制措施制度的改革完善已经受到了各界的普遍关注。因此，基于同样的法治理念，在我国宪法已经明确规定"公民的合法的私有财产不受侵犯"、物权法已经正式生效的今天，我们似乎没有理由再对搜查扣押活动对公民财产权的威胁和干预视而不见。同样，从域外经验出发，对于现代科技发展带来的高科技搜查手段的应用以及由此产生的搜查与隐私权、个人自治之间的冲突，也应当具有未雨绸缪的预见。

为什么选择美国

我们习惯上将美国法律制度下的"search and seizure"翻译

成“搜查扣押”。但是，究其实质，美国宪法第四修正案规制下的搜查扣押在内涵与外延上与我国有着相当大的区别。例如，在美国宪法第四修正案中，扣押（seizure）不仅包括对物品、文件的扣押，而且包括对人的扣押，即所谓的逮捕、拦截（stop）；搜查（search）不仅包括执法人员通过感官的搜寻活动，而且包括监听、电子邮件拦截、高温仪器探测、高空观察、体内搜查等诸多看似与搜查无关的活动。那么，为什么要翻译美国的搜查扣押判例呢？

应当承认，在制度传统上，我国的搜查扣押制度与德国、日本具有更大的亲缘性。就此而言，深入系统地介绍德国、日本的搜查扣押制度及其理论无疑具有更为直接的参考价值。然而，由于语言方面的原因，我们没有能力胜任这项工作。更重要的是，我们选择美国还有更深层的原因，即就保障公民宪法基本权利不受任意侵犯而言，关于搜查扣押制度的规定恰恰是德国刑事诉讼法的“程序性缺陷”（procedural weakness）之一，而且，自20世纪后叶以来，德国也在借鉴美国的经验不断强化对搜查扣押活动的宪法规制。[①] 至于日本，第二次世界大战以后，刑事诉讼制度的发展深受美国影响。其中，在非法搜查扣押的证据排除问题上，美国最高法院的相关判例对日本的学理及其司法实践的影响更是清晰可见。[②]

其实，客观地讲，美国的搜查扣押制度确实更为发达、详备。自20世纪60年代开始，美国最高法院通过一系列案件的判决，已经形成了一套相当庞杂、细密的搜查扣押制度。

在美国，宪法第四修正案牢固地确立了搜查、扣押的宪法地

---

① Kuk Cho, “*Procedural Weakness* ” *of German Criminal Justice and Its Unique Exclusionary Rules Based on the Right of Personality*, 15 Temp. Int1 & Comp. L. J. 1.

② 参见宋英辉：《刑事诉讼目的论》，中国人民公安大学出版社1995年版，第232页以下。

位。美国宪法第四修正案规定："个人的人身、住宅、文件和财产不受不合理搜查和扣押的权利，不得侵犯，而且，除非存在合理根据、以宣誓或代誓宣言保证并具体说明拟欲搜查的地点和拟欲扣押的人或物，不得签发司法令状。"美国学者认为："美国宪法第四修正案是对美国宪法规定的个人自由最强有力的保障之一。"① 事实上也的确如此。在美国"刑事诉讼宪法化"历程中，具有标志性意义的经典判例多与美国宪法第四修正案有关。例如，将非法证据排除规则适用于各州的马普案（*Mapp v. Ohio*（1961））、宣布第四修正案保护的是隐私而非地点的卡兹案（*Katz v. United States*（1967））、将截停与拍身搜查纳入第四修正案视野的特瑞案（*Terry v. Ohio*（1967）），等等。

在美国，对"不合理搜查扣押"的高度宪法关注，源于殖民地时期的惨痛经历。在殖民地时期，英国统治者为了有效地打击北美地区的走私活动，普遍使用帮助令状的方式（the writ of assistance）。帮助令状是一种一般性令状（general warrant），由殖民地统治者向税收官员签发。这一全权式令状（the all - purpose warrants）赋予了执法官员对藏有走私物品的可疑地点进行搜查的广泛裁量权，并可以据此要求任何人对该搜查活动予以协助。帮助令状的恣意性及其执行的破坏性，使得北美地区的民众对它痛恨有加，并最终在18世纪60年代爆发了出来。其中，以1761年马萨诸塞州的帕克斯顿案最为有名。在该案中，詹姆士·奥蒂斯（James Otis）在法庭上痛陈帮助令状的罪恶。他争辩说，这一令状是"任意权力的最坏手段，是在英国法律历史中，对英国自由和根本法律原则的最大破坏"；因为它们将"每

① "The fourth amendment offers one of the greatest protections of individual liberty found in the US constitution." Kris E. Palmer Ed., *Constitutional Amendments*: 1789 *to the present*, Gale Group, Inc. (2000), p. 67.

个人的自由都交于小官吏之手”。[①] 在本案中，奥蒂斯先生指出，一项令状要想有效，必须“授权给具体的执法官员并指明搜查的对象是特定的住宅”（directed to specific officers, and to search certain house），而且，执法官员应当以宣誓保证。奥蒂斯先生虽然没有赢得诉讼，其法庭辩论却激发了报纸对帮助令状更为猛烈的抨击。自此，反对内容空泛的令状逐渐成为各殖民地民众的共同呼声。因此，在美国宪法史上，与其他宪法条文引发的激烈争论不同，对詹姆士·麦迪逊提交的第四修正案草案，几乎没有作任何修改，就获得了各州的批准。[②]

美国宪法第四修正案宣告，公民享有不受不合理搜查扣押的权利，其实质在于保障公民享有不受政府任意干涉的权利。因此，为了划定执法官员所必需的搜查扣押权与公民不受政府任意干涉的权利之间的界限，美国联邦最高法院通过对第四修正案案件的裁决，构织了一套富有鲜明特色的、纷繁细密的搜查扣押法律体系。

为什么翻译判例

在我国学术研究中，翻译出版外国判例是一件相对罕见的事情。但是，如果承认，只有按照特定国家法律制度自身的逻辑来了解这个国家的具体法律制度，才有可能谈得上真正意义上的比较与借鉴，那么，对英美法的研究，无疑无法离开对其判例的研究。的确，在英美法系国家，制定法的数量正在与日俱增。但是，在法律实践中，关于制定法的解释依然仰赖判例法。因此，

---

① Kris E. Palmer Ed., *Constitutional Amendments*: 1789 *to the Present*, Gale Group, Inc.（2000）, p. 72.

② Kris E. Palmer Ed., *Constitutional Amendments*: 1789 *to the Present*, Gale Group, Inc.（2000）, p. 72.

恰如美国学者指出的那样，在美国：

可适用的法律并不是制定法规定本身，而是法院所解释的规定（即司法注释）。……为了实际运用美国法，因而要特别强调：发现最新的、可适用的制定法规定，不应是考察和研究的目的。不如说，必须另外考察在每一起案件中，这一特定的规定如何由判例法加以解释。归根结底，只有这种法律才是决定性的。①

在此意义上，系统研读美国搜查扣押判例无疑是真正了解美国搜查扣押制度的必由之路。但是，或者是由于语言障碍，或者是长期以来制定法传统的影响，阅读英美法判例还远未成为我们了解、学习英美法的基本途径。因此，我们希望我们的这一努力能够对此有所改变。

在《美国刑事诉讼法》一书的序言中，王兆鹏教授开篇讲述了一段令人感慨的经历：

1992 年我在芝加哥大学绷紧神经准备期末考试，却发现几位日本同学手捧日文书翻读。日本人以勤奋著名，为何考试将届，竟然还有心情读日文书？找了一个比较熟识的日本同学，将此问题求教。他拿出他的日文书，说这是日本版的《美国专利法》，读这个比较清楚。天呀！只知道日本人出国旅游或海外经商，必定会先搜集所有情报，竟然来读书也是如此，美国重要判决已翻译成日文了！当时对日本人只要看日文书就能准备美国法学院考试，真是羡慕到了极点，只能感叹为何没有中文版的美国判决？为何没有刑事诉讼的中文译文？②

无疑，熟悉美国判例是深入研究美国法律制度的必要条件。

① ［美］彼得·哈伊：《美国法律概论》（第二版），沈宗灵译，北京大学出版社 1997 年版，第 7 页。

② 王兆鹏：《美国刑事诉讼法》（序），北京大学出版社 2005 年版。

因此，在美国刑事诉讼法教材中文译本已经出现之后，[①] 我们试图通过自己的努力，为那些愿意深入了解美国搜查扣押判例而又无力或不愿阅读原文的读者提供一个便利条件。

本书翻译的判例均来自美国最高法院。由于美国最高法院关于第四修正案的判例数量甚巨，在判例选择上，我们主要遵循以下标准：（1）该判例标志着美国最高法院在搜查扣押问题上的重大意见转折；或者，（2）该判例代表了美国最高法院在该问题上的最终观点；或者，（3）该判例是阐释某个法则在具体案件中适用的典型判例。因此，通过这些判例，基本上可以对美国宪法第四修正案规制下的搜查扣押制度有一个相对全面的了解。

在翻译方法上，与英美法系国家的 Casebook 不同，本书没有采取对判例进行摘录、截取的方式，而是对每个判例都作了完整的翻译——既包括法庭对事实、本案争议问题的表述，又包括完整的法庭多数意见、协同意见及不同意见。之所以这样，是因为我们相信：完整的判决全文更有助于帮助那些不甚熟悉美国判例制度的读者直观地了解英美法系判例法的真实面貌。而且，我们相信，通过阅读完整的判决全文，不仅更容易理解作为结论的法庭意见，而且，还可以通过大法官博学的论证过程，洞悉最高法院作出判决的历史、现实原因，了解美国最高法院的九人法庭作为一种裁判组织形式是如何运作的；通过大法官的多数意见、协同意见以及不同意见，我们可以穿越历史，瞥见裁决当时法庭所面对的各种利益冲突及其在利益取舍时的艰难抉择；通过对同

---

① 如［美］爱伦·豪切斯泰勒·斯黛丽等：《美国刑事法院诉讼程序》，陈卫东等译，中国人民大学出版社 2002 年版；［美］Wayne R. Lafave 等：《刑事诉讼法》，卞建林等译，中国政法大学出版社 2003 年版；［美］罗纳尔多·V. 戴尔卡门：《美国刑事诉讼法律和实践》，张鸿巍等译，武汉大学出版社 2006 年版；［美］约书亚·德雷斯勒、艾伦·C. 迈克尔斯：《美国刑事诉讼法精解》（第一卷），吴宏耀译，北京大学出版社 2009 年版；［美］约书亚·德雷斯勒、艾伦·C. 迈克尔斯：《美国刑事诉讼法精解》（第二卷），魏晓娜译，北京大学出版社 2009 年版。

一争点的前后判例，则可以看到社会生活的发展变化对法庭判决的影响，以及大法官们在恪守先例与适应社会现实之间如何保持一种适度的平衡。

为了便于读者查找、搜索相关文献资料，在翻译时，我们特意保留了判例中的所有引注，并对常用的术语都标注了英文原文。我们希望通过我们的翻译，能够为读者准备好原汁原味的食材，至于借助这些食材，愿意或能够烹制出何样的美食，则完全应该由读者自己来决定。

吴宏耀
2007 年 10 月 25 日初稿
2009 年 5 月 28 日定稿

致 谢

翻译美国宪法刑事诉讼经典判例的想法萌生于5年前的一次阅读经历。当时，在美国原版刑事诉讼教材中，平生第一次读完了一则美国最高法院的判例。尽管该判例已经经过了编者的裁减、删节，但是，大法官们铿锵有力的论述、缜密的论证，依然给我带来了极大的冲击和震撼。在难以抑制的激动心情驱使下，陡然萌生了把美国宪法刑事诉讼判例一一翻译过来的想法。之后，紧接着是一番紧锣密鼓的准备工作。坦率地说，当时，对于翻译哪些判例、判例的内容结构如何、美国判例制度究竟是怎么一回事儿……我头脑里几乎是一片空白。为此，我先去国家图书馆查找了两本关于美国大判例的入门书籍。[①] 然后，一边阅读一边记笔记，整理了一个自以为值得翻译的判例清单。然而，面对着长长的判例清单，心理上的畏难情绪就像漆黑一片的深夜，让我感到无所适从、看不到希望。于是，我改弦更张，将判例限定在第四修正案范围内，并最终确定了10个我相对比较有把握的判例。同时，我给当时还在攻读硕士的向燕同学写了一封邮件，诚邀她和我一起着手尝试这项工作。值得庆幸的是，向燕同学欣然应允，并富有成效地查找了相关判例原文，利用暑假完成了大部分判例的初稿翻译。现在回想起来，这已经是4年前的事

① Mark Mikula & L. Mpho Mabunda Ed., *Great American Court Cases*, the Gale Group (1999). Kris E. Palmer, *Constitutional Amendments* 1789 *to the Present*, Gale Group (2000).

情了。

当时，由于出版社方面对此不感兴趣，加之我自身研究兴趣的转移，翻译判例的激情也一点点减退了。然而，已经完成的翻译初稿却犹如一块压在我心头的磐石，让我时时感到愧疚和自责。于是，在向燕同学赴美学习期间，我组织刘静、邵夏虹、陈芳、高翡等同学对翻译初稿进行了校对。同时，借助向燕同学在美学习的便利条件，就此求教于南卫理公会大学法学院的珍妮雅·I. 特纳教授（Jenia Iontcheva Turner, an Assistant Professor of Law at SMU Medman School of Law），并结合她的讲义和建议，对判例进行了重新筛选和编排。之后，刘静、邵夏虹、陈芳、高翡和我一起承担了近20则新增判例的翻译工作。到2007年年底的时候，翻译初稿已经基本完成，唯有出版事宜一直无法谈妥。随着我2007年年底赴美学习，翻译工作再度被搁置下来。

然而，积压在电脑里的几十万字译稿犹如一口吞下的滚烫汤圆，让我感到焦灼与无奈。于是，在美期间，我抱着试一试的想法，给中国人民公安大学出版社法律图书分社的孙静女士写了一封邮件，向她详细阐述了我的想法和理由。出乎意料的是，孙静女士很快给予了肯定的答复，并鼓励我一定要坚持下去，把整个想法付诸现实。——即便此时此地，心中依然能够感受到那一天看到邮件时心头涌动的感激之情。俗话说，人是贪得无厌的。出版有了眉目，就又开始想资助的事情了。于我，翻译这些判例纯粹出于自己的学术兴趣。然而，对于协助我翻译校对的学生，我却不能要求她们和我一样心甘情愿地从事徒劳无获的工作。或许是机缘的眷顾，在纽约大学科恩教授的一次课堂上，我遇到了福特基金会北京办公室的柏恩敬先生（Mr. Ira Belkin）。在闲谈中，我向他陈述了自己的想法和现在的进度。他对此表现出极大的兴趣。之后，在邮件往来中，他就如何展开这个项目提出了诸多宝贵的建议。尤其值得一提的是，在他的建议和鼓励下，这个项目最终从纯粹的翻译变成了翻译加评论的格局。而且，他同意资助我聘请美国刑事诉讼法学专家来协助我共同完成这一译介工作。同时，他也不无遗憾地告诉我，根据福特基金会的政策，对于已经完成的工作，他们无法提供相应的资助和支持。

丹尼尔·J. 凯普罗教授（Daniel J. Capra）的加盟是一个意外之喜。凯普罗教授是2000年《美国联邦证据规则》修改的主报告人，著有多部刑事诉讼法学、证据法学教材和著作。其中，他和美国著名教授史蒂芬·A. 萨尔茨伯格教授合著的《美国刑事程序：判例与评论》（American Criminal Procedure：Cases and Commentary）无疑是美国最好的刑事诉讼教材之一。在赴美学习之前，我曾经拜读、参阅过这本书。因此，到纽约后，从当时正在福特汉姆大学法学院（Fordham Law School）学习访问的倡华强博士、戴莹博士那里获知春季学期有凯普罗教授的证据法课后，我欣然表示愿意同行。然而，第一次出入福特汉姆法学院的大门，就受到了黑人女保安的刁难，并责令我必须获得凯普罗教授的书面许可才行。无奈之下，我给凯普罗教授写了封邮件。教授欣然应允并约我课后一见。见面后，凯普罗教授慷慨赠与价格不菲的新版《证据：提出异议的方法》（Evidence：The Objection Method）一书。如此厚爱，让刚到纽约立足未稳的我如沐春风。因此，当柏恩敬先生建议我寻找一名美国专家撰写判例评论时，我第一个想到的就是凯普罗教授。向柏恩敬先生表达这一想法后，他表示赞许，并追忆说，他曾经在耶鲁大学法学院的一次学术会议上与凯普罗教授有过一面之缘，并对凯普罗教授的专业素养印象至深。再与凯普罗教授联系，向他详细陈述了我的初步计划及其对于中国法治进程可能具有的重大意义后，教授欣然应允，答应与我携手共赴此任。之后，在凯普罗教授的指导建议下，再次对翻译目录进行了调整、增删，最终确定了需要翻译的判例。2009年年初，凯普罗教授依照承诺，以中国读者为阅读对象，对所选判例撰写了精彩的评论。

简言之，搜查扣押判例的翻译前后历时4年有余。在此期间，该项目的译者几乎已经全部毕业、离开或即将离开中国政法大学。由于该书迟迟无法出版，她们辛勤的翻译工作既没有给她们带来经济上的利益，也无法帮助她们赢得诸如奖学金、学术新人之类的荣誉。在此，我只能向她们表示深深的歉意和最诚挚的感谢，同时祝福她们在自己新的工作岗位上取得更骄人的成绩。

感谢中国人民公安大学出版社的孙静女士！如果没有她的大力支持，这个计划不知还要拖多久才能出版面世。感谢福特基金会北京办公室的柏恩敬先生！如果没有他的建议和鼓励，这个计划几乎不可能以现在这个样子呈现在读者面前。感谢南卫理公会大学法学院的珍妮雅·I. 特纳教授（Jenia Iontcheva Turner）和福特汉姆大学法学院的凯普罗教授（Daniel J. Capra）！如果没有他们的建议和忠告，所译评的判例恐怕要良莠不齐、误人误己。

此外，应该感谢最高人民法院法官邵夏虹女士，在繁忙的工作压力下，她毅然同意帮助我通读英文评论的翻译初稿，并认真细致地进行了逐句校对。感谢中国政法大学外语学院的方丹丹同学、中国政法大学法硕学院的石煜同学，她们分别承担了个别判例的校对和英文评论翻译稿的二校。感谢中国政法大学法硕学院的施庆芳、王舒涵同学，她们共同承担了该判例第二卷、第三卷的最后一遍通读、润色工作。

一如既往，我的其他学生同样为这三本书的出版付出了大量的时间和精力。他们是中国政法大学2006级硕士研究生陈芳同学，在中国政法大学的最后两个月时间里，她认真细致地协助我对第一卷、第三卷译稿进行了最后的校读和整理；2007级硕士研究生牟绿叶同学，如果没有他的及时加盟和辛勤劳动，第二卷判例的翻译工作恐怕难以如期地顺利完成；2009级博士研究生石岩同学，2007级硕士研究生罗钰、李婷同学，如果没有她们的辛勤校对，该书肯定会有更多的瑕疵和错讹；2007级硕士研究生牟绿叶同学，2008 级硕士研究生黄少石、郭青同学帮助编制了本书的附录。如果没有他们帮助分担最后的诸多琐碎编辑、校对事务，我自己根本无法如期完成预定的工作。在此，一并对他们致以诚挚的感谢！

吴宏耀

2009 年 6 月 7 日

截停与拍身搜查

1. 规则的确立：

特瑞案（*Terry v. Ohio*）

392, U. S. 1, 88 S. Ct. 1868（1967）

1.1 案件信息

- **本案争点**

警察对特瑞的“截停与拍身搜查”，是否构成第四修正案意义上的不合理搜查扣押?

- **最高法院的判决**

最高法院作出了不利于特瑞的判决。首席大法官沃伦代表最高法院撰写了本案的判决意见，大法官布莱克对判决意见表示部分附和，大法官哈兰、怀特分别发表了协同意见。大法官道格拉斯发表了反对意见。

最高法院判决认为，如果警察具有合理怀疑，可以在没有合理根据的情形下实施截停，并为保护自己和当时在场的人的安全，对被截停人实施有限度的搜查，以确定对方是否携带有武器。

- **该判例的影响**

特瑞案扩大了警察的执法权限。据此，警察只需具有合理怀疑，就可以实施截停并对被截停人进行拍身搜查。但是，在扩大警察权力的同时，特瑞案也为警察实施截停和拍身搜查设置了一定的限制。更重要的是，自此，此类警察行为开始纳入第四修正案的调整范围。

1.2 判决正文

约翰·W. 特瑞
诉
俄亥俄州

第61号

1967年12月12日进行辩论

1968年6月10日作出判决

首席大法官沃伦（Mr. Chief Justice Warren）代表最高法院撰写了本案的判决意见。

本案提出了一个重大问题，即对可疑情形展开调查的警察与公民在街头发生正面接触时，是否适用第四修正案的规定？

申请人特瑞被判处秘密携带武器罪，根据制定法规定，该罪的法定刑是一至三年的监禁刑。① 法院驳回排除非法证据的审前动议后，控方出示了两把左轮手枪和大量子弹作为证据——这些证据是克利夫兰市的警探马丁·麦克法登（Martin McFadden）从特瑞及其共同被告理查德·奇尔顿（Richard Chilton）那里扣 p5

① 俄亥俄州修订法典第2923.01条（Ohio Rev. Code s 2923.01（1953））规定，"任何人不得携带手枪、猎刀、匕首或其他危险武器，将其隐藏于其身体或附近。"获得适当授权的执法官员除外。

押得来的。① 在排除非法证据动议的庭审中，麦克法登警官作证说，大约在1963年10月31日下午2时30分，当他身着便衣在克利夫兰市中心巡逻时，两个人——特瑞和奇尔顿——引起了他的注意。他们当时站在休伦大道（Huron Road）和欧几里德大街（Euclid Avenue）的拐角处。他从未见过这两个人，也不能准确说出究竟是他们身上的什么东西吸引了他的视线。但是，他作证说，他做了39年的警察，其中任探长已经有35年的时间，被指派在克利夫兰市中心附近巡逻并抓捕商店窃贼和扒手已达30年。他解释说，这么多年来，他养成了观察的日常习惯，他会“时不时地驻足观察身边的人，或者边走边看”。他补充道：“在这个案件里，一眼望过去，我立即觉得他们有点不对劲。”

在兴趣的驱使下，麦克法登警官站在距离两人300至400英
p6 尺远的一家商店门口，对他们进行了观察。他作证说，“看着他们的一举一动，我更加有意识地监视他们。”他看见他们中的一人离开了另一个人，朝西南方向的休伦大道走去，沿途经过了几个商店。那人停下来站了一会儿，透过一个商店橱窗往里看了看，又向前走了一小会儿，然后折回来，在返回原地的途中，他再次停下来看了看同一家商店的橱窗。在街道拐角处，他和同伴会合后，二人进行了简短的交谈。然后，第二个人也重复了一遍上述行为：闲逛到休伦大道，看了看同一个商店的橱窗，往前走一小段路后折回，又盯着商店的橱窗看了看，然后回到原街道拐角处，与第一个人交换意见。两个人轮流重复着这样的行为，每

① 特瑞和奇尔顿被一起逮捕、起诉、审判和宣判。他们由同一律师代理，并共同提出排除枪支的动议。在动议被驳回后，案中的证据被用来反对奇尔顿。这些证据包括逮捕官员的证言和奇尔顿的证言。那时双方同意，该证言将被用作反对特瑞的证据，而且在对特瑞的指控中，没有提出更多的证据。庭审法官将两案一并考虑，同时宣告裁决和对两人的量刑。他们通过同一律师向州法院提起上诉，并一起向本院申请调卷令。在批准共同申请的调卷令后，奇尔顿去世了。因此，只有特瑞的有罪判决在此受到审查。

人有五六次的样子，总共大约有 12 次。其间，当两人在街道拐角处会合后，又有一个人走了过来，与他们进行了短暂的交谈。而后，那个人离开了，向西朝欧几里德大街方向走去；奇尔顿和特瑞重新开始进行有节奏的步测、窥视，然后彼此交换意见。就这样，持续了 10 至 12 分钟以后，两个人一起沿着第三个人刚才离开的路线，向西朝欧几里德大街方向走去。

至此，麦克法登警官已经形成了彻底的怀疑。他作证说，观察到他们刻意装出的漫不经心和循环往复地对位于休伦大道上的商店橱窗进行“踩点”之后，他怀疑两个人是“在为持枪抢劫踩点”，他认为自己作为一个警察，负有进一步侦查的职责。他又说，他担心“他们可能有枪”。于是，麦克法登警官尾随着奇尔顿和特瑞，看见他们在祖克商店前停了下来，与早些时候在街角与他们交换意见的那个人交谈起来。麦克法登警官认为，直接采取行动的时机已经成熟，于是他走到那三个人的身边，表明了自己的警官身份，然后询问他们的名字。此时，他所掌握的情况 p7
仅限于他刚才观察到的那些行为。他并不熟悉这三个人的名字和外貌，也没有从其他来源获知关于他们的信息。当他们“嘟囔着”回答他的询问时，麦克法登警官一把抓住申请人特瑞，将他扭过身去，使自己和特瑞都面向其他两人，并让特瑞处于他自己和其他两人的中间。麦克法登警官轻拍特瑞的衣服表面。在特瑞外套的左胸口袋里，麦克法登警官摸到了一把手枪。他将手伸进外套的口袋，却无法掏出这把手枪。这时，他仍将特瑞夹在他与另外两个人的中间，命令他们三个人进入祖克商店。进去后，他脱掉特瑞的上衣，从其上衣口袋里掏出了一把口径为 38 毫米的左轮手枪，他命令三个人都举起双手，面朝墙壁站着。麦克法登警官继续轻拍奇尔顿和第三人卡茨的衣服表面，在奇尔顿外套口袋里又发现了一把左轮手枪，在卡茨身上没有发现武器。麦克法登警官作证说，他只是轻轻拍了拍三个人的衣服，目的是确定他们是否携带有武器；在摸到他们的枪以前，他并没有把手伸进特瑞或奇尔顿的外套里。就目前的记录来看，他从未将手伸进过卡茨外衣的里面。麦克法登警官扣押了奇尔顿的手枪，并让商店的经营者叫来了一辆警察巡逻车，将三个人带回警察局。在警察局，对奇尔顿和特瑞正式提出了秘密携带武器罪的指控。

对于排除非法取得的手枪的动议，控方的立场是，这些证据是在实施合法逮捕时通过附带搜查予以扣押的。初审法院拒绝采纳这种说法。法院指出，麦克法登警官在他轻拍这些人以发现武器之前就已经具有逮捕他们的合理根据，“是将事实夸大到了超
p8 出合理理解的程度”。然而，法院驳回了被告的动议，因为麦克法登警官基于自己的经验，“有合理理由（reasonable cause）相信……被告正在实施的行为令人生疑，因此应当就他们的行为进行询问。”法院判决说，如果警官有合理理由相信这些人可能携带武器，那么纯粹出于保护自身安全的目的，他有权轻拍这些人的衣服表面。法院区分了侦查中的“截停”（stop）与逮捕，以及为搜索武器对衣服表面的“拍身搜查”（frisk）与为搜索犯罪证据而进行的全面搜查（full-blown search）。法院判决说，拍身搜查对于警察官员适当履行侦查职责是重要的，因为如果没有它，“对警察的回应有可能就会是一枚子弹，由此在拍身搜查中发现的装有子弹的手枪是可以作为证据采纳的”。

奇尔顿和特瑞在法院驳回其排除非法证据的动议后，放弃了陪审团审判的权利并作无罪答辩。之后，法院判决他们有罪，凯霍加县第八巡回区上诉法院维持了原判（*State v. Terry*，5 Ohio App. 2d 122，214 N. E. 2d 114（1966）），俄亥俄州最高法院以不涉及“实质性的宪法问题”为由，驳回了他们的上诉。我们签发了调卷令（387 U. S. 929，87 S. Ct. 2050，18 L. Ed. 2d 989（1967）），目的是裁决以下问题：采纳左轮手枪作为证据，是否侵犯了申请人的第四修正案权利？——根据第十四修正案，第四修正案可以适用于各州。（*Mapp v. Ohio*，367 U. S. 643，81 S. Ct. 1684，6 L. Ed. 2d 1081（1961））就此，我们裁决维持原判。

一

第四修正案规定："个人的人身、住宅、文件和财产不受不合理搜查和扣押的权利，不得侵犯……"人身安全这一不可估价的权利，既属于那些关起门来在书房里处理自己秘密事务的房主，也同样属于那些走在城市街道上的公民。因为，本院一直认为： p9

在普通法上，没有什么权利比一个人拥有和控制其人身的权利更为神圣，并受到更谨慎的保护；除非获得明确的、不容置疑的法律授权，它免受其他人的限制和侵扰。（*Union Pac. R. Co. v. Botsford*, 141 U. S. 250, 251, 11 S. Ct. 1000, 1001, 35 L. Ed. 734（1891））

最近，我们判决说："第四修正案保护的是人，而不是场所。"（*Katz v. United States*, 389 U. S. 347, 351, 88 S. Ct. 507, 511, 19 L. Ed. 2d 576（1967））如果一个人享有合理的"隐私期待"（*id.*, at 361, 88 S. Ct. at 507, Mr. Justice Harlan, concurring），他有权免受政府不合理的侵扰。当然，这个权利的具体内容和相关事项应当根据主张该权利时的具体情形而定。因为，"宪法所禁止的并不是所有的搜查和扣押，而是不合理的搜查和扣押。"（*Elkins v. United States*, 364 U. S. 206, 222, 80 S. Ct. 1437, 1446, 4 L. Ed. 2d 1669（1960））毋庸置疑，申请人在走过克利夫兰市的街道时，享有第四修正案的保护。（*Beck v. State of Ohio*, 379 U. S. 89, 85 S. Ct. 223, 13 L. Ed. 2d 142（1964）；*Rios v. United States*, 364 U. S. 253, 80 S. Ct. 1431, 4 L. Ed. 2d 1688（1960）；*Henry v. United States*, 361 U. S. 98, 80 S. Ct. 168, 4 L. Ed. 2d 134（1959）；*United States v. Di Re*, 332 U. S. 581, 68 S. Ct. 222, 92 L. Ed. 210（1948）；*Carroll v. United States*, 267 U. S. 132, 45 S. Ct. 280, 69 L. Ed. 543（1925））问题是，在所有诸如此类的

街头相遇中，个人人身安全的权利是否都受到了不合理搜查扣押的侵犯呢?

p10 这一问题凸显了与警察活动的敏感领域有关的、既困难又棘手的争议，而这些争议此前从未直接呈交给本院。如果我们不承认这一点，则会显得太不坦率了。该案涉及的紧张关系在有关该做法的实践情况和宪法理论的公共辩论中的表现是，辩论的双方都不遗余力地将辩论集中在警察对“可疑的人”（这是用词委婉时所使用的表述）进行“截停和拍身搜查”的权力上。

论辩的一方认为，在处理城市街头瞬息万变、时常危险的情形时，警察需要根据他们掌握的信息量，享有一套更为灵活的应对措施。基于这一目的，有人极力主张应当区分“截停”（stop）和“逮捕”（arrest）（或对人的“扣留”（seizure））、区分“拍身搜查”（frisk）和“搜查”（search）。[①] 于是，有人提出，应当允许警察对个人实施“截停”，短暂地施以拘禁（detain），以便可以对其可能涉嫌的犯罪进行询问。如果怀疑被询问人携带武器，警察应当有权对其实施“拍身搜查”，以发现武器。如果经“截停”和“拍身搜查”形成了合理根据（probable cause），从而相信嫌疑人实施了犯罪，警察应当有权实施正式的“逮捕”，并对该人进行全面的附带“搜查”。这个方案基于以下论断而得以部分正当化：它认为“截停”和“拍身搜查”只是一个“微小的不便和轻微的冒犯”，[②] 基于警察的怀疑，为了有效执法的

---

① 初审法院和俄亥俄州上诉法院在该案中都诉诸这样一种区分。*State v. Terry*，5 Ohio App. 2d 122，125－130，214 N. E. 2d 114，117－120（1966）. See also，e. g.，*People v. Rivera*，14 N. Y. 2d 441，252 N. Y. S. 2d 458，201 N. E. 2d 32（1964），cert. denied，379 U. S. 978，85 S. Ct. 679，13 L. Ed. 2d 568（1965）；Aspen，*Arrest and Arrest Alternatives：Recent Trends*，1966 U. Ill. l. F. 241，249－254；Warner，*The Uniform Arrest Act*，28 Va. L. Rev. 315（1942）；Note，*Stop and Frisk in California*，18 Hastings L. J. 623，629－632（1967）.

② *People v. Rivera*，*supra*，n. 3，at 447，252 N. Y. S. 2d，at 464，201 N. E. 2d，at 36.

利益，可以适宜地施加于公民身上。[1] p11

论辩的另一方则主张，警察的权力应当受到逮捕和搜查法律的严格限制，因为这些法律发展至今都属于第四修正案传统范畴之内。[2] 人们有理由认为，不会有——也不应当有——这样的警察活动——既没有公民的自愿合作作为基础，也不足以构成一项依据合理根据而实施的逮捕。该论证继而认为，第四修正案的核心在于，对宪法保护的人身安全的任何侵犯都严格要求应当具有具体的正当根据，并且要求政府官员在一个司法控制高度发达的系统之下，遵守宪法的指令。持此论点者主张，本案涉及的当场 p12 询问（field interrogation）的做法，本身带有强制性，法院对其的默许会构成司法控制的缺位，甚至会鼓励警察对公民自由和人身安全的实质性干涉，而警察的判断必然会因为他们主要“是从事追究犯罪的对抗性任务”而带有偏见。（*Johnson v. United States*，333 U. S. 10，14，68 S. Ct. 367，369，92 L. Ed. 436（1948））有论者指出，这只会加剧我们国家拥挤的城市中心区警察与社区之间的紧张关系。[3]

我们意识到，警察与公民在街头正面接触时存在着难以穷尽的日常情形，司法在对其进行控制时，作用相对有限。以此为前

---

① 在里维拉案（*Rivera*）的判决意见中，该理论得到了完整的阐述：“询问所要求的证据不如进行逮捕所要求的证据那么确凿。截停个人进行询问不是逮捕，与因一个已知犯罪而逮捕的根据相比，警察进行询问的根据可能只是较弱地证明有罪。与逮捕权的正当化理由相比，由于行使截停并询问权的正当化理由并不那么确凿，因此拍身搜查的权利可以附属于询问而取得正当性的根据，只要该拍身搜查基于基本的安全和谨慎即可——这种安全和谨慎最初可能并不能支持一项搜查。最终，拍身搜查的有效性可以限定为警察是否有权拍触被询问的人。在此涉及的外部的拍触，与看见或听见的感觉——警察通常依赖于这些感觉行事——并没有太大不同。” *People v. Rivera*，14 N. Y. 2d 441，445，447，252 N. Y. S. 2d 458，461，463，201 N. E. 2d 32，34，35（1964），cert. denied，379 U. S. 978，85 S. Ct. 679，13 L. Ed. 2d 568（1965）.

② See e. g，Foote，*The Fourth Amendment*：*Obstacle or Necessity in the Law of Arrest*？，51 J. Crim. L. C. & P. S. 402（1960）.

③ See n. 11，*infra*.

提，我们来处理本案的争点。控方是这样概括本案争点的：“警察实施街头截停、询问并轻拍其身以搜寻武器的权力（在当地被称为‘截停和拍身搜查’）。”[1] 但是，这一概括并不完全准确。对于这一问题，不是抽象的警察行为的适当性，而是搜查和扣押所获得的用以反对申请人的证据的可采性。从最初开始到现在，排除违反第四修正案扣押所得证据的规则，被认为是吓阻警察违法行为的主要方式。(See *Weeks v. United States*, 232 U. S. 383, 391 –393, 34 S. Ct. 341, 344, 58 L. Ed. 652 (1914)) 因此，它主要的目的是威慑（See *Linkletter v. Walker*, 381 U. S. 618, 629 – 635, 85 S. Ct. 1731, 1741, 14 L. Ed. 2d 601 (1965)），而且经验表明，在刑事领域内，它是唯一能对警察的违法行为发挥威慑效力的方法，没有了它，宪法禁止不合理搜查扣押的保障将只是“一纸空文”。(*Mapp v. Ohio*, 367 U. S. 643, 655, 81 S. Ct. 1684, 1692, 6 L. Ed. 2d 1081 (1961)) 这条规则还具有另外一项重要功能——“维护司法廉正性（judicial integrity）的需要”。(*Elkins v. United States*, 364 U. S. 206, 222, 80 S. Ct. 1437, 1447, 4 L. Ed. 2d 1669
p13 (1960)) 遵从宪法的法院不能——也不会——通过允许控方毫无限制地使用侵犯公民宪法权利而得来的果实，从而使自己成为非法侵犯公民宪法权利的帮凶。因此，在我们的制度之下，证据性裁判提供了这样一个场合，在这个场合中，允许采纳证据和排除证据的司法程序，支持了那些与宪法保障一致的行为，否定了政府官员的其他行为。我们认为，在刑事审判中，一个采纳证据的裁决，具有使证据取得行为合法化的必要效力；而排除规则的适用，具有使证据取得行为不受宪法认可的效力。

然而，证据排除规则作为司法控制的工具，有其自身的局限。它不能以警察合法侦查技术与某些非法侵害非常近似为由，排除其果实的使用。此外，在一些场合中，该规则也难以发挥威

---

① Brief for Respondent 2.

慑效力。公民与警察在街头遭遇的情景多种多样，包括从完全友好的轻松交谈、相互受益信息的交换，到与携带武器的人进行敌意对抗；可能涉及逮捕、受伤或死亡。而且，敌意对抗不都是一种类别。有的以友好的方式开始，不料却因一些始料未及的因素致使谈话情形发生了变化。由警察引发的正面冲突有着各式各样的目的，其中有一些完全与指控犯罪没有关系。[①] 无疑，警察 p14
“就地讯问”的一些行为违反了第四修正案。本院绝不姑息这样的行为，但是并不一定需要以排除规则作为回应。不论排除规则在下述情形下——获得有罪判决是警察的重要目标时——如何有效，[②] 但是如果警察对指控没有兴趣，或为了实现其他目的而自愿放弃指控，那么排除规则在威慑警察对宪法权利的侵犯方面将无能为力。

在对主张适用排除规则的案件作出适当裁判时，需要时刻警惕排除规则的局限性。警察中的某些人实施的大规模侵扰，时常

① See L. Tiffany, D. McIntyre & D. Rotenberg, *Detection of Crime*: *Stopping and Questioning*, *Search and Seizure*, *Encouragement and Entrapment* 18 – 56 (1967). 举例来说，这类警察行为可能只是想用来帮助醉酒的人找到自己回家的路，本无意去逮捕他，除非他变得吵闹而具有攻击性。或者警察可能在试图调解一个可能导致暴力行为的家庭纠纷。他们可能上前与一名在妓女活动地区出现的妇女交谈——这属于清理骚扰运动的一部分——意图赶走妇女，而免去起诉她们的麻烦。或者他们可能对城市某区域内所有十几岁的青少年进行一次针对武器的联网式搜查，因为他们听说即将发生一场斗殴。

② See Tiffany, McIntyre & Rotenberg, *supra*, n. 9, at 100 – 101; Comment, 47 Nw. U. L. Rev. 493, 497 – 499 (1952).

受到少数族裔——尤其是黑人——的抱怨。[1] 这些滋扰，并不会
p15 因为把任何证据都排除于刑事审判之外而消弭。然而，僵硬且不假思索地适用排除规则，只是徒劳地抗议那些它不能有效进行控制的实践做法，而且，可能会造成较大的人员伤亡和预防犯罪之努力的落空。任何司法裁判都不可能涵盖街头相遇可能出现的千变万化的情形，而我们只能对上诉到我们面前的案件事实作出裁判。我们今天这么说，并不能看做对警察在法定侦查权限以外行为的赞同。我们的判决认为，法院仍然保有它们古老的职责，即预防警察专断或侵扰的行为，预防警察在没有宪法所要求的关于客观证据的正当性理由时，侵犯人身安全的行为。这样的行为一经确认，就应当受到司法机关的谴责，而该行为的果实也应当从刑事审判中排除。当然，我们支持那些根据充足事实理由实施的、合法且节制的侦查行为，但若此时排除规则的制裁被证明是不合适的，我们绝不会放弃其他的救济来减少此种行为的滥用。

在对警察一般性侦查行为进行限制的宪法性争论和本案出现的场景进行以上粗略梳理之后，现在我们将注意力集中在基于我们面前的事实所形成的、范围相当狭窄的问题上，即在不具有实施逮捕的合理根据时，警察将人扣留，并且为了发现武器而对其
p16 进行有限的搜查，是否一定是不合理的？鉴于该问题范围的狭窄

① 总统执法和司法委员会认为，“在很多社区，就地讯问是警察和少数群体发生摩擦的主要原因。”President's Commission on Law Enforcement and Administration of Justice, *Task Force Report*: *The Police* 183（1967）. 该报告指出，由“滥用就地讯问”引起的摩擦在增加，因为“更多的警察部门采用了‘主动性巡逻’——警察官员们被鼓励在街头经常截停和询问他们不认识但认为可疑的人，或者是外出理由不是很明确的人。”*Id.*, at 184. “拍身搜查”也作为户外讯问的一部分，这种户外讯问的发生频率，因地点、讯问的目的和讯问的官员不同而相差甚大。See Tiffany, McIntyre & Rotenberg, *supra*, n. 9, at 47 – 48. 然而，它不能缓解——反而加剧了——警察和社区之间的紧张关系。这在对青年人或少数族裔进行“截停和拍身搜查”时表现得尤为明显，他们会被那些认为需要维护巡逻警察强有力形象的官员“激怒”，因为有时官员们为达此目的，会羞辱那些试图破坏警察对街道进行控制的人。*Ibid.*

性，我们没有必要详细考察警察在缺乏逮捕的合理根据而与公民相遇时，宪法对警察权力范围的限制。

二

我们的首要任务是，确定在这一交往活动中，从什么时候开始应当适用第四修正案的规定。也就是说，我们必须确定，执法官员麦克法登的行为是否构成对特瑞的“扣押”，如果构成扣押，是从什么时候开始的；以及其行为是否构成对特瑞的“搜查”，如果构成，是从什么时候开始的。对此使用“截停”、“拍身搜查”之类的术语，在某种程度上似乎暗示说，这些警察行为并不属于第四修正案的调整范围，因为这两种行为都还没有达到宪法意义上的“搜查”或“扣押”的严重程度。① 但是，我们强烈反对这种观点。很显然，第四修正案亦调整以下对人身的“扣押活动”，即这些活动最终并没有导致将相对人押到警察局并对其犯罪提出指控的后果。也即并没有达到“逮捕”这一传统术语所要求的那种程度。必须承认的是，只要警察与某人搭茬并对其自由离开施加了限制，那么该人即处于被扣押状态。认为为了发现武器，从衣服外面对某人全身进行仔细而详尽的检查，不是“搜查”，这无异于对英语语言的完全曲解。此外，主张警察执行这样的程序——让公民在大庭广众之下，无助地站着，还可能双手举起、面向墙壁——不过是“轻微的冒犯”，完全是持

① 例如，在本案中，俄亥俄州上诉法院指出，“我们必须谨慎地辨别说，在此授权的‘拍身搜查’仅仅是为发现危险武器的‘拍身搜查’。这绝不意味着执法官员在其逮捕行为缺乏合理根据时就有权搜查违禁品、证据材料或其他物品。这样的搜查受到第四修正案要求的规制，因此必须具备合理根据。”State v. Terry, 5 Ohio App. 2d 122, 130, 214 N. E. 2d 114, 120(1966). See also, e. g., Ellis v. United States, 105 U. S. App. D. C. 86, 88, 264 F. 2d 372, 374(1959); Comment, 65 Col. L. Rev. 848, 860 and n. 81(1965).

p17 这种主张者的幻想而已。[1] 这是一种对人格尊严的严重侵犯，而且可能会造成更大的侮辱，激起更为强烈的不满，因而不可小视。[2]

通过区分“截停”与“逮捕”（或对人身的“扣押”）、“拍身搜查”与“搜查”而建立起来的推理，具有双重危险。它试图避开对警察和公民接触之初始阶段的宪法审查。通过提出一个僵硬的“全有或全无”（all-or-nothing）的、关于第四修正案的正当性理由和规则模式，这种观点忽视了一点，那就是：对警察行为的范围设限——与对发动该行为设限一样——都是对警察活

① 注意以下贴切的描述：“警察必须用敏感的指头，触摸被监禁者的身体。彻底搜查的范围必须包括被监禁者的手臂、腋窝、腰间和后背，腹股和男性生殖器的周围，及从腿到脚的整个表面。” Priar & Martin, *Searching and Disarming Criminals*, 45 J. Crim. L. C. & P. S. 481 (1954).

② See n. 11, *supra*, and accompanying text. 我们已经注意到，这种滥权行为，对产生此类摩擦所起到的作用，尽管不是唯一的，却是主要的。此种行为不受排除规则的限制，也不可能恰当地指导我们裁决下述事项：对警察在实际侦查和预防犯罪的情形中所享有的权力。但是，某些特定行为已经使得社区的不满程度上升，这与其对人身安全的合理期待的侵犯程度显然是相关的。

动进行宪法性规制的手段。[①] 本院在过去曾判决说，一个发动之时合理的搜查，可能会因其不可容忍的强度和范围而违反第四修正案。（*Kremen v. United States*，353 U. S. 346，77 S. Ct. 828，1 L. Ed. 2d 876（1957）；*Go - Bart Importing Co. v. United States*，282 U. S. 344，356 - 358，51 S. Ct. 153，158，75 L. Ed. 374（1931）； p18 p19

① 纽约州上诉法院在判决过程中已经部分阐明了这些危险。尽管该法院在此领域的第一个判决，即里维拉案（*People v. Rivera*，14 N. Y. 2d 441，252 N. Y. S. 2d 458，201 N. E. 2d 32（1964），cert. denied，379 U. S. 978，85 S. Ct. 679，13 L. Ed. 2d 568（1965））中，直接依据的是下述观点，即“拍身搜查”不是“搜查”。See nn. 3 - 5，supra. 但是，在塔格特案（*People v. Taggart*，20 N. Y. 2d 335，342，283 N. Y. S. 2d 1，8，229 N. E. 2d 581，586，（1967））中，该法院被迫承认，它在里维拉案及嗣后的判决中，see e. g，*People v. Pugach*，15 N. Y. 2d 65，255 N. Y. S. 2d 833，204 N. E. 2d 176（1964），cert. denied，380 U. S. 936，85 S. Ct. 946，13 L. Ed. 2d 823（1965），真正授权的是，基于弱于合理根据的理由而实施的“搜查”。然而，上诉法院在承认根据其判例不能有效区分两者的同时，却继续在理论上将二者予以区分。它仍然——如在里维拉案中那样——对“搜查”进行界定，即为获取任何和所有可扣押物品而对人身进行的实质性的、不受限制的检查；并只是注意到了下述情形，即这些判例授权警察实施的侵犯行为远远超出了“拍身搜查”最初狭窄的含义。因此，主要因为上诉法院未能考虑将在个案中限定搜查的范围作为一种可能的规制方法，在短短三年的时间内，它便形成了下述立场：有必要作这样的判决，即宪法允许仅基于怀疑而对一个人及其财产进行不受限制的翻寻。从表面上看，本院确实是将其判决限于“涉及严重的人身伤害或不可恢复的财产损害”的情形，从而排除了“需要执行下述法律——如禁止赌博等有关个人行为规范的法律，以及只会对公众产生有限影响的法律，如麻醉剂违法、卖淫、一般的盗窃等——的情形。”*People v. Taggart*，*supra*，at 340，283 N. Y. S. 2d at 6，229 N. E. 2d at 584.

我们认为，更合理的做法是，认识到第四修正案规制公共官员对人身安全的所有侵犯，并根据案件的紧急情况，将具体侵犯的范围作为合理性分析的中心要素。Cf. *Brinegar v. United States*，338 U. S. 160，183，69 S. Ct. 1302，1314，93 L. Ed. 1879（1949）（Mr. Justice Jackson，dissenting）. Cf. *Camara v. Muncipal Court*，387 U. S. 523，537，87 S. Ct. 1727，1735，18 L. Ed. 2d 930（1967）. 这种做法似乎比下述做法——过度依赖过于技术性的“搜查”的定义，并且，在一定程度上，依赖法官决定的刑事法的层级——更为可取。将对问题的探究直接对准特定情形下的危险和需要——而不是要求警察在不期而遇的街头接触的紧张时刻，去判断哪些法律“只会对公众产生有限的影响”——似乎也更可能产生使警察和公众更易于理解的规则。

see *United States v. Di Re*，332 U.S. 581，586－587，68 S. Ct. 222，225,92 L. Ed. 210（1948））搜查的范围应当"严格限定于允许发动搜查之情形，并以此作为它的正当理由"。（*Warden v. Hayden*，387 U.S. 294，310，87 S. Ct. 1642，1652（1967）（Mr. Justice Fortas，concurring）；see e.g. *Preston v. United States*，376 U.S. 364，367－368，84 S. Ct. 881，884，11 L. Ed. 2d 777（1964）；*Agnello v. United States*，269 U.S. 20，30－31，46 S. Ct. 4，6，70 L. Ed. 145（1925））

因此，传统"截停—拍身搜查"理论的特点在于，它让人们不再关注第四修正案的核心问题，即在具体政府行为对公民个人安全构成侵害时，必须符合合理性要求。"搜查"、"扣押"并不是万能的法宝。因此，我们拒绝以下观点：即如果执法官员的截停活动尚且不足以构成所谓的"法律意义上的逮捕"或者"完整意义上的搜查"（technical arrest or full blown search），那么第四修正案根本不适用于此类警察行为并对其施以必要的限制。

在本案中，麦克法登警官"扣押"了申请人，当他抓住申请人，从衣服外面轻拍申请人身体时，申请人受到了"搜查"，这一点应当毫无争议。我们必须裁决，在那一刻，麦克法登警官对申请人的人身安全进行的此种侵扰是否合理。[①] 判断搜查和扣押是否"不合理"，我们需要考察两个方面：首先，警察最初的行为是否具有正当理由；第二，搜查的范围是否与为最初干预行为提供正当性理由的情形具有合理的联系。

① 于是我们裁决，今天的争议与"扣押"的宪法适当性无关，这种扣押是基于弱于合理根据的标准，出于"羁押"和/或讯问的目的而作出的侦查性扣押。显然，并不是警察和公民之间的所有交往都会牵涉到对人的"扣押"。仅在警官通过身体的强制或以权威示人并由此在一定程度上限制了公民的自由时，我们才可能得出发生了"扣押"的结论。我们在此不能确定地说，基于法庭记录，麦克法登警官为搜索武器开始与特瑞发生身体接触前，是否发生了"扣押"，因此我们可以推断，直到那一刻，没有发生任何侵犯受宪法保护的权利的行为。

三

如果本案涉及的警察行为受到第四修正案令状条款的约束，那么我们必须确定是否存在证明搜查和扣押为正当的合理根据。然而，本案并不属于这种情形。我们不会放弃我们的以下裁决，即只要有现实可行性，警察都应当通过令状程序来事先取得对搜查扣押的司法授权（See e. g.，*Katz v. United States*，389 U. S. 347，88 S. Ct. 507，19 L. Ed. 2d 576（1967）；*Beck v. State of Ohio*，379 U. S. 89，96，85 S. Ct. 223，228，13 L. Ed. 2d 142（1964）；*Chapman v. United States*，365 U. S. 610，81 S. Ct. 776，5 L. Ed. 2d 828（1961）），或者说，在大多数情形下，令状原则只能因紧急情形而豁免。（See e. g.，*Warden v. Hayden*，387 U. S. 294，87 S. Ct. 1642，18 L. Ed. 2d 782（1967）（热追捕）；cf. *Preston v. United States*，376 U. S. 364，367－368，84 S. Ct. 881，884，11 L. Ed. 2d 777（1964））但是，我们在此面对的是另一类警察行为——根据警官在街道巡逻时的现场观察，而必须迅速采取的应对行为。对于这一类警察行为，历史上从来就不受制于令状程序，从实践上来看也不能受制于该程序。本案涉及的行为应当由第四修正案中禁止不合理搜查扣押的一般规定来检验。①

尽管如此，令状程序与合理根据的要求所依据的观念与本案仍是息息相关的。为将麦克法登警官行为的合理性作为一个普遍的命题进行衡量，有必要“先把注意力集中在政府的利益上，它被宣称是政府侵犯宪法保护的私人利益的正当性理由”——这是因为“没有现成的检验标准来决定合理性，只能通过对搜查（或扣押）的需要与搜查（或扣押）涉及的侵害加以权衡来

① See generally Leagre，*The Fourth Amendment and the Law of Arrest*，54 J. Crim. L. C. & P. S. 393，396－403（1963）.

p21 检验。”（*Camara v. Municipal Court*，387 U. S. 523，534－535，536－537，87 S. Ct. 1727，1735，18 L. Ed. 2d 930（1967））为证明某个侵犯为正当，警察必须能指出具体的、可言说的事实，根据这些事实得出的理性推断，能合理地授权实施该侵犯行为。[①] 第四修正案的设计，只有在保证负有执法职责的人的行为能够受到法官更为超然、中立的审查时才有意义，而法官将根据具体的情形，来评价某个搜查或扣押行为的合理性。[②] 在作此种评价时，根据下述客观标准——在搜查和扣押的当时，警察所能获得的事实是否“使一个合理谨慎的人相信”其所作所为是适当
p22 的——对事实进行检验显得尤为必要。（Cf. *Carroll v. United*

① 警察据以采取行动的信息必须特定化，这一要求是本院关于第四修正案法律的核心要义。（See *Beck v. State of Ohio*，379 U. S. 89，96－97，85 S. Ct. 223，229，13 L. Ed. 2d 142（1964）；*Ker v. State of California*，374 U. S. 23，34－37，83 S. Ct. 1623，1632，10 L. Ed. 2d 726（1963）；*Wong Sun v. United States*，371 U. S. 471，479－484，83 S. Ct. 407，416，9 L. Ed. 2d 441（1963）；*Rios v. United States*，364 U. S. 253，261－262，80 S. Ct. 1431，1437，4 L. Ed. 2d 1688（1960）；*Henry v. United States*，361 U. S. 98，100－102，80 S. Ct. 168，171，4 L. Ed. 2d 134（1959）；*Draper v. United States*，358 U. S. 307，312－314，79 S. Ct. 329，333，3 L. Ed. 2d 327（1959）；*Brinegar v. United States*，338 U. S. 160，175－178，69 S. Ct. 1302，1312，93 L. Ed. 1879（1949）；*Johnson v. United States*，333 U. S. 10，15－17，68 S. Ct. 367，371，92 L. Ed. 436（1948）；*United States v. Di Re*，332 U. S. 581，593－595，68 S. Ct. 222，229，92 L. Ed. 210（1948）；*Husty v. United States*，282 U. S. 694，700－701，51 S. Ct. 240，242，75 L. Ed. 629（1931）；*Dunbra v. United States*，268 U. S. 435，441，45 S. Ct. 546，549，69 L. Ed. 1032（1925）；*Carroll v. United States*，267 U. S. 132，159－162，45 S. Ct. 280，288，69 L. Ed. 543（1925）；*Stacey v. Emery*，97 U. S. 642，645，24 L. Ed. 1035（1878））

② See，e. g.，*Katz v. United States*，389 U. S. 347，354－357，88 S. Ct. 507，514，19 L. Ed. 2d 576（1967）；*Berger v. State of New York*，388 U. S. 41，54－60，87 S. Ct. 1873，1884，18 L. Ed. 2d 1040（1967）；*Johnson v. United States*，333 U. S. 10，13－15，68 S. Ct. 367，369，92 L. Ed. 436（1948）；cf. *Wong Sun v. United States*，371 U. S. 471，479－480，83 S. Ct. 407，413，9 L. Ed. 2d 441（1963）. See also *Aguilar v. State of Texas*，378 U. S. 108，110－115，84 S. Ct. 1509，1514，12 L. Ed. 2d 723（1964）.

States, 267 U. S. 132, 45 S. Ct. 280, 69 L. Ed. 543（1925）; *Beck v. State of Ohio*, 379 U. S. 89, 96 - 97, 85 S. Ct. 223, 229, 13 L. Ed. 2d 142（1964）①）任何比这个低的标准，都会导致仅仅基于不可言说的直觉而侵犯宪法所保障的权利——这种结果是本院长期以来都拒绝接受的。（See, e. g., *Beck v. Ohio*, *supra*; *Rios v. United States*, 364 U. S. 253, 80 S. Ct. 1431, 4 L. Ed. 2d 1688（1960）; *Henry v. United States*, 361 U. S. 98, 80 S. Ct. 168, 4 L. Ed. 2d 134（1959））仅仅根据"执行逮捕的官员的善意是不够的"。如果只将主观的善意作为检验标准，第四修正案的保护便会沦为具文，个人的"人身、住宅、文件和财产的安全"，将会受制于警察的自由裁量。（*Beck v. Ohio*, *supra*, at 97, 85 S. Ct. at 229）

将上述这些原则适用于本案，我们首先要考虑本案所涉及的政府利益的性质和程度。一个具有一般意义的利益，便是有效地阻止犯罪和侦查犯罪；正是建立在该利益的基础上，我们认识到，即使没有合理根据可以实施逮捕，警官也可以为了查出潜在的犯罪行为，在适当的场合，以适当的方法接近一个人。当麦克法登警官决定接近申请人及其同伴时，他正是在履行这样的合法侦查职能。他看见特瑞、奇尔顿和卡茨进行了一系列的行为，每一行为单独看起来都可能合乎法律，但综合起来看则为进一步侦查提供了依据。两个人站在街角，可能是在等某个人，这本身不足为奇。人们在这样的情形下，来来回回在街上闲逛，也没有什 p23
么可怀疑的。再者，商店橱窗本来就是为别人往里看而设计的。但是，在本案中的事实却显得蹊跷：两个人在街头逗留甚久，到最后渐渐明晰，两人并不是在等任何人或事；两个人沿着同一路线轮流步测，大约有24次停下来盯着同一家商店的橱窗；每次走完这样的路线后，两人立即在街角交换意见；第三个人加入他

① See also cases cited in n. 18, *supra*.

们其中一次的交谈并迅速离去；两人最后跟上第三人，在几个街区外的地方与其碰头。对一个在本街区侦查商店盗窃达30年之久的警官来说，若未能进一步对该行为进行调查无疑是其工作的失败。

然而，本案的关键不是麦克法登警官采取措施侦查申请人可疑行为的适当性，而是麦克法登在侦查过程中，为发现武器而搜查特瑞，从而对其人身安全构成的侵犯是否有正当的根据。我们现在关心的不只是政府在侦查犯罪中的利益。除此之外，还包括下述更为紧迫的利益，即警察采取措施以保证自己面对的人没有携带可以出其不意袭击他的致命武器。要求警察在履行职责过程中承担不必要的风险是不合理的。长期以来，美国的犯罪一直有着使用枪支的传统，这个国家每年都有许多执法官员在执行职务
p24 过程中遇害，更有数以千计的人受伤。实际上，所有这些死亡和大部分的伤害事件都是因滥用枪支造成的。[①]

鉴于这些事实，尽管当时的场景可能缺乏逮捕的合理根据，但是，我们不能无视执法官员保护自己和其他可能受到暴力侵害的人的必要性。如果执法官员有根据相信，他正在近距离调查的形迹可疑的人持有武器，并对自己或别人已构成了现实的危险，如果拒绝给予该官员采取必要措施以确定该人是否携带武器并消除对其身体侵害危险的权力，显然是不合理的。

如果授权警察在缺乏合理根据实施逮捕的情形下搜查武器的

---

① 1966年，57名执法官员在执行职务过程中遇害，使得从1960年开始，7年内死亡人数上升至335人。同样在1966年，有23851起对警官的攻击事件，其中9113起致使警察受伤。1966年遇害的57名官员中，有55名是因枪击受伤而死亡的，其中41人是因嫌疑人隐藏在身上的手枪所致。See Federal Bureau of investigation, *Uniform Crime Reports for the United States*, 1966, at 45－48, 152 and Table 51. 在这个国家，潜在的犯罪人很容易获得枪支，这个事实众所周知，并引发了很多争论。See, e. g. , President's Commission on Law Enforcement and Administration of Justice, *The Challenge of Crime in a Free Society*, 239－243 (1967) . 不论控制枪支的提案有何价值，此种情形对于评估一些自我保护性的搜查权力方式而言，是相关的。

权力，那么我们不得不容忍由此对个人权利所造成的侵犯，但是我们仍应考虑此种侵犯的本质和特性。即使为搜索武器而对衣服表面进行有限的搜查，也构成了一个尽管短暂但是对弥足珍贵的人身安全的严重侵犯，而且这个搜查肯定是一种烦人、令人害怕，甚至可能还是耻辱的经历。申请人主张，这样的侵犯只有在 p25
依附于合法逮捕时才得以允许，不论是对于涉及持有武器的犯罪，还是在犯罪行为一开始便引起了警察调查的犯罪而言，都是如此。然而，我们必须对该主张进行严密的分析。

申请人并没有主张，警察在具有合理根据实施逮捕前，不应当对可疑的情形作任何调查；也没有否认，警察适当履行侦查职责时，可能会发现自己面对的是可能持有武器的危险人物。而且，他也没有说，警察为发现武器而对人身进行的搜查总是不正当的。相反，他指出，除非情形已发展到具有合理根据实施逮捕的那一刻，在此之前，警察采取搜查的措施都是不合理的。到了那一刻，申请人才愿意承认，警察有权对嫌疑人实施为发现武器、犯罪结果、工具，或“纯粹”证据的搜查，但搜查必须是逮捕后的附带搜查。

然而，这种推理思路有两点不足：其一，它未能考虑到对搜查范围的传统限制，因而认为附带逮捕的搜查与为发现武器的有限搜查在目的、性质和程度上并无不同。前者，尽管部分是因为保护执行逮捕的官员不受隐藏武器袭击的需要（*Preston v. United States*，376 U. S. 364，367，84 S. Ct. 881，883，11 L. Ed. 2d 777 (1964)），也基于其他理由（ibid.），因此能够对被捕人实施相对大范围的搜查；然而，一个缺乏逮捕的合理根据而为发现武器 p26
进行的搜查，应当与其他搜查一样，受到使搜查之发动得以正当化的紧急情形的严格限制。（*Warden v. Hayden*，387 U. S. 294，310，87 S. Ct. 1642，1652，18 L. Ed. 2d 782（1967）（Mr. Justice Fortas，concurring））因此，搜查应当限于为发现可能用以伤害警察或周围其他人武器的必要范围之内，它可以用小于“全面”

搜查来概括——尽管它仍然属于严重的侵犯。

其二，申请人的主张假定，关于逮捕的法律已经平衡了在此处涉及的具体利益——消除侦查情形下警察面临的危险，以及维护公民的个人尊严，但事实并非如此。与针对武器的有限搜查相比，逮捕是一种完全不同的对个人自由的侵犯，并且两者旨在保护的利益，也同样存在很大差别。逮捕是刑事诉讼程序的开始阶段。它旨在通过执行法律来维护社会利益，而且不论其后是否进行审判或定罪，都必然伴随着对个人行动自由的进一步干预。而另一方面，针对武器的保护性搜查，对个人身体神圣性所造成的侵犯，虽然远非无足轻重，但是却比较短暂。虽然只有当警察认为有充分的事实使其相信该人已实施了犯罪或正在实施犯罪时，他才可以合法地逮捕一个人，但这并不意味着该官员因为没有这类证据，就不能在未逮捕时实施任何侵犯。此外，对危险完全合理的担心，可能在警察具备足够的信息据以羁押一个人，以便对
p27 其进行刑事追诉之前就早已产生。申请人援引的关于“扣押”的合理性标准的判例，都是有关逮捕和附带搜查的判例，因此不应适用于此。申请人认为，应维护的利益与对人身安全的侵犯在这两个判例中已经得到了平衡，因此忽略了对第四修正案下某类具体行为进行合理性分析的重要方面。（See *Camara v. Municipal Court*, *supra.*）

在此类案件中必须涉及的适当平衡分析，使我们作出下述推断：为保护警察，当他有理由相信他正面对一个持有武器的危险人物时，不论他是否具有合理根据为追诉犯罪而实施逮捕，都应当赋予他一项范围狭窄的权限，从而可以对武器进行合理搜查。警察不需要完全确信该人携带有武器；关键是一个合理谨慎的人在此情形下，是否有正当理由相信，自己或其他人的安全正处于危险之中。（Cf. *Beck v. State of Ohio*, 379 U. S. 89, 91, 85 S. Ct. 223, 226, 13 L. Ed. 2d 142（1964）; *Brinegar v. United States*, 338 U. S. 160, 174 – 176, 69 S. Ct. 1302, 1311, 93 L. Ed. 1879（1949）;

Stacey v. Emery, 97 U. S. 642, 645, 24 L. Ed. 1035 (1878)[①]) 在判定执法官员的行为在此情形下是否合理时，应该考虑的是他根据其经验从事实中得出的具体的合理推断，而不是他初期模糊的怀疑或"预感"。(Cf. *Brinegar v. United States*, *supra.*)

四

我们现在必须审查本案中麦克法登警官的行为，以决定他对申请人的搜查和扣押，包括在其开始和实施时，是否合理。他已 p28
观察特瑞、奇尔顿和另一个人的行为多时，在他看来，他们的这些行为是持枪抢劫的前期准备。我们认为，根据麦克法登警官在初审法官面前详述的事实和情形，一个合理谨慎的人会据此认为，申请人持有武器，因此警官在侦查其可疑行为时，个人的安全受到了威胁。特瑞和奇尔顿的行为与麦克法登警官的假设一致，即这些人在谋划一起白天抢劫犯罪，可以合理地认为，这个抢劫可能会涉及使用武器，并且从他最初注意到他们，一直到他直接与他们面对、表明自己的警察身份之时，他们的行为都不能给他充分的理由否定自己的假设。尽管三个人离开了最初的地点，但没有任何迹象表明，他们在一定程度上放弃了实施抢劫的打算。于是，当麦克法登警官靠近聚集在祖克商店橱窗前的那三个人时，他已经有了充分的观察，对他们持有武器的担心十分合情合理；他们对其行为——上前与三人攀谈，表明自己的警察身份，询问其姓名——的反应，都无法打消他的合理怀疑。他那时的决定——扣押特瑞，轻拍其衣服以搜查武器，不能被说成是突然的灵光一现，或者简单地被视为一种侵扰；警察在侦查过程中，不得不就如何保护自己和他人免受可能的危险作出迅速的决定，并采取有限的措施以达到此目的。法庭记录可以证明警察的此种温和行为。

---

① See also cases cited in n. 18, *supra.*

当然，扣押和搜查的实施方式与是否具有正当根据一样，是
p29 我们研究的一个重要方面。第四修正案的运行既需要以政府行为的发动设定前提，也同样需要对政府行为的范围设限。（Compare *Katz v. United States*, 389 U. S. 347, 354 - 356, 88 S. Ct. 507, 514, 19 L. Ed. 2d 576（1967））排除违反第四修正案所得证据的规则，要实现其威慑目的，依赖于一个假设，即“对调查结果的限制可以限制调查手段本身。”（*United States v. Poller*, 43 F. 2d 911, 914, 74 A. L. R. 1382（C. A. 2d Cir. 1930）；see, e. g., *Linkletter v. Walker*, 381 U. S. 618, 629 -635, 85 S. Ct. 1731, 1741, 14 L. Ed. 2d 601（1965）；*Mapp v. Ohio*, 367 U. S. 643, 81 S. Ct. 1684, 6 L. Ed. 2d 1081（1961）；*Elkins v. United States*, 364 U. S. 206, 216 - 221, 80 S. Ct. 1437, 1446, 4 L. Ed. 2d 1669（1960））因此，如果不能将搜查扣押合理地限制在使发动搜查和扣押得以正当化的事由的范围之内，那么通过搜查扣押所发现的证据就不得在法院出示。（*Warden v. Hayden*, 387 U. S. 294, 310, 87 S. Ct. 1642, 1652, 18 L. Ed. 2d 782（1967）（Mr. Justice Fortas, concurring））

然而，我们不必在本案中详尽阐明第四修正案对为发现武器的保护性扣押和搜查所作的限制。这些限制应在个案的具体事实情境中确立。（See *Sibron v. New York*, 392 U. S. 40, 88 S. Ct. 1889, 1912, 20 L. Ed. 2d 917, decided today）这样一个搜查不同于无证的附带搜查，它并不因为需要防止犯罪证据的灭失或毁坏而具有正当性理由，注意到此点就足够了。（See *Preston v. United States*, 376 U. S. 364, 367, 84 S. Ct. 1642, 1652, 18 L. Ed. 2d 782（1964））就本案情形而言，搜查的唯一正当根据是对警察和附近其他人的保护，因此必须将它限定在合理发现枪支、刀具、棍棒或其他隐藏起来用以袭击警察之工具的范围内。

根据这些标准，本案中的搜查范围不存在任何严重问题。麦克法登警官轻拍了申请人及其两个同伙的衣服表面。直到他怀疑摸到了武器，他才把手伸进他们的口袋和外套里面，而且

他也只是伸手将枪掏出来而已。如果轻拍后，没有发现任何可能是武器的东西，他根本不会侵犯卡茨衣服表面以内的部位。麦克法登警官将其搜查严格限制在以下必要的最低限度内：发现这些人是否携带武器以及一旦发现武器如何解除他们的武装。他并未实施一个宽泛详尽的搜查，以期发现他正在调查的犯罪活动的证据。 p30

五

我们的结论是，将从特瑞身上扣押的左轮手枪采纳为反对他的证据是适当的。当麦克法登警官扣留了申请人，并对其进行武器搜查时，他有合理的理由相信申请人持有武器且具有危险，因此有必要为保护自己和他人迅速采取措施确定他是否持有武器，以消除可能带来的伤害和威胁。该警官将其搜查小心翼翼地限定于发现他寻找的特定物品的适宜行为范围内。当然，这类案件应当以个案特有的事实为基础来裁决。我们今天只是判决认为，如果警察观察到不寻常的行为，凭借他的经验可以合理推断犯罪活动可能即将发生，而且他所面对的人可能持有武器且具有现实的危险；在侦查过程中，他表明自己警察的身份并进行了合理的询问；在接触的初始阶段，没有任何东西能够消除他对自己或他人安全的合理担心，此时他有权为保护自己和位于该范围内的他人，对该人衣服表面实施一个谨慎、有限的搜查，以发现可能用于袭击他的武器。这样的搜查是符合第四修正案的合理搜查的， p31
扣押所得的任何可以作为反对武器持有人的武器，可以恰当地被采纳为证据。

维持原判。

大法官布莱克（Mr. Justice Black）对本案判决意见表示附和，但就以下内容提出了保留：本案判决援引以及所依据的最高法院在卡兹案中（Katz v. United States）的判决意见、海顿案（Warden v. Hayden）中的协同意见。对此，大法官哈兰（Mr. Justice Harlan）表示附和。

尽管我完全赞同本院关于该案的最终判决，但我不得不弥补我认为上述法院意见的一些缺陷。我这样做是因为本院今日首次表述的是，在这个新的重要法律领域发展之时，对这片土地上的执法机关和法院作出的指导准则。警察在街上实施“截停”和附随地针对武器的“拍身搜查”的权力，的确在第四和第十四修正案的保护范围之内。我也同意本院的判决意见，认为该权力并不需要警察持有有效的令状，也不需要具有合理根据，但是依据警察向法院的可靠陈述，在当时的情境下实施这样的行为必须是合理的。既然在本案及多数案件中的争议都是通过拍身搜查所获得的证据是否具有可采性，现在的问题是裁决什么样的拍身搜查是合理的。

如果俄亥俄州规定，警察可以根据低于合理根据的具体怀疑，对认为携带隐藏的武器的人实施强制拍身搜查并解除其武器，我将不会质疑根据此种权限采取的行为具有宪法上的合理性。隐藏的武器会对公众造成紧迫、严重的危险，尽管这样的危险或许不能成为对武器实施常规检查的正当根据，但依据较低的“盖然性”（probability）标准，此种危险完全能作为据以行动的
p32 理由。我之所以提出上述分析，是因为我认为，指出它不能适用于此案非常重要。根据呈现于我们面前的记录，俄亥俄州并未授予其警察能根据怀疑而进行拍身搜查和解除武器的常规权力；在缺乏州授权的情况下，警察无权轻拍路人或者轻拍受其随意询问的人的衣服表面，正如其无权对其他人这样做一样。因此，俄亥俄州法院并未将拍身搜查的合宪性建立在对麦克法登警官的任何一般性授权之上，即允许他采取合理举措以保护公民，包括他自

己，免受危险武器的伤害。

相反，俄亥俄州法院判决认为，当警察在履行职务时，合法地接触到一个可能与之对峙的人时，他有权为保护自己而实施拍身搜查，但此权力仅源自当时情形的必要性，而非源于解除武装这个更为宽泛的权力。我同意该判决，相信本院也会赞同，此判决提供了我能想到的，可以维持原判的唯一令人满意的根据。然而该判决有两个推论，我不认为本院已经充分表述。

如果警官在正面接触公民时，为保护自己而采取拍身搜查的话，该官员首先应当具备宪法上的根据来主张这种正面接触（即强制截停）。任何人，包括警察，有充分的自由避开他认为是危险的人。但是，如果——当警察有权为了保护自己而解除这个人的武装时，他必须首先有权不去避开他，而是站在其面前。这一权力必须大于向其他人询问的自由（同样，为每个公民都享有这样的自由），因为通常情形下，被询问的人享有同等权利不理睬询问者，并自己走开；显然他不需要为保护询问者的利益而受到拍身搜查。我会非常明确地指出，本案中拍身搜查的权力 p33
依赖于为侦查涉嫌犯罪实施的强制截停的合理性。

但是，如果截停的原因如同本案一样，是对暴力犯罪存有具体的怀疑，即截停是合理的，那么拍身搜查的权力就必须是立即和自动的。正如一个附带于合法逮捕的全面搜查不要求额外的理由，一个有限的附带于合法截停的拍身搜查必须常常是迅速和常规的。如果一个警官，合法且强制性地面对一个被怀疑实施严重犯罪的人，那么我们没有理由要求这名警察应当对其进行询问并承担下述风险：得到的回应是一枚子弹。

本案的事实很好地说明了什么是正当的截停，什么是附带的拍身搜查。麦克法登警官没有合理根据逮捕特瑞，但他观察到的情形可以合理地使一名经验丰富、行事谨慎的警察怀疑，特瑞将会进行入室盗窃或抢劫。他有根据的怀疑提供了一个适当的宪法依据，使他能上前与特瑞攀谈，短时间限制其行动的自由，并对其展开询问——麦克法登警官也是这么做的。当他这样做的时候，除了怀疑特瑞可能在谋划一个暴力犯罪的事实之外，他没有任何理由认为特瑞可能持有武器。麦克法登警官询问了特瑞的名字，特瑞“嘟囔了几句”。此时，麦克法登没有要求他大声说，也没有给他任何解释他为什么出现在这里及其所作所为的机会，就对其进行强制拍身搜查。

基于本院判决相同的理由，我支持这一判决。但是，我会将
p34 目前事实中暗含的声明明确地表达出来。麦克法登警官干涉特瑞行动自由和侵犯其隐私的权力，只是因为当时的情形为麦克法登警官对特瑞强行调查，并试图预防或调查犯罪提供了正当性理由。然而，一旦强制性调查具有正当理由，警察采取适当措施来保护自身安全的权力也就随之自动产生。

根据前述事实，我附和本院意见。

大法官怀特（Mr. Justice White）发表了协同意见。

我附和本院撤销原判的判决，但对下述问题持保留意见，即法院就其在执行第四修正案过程中形成的排除规则的范围和目的发表的一般性评论。

同样，我认为在调查性截停中，对询问事项多问一句是恰当的，尽管本院在本案中没有考虑该问题。宪法并不禁止警察询问街上的路人。除了特殊的情形，被询问的人可能不会被羁押或拍身，但他们可以拒绝合作，径自走开。但是，在某些场合——如在本案的情形，在我看来，当就相关问题询问一个人时，可以违背他的意愿将其短暂地羁押。当然，被截停的人没有义务回答问题。回答不受强迫，因而拒绝回答也不构成逮捕的基础，尽管拒绝回答可能会警示警察要继续观察。我认为，这是一种暂时的羁押，它因具体的情形而获得许可，且该情形为发现武器的拍身搜查提供了正当性理由。如果拍身搜查本身适当的话，不论是否进行了询问，都会出现有益的结果。如果武器被发现，接下来便是

逮捕。如果什么都没有发现，拍身搜查可能仍然具有预防的作用，因为引起怀疑的信息明白无误。但是，如果调查性截停足以成立的话，警察在询问相关问题的过程中对被询问人进行短暂的羁押，并不侵犯被询问人的宪法权利。 p35

大法官道格拉斯（Mr. Justice Douglas）发表了反对意见。

我赞同下述观点，即根据第四修正案，申请人已经被“扣押”。我也同意为搜查武器而对申请人及其同伙进行的拍身构成了“搜查”。但是，这样的“搜查”和“扣押”若没有合理根据相信：(1）犯罪已经实施，或（2）犯罪正在实施中，或（3）犯罪即将发生，如何才能符合宪法第四修正案的标准仍是一个不解之谜。①

本院的意见否认本案存在“合理根据”。如果闲逛（loitering）属于争议的问题，并且是受到控诉的那个犯罪，那么本案可能有“合理根据”。但是，在此的犯罪是秘密携带武器；② 推断说警官具备“合理根据”相信正在实施犯罪是没有依据的。 p36
因此，如果申请令状，地方法官也无权签发，因为他只能在

① 在下述判例中，即当执法官员有合理理由相信犯罪已经或正在发生时，“合理根据”的含义得以发展。See, e. g., *Thompson*, 3 Wall. 155, 18 L. Ed. 55; *Stacey v. Emery*, 97 U. S. 642, 24 L. Ed. 1035; *Director General v. Kastenbaum*, 263 U. S. 25, 44 S. Ct. 52, 68 L. Ed. 146; *Carroll v. United States*, 267 U. S. 132, 45 S. Ct. 280, 69 L. Ed. 2d 543; *United States v. Di Re*, 332 U. S. 581, 68 S. Ct. 222, 92 L. Ed. 210; *Brinegar v. United States*, 338 U. S. 160, 69 S. Ct. 1302, 93 L. Ed. 1879; *Draper v. United States*, 358 U. S. 307, 79 S. Ct. 329, 3 L. Ed. 2d 327; *Henry v. United States*, 361 U. S. 98, 80 S. Ct. 168, 4 L. Ed. 2d 134. 当然，在这些判例中，执法官员可以实施“逮捕”，指控该人实施的犯罪。对已经实施犯罪的人进行逮捕是执法的重要任务，但另一个即使不是更为重要，但也同等重要的执法职能，即是防止犯罪发生和威慑将发生的犯罪。“宪法和常识之间没有冲突。” *Mapp v. Ohio*, 367 U. S. 643, 657, 81 S. Ct. 1684, 1693. 警官不必等到一个人实际实施了犯罪后，才对其“扣留”。然而，出于对宪法制度的尊重和对人身自由的要求，这样的“扣留”仅能根据“合理根据”作出。

② Ohio Rev. Codes 2923. 01.

"合理根据"被证明的情形下才可以签发令状。我们现在裁决警察可以实施"扣押"和"搜查"，授予了他比法官授权此种行为还要大的权力。我们已经反复明确地指出事实应是相反的。①

p37 换句话说，直到今天，警察只有在他们亲身经历的事实符合宪法合理根据的标准时，才被允许无证实施逮捕或搜查。在他们无证"扣留"时，他们必须获得该被捕人有关的事实，且该事实能使得法官相信确实存在"合理根据"。"合理根据"这个词，暗示了一种确定性，不同于"合理怀疑"（reasonable suspicion）之类词语。而且，"合理根据"的意义深深植根于宪法的历史中。正如我们在亨利案（*Henry v. United States*, 361 U. S. 98,

① 本院在裁决无证逮捕是否合宪时，一直使用"合理根据"的语词。See, e. g., *Carroll v. United States*, 267 U. S. 132, 156, 161 - 162, 45 S. Ct. 280, 288, 69 L. Ed. 543; *McDonald v. United States*, 335 U. S. 451, 455 - 456, 69 S. Ct. 191, 194, 93 L. Ed. 153; *Henry v. United States*, 361 U. S. 98, 80 S. Ct. 168, 4 L. Ed. 2d 134; *Wong Sun v. United States*, 371 U. S. 471, 479 - 484, 83 S. Ct. 407, 416, 9 L. Ed. 2d 441. 授予警察基于不同于"合理根据"或比其更低的标准扣留一个人的权力，会给予警察比法官签发扣留人的令状更大的权力。正如我们在王森案（*Wong Sun v. United States*, 371 U. S. 471, 83 S. Ct. 407）中对无证逮捕的要求所陈述的：在没有逮捕令时，不论官员据以行动的信息的可靠性和具体性的要求是否应比具有逮捕令状时更为严格，但可以肯定的是，它们不能更不严格。*Id.*, at 479, 83 S. Ct. at 413.

我们在布林加尔案（*Brinegar v. United States*, 338 U. S. 160, 176, 69 S. Ct. 1302, 1311, 93 L. Ed. 1879）中也有陈述。

"这些长期盛行的（合理根据的）标准，旨在保护公民不受对其隐私的轻率、不合理的干涉和没有根据的刑事起诉。它们也旨在为保护社区而执行法律提供公平的退路。因为官员们在执行职务中面对的很多情形都是或多或少模棱两可的，应该为他们可能犯下错误而留下余地。但是，这些错误必须是理性人根据事实作出，且该事实能合乎情理地导致他们对盖然性（probability）的推断。合理根据的规则是一个实践性的，不涉及法律技术的概念，对那些经常对立的利益提供最大的包容。对此作更多要求会不适当地妨碍法律的执行。而允许低于此的标准则会使守法的公民受到官员们一时之念或反复无常想法的支配。"

See *Johnson v. United States*, 333 U. S. 10, 14 - 15, 68 S. Ct. 367, 369, 92 L. Ed. 436; *Wrightson v. United States*, 95 U. S. App. D. C. 390, 393 - 394, 222 F. 2d 556, 559 - 560 (1955).

100－102，80 S. Ct. 168，170）中所述的：

> 合理根据的要求植根于我们的历史之中。将被逮捕人的名字留为空白的“一般令状”，以及詹姆士·奥蒂斯（James Otis）猛烈抨击的协助收缴走私物品令状，都延续了允许警察基于怀疑而逮捕和搜查的恣意行为。既然不要求警察向地区法官证明有“合理根据”，警察的控制就取代了司法控制。
>
> ……
>
> 此种原则（反抗这些行为的原则）后来反映于第四修正案中。在此之前和紧随其后的美国早期判例表明，笼统的谣言或告发、怀疑，甚至“具备较强理由的怀疑”都不足以支持逮捕的令状。这个原则持续至今…… p38
>
> 我们认为，严格执行这一（合理根据）标准是非常重要的，因为该标准是由宪法设定的对官员和公民的保护。如果官员依据合理根据行事，即使事后发现公民是无罪的，官员也受保护……尽管附带于合法逮捕的无证搜查在一定限度内被允许；但如果支持附带搜查的逮捕也没有令状，则逮捕的实施必须具备合理根据……官员的豁免权要适度地扩大，就不可能不危及公民的隐私或安全。

根据第四修正案，只有当我们要求警察在实施扣留时具备“合理根据”，“扣留”人而造成的对人身自由的侵犯方为“合理”。只有这样，才能有意义地界分官员纯粹的模糊印象与其亲身经历的事实——该事实的存在，能使一个理性人相信，被扣留的人已经实施、正在实施，或将要实施某个犯罪。“在处理合理根据时，正如这一术语的名称所暗示的，我们是在处理盖然性。它们不具有法律技术性；它们是对合理谨慎的普通人——而非法律专家——在日常生活中采取行动时所进行的事实上和实践中的考虑。”（*Brinegar v. United States*，338 U. S. 160，175，69 S. Ct. 1302，1310）

授予警察比法官更大的权力，是向极权主义的道路迈进了一大步。也许这样的一步对于应对当代的各种违法活动是必要的。但是如果要采取这一步，它应当是人民通过宪法修正案作出的审
p39 慎选择。在与第五修正案[1]紧密关联的第四修正案被重写之前，除非有合理理由相信（有合理根据表明）犯罪活动正在发生或将要发生，个人和个人财产不应受到任何政府官员的干涉。

在我们的历史上，法院一直都承受着强大的压力——要求法院放松宪法的保障，赋予警察有利的地位。这样的压力在今天可能是前所未有的强大。

然而，如果个人不再享有自主权，如果警察不喜欢一个人在某处徘徊时，就可以将其带走，如果警察可以自由地“扣留”或“搜查”个人，那么，我们就进入了一个新的政体。而进入该政体的决定，应当——并只能——在经由这个国家的人民展开充分论辩后才能作出。

1.3 美方评论

特瑞案毫无疑问是最高法院作出的、最重要的第四修正案判例之一。该判例为合理根据创设了一项例外——该判例允许根据低于合理根据的证明标准实施搜查和扣押活动。因此，特瑞案很显然并不认为第四修正案的令状条款居于支配性地位。相反，它毫不掩饰地诉诸第四修正案的合理性条款。在特瑞案中，最高法

[1] See *Boyd v. United States*, 116 U. S. 616, 633, 6 S. Ct. 524, 534, 29 L. Ed. 746. “第四修正案所反对的‘不合理的搜查和扣押’，几乎总是为强迫一个人提供反对自己的证据所用，在刑事案件中，乃第五修正案反对之内容；第五修正案所反对的强迫一个人‘在刑事案件中作反对自己的证人’，解释了什么是第四修正案意义上的‘不合理的搜查和扣押’的问题。”

院通过对以下两方面的利益进行权衡——即，截停—拍身搜查行为所造成的侵害性质以及实施这些侵害行为所带来的控方利益——结论说，对于截停或拍身搜查行为，均不要求必须具有合理根据的支持。相反，如果截停或拍身搜查满足了合理怀疑的要求——这是一种较低的证明标准——那么该截停或拍身搜查行为就是合理的。最高法院的理论根据是，截停或拍身搜查对个人利益造成的危害，要小于逮捕嫌疑人和/或对其实施全面搜查所造成的危害。与逮捕不同，截停只是一种暂时的、程度较小的侵害。与为搜集证据而展开的全面搜查不同，拍身搜查只是为了发现武器而进行的粗略检查。截停或拍身搜查只会造成较小的侵害，而与此同时，此类行为却包含着较高的控方利益。为了根据初步线索对犯罪行为展开调查，往往必须实施截停；而且截停既是预防犯罪的基本工具，又是侦查犯罪的重要手段。至于拍身搜查，则包含着保障警察人身安全这一重要的控方利益。在特瑞案中，最高法院的结论是，如果要求截停和拍身搜查必须满足合理根据的要求，在控方利益和个人利益之间将无法达成一种适度的平衡——由此，不仅无法侦破或预防发生的犯罪数量会高得让人难以接受，而且，在执法活动中，警察还将面临令人难以忍受的巨大风险。

根据合理性标准展开的分析，显然要比根据以下假定展开的分析更具灵活性，即在任何情形下，搜查或扣押行为都必须满足合理根据的要求。一项警察行为是否具有合理性，取决于利益的权衡。在第四修正案语境下，合理性取决于以下两种利益的权衡，即搜查或扣押行为蕴涵的控方利益的性质，以及该行为对个人进行干预的性质。就某类干预行为而言，如果要求其必须满足合理根据的要求，这可能意味着，过于重视个体利益并由此牺牲了控方的利益。根据合理性标准展开的分析应当考虑这一点，并可以得出以下结论：只要能够满足比合理根据低一些的证明标准，就可以实施某类干预活动。

特瑞案对第四修正案判例法的影响怎么强调都不过分。最高法院不仅允许根据低于合理根据的标准实施截停和拍身搜查，而且，它还明确诉诸合理性条款，而不是诉诸规定合理根据标准的令状条款。或许最高法院的本意是将合理性条款及其利益权衡方法仅仅适用于截停和拍身搜查领域。但是，一旦将利益权衡方法应用于某一领域，那么也就无法阻止将其应用于其他的搜查扣押活动。显而易见的例子是，特瑞案以后，根据低于合理根据标准实施的搜查行为现已包括：对公共职员进行吸毒检查，为保护执法官员的人身安全而对住宅进行目光扫视式的搜查，为保护国家不受恐怖主义分子的袭击而在机场和边境实施的搜查。根据特瑞式的、以利益权衡方式进行的合理性考察，上述搜查行为都已经被认定为合理搜查。

一些学者对特瑞案提出了批评。他们认为，根据该案，绝大多数的警民接触开始受制于具有弹性的“合理性”标准，而该标准赋予了警察巨大的裁量自由。特瑞案的明显缺陷之一在于，它赋予了警察太大的裁量权；据此，仅仅因为少数族裔看上去“可疑”，警察就可以对他们实施截停和搜查。少数族裔社区的人们可能会认为，通过特瑞案，最高法院错误地将他们的第四修正案权利置于低于警察安全的位阶。但是，也有学者争辩说，特瑞案的判决是正确的。因为，即使不存在合理根据的支持，为了预防可疑犯罪行为的发生，也应当而且必须允许执法官员采取一定的干预手段。换句话说，如果某执法官员必须等到具有合理根据的时候才能采取行动，那么，他可能也就无法预防犯罪行为发生了——因为犯罪行为可能已经发生过了。而且，如果没有特瑞案，法院系统将不得不在以下两种选择之间首鼠两端：或者，无视街头截停行为的宪法意义；或者，将合理根据的标准适用于此并可能就此作出某种变通。也就是说，我们可以想象到：法院系统将会允许警察对人们实施截停以便对可能发生的犯罪行为展开调查。因此，如果对此适用“合理根据”的标准，那么，慢慢地，法院系统可能会为了允许警察实施此类截停而放松合理根据的要求。总的来说，这将意味着根据这种变通后的标准，更为严重的干预活动也将被获得批准。在此意义上，特瑞案反而可以确保合理根据依然是一项具有实质意义的标准，而且，依然可以将其适用于真正意义上的搜查、扣押活动。

1.4 阅读文献

- Wayne R. LaFave, "*Street Encounters" and the Constitution*: *Terry*, *Sibron*, *Peters*, *and Beyond*, 67 Mich. L. Rev. 39 (1968).
- Scoot E. Sundby, *A Return to Fourth Amendment on the Undoing the Mischief of Camara and Terry*, 72 Minn. L. Rev. 383 (1988).
- John Q. Barrett, *Deciding the Stop and Frisk Cases*: *A Look Inside the Supreme Court's Conference*, 72 St. John's L. Rev. 749 (1998).
- David A. Harris, *Particularized Suspicion*, *Categorical Judgments*: *Supreme Court Rhetoric versus Lower Court Reality Under Terry v. Ohio*, 72 St. John' s L. Rev. 975 (1998).
- Tracey Maclin, *The Decline of the Right of Locomotion*: *The Fourth Amendment on the Streets*, 75 Cornell L. Rev. 1258 (1990).
- Gregory Howard Williams, *The Supreme Court and Broken Promises*: *The Gradual But Continual Erosion of Terry v. Ohio*, 34 How. L. J. 567 (1991).
- David A. Harris, *Frisking Every Suspect*: *The Withering of*

Terry, 28 U. C. Davis L. Rev. 1 (1994).

- Margaret Raymond, *Down on the Corner, Out in the Street: Considering the Character of the Neighborhood in Evaluating Reasonable Suspicion*, 60 Ohio St. L. J. 99 (1999).
- Lewis R. Katz, *Terry v. Ohio at Thirty - Five: A Revisionist View*, 74 Miss. L. J. 432 (2004).

2. 不得为收集证据而拍身搜查：

迪克森案（*Minnesota v. Dickerson*）

508 U. S. 366, 113 S. Ct. 2130 (1993)

2.1 案件信息

- **本案争点**

第四修正案是否允许警察在拍身搜查过程中，凭借触觉发现违禁品并予以扣押?

- **最高法院的判决**

最高法院以9:0的投票结果作出判决，维持了明尼苏达州最高法院的判决。大法官怀特代表最高法院撰写了本案判决。其中，大法官们就判决的第一、第二部分表示一致赞同；对于判决的第三、第四部分，大法官史蒂文斯、奥康纳、斯卡利亚、肯尼迪、苏特表示附和。大法官斯卡利亚发表了协同意见。首席大法官伦奎斯特发表了部分协同、部分反对的意见，大法官布莱克曼和托马斯表示附和。

最高法院判决认为，在拍身搜查过程中，警察可以扣押凭借触觉感知到的违禁品。但是，在本案中，当警察明知被申请人口袋里没有武器后，通过用手指拿捏、撮动等方式确定这是一小块违禁品时，该搜查行为已经超过了特瑞案确定的拍身搜查的界限，因此是非法的。

- **该判例的影响**

该判决明确了警察在实施保护性拍身搜查中的限制条件，即不得为收集证据而拍身搜查。同时，该判例还指出，以有利于警察活动而闻名的伦奎斯特法院也有能够约束警察的权力。

2.2 判决正文

明尼苏达州
诉
蒂莫西·迪克森

第 91－2019 号

1993 年 3 月 3 日进行辩论

1993 年 6 月 7 日作出判决

大法官怀特（Justice White）代表最高法院撰写了本案的判决意见。

在本案中，我们将考察以下问题：第四修正案是否允许警察在保护性拍身搜查中，扣押凭借触觉发现的违禁品？

一

1989 年 9 月 9 日晚上，两名明尼苏达州的警察正驾驶着警车，在城北某地区巡逻。大约晚上 8 时 15 分，一名警察注意到被申请人离开了位于摩根北街的一幢 12 层的公寓楼。警察之前曾对该楼过道里存在毒品交易的投诉作出过回应，并且对此执行过几次搜查令状，认为这栋楼是臭名昭著的“毒窟”。依照初审法院采信的证言，被申请人最初朝警察所在的方向走来，但是当一看到警车，看到一名警察的视线后，他突然停了下来，转身朝相反的方向走去。看到被申请人转身走进公寓楼另一侧的小巷，警察产生了怀疑。基于被申请人躲闪的行为以及他刚刚离开一栋 p369
以毒品交易闻名的公寓楼的事实，警察决定拦截被申请人，并展开进一步调查。

警察将他们的车停在胡同内，命令被申请人停下脚步，接受拍身搜查，但搜查没有发现武器，不过，其中一名执行搜查的警察对被申请人尼龙夹克里的一小块东西产生了兴趣。他之后作证说："当我在对他的全身进行拍身搜查时，在他前面的口袋里摸到了一块东西。我用手摸了摸，滑滑的，感觉像一块装在玻璃纸里的可卡因。"（Tr. 9（Feb. 20，1990））

之后，警察伸进被申请人的口袋，取出了一小包可卡因，有0.2克。于是，被申请人被逮捕，并因持有违禁品罪而在亨内平县（Hennepin）地区法院受审。审判前，被申请人提出排除可卡因的动议。地区法院首先得出结论认为，根据特瑞案（*Terry v. Ohio*，392 U. S. 1，88 S. Ct. 1868，20 L. Ed. 2d 889（1968）），警察有正当理由截停被申请人，从而调查他是否从事犯罪活动。法院进一步认定，警察拍身搜查被申请人，确保他没有携带武器的行为也是正当的。最后，类比"一览无余"法则，警察在合法搜查其他物品时，对一览无余发现的违禁品可以实施无证扣押。初审法院裁决认为，警察对可卡因的扣押没有违反第四修正案：

> 本院认为，警察凭借哪种知觉得出某物品是违禁品的结论并
> p370 无区别。一名经验丰富的警察可以在办理醉酒驾车的案件中依赖他自己的嗅觉，辨别出汽车里燃烧大麻的味道。手枪上膛的声音也会引起警察的一些反应。基于经验和培训，触觉和其他感官一样也是值得信赖的。因此，"一触即知"（plain feel）与一览无余没有区别，二者都支持本案中的扣押。（App. to Pet. for Cert. C－5）

被申请人排除证据的动议没有得到支持，他被交付审判并被判有罪。

在上诉中，明尼苏达州上诉法院撤销原判。法院同意初审法院的以下意见，即根据特瑞案，对被申请人的调查性截停和保护

性拍身搜查是合法的，因为基于被申请人正在进行犯罪活动，可能持有武器、存在危险这一具体、显著的事实，警察的判断具有合理性。但是，法院得出结论认为，警察在扣押可卡因时，逾越了特瑞案所允许的界限。正因为如此，上诉法院“拒绝适用令状要求的一触即知例外”。(469 N. W. 2d 462，466（1991）)

明尼苏达州最高法院维持上诉法院的裁决。和上诉法院一样，该州最高法院认为，“根据特瑞案，对被申请人的截停和拍身搜查，都是合法的，但是对可卡因的扣押是违宪的。”法院明确拒绝“将一览无余原则延伸至触觉”，理由是“触觉本质上比视觉更不直接、更不可靠”，并且“触觉对处于第四修正案核心的个人隐私更具侵犯性。”（481 N. W. 2d 840，845（1992））因此，法院似乎是采纳了一条绝对化的规则，禁止警察在对武器的拍身搜查中，凭借触觉，扣押任何发现的违禁品。法院进一步指出，“即使我们承认‘一触即知’的例外，本案中的搜查也是不 p371
合格的，因为它对被告人的拍身搜查已经远远超过了特瑞案所允许的界限。”（*Id.*，at 843，844，n. 1.）州最高法院对法庭记录的理解是：执行搜查的警察只有在探查和研究他已经明确知道不是武器的物品后，才能确定被申请人夹克里的一小块东西是违禁品。(See *id.*，at 844.)

我们批准调卷令（506 U. S. 814，113 S. Ct. 53，121 L. Ed. 2d 22（1992）），以解决州法院和联邦法院间的下述分歧，即

在拍身搜查中凭借触觉发现的违禁品能否作为证据被采纳。① 现

① 大多数州法院和联邦法院已经承认作为一览无余原则推论的所谓“一触即知”（plain feel）（plain touch）原则。See *United States v. Coleman*, 969 F. 2d 126, 132（CA5 1992）; *United States v. Salazar*, 945 F. 2d 47, 51（CA2 1991）, cert. denied, 504 U. S. 923, 112 S. Ct. 1975, 118 L. Ed. 2d 574（1992）; *United States v. Buchannon*, 878 F. 2d 1065, 1067（CA8 1989）; *United States v. Williams*, 262 U. S. App. D. C. 112, 119 - 124, 822 F. 2d 1174, 1181 - 1186（1987）; *United States v. Norman*, 701 F. 2d 295, 297（CA4）, cert. denied, 464 U. S. 820, 104 S. Ct. 82, 78 L. Ed. 2d 92（1983）; *People v. Chavers*, 33 Cal. 3d 462, 471 - 473, 658 P. 2d 96, 102 - 104（1983）; *Dickerson v. State*, No. 228, 1993 WL 22025, ＊2, 1993 Del. LEXIS 12, ＊3 - ＊4（Jan. 26, 1993）; *State v. Guy*, 172 Wis. 2d 86, 101 - 102, 492 N. W. 2d 311, 317 - 318（1992）. 但是，有些州法院，如本案中的明尼苏达州法院，拒绝这一推论。See *People v. Diaz*, 81 N. Y. 2d 106, 595 N. Y. S. 2d 940, 612 N. E. 2d 298（1993）; *State v. Collins*, 139 Ariz. 434, 435 - 438, 679 P. 2d 80, 81 - 84（Ct. App. 1983）; *People v. McCarty*, 11 Ill. App. 3d 421, 422, 296 N. E. 2d 862, 863（1973）; *State v. Rhodes*, 788 P. 2d 1380, 1381（Okla. Crim. App. 1990）; *State v. Broadnax*, 98 Wash. 2d 289, 296 - 301, 654 P. 2d 96, 101 - 103（1982）; cf. *Commonwealth v. Marconi*, 408 Pa. Super. 601, 611 - 615, and n. 17, 597 A. 2d 616, 621 - 623, and n. 17（1991）, *appeal denied*, 531 Pa. 638, 611 A. 2d 711（1992）.

在我们维持明尼苏达州最高法院对本案的判决。[①] p372

二

（一）

第四修正案，经由第十四修正案（*Mapp v. Ohio*，367 U. S. 643，81 S. Ct. 1684，6 L. Ed. 2d 1081（1961））适用于各州，确保"个人的人身、住宅、文件和财产不受不合理搜查和扣押的权利，不得侵犯。"本院再三重申，"未经法官或者地方法官预先批准，在司法程序之外执行的搜查和扣押，依据第四修正案，本质上都是不合理的——只有几个明确规定并详细描述的例外"。（*Thompson v. Louisiana*，469 U. S. 17，19－20，105 S. Ct.

---

① 在讨论第四修正案争点的核心问题之前，我们必须先解决被申请人就本案提出的无须予以讨论的主张。在被申请人被认定持有毒品罪成立后，初审法院根据可易科刑罚制度（a diversionary sentencing statute），判决被申请人缓刑两年。依照可易科刑罚制度，定罪判决没有被呈递，基于被申请人成功服完缓刑的事实，原始的控诉将予以撤销。See Minn. Stat. § 152. 18（1992）被申请人主张，通过撤销原先的有罪控诉，本案已没有必要进行 。但是我们经常评论说，"刑事被告人对服完刑的判决还会存在以下可能性——受到'间接法律后果'的影响"，排除了案件无须被讨论的认定。*Pennsylvania v. Mimms*，434 U. S. 106，108，n. 3，98 S. Ct. 330，332，n. 3，54 L. Ed. 2d 331（1977）（per curiam）；see also *Evitts v. Lucey*，469 U. S. 387，391，n. 4，105 S. Ct. 830，833，n. 4，83 L. Ed. 2d 821（1985）；*Sibron v. New York*，392 U. S. 40，53－58，88 S. Ct. 1889，1897－1900，20 L. Ed. 2d 917（1968）本案中，明尼苏达州法律规定，以认定被申请人有罪终结的程序，不应被看做因为定罪或者其他原因，法律施加的剥夺资格或者丧失能力的定罪。Minn. Stat. § 152. 18（1992）然而，法律也规定，根据制定法撤销指控的非公共的控诉记录"应该由公共安全部门保留，在之后不利于被申请人的程序中，为法院决定该程序的核心问题时所用。"（*Ibid.*）在解释这一规定时，明尼苏达州最高法院认为，"若被告人今后在法律上碰到麻烦，制定法将考虑使用此类记录"。*State v. Goodrich*，256 N. W. 2d 506，512（1977）此外，第八巡回区上诉法院认为，在之后依联邦法的定罪中，估算被告人刑事前科的类别时，可以包含转换刑罚执行方式的最终处理决定。*United States v. Frank*，932 F. 2d 700，701（1991）因此，我们必须得出结论认为，复原对被申请人的控诉的记录将会带来间接的法律后果，因此，一个与当前利益有关的辩论仍然存在。

409，410，83 L. Ed. 2d 246（1984）（*per curiam*）（quoting *Katz v. United States*，389 U. S. 347，357，88 S. Ct. 507，514，19 L. Ed. 2d 576（1967）（footnotes omitted））；（*Mincey v. Arizona*，437 U. S. 385，390，98 S. Ct. 2408，2412，57 L. Ed. 2d 290（1978）；see also *United States v. Place*，462 U. S. 696，701，103 S. Ct. 2637，2641，77 L. Ed. 2d 110（1983））特瑞案（*Terry v. Ohio*，392 U. S. 1，88 S. Ct. 1868，20 L. Ed. 2d 889（1968））认可的例
p373 外之一是，该案判决认为，“如果警察观察到了不寻常的行为，凭借他的经验可以合理地推论说有犯罪行为正在发生时……”警察就可以暂时截停那个可疑的人，进行“合理盘问”，以确认或消除他自己的怀疑。（*Id.*，392 U. S.，at 30，88 S. Ct.，at 1884；see also *Adams v. Williams*，407 U. S. 143，145－146，92 S. Ct. 1921，1922－1923，32 L. Ed. 2d 612（1972））

特瑞案的判决意见进一步认为，“当警察有正当理由相信他正在近距离调查的、举止可疑的人带有武器，并对警察和其他人构成即时的危险时”，警察可以执行拍身搜查“以判定那个人事实上是否携带有武器。”（392 U. S.，at 24，88 S. Ct.，at 1881）这一有限搜查的目的不是发现犯罪证据，而是允许警察在不担心武力威胁的情形下，继续侦查……（*Adams*，*supra*，at 146，92 S. Ct.，at 1923）不过，保护性搜查——允许没有令状、未达合理根据，只基于合理怀疑——必须被严格“限制在为发现可能用以伤害警察或周围其他人的武器所必要的限度内”。（*Terry*，*supra*，at 26，88 S. Ct.，at 1882；see also *Michigan v. Long*，463 U. S. 1032，1049，and 1052，n. 16，103 S. Ct. 3469，3480－3481，and 3482，n. 16，77 L. Ed. 2d 1201（1983）；*Ybarra v. Illinois*，444 U. S. 85，93－94，100 S. Ct. 338，343－344，62 L. Ed. 2d 238（1979））如果保护性搜查超过了确定嫌疑人是否持有武器所必要的限度，根据特瑞案，它就不再是合法的，它的果实就会被排除。（*Sibron v. New York*，392 U. S. 40，65－66，88 S. Ct. 1889，

1904，20 L. Ed. 2d 917（1968））

25 年前的同一天，在本院宣布特瑞案和斯布朗案（*Sibron*）的判决时，这些原则就已经确立了下来。今天所呈现的问题是，警察在执行特瑞案所允许的保护性拍身搜查行为时，是否可以扣押其间发现的不具危险性的违禁品。我们认为，答案很清楚，只要警察的搜查在特瑞案标明的界限内，它们就是被允许的。

（二） p374

我们已经裁决，至少在一些情形下，警察可以扣押在合法执行特瑞式搜查中发现的违禁品。例如，在前述朗案（*Michigan v. Long*）中，警察接近一个将自己的车开到了沟渠里、显然受到醉酒影响的人。当那个人从路边重新进入车内时，警察看到在车内的地板上有一把刀。警察拦下那个人，对他进行拍身搜查，然后发现车内存有其他武器。在搜查乘客车厢时，警察发现了一个打开的袋子，里面有大麻，于是扣押了他。本院依据特瑞规则支持搜查和扣押的合法性。首先，本院认为，在路边相遇的情景下，警察基于具体的、可言说的事实，合理怀疑司机可能持有武器、存在危险时，他们可以进行针对武器的保护性搜查，搜查范围不仅包括司机人身还包括汽车的乘客车厢。（463 U. S.，at 1049，103 S. Ct.，at 3480－3481）当然，对汽车进行保护性搜查的正当理由，仅仅是因为藏在那里的武器存在被用来袭击警察或者旁观者的危险。因此，搜查的范围必须“限制为可能放置或隐藏武器的地方”。（*Ibid.*）接着，法院认为，“如果在对汽车内部实施合法的特瑞式搜查时，如本案中那样，警察发现了违禁品而不是武器时，那么，显而易见的是，要求警察无视这些违禁品是不可能的，第四修正案也不会要求在此情形下排除此类证据”。（*Id.*，at 1050，103 S. Ct.，at 3481；accord，*Sibron*，392 U. S.，at 69－70，88 S. Ct.，at 1905－1906（White，J.，concurring）；*id.*，at 79，88 S. Ct.，at 1910（Harlan，J.，concurring in result））

审理朗案的最高法院，通过参考我们先前根据“一览无余”原则所作的判例，将上述后一判决意见正当化。（See *Long*, *supra*, at 1050, 103 S. Ct., at 3481; see also *United States v. Hensley*, 469 U. S. 221, 235, 105 S. Ct. 675, 683－684, 83 L. Ed. 2d 604（1985）（支持在特瑞式截停的情形下一览无余地扣
p375 押））根据该原则，如果警察合法地处于某一位置，看到了一样物品，且该物品的归罪性特征非常明显，而警察又有权拿到那个物品，那么他们就可以在没有令状的情况下将它扣押。（See *Horton v. California*, 496 U. S. 128, 136－137, 110 S. Ct. 2301, 2307－2308, 110 L. Ed. 2d 112（1990）; *Texas v. Brown*, 460 U. S. 730, 739, 103 S. Ct. 1535, 1541－1542, 75 L. Ed. 2d 502（1983）（plurality opinion））但是如果警察不通过进一步的搜查——如“它的归罪性特征没有那么直接、那么明显”（*Horton*, *supra*, 496 U. S., at 136, 110 S. Ct., at 2308）——就没有合理根据相信眼前的物品是违禁品时，一览无余的原则就不能使该扣押行为正当化。（*Arizona v. Hicks*, 480 U. S. 321, 107 S. Ct. 1149, 94 L. Ed. 2d 347（1987））

我们认为，这个原则显然可以类推适用于以下案件：即在合法的搜查中，警察通过触觉发现了违禁品。一览无余原则的基本理论是，如果违禁品处于一览无余的状态，并被依法出现在某一地点的警察看见了，那么该行为并没有侵犯正当的隐私期待，因此，不构成第四修正案意义上的“搜查”——或者说，至少不会在警察出现在该地点这一初始干预活动之外构成独立的搜查。（See *Illinois v. Andreas*, 463 U. S. 765, 771, 103 S. Ct. 3319, 3324, 77 L. Ed. 2d 1003（1983）; *Texas v. Brown*, *supra*, at 740, 103 S. Ct., at 1542）以此方式对违禁品的无证扣押，被认为是正当的，因为我们意识到，在此情形下诉诸中立的地方法官是不现实的，对促进第四修正案的目标也没有任何帮助。（See *Hicks*, *supra*, at 326－327, 107 S. Ct., at 1153; *Coolidge v. New Hampshire*,

403 U. S. 443，467－468，469－470，91 S. Ct. 2022，2028－2029，2040，29 L. Ed. 2d 564（1971）（opinion of Stewart，J.））这也同样适用于通过触觉发现的违禁品。如果一个警察合法地对嫌疑人的外套进行拍身搜查，并摸到了一样东西，它的形状和质感能立刻明显地反映出它是什么，那么在授权警察搜查武器时可以侵犯的隐私之外，再没有侵犯嫌疑人的其他隐私；如果物品是违禁品，那么，内在于一览无余原则情形中的同等的实际考量因素，也能使对该物品的无证扣押正当化。① p376

明尼苏达州最高法院拒绝类推适用一览无余原则的理由有两个：第一，它相信"触觉在本质上比视觉更不直接、更不可靠"；第二，"触觉对处于第四修正案核心地位的个人隐私具有更大的侵犯性"。（481 N. W. 2d，at 845）我们对此持不同的观点：第一，特瑞案本身就表明触觉是足够可靠的，能表现物品的特征，具有充分的可靠性来支持扣押。毕竟，特瑞案的前提是警察能够通过触觉发现武器的存在，特瑞案恰好支持这种扣押。即使触觉一般比视觉更不可靠这一说法是正确的，那也仅仅表明，警察无法经常性地证明对看不到的违禁品进行扣押是正当的。无论警察是依靠触觉还是视觉发现违禁品，第四修正案关于警察在扣押前有合理根据相信此物品是违禁品的要求，能够确保不会存

① 每个案件中的警察在无意接触到一个能够将被指控者定罪的证据时，对于其侵犯行为都要有一个预先的正当理由。这个原则用来补充之前的正当理由，允许无证扣押。*Coolidge v. New Hampshire*，403 U. S. 443，466，91 S. Ct. 2022，2038，29 L. Ed. 2d 564（1971）（opinion of Stewart，J.）.

p377 在过分的投机性扣押。① 第二，法院第二个担心——触觉比视觉对隐私的侵犯性更大——依据以下事实是不合适的，即法院担心此类侵犯已经得到了合法搜查武器的授权。对已知物品的扣押不会引起对隐私权的进一步侵犯。（See *Soldal v. Cook County*, 506 U. S. 56, 66, 113 S. Ct. 538, ——, 121 L. Ed. 2d 450（1992）; *Horton*, *supra*, at 141, 110 S. Ct., at 2310; *United States v. Jacobsen*, 466 U. S. 109, 120, 104 S. Ct. 1652, 1660, 80 L. Ed. 2d 85（1984））相应的，嫌疑人的隐私利益也不会因下述绝对化的规则而获得更好的保护——禁止扣押依触觉即能查明的违禁品。

三

剩下的就是将这些原则适用于本案的事实。被申请人对初审法院的下述事实认定没有提出质疑，即根据特瑞案，警察拦截和拍身搜查武器的行为是正当的；并且，该事实认定也得到了上诉法院和州最高法院的支持。因此，摆在本院面前的决定性问题

---

① 我们也注意到，本院在依巴拉案（*Ybarra v. Illinois*, 444 U. S. 85, 100 S. Ct. 338, 62 L. Ed. 2d 238（1979））中的意见，似乎考虑到了以下一种可能性：警察可以获得合理根据，使依触觉扣押违禁品的行为正当化。在那个案件中，警察已经进入了旅店，对顾客进行拍身搜查。在拍身搜查依巴拉时，一个“警察摸到了被他形容为‘一包藏有物品的香烟盒’”并扣押了它，发现了里面的海洛因。*Id.*, at 88－89, 100 S. Ct., at 340－342. 控方争辩说，这个扣押是合宪的，因为在合法的特瑞式拍身搜查中，警察有合理根据相信依巴拉携带着违禁品。*Ybarra*, *supra*, at 92, 100 S. Ct., at 342－343. 本院基于以下理由拒绝了这一主张，即“对依巴拉最初的拍身搜查并没有得到有关他持有武器、有当场危险性——为特瑞案（*Terry*. 444 U. S., at 92－93, 100 S. Ct., at 343）所要求——的合理怀疑的支持”，法院进一步说，“既然我们得出结论认为，最初对依巴拉的拍身搜查没有根据第四和第十四修正案而获得正当理由，我们就没有必要裁决，出现在依巴拉身上的‘藏有物品的香烟盒’究竟是否提供了相信依巴拉携带任何违禁品的合理根据”。*Id.*, at 93, n. 5, 100 S. Ct., at 343, n. 5. 法院的分析并没有指出存在下述绝对化的禁止性规定，即禁止扣押在特瑞式拍身搜查中用手发现的违禁品；相反，法院的分析事实上似乎是恰恰相反。

是：执行搜查的警察在具有合理根据相信被申请人夹克中的小块物品就是违禁品时，他的行为是否属于特瑞案标明的界限内。州地区法院在这一点上没有作出准确的事实认定，相反，只是简单地认定，警察在被申请人口袋内摸到“一小包硬硬的物品”后，“认为这个物品就是可卡因”。（App. to Pet. for Cert. C－2）地区 p378
法院也注意到，警察“没有主张他怀疑这个物品是武器”（*id.*，at C－5）这一事实认定得到了上诉法院的支持。（See 469 N. W. 2d，at 464（警察“从未想过这一小块东西是武器”））明尼苏达州最高法院在对法庭记录“仔细审查”后认为，警察自己的证言不足以证明“他‘立刻’认出这一小块物品就是可卡因”。（See 481 N. W. 2d，at 844）相反法院得出结论认为，警察只有在“挤压、移动并以其他方式作用于被告人口袋内的物品”之后——“此时警察已经知道口袋中没有武器”——才能确定这一小块物品就是违禁品。（*Ibid.*）

根据州最高法院对法庭记录的解释，法院的以下判决意见显然是正确的，即本案中的警察逾越了特瑞规则关于“严格限制”武器搜查的界限。（See *Terry*，392 U. S.，at 26，88 S. Ct.，at 1882）但是如本案这样，当“一名警察为搜查一件物品但扣押的却是另外一件物品”时，本院对“下述危险保持警惕”就是正确的：警察将会把由令状或紧急情况提供的具体授权，扩张为一般令状的授权，进而恣意进行搜查扣押。（*Texas v. Brown*，460 U. S.，at 748，103 S. Ct.，at 1546－1547（Stevens，J.，concurring in judgment））本案中，警察在确知口袋里没有武器后继续探究的行为与“特瑞案中搜查的唯一正当理由——保护警察和周围的人”无关。（392 U. S.，at 29，88 S. Ct.，at 1884）因此，它已上升为一种为特瑞案所明确拒绝授权的证据搜查（see *id.*，at 26，88 S. Ct.，at 1882），我们在之后的案件中也禁止此类做法。（See *Michigan v. Long*，463 U. S.，at 1049，n. 14，103 S. Ct.，at 3480－3481；*Sibron*，392 U. S.，at 65－66，88

S. Ct.，at 1904）

在下述情形中，对一览无余原则的再一次类推适用也是合理的。在希克斯案（*Arizona v. Hicks*，480 U. S. 321，107 S. Ct. 1149，94 L. Ed. 2d 347（1987））中，本院认为，警察在执行对其他证据
p379 的搜查时，对被盗音响设备的扣押是不合法的。尽管警察合法地进入了住宅，但是，只有在移动音响设备并阅读到它的系列号后，他们才获得了合理根据相信这套音响设备是违法所得。之后扣押设备的行为不能获得一览无余原则的授权，本院解释道，因为该音响设备的归罪性特征不是一眼就能看出来的，相反是在进一步搜查、移动设备之后，才有合理根据相信这套设备是被盗物品。但是，该进一步的搜查没有得到搜查令状或者令状要求例外的授权。本案的事实也很相似。尽管警察在摸到被申请人口袋中小块物品时所处的位置是合法的，因为特瑞案允许他将手放在被申请人的口袋上，但是下级法院认为，物品的归罪性特征并非十分明显。相反，警察只有在进一步搜查后才能判定这是不是违禁品。但是，该进一步的调查并不能得到特瑞案或者其他令状要求例外的授权。因为对被申请人口袋的进一步搜查是违宪的，之后扣押可卡因的行为也是违宪的。（*Horton*，496 U. S.，at 140，110 S. Ct.，at 2309－2310）

四

基于这些理由，维持明尼苏达州最高法院的判决。

大法官斯卡利亚（Justice Scalia）发表了协同意见。

我认为，宪法性判决的基本原则是，宪法中术语的含义应该与它们被批准时所赋予的含义相一致。因此，既然第四修正案规定“个人的人身、住宅、文件和财产不受不合理搜查和扣押的权利，不得侵犯，”那么，就应该按照它被批准时所认为的什么
p380 是不合理的搜查和扣押予以解释。（*Carroll v. United States*，267

U. S. 132, 149, 45 S. Ct. 280, 284, 69 L. Ed. 543 (1925); see also *California v. Acevedo*, 500 U. S. 565, 583 – 584, 111 S. Ct., at 1982, 1993, 114 L. Ed. 2d 619 (1991) (Scalia, J., concurring in judgment)) 换句话说，这一规定的目的就是旨在把对个人隐私、财产不可侵犯性的尊重保持在批准此规定时的状态——即使在之后道德减损的年代已经习惯于将各种侵犯都视为"合理"。

我对本案的质疑在于，我并不完全相信，发现本案争议证据的人身搜身——"拍身搜查"符合宪法的标准。我们支持此类搜查的判决（*Terry v. Ohio*, 392 U. S. 1, 88 S. Ct. 1868, 20 L. Ed. 2d 889 (1968)），并没有试图与传统标准保持一致，而是依照本院当时的风格，按照流行意见，简单地判决这种搜查是"合理的"。(*Id.*, at 22 –27, 88 S. Ct., at 1880 – 1883)

我认为，存在合适的证据证明特瑞案"截停和拍身搜查"判决中的"截停"部分与普通法是一致的——羁押可疑的人并要求他们对自己的行为作出解释的做法，长久以来都被认为是合理的。这可以在普通法的先例中，尤其是在所谓的夜行人法律(night – walker statutes) 中得到体现。(See Statute of Winchester, 13 Edw. I, Stat. 2, ch. 4 (1285); Statute of 5 Edw. Ⅲ, ch. 14 (1331); 2 W. Hawkins, Pleas of the Crown ch. 13, § 6, p. 129 (8th ed. 1824) ("认为该制定法是在判决确认普通法的基础上制定的，而且根据普通法，每个人都可以逮捕任何可疑的夜行者，羁押他直到他对自身作出了合理的解释"); (1 E. East, Pleas of the Crown ch. 5, § 70, p. 303 (1803) ("据说……根据普通法，每个人都可以逮捕任何可疑的夜行者，羁押他直到他对自身作出了合理的解释"); see also M. Dalton, The Country Justice ch. 104, p381 pp. 352 – 353 (1727); A. Costello, Our Police Protectors: History of the New York Police 25 (1885) (citing 1681 New York City regulation); 2 Perpetual Laws of Massachusetts 1788 – 1798, ch. 82, §

2，p. 410（1797 Massachusetts statute））

但是，我尚不知有对被短暂羁押盘问之人进行搜身的先例。当然，有时对一个可疑的人的短暂羁押会上升为基于合理根据的完全羁押性的逮捕。例如，当嫌疑人不能对他自身的行为给出充足的理由时。在那一点上，很清楚，普通法允许的不仅仅是保护性的“拍身搜查”，而是附带于逮捕的全面搜身。然而，当羁押还没有上升至完全展开的逮捕程度时（具有该目的所需的特定程度的理由），在普通法上似乎没有足够的理由支持对嫌疑人搜身。（See Warner，*The Uniform Arrest Act*，28 Va. L. Rev. 315，324（1942）（“在普通法上，如果一个巡夜者碰到了一个形迹可疑的夜行者时，他可以逮捕他，之后搜查他的武器，但是，他没有权力在逮捕之前先进行搜查”）；Williams，*Police Detention and Arrest Privileges – England*，51 J. Crim. L.，C. & P. S. 413，418（1960）（“当一个嫌疑犯被怀疑持有攻击性武器时，警察在决定逮捕他之前，是否可以通过轻拍他的口袋以搜查武器？没有这样的英国先例……”））

此外，坦白地说，我对下述事项表示怀疑：那些批准第四修正案、桀骜不驯的人是否会允许仅仅因为被怀疑持有武器和存在人身危险，而使他们自己遭遇如下的侮辱——这在警察手册中被描述为：

> 检查嫌疑人的脖子和衣领。检查嫌疑人的胳膊以下部位。接
> p382 下来，检查后背以上部分。后背以下也应该检查。检查胸部以上和腹部周围以下的部位。也应该检查腰带，因为嫌疑人喜欢把东西藏在那里。搜查大腿内侧和胯部，检查双腿看是否藏有武器。最后应检查的是他的鞋子和袖口。（J. Moynahan，*Police Searching Procedures* 7（1963）（citations omitted））

另一方面，即使逮捕之前的“拍身搜查”在1791年不被允许，但到1868年通过第十四修正案（将第四修正案适用到各州

的基础）时，它可能就被允许了。或者，也可能仅当隐藏在一臂开外的武器能迅速伤害询问者时——这可能会改变传统标准下的“合理性”判断。但是，在特瑞案和在最初的州法律中一样，都没有讨论该技术性的变化。

如果我认为特瑞案的判决是错误的（在“拍身搜查”有关的范围内），我将——即使我认为应当遵循特瑞案——投票排除附带被发现的证据，原理在于，有一半的宪法保护总比没有强。如果我同意特瑞案所阐明的下述意见，即最初含义无关紧要，好的政策就是符合宪法的政策，那么，我也可能会投票排除它。作为一个政策性事项，也许要求允许“拍身搜查”武器，但绝不是要求通过采信武器以外的证据，来鼓励“拍身搜查”毒品。

尽管如此，我遵循最初的含义。尽管我并不支持特瑞案的分析模式，我也不能说它的结果是错误的。本案中“拍身搜查”的合宪性既没有被质疑，也没有被争论。因此，假定搜查是合法的，我同意本院所确立的下述前提，即在这一过程中附带发现的证据都是不可采的，并完全同意本院的意见。 p383

首席大法官伦奎斯特（Chief Justice Rehnquist）发表了部分同意部分反对的意见，大法官布莱克曼（Justice Blackmun）和大法官托马斯（Justice Thomas）表示附和。

我同意本院第一、第二部分的意见。但是，不同于本院判决，我宁愿撤销明尼苏达州最高法院的判决，将案件发回该法院进行重审。

在我看来，本院的如下陈述是正确的，即“摆在本院面前的决定性问题是，执行搜查的警察在他获得合理根据相信被申请人夹克中的小块物品是违禁品时，他的行为是否在特瑞案（*Terry v. Ohio*，392 U. S. 1，88 S. Ct. 1868，20 L. Ed. 2d 889（1968））所标明的界限内”。（*Ante*，at 2138）然后，本院继续指出，州初审法院在这点上没有作出精确的事实认定，但是却接受了明尼苏达州最高法院作出的上诉事实认定。而我认为，该事实认定和初审法院的认定一样，都是不精确的，因为它没有明确地把注意力放在警察有无合理根据相信小块物品是违禁品的问题上。因为明尼苏达州最高法院对第四修正案所作的分析明显不同于本院的理解，我将会撤销它的判决，并将本案发回该法院进行重审；重审不得与本判决相违。

2.3 美方评论

在实施合法搜查时，如果执法官员仅仅通过拍触的方式就能判断出某物品是否属于犯罪证据或违禁物品，那么他就有权根据“一览无余规则”对该物品实施扣押。在迪克森案中，最高法院正确地指出，在概念上，一览无余与一触即知之间并不存在任何区别。如果执法官员在实施合法搜查过程中碰巧发现了某物品，而且有合理根据相信该物品属于犯罪证据，那么允许对该物品进行无证扣押。的确，与“看”相比，“拍触”尚缺乏明确的界定，但是这仅仅意味着：通过拍触的方式，执法官员很难形成有合理根据的判断；受此影响，据此进行扣押的情形并不会经常发生。但是，这并不意味着，在法律层面上，禁止根据一触即知实施无证扣押。

迪克森案的另外一个重要方面在于：该案重申，为了适用一览无余规则，执法官员必须是在进行合法的执法活动。在迪克森案中，执法官员并不能满足这一要件的要求。在进行合法的特瑞式拍身搜查过程中，执法官员采取的不仅仅是拍触的方式。相反，为了确定该物品是否属于违禁物品，他还对该物品进行了揉搓。最高法院判决认为，这种具有攻击性的活动已经超出了特瑞案所允许的拍身搜查的限度。同样，该物品的归罪性特征也并不像希克斯案要求的那样一目了然。因此，最高法院判决认为，本案的可卡因是以非法方式取得的。就此而言，迪克森案不仅重申了一览无余规则的限制性条件，而且重申了特瑞规则的限制性条件。根据特瑞案，只有为保护警察确有必要时，根据合理怀疑实施搜查才是允许的，即不能为了搜查犯罪证据而实施特瑞式拍身搜查。在迪克森案中，执法官员通过对迪克森的衣服口袋进行拍触，已经排除了衣袋里的物品是武器的可能性，对该物品采取进一步的拍触活动肯定是出于发现证据的目的，而不是出于保护自己的需要。因此，根据特瑞案，该搜查活动是违法的。

2.4 阅读文献

- John A. Cecere，*Searches Woven from Terry Cloth*：*How the Plain Feel Doctrine Plus Terry Equals Pretextual Search*，36 B. C. L. Rev. 125（1994）.
- Anne Bowen Poulin，*The Plain Feel Doctrine and the Evolution of the Fourth Amendment*，42 Vill. L. Rev. 741（1997）.

3. 是否构成截停：

门登霍尔案（*United States v. Mendenhall*）

446 U. S. 544, 100 S. Ct. 1870 (1980)

3.1 案件信息

- **本案争点**

警察在机场与被申请人接触，之后被申请人跟随警察来到附近的缉毒局办公室；在此过程中，被申请人是否已经被扣押，她的同意是否出于自愿？

- **最高法院的判决**

最高法院以5:4的投票结果作出判决，宣布撤销上诉法院的判决，发回重审。大法官斯图尔特代表最高法院撰写了本案判决，大法官伦奎斯特表示附和。大法官鲍威尔发表了部分协同意见，首席大法官伯格和大法官布莱克曼表示附和。大法官怀特发表了反对意见，大法官布伦南、马歇尔和史蒂文斯表示附和。

最高法院判决认为，警察与被申请人的最初接触不构成扣押；之后，被申请人是自愿跟随警察前往缉毒局办公室的，而且，该同意是自愿作出的。

- **该判例的影响**

该判决模糊了扣押的界限和标准，扩大了毒贩肖像的运用范围，重申了综合全案情形的自愿性判断标准。

3.2 判决正文

美国联邦政府
诉
希尔维亚·L.门登霍尔

第78－1821号

1980年2月19日进行辩论

1980年5月27日作出判决

1980年6月30日驳回了再次辩论的请求

大法官斯图尔特（Mr. Justice Stewart）代表最高法院宣布了本案判决并撰写了本案的判决意见，大法官伦奎斯特（Mr. Justice Rehnquist）表示附和。*

被申请人因被指控持有海洛因并意图销售罪在美国密歇根州
p547 东部地区法院被诉诸审判。她在审判中提出动议，要求排除作为不利证据的海洛因，理由是，这些证据是由缉毒局（Drug Enforcement Administration）执法官员通过违宪的搜查和扣押而获得的。地区法院驳回了被申请人的动议，基于证据契约中的事实，她被判有罪。上诉法院撤销原判（596 F. 2d 706），认定对被申请人的人身搜查是不合法的。我们批准了调卷令，以期考虑根据本案呈现的情形，被申请人所享有的、为第四修正案所保障的任何权利，是否受到了侵犯。(444 U. S. 822，100 S. Ct. 42，62 L. Ed. 2d 29)

---

* 首席大法官以及大法官布莱克曼、鲍威尔表示附和，但对该判决意见的第二部分第一小节（Part Ⅱ－A of this opinion）提出了保留。

二

关于指控被申请人持有毒品罪中的海洛因是如何获得的，初审法院已经通过排除证据的动议庭审过程予以明确。1976年2月10日清晨，被申请人搭乘洛杉矶始发的商务航班，到达了底特律都市机场。她一下飞机，就引起了两名缉毒官员的注意，他们是专为侦查非法毒品交易而出现在机场的。通过观察被申请人的举动，他们认为她符合非法携带毒品的人身特征①。于是在她穿过机场大厅时，他们走到她身边表明了联邦执法官员的身份，并要求查看她的身份证件和机票。被申请人出示了她的驾照，显 p548
示的名字是门登霍尔。她在回答其中一个人的提问时指出，她就住在驾照所标明的地址。但机票上的名字却是"安妮特·福特"。当问到为什么机票上的名字和她自己的名字不同时，被申请人回答说"就想用那个名字"。被申请人在回答另一个问题时指出，她在加利福尼亚只停留了两天。之后，执法官员安德森明确表明他是一名联邦缉毒执法官员。根据他的证词，被申请人"变得相当惊慌，十分紧张，甚至不能流利地讲话"。

执法官员安德森把机票和驾驶证还给被申请人之后，问她是否愿意跟随他去机场的缉毒局办公室接受进一步的询问。尽管法庭记录没有显示她对于此项要求口头上有什么回应，但她确实这么做了。办公室位于一段台阶之上，离最初与被申请人交谈的地方有50英尺远。该办公室包含一个邻接其他三个房间的接待处。到了办公室，执法官员问她是否同意对她的人身和手提包进行搜

① 执法官员作证说，被申请人的举止很符合所谓的"毒贩肖像"——一种非正式的被认为是携带非法毒品之人典型特征的抽象集合。在本案中，执法官员认为下述事实是有关的：（1）被申请人乘坐的航班来自洛杉矶，这个城市被执法官员视为底特律大多数海洛因的来源地；（2）被申请人是最后一个离开飞机的乘客，"显得很紧张"，"仔细地观察了执法官员所站的所有地方"；（3）在离开飞机后，被申请人走过了行李区，没有认领任何行李；（4）被申请人改变了她离开底特律的航班。

查，并且告知她，如果不愿意的话，她有权拒绝搜查。她回答："搜吧"。然后，她把钱包交给执法官员安德森，里面有一张签给"F. 布什"的机票收据。这是一张三天前从匹兹堡经由芝加哥到洛杉矶的机票。执法官员问这张机票是不是她飞往加利福尼亚的那张，被申请人说是的。随后，一名女警察赶来对被申请人的人身进行搜查。她问执法官员被申请人是否已经同意搜查，执法官员说是的。被申请人跟着女警察进入一间隐秘的房间。在那
p549 里，女警察又询问被申请人是否同意搜查，被申请人回答是的。女警察解释说，搜查要求被申请人脱掉她的衣服。被申请人说，她要赶飞机，女警察保证说，如果她没有携带违禁品，赶上飞机不成问题。然后，被申请人开始脱衣服，没有再表示异议。在被申请人脱衣服的过程中，她从内衣中取出了两小包东西交给女警察。一包看上去含有海洛因。之后，执法官员以持有海洛因为由将被申请人逮捕。

正是基于这一证据，地区法院驳回了被申请人关于证据排除的动议。法院得出结论认为，依据特瑞案（*Terry v. Ohio*，392 U. S. 1，88 S. Ct. 1868，20 L. Ed. 2d 889）和布里格恩尼—庞斯案（*United States v. Brignoni - Ponce*，422 U. S. 873，95 S. Ct. 2574，45 L. Ed. 2d 607）的标准，执法官员从最初接近被申请人到要求查看她的机票和身份证件的行为，都是法律所允许的调查性截停，并认定上述行为是基于具体的、可言说的事实——它能够作为怀疑存在犯罪活动的正当理由。法院同样也认定，当被申请人被要求跟随执法官员去缉毒局办公室时，她没有处于被逮捕或者羁押的状态，她的这一行为是出于"自愿的、明显合作的态度"。在法院看来，在发现海洛因之前，不存在逮捕。最后，法院认定被申请人"（在缉毒局办公室）中对搜查是同意的，且这一同意是自由、自愿地作出的。"

上诉法院随后撤销了对被申请人的定罪，但仅仅论述说，"法院得出结论认为，本案与麦克卡勒布案（*United States v.*

McCaleb, 552 F. 2d 717（CA6 1977））没有差别[①]”。在麦克卡勒布案中，上诉法院排除了由缉毒官员在底特律机场扣押得到的海洛因，而此情形实质上与本案的情形是相似的。[②] 在那个案件 p550
中，上诉法院不支持控方对所谓“毒贩肖像”的信赖，认为执法官员在此情形下对犯罪活动不具有合理怀疑，因为“那个被缉毒官员观察的人的行为，符合一个无辜人的举止”。（*Id.*，at 720）在麦克卡勒布案中，上诉法院进一步得出结论认为，即使最初允许执法官员走近嫌疑人并进行攀谈，但随之要求嫌疑人跟随执法官员去隐秘的房间接受进一步询问的行为已经构成了逮捕，需要合理根据的支持。最后审理麦克卡勒布案的法院认为，在那个案件中同意搜查不是自愿作出的，主要因为那是法院相信同意搜查是违宪羁押的后果。

在对本案进行的全体法官出席的复审中，上诉法院重新肯定了它之前的裁决，仅仅表明，被申请人对搜查的同意无效，“没有超出麦克卡勒布案的意义范围”。(596 F. 2d 706，707)

二

宪法第四修正案规定：“个人的人身、住宅、文件和财产不受不合理搜查和扣押的权利，不得侵犯……”毫无疑问，在本案中，当被申请人走过底特律机场大厅时，她享有这一人身安全的宪法权利。因为“第四修正案保护的是人，而不是场所。”(*Katz v. United States*, 389 U. S. 347，351，88 S. Ct. 507，511，19 L. Ed. 2d 576）在本案中，控方承认执法官员在搜查被申请人的人身时，既没有搜查令状，也没有相信被申请人携带违禁品的合 p551

---

① 上诉法院的意见和地区法院的意见都没有公布。

② 然而，在麦克卡勒布案中有一个情节是本案所没有的。尽管在那个案件中，被搜查人被告知他们有权拒绝同意搜查他们的行李，但同时他们也被告知，如果他们拒绝的话，他们会被当场扣押，直到执法官员获得搜查令状。552 F. 2d，at 719. 在本案中，上诉法院显然认为，这一区别是不相关的。

理根据。然而，基于控方的立场，搜查是依据被申请人的同意进行的，[1] 因此属于搜查令状和合理根据的例外。（See *Schneckloth v. Bustamonte*, 412 U. S. 218, 93 S. Ct. 2041, 36 L. Ed. 2d 854）很明显，上诉法院的结论是，被申请人搜查的明确同意事实上不是自愿作出的，而是执法官员先前违反第四修正案的行为所造成的后果。因此，我们首先必须考虑，在机场大厅或者机场的缉毒局办公室内，是否发生了上述（违反第四修正案的）行为。

（一）

第四修正案关于搜查和扣押必须基于客观正当理由的要求，规制着所有对人身的扣押，“包括那些尚未达到传统逮捕的、只涉及短时间羁押的情形”。（*Davis v. Mississippi*, 394 U. S. 721（89 S. Ct. 1394, 22 L. Ed. 2d 676）（1969）；*Terry v. Ohio*, 392 U. S. 1, 16 – 19（88 S. Ct. 1868, 1877, 20 L. Ed. 2d 889）（1968）；*United*

① 控方就本案提出了几个替代性的主张。

States v. Brignoni-Ponce, supra, at 878, 95 S. Ct., at 2578)① 相应地，如果缉毒官员在机场大厅走向被申请人并询问她的行为构成“扣押”的话，那么只有在执法官员合理怀疑被申请人从事 p552
违法行为时，上述行为才是合宪的。但是，“显而易见，并不是所有警察与公民之间的所有交往都会牵涉到对人身的扣押。只有当警察通过展示武力或者表明执法身份并由此在某种程度上限制了公民的自由时，我们才会认为构成了‘扣押’”。(*Terry v. Ohio*, 392 U.S., at 19, n.16, 88 S. Ct., at 1879, n.16)

相当于“扣押”的人身侵犯与不触犯宪法保护利益的接触(encounter)，这二者间的区别在特瑞案的事实中已经予以阐明，本院将此叙述如下：“麦克法登警官接近那三个人，表明自己的

① 在地区法院和上诉法院中，很明显，双方都认为，当执法官员在机场走向被申请人，问她是否可以出示身份证件和机票时，被申请人已被扣押。然而，在本院的诉讼摘要和口头论辩中，控方主张不构成扣押，被申请人也认同该意见。尽管通常本院不会考虑未被下级法院提起或裁决的事项，see *Adickes v. Kress & Co.*, 398 U.S. 144, 147, n.2, 90 S. Ct. 1598, 1602, n.2, 26 L. Ed. 2d 142. 但是，在例外情形下也会这么做。See *Youakim v. Miller*, 425 U.S. 231, 234, 96 S. Ct. 1399, 1401, 47 L. Ed. 2d 701; *Duignan v. United States*, 274 U.S. 195, 200, 47 S. Ct. 566, 568, 71 L. Ed. 996. 我们考虑控方提出的下述主张，即没有扣押本案的被申请人，原因在于，为初审法院、上诉法院所支持的相反观点，是基于对联邦宪法的严重误解。鉴于对该问题的判断是正确处理本案中其他争点的必要前提，我们将它视为申请调卷令时所提出的问题的“适当的组成部分”。This Court's Rule 23 (1) (c). See *Procunier v. Navarette*, 434 U.S. 555, 559-560, n.6, 98 S. Ct. 855, 858-859, n.6, 55 L. Ed. 2d 24; *Blonder-Tongue Laboratories, Inc. v. University of Illinois Foundation*, 402 U.S. 313, 320-321, n.6, 91 S. Ct. 1434, 1438-1439, n.6, 28 L. Ed. 2d 788.

初审法院有足够充分的证据记录，允许我们考虑这一主张。基本事实没有争议。争议中最主要的问题在于，是否被申请人一直处于缉毒官员的羁押之下。被申请人的律师指出，当她穿过机场大厅时，她就被逮捕了。初审法院和上诉法院将这一事件描述为“调查性的截停”，但是，对呈现于法庭记录中的事实，给它做一个法律上的准确描述是本院要决定的事项。See *Schneckloth v. Bustamonte*, 412 U.S. 218, 226, 93 S. Ct. 2041, 2047, 36 L. Ed. 2d 854; *Bumper v. North Carolina*, 391 U.S. 543, 548-550, 88 S. Ct. 1788, 1791-1792, 20 L. Ed. 2d 797.

警官身份，询问他们的名字。……当他们'嘟囔着'回答他的问题时，麦克法登警官一把抓住申请人特瑞，将他转过身，使他自己和特瑞都面向另外两个人，并让特瑞处于他和其他两个人中间。警官轻拍特瑞的衣服表面。"（*Id.*，at 6 - 7，88 S. Ct.，at 1872）显然，当警官抓住特瑞，将他转过身，轻拍他的衣服表面时，他"扣押"了特瑞并对他进行了搜查。（*Id.*，at 19，88 S. Ct.，at 1879）然而，特瑞案没有确定的是，在警官为了寻找
p553 武器而搜查特瑞的人身，在身体上限制他之前，扣押有无发生。本院认为，"直到那一刻，对宪法保护的权利的侵犯还尚未发生。"（*Id.*，at 19，n. 16，88 S. Ct.，at 1879，n. 16）就事实部分而言，本院的意见似乎完全是正确的，大法官怀特在协同意见中指出，"宪法不禁止警察在街上询问路人（*Id.*，at 34，88 S. Ct.，at 1886），"警察享有"询问其他人的自由（同样，每个公民都享有这样的自由）（*Id.*，at 31，32 - 33，88 S. Ct.，at 1885 - 1886（Harlan，J.，concurring））"，尽管"通常情况下，被询问的人也有不理睬询问者而离开的同等权利"。（*Ibid.*）

相似地，本院在斯布朗案（*Sibron v. New York*，392 U. S. 40，88 S. Ct. 1889，20 L. Ed. 2d 917）中——一个与特瑞案同一天裁决的案件——指出，并不是每一个警察和公民之间的接触都是一种侵犯，都需要具有客观的正当理由。在那个案件中，警察在进行搜查——之后被认定为非法——之前，走进一家餐馆接近斯布朗，要他出来片刻，斯布朗照做了。本院没有必要判定在伴随着搜查的扣押发生之前，餐馆里有没有发生对斯布朗的扣押。法庭记录"对下述事项没有任何记载，即斯布朗跟随警察来到屋外的行为，是因屈服于展示武力或表明的执法身份而没有其他选择余地，还是以一种配合警察调查的态度自愿地走出来。"（392 U. S.，at 63，88 S. Ct.，at 1903）很明显，后者没有发生任何扣押，直到警察在一定程度上确实剥夺了斯布朗的自由。

我们坚持以下观点，即只有当通过展示武力或者表明执法身

份致使一个人的行动自由受到限制时，他才被“扣押”了。只有存在这样的限制时，才有援引宪法保障的根据。第四修正案的目的不是消除警察和公民之间所有的交流，而是“防止执法人员恣意、压制性地干涉个人隐私和人身安全”。（*United States* p554 *v. Martinez - Fuerte*，428 U. S. 543，554，96 S. Ct. 3074，3081，49 L. Ed. 2d 1116）只要被询问的那个人仍然有不理睬这些问题并离开的自由，就没有侵犯他的自由或隐私，也就无须那些宪法所要求的具体、客观的正当理由。

而且，若将每一次公民和警察之间的街头接触都描绘为“扣押”的同时，却未能促进由第四修正案保障的任何利益，这只会对各种各样的执法活动施加不实际的限制。本院在其他场合中曾指出下述被认可的需要，即警察询问是刑事执法中的有效工具。“若没有此类调查，那些无辜的人就可能会受到错误指控，而那些有罪的人可能会彻底逃脱起诉，很多犯罪将不了了之。简而言之，所有人的安全系数将会降低。”（*Haynes v. Washington*，373 U. S. 503，515，（83 S. Ct. 1336，1344，10 L. Ed. 2d 513）；*Schneckloth v. Bustamonte*，412 U. S.，at 225，93 S. Ct.，at 2046）

我们的结论是，只有综合考虑当时的全部情形，只有当理性人相信他已经不享有离开的自由时，他才处于第四修正案意义上的“扣押状态”。[①] 在以下这些例子中，即使某人并不打算离开，可能也发生了扣押，即几个执法官员的出现已经构成了一种威胁；执法官员掏出了武器；与特定公民发生了肢体冲突；执法官员所使用的措辞或语调表明，服从执法官员的要求是一种强制性要求。（See *Terry v. Ohio*，*supra*，392 U. S.，at 19，n. 16，88 S. Ct.，at 1879，n. 16；*Dunaway v. New York*，442 U. S. 200，207， p555
and n. 6，99 S. Ct. 2248，2253，60 L. Ed. 2d 824；3 W. LaFave，

① 我们同意地区法院的下述意见，即在本案中，如果被申请人试图离开，缉毒官员将会羁押她的主观意图不具有相关性，除非该意图可能会传达给被申请人。

Search and Seizure 53 – 55 (1978)) 若没有上述那些证据，就法律而言，公众与警察间的无害交流不会等同于对人身的扣押。

基于本案事实，对被申请人的扣押没有发生。事件发生在公共的机场大厅。执法官员没有身着制服或者展示武器。他们没有命令被申请人到他们面前，而是接近她并表明自己是联邦执法官员的身份。他们请求但没有命令查看被申请人的身份证件和机票。仅仅是这样的行为，并没有达到对宪法保护利益的侵犯。仅仅因为以下事实，并不意味着扣押被申请人，即执法官员接近她，询问她是否可以出示机票和身份证件，并问了她几个问题。当然，也不能仅因为询问的人是执法人员就成立扣押。(See *Terry v. Ohio*, 392 U. S., at 31, 32 – 33, 88 S. Ct., at 1885 – 1886 (Harlan, J., concurring); see also ALI, Model Code of Pre – Arraignment Procedure § 110. 1 (1) and commentary, at 257 – 261 (1975)) 简而言之，法庭记录中没有任何事实显示，被申请人有客观的理由相信，她不享有终止与警察在机场大厅进行交谈继续前行的自由。基于这个理由，我们得出结论认为，执法官员最初接近她的行为不构成扣押。

我们关于没有发生扣押的结论不受以下事实的影响，即执法官员没有明确告知被申请人享有拒绝配合调查的自由。因为她回应的自愿性并不取决于她有没有被告知。(See *Schneckloth v. Bustamonte*, *supra.*) 我们也拒绝承认下述主张：从被申请人如此违背她自身利益的方式行事这一事实，只能得出一个推论，即她是被强迫回答执法官员问题的。一个人向执法官员作了陈述之
p556 后又反悔的事是可能发生的，但是此类案件的争点问题不在于该陈述是否具有自我保护的性质，而在于它是否是自愿作出的。

本院在上一开庭期所判决的布朗案 (*Brown v. Texas*, 443 U. S. 47, 99 S. Ct. 2637, 61 L. Ed. 2d 357) 为被申请人所依赖，但该案的判决是不适当的。就布朗被执法官员强制羁押的事实而言，下述情形最为清楚明白地将之展现出来：在该案件中，两名

警察在一个小巷子里接近布朗，要他表明身份，并对他为什么在这里作出解释。布朗“拒绝表明身份，很生气地宣称，他们没有权利截停他”。（*Id.*，at 49，99 S. Ct.，at 2639）至此为止，没有发生扣押。但是，在继续抗议警察询问他的权力后，布朗先被搜身，之后因为违反州法律而被逮捕。该州法律规定，一个人若拒绝说出名字，拒绝与“那些合法截停并询问他的”警察交谈，是刑事违法行为。本院在那个案件中简单地判决认为，鉴于警察没有理由怀疑布朗正在从事不法行为，故没有羁押他的根据；因此，对于本案所出现的情形，也就不存在适用州法律的合法根据。（*Id.*，at 52－53，99 S. Ct.，at 2641－2642）

本院对涉及汽车的调查性截停的判决也没有指向任何不同的发展趋势。在布里格恩尼—庞斯案（*United States v. Brignoni－Ponce*，422 U. S. 873，95 S. Ct. 2574，45 L. Ed. 2d 607）中，本院认为，一位来回巡逻的执法官员只有在合理怀疑某车辆可能藏有非法移民时，才能在国边境的常规区域内截停乘客，对他的住址、身份做一个简短的调查。（*Id.*，at 881－882，95 S. Ct.，at 2580）在那个案件中，控方没有主张在他们扣押汽车时，那些车上的人尚未被扣留。实际上，控方承认，被扣押车辆上的乘客需要回答警察的问题，有时还需要出示证件，以证明他们在美国具有合法的身份。（*Id.*，at 880，95 S. Ct.，at 2579）而且，截停运输中的车辆或者改变其方向，附带查看乘客车厢区域的行为——其他情形中观察不到——实质上比询问一个路人更具有侵犯性，因而前者相当于扣押的事实并不能表明后者的宪法性地位。（See also *Delaware v. Prouse*，440 U. S. 648，99 S. Ct. 1391，59 L. Ed. 2d 660；*United States v. Martinez－Fuerte*，428 U. S.，at 556－559，96 S. Ct.，at 3082－3083） p557

（二）

尽管我们已经得出以下结论，即在底特律机场大厅发生的缉毒官员与被申请人之间的初始接触不构成非法的扣押，但是关于被申请人从机场大厅走到缉毒局办公室的那段时间内，她所享有的第四修正案的保护是否遭到了侵犯的问题，还是可以争辩的。这样的侵犯反而可能会影响随后对被申请人的人身搜查。

地区法院明确认定，被申请人跟随执法官员进入办公室是“出于自愿的合作态度”。（Quoting *Sibron v. New York*, 392 U. S., at 63，88 S. Ct., at 1903）但对此认定，上诉法院显然不予认同，它得出结论认为，执法官员向被申请人提出的跟随他们的要求，将局面转变成为逮捕的情形，需要具有合理根据才能认定逮捕是合法的。不过，由于初审法院的事实认定有法庭记录予以支持，所以上诉法院用它自己对证据的认识替代初审法院的事实认定的做法是错误的。（See *Jackson v. United States*, 122 U. S. App. D. C. 324，353 F. 2d 862（1965））

究竟被申请人同意跟随执法官员事实上是出于自愿还是明示或者暗示的强迫或者压力下的产物，要通过综合情状标准来决定（*Schneckloth v. Bustamonte*, 412 U. S., at 227，93 S. Ct., at 2047)，且由控方承担证明责任。（*Id.*, at 222，93 S. Ct., at 2045，citing *Bumper v. North Carolina*, 391 U. S. 543，548，88 S. Ct. 1788，1791，20 L. Ed. 2d 797）被申请人自己在听证时没
p558 有作证。控方的证据显示，没有要求被申请人必须去办公室，而只是简单地询问她是否愿意跟随他们。其中不存在任何威胁或者展示武力。被申请人只是被简短地询问，而她的机票和身份证件在她被询问是否愿意跟随他们之前，已经交还给她。

另一方面，有人指出，对只有22岁，尚未中学毕业的被申请人来说，该事实带有一定的胁迫因素。此外，被申请人，一名黑人女性，面对那些白人男性执法官员，容易产生一种异常的胁迫感。尽管这些因素并非不具相关性（see *Schneckloth v. Bustamonte*, *supra*, 412 U. S., at 226，93 S. Ct., at 2047)，但它们却并非决定性因素。本案所有证据足以支持地区法院的事实认定，即被申请人是自愿同意跟随警察进入缉毒局办公室的。

（三）

因为对被申请人的人身搜查并非发生于法律禁止的扣押之后，所以不能主张她对随后搜查的同意受到了非法羁押的影响。余下需要考虑的是，被申请人对搜查的同意是否因为其他原因而无效。地区法院明确肯定了执法官员的证言，认定“同意是自由、自愿地作出的”。（Citing *Schneckloth v. Bustamonte*，*supra.*）本案中有足够充分的证据来支持这一观点。首先，我们注意到被申请人，22 岁，接受了 11 年级的教育，完全能够理解同意的含义。第二，尤为重要的是，被申请人在两次被告知可以自由地拒绝同意搜查之后，还是明确地表示同意。尽管宪法并不要求将“证明知道有权拒绝作为有效同意搜查的必要条件”（*id.*，at 234，93 S. Ct.，at 2051（footnote omitted）），但这种明知对判断 p559
是否同意具有高度的相关性。就本案目的而言，更重要的是，执法官员亲自告知被申请人有拒绝同意的自由；该事实减少了下述可能性，即在她看来，他们的行为带有胁迫性。

被申请人的律师争辩说，她事实上是抵制搜查的，这主要基于被申请人的下述证言，即当她被告知搜查要求脱去她的衣服时，她对女警察说“她要赶飞机”。但是，初审法院完全有权将这一陈述视为她希望搜查迅速进行的简单表达。被申请人之前两次清楚地表示她同意搜查，当警察向她担保说，如果搜查没有发现任何物品，就不会有任何问题时，她开始脱衣服，且没有其他异议。

被申请人的律师又争辩说，因为当她同意搜查时，她是在缉毒局办公室内，所以她的同意可能源于周围环境固有的胁迫性质。但是，考虑到地区法院的事实认定，被申请人出现在那个办公室完全是自愿的，所以她在办公室的事实并不能作为证明她受到任何胁迫的证据。对于下述主张，即被申请人不会自愿地同意搜查，因为该搜查很有可能会暴露她所携带的违禁品，我们的回应是：我们重申，问题不在于被申请人是否按最终有利于她自身利益的方式行事，而在于她这么做是否出于自愿。[①]

三

我们的结论是，地区法院关于被申请人对于人身搜查的同意
p560 是“自由、自愿地”作出的判决，有证据予以支持。因此，上诉法院撤销其判决是错误的。相应地，撤销上诉法院的判决，发回重审。

特此判决！

大法官鲍威尔（Mr. Justice Powell）就本案判决发表了部分协同意见，首席大法官伯格（Mr. Chief Justice Burger）、大法官布莱克曼（Mr. Justice Blackmun）表示附和。

我同意法庭意见的第一部分、第二部分的第二节和第三节以及第三部分。因为没有下级法院考虑过下述这个问题，所以我不涉及控方关于执法官员并未在第四修正案意义上“扣留”被申请人的主张。在我看来，基于本案目的，我们可以假定截停确实构成了扣押。[②] 我将认为——如地区法院那样——联邦执法官员对被申请人正在从事犯罪活动存在合理怀疑，因此他们截停被申请人作常规的询问，没有违反第四修正案。

---

① 下述事项是存有争议的，即被申请人可能认为她这么做是为了自己的利益，通过自愿地与官员合作，期望能获得更宽大的处理。

② 大法官斯图尔特在第二部分的第一节中得出结论说，没有发生第四修正案意义上的“扣押”。他推理说，“只有综合考虑当时的全部情形，当理性人相信他已经不享有离开的自由时”，才会发生这样的扣押。*Ante*，at 1877. 大法官斯图尔特也指出，“宪法不禁止警察在街上询问路人”。*Ante*，at 1876，quoting *Terry v. Ohio*，392 U. S. 1，34，88 S. Ct. 1868，1886，20 L. Ed. 2d 889（1968）（White，J.，concurring）. 我没有必要反对第二部分第一节中表达的观点。在我看来，下述问题最为重要，即本案中的被申请人在被两个政府执法官员问及驾照和机票时，是否还会合理地认为自己可以自由地走开。

一

可以简要陈述一下相关事实。被申请人走下始发自洛杉矶的航班，到达底特律的都市机场。她是最后一个下飞机的乘客。两 p561
名缉毒官员看到她走出出站口，走过行李区，接着改变方向，走向东部航线机票的柜台。在被申请人拿到飞往匹兹堡的登机证后，两名执法官员走近她，表明了联邦执法官员的身份，并要求查看身份证件。被申请人将自己的驾照和机票交给了他们。执法官员问了被申请人几个简短的问题。被申请人跟随执法官员去了机场的办公室，在那里，有一名女警察对她进行了人身搜查，发现了两塑料袋海洛因。

二

特瑞案（*Terry v. Ohio*，392 U.S.1，88 S.Ct.1868，20 L.Ed.2d 889（1968））确立了下述规则，即合理的调查性截停不违反第四修正案。[①] 截停的合理性反映于每个案件具体的事实和情形中。尤其反映于本院已强调的下述事项中：（1）扣押所满足的公共利益；（2）侵犯的特质和范围；（3）根据警察的知识和经验，他们所依赖的客观事实。（See *Brown v. Texas*，443 U.S.47，50–51，99 S.Ct.2637，2640，2641，61 L.Ed.2d 357（1979）；*Delaware v. Prouse*，440 U.S.648，654–655，99 S.Ct.1391，1396，1397，59 L.Ed.2d 660（1979）；*United States v. Brignoni–Ponce*，422 U.S.873，879–883，95 S.Ct.2574，2579–2581，45 L.Ed.2d 607（1975）；*Terry v. Ohio*，*supra*，392 U.S.，at 20–22，88 S.Ct.，at 1879，1880）

① 审理特瑞案的最高法院认为，第四修正案的令状条款并不适用于“截停”。这类警察行为只需满足第四修正案禁止“不合理的搜查和扣押”的要求。392 U.S.，at 20，88 S.Ct.，at 1879.

（一）

在下述情形中，即侦查那些为图一己私利而私运致命毒品的人，公众享有迫切的利益。在影响人民健康和财富方面，尤其是在青少年问题上，没有什么比越来越多的人吸食违禁毒品更能引
p562 起人们的关注。多数毒品贸易都是由老练的犯罪团伙严密组织进行的。犯罪的收益很丰厚。很多毒品，包括海洛因，相当容易被隐藏。由此带来的后果是，与其他执法领域相比，侦查这一犯罪活动所碰到的诸多障碍是难以想象的。

为了应付这一紧迫的问题，缉毒局于 1974 年开始委派高素质的执法官员赴底特律机场，作为在全国范围内截获毒贩行动的一部分，因为毒贩常常在美国各个主要的毒品来源地与集散中心之间贩运毒品。联邦执法官员研发了“毒贩肖像”理论，用来描述毒贩共有的特征。例如，由于缉毒局相信，进入底特律市的绝大多数毒品都来源于以下四个“来源地”城市中的一个（洛杉矶、圣地亚哥、迈阿密和纽约），所以执法官员就特别关注来自这些地方的乘客。（See *United States v. Van Lewis*, 409 F. Supp. 535, 538（ED Mich. 1976), aff'd, 556 F. 2d 385（CA6 1977)）在这项行动的前 18 个月内，负责监视底特律机场的执法官员在 96 次执法活动中搜查了 141 个人。在 77 次执法活动中发现了违禁品，逮捕了 122 个人。（409 F. Supp. , at 539）当两名执法官员于 1976 年 2 月截停被申请人时，他们正在开展一项专项执法行动，目的是打击毒品销售给社会造成的严重威胁。

（二）

我们的判例表明，“鉴于案件的一切紧急情形，在分析合理性时，最主要考虑的一个因素是具体侵犯的范围问题。”（*Terry*

v. Ohio, *supra*, 392 U. S., at 18, n. 15, 88 S. Ct., at 1878, n. 15)[①] 本案中的侵犯是相当适度的。在被申请人走过公共区域 p563
时，两名便衣执法官员走近她。此时，她离航空公司的职员很近，一旦有陌生人上前搭话，她可以寻求职员的帮助。执法官员表明了自己的身份，要求查看她的证件。一名执法官员询问被申请人为什么她机票上的名字与驾照上的名字不同。执法官员还问被申请人在加利福尼亚停留了多久。与特瑞案（*Terry*, *supra*, at 7, 88 S. Ct., at 1872）中的申请人不同，被申请人的身体没有受到限制。执法官员也没有展示武器。询问很短暂。在这样的情形下，被申请人不应合理地感觉恐惧或者孤立无援。

（三）

在重新审视那些引起执法官员截停并询问被申请人的因素之前，记住以下内容非常重要：一名训练有素的执法人员能够识别并说出特定行为的含义，而这些行为对于未经训练的旁观者来说可能没有意义。（*Brown v. Texas*, *supra*, at 52, n. 2, 99 S. Ct., at 2641, n. 2）在这些能够引起执法官员合理怀疑的情形中，其中之一就是他们熟知最近此类犯罪活动的惯用伎俩和从事这类非

① 例如，在普鲁斯案（*Delaware v. Prouse*, 440 U. S. 648, 99 S. Ct. 1391, 59 L. Ed. 2d 660（1979））中，我们考虑随机截停行驶中的车辆所必需的正当理由。此类截停，可能会发生在晚上或者来往车辆较少的马路上；影响车辆的自由移动，很不方便，还可能令人感到恐惧。*Id.*, at 657, 99 S. Ct., at 1397. 因此，我们认为，警察不能在没有对非法行为产生可言说的、合理的怀疑时，就截停行驶中的车辆。我们明确将该案与之前的马蒂尼兹—弗耶尔案（*United States v. Martinez - Fuerte*, 428 U. S. 543, 96 S. Ct. 3074, 49 L. Ed. 2d 1116（1976））区别开来；在后一案件中，在一个固定的检查站截停车辆并不需要特定的怀疑。因为在检查站的截停比随机截停造成的“侵犯要小得多”。440 U. S., at 656, 99 S. Ct., at 1397. 车上的人在一个永久性的检查站停下来，担忧会比较少，因为他“可以看见其他车辆被截停下来，还能看见警察执法身份的显著标志……” *United States v. Martinez - Fuerte*, *supra*, at 558, 96 S. Ct., at 3083, quoting *United States v. Ortiz*, 422 U. S. 891, 895, 95 S. Ct. 2585, 2588, 45 L. Ed. 2d 623（1975）.

p564 法活动的行为之人的特征。执法人员可能会诉诸“区域的特征”和似乎在避免接触警察的嫌疑人的可疑举止。（*United States v. Brignoni－Ponce*，422 U.S.，at 884－885，95 S. Ct.，at 2581－2582）在所有这些情形中，警察有权依照他的经验，对事实作出评判。（*Id.*，at 885，95 S. Ct.，at 2582）

两位截停被申请人的警察是被委派到缉毒局的联邦执法官员。截停并询问被申请人的执法官员安德森，在禁毒方面有10年的经验，接受过特别的培训。他被委派到底特律机场——一个公认的毒品交易①十字路口——一年有余，参加了将近100次涉及毒品的逮捕。（App. 7－8）

当被申请人从洛杉矶抵达底特律时，她就被执法官员注意到了。因为被申请人显得很紧张，她的行为在执法官员看来，就是为了躲避侦查。她在其他乘客都离开后才走下飞机。执法官员安德森作证说，毒贩为了能清楚地看到出站口，通常最后一个下飞机，这样他们能更容易地发现政府执法官员。（*Id.*，at 9）刚抵达出站口，被申请人扫视了整个出口处，“速度缓慢地”走向行李区。（*Id.*，at 10（testimony of Agent Anderson））到那儿后，她并没有认领行李。相反，她向机场行李搬运工人询问位于另一个出站口的东方航线售票柜台的方向。在售票柜台处，执法官员安德森迅速排在被申请人的身后。尽管她已经有一张从底特律飞往匹兹堡的美国航线机票，但她还是另外要了一张东方航线的机票。航空公司职员给了她一张东部航线的登机证。（*Id.*，at 10－
p565 11）执法官员安德森作证说，毒贩通常频繁地飞行，不带行李，在途中改变航线来躲避监视。（*Ibid.*）基于以上的观察，执法官员截停了被申请人，并询问了她。

---

① 从1975年到1978年，底特律机场扣押了135磅多的海洛因和22磅的可卡因。1978年，在该机场还发现了1536剂其他危险药品。See 596 F. 2d 706，708，n. 1（CA6 1979）（Weick，J.，dissenting）

三

地区法院听取了执法官员安德森的证词，评判他的可信性，由此得出结论认为，截停被申请人的决定是合理的。①我表示赞同。在预防毒品贸易方面，公共利益是巨大的，而对被申请人隐私的侵犯是轻微的。经过特殊训练的执法官员依照设计良好的、有效的联邦执法计划采取行动。他们观察被申请人的行为，并合理地将此行为与犯罪活动联系起来。而且，事件发生地——机场，正是公认的毒贩活动频繁的地区。②考虑到上述所有情形，我认为，当执法官员在公共场所截停被申请人，向她要求查看身份证件时，他们已经对犯罪活动有了合理的、可言说的怀疑。

第四修正案的判例法要求我们既要考虑有效执法的公共利益，也要考虑保障每个人不受不合理搜查扣押的宪法性权利。在 p566
适用"合理性"标准时，法院不应忽视执法人员特有的知识背景，因为这些知识是他们在专门训练和实践经验中累积起来的。仔细认真、可资嘉奖的警察工作——导致本案尚存争议的刑事定罪——满足第四修正案的要求。

① 尽管上诉法院撤销了地区法院的判决，但它并没有明确否决这一结论。See *id.*, at 707. 持不同意见的法官注意到，上诉法院没有讨论地区法院的下述结论，即执法官员在做调查性截停时，存在合理怀疑。*Id.*, at 709（Weick, J.）.

② 缉毒局在底特律机场的努力结果，see *supra*, at 1881，支持了下述结论，即相当多的毒品流动于底特律机场。与大法官怀特明显的观点相反，*post*, at 1887, n. 11，我不相信这些数据能自我确证该搜查的合理性。基于"毒贩肖像"也不必然表明存在合理怀疑。每个涉及第四修正案的争点问题的案件都必须根据本案事实进行判断。

大法官怀特（Mr. Justice White）发表反对意见，大法官布伦南（Mr. Justice Brennan）、大法官马歇尔（Mr. Justice Marshall）和大法官史蒂文斯（Mr. Justice Stevens）表示附和。

本院今天得出结论认为，缉毒官员在机场出站口截停一名换乘航班的旅行者，并陪同她前往缉毒局办公室接受脱衣搜查的行为是合法的。这一结果十分新奇，因为本院的多数大法官都拒绝否认门登霍尔女士被“扣押”，而多位大法官拒绝认为本案存在使扣押正当化的合理理由。大法官斯图尔特得出结论认为，无论是否存在怀疑门登霍尔女士从事犯罪活动的合理理由，缉毒官员的行为都是合法的，因为他认定门登霍尔女士没有被缉毒官员“扣押”，而即使贯穿之后的程序，控方也从未质疑过已述事实，即扣押已经发生，迫切需要证明先前行为存在合理怀疑。大法官鲍威尔的结论是，尽管门登霍尔女士可能被“扣押”，但扣押是合法的。因为她在机场换乘航班时的言行举止提供了她正在从事犯罪活动的合理怀疑。故本院得出结论认为，由于没有门登霍尔女士抵制羁押的证据，所以她是自愿同意前往缉毒局办公室的，即使事实上，她对此并没有选择的余地。这个结论与我们先前的
p567 认识是不一致的，同意并不能从对执法权威的默许中推断出来。它也不符合我们关于杜纳维案（*Dunaway v. New York*, 442 U. S. 200, 99 S. Ct. 2248, 60 L. Ed. 2d 824（1979））的判决。

一

自特瑞案（*Terry v. Ohio*, 392 U. S. 1, 16, 88 S. Ct. 1868, 1877, 20 L. Ed. 2d 889（1968））起，本院再三重申，第四修正案禁止不合理的“扣押”，保护与警察接触——但尚未达到逮捕——过程中的个人。（*United States v. Brignoni - Ponce*, 422 U. S. 873, 878, 95 S. Ct. 2574, 2578, 45 L. Ed. 2d 607（1975）；*United States v. Martinez - Fuerte*, 428 U. S. 543, 556, 96 S. Ct. 3074, 3082, 49 L. Ed. 2d 1116（1976）；*Delaware v. Prouse*, 440

U. S. 648，653，99 S. Ct. 1391，1396，59 L. Ed. 2d 660（1979））在特瑞案中，我们“断然拒绝了”下述看法，即“截停”“不属于第四修正案的保护范围，因为它不是宪法意义上的‘扣押’”。（392 U. S.，at 16，88 S. Ct.，at 1877）我们得出结论认为，更合理的做法是，认识到第四修正案规制公共官员对人身安全的所有侵犯，并根据案件的紧急情况，将具体侵犯的范围作为合理性分析的中心要素。（*Id.*，at 18，n. 15，88 S. Ct.，at 1878）适用这一原则时：

我们承认，在一些场合下，尽管警察没有“合理根据”——对传统的逮捕而言是必需的——相信嫌疑人正在从事犯罪活动，他仍然有权短暂地羁押一个嫌疑人并进行询问。不过，我们要求警察必须基于客观事实，对该人参与犯罪活动具有合理的怀疑。（*Brown v. Texas*，443 U. S. 47，51，99 S. Ct. 2637，2641，61 L. Ed. 2d 357（1979）（citations omitted））

在本案中，贯穿下级法院程序始末，控方从未对下述事实提出过质疑，即最初截停门登霍尔女士的行为构成了要求具有合理怀疑的“扣押”，而是试图通过如下主张使该截停正当化：门登 p568
霍尔女士的举止引起了合理怀疑，因为它与所谓的“毒贩肖像”——将那些被认为与毒贩有关的特征拼凑起来的集合体——部分相符。① 在未能说服上诉法院相信缉毒局对截停存在合理怀疑之后，控方在本院转而第一次主张其行为不构成“扣押”；这一主张现在已被大法官斯图尔特接受，进而忽略了下述
p569 问题，即是否存在截停门登霍尔女士的合理怀疑。大法官斯图尔特的意见不仅与我们通常的做法——不会因下级法院未提出的理由而推翻判决——不一致，而且它讨论了一个一开始最好留给初审法院根据综合情状标准加以判断的事实问题，特别是因为下级法院未曾提出过该问题，所以，我们不能肯定，在我们面前的法

① 1976年8月18日，控方在回应门登霍尔女士排除证据的动议时指出，根据缉毒官员的观察，对门登霍尔女士所作的“调查性截停”是合理的。1976年10月18日，执法官员安德森的证词关注于下述事项，即解释了“毒贩肖像”、描述门登霍尔女士被截停前的举止以及讨论为什么他觉得她是可疑的。美国联邦地区检察官在排除证据听证中告诉法院，“本案中控方的主张是：本案的调查性截停是合法的，之后才进行同意搜查”。App. 28. “根据特瑞案的规则，要使截停合法化”，就必须要有“正在实施犯罪的合理怀疑”；控方注意到了这一点并主张说，缉毒官员的观察和经验保证合理怀疑的存在而使截停正当化。*Id.*，28－30. 地区法院拒绝了排除证据的动议，认为执法官员安德森具有合理怀疑，使“为了判定被告人的身份、获得更多信息而采取的特瑞式的侵犯”正当化。App. to Pet. for Cert. 15a.

在上诉法院的法官审判或者全席法官审判之前，没有迹象表明控方质疑过以下理解，即对门登霍尔女士的截停构成了“扣押”，因此需要具有合理怀疑。全席法官的多数意见和持不同意见的法官都未质疑地区法院的下述认定，即需要合理怀疑使最初截停门登霍尔女士的行为正当化。甚至在申请调卷令时，控方也未要求本院重新审查“扣押”是否发生这一问题。只是在争辩使截停正当化所需的怀疑分量太小这一过程中，控方指出，门登霍尔女士有无被“扣押”的问题还尚待讨论，但是他乐于假定她受到了扣押。Pet. for Cert. 19.

庭记录中，这一问题是否得到了完整的呈现。①

大法官斯图尔特相信，当一个人的行动自由因武力或者表明执法身份而受到限制时，将构成第四修正案意义上的“扣押”就会发生。尽管对下述事实没有争议，即缉毒官员在截停门登霍尔女士并检查她的身份证件后，她就不能自由离开（App. 19），但大法官斯图尔特却得出结论认为，她没有被“扣押”，因为他认定，依据综合情状标准，一个理性人会相信她可以自由离开。p570
尽管这一认定的基础在于，法庭记录上缺少客观证据表明，门登霍尔女士不能自由地无视警察的请求，继续走她的路，但大法官斯图尔特的意见却忽略了下述事实，即这一所谓的证据缺乏，大部分可能是因为扣押问题从未在下级法院提起过。在评价法庭记录的内容时，大法官斯图尔特的意见忽视了一些容易支持“扣押”认定的客观因素，② 而依赖那些相反的、不具有决定性的因

① “例外情形”为接受控方关于扣押没有发生的主张提供了正当理由，即使它未被下级法院提出过，*ante*，at 1875，n. 5；然而，大法官斯图尔特指出，上述意见和他的下述看法——证据记录足够“充分，允许对此主张予以考虑”——一样，都是新奇的。*Ante*，at 1876，n. 5. 贯穿于对最初截停的争议之中的主要问题，不在于“被申请人是否在任何时候都被缉毒官员羁押，”*ibid.* 而在于是否存在支持截停的合理怀疑。See *ante*，at 1873，n. 1. 尽管对下述事项不存在实质性的事实争议，即通过缉毒官员的观察，发现具有合理怀疑，但是一旦控方在本院提出了“扣押”问题，门登霍尔女士和缉毒官员双方之间接触的本质就会存在实质性的差别。因而，地区法院关于门登霍尔女士被扣押的假设并不是基于“对联邦宪法的严重误解。”*Ante*，at 1876，n. 5. 因为如果在地区法院提出这一“扣押”问题，地区法院就可以轻易地基于事实得出另一种不同的理解。同样不充分的是大法官斯图尔特的以下意见，因为“决定‘扣押’问题是正确处理本案中其他争点的前提条件，”所以“例外情形”是存在的。*Ibid.* 尽管扣押发生的假设对截停是否存在合理怀疑的问题是必需的，但是，它不会影响裁决那个问题的最终走向。

② 这些因素中有一个重要因素是缉毒官员曾一度从门登霍尔女士处拿走了机票和驾照。当执法人员还拿着她的机票时，任何理智的、要登机的人还会感觉可以自由离开，这是值得怀疑的。

素，甚至依赖他自己就“扣押”如何成立的说明。[①] 此外，尽管大法官斯图尔特的意见旨在使他的“扣押”认定凸显出一些为被搭话人所知的客观因素，以区别之前的那些认为调查性截停构成“扣押”的判决，但是他却没有依赖二者之间在被搭话人合
p571 理相信他们可以自由离开的程度方面的差异。[②] 即使有人认为可以允许控方在本院提出“扣押”问题，那么合适的做法也应该是，要求案件发回地区法院，就这一问题进行证据听证，而不是首先由本院裁决这一问题。[③]

二

如果认为我们也应当如此认定，当门登霍尔女士被缉毒官员截停时，她就被“扣押”，那么在第四修正案意义上，截停的合法性就取决于在截停她时，是否存在合理根据怀疑她正在从事犯罪活动。（*Brown v. Texas*, 443 U. S., at 51, 99 S. Ct., at 2641）

---

① 例如，大法官斯图尔特注意到，根据警察的说话方式或者口吻，“扣押”也可能会成立，即使嫌疑人并没有意图离开。然而，这些因素从未在证据排除听证中被提起过，很有可能是因为“扣押”问题从未被提出。

② 在布朗案（*Brown v. Texas*, 443 U. S. 47, 51, 99 S. Ct. 2637, 2641, 61 L. Ed. 2d 357（1979））和布里格恩尼—庞斯案（*United States v. Brignoni – Ponce*, 422 U. S. 873, 95 S. Ct. 2574, 45 L. Ed. 2d 607（1975））中，假如承认嫌疑人若没有回应警察查看证件的要求，将不被允许离开的话，控方，如本案那样，并没有质疑被截停的嫌疑人已经被“扣押”。在每个案件中，本院承认“扣押”已经发生，而没有探寻一个理性人是否会认为他不能自由地离开。大法官斯图尔特试图区分对车辆的截停（和普通的截停），认为对车辆的截停构成“扣押”，因为可视地观察车厢中的乘客更具有侵犯性。但这种做法混淆了使此类“扣押”正当化所必需的合理怀疑的量与“扣押”是否发生这两个问题。

③ 我们发现，在大法官斯图尔特的意见所引用的米勒案（*Youakim v. Miller*, 425 U. S. 231, 234 – 235, 96 S. Ct. 1399, 1401 – 1402, 47 L. Ed. 2d 701（1976））中，例外情形使考虑未被下级法院提起过的问题正当化。但是在那起案件中，我们撤销了判决，将案件发回重审，认为“主张应先在地区法院公开讨论”。*Id.*, at 236, 96 S. Ct., at 1402. Cf. *Rios v. United States*, 364 U. S. 253, 80 S. Ct. 1431, 4 L. Ed. 2d 1688（1960）（发回初审法院在决定合理根据问题之后，判定逮捕何时发生）。

为了确证存在截停所需的合理怀疑，警察有必要至少指出一些具体的、可言说的事实；综合考量从这些事实中得出的理性推论，能合理地成为侵犯权利的理由。（*Terry v. Ohio*, 392 U. S. , at 21, 88 S. Ct. , at 1880）

在他们截停门登霍尔女士时，缉毒官员对她正在从事犯罪活动的怀疑，只是基于对她在机场内举止的短暂观察。[①] 警察之前 p572
没有得到门登霍尔女士或者她所搭乘航班上有人携带毒品的信息。执法官员观察到的门登霍尔女士在机场的行为并不是什么“不寻常的举动”，以至于会使一个有经验的警察能合理地相信犯罪活动正在发生（*Id.* , at 30, 88 S. Ct. , at 1884），而是一些可以合理期待在机场出站口换乘航班的任何人都会作出的一类举动。

门登霍尔女士举止的任何一个方面，无论是单独还是合并起来，都不足以提供她正在从事犯罪活动的合理怀疑。门登霍尔女士是最后一个从始发自洛杉矶的飞机上下来的乘客这一事实，完全不足以提供截停她的依据。她的航班来自于“（毒品）主要来源城市”的事实也不能提供调查性截停所需要的合理怀疑，因为不能仅仅因一个人接近毒品活动发生率高的地方或瘾君子就

---

① 缉毒官员安德森在排除证据的听证中出庭作证，接受交叉询问。
问：在本案中，你有内部情报吗？
答：没有。
问：你是根据你在机场看到的情形就直接行动了，是吗？
答：根据一些我观察到的事情，以及她对陈述的回应。
问：我只是在问……
答：（插话）好，言归正传。
问：你是依据2月10日发生的事采取行动，之前没有任何信息，是吗？
答：是的。
问：你不知道门登霍尔携带毒品来底特律，是吗？
答：是的。
问：在那天，也没有其他来自洛杉矶的黑人妇女携带毒品，是吗？
答：是的。（p. 18）

作此判断。(*Ybarra v. Illinois*, 444 U. S. 85, 100 S. Ct. 338, 62 L. Ed. 2d 238 (1979); *Brown v. Texas*, *supra*; *Sibron v. New York*, 392
p573 U. S. 40, 62, 88 S. Ct. 1889, 1902, 20 L. Ed. 2d 917 (1968)) ① 根据本案的情形，缉毒官员对门登霍尔女士没有领取行李而换乘航班的观察也不足以提供合理怀疑。与特瑞案（*Terry v. Ohio*, 392 U. S. , at 28, 88 S. Ct. , at 1883）的情形不同，在特瑞案中，警察从一开始就注意到他们，与他们对峙并表明自己的警察身份，嫌疑人没有任何举止能给警察提供足够的理由，以消除他们正在从事犯罪活动的疑虑。而门登霍尔女士随后的行为否定了任何合理的推论——她长途旅行、不带行李或者为了躲避侦查而换乘其他航班。执法官员安德森作证说，他听到售票员告诉她，她飞往匹兹堡的机票准备就绪，现在所需要的就是该航班的登机证。② 因此，对一个经验丰富的观察者来说，事实十分清楚，门登霍尔女士之所以没有领取行李是因为她已经通过另一个航班订到了飞往匹兹堡的机票。③ 因为执法官员安德森对门登霍尔女士贩运毒品的怀疑只是基于“他未成形的、不具体的合理怀疑或预感”，而不是根据他的经验从事实中得出的具体、合理的推论（*id.*, at 27, 88 S. Ct. , at 1883），所以他没有正当理由“扣押”门登

---

① 如果从一个人与瘾君子交谈推断说他从事违法的毒品贸易，而该推断显然不是那类支持警察侵犯个人人身安全所必需的合理推断的话（*Sibron v. New York*, 392 U. S, at 62, 88 S. Ct. , at 1902），那么，因为一个人坐在始发自毒品主要“来源城市”的飞机上的事实，自然也不能作出以上推断。

② 执法官员安德森在排除证据听证的交叉询问中作证说，仅仅在他得知她换航班时，他才相信门登霍尔女士没有领取行李是可疑的。App. 16.

③ 我们在布朗案（*Brown v. Texas*, 443 U. S. , at 52, n. 2, 99 S. Ct. , at 2641, n. 2）中承认，“一个训练有素的执法官员能够识别并说出特定行为的含义，而这对于没有训练过的旁观者来说却是没有意义的。”基于同样的理由，一旦执法官员安德森得知门登霍尔女士只需一张飞往匹兹堡的登机证时，他在机场细节方面的经验也可被视为消除门登霍尔女士举止可疑的合理推论。

霍尔女士。①

p574

三

在门登霍尔女士与缉毒官员接触的最初阶段，对是否涉及她第四修正案利益的问题无论存在什么争议，下述事项却是毫无争议的，即当执法官员陪同她从出站口的公共领域来到缉毒局办公室，进行询问并对其人身进行脱衣搜查时，她受到了第四修正案意义上的"扣押"。在杜纳维案（*Dunaway v. New York*，442 U. S. 200，99 S. Ct. 2248，60 L. Ed. 2d 824（1979））中，我们认为，以接受询问为目的而跟随警察来到警察局的人，无疑受到了第四修正案意义上的"扣押"，即使"没有告知他被逮捕了"。（*Id.*，at 207，203，99 S. Ct.，at 2253，2251）我们认为，下述事实十分关键，即嫌疑人被带到警察局，没有被告知他可以"自由地离开"，如果他拒绝跟随警察或者在羁押中尝试逃跑，那么，他的身体将会受到限制。（*Id.*，at 212，99 S. Ct.，at 2256）如同杜纳维案中的"扣押"那样，当门登霍尔女士被陪同前往缉毒局办公室，羁押在那儿接受询问和脱衣搜查时，她所受到的侵犯本质上是如此严重，以至于在"一些重要的方面与传统的逮捕无异"。（*Ibid.*）尽管门登霍尔女士没有被告知她被逮捕，但事实上，她不能自由地拒绝前往缉毒局办公室，而且也 p575

① 大法官鲍威尔关于怀疑门登霍尔女士从事犯罪活动有合理根据的结论，主要依赖于如下主张，即缉毒官员"依照设计良好的、有效的联邦执法计划行事"。*Ante*，at 1883. 但是，没有迹象表明所谓的"毒贩计划"的成功会依赖本案所涉及的这种近乎随机截停的实现。事实上，大法官鲍威尔引用的显示该计划在底特律机场获得成功的数据，*ante*，at 1881，反映了截停后搜查的结果。而该截停依靠的是缉毒官员所获得的信息，这些信息来自警察的独立工作和偶然的情报，以及对机场乘客行为的观察。*United States v. Van Lewis*，409 F. Supp. 535，538（E. D. Mich. 1976），aff'd，556 F. 2d 385（CA6 1977）但是，这里无可置疑的是，缉毒官员对门登霍尔女士从事犯罪活动的怀疑，仅仅是基于他们对她在机场出站口举止的观察。*Supra*，at 1886，n. 7.

从未被告知她可以这么做。[①] 此外，一旦在办公室内，门登霍尔女士在没有接受脱衣搜查前，将不会被允许离开。[②] 因此，如在杜纳维案中那样，

> 嫌疑人未被告知她被逮捕，未被“登记”，如果讯问毫无所获的话，也不会有逮捕记录等这些事实；尽管总的来说上述事实并非无关紧要，但很明显，对嫌疑人实施的此类扣押与特瑞案及其嗣后案件中所涉及的精确界定下的扣押，甚至没有任何粗略的可比性。（*Id.*，at 212－213，99 S. Ct.，at 2256（citation omitted））

因为当门登霍尔女士被陪同进入缉毒局办公室时，她所受到的侵犯和杜纳维案所涉及的侵犯具有相同的特征，需要合理根据来予以支持——很明显本案缺乏合理根据的支持。本院关于门登霍尔女士是自愿前往缉毒局办公室，因而不享有第四修正案利益
p576 的意见，与杜纳维案不一致，不能得到历史记录的支持。法庭记录中没有证据支持地区法院在杜纳维案判决前作出的推测，门

---

① 执法官员安德森在排除证据听证上的交叉询问中作证：

问：好的。现在，当你要求她跟随你去缉毒局办公室接受进一步的讯问时，如果她想走开，你会阻拦她吗？

答：一旦我要求她跟随我？

问：是的。

答：是的，我会阻拦她。

问：她不能自由离开，是吗？

答：在那刻，不可以。（pp. 19）

② 执法官员安德森作证：

问：如果当她有女警察陪同时，尝试离开那个房间，你会知道吗？

答：如果她尝试离开那个房间？

问：是的。

答：是，可以说我会知道。

问：如果她在被女警察搜查前，尝试离开，你会阻拦她吗？

答：会。（*Id.*，at 21）

登霍尔女士跟随执法官员安德森前往机场的缉毒局办公室，是“出于自愿、明显配合调查的态度”。（*Sibron v. New York*，392 U.S. 40，63（88 S. Ct. 1889，1902，20 L. Ed. 2d 917）（1968））（App. to Pet. for Cert. 16a）门登霍尔女士在排除证据的听证上没有作证，警察也没有提出关于她言语的任何证词；如果有，也是当她被告知警察希望她和他们一同去缉毒局的时候。实际上，关于执法官员安德森的“请求”与门登霍尔女士到达缉毒局办公室之间发生了什么事的唯一证词，就是执法官员的证词——如果门登霍尔女士想在那时离开，她将会受到强制性的限制。本案中同意的证据比我们在杜纳维案所拒绝的证据更薄弱；在杜纳维案中，嫌疑人在被问及是否愿意跟随警察去警察局时，至少还作出了肯定性的回应。（*Dunaway v. New York*，*supra*，at 223，99 S. Ct.，at 2261（Rehnquist，J.，dissenting））地区法院从斯布朗案（*Sibron v. New York*）中精选了对门登霍尔女士“同意”的描述。我们将相似情境下的法庭记录描述为，“完全没有任何迹象表明，斯布朗跟随外面的巡逻者马丁究竟是迫于展示武力或表明执法身份而让他没有选择，还是以一种自愿与警方调查合作的态度前去警察局”。（392 U.S.，at 63，88 S. Ct.，at 1903）①

本院承认，控方有责任证明门登霍尔女士是同意跟随警察的，但是它却认为“很明显，全部证据足以”支持同意的认定。就我 p577
们面前的法庭记录来看，本院的结论只是基于下述看法，即同意可以从缺乏嫌疑人抵制警察权威的证据中得到认定。而这个观点一直为我们明确反对。在巴姆珀案（*Bumper v. North Carolina*，391 U.S. 543，548－549，88 S. Ct. 1788，1792，20 L. Ed. 2d 797

① 在斯布朗案（*Sibron v. New York*，392 U.S.，at 45，88 S. Ct.，at 1893）中，我们注意到，法庭记录只是显示，“斯布朗坐下来，点了一个派和咖啡，在他吃的时候，巡逻员马丁接近他，要他出来。到外面以后，警察对斯布朗说，‘你知道我在找什么’”。

(1968)）中，本院认为，控方证明同意事实上是自由、自愿作出的责任，不能通过仅仅证明对合法权威的默许而实现。（Footnotes omitted）（*Johnson v. United States*，333 U. S. 10，68 S. Ct. 367，92 L. Ed. 436（1948）；*Amos v. United States*，255 U. S. 313，41 S. Ct. 266，65 L. Ed. 654（1921））尽管控方不必证明门登霍尔女士知道她有权拒绝跟随警察（*Schneckloth v. Bustamonte*，412 U. S. 218，93 S. Ct. 2041，36 L. Ed. 2d 854（1973）），但是却不能仅仅因为她对警察期望的默许而由此确证必不可少的同意。上诉法院在否决地区法院对同意的“认定”时，就完全理解这一点。

既然被告人在排除证据的听证中没有在场作证，我们只有推断她在与缉毒官员的接触过程中——从被监视、羁押、询问，到在隐秘的房间被隔离，再到女警察命令她脱去衣服——的心理状态。然而，认为这一连续的事件没有侵犯公民的为宪法所保护的隐私利益是难以质信的。[①] 法治呼唤不同的结论。

因为在搜查门登霍尔女士人身时，她已经被非法地羁押，所以，应该批准她排除证据的动议，以消除这个污点。

3.3 美方评论

如果执法官员对于某公民涉嫌违法行为并不具有合理怀疑的证据支持，那么他就无权对该公民实施“截停”；因为截停是一种必须具有正当理由的扣押行为。但是，如果警民之间交往活动的严重程度尚不足以构成“截停”，就只能称为一种“接触行为”（encounter）；执法官员可以出于任何理由（甚至是毫无理

① “请你来我的客厅好吗？”蜘蛛对苍蝇说。（你可能会发现你甚至在不知道为什么的情况下就已经同意了。）

由）与公民进行“接触”，因为，此类接触并不属于扣押。就此而言，区分截停与接触行为意义重大。

在门登霍尔案中，大法官斯图尔特主张将截停定义为：根据当时的整体情形，如果理性的无辜者将认为他已经没有离开的自由，那么该行为即构成截停。在门登霍尔案中，最高法院的多数大法官认为，对于该案没有使用这一判断标准的必要；但是，最高法院在随后的判例中最终接受了“自由离开”的判断标准（see *INS v. Delgado*，466 U. S. 210（1984））——如下所述，之后最高法院又针对某些特定情形对该标准进行了修正。

有理由认为，如果严格适用门登霍尔标准的话，任何警民交往活动都将构成截停。当执法官员走到特定公民身边对其发问时，几乎没有人会认为他有转身离开的自由。即使该执法官员的行为并不具有强制性，执法官员的身份本身就会形成一种内在的强制力——这种强制力将会迫使绝大多数公民表示服从，而不敢转身离开。但是很显然，最高法院从来就没有想过要严格适用门登霍尔标准。因为最高法院曾经明确判决说，执法官员走到公民身边向他询问问题，不需要具有任何理由。（See *INS v. Delgado*，*supra*（“警察询问本身不可能造成违反第四修正案的后果。尽管绝大多数公民都会回答警察的问题，但是人们这么做……并不会取消公民回答问题的自愿属性”））

门登霍尔标准试图平衡以下两方面的利益：执法官员在不具有实施初步调查的正当理由时进行此类调查的客观需要，以及普通公民不受警察强制的利益。因此，在具体适用中，该标准的含义是，如果执法官员积极地使用了某种强制方法，那么其行为将被认定为扣押，因此（至少）应当符合合理怀疑的标准。相反，如果执法官员举止得体，而且相对人仅就执法官员提出的问题进行了回答，那么此类交往活动将被视为一种“接触行为”。只要执法官员采取的行为方式属于普通公民都会使用的行为方式，那么其行为就不会构成截停。

尽管每起案件的事实千差万别，法院系统已经确立了一系列据以判断执法官员采用的强制方法是否足以构成截停的指标。一方面，单纯走到特定公民身边向他询问一些问题，显然不属于截停；另一方面，掏出武器将特定公民押进警车，至少应当构成截停。对于上述两种情形之间的灰色地带，在作出判断时，可以考虑以下相关因素：

1. 针对行动自由实施的有形阻碍。如果执法官员阻挡了嫌疑人的行动自由，这将有助于证明该行为属于截停。(See *Brower v. County of Inyo*, 489 U. S. 593 (1989) (在该案中，警察通过设置路障的方式，迫使嫌疑人停下来；该行为构成了扣押))

2. 展示武力。向相对人展示武力，如掏出枪支或采取其他威胁活动，是该行为构成截停的一项强有力标志。

3. 扣留身份证件、机票以及其他类似物品。在不具有合理怀疑的情形下，执法官员可以走到相对人身边，礼貌地要求对方出示自己的身份证件，或者，如果是在机场，要求对方出示自己的飞机票。嫌疑人被认为享有拒绝此类请求的自由。但是，如果嫌疑人按照执法官员的请求交出了自己的身份证件或机票，那么，在缺乏合理怀疑的情形下，执法官员不得以延长询问时间为由扣留被询问人的身份证件或机票。当自己的身份证件或机票被扣留时，理性人不可能认为自己依然享有离去的自由。

4. 使用了威胁的口吻或者发出了强制性命令。尽管允许执法官员进行有礼貌的询问，但是如果执法官员使用了威胁的措辞或口吻，那么在判断该行为是否构成扣押时，这将成为具有相关性的证据。具体而言，如果执法官员威胁嫌疑人说要拘禁他，或者指控嫌疑人实施了犯罪活动，那么法院系统更倾向于认定该行为已经构成了截停。

5. 短暂性。即使是礼貌的询问，持续的时间也必须非常短暂；否则在理性人看来，这可能表明执法官员并不满足于相对人的回答。

6. 礼貌地请求相对人允许对其实施搜查或者到其他地方继续接受询问。如果执法官员礼貌地征求相对公民的意见，问他是否同意对其人身、行李以及其他类似物品进行搜查，如果不存在其他强制性因素，那么这将被视为一种经对方同意的接触行为。同样，如果执法官员礼貌地请求相对人到其他地方进行继续交谈（如离开机场大厅到附近的调查办公室继续询问），该公民如果选择服从，那么该行为本身并不表明他已经受到了截停。

7. 告知相对人有权终止该接触行为或者作出不同意的选择。执法官员没有义务告知相对人享有拒绝回答警察发问、拒绝警察搜查请求的权利。但是，如果执法官员曾经告知相对人享有这些权利，那么这将有助于证明该接触行为是一种征得对方同意的行为。

8. 强制性情境。如果警民接触是在封闭场合下进行的，那么这种情境可能表明该接触行为具有强制性——尽管这并不是一项决定性因素。因此，如果警察进行询问的地点远离公众的视野，那么与公众视野之内的询问活动相比，前者更有可能被认定为具有强制性——同样，这也并不是一项决定性因素。（See *United States v. Rodriguez*, 69 F. 3d 136 (7th Cir. 1995)）在该案中，法院认为，警察的行为属于接触行为，而非截停。“本案询问活动的周边环境，既非荒无人烟之地，也非他人无权入内的禁区。相反，该接触活动发生于沃海尔机场繁忙的机场大厅，四周到处都是乘客。”

许多学者对门登霍尔案提出的“自由离开”的标准持批评意见。因为他们认为，该标准并没有反映司法实践的真实情况。他们争辩说，对于拒绝合作的公民，门登霍尔标准意味着一种奖励；因为只有对于那些拒绝配合的公民而言，执法官员继续进行交谈的决定才会真的构成“截停”。至于其他人，则被认为是自愿接受执法官员调查的。公民不礼貌的拒绝行为、对抗性举动——这事实上正是在确定某公民是否享有离开的自由时必须具备的要素——将诱发执法官员不礼貌的、对抗性回应。因此，多数学者的结论是，门登霍尔标准将助长美国时不时出现的警察与公民之间的对抗关系。

3.4 阅读文献

- Ronald J. Bacigal, *In Pursuit of the Elusive Fourth Amendment: The Police Chase Cases*, 58 Tenn. L. Rev. 73 (1990).
- Tracey Maclin, "*Black and Blue Encounters*" —*Some Preliminary Thoughts About Fourth Amendment Seizures: Should Race Matter?*, 26 Val. U. L. Rev. 250 (1991).
- Lowell C. Brown, *Criminal Profiles after United States v. Mendenhall: How Well - Founded a Suspicion*, 1981 Utah L. Rev. 557 (1981).
- Peter S. Greenberg, *Drug Courier Profiles, Mendenhall and Reid: Analyzing Police Intrusions on Less than Probable Cause*, 19 Am. Crim. L. Rev. 49 (1981 - 1982).
- Mary Ann Duggan, *Criminal Law: Drug Courier Profiles, United States v. Mendenhall*, 5 Nova L. J. 141 (1980 - 1981).

4. 截停与逮捕的界限：

罗耶案（*Florida v. Royer*）

460 U. S. 491, 103 S. Ct. 1319 (1983)

4.1 案件信息

- **本案争点**

当罗耶同意搜查他的行李时，他是否已经处于非法拘禁的状态，他的同意是否出于自愿？

- **最高法院的判决**

最高法院以5:4的投票结果作出了有利于被申请人罗耶的判决。大法官怀特代表最高法院撰写了本案的判决意见，大法官马歇尔、鲍威尔和史蒂文斯表示附和。大法官鲍威尔和大法官布伦南分别发表了协同意见。大法官布莱克曼发表了反对意见。大法官伦奎斯特发表了反对意见，首席大法官伯格和大法官奥康纳表示附和。

最高法院判决认为，在机场，警察有权基于合理怀疑截停被申请人，短暂扣押他和他的行李，但警察之后的行为超出了调查性截停的界限。所以，当罗耶同意搜查时，他已经处于非法拘禁之中。

- **该判例的影响**

该判例进一步明确了调查性截停的界限，对截停和逮捕作出了区分。同时，该判例还讨论了毒贩肖像的使用问题。

4.2 判决正文

佛罗里达州
诉
马克·罗耶

第 80 – 2146 号

1982 年 10 月 12 日进行辩论

1983 年 3 月 23 日作出判决

大法官怀特（Justice White）代表最高法院撰写了本案的判决意见，大法官马歇尔（Justice Marshall）、鲍威尔（Justice Powell）和史蒂文斯（Justice Stevens）表示附和。 p493

本案要求我们判定，佛罗里达州第三巡回区上诉法院，将第四修正案的规则适用于如下裁决是否合适：当被申请人罗耶同意搜查他的行李时，他已经处于非法拘禁状态。

一

1978 年 1 月 3 日，在迈阿密国际机场，罗耶引起了两名便衣警察的注意。这两名警察是由佛罗里达州戴德县公共安全部门委派到县级有组织犯罪办公署、毒品调查部门的。① 通过观察，警察约翰逊和马格达莱纳认为，罗耶的外表、行为特征、行李和

① 本意见中陈述的事实来自于佛罗里达州第三巡回区上诉法院的全体法官所作的判决（389 So. 2d 1007，1015 – 18（Fla. App. 1980））和在集合附录中包含的排除动议听证的抄本（App. 11A – 116A）。

行为举止都符合所谓的“毒贩肖像”[①]。而罗耶显然不知他此时已经引起了警方的注意，他买了一张单程的飞往纽约的机票，托运了他的两个手提箱；他在每个手提箱上都贴上了标签，写着
p494 “霍尔特”的名字和目的地纽约拉瓜尼亚机场。当罗耶走在通向登机处的机场大厅时，两名警察走近他，表明了他们的身份——他们是在州长办公室工作的警察，并问罗耶是否有空能和他们聊上几句，罗耶说“可以”。

经要求，罗耶向警察出示了他的航班机票、驾照，但他口头并没有表示同意。机票同行李上的标签一样，写着“霍尔特”的名字，但是驾照上却写着被申请人真实的名字“罗耶”。当警察问及这一差异时，罗耶解释说，是他的一个名为“霍尔特”朋友订的票。在交谈中，罗耶显得越发紧张，于是警察告知罗耶他们实际上是缉毒官员，有理由怀疑他运送毒品。

警察没有将罗耶的机票和证件交还给他，而是要求他跟随他们去一间临近大厅、约 40 英尺远的房间。罗耶对此没有作出回应，只是按照要求跟着警察到了那里。约翰逊警官之后将这个房间描绘为位于女乘务员休息室中的一间“宽敞的储藏室”，屋内有一个小桌子和两把椅子。未经罗耶的同意或者许可（consent or agreement），约翰逊警官利用罗耶的行李托运存根，从航空公司那里取回了“霍尔特”的行李，并带至被申请人和马格达莱纳警官所在的房间。罗耶被问及是否同意搜查他的手提箱。对此他口头上没有作出回应，只是拿出了钥匙，打开了一个手提箱的

---

① “毒贩肖像”是一种被认定为运输毒品人所具有的典型特征的抽象集合。在罗耶案中，侦探的注意力被以下事实所吸引，这些事实被认为属于肖像的范围：(a) 罗耶提着看起来很沉的美洲旅行袋；(b) 他很年轻，在 25 到 35 岁之间；(c) 他着装很随意；(d) 罗耶看上去脸色惨白，很紧张，四处看人；(e) 罗耶用一大叠的现金购买机票；(f) 没有填完贴在托运行李上的航线身份标签，标签上留有姓名、地址、电话号码等空间，但他只填了名字和目的地。389 So. 2d, at 1016; App. 27A－40A.

锁，然后警察在没有进一步征求罗耶同意的情况下，打开了箱子。警察在手提箱里发现了毒品。据约翰逊警官所述，罗耶说，他不知道打开第二个手提箱的密码。当问及他是否反对警察打开他的第二个手提箱时，罗耶说“不，打开吧。”当警察解释说， p495
打开时可能要弄破箱子，他没有表示反对。手提箱被警察撬开，在里面发现了大量的大麻。罗耶之后被告知他已被逮捕。从警察最初接近被申请人到发现违禁品并逮捕被申请人只用了15分钟。

在审判罗耶持有大麻罪[①]的重罪之前，他提出排除搜查手提箱所得证据的动议。初审法院认定，罗耶对搜查的同意是“自由、自愿作出的”，而且即便不考虑同意的因素，无证搜查也是合理的，因为“警察没有时间跑出去，获取令状，因为飞机马上就要起飞了。”[②] 在驳回他的证据排除动议后，罗耶将他的“无罪答辩”改为“不争辩答辩（nolo contendere）”，明确保留就驳回证据排除动议上诉的权利。[③] 之后，罗耶被定罪。

联邦上诉法院，经过全席法官审判，撤销了对罗耶的定罪判决。[④] 法院认为，在没有合理根据的情况下，罗耶被不情愿地限制在小房间里。这种非自愿的拘禁超过了特瑞案（*Terry v. Ohio*, 392 U. S. 1, 88 S. Ct. 1868, 20 L. Ed. 2d 889（1968））所允许的限制条件。而就在那时，警察获得了他对搜查的同意，因此该同

---

① Fla. Stat. § 893.13（1）（a）（2）（1975）.

② 初审法院对排除动议的裁决没有被报道。App. 114A－116A.

③ 依据佛罗里达州法律，不争辩答辩与有罪答辩具有同等效力。

④ 在上诉中，佛罗里达州地区上诉法院的合议庭认定，依据综合情状标准，初审法院认定的同意有清楚、可信的证据予以支持。389 So. 2d 1007（Fla. App. 1979）. 合议庭的裁决被撤销，全席听证得到批准。*Id.*, at 1015（Fla. App. 1980）这里是对全院法官的结论作出审查。

意是非法的，因为它受到了非法拘禁行为的污染。①

p496 几个因素导致法院得出如下结论：对被申请人的拘禁在效果上已经等同于逮捕。罗耶“发现自己置身于一个狭小封闭的区域，面对着两位警察——这几乎呈现出经典定义下的监禁（imprisonment）场景。”（389 So. 2d 1007，1018（Fla. App. 1980））但是，警察怀疑罗耶运送毒品的陈述也支持了如下事实的认定：罗耶在作出同意搜查的表示时正处于“被拘禁”的状态。（*Ibid.*）另外，在联邦上诉法院看来，警察持有罗耶的机票以及他们取回并控制其行李的事实，将罗耶不能自由离开的事实表现得更为清楚明白。（*Ibid.*）

在证据排除的听证上，罗耶作证说，他当时觉得不能自由地离开官员所在的区域。佛罗里达州上诉法院认定，这种忧虑“更甚于那种具有正当理由的主观信念”，因为控方在审理时的口头辩论阶段承认，“即使罗耶错误地认为他可以自由地离开那个房间，警察也不会同意”。（*Ibid.*）法院认定，用什么术语来描述罗耶被拘禁的状态并不重要。因为在杜纳维案（*Dunaway v. New York*，442 U. S. 200，99 S. Ct. 2248，60 L. Ed. 2d 824（1979））中，“若警察的拘禁程度超出了特瑞案中调查性截停的有限的限制条件，那么只能通过合理根据才能获得宪法性的正当理由”。（389 So. 2d，at 1019）进行搜查的约翰逊警官，在证据排除的听证中明确指出，直到他们打开罗耶的手提箱并发现里面

p497 的东西之前，他没有逮捕罗耶的合理根据。（*Ibid.*）由于缺乏合

---

① 佛罗里达州法院也持以下观点，“仅仅与毒贩肖像的内容相似甚至都不足以构成使截停正当化所需的可言说的怀疑。此类截停是由特瑞案（*Terry v. Ohio*，392 U. S. 1，88 S. Ct. 1868，20 L. Ed. 2d 889（1968））确立的”，它接着认为，即使遵循一条相反的规则，或者，甚至在罗耶同意搜查前的某个时间，可言说的怀疑出现了，该事实仍不能达到合理根据的标准，作为拘禁罗耶的正当理由。Supp. App. to Pet. for Cert. 51 - 52. 之后这会变得清楚，我们在合理怀疑争议事项上不一致，但是都同意缺乏逮捕的合理根据。

理根据，法院得出结论认为，罗耶对搜查的同意仅仅是在他被非法拘禁后作出的，故不能作为搜查的正当理由。（*Ibid.*）由于没有证据显示，在此过程中，发生了“非法链条的中断”，法院认定，罗耶的同意在法律上是无效的。（*Id.*，at 1020）我们批准控方对调卷令的申请（454 U. S. 1079，102 S. Ct. 631，70 L. Ed. 2d 612（1981）），现在维持上诉法院的判决。

二

在此，整理一些初步意见是适宜的。第一，毫无疑问，本案中没有搜查罗耶行李的令状，没有合理根据和紧急情况，搜查的合法性取决于罗耶的同意。同样明确的是，当搜查的合法性取决于同意时，控方有责任证明获得了必要的同意，且该同意是自由、自愿作出的。该证明责任不能仅仅通过证明对方屈服于合法权力的主张而实现。（*Lo – Ji Sales，Inc. v. New York*，442 U. S. 319，329，99 S. Ct. 2319，2326，60 L. Ed. 2d 920（1979）；*Schneckloth v. Bustamonte*，412 U. S. 218，233 – 234，93 S. Ct. 2041，2050 – 2051，36 L. Ed. 2d 854（1973）；*Bumper v. North Carolina*，391 U. S. 543，548 – 549，88 S. Ct. 1788，1791 – 1792，20 L. Ed. 2d 797（1968）；*Johnson v. United States*，333 U. S. 10，13，68 S. Ct. 367，368，92 L. Ed. 436（1948）；*Amos v. United States*，255 U. S. 313，317，41 S. Ct. 266，268，65 L. Ed. 654（1921））

第二，执法人员在街上或者在其他公共领域仅仅走近一个人，问他是否愿意回答一些问题，如果他愿意的话，问他一些问题，或者在刑事控诉中，以证据的形式列出他就这些问题自愿所作的回答，上述行为都没有违反第四修正案。（See *Dunaway v. New York*，442 U. S. 200，210 n. 12，99 S. Ct. 2248，2255 n. 12，60 L. Ed. 2d 824（1979）；*Terry v. Ohio*，392 U. S. 1，31，32 – 33，88 S. Ct. 1868，1885 – 1886，20 L. Ed. 2d 889（1968）（Harlan，J.，concurring）；*id.*，at 34，88 S. Ct.，at 1886（White，J.，concurring））此外，警察仅

仅表明自己身份的事实也不会将接触转变为扣押，从而需要一定程度的客观理由。（*United States v. Mendenhall*，446 U. S. 544，555，100 S. Ct. 1870，1877，64 L. Ed. 2d 497（1980）（opinion of
p498 Stewart，J.））但是，被接近的个人，并非必须回答向他提出的任何问题，事实上，他可以不听这些问题，走他自己的路。（*Terry v. Ohio*，*supra*，392 U. S.，at 32 – 33，88 S. Ct.，at 1885 – 1886（Harlan，J.，concurring）；*id.*，at 34，88 S. Ct.，at 1886（White，J.，concurring））若没有合理、客观的理由，甚至不能片刻拘禁他；而他仅仅拒绝聆听和回答的行为，并不会提供上述理由。（*United States v. Mendenhall*，*supra*，446 U. S.，at 556，100 S. Ct.，at 1878（opinion of Stewart，J.））如果没有拘禁——没有第四修正案意义上的扣留，就没有宪法性权利受到侵犯。

第三，同样清楚的是，不是所有对人的扣押都要通过合理根据——为犯罪逮捕所需——而得以正当化。在特瑞案（*Terry v. Ohio*）之前，为了维护第四修正案，任何对个人的限制若达到扣押程度，除非有合理根据作为正当理由，否则都是不合法的。（*Dunaway v. New York*，442 U. S. 200，207 – 209，99 S. Ct. 2248，2253 – 2254，60 L. Ed. 2d 824（1979））特瑞案为这个一般规则创造了一个有限的例外，即根据第四修正案，如果某人正在或将要从事犯罪活动存在可言说的怀疑时，某些扣押行为就是正当的。在特瑞案中，截停和拍身搜查武器被认定是无可指责的。亚当斯案（*Adams v. Williams*，407 U. S. 143，92 S. Ct. 1921，32 L. Ed. 2d 612（1972））把这一相同的方法适用于以下情形：线人密报说附近的一辆车上有一个不知名的人正携带着毒品和枪支。尽管特瑞案没有明确授权，布里格恩尼—庞斯案（*United States v. Brignoni – Ponce*，422 U. S. 873，881 – 882，95 S. Ct. 2574，2580 – 2581，45 L. Ed. 2d 607（1975））却毫不含糊地指出，对犯罪活动的合理怀疑使以询问为目的的短暂扣押正当化，但该询问要局限于截停的目的。在布里格恩尼—庞斯案中，那个目的被用来证实或打消对违反移民法的怀疑，政府利益足以使为有限询问而短暂拘禁的行为正当化。罗耶和我们都没有表示，当涉及的政府利益是打击非法毒品交易和其他严重的犯罪时，基于低于合理根据的标准，这个相似的基本原理就不能使本案中以询问为目的的短暂拘禁正当化。 p499

萨默斯案（*Michigan v. Summers*, 452 U.S. 692，101 S. Ct. 2587，69 L. Ed. 2d 340（1981））涉及另外一种情形，未达到合理根据的暂时拘禁，满足了关于第四修正案合理性要求的最终检验标准。在该案件中，当警察在执行对某住宅的搜查令状时，住宅的居民也被拘禁。我们认为，令状本身就说明该居民可疑，足以使短暂拘禁他的行为正当化。“如此重要的执法利益”使得符合以下条件的“有限侵犯人身安全”的行为正当化，即基于可言说的怀疑——未达到合理根据——采取扣押形式，拘禁一个人。（*Id.*，at 699，101 S. Ct.，at 2592）

第四，尽管如此，特瑞案和之后的判例也只是对下述一般规则创设了有限的例外，即需要实施逮捕所具有的合理根据才能实施扣押。拘禁可能是“调查性的”，但若没有合理根据，则仍是违反第四修正案的。若警察仅仅怀疑一个人从事犯罪活动，不能以调查的名义，对其人身或车辆或其他财产进行全面的搜查。警察也不能试图通过近乎逮捕的方法来核实他们的怀疑。前面的杜纳维案（*Dunaway v. New York*）对此已经讲得很清楚。在该案件中，嫌疑人没有被正式逮捕，但他却被警察从家里带至警察局，接受询问达1个小时之久。因而法院认为，由此产生的有罪供述不可采：对犯罪的合理怀疑尚不足以使拘禁询问正当化，即便是这一询问具有调查性质。（*Id.*，442 U.S.，at 211－212，99 S. Ct.，at 2255－2256）布朗案（*Brown v. Illinois*, 422 U.S. 590，95 S. Ct. 2254，45 L. Ed. 2d 416（1975））和戴维斯案（*Davis v. Mississippi*, 394 U.S. 721，89 S. Ct. 1394，22 L. Ed. 2d 676（1969））也是这样。

第四修正案禁止不合理的搜查和扣押总是被解释为防止下述搜查——它没有被局限于特定描述的“被搜查的场所以及被扣押的人或者物品的范围内”，（U. S. Const.，Amend. IV）即使该搜查
p500 是根据令状并且基于合理根据。在明确合理的执法利益使无证搜查正当化的情形下，修正案的保护也不会苍白无力：因为搜查必须局限于一定的范围，且该范围的确定需要服务于创制例外的特定目的而获得正当性。例如，附带于合法逮捕的无证搜查是被允许的，因为考虑到了警察的安全以及防止被捕者毁坏证据。（E. g.，*Chimel v. California*，395 U. S. 752，763，89 S. Ct. 2034，2040，23 L. Ed. 2d 685（1969））不过，这样的搜查范围只局限于被捕者的人身和他触手可及的区域。（Id.，at 762，89 S. Ct.，at 2039）前述的特瑞案（*Terry v. Ohio*）也体现了这一原则：搜查的范围应当“严格限定于允许发动搜查之情形，并以此作为它的正当理由”。（392 U. S.，at 19，88 S. Ct.，at 1878，quoting *Warden v. Hayden*，387 U. S. 294，310，87 S. Ct. 1642，1651，18 L. Ed. 2d 782（1967）（Fortas，J.，concurring））当警察行为中的扣押——尚未达到合理根据——因为合理的执法利益而获得允许时，第四修正案对合理性的要求也不会因此而降低。拘禁的范围必须谨慎地与它内在的正当理由相适应。

允许在没有合理根据、仅基于怀疑的情形下进行扣押的理由在于，执法利益赋予了对嫌疑人人身安全实施有限侵犯的正当性。允许侵犯的范围，在某种程度上随着每起案件特定事实和场合的不同而发生变化。但是，这个范围的大部分界线是清晰的：调查性拘禁必须是暂时的，不能超过实现截停目的所需的必要时间。同样，采用的调查性方法应该是能在短时间内确认或打消警察怀疑的、以最小程度侵犯的、合理的方法。（See，e. g.，*United States v. Brignoni - Ponce*，422 U. S.，at 881 - 882，95 S. Ct.，at 2580 - 2581；*Adams v. Williams*，407 U. S.，at 146，92 S. Ct.，at 1923）控方有责任证明，他们试图证明的基于合理怀疑、正

当的扣押，完全局限于实现调查性扣押所需条件的范围和持续时间以内。

第五，杜纳维案和布朗案裁决，在非法拘禁阶段作出的陈述，如果是非法拘禁的产物而不是自由意志、独立行为的产物，即使是自愿作出的也不可采。（*Dunaway v. New York*，442 U. S.，at 218－219，99 S. Ct.，at 2259－2260；*Brown v. Illinois*，*supra*，at 601－602，95 S. Ct.，at 2260－2261）在这个方面，这些案件重申了王森案中的一个主要裁决。 p501

第六，如果本案中的事件，等同于那些已经获准的在公共场合与警察的接触或者特瑞式的正当拘禁，那么罗耶的同意如果是出于自愿的话，将有效地使搜查他的两个手提箱的行为合法化。（Cf. *United States v. Watson*，423 U. S. 411，424－425，96 S. Ct. 820，828－829，46 L. Ed. 2d 598（1976））然而，佛罗里达州上诉法院对我们面前的这起案件得出的结论是，不仅罗耶在对他的行李搜查表示同意时已经被扣押，而且调查性截停也突破了自身的界限。在它看来，本案中的“拘禁”超过了特瑞式调查性截停的有限限制，因此，罗耶的同意被非法行为所污染。上诉法院的结论是，因逮捕缺乏合理根据，需要撤销案件。现在，摆在我们面前的问题是，法庭记录是否证明了结论的可靠性。我们认为确实如此。

三

控方提供如下三个理由以支持其上述结论——当罗耶同意搜查他的行李时，他没有被非法拘禁。第一，控方认为，整个接触过程都是两相情愿的，因此根本没有违背罗耶的意愿。我们认为，这一说法经不起推敲。要求查看罗耶的机票和驾照本身，毫无疑问是被允许的，但是当警察表明自己缉毒官员的身份，告诉罗耶他有贩运毒品的嫌疑，并要求他跟随他们去警察的房间，同时扣留他的机票和驾照，没有以任何方式显示他可以自由离开

p502 时，依据第四修正案，罗耶就已经被有效扣押。这些情形相当于展示官方权力，“一个理性人将会相信他不能自由离开”。(*United States v. Mendenhall*, 446 U. S. 544, 554, 100 S. Ct. 1870, 1877, 64 L. Ed. 2d 497 (Opinion of Stewart, J.))

第二，控方指出，即使罗耶受到了扣押，也存在合理的、可言说的怀疑以证明短暂的拘禁是正当的，而且该拘禁并没有突破特瑞式的截停。我们同意控方的以下说法，警察发现罗耶用假名旅行这个事实和警察之前已经了解的事实——用现金购买单程票，托运两个包的方式，罗耶的外表和总体举止——为怀疑罗耶携带毒品提供了充足的理由，也为以下行为提供了充足的理由——当警察试图确认或打消他们的怀疑时，短暂拘禁他和他的行李的方式没有超过调查性拘禁的界限。我们也同意，当基于合理怀疑，罗耶被正当拘禁时，如果他自愿同意搜查他的行李，则搜查的结果作为不利于他的证据是可采的。但是，我们的结论是，当罗耶拿出他手提箱的钥匙时，他所受到的那种对他人身自由的侵犯——拘禁——比单单基于犯罪活动的怀疑所允许的侵犯要严重得多。

当警察告知罗耶希望检查他的行李时，罗耶已经在警察走近他时表明了自己的身份，试图解释身份证件上的名字和已购买的机票和行李上的名字不一致的问题。警察表示不满意，他们告诉他，他们是缉毒官员，有理由相信他携带毒品。他们要求他跟随他们前往警察的房间。罗耶跟着他们去了。在那里，他发现自己置身于一个小房间——一间大的储藏室内，屋内备有一张桌子和两把椅子。他只身一人与两位警察在一起，他们又一次告诉他，
p503 他们认为他携带有毒品。他也发现，警察未经他的同意，从航空公司拿回了他已托运的行李。这时，情形已经从最初在公共场合两相情愿的调查上升为警察询问室里的调查程序，在那里，警察不满意先前的解释，试图证实他们的怀疑。警察有罗耶的机票和身份证件，也扣押了他的行李。罗耶从未被告知只要他愿意他可

以自由登机。他合理地相信他正处于拘禁中。至少在那一刻，有关接触的任何两相情愿的因素已经消失，我们不能说佛罗里达州上诉法院的以下结论是错误的——特瑞案（*Terry v. Ohio*）及之后的案件都不能为罗耶受到的限制提供正当化根据。实际上，罗耶已经被逮捕了。与这个结论相一致的是，控方在佛罗里达州法院承认，如果罗耶要走的话，他们不会让他自由离开询问室。[①]另外，控方在本院的辩护状中将警察在排除证据听证中的证词解释为，如果罗耶拒绝同意搜查他的行李，警察将控制这个行李，

① 在他的答辩状和本院举行的口头辩论中，控方争辩是否作出过这一承认。我们没有根据质疑佛罗里达州法院的陈述。

争取获得授权搜查的令状。(Brief for Petitioner 6)①

p504 我们也认为，警察的行为比由特瑞案等一系列案件授权的调查性拘禁所允许的侵犯更为严重。第一，通过返还他的机票和驾照，并告知他如果愿意的话，他可以自由离开，警察原本可以排除以下主张——这种接触从最初到结束都不是两相情愿的。第二，在调查性拘禁中，的确存在出于安全的理由，使得将嫌疑人从一个地方移至另一个地方的行为正当化，如从机场移到更为隐
p505 秘的地区。(Cf. *Pennsylvania v. Mimms*, 434 U. S. 106, 109 - 111,

---

① 我们这里的判决与门登霍尔案中本院的判决是一致的。在门登霍尔案中，当被申请人被两个联邦缉毒官员接近时，她正走过机场。如同本案，警察要求查看门登霍尔的机票和身份证件，机票上的名字和证件上的名字不一致。当一个警察明确表明自己的身份与缉毒局有关时，门登霍尔显然变得很震惊和紧张。446 U. S., at 548, 100 S. Ct., at 1874.

退还机票和证件后，一个警察问门登霍尔，她是否可以跟随他们前去距离这里50英尺远的缉毒局机场办公室，作进一步的询问。刚进办公室，门登霍尔就被请求同意搜查她的身体和手提包；她被告知有权拒绝。*Id.*, at 548, 100 S. Ct., at 1874. 在秘密的房间里，从门登霍尔那儿进一步获得她同意搜查的确认后，警察要求她脱衣服，开始搜查她的身体。在她开始脱衣服时，门登霍尔拿出了两个隐藏的似乎含有海洛因的小包，交给了女警察。*Id.*, at 549, 100 S. Ct., at 1874. 上诉法院判决认为，最初对门登霍尔的"截停"是非法的，因为没有基于犯罪活动的合理怀疑。在二选一的选择中，法院认定，即使最初截停是被允许的，警察要求门登霍尔跟随他去缉毒局办公室的行为也构成了逮捕，没有合理根据。

本院驳回。两位大法官认为整个接触都是两相情愿的，没有发生扣押。其他三位大法官认定存在扣押，但判决认为有合理怀疑使扣押正当化，因此自愿的同意是搜查的合法基础。因而五位大法官撤销原判的投票裁决似乎赞同以下事实，在门登霍尔同意搜查时，她没有被非法拘禁。四个持不同意见的大法官也认定存在拘禁，但认为怀疑门登霍尔的合理根据并不存在。因此得出结论认为，门登霍尔在作出同意时已被非法拘禁了。

本案在几个重要的方面与前面的案件不同。这里，贯穿整个接触过程，罗耶的机票和身份证件一直在警察手中；警察还扣押和控制了他的行李。实际上，罗耶没有它们，不能离开机场。而在门登霍尔案中，没有涉及任何的行李，机票和身份证件很快被返还，警察很认真地告知嫌疑人可以拒绝搜查。本案中警察扣押了罗耶的行李。从未告知他可以不同意搜查。

98 S. Ct. 330，332－333，54 L. Ed. 2d 331（1977）（*per curiam*））不过，在本案中，并不存在促使警察将接触的地点从机场变为询问室的理由。相反，警察的主要兴趣不在于与罗耶展开深入的交谈，而在于他行李内的物品，对于后一事项，直到接触的地点改到了警察的房间以前，警察与罗耶并没有口头上的交锋。法庭记录中没有任何事实可以支持以下认定，执法官员使最初拘禁正当化的合法目的在之后——将罗耶移至警察房间，试图获得搜查其行李的同意前——得到了促进。我们注意到，如果罗耶当场同意搜查，搜查就可以在约翰逊警官取回包裹、罗耶在场的原地进行，那么任何发现的证据都是可采的，都可以作为不利于他的证据。如果搜查毫无所获，则罗耶可以更早地自由离开，错过航班的可能性也会大大降低，而在不同的情形下，错过航班也是一个严重的问题。

第三，控方没有触及以下问题，是否可以采取一种更迅速的方法来检查罗耶包内的物品。法院对使用警犬检测行李中是否存

p506 在违禁品的做法并不陌生。① 这里没有任何迹象显示，这种方法是不能用且不可行的。如果使用了这种方法，则在执行调查程序时，罗耶和他的行李只被暂时地拘禁。实际上，拘禁可能是没有必要的。如果搜查之后得到的是一个否定的结果，那么就可以迅速地释放罗耶；如果是一个肯定的结果，就会导致基于合理根据的正当化逮捕。

我们并不暗示存在一种区分两相情愿的接触和扣押，或者存在决定何时扣押超过了调查性截停界限的类似石蕊试纸试验的标准。在机场接触的个案中，事实和情形方面都会存在无穷尽的差

---

① 上诉法院对使用警犬侦查行李中的毒品是否构成搜查意见不一致，但是没有上诉法院裁决，如果它是搜查的话，需要比可言说的怀疑更高程度的怀疑作为这种无证搜查的正当理由。See e. g. , *United States v. Sullivan*, 625 F. 2d 9, 13 (CA4 1980) (no search), cert. denied, 450 U. S. 923, 101 S. Ct. 1374, 67 L. Ed. 2d 352 (1981); *United States v. Burns*, 624 F. 2d 95, 101 (CA10 1980) (same); *United States v. Beale*, 674 F. 2d 1327, 1335 (CA9 1982) (sniff is an intrusion requiring reasonable suspicion), cert. pending, No. 82－674. 此外，这起案件所在的巡回区的法律以前和现在都规定“对检测毒品警犬的使用，根据第四修正案，既不构成搜查也不构成扣押”。*United States v. Goldstein*, 635 F. 2d 356, 361 (CA5), cert. denied, 452 U. S. 962, 101 S. Ct. 3111, 69 L. Ed. 2d 972 (1981); see *United States v. Viera*, 644 F. 2d 509, 510 (CA5), cert. denied, 454 U. S. 867, 102 S. Ct. 332, 70 L. Ed. 2d 169 (1981) 美国联邦第五巡回区上诉法院于1981年9月30日之前作出的判决，对第十一巡回区上诉法院是有约束力的先例。*Bonner v. City of Prichard*, 661 F. 2d 1206, 1207 (CA11 1981).

无论如何，我们在本案判决中认为，警察有合理怀疑相信罗耶的行李中藏有毒品，我们假定在调查中使用警犬将不会导致对罗耶及其行李的延时拘禁，而这可能会涉及其他第四修正案的考量因素。例如，彼尔案（*United States v. Beale*）中，嫌疑人已经托运完从佛罗里达州罗德岱堡机场始发航班的行李。警察在简短地询问完嫌疑人后，来到行李区。一条警犬注意到其中一个托运完的行李。同时，嫌疑人已经登上飞往加利福尼亚的飞机，在那儿，他们的行李再一次被警犬嗅到，他们被逮捕了。第九巡回区上诉法院撤销了定罪判决，理由是可言说的怀疑作为使用警犬嗅行李的正当理由是必需的，这一要求存在与否应该由地区法院决定。674 F. 2d, at 1335. 对于我们面前的案子，警察存在确证的怀疑，可以短暂地拘禁罗耶一段时间，在这段时间里，佛罗里达州当局在繁忙的机场中有能力执行警犬嗅寻这一程序。

异。而且差异是那么的繁多，以至于法院不能将规则简化为一个句子或者一个段落，以提供一个无可争辩的解决方法作为判断是 p507 否存在违反了第四修正案的不合理的搜查和扣押标准。然而，我们必须作出判决，认定佛罗里达州上诉法院得出的关于特瑞式截停的界限被突破的结论没有错。

四

控方的第三个也是最后一个论点是，罗耶在表示同意时，没有被非法拘禁，因为那时已存在逮捕他的合理根据。约翰逊警官在排除证据听证时的证言和佛罗里达州上诉法院作出的判决都表明，直到打开罗耶的行李以前没有合理根据逮捕罗耶。但是，警察不认为存在合理根据，而依据两相情愿的合意或者特瑞案截停的基本理论采取行动的事实，并不妨碍控方通过证明合理根据作为拘禁罗耶的正当理由，从而扫除了依赖罗耶对搜查同意的任何障碍。（*Peters v. New York*, *decided with Sibron v. New York*, 392 U. S. 40, 66 – 67, 88 S. Ct. 1889, 1904 – 1905, 20 L. Ed. 2d 917 (1968)）然而，我们同意佛罗里达州上诉法院的意见，逮捕罗耶的合理根据在他同意搜查其行李时并不存在。事实仅仅是一个紧张的年轻人提着两个美洲旅行袋，用现金购买了一张飞往"目标城市"的机票。这些事实引发了警察的调查，结果发现机票是用假名购买的。他提供的解释没有让警察感到满意。如果以下是控方的立场——每一个用假名、支付现金购买飞往纽约的机票，同时又提着两个沉重的美洲旅行袋、紧张的年轻人，都有可能被逮捕和拘禁，要求对严重的重罪起诉负责——我们不能赞成控方的意见。

五

因为我们支持佛罗里达州上诉法院关于罗耶在同意搜查其行李时处于非法拘禁状态的判决，我们承认，同意被非法行为所污 p508

染，不能作为搜查的合理根据。相应地，维持佛罗里达州上诉法院的判决。

大法官鲍威尔（Justice Powell）发表了协同意见。

我赞成多数意见。这是一个有关机场“截停询问”的案件，与之前我们碰到的门登霍尔案（*United States v. Mendenhall*，446 U. S. 544，100 S. Ct. 1870，64 L. Ed. 2d 497（1980））[①] 有着大致相似的背景。今天多数意见有益地讨论了调查性截停询问适用的原则。既然我是门登霍尔案（*Mendenhall*，*id.*，at 560，100 S. Ct.，at 1880）法庭意见的执笔者之一，我简短地写几句来重申以下观点：对于通过合法的手段发现那些为了一己私利而贩运毒品的人，公众享有迫切的利益。如多数意见所强调的那样（*ante*，at 1329），调查性截停的事实和情形的差异是不可避免的。考虑到空运在毒品贩运中的使用程度，训练有素的警察在机场所采取的，存有争议的截停需要予以特别考虑。[②]

然而，本案与门登霍尔案的情形截然不同。在最初被合法询问和被要求跟随警察去一个更隐秘的地方后，罗耶发现自己身处一间狭小的没有窗户的屋子里——被形容为一间“大的储藏室”——只身与两位警察在一起，他们未经他的同意，已经拿
p509 到了他托运的行李。另外，他们扣留了他的驾照和机票。无论是本案中的证据还是常识都无法显示罗耶可以自由地离开。我赞同多数意见，实际上，他在那时已经被逮捕，他把行李的钥匙交给警察的行为，不能视为同意。

---

① 正如多数意见注意到的，*ante*，at 1327，n. 9，门登霍尔案的5位法官都认为，那起案件中的被申请人没有被非法拘禁，因此针对她的搜查属于同意搜查。

② 自1974年以来，缉毒局委派了相当熟练的警察到几个主要机场作为全国范围内拦截毒贩计划的一部分。这些警察在“毒贩肖像”指引下，能识别出毒贩的特征，而经验显示这些特征在识别嫌疑人时是有用的。See *Mendenhall*，446 U. S.，at 562，100 S. Ct.，at 1881.

大法官布伦南（Justice Brennan）发表了协同意见。

在本案中，佛罗里达州上诉法院的决定依赖于它的下述判决意见，在最初截停后的某个时刻，警察对罗耶的扣押已经发展成一种没有合理根据支持的逮捕。（*Royer v. State*, 389 So. 2d 1007, 1015, 1019（Fla. App. 1980）（en banc））因此，罗耶对搜查其手提箱的同意，受到了非法逮捕的污染。（*Id.*，at 1019 - 1020）上诉法院的结论得到了法庭记录和我们在杜纳维案中的（*Dunaway v. New York*, 442 U. S. 200, 99 S. Ct. 2248, 60 L. Ed. 2d 824（1979））判决意见的充分支持。因此，我对应该维持上诉法院判决的意见表示赞同。但是很明显，为维持原判，多数意见没有必要涉及其他一些争点。

就多数意见认可警察最初截停罗耶的行为来说（see *post*, at 1337, n. 3（Rehnquist, J., dissenting）），完全没有必要涉及此问题。因为即使假定最初截停具有合法性，我认为，多数意见的裁决仍是正确的，因为警察之后的行为明显超过了特瑞案“调查性”截停所允许的界限。（*Ante*, at 1323, 1325）“任何‘例外’若能够包含本案具有如此侵犯程度的扣押的话，那么例外将会有吞噬第四修正案基本规则——扣押只有基于合理根据才是‘合理的’——的威胁。”（*Dunaway v. New York*, *supra*, 442 U. S., at 213, 99 S. Ct., at 2257）因此，多数意见的大多数关于特瑞式调查性截停可允许范围的讨论，对于该判决本身是没有必要的。

我强调，特瑞案是一个十分有限的判决，它明确拒绝讨论一个基于未达合理根据的、以拘禁或询问为目的的调查性“扣押”合宪的妥当性。（*Id.*，at 19, n. 16, 88 S. Ct., at 1878, n. 16） p510
特瑞案的判决仅仅认为，在一些仔细界定的情形下，警察“为了保护自己或者周围人的安全，有权对相对人的外衣进行仔细、有限的搜查……以期发现可能会被用来袭击他的武器。”（*Id.*，at 30, 88 S. Ct., at 1884）亚当斯案（*Adams v. Williams*, 407 U.

S. 143，92 S. Ct. 1921，32 L. Ed. 2d 612（1972））认可了基于合理怀疑的“短暂的”调查性截停（*Id.*，at 145 - 146，92 S. Ct.，at 1922 - 1923），但是该案件所认可的武器搜查也是有限的，它是基于特瑞案的安全理论。（*Id.*，at 146，92 S. Ct.，at 1923）在亚当斯案中，我们指出，“有限的”武器搜查的目的不是为了“发现犯罪的证据”，而是为了保证警察在继续展开调查时不用担心受到暴力的伤害……（*Ibid.*）在布里格恩尼—庞斯案（*United States v. Brignoni - Ponce*，422 U. S. 873，95 S. Ct. 2574，45 L. Ed. 2d 607（1975））中，我们判决认为，“当警察的观察导致他合理怀疑特定的车辆上可能会有非法移民时，他可以短暂地截停车辆，调查引起他怀疑的情形”。（*Id.*，at 881，95 S. Ct.，at 2580）我们的裁决基于政府阻止非法移民入境的重要性，基于短暂截停只具有最小侵犯，基于缺少警察巡逻边界的实际选择。（*Ibid.*）我们注意到特瑞案和亚当斯案有限的判决意见，当授权警察可以“询问司机或者乘客的公民或移民身份，要求他们解释可疑的情形”时，我们明确指出“任何进一步的拘禁或者搜查必须基于同意或者合理根据”。（*Id.*，at 881 - 882，95 S. Ct.，at 2580 - 2581. See also *Dunaway v. New York*，442 U. S.，at 208 - 212，99 S. Ct.，at 2254 - 2256（讨论特瑞案及其嗣后判例的狭窄范围））特瑞式的“调查性”截停和附带搜查的范围必须予以严格限制，否则特瑞案的例外会吞噬第四修正案的下述基本规则，即扣押只有基于合理根据才是“合理的”。（*Dunaway v. New York*，442 U. S.，at 213，99 S. Ct.，at 2257）在我看来，以下意见在特瑞案等一系列案件中找不到任何支持：特瑞案合理

怀疑的标准适用于除了最短暂拘禁或者最有限搜查以外的其他行为。① p511

无论如何，我不同意多数意见关于对罗耶最初的截停是合法的判断。因为很明显，当警察要求罗耶出示他的驾照和机票时，罗耶在第四修正案意义上已经被“扣押”。特瑞案指出，“当警察上前与个人搭话并限制了他离开的自由时，他就‘扣押’了那个人”。(392 U. S. , at 16, 88 S. Ct. , at 1877) 尽管我同意，“并不是所有警察与公民之间的所有交往都会牵涉到对人身的‘扣押’(*Id.* , at 19, n. 16, 88 S. Ct. , at 1878, n. 16)”，我也同意，警察在街上可以接近公民，向他们提问而不构成第四修正案意义上的‘扣押’，但是一旦警察表明了自己的身份并要求旅行者出示证件和机票，旅行者在第四修正案意义上已经被“扣押”了。通过表明自己的身份，要求查看罗耶的机票和驾照，警察实际上已经在“展示权力”并“限制罗耶的自由”。 p512
(*Ibid.*) 当具有警察身份的人走近罗耶并要求且拿走了罗耶的机票和驾照，还认为罗耶感觉可以自由离开是完全错误的。

在特瑞案之前，只有对人身的“扣押”基于合理根据，才符合第四修正案的要求。(*Dunaway v. New York*, 442 U. S. , at

---

① 多数意见指出，依据特瑞式截停，要求采取的调查性手段以一种“短时间内合理存在的以确认或打消警察怀疑为目的的、最小的侵犯方式”，ante, at 1325，我将此要求理解为若存在一个更小程度的侵犯方式，那么，原本是合理的截停也就会变得不合理。我不会将其解释为，若缺少更小程度的侵犯方式，则原本不合理的截停也会变得合理。

此外，与多数意见相反，我不认为，在实施合法的特瑞式调查性截停时，使用警犬是一种更轻微的侵犯方式，see *ante*, at 1328，这样的意见在我们的先例中找不到任何支持，很明显，我们尚未讨论过使用警犬检测行李中是否存在违禁品的任何问题。

无论如何，在特瑞式调查性截停的情境中，最小程度侵犯方式要求的实用性，在我看来，并不清楚。正如我已经讨论过的，一个合法的截停必须受到如此严格的限制，以至于很难想出一个更轻微的侵犯方式能够有效地实现截停的目的。

208－209，99 S. Ct.，at 2254－2255）但是，如我们之前在布里格恩尼—庞斯案（*United States v. Brignoni－Ponce*）中所述，特瑞案和亚当斯案“确证了以下标准，在适当的情形中，第四修正案允许基于尚未达到可以逮捕或搜查违禁品、犯罪证据的合理根据，适当地实施有限的‘搜查’或者‘扣押’”。（422 U.S.，at 881，95 S. Ct.，at 2580）但是为使这一扣押正当化，警察必须对犯罪活动有合理的怀疑，并且该怀疑是建立在“具体的、可言说的事实以及根据这些事实所做的合理推理的基础上”。（*Terry v. Ohio*，392 U.S.，at 21，88 S. Ct.，at 1879）（See also *Brown v. Texas*，443 U.S. 47，51，99 S. Ct. 2637，2640，61 L. Ed. 2d 357（1979））在本案中，警察决定接近罗耶，因为他携带着看上去很沉的美洲旅行袋；他很年轻；穿着随意；看上去脸色苍白、很紧张，到处观望周围的人；用大量的现金购买机票；没有填完行李上的身份标签，行李托运至纽约。（See *ante*，at 1322，n. 2）很明显，这些事实不足以提供对他正在从事犯罪活动的合理怀疑，而此种怀疑是使警察之后扣押罗耶的行为正当化所必需的。的确，无论单独或者集合考虑，它们与无辜的举止是完全一致的，不能导致任何支持对犯罪活动合理怀疑的推论。因此，警察扣押罗耶是非法的。

尽管我承认贩运毒品是关乎全民族的紧迫事项，但这不能成为本院回避行使另一项不倦职责——打击逾越宪法界限的警察活动——的借口。在讨论柯立芝案（*Coolidge v. New Hampshire*，
p513 403 U.S. 443，91 S. Ct. 2022，29 L. Ed. 2d 564（1971））所涉及的第四修正案时，大法官斯图尔特陈述道，“在不安的时代，出于对犯罪或者种族冲突或者国内颠覆的担心，这一基本法律和它所表现的价值在有些人看来是不实际或者是‘奢侈的’。但是，这些就是我们基本宪法理念缔造者的价值。”（*Id.*，at 455，91 S. Ct.，at 2032（plurality opinion））我们不能允许自己被有效执法的热情蒙蔽了双眼，使我们看不到当本院丢弃第四修正案保护

时对我们自由社会所造成的威胁。

大法官布莱克曼（Justice Blackmun）发表了反对意见。

鲍威尔大法官在门登霍尔案（*United States v. Mendenhall*, 446 U. S. 544，100 S. Ct. 1870，64 L. Ed. 2d 497（1980））的协同意见中评论道：

在下述情形中，即侦查那些为图一己私利而私运致命毒品的人，公众享有迫切的利益。在影响人民健康和财富方面，尤其是在青少年问题上，没有什么比越来越多的人吸食违禁毒品更能引起人们的关注。多数毒品贸易都是由老练的、组织严密的犯罪团伙进行的。犯罪的收益很丰厚。很多毒品，包括海洛因，相当容易被隐藏。由此带来的后果是，侦查这一犯罪活动所碰到的诸多障碍，与其他执法领域相比，是难以想象的。（*Id.*，at 561 - 562，100 S. Ct.，at 1880 - 1881）

在我看来，本案中警察行为的侵犯性是最低限度的。鉴于在克服侦查毒贩的特定困难方面存在的巨大社会利益，这样的行为不应受合理根据要求的支配。因为本院作出相反的裁决，所以我持反对意见。

一

佛罗里达州第三巡回区上诉法院的判决认为，被申请人罗耶在同意搜查他的行李前，没有基于合理根据被逮捕，因此，他的同意被这个非法拘禁所污染。我对多数意见采取大法官斯图尔特 p514
在门登霍尔案所提出的第四修正案的“扣押”标准表示赞同：当行使“官方的权力”时，第四修正案的保护适用于下述情形，即“一个理性人不会相信他能自由离开”。（*Ante*，at 1326，citing 446 U. S.，at 554，100 S. Ct.，at 1877）我同意多数意见关于在接触的某个时刻，突破了这一界限的结论。我也赞同，在打开罗耶的行李箱之前，已有的信息并不能构成逮捕的合理根据。因此，如果需要合理根据，则扣押是非法的，作为结果的同意搜查也是无效的。（*Dunaway v. New York*, 442 U. S. 200, 216 –219, 99 S. Ct. 2248, 2258 – 2260, 60 L. Ed. 2d 824（1979）; *Brown v. Illinois*, 422 U. S. 590, 601 –604, 95 S. Ct. 2254, 2260 –2262, 45 L. Ed. 2d 416（1975））然而，决定性的争点在于，警察在采取行动之前是否需要具有逮捕的合理根据，该先前行动导致罗耶的同意和之后违禁品被发现。我的结论是不需要。

（一）

"'第四修正案的核心原则是合理性——对各种竞争利益的权衡。'"（*Michigan v. Summers*, 452 U. S. 692, 700, n. 12, 101 S. Ct. 2587, 2593, n. 12, 69 L. Ed. 2d 340（1981）, quoting *Dunaway v. New York*, 442 U. S., at 219, 99 S. Ct., at 2260（White, J., concurring））之前的判例提出了通过两步走的分析方法来区分需要合理根据的扣押和需要合理怀疑的扣押。一方面，任何正式的逮捕和任何"包含正式逮捕基本属性的扣押，若没有合理根据的支持，都是不合理的"。（*Michigan v. Summers*, 452 U. S., at 700, 101 S. Ct., at 2593）另一方面，更有限的侵犯，若能获得要求更具灵活性的特别执法需要的支持，则只要符合较低的
p515 "合理怀疑"标准，也被认为是正当的。这些较低程度的扣押并"不局限于短暂的，伴随拍身搜查武器的街头拘禁"。（Ibid.）在比正式逮捕侵犯性更小的扣押案件中，决定是否适用更低要求的合理怀疑的标准，需要对个人隐私侵犯的程度和特殊的执法利益进行衡量。后者会通过允许基于未达合理根据的侵犯来实现。（See *Michigan v. Summers*, 452 U. S., at 699 – 701, 101 S. Ct., at 2592 – 2593; *United States v. Mendenhall*, 446 U. S., at 561, 100 S. Ct., at 1880（Powell, J., concurring）; *Dunaway v. New York*, 442 U. S., at 219 – 220, 99 S. Ct., at 2260 – 2261（White, J., concurring）; *United States v. Martinez – Fuerte*, 428

U. S. 543，555，96 S. Ct. 3074，3081，49 L. Ed. 2d 1116（1976）；*United States v. Brignoni – Ponce*，422 U. S. 873，878 – 881，95 S. Ct. 2574，2578 – 2580，45 L. Ed. 2d 607（1975））

（二）

在本案排除证据的听证中，罗耶承认在打开他的手提箱以前他没有被正式逮捕。（App. 84，85）在我看来，认为在正式逮捕前，与逮捕功能相同的行为已经发生是不公平的。与之前杜纳维案（*Dunaway v. New York*）中的拘禁——认为与正式逮捕功能相同——相比，本案的接触与布里格恩尼—庞斯案（*United States v. Brignoni – Ponce*，422 U. S.，at 880 – 882，95 S. Ct.，at 2580 – 2581）中的汽车截停——有合理怀疑作为正当理由——存在更多的共同点。在杜纳维案中，嫌疑人从他的邻居家里被带走，不情愿地被一辆警车运送到警察局。在警察局的房间内，他被置于一间询问室，接受延时的拘禁询问。（442 U. S.，at 203，206 – 207，212，99 S. Ct.，at 2251，2253 – 2254，2256）本案中，罗耶没有从可能具有最高隐私期待的私人住宅被带走。相反，他是在主要国际机场被警察接近，在那里，部分是由于广泛的反劫机监视设备，合理的隐私期待没有那么高，毫无疑问，它和汽车上乘客的合理隐私期待一样都不高。（See *United States v. Martinez – Fuerte*，428 U. S.，at 561，96 S. Ct.，at 3084）与汽车截停案件一样，实际上，与本院每个基于合理怀疑支持扣押的案件一样，罗耶在他被发现的地方接受询问，所有的问题都直接与截停的目的有关。例如，警察询问罗耶的身份、旅行的目的以及他们注意 p516
到的可疑情形。正如多数意见所承认的（*ante*，at 1326），在那一刻当然不需要合理根据，警察的行为有合理的怀疑作为充分的支持。

之后发生的事也在我们之前判决的那些案件——基于欠缺合理根据支持的、更小程度侵犯——范围内，距杜纳维案的情形相差很远。在汽车截停的情形中，本院判决认为，警察“可以询问司机和乘客关于公民和移民身份的问题，他还可以要求他们解释可疑情形，但是任何进一步的拘禁或者搜查必须基于同意或者合理根据”。（*United States v. Brignoni – Ponce*，422 U. S.，at 881 – 882，95 S. Ct.，at 2580 – 2581，*quoted with approval in Dunaway*，442 U. S.，at 212，99 S. Ct.，at 2256）本案中，罗耶没有受制于任何需要合理根据的拘禁的询问环境。（*Dunaway*，442 U. S.，at 216，99 S. Ct.，at 2258）相反，警察首先征求罗耶的同意，将拘禁地点移至40英尺外的警察房间，然后征得他的同意搜查他的行李。问题是，该移动究竟是像杜纳维案一样，是不情愿的、需要合理根据；还是像门登霍尔案一样，是自愿同意改变地点的。与大法官伦奎斯特一样（*post*，at 1341），我不明白多数意见为什么质疑罗耶同意去警察的房间这一事实。因为一直到那一时刻，拘禁是合法的，罗耶同意的自愿性问题应通过综合审查标准予以判断。（*Schneckloth v. Bustamonte*，412 U. S. 218，227，93 S. Ct. 2041，2047，36 L. Ed. 2d 854（1973））如同在门登霍尔案（*Mendenhall*，446 U. S.，at 557，100 S. Ct.，at 1878，quoting *Sibron v. New York*，392 U. S. 40，63，88 S. Ct. 1889，1903，20 L. Ed. 2d 917（1968））一样，罗耶是“以一种自愿合作的态度”前往的。①

p517 如果罗耶最初拒绝同意搜查他的手提箱，而且，如果警察期望他会改变自己的想法而继续拘禁他，那么本案情形将会更接近

① 初审法院（App. 115 – 116）、上诉法院合议庭（389 So. 2d 1007，1008 – 1010（Fla. App. 1979））都是如此认定的，而佛罗里达州上诉法院在从一种最有利于控方的视角审查证据之后（*id.*，at 1016），仍然没有驳斥这个认定。这和以下可能存在的认定是一致的，在警察提出请求的那一刻，罗耶合理地相信他不能自由地离开。在警察说出请求时，罗耶可能会相信，他现在唯一的选择只能是跟随警察去警察的房间或者在公共机场继续交谈。因此，他对改变谈话的地点是自愿的，即使拘禁本身并非如此。

于杜纳维案。但是在本案中，罗耶一旦在屋里，[①] 他对于搜查的请求立刻就予以同意。无论是多数意见还是佛罗里达州上诉法院都没有提出，依据综合审查标准判断，罗耶对搜查的同意是不自愿的。

因此，本案中的警察遵循了由布里格恩尼—庞斯案设立、杜纳维案认可的“更小侵犯”的标准：在最初的截停和有限的讯问之外，进一步的拘禁和搜查立足于罗耶的同意。事实上，对罗耶隐私的侵犯并没有那么极端，从而使得相应补偿的、更具灵活性的公共利益与是否需要合理根据的问题无关。因此，我不明白为什么多数意见没有权衡拘禁的特质、对罗耶隐私的侵犯与它的正当理由——“执法利益以及支持拘禁的‘可言说的事实’的本质”——这几个方面。（*Michigan v. Summers*, 452 U. S. , at 702, 101 S. Ct. , at 2594）而这种权衡将会决定警察的行为是基于合理根据还是合理怀疑，以及这一行为依据合适的标准是否合法。 p518

① 警察房间的特征并没有将接触转变为功能上等同于逮捕的状态。See *post*, at 1342, and n. 10（Rehnquist, J. , dissenting）实际上，多数意见没有依赖这个房间和门登霍尔案中那个房间的差异，以期区分本案中的接触和门登霍尔案判决中的那个至多要求合理怀疑的接触。Ante, at 1327, n. 9. 相反，多数意见指出本案与门登霍尔案的其他几处区别：警察扣留了罗耶的机票和身份证件，即刻控制了罗耶的行李，没有告诉他可以拒绝搜查。*Ibid.* 如同大法官鲍威尔，我考虑的问题与门登霍尔案中一开始的扣押是否发生的问题“十分相似”。446 U. S. , at 560, n. 1, 100 S. Ct. , at 1880, n. 1,（Powell, J. , concurring）尽管存在以下事实——不同于门登霍尔案中的嫌疑人，罗耶是一个受过良好教育的白人成年男子（cf. 446 U. S. , at 558, 100 S. Ct. , at 1879）（“被申请人，一个黑人妇女，通常会感觉受到白人男性警察的威胁，”与受胁迫的程度“不是没有关系”），但多数意见注意到的差异使我同意，一个处于罗耶境况的理性人都不会感到可以自由离开。尽管这些差异的确将本来是相同的接触活动从可争论的两相情愿的合意转变为第四修正案下明显需要一些正当理由的扣押，但这些差异并没有大到可以得出下述结论，即罗耶遭受到相当于全面逮捕的拘禁。

二

在本案中，警察基于合理怀疑，开始与罗耶接触。只有当加深他们怀疑的事实进一步出现时，他们才继续询问，并要求进一步的合作。的确，只有当任何这样的拘禁继续或者逐步升级时，才有必要用更高程度的合理怀疑来支持它，直到某个点，才需要合理根据的支持。但是在本案中，拘禁很短暂、很轻微。从最初的接近到最后打开箱子只用了15分钟。警察很有礼貌，在这一
p519 过程中，任何重要的步骤都征求并立即获得罗耶的同意。① 罗耶知道，如果搜查手提箱没有发现任何违禁品，他就会自由地继续做他自己的事。② 因此，在我看来，很清楚的是，“警察在努力使用一种调查手段，该手段很可能会快速地通过某种途径解决这个问题……”（*Michigan v. Summers*，452 U. S.，at 701，n. 14，101 S. Ct.，at 2593，n. 14，quoting 3 W. LaFave，Search and Seizure § 9.2，p. 40（1978））③

在发现毒贩的过程中，对灵活性的特殊需要是不容争议的。自然，该问题与布里格恩尼—庞斯案（*United States v. Brignoni-Ponce*，422 U. S.，at 878-879，95 S. Ct.，at 2578-2579）和马

---

① 警察拿着罗耶的行李存根，在未经罗耶同意的情况下，将行李拿到警察的房间，这一做法是合理的。罗耶已经把他的手提箱交给了第三方——航空公司。警察将手提箱很快拿到他的面前，直到获得罗耶的同意以前，并没有开箱检查。因此，罗耶的隐私权实质上没有受到侵犯。而且，在那时，罗耶本人已处于正当拘禁状态，接触的对象已经变成取得罗耶对搜查他行李的同意，而该行李，若没有警察的行动，已经装上飞机。

② 当然，罗耶知道搜查会发现违禁品的事实是无关的，警察行为潜在的侵犯性应该由处于罗耶位置的无辜者的观点进行判断。

③ 如同大法官伦奎斯特，*post*，at 1340，我不接受多数意见施加给第四修正案规则的“最小侵犯”二选一的分析。先例确证了下述规则，即“一个调查性的拘禁应该是暂时的，持续时间不能超过实现截停目的所必需的时间。”*Ante*，at 1326. 争议事实中的拘禁完全符合这一标准。而多数意见依赖的判例却没有支持所援引的进一步主张。

蒂尼兹—弗耶尔案（*United States v. Martinez – Fuerte*，428 U. S.，at 552，96 S. Ct.，at 3080）中谈论的非法移民问题一样，是严重和棘手的。鉴于甄别毒贩过程中所存在的特殊困难——有大量事实为证，本案中的轻微侵犯，基于可言说的怀疑，是相当合理的。

我谨呈不同意见。

大法官伦奎斯特（Justice Rehnquist）发表了反对意见，首席大法官伯格（Chief Justice Burger）、大法官奥康纳（Justice O'Connor）表示附和。

多数意见迂回曲折的观点包含了一些适合于每个人的东西。尽管它维持了上诉法院撤销定罪的判决，但不能说它完全漠视执法人员努力抑制贩运毒品的合法需要。实际上，无论是其方式还 p520
是语调，该意见让我想起了一则古老的童谣：

“法国皇帝，

带着四万兵马，

向山上进军，

又向山下进军。”

然而，在我看来，这个意见泄露了一种思维方式，比起那些试图执行司法制度——其双重目的是追究犯罪、开释无辜——的人来说，该思维方式对做圆盘游戏的裁判——主要考虑圆盘应降落在哪个特定方块——更有用。多数意见忽视了修正案意图解释的真正语言：

个人的人身、住房、文件和财产不受不合理搜查扣押的权利，不得侵犯……（Emphasis added）

通过对第四修正案中使用的“合理性”术语的简单分析，一个真正经过深思熟虑的、文明开化、不拘泥于本院第四修正案判例法玄妙的人，会认为调查案件的警察对罗耶采取的行动是符合要求的。甚至在我看来，按照我们通常对存在分歧的案件小心翼翼地考虑分析，它同样也是符合要求的。

本案中的事实，毫无疑问，是那些在全国范围内的主要机场值班的缉毒官员遇到的典型事实，它完全可以以一种不同于多数意见理解的方式，富有见地地加以阐述。马格达莱纳警官和约翰逊警官是达德县公共安全部门下“走私情报处”（“Smuggling Detail” of the Dade County Public Safety Department）的成员。这
p521 一机构是为了应付日益严重的毒品问题而在迈阿密机场建立的。1978 年 1 月 3 日他们在该机场值班，当时正值南佛罗里达州和加勒比海旅游季节的高峰期，我们大概可以进行司法认知，机场那时很可能非常拥挤和繁忙。警察首先看到罗耶穿过机场。他是一个年轻人，穿着随意，提着两个沉重的手提箱。警察将其描述为看上去似乎很紧张，四处张望，在某种意义上，这意味着他正试图识别并躲避警察。在他们接近他之前，警察跟随罗耶来到订票的柜台。在那里，他买了一张飞往纽约的机票，在支付时，他拿出了一大卷小面额的现金，从中选择了必要的金额。之后，他将两个标签贴在行李上，办理了托运。他没有在标签的相应位置填写他的全名、地址、电话号码，而只是在每个标签上写了“霍尔特”和“纽约拉瓜地亚机场”的字样。

此刻，警察接近罗耶，表明自己的身份，问他是否有时间交谈。他作出了肯定的回答，之后警察要求查看他的机票和一些身份证件。[①] 然而他机票上的名字是“霍尔特”，他驾照上的名字却是“马克·罗耶”，当被问及这一不同时，他说是一个名为“霍尔特”的朋友订的票。这个解释自然也没有说明为什么他在刚刚填写的行李标签上也使用了“霍尔特”这个名字。

此时，罗耶的紧张情绪已经表现得更为明显。警察告诉罗耶

① 多数意见在叙述这些事实时也注意到，当罗耶“出示”机票和身份证件时，他“口头上没有表示同意”。*Ante*, at 1322. See note 2, *infra*.

他们怀疑他携带毒品，问他是否愿意跟随他们去机场附近的一个房间接受进一步的询问，以避免机场公众的注意。（389 So. 2d 1007，1017（Fla. 3d Dist. Ct. App. En Banc 1981））罗耶同意了。房间离订票柜台只有 40 英尺远，据一位警察的证言，这是一间位于女乘务员休息室的、由一间“大的储藏室”改建而成的房间，为走私情报处所用。(*Id.*，at 1017）房间内有一张桌子，两把椅子。此时，警察也在未经罗耶同意的情况下，从飞往纽约航班的行李托运处取回了罗耶已经托运的手提箱，并把它带到了警察所在的房间。 p522

刚进房间，警察便问罗耶是否同意搜查他的行李，以打消或者确认他们对他走私毒品的怀疑。多数意见将之后发生的事情描述如下：

> 他对此要求没有作出口头回应，只是拿出了钥匙，打开了一个手提箱的锁，然后，警察在没有进一步征求罗耶同意的情况下，打开了箱子。在那个手提箱里发现了毒品。据约翰逊警官所述，罗耶说他不知道打开第二个手提箱的密码。当问及他是否反对警察打开他第二个手提箱时，罗耶说“不，打开吧”。当警察解释说，打开时可能要弄坏箱子，他没有表示反对。手提箱被警察撬开了，在那里发现了更多的大麻。罗耶之后被告知他被逮捕了。从警察最初接近被申请人到发现违禁品、逮捕被申请人只用了 15 分钟。(*Ante*，at 1322)①

当然，多数意见通过推理，不得不承认，在打开箱子并发现 65 磅大麻的那一刻，警察有合理根据逮捕和拘禁罗耶。但是，多数意见通过对这一短暂接触活动进行逆向推理，终于成功地找到了警察的过错，从而要求撤销对罗耶走私毒品的定罪。按照 p523

---

① 在回应警察同意搜查的请求时，罗耶没有“口头”同意打开第一个箱子与他拿出钥匙打开了锁之间究竟有多大的不同，为什么要区分这两者是多数意见中多个含糊的细微差别之一。

"合理性"分析——在判断第四修正案下任何搜查和扣押都会涉及这一分析——我不能得出以下结论，即警察在逮捕罗耶过程中的某一步努力没有符合这一检验规则。

多数意见承认，在与罗耶初步交流后，当他们试图确认或者打消怀疑时……警察有"理由怀疑罗耶携带毒品，有理由短暂拘禁他和他的行李，"(*Ante*, at 1326)(See also *Michigan v. Summers*, 452 U. S. 692, 697 - 700, 101 S. Ct. 2587, 2591 - 2592, 69 L. Ed. 2d 340 (1981); *Adams v. Williams*, 407 U. S. 143, 146, 92 S. Ct. 1921, 1923, 32 L. Ed. 2d 612 (1972); *Terry v. Ohio*, 392 U. S. 1, 20 - 21, 88 S. Ct. 1868, 1879 - 1880, 20 L. Ed. 2d 889 (1968)) 我承认，他们的信息至少已经到了这个程度。① 警察从其他情形中得知：(1) 罗耶提着两个很沉的手提箱；(2) 他看上
p524 去很紧张，他的举止像在试图识别并躲避警察；(3) 在主要的毒品集散中心的订票柜台处，他买了一张飞往毒品销售中心城市的机票；(4) 他用一大卷小面额的现金购买机票，目的是不显示他的身份；(5) 在填写他的行李标签时，罗耶只填了姓和机场目的

① 我也同意多数意见的如下判断，在警察一开始接近并询问罗耶时，扣押没有发生，因此没有援引宪法对第四修正案的保护。*Ante*, at 1324. "并不是所有的警察与公民间的个人之间的交往都会涉及对人身的'扣押'。只有当警察通过武力或者展示权力并由此以某种方式限制了公民的自由时，我们才可以得出结论认为发生了'扣押'。" *Terry v. Ohio*, 392 U. S. 1, 19, n. 16, 88 S. Ct. 1868, 1878, n. 16, 20 L. Ed. 2d 889 (1968). See also *United States v. Mendenhall*, 446 U. S. 544, 551 - 557, 100 S. Ct. 1870, 1875 - 1878, 64 L. Ed. 2d 497 (1980) (Stewart, J., announcing the judgment of the Court); *id.*, at 560, n. 1, 100 S. Ct., at 1880, n. 1 (Powell, J., concurring in part); *United States v. Herbst*, 641 F. 2d 1161, 1166 (CA5), cert. denied, 454 U. S. 851, 102 S. Ct. 292, 70 L. Ed. 2d 141 (1981); *United States v. Berd*, 634 F. 2d 979, 984 - 985 (CA5 1981); *United States v. Turner*, 628 F. 2d 461, 462 - 465 (CA5 1980), cert. denied, 451 U. S. 988, 101 S. Ct. 2325, 68 L. Ed. 2d 847 (1981); *United States v. Hill*, 626 F. 2d 429, 432 - 433, and n. 6 (CA5 1980); *United States v. Fry*, 622 F. 2d 1218, 1220 - 1221 (CA5 1980); *United States v. Elmore*, 595 F. 2d 1036, 1038 - 1042 (CA5 1979), cert. denied, 447 U. S. 910, 100 S. Ct. 2998, 64 L. Ed. 2d 861 (1980).

地，而没有在给出的位置上填写他的全名、地址和电话号码；（6）他在旅行中用的是假名。①

佛罗里达州法院甚至认为，这些事实没有达到可言说的怀疑程度，理由是这些行为举止“至少是相当地、通常是更频繁地与完全的无辜相一致”。②（389 So. 2d，at 1016）这种对证据的评价，在我看来无法理解，它和以下的评论是相似的：仅仅基于 p525
一个陌生人在纵火犯对一栋大楼放火前不久于此处闲逛的事实，不能违背他的意志，将其拘禁并讯问，即使存在同一个陌生人在纵火犯向其他四栋大楼放火前不久也都分别在那四处地方出现过的事实。迈阿密警察依赖的其中任何一个因素可能既符合无辜又

---

① 这起案子的事实和我们审查过的门登霍尔案（*United States v. Mendenhall*, 446 U. S. 544，100 S. Ct. 1870，64 L. Ed. 2d 497（1980））有很多的相同之处。在那起案件中，底特律都市机场缉毒官员观察到门登霍尔是最后一个下飞机的人，飞机始发自洛杉矶。当她在终点站内时，门登霍尔看上去很紧张，慢慢地扫视机场中的人群，之后慢慢地走向行李区。但是，她没有认领任何行李，而是询问去东方航班订票的柜台。在位于另一个终点站的柜台处，持有从底特律飞往匹兹堡美国航空机票的门登霍尔，买了一张相同行程的东方航空的机票。在门登霍尔登上东方航空的飞机前，警察拦截了她并对她进行了讯问。本院的三位成员得出结论认为，仅仅基于这些观察，警察有合理怀疑使截停正当化。*Id.*，at 560 – 565，100 S. Ct.，at 1880 – 1883（Powell，J.，concurring in part）本院的另外两位成员则没有涉及这一问题，相反，他们认为认定门登霍尔并未受到“扣押”。*Id.*，at 546 – 557，100 S. Ct.，at 1873 – 1878（Stewart，J.，delivering the judgment of the Court）就本案与门登霍尔案的不同方面来说，现在我们面前事实的合理怀疑更牢固些。

② 佛罗里达州上诉法院对警察关于罗耶看上去很紧张，试图避免与警察接触的结论提出了特定的例外。下级法院认为，既然警察不是精神病学家，这个结论“必须完全不予考虑”。389 So. 2d，at 1016，n. 4. 然而，本院却一直在强调，在观察相同的行为时，其他没有受过训练的人可能注意不到一些事实，但一个训练有素的警察却可以从中进行推论（inference），得出结论（deduction）。See，e. g.，*United States v. Cortez*，449 U. S. 411，418，101 S. Ct. 690，695，66 L. Ed. 2d 621（1981）. 作为一个例子，我们已经注意到嫌疑人的举止在警察看来是在躲避与警察的接触。See，e. g.，*United States v. Mendenhall*，446 U. S.，at 564，100 S. Ct.，at 1882（Stewart，J.，delivering the judgment of the Court）；*United States v. Brignoni – Ponce*，422 U. S. 873，884 – 885，95 S. Ct. 2574，2581 – 2582，45 L. Ed. 2d 607（1975）.

符合有罪；但是这几个因素结合起来就是“可言说的怀疑”与
p526 “合理根据”。[①]

---

① 尽管多数意见没有讨论在毒品侦查中使用“毒贩肖像”的问题，但它维持了佛罗里达州上诉法院的裁决，而佛罗里达州上诉法院在使用这些肖像问题时，随意创设了一条硬性规则。州法院下结论认为，仅仅符合“毒贩肖像”，甚至不足以构成正在实施犯罪的合理怀疑。389 So. 2d，at 1017 n. 6.

1974 年，毒品缉私局开始实施对缉毒警察的培训计划，其中的授课内容就是“毒贩肖像”。“毒贩肖像”实际上是将缉毒警察长期以来在打击毒品走私罪犯过程中重复观察到的一些特征予以总结和提炼。就像一名缉毒官员解释的那样，“基本上这是我们总结的一些特征，我们相信借助它们能找出毒贩。因为这些特征是一些普通乘客所不具有的。刚开始，当我们在机场执行这一任务时，我们并不真正知道我们要找什么。所以对一开始的大部分案件，我们基于的是执法机构或者机场人员的信息。在侦办这些案子时，我们将被告人的一些特征记录下来。之后，我们开始在这些特征的基础上概括出一定的模式，开始使用它们找出那些被我们怀疑是毒贩的人，而不再依赖之前的信息。” *United States v. McClain*，452 F. Supp. 195，199（ED Mich. 1977）.

显示“肖像”有效性的数据很少，但是存在的数据显示这是一个成功的实践。在底特律都市机场，“肖像”计划实施后的几个月里，在 96 次不同的接触中，141 个人被搜查，其中有 77 次的搜查发现了毒品。See *United States v. Van Lewis*，409 F. Supp. 535，538（ED Mich. 1976），affd，556 F. 2d 385（CA6 1977），cert. denied，434 U. S. 1011，98 S. Ct. 722，54 L. Ed. 2d 754（1980）. 据纽约拉瓜地亚机场的一名缉毒官员估计，在那些被识别为具有“肖像”特征的人中，有 60% 的人都被发现携带了毒品。*United States v. Price*，599 F. 2d 494，501，n. 8（CA2 1979）.

基于上述成功，州和地方的执法机构也根据“毒贩肖像”对自己的缉毒警察进行培训。最初约翰逊和马格达莱纳警官部分是基于“肖像”特征开始监视罗耶。的确，本案“肖像”的使用被证明是有效的。在大量下级法院的判决中，“毒贩肖像”发挥了很重要的作用。See，e. g.，*United States v. Forero – Rincon*，626 F. 2d 218（CA2 1980）；*United States v. Vasquez*，612 F. 2d 1338（CA2 1979），cert. denied，447 U. S. 907，100 S. Ct. 2991，64 L. Ed. 2d 857（1980）；*United States v. Price*，599 F. 2d 494（CA2 1979）；*United States v. Diaz*，503 F. 2d 1025（CA3 1974）；*United States v. Sullivan*，625 F. 2d 9（CA4 1980），cert. denied，450 U. S. 923，101 S. Ct. 1374，67 L. Ed. 2d 352（1981）；*United States v. Hill*，626 F. 2d 429（CA5 1980）；*United States v. Ballard*，573 F. 2d 913（CA5 1978）；*United States v. Smith*，574 F. 2d 882（CA6 1978）；*United States v. Scott*，545 F. 2d 38（CA8 1976），cert. denied，429 U. S. 1066，97 S. Ct. 796，50 L. Ed. 2d 784（1977）；*United States v. Beck*，598 F. 2d 497（CA9 1979）

我部分赞同多数意见的一点是他们对警察与罗耶交谈后行为的合理性评判。多数意见集中关注于交谈场所的转移，从机场转移到机场旁边的房间，注意到罗耶“发现自己只身在一个小房间——一间大的储藏室内，屋内备有一张桌子和两把椅子。他只身一人与两位警察在一起，他们又一次告诉他，他们认为他携带毒品。他也发现，警察未经他的同意，已经从航空公司拿回了他已托运的行李”。(*Ante*, at 1327) p527

很明显，这段被引用的语言意图传递对所述警察行为苛刻的谴责含义。在我看来，这样的非难不是它应得的，它有着不同寻

(上接注①) 事实上，“肖像”的功能已经有点被过高估计了。当然，执法官员有权依赖自己在侦查和预防犯罪方面的经验。同样，在训练警察上，授课集中于从警察积累的经验中学东西。“毒贩肖像”就是此类授课的例子。它并不意图提供一个精确的公式自动地成立犯罪活动正在进行这一怀疑的依据。然而，基于相同的推理，在评断怀疑是否成立时，不能仅仅因为这些特征来源于“毒贩肖像”，而赋予它更小的证明力。尽管每起案件都会呈现出它自己的事实，但纯逻辑指示我们，当一些特征在走私毒贩中重复出现，在某个特定的案件中，判断是否有理由相信进一步的调查合理时，这些特征的存在相应地应该予以考虑。Cf. *United States v. Cortez*, 449 U. S. 411, 418, 101 S. Ct. 690, 695, 66 L. Ed. 2d 621 (1981).

本院对“毒贩肖像”并不陌生。我们已经裁决，符合“肖像”的一些方面并不能自动地创设出一种具体的怀疑从而赋予调查性截停正当化理由。*Reid v. Georgia*, 448 U. S. 438, 100 S. Ct. 2752, 65 L. Ed. 2d 890 (1980) (per curiam). 但是我们在门登霍尔案 (*United States v. Mendenhall*, 446 U. S. 544, 100 S. Ct. 1870, 64 L. Ed. 2d 497 (1980)) 的判决中，很清楚地表明，警察有权依据自己的培训和经验来评判综合情形，对“毒贩肖像”的授课可以是他们知识积累的一部分。这个过程并不一定要服从佛罗里达州法院试图确立的硬性规则。我们不是在处理“铁定的事实，而是在处理可能性。在可能性规则被清楚地阐述之前，实用的人们已经确证了一些有关人类行为的常识性结论；作为事实发现者的陪审员已经被允许这么做了——警察也是如此。最后，以这种方式收集的证据也应以精通于执法领域中的人的理解方式，而不是以学者图书馆分析的方式予以了解和权衡。” *United States v. Cortez*, 449 U. S., at 418, 101 S. Ct., at 695. See also *Brown v. Texas*, 443 U. S. 47, 52, n. 2, 99 S. Ct. 2637, 2641, n. 2, 61 L. Ed. 2d 357 (1979).

常的合理性。如果警察继续拘禁罗耶，以进一步提问——因为毫无疑问他们有这个权力——而不理睬以下事实，即他的行李已被飞往纽约的航班托运，即使罗耶自己不在飞机上，行李也将会被运送上飞机，这么做是否更合适呢？如果就在繁忙的迈阿密机场主要大厅，而不是找了个远离机场大厅的房间——尽管在那儿的对抗对罗耶来说无疑少了些尴尬——询问罗耶手提箱里装的东
p528 西，取回手提箱，征求他的同意打开箱子，会不会更“合理”些呢？如果这个房间更宽敞更大些，而不是这么小，如果它有三把椅子而不是两把，警察的行为会因为这些事实变得更合理吗？

多数意见对这些问题的答案，单从它的努力程度来说，很难让人满意。它从如下意见开始：“警察的行为比有效实现调查性拘禁——本已获得特瑞案等一系列案子的授权——必要的程度更具侵犯性。”（*Ante*，at 1328）在上述观点之前，当熟悉的第一修正案规则中的“最小侵犯方式”原则，通过两起案件（*United States v. Brignoni – Ponce*，422 U. S. 873，881 – 882，95 S. Ct. 2574，2580 – 2581，45 L. Ed. 2d 607（1975）and *Adams v. Williams*，407 U. S.，at 146，92 S. Ct.，at 1923，see ante，at 1325 – 1326）的引用，突然延续到第四修正案规则时——没有一起案件支持将这个原则作为第四修正案的一部分——多数意见为这个标准创造好了条件。多数意见继续阐述，如果警察将机票和驾照退还给罗耶，则接触很清楚会变成两相情愿的方式。多数意见也陈述说，尽管存在合适的理由使罗耶从一个地方换至另一个地方的行为正当化，但警察检查他行李的意图却使这些理由无效——该结论的理由使我完全不能理解。最后，多数意见表示，警察可以采取一种更加迅速的方式来检验罗耶的行李，如使用警犬。

在我看来，所有这些加起来也不过是在说，如果我的阿姨是个男人，则她会成为我的叔叔。警察自然可以采取一些不同于他们之前的措施，但是同样也可以说，事实上，每个调查性的接触
p529 都可以用一种以上的措施来处理。我们必须裁决的问题是在迈阿

密机场特定的这一天，这些警察对这个嫌疑人采取的措施哪些是不合理的。在这点上，多数意见支支吾吾、犹犹豫豫、模棱两可：

这时，情形已经从最初在公共场合两相情愿的调查上升为警察询问室里的调查程序，在那里，警察不满足于之前的解释，试图证实他们的怀疑。(*Ante*, at 1327)

但是，既然多数意见都承认存在可言说的怀疑确保调查性拘禁的合理性，那么关于调查转变为"在警察询问室中的调查程序"的事实似乎与警察违反了第四修正案主张的最终决定没有多大关系。多数意见继续说道：

至少在那一刻，有关接触的任何两相情愿的因素已经消失，我们不能说佛罗里达州上诉法院的以下结论是错误的——特瑞案(*Terry v. Ohio*)及其嗣后的案件不能使罗耶受到的限制正当化。实际上，罗耶被逮捕。(*Ibid.*)

多数意见是在暗示，如果佛罗里达州上诉法院关于特瑞案和它之后的判决得出了一个相反的结论，那么它会维持这一裁决吗？[1] 那是否意味着，总共接触 15 分钟的时间和罗耶待在"询问室"更少的时间，超过了特瑞式调查性截停可以持续的时间呢？这些可能的结论被隐含其中，而不是陈述出来。如果多数意见是由适合于印象画派的标准来作评判的话，则可能会得到一个很高的分数。但是，若将它作为司法意见的标准来判断，其结果 p530

① See also *ante*, at 1326（"我们面前的问题是法庭记录是否能保证这一结论"）；*ante*, at 1329（"我们认为，佛罗里达州上诉法院作出的已突破了关于特瑞式截停的界限的结论没有错"）自然，我们对佛罗里达州法院的结论不缺乏这样的尊重。See *Haynes v. Washington*, 373 U. S. 503, 515 – 516, 83 S. Ct. 1336, 1344 – 1345, 10 L. Ed. 2d 513 (1963) (quoting *Stein v. New York*, 346 U. S. 156, 181, 73 S. Ct. 1077, 1091, 97 L. Ed. 1522 (1953); *Fiske v. Kansas*, 274 U. S. 380, 385 – 386, 47 S. Ct. 655, 656 – 657, 71 L. Ed. 1108 (1927).

可能会有所不同。

既然多数意见承认，至少在与罗耶最初交谈后，存在“可言说的怀疑”，那么唯一剩下的问题是，根据特瑞案（*Terry v. Ohio*，392 U. S. 1（88 S. Ct. 1868，20 L. Ed. 2d 889）（1968））阐明的规则，那段时间内对罗耶的拘禁是否被允许。尽管特瑞案本身只涉及对武器的保护性拍身搜查，但之后的案件超过了这一范围。在亚当斯案（*Adams v. Williams*，407 U. S. 143，92 S. Ct. 1921，32 L. Ed. 2d 612（1972））中，我们判决认为，支持对车内的嫌疑人携带的手枪实施搜查和扣押。在马蒂尼兹—弗耶尔案（*United States v. Martinez - Fuerte*，428 U. S. 543，96 S. Ct. 3074，49 L. Ed. 2d 1116（1976））中，我们允许执法官员拦截藏匿有非法移民的汽车，令其掉转方向并进行目光检查和询问。这些截停所花的时间，包括等待的时间，很明显与罗耶被拘禁的时间相当。而且马蒂尼兹—弗耶尔案甚至允许警察“在合理选定的检查站内，在缺少任何具体的怀疑时进行截停”。（428 U. S.，at 562，96 S. Ct.，at 3085）除非我们说在某种方式上，商业性的毒品贸易比贩运非法移民在第四修正案的天平上分量更轻，否则我认为这种集中关注于罗耶的、已获认可的、可言说的怀疑完全能成为在一定时间内拘禁他的正当理由。①

本案警察行为的合理性判断问题并不取决于罗耶对调查的同意。不过，同意的存在使警察的进一步行为正当化。多数意见似
p531 乎并不质疑罗耶最初同意去那个房间。自然，根据综合审查标准，该结论能够得到支持。（*Schneckloth v. Bustamonte*，412 U. S. 218，227，93 S. Ct. 2041，2047，36 L. Ed. 2d 854（1973））这些事实与

---

① 如果警察在他们转移到房间之前，有合理根据相信存在犯罪，那么对罗耶的拘禁也符合本院第四修正案的理论。*Brinegar v. United States*，338 U. S. 160，175，69 S. Ct. 1302，1310，93 L. Ed. 1879（1949）但是既然警察在特瑞案（*Terry v. Ohio*，392 U. S. 1，88 S. Ct. 1868，20 L. Ed. 2d 889（1968））下存在可言说的怀疑来使拘禁正当化，则在本案中无须裁决合理根据事项。

门登霍尔案（*United States v. Mendenhall*, 446 U. S. 544, 100 S. Ct. 1870, 64 L. Ed. 2d 497（1980））讨论的事实相近，在那起案件中，本院多数意见认为跟随警察的同意是自愿的。罗耶没有被告知他必须去那个房间，而仅仅是在简短的询问后，问他是否愿意和警察一起去那个房间。罗耶还被告知为什么警察希望继续询问他。既没有威胁也没有展示武力。约翰逊和马格达莱纳警官并没有身着制服，也没有展示武器。没有在形体上接触罗耶，也不存在命令。事实上，罗耶承认警察是挺有礼貌的。①

多数意见的结论是，从最初40英尺的路程到房间中继续交谈的某一时间点，调查变得如此具有侵犯性，以至于罗耶的同意“消失了”，他“实际上已经被逮捕”。（*Ante*, at 1327）但是，如果罗耶最初是被合法接近，且同意跟随警察去房间的话，那么，就不会得出在进入房间后，他的同意就烟消云散，他就被“逮捕”的结论。我们在门登霍尔案中已经讲得很清楚，逻辑将集中分析屋内的氛围是否使得之后对行李搜查的同意变得不自愿。

如同我们在门登霍尔案中所言，“（屋内）的事实并无证据 p532
证明她无论如何受到了胁迫”。（446 U. S., at 559, 100 S. Ct.,

① 与佛罗里达州法院的观点相反，这段接触与我们审查的杜纳维案截然不同。在那起案件中，警察有意从邻居家找出嫌疑人，在展示武力的情况下，用警车将嫌疑人带到警察总部，将他置于讯问室，告知米兰达警告之后，便大范围地向他询问。不同于杜纳维案，罗耶在受到简单的讯问后，被问到是否愿意与警方合作，跟随警察去不超过40英尺外的房间，以便这样的讯问可以在公众的视线外继续进行下去。

at 1879）除了房间的大小并被描绘为一间“大的储藏室”以外,[①] 法庭记录中没有显示，罗耶的反抗被房间内的任何事物压制了。罗耶那时候已经拿到了通信技术的学位毕业证，正在伊萨卡岛大学进行第四年的学习。他从最初接触时起就一直与警察合作。在没有客观胁迫征象的证据，甚至罗耶没有主张对此类征象的情形下，房间大小本身并不会把一个自愿的同意搜查转变为一个被胁迫的同意。

基于这些理由中的任何一个，我会驳回佛罗里达州上诉法院的判决。

4.3 美方评论

罗耶案并非经典意义上的“大判例”。它并没有提出什么新的规则。而且，它既没有论及新的问题，也不想为第四修正案保护提供新的理论。但是，由于该判例澄清了特瑞规则的三个重要方面，因此该判例依然十分重要。第一，最高法院明确解释说，执法官员拿走被告人的书面文件后拒不归还，将构成“截停”。这是一种强制行为，而且根据最高法院强调事实的判断标准（de facto test），该行为构成了截停。——所谓强调事实的判断标

---

① 对房间“储藏室”的描述是容易误导人的。房间内有一张桌子、两把椅子。它大到足够允许三个人提着两个重箱子进入。同时以下一点也与结论有关，是佛罗里达州法院，而不是罗耶着眼于房间大小问题。罗耶对定罪提起上诉的理由是，他的同意搜查在法律上是无效的，因为没有被告知他可以拒绝同意。佛罗里达州的合议庭根据施奈克罗斯案（*Schneckloth v. Bustamonte*, 412 U.S. 218, 234, 93 S. Ct. 2041, 2051, 36 L. Ed. 2d 854（1973））驳回了这一主张。在那起案件中，我们认为“明知有权拒绝的证据”并不是对搜查有效同意的前提条件。罗耶案的定罪判决是在全席法官参与的复审时被撤销的，因为法院认定当罗耶被带至秘密的房间时，他实际上已经被逮捕。

准，是指如果执法官员的行为属于个体公民根本不可能实施的行为，如具有强制性的行为，那么该行为将被认定为截停。毫无疑问，没收公民的书面文件当然属于个体公民不可能实施的行为。

第二，在罗耶案中，最高法院强调说，警民之间的接触是一种经对方同意的行为，因此在接触过程中，相对公民享有拒绝配合的绝对权利。而且，如果没有其他情节，仅仅拒绝合作不能构成犯罪嫌疑。否则，无论公民怎么做，执法官员都可以从中受益。——他们可能会说，“在这一接触行为中，你享有离开的自由；但是，如果你选择离开，那么这将构成一种犯罪嫌疑，据此，我们有合理怀疑对你实施截停。”在现实生活中，真正的问题在于：尽管在接触过程中拒绝合作不会构成犯罪嫌疑，但是公民通常并不知道这一点；因此，他们之所以予以配合是出于以下担心：如果不这么做，执法官员将会据此作出对其不利的解释。

第三，罗耶案例证了特瑞式截停（对此，只需具有合理怀疑即可）与逮捕行为（对此，必须具有合理根据的支持）之间的界限。在罗耶案中，执法官员对罗耶贩运麻醉毒品怀有合理怀疑，但是，对此，他们并不具有合理根据的支持。因此，对于执法官员而言，至关重要的是，他们的行为不能让其扣留行为具有逮捕的外观。不幸的是，当这些执法官员将罗耶带到一个秘密的小房间并对可能存在的犯罪活动展开调查时，他们的行为已经超越了截停的界限而变成了逮捕。如果存在与逮捕紧密相连的一般特征，如长时间的扣留、在警察控制的地点展开调查或者进行讯问等，那么该行为将会被认定为逮捕。为了对罗耶涉嫌的犯罪行为展开调查而违背其意愿将其带到一个小房间里，这种行为看上去更像普通公众所理解的逮捕，因此应当将其认定为逮捕。

4.4 阅读文献

- Barry Latzer, *Royer, Profiles, and the Emerging Three – Tier Approach to the Fourth Amendment*, 11 Am. J. Crim L. 149 (1983).
- Jeffrey Collins, *Limits of an Investigatory Stop on Grounds Less than Probable Cause of Individuals Who Display the Characteristics of a Drug Courier Profile – Florida v. Royer*, 27 Howard L. J. 345 (1984).

5. 如果嫌疑人拒不服从命令：

何达瑞案（*California v. Hodari D.*）

499 U.S. 621, 111 S.Ct. 1547(1991)

5.1 案件信息

- **本案争点**

执法官员在“表明执法身份”以后，如果相对人并没有表示服从而是继续逃跑，那么，执法官员的追捕行为是否构成扣押?

- **最高法院的判决**

最高法院以7:2的投票结果作出判决。大法官斯卡利亚代表最高法院撰写了本案的判决意见，首席大法官伦奎斯特、大法官怀特、布莱克曼、奥康纳、肯尼迪、苏特表示附和；大法官史蒂文斯发表了反对意见，大法官马歇尔表示附和。

最高法院判决认为，尽管执法官员的追捕活动构成了一种责令被申请人站住不许动的、“表明执法身份”的方式，但是，由于被申请人并没有服从该项命令，因此，在被制伏以前，他并非处于扣押状态；因此，在追逃过程中，被申请人扔掉的可卡因并非“毒树之果”，不应予以排除。

- **该判例的影响**

该判例认为，就是否构成第四修正案意义上的“扣押”而言，门登霍尔规则所确立的理性人标准只是判断是否扣押的必要条件而非充分条件。因此，执法官员表明执法身份后，如果相对人没有服从，就不构成扣押。

5.2 判决正文

加利福尼亚州

诉

何达瑞 D.

第 89－1632 号

1991 年 1 月 14 日进行辩论

1991 年 4 月 23 日作出判决

大法官斯卡利亚（Justice Scalia）代表最高法院撰写了本案的判决意见。

1988 年 4 月的某个深夜，执法官员布赖恩·麦克柯尔金和杰丽·帕特瑟在加州奥克兰市的一个犯罪高发区执行巡逻任务。他们身着便装，但夹克前后两面都印有“警察”字样。他们开着一辆没有警察标志的巡逻车沿着山麓大道向西行驶，然后向南驶入第 63 大道。一转过街角，他们就看见四五个年轻人围着一辆停在马路边的红色小汽车。这些年轻人看见执法官员的汽车朝 p623
他们驶过来，显得特别慌张并开始四散逃匿。本案的被申请人何达瑞和另外一个同伙穿过一个巷子朝西逃窜，其他的人则朝南逃跑。那辆红色汽车也以高速朝南驶去。

两位执法官员觉得这些人形迹可疑，遂紧追不舍。其中，麦克柯尔金开着巡逻车沿着第 63 大道继续朝南追赶；帕特瑟则下了车，沿着第 63 大道朝北跑了一会儿，然后向西拐到山麓大道上，到第 62 大道后，又沿着该大道朝南追。这时候，何达瑞也从巷子里钻了出来，上了第 62 大道后，朝北逃跑。他边跑边回头看，因此直到快要与帕特瑟撞上时，他才注意到了帕特瑟的存在。于是他扔掉了一块看似小石头的东西。很快，帕特瑟制伏了何达瑞，给他戴上了手铐，并通过对讲机请求支援。经搜查，在何达瑞身上发现了130美元现金和一个寻呼机；经确认，何达瑞刚才丢弃的那块东西是一块纯度很高的可卡因。

在针对何达瑞提起的少年刑事审判程序中，何达瑞提出动议，请求排除有关可卡因的证据。初审法院驳回了这一动议，但并没有提供书面理由。加州上诉法院撤销了原判，并判决说：当何达瑞看见执法官员帕特瑟朝他追过来时，何达瑞已经处于“扣押状态”了；根据第四修正案的规定，该扣押属于不合理扣押；有关可卡因的证据应当作为非法扣押的“毒树之果”予以排除。控方向加州最高法院申请复审，但未获批准。（后来，控方又向美国联邦最高法院申请调卷令，获准）（498 U. S. 807，111 S. Ct. 38，112 L. Ed. 2d 15（1990））

向本院申请调卷令时，申请人提出的唯一争点问题是：在何达瑞扔掉那块毒品时，他是否已经处于第四修正案意义上的

p624 “扣押状态”？[1] 如果已经处于扣押状态——就像被申请人争辩的那样——这些毒品应属于该扣押活动的果实，因此有关该毒品的证据理应予以排除；如果并非处于扣押状态，那么在何达瑞扔掉这些毒品后，执法警察依法找到了它，则应当允许将这些毒品采纳作为证据。此外，当帕特瑟看到那块石头似的东西后，如果他确认那就是可卡因毒品，那么，在制伏何达瑞时，他当然具有扣押何达瑞的合理怀疑，而且，该扣押的合法性是毋庸置疑的。

---

① 代表加州的控方后来也承认，执法官员帕特瑟并不具有对何达瑞实施截停所需的“合理怀疑”。（See *Terry v. Ohio*, 392 U. S. 1, 88 S. Ct. 1868, 20 L. Ed. 2d 889（1968））这些年轻人一看见警察就如惊弓之鸟四散逃匿；为了对他们进行短暂的调查，以此为由而实施的截停行为将构成不合理的扣押——这并非不证自明的真理；相反，可以合理争辩说，该观点有违箴言式的普通常识（参见圣经箴言28：1，“恶人虽无人追赶也逃跑。”）。在此，我们并不对此作出判断，而是完全立足于控方对该问题的承认。

(*Cf. Rios v. United States*, 364 U. S. 253, 80 S. Ct. 1431, 4 L. Ed. 2d 1688 (1960))

我们的一贯立场是：对个人的扣押行为属于第四修正案关于不受“不合理……扣押”的保护范围。(See *Henry v. United States*, 361 U. S. 98, 100, 80 S. Ct. 168, 170, 4 L. Ed. 2d 134 (1959)) 而且，自宪法缔造之日起直至今天，“扣押”一词一直是指一种“控制状态(taking possession)”。(2 N. Webster, *An American Dictionary of the English Language* 67 (1828); 2 J. Bouvier, A Law Dictionary 510 (6th ed. 1856); Webster's Third New International Dictionary 2057 (1981)) 在大多数情形下，普通法关于扣押一词的解释绝不仅限于实际抓住了引发争议的那个具有生命或不具有生命的物体，或者，对此类物体实施了强制(physical force)，而且，还包括事实上对其实施了人身控制(physical control)。一艘船，即使已经受到了攻击，但是，如果它依然处于逃亡状态，那么，没有人会认为它已经作为战利品被扣押了。(Cf. *The Josefa Segunda*, 10 Wheat. 312, 325 - 326, 6 L. Ed. 320 (1825)) 除非“已经置于监管之下”，否则，一件能够被人拿走的物品并非处于扣押状态。(*Pelham v. Rose*, 9 Wall. 103, 106, 19 L. Ed. 602 (1870)) 然而，根据第四修正案的判例法，“对个人实施扣押”的核心含义是，只要依照合法授权抓住了被逮捕人或者对其采取了强制，不管这么做是否成功地让被逮捕人就范，都已经足以构成对该人的逮捕。(See, e. g., *Whitehead v. Keyes*, 85 Mass. 495, 501 (1862) (“如果执法官员有权逮捕某人，并为了对其实施逮捕而伸手去抓被逮捕人，即使这么做并没有成功地制止并逮住被逮捕人，该行为依然构成了对该人的逮捕活动”); (Restatement of Torts § 41, Comment (1934)) 对此，有评论者曾经论述说： p625

可以想象出一些拘禁情形，即使被逮捕人事实上从来没有置于逮捕实施者的人身控制之下，这些情形依然可以构成一项逮捕活动。例如，如果实施逮捕者出于逮捕的目的接触到了被告人的身体——无论该接触行为多么轻微——即使当时他并没有成功地制止或抓住被逮捕人，依然属于此类情形。例如，对于法警试图逮捕某人但该人用叉子反击并得以逃脱的情形，法院曾经判决说，“如果该法警已经触及被逮捕人，那么就已经构成了逮捕……”（*A. Cornelius*，*Search and Seizure* 163 – 164（2d ed. 1930）（footnote omitted））

如果对被逮捕人实施了最轻微的强制，即使被逮捕人逃脱了，依然构成一项逮捕行为；但是，这并不意味着，在第四修正案意义上，被逮捕人逃亡的那段时间也一直处于逮捕状态。例如，如果帕特瑟为了逮捕何达瑞而伸手去抓他，但是何达瑞挣脱后在逃跑途中扔掉了那包可卡因，那么说执法官员在实施逮捕过程中发现了那块可卡因，将难以成立。（Cf. *Thompson v. Whitman*，18 Wall. 457，471，21 L. Ed. 897（1874）（“扣押是一项行为，而非持续的事实状态”））然而，本案的实际情形却远非如此。在本案中，根本没有实施任何强制；在何达瑞扔掉那包可卡因的时候，执法官员帕特瑟还没有与他发生任何人身接触。但是，何达瑞的辩护根据是：“如果执法官员通过强制或者**表明自己的执法身份**（*show of authority*），已经以某种方式限制了公民的自由”，那么，就应当构成扣押行为。（*Terry v. Ohio*，392 U. S. 1，19，n. 16，88 S. Ct. 1868，1879，n. 16，20 L. Ed. 2d 889（1968）（emphasis added））何达瑞争辩说（而且仅就本案判决而言，我们也认为该抗辩成立），帕特瑟的追赶行为构成了一种勒令何达瑞停下来
p626 的、“表明自己执法身份”的方式。因此，摆在我们面前的问题仅仅在于：就像对被逮捕人施以强制一样，执法官员表明了自己的执法身份后，如果被逮捕人并没有就范，那么是否构成扣押行为呢？我们的判决是，此类情形不构成扣押行为。

第四修正案的条文表述当然不能支持被申请人的主张。“扣押”一词显然具有以下含义：为了限制对方的行动自由，已经用手接触到了对方或者对其施以了强制，即使这样做最终并没有

如愿（“她逮住了扒手，但扒手后来又挣脱了”）。不过，将扣押一词适用于以下场合似乎也说得过去：警察对着正在逃跑的人大声喊“我以法律的名义命令你站住！”，但是，后者依然继续逃跑。不过，这种情形并不构成扣押。[①] 同样，也无法得出本案被申请人想要的结论：就像本案这样，因执法官员表明了自己的执法身份——但案情表明，帕特瑟的命令并没有得到遵从——因此，其行为构成了普通法意义上的逮捕；根据任何普通法意义上的逮捕均属于扣押的原则，可以间接得出被申请人所希望的结论。一项逮捕行为，或者具有施以强制的事实（如上所述），或者，如果没有采取强制，则需要对方服从权力者的命令。

> 一方面，只有言辞行为不会构成逮捕，另一方面，事实上的身体接触也并非逮捕的必要条件。以下事实解释了这一论断前后两部分之间的明显罅隙：执法官员表明自己的执法身份并说明对其实施逮捕的目的后，被逮捕人服从了这一命令，那么该行为即构成了逮捕。如果没有身体接触或者被逮捕人没有服从权力者的命令，将不构成逮捕。（Perkins，*The Law of Arrest*，25 Iowa L. Rev. 201，206（1940）（footnotes omitted）） p627

我们并不认为，将第四修正案扩张适用于超出其文字表述和逮捕含义以外的范围——就像被申请人极力主张的那样——是值

① 正是出于这一简单易懂的原因——该原因既不涉及“逻辑肢解式（的分析）”，*post*，at 1561，也不涉及法律历史方面的神秘知识——对于本案，英国法禁止实施“企图将理应推定为无辜者的个人予以羁押的非法逮捕活动”，*post*，at 1553，显得毫无意义。我们通过探究普通法的规定，对扣押一词进行了解释，而且，与反对意见的描述恰恰相反，我们的解释扩大了而不是限缩了这一术语的含义（因为在正常情况下，人们并不认为，仅仅触摸到被逮捕人就足以成立逮捕行为）。但是，无论是根据扣押这一术语的用法，还是根据扣押的普通法传统，都不会将扣押未遂变成扣押。根据普通法，在某些情形下，扣押未遂可能会属于非法行为；但是，尽管普通法将许多事情都规定为非法，却只有极少数非法行为会上升到宪法应予禁止的程度。

得的；即使作为一项立法政策的考虑，亦然。[①] 发生在街头的追捕活动必然会给社会公众造成某种危险，因此，应当鼓励对警察“站住别动”之类命令的服从。同时，我们必须承认，在此类命令中，有少数命令缺乏充足的根据；而且，由于相对人没有识别此类命令是否合法的现成手段，因此，服从命令几乎是必然的选择。此外，对于那些命令不合法、相对人也没有服从命令的案件，排除规则的制裁也不会对此类非法命令产生任何威慑作用。既然警察在命令对方“不许动”时不希望对方对此置若罔闻，或者，在进行追捕时希望对方比自己跑得还快，那么将威慑理论适用于真正的、相对人表示服从的扣押活动也就有其充足的理由。

被申请人争辩说，其主张可以得到所谓的门登霍尔规则的支持——该规则由大法官斯图尔特在门登霍尔案（*United States v. Mendenhall*, 446 U. S. 544, 554, 100 S. Ct. 1870, 1877, 64 L. Ed. 2d 497（1980））中提出，并为最高法院此后的判例所沿用。（See *Michigan v. Chesternut*, 486 U. S. 567, 573, 108 S. Ct. 1975, 1979, 100 L. Ed. 2d 565（1988）; *INS v. Delgado*, 466 U. S. 210,
p628 215, 104 S. Ct. 1758, 1762, 80 L. Ed. 2d 247（1984））该规则

① 我们从来没有这么做过。持反对意见的大法官的以下说法是错误的，即特瑞案（*Terry v. Ohio*, 392 U. S. 1, 88 S. Ct. 1868, 20 L. Ed. 2d 889（1968））“扩张了‘扣押’一词涵盖的……警民交往活动的范围类型”。（*Post*, at 1555）特瑞案所涉及的行为毫无疑问将构成普通法意义上扣押；（如果说该案有什么创新的话）其创新之处在于，在合理根据之外为此类扣押行为创立了一个可接受的正当理由。但是，持反对意见的大法官的以下说法却是正确的：卡兹案（*Katz v. United States*, 389 U. S. 347, 88 S. Ct. 507, 19 L. Ed. 2d 576（1967））“明确拒绝了这样一种观点，即关于逮捕的普通法规则界定了第四修正案意义上的‘扣押’一词的适用界限”。但是，我们并没有说，普通法界定了“扣押”一词的适用界限；我们只是说，它界定了针对人身实施扣押的界限。卡兹案所支持的是这样的命题，即某些事物虽然并不属于普通法上的扣押范围（例如，电话里的谈话内容），却可以成为第四修正案意义上的扣押对象。这与以下说法有着相当大的差别，即本案已经改变了逮捕（即针对人身实施的扣押）的构成要件。

认为，“综合考虑当时的全部情形，只有当理性人相信他已经不享有离开的自由时，他才处于第四修正案意义上的‘扣押状态’”。(446 U. S., at 554, 100 S. Ct., at 1877. See also *Florida v. Royer*, 460 U. S. 491, 502, 103 S. Ct. 1319, 1326 - 1327, 75 L. Ed. 2d 229 (1983) (opinion of White, J.)) 在援引该标准时，被申请人并没有对该规则进行认真的分析。该规则说的是，“如果怎样时 (only if)”该人才处于被扣押状态，而不是说，“只要怎样 (whenever)”该人就处于被扣押状态；换句话说，该规则规定的是扣押——或者，更准确地说，是通过“表明执法身份”而实施扣押的必要条件，而非充分条件。根据门登霍尔规则，在判断是否存在“表明执法身份”之类的行为时，适用的是客观标准：它不取决于特定公民是否觉得他已经被勒令站住因而行动自由受到了限制，而在于执法官员的言行是否向理性人传达了这样的意思。在切斯特纳特案 (*Chesternut*, *supra*) 中——这是被告人的主要论据——本院判决适用的也是这种客观标准。在该案中，本院判决说，警察巡逻车缓缓地尾随在被告人后面并没有传达以下信息，即他已经不享有不理睬警察、只管做自己事情的自由。但是，在切斯特纳特案中，我们并没有论及以下问题，即只要满足了门登霍尔标准（也即如果警方行为传达了以下信息，被告人已经没有离开的自由），就构成了第四修正案意义上的扣押。(See 486 U. S., at 577, 108 S. Ct., at 1981 (Kennedy, J., concurring))

其实，与本案非常近似的是本院关于布劳尔案 (*Brower v. Inyo County*, 489 U. S. 593, 596, 109 S. Ct. 1378, 1381, 103 L. Ed. 2d 628 (1989)) 的判决。在布劳尔案中，警车亮着警灯对相对人追踪了20公里——很显然，这已完全构成了“表明执法身份”的行为——但是，直到相对人撞上警察设置的路障并当场毙命，相对人才停了下来。该案的争点问题是：是否可以将该人的死亡认定为违反第四修正案的、不合理扣押的后果？在该案中，我们甚至根本没有考虑以下可能性，即在追踪过程中，警方的行为已经构成了扣押。这是因为——就像我们已经解释过的——虽然警方“表明了执法身份”，但相对人并没有停下来。
p629 (*Id.*，at 597，109 S. Ct.，at 1381）而且，在布劳尔案中，我们讨论了大法官霍布斯的观点——那起案件的情形与本案并无二致，即税务官员在没有充足理由的情况下，对私酒贩子展开了追踪，并捡到了一些私酒贩子在被追踪过程中丢弃的容器。这些容器并没有作为非法扣押所得被排除掉，因为“被告人自己的行为以及他的同伙的行为暴露了这些瓶瓶罐罐。而且在这些容器被抛弃后，执法官员对这些容器里装的东西进行检查，并不构成法律意义上的扣押。”（*Hester v. United States*，265 U. S. 57，58，44 S. Ct. 445，446，68 L. Ed. 898（1924））因此，在本案中亦应如此。

综上，暂且假定在本案中帕特瑟的追捕行为构成了一种勒令何达瑞停下来的“表明执法身份”的方式，由于何达瑞并没有服从这一命令，因此在他被抓获以前，何达瑞并没有被扣押。本案中，何达瑞在逃跑途中扔掉的那块可卡因，并非扣押行为的果实；何达瑞要求排除该项证据的动议理应予以驳回。本院决定撤销加州上诉法院的判决并将本案发回重审，而且重审不得与本判决相违。

特此判决！

大法官史蒂文斯（Justice Stevens）发表了反对意见，大法官马歇尔（Justice Marshall）表示附和。

本院就“扣押”一词进行的狭义解释，是对此前判例法关于第四修正案解释的明显偏离——在我看来，这是一种不幸。①

① 宪法第四修正案保护的是“个人的人身、住宅、文件和财产不受不合理搜查和扣押的权利……”

大约25年前，在两个具有里程碑意义的判例中——一则判例扩大了对个人隐私的保护范围,[①] 另外一则判例则扩大了执法官员的权力[②]——我们拒绝了本案多数意见所赞成的那种有关第四修正案的分析方法。需要特别指出的是，本院在本案中采纳的“扣押”定义违背了长期以来第四修正案判例法关于“扣押”一词的解释。即使假设本院是第一次对“扣押”一词进行界定——事实上并非如此——它在本案中所选择的定义也是一种极不明智的方法。在该案判决中，本院似乎赞成：现如今，即使警察朝无辜公民开枪，只要没有命中目标，就不会引发第四修正案问题。——这种观点是不会得到认可的。 p630

就本案判决目的而言，对于以下主张，并不存在争议。第一，当执法官员帕特瑟开始对被申请人实施追捕时,[③] 该执法官员并没有对被告人实施截停或逮捕的合法根据。（See App. 138 - 140；*ante*, at 1549, n. 1）第二，只要被告人看见执法官员马上就要追上他了，执法官员的追捕行为也就构成了“表明执法身份”的行为。（See *ante*, at 1550, 1552）第三，被告人丢弃那块可卡因的行为属于警方“表明执法身份”的直接结果。（See Pet. for Cert. 48 - 49, 52）第四，就像本院正确指出的那样，在执法官员制伏被告人以前，并不存在普通法意义上的逮捕。（See

---

① *Katz v. United States*, 389 U. S. 347, 88 S. Ct. 507, 19 L. Ed. 2d 576 (1967).

② *Terry v. Ohio*, 392 U. S. 1, 88 S. Ct. 1868, 20 L. Ed. 2d 889 (1968).

③ 在本案中，本院没有来由地引用了圣经箴言28：1, see ante, at 1549, n. 1，并错误地假定说，无辜的居民没有理由害怕陌生的人突然朝他跑过来。在之前的判例中，本院已经考虑过并拒斥了这种就现实世界进行的象牙塔式的分析；因为这种分析难以反映许多居民的真实经历，对于少数族裔的成员而言，尤其如此。See generally Johnson, *Race and the Decision To Detain a Suspect*, 93 Yale L. J. 214 (1983). 长期以来，这已经成了“人所共知的常识，也即，即使是完全无辜的人，有时候也会因为担心被当做罪犯的同伙而被捕或者不愿意作为证人出庭等原因，逃离犯罪现场。而且，“恶人虽无人追赶也逃跑，义人像雄狮一样浑身是胆”也并非一项普遍接受的刑事法原理。*Alberty v. United States*, 162 U. S. 499, 511, 16 S. Ct. 864, 869, 40 L. Ed. 1051 (1896).

ante, at 1550）因此，本院得出以下结论是完全正确的：被告人丢弃可卡因并非普通法意义上的逮捕行为所导致的结果。

然而，同样清楚的是，如果在被申请人丢掉那块可卡因以
p631 前，该执法官员已经成功地触及了他——即使并没有因此制伏他——则应当构成一项逮捕行为。①（See *ante*, at 1550）在此情形下（假设被告人丢弃毒品是因为警察已经接触到了他），该证据则应当属于普通法意义上的非法逮捕的产物。本案真实情形与上述假设情形之间的差别，就如同（普通法上的）侵权法关于攻击与殴打（the common - law torts of assault and battery）的区分一样——身体接触将会把前者转化为后者。② 尽管对于答辩而言，关于攻击与殴打的区分至关重要（see 2 J. Chitty, *Pleading* 372 - 376），但是，这种区分不应当具有宪法意义。本院错误地将这种普通法上的区分应用于其对第四修正案术语的解释。

与此同时，本院并没有注意到普通法上的另外一项更显著的区分，即关于逮捕与逮捕未遂的区分。根据本院多年来的判例可知，关于殴打与攻击的区分对于正确理解有关逮捕的普通法规则至关重要。（See *ante*, at 1551）（"一项逮捕行为，或者具有施以强制的事实……或者，如果没有采取强制，则需要对方服从了权力者的命令。"）然而，本案的情形并没有构成一项真正的逮捕，而是属于企图将理应推定为无辜者的个人予以羁押的非法逮

---

① "如果执法官员宣布对某人实施逮捕后，并没有实际抓住对方，而且被逮捕人迅速跑掉了，那么（在技术上讲）该行为并不构成逃匿，因为并不存在逮捕活动。相反，如果执法官员出于实施逮捕的目的伸手接触到了被逮捕人，'即使他当时并没有成功地截停或抓住后者'，该行为依然构成逮捕；这是因为，依法有权实施逮捕的人出于显而易见的逮捕目的伸手抓对方，该行为已经构成了完整意义上的逮捕。" Perkins, *The Law of Arrest*, 25 Iowa L. Rev. 201, 206 (1940) (footnotes omitted).

② "某人虽然依法无权实施逮捕却对他人实施了逮捕，或者试图以不合法的方式逮捕他人，那么如果相对人服从了他的命令，该人将构成攻击罪（assault）；如果该人出于逮捕的非法目的伸手去抓被逮捕人，则构成殴打罪（battery）。" *Id.*, at 263 (footnotes omitted).

捕活动。在普通法上，这种逮捕（未遂）行为是非法的。[1] 因此，如果本院想根据普通法规则来界定第四修正案的适用范围，那么它需要关注的不应该是有关逮捕的普通法规则，而应该是有关逮捕未遂的普通法规则。 p632

因此，首要的问题在于：是否应当根据普通法规则来界定宪法保护公民不受不合理扣押的界限和范围？即使（与此前的判例相反）传统的普通法分析方法具有支配地位，依然有必要回答以下问题：为实施逮捕而采取的不合法的逮捕未遂行为是否应当视为第四修正案意义上的扣押？排除规则是否应当适用于此类不合法的逮捕未遂行为？

一

在本案中，本院对“扣押”一词采取的是一种狭义解释，这种解释方法有悖于25年以来本院所采取的广义解释。在卡兹案（*Katz v. United States*，389 U. S. 347，88 S. Ct. 507，19 L. Ed. 2d 576（1967））中，本院考虑的问题是，在“没有实施任何侵入行为、没有扣押人和实体物”的情形下，实施电子监听是否“属于宪法的保护范围”。（*Id.*，at 353，88 S. Ct.，at 512）尽管大法官布莱克发表了强有力的反对意见，但是本院拒绝了关于第四修正案的“狭义解释”并判决说，电子窃听行为属于第四修正案意义上的“搜查扣押”。（*Id.*，at 353－354，88 S. Ct.，at 512）因此，我们赞成奥尔姆斯泰德案（*Olmstead v. United States*，277 U. S. 438，48 S. Ct. 564，72 L. Ed. 944（1928））中两位持反对意见的大法官所阐释的以下立场：

---

① “即使没有接触到对方，如果执法官员在逮捕他人时，依法并不享有实施逮捕的权力，那么他也将对此承担法律责任。例如，某执法官员依法不享有逮捕权限，而且实施逮捕未遂，那么即使他并没有成功地接触到对方的身体，依然构成攻击罪。此外，如果在没有身体接触的情况下，被逮捕人俯首就擒，该执法官员将承担拘禁错误的法律责任。” *Gold v. Bissell*，1 Wend. 210（N. Y. Sup. Ct. 1828）. Id.，at 201.

p633 在解释第四修正案背后的基本原则时，本院一而再地拒绝将不适当的严格解释方法适用于此。（*Id.*，at 476，48 S. Ct.，at 571（Brandeis，J.，dissenting））

第四修正案所用措辞的直接含义或字面意思无法体现该条规定的目的和适用范围。根据本院确立并予以适用的基本原则，第四修正案保护个人免受任何恶行的侵扰，包括与该条措辞的日常语义所涵盖的恶行相似或相当的各种恶行。（*Id.*，at 488，48 S. Ct.，at 576（Butler，J.，dissenting））

在卡兹案中，大法官斯图尔特代表本院撰写了判决意见并就此解释说：

因此，尽管在奥尔姆斯泰德案中，有着严重意见分歧的最高法院判决认为，没有实施任何侵入行为、没有扣押任何实体物的监听活动不属于宪法的保护范围，但是我们自此将背离该案判决所持的狭义解释。事实上，我们曾经明确判决说，第四修正案不仅调整有关实体物品的扣押行为，而且同样适用于对偷听到的言辞陈述的记录活动——尽管“根据当地的财产法”，该偷听行为并不构成法律上的“侵入”。（*Silverman v. United States*，365 U. S. 505，511，81 S. Ct. 679，682，5 L. Ed. 2d 734）

一旦这种观点得到了认可，并承认第四修正案保护的是人——而不单单是“场所”——不受不合理的搜查、扣押，那么很显然可以得出这样的结论：即第四修正案的适用范围不应取决于对特定的封闭场所是否采取了物理性侵入行为。

我们的结论是，我们后来的判决已经对奥尔姆斯蒂德案和戈德曼案（*Goldman v. U. S.*，316 U. S. 129，62 S. Ct. 993，86 L. Ed. 1322（1942））的判决基础造成了如此大的冲击，以至于这两个判例所阐述的“侵入”学说已经不再具有支配性地位。控方通过电子装置窃听并录制申请人的通话内容，侵犯了申请人在使用电话亭打电话时有理由予以信赖的隐私权利，因此构成了第四修正案意义上的“搜查和扣押行为”。为了实现这一目的而使用的电子装置并没有穿透电话亭的墙壁，这一事实并不具有任何宪法意义。 p634

那么，依然有待讨论的问题是，本案所实施的搜查扣押行为是否合乎宪法确立的标准？（389 U. S.，at 353 – 354，88 S. Ct.，at 512）

值得注意的是，在卡兹案判决意见中，本院在描述录音活动时，反复使用“扣押”一词，而声音几乎不可能成为普通法意义上的扣押客体。

大法官布莱克的论证方式与本院在该案中所采用的论证方式具有惊人的相似性，但是，在 1967 年，最高法院拒绝了布莱克的论证。布莱克将持多数意见的大法官斥责为“诠释词义的法官”（language – stretching judges）（*id.*，at 366，88 S. Ct.，at 519）；之后，大法官布莱克写道：

我并不否认常识的要求，也不否认本院常常论及的、对于权利法案提供的保护应当进行自由解释。但是，该项原则尚不足以作为将关于搜查扣押的宪法修正案适用于窃听或者“对谈话内容进行扣押”的正当理由。（*Id.*，at 366 – 367（88 S. Ct.，at 519））

因为我不知道怎么能通过对第四修正案文字的解释将其适用于窃听活动，所以我不想讨论该问题。就权利法案的解释而言，我愿意接受对该条文进行最大限度的自由解释，但是基于我的良心，我不能接受以下做法，即赋予一个术语此前它从来不曾有过的含义，而且在日常语言适用中，该术语也根本不具有该项含义。我不会为了“让宪法与时俱进”或者“为了令其合乎时代的要求”而扭曲宪法修正案的措辞。这并不意味着本院拥有这样的权力——这种权力事实上将会使我们成为一种可以持续发挥作用的宪法机构。（*Id.*，at 373，88 S. Ct.，at 523.）

p635 在卡兹案中，关于“扣押”一词的扩张解释为本院第二年关于特瑞案（*Terry v. Ohio*，392 U. S. 1，88 S. Ct. 1868，20 L. Ed. 2d 889（1968））的判决提供了合理依据。① 在特瑞案以前，第四修正案禁止在没有合理根据支持的情形下对个人实施任何形式的扣押——当时，合理根据是一个单一标准，而且，该标准也是进行羁押性逮捕的正当理由。②（See *Dunaway v. New York*，442 U. S. 200，207 - 209，99 S. Ct. 2248，2254，60 L. Ed. 2d 824（1979））但是，考虑到公民与警察在街头接触的情形“具有数不胜数的多样性”（*Terry*，392 U. S.，at 13，88 S. Ct.，at 1875），本院承认此类活动需要具有灵活性，并判决说，“合理怀疑”——一种比合理根据要求稍低一些的证明标准——已经为基于侦查目的而实施的截停行为提供了充足的正当性。（*Id.*，at 21 - 22，88 S. Ct.，at 1880）作为截停行为只需具备较低正当理由即可的伴生物，本院顺理成章地得出了如下结论：第四修正案中的“扣押”一词亦包括执法官员对个人自由实施的、尚不足以构成普通法意义上的逮捕的限制。于是，特瑞案一方面扩大了“扣押”这一术语所涵盖的警民交往的活动范围，与此同时，也降低了“截停”

---

① “本院最近曾经判决说，‘第四修正案保护的是人，而不是场所。’*Katz v. United States*，389 U. S. 347，351，88 S. Ct. 507，511，19 L. Ed. 2d 576（1967）. 只要个人拥有合理的‘隐私期待’，*id.*，at 361，88 S. Ct.，at 516（Mr. Justice Harlan，concurring），那么，他就有权享有不受政府不合理干预的自由。当然，该项权利的具体内容和附属权利必须根据主张享有该项权利的具体语境来确定。因为‘宪法所禁止的并非所有的搜查扣押行为，而是不合理的搜查和扣押。’”*Elkins v. United States*，364 U. S. 206，222，80 S. Ct. 1437，1446，4 L. Ed. 2d 1669（1960）；*Terry v. Ohio*，392 U. S.，at 9，88 S. Ct.，at 1873.

② 本案判决的多数意见主要依据的是赫斯特案（*Hester v. United States*，265 U. S. 57，44 S. Ct. 445，68 L. Ed. 898（1924））的判决。该判例是在发生特瑞案40多年前作出的。在赫斯特案中，被告人根本没有争辩说，对他的人身实施了扣押。在该案中，最高法院的判决是，被丢掉的私自酿造的威士忌并没有被扣押；该判决意见根本没有涉及以下问题，即如果在丢掉威士忌之前，已经对被告人实施了扣押，那么是否应当将该威士忌判定为违宪行为的“毒树之果”？

所必须满足的证明标准——作为扣押行为的一种新增类型，截停行为现如今也属于第四修正案的调整范围。① 对此，最高法院解释说： p636

我们的首要任务是，确定在这一交往活动中，从什么时候开始应当适用第四修正案的规定。也就是说，我们必须确定，执法官员麦克法登的行为是否构成对特瑞的“扣押”，如果构成扣押，是从什么时候开始的；以及其行为是否构成对特瑞的“搜查”，如果构成，是从什么时候开始的。对此使用“截停”、“拍身搜查”之类的术语，在某种程度上似乎暗示说，这些警察行为并不属于第四修正案的调整范围，因为这两种行为都还没有达到宪法意义上的“搜查”或“扣押”的严重程度。但是，我们强烈反对这种观点。很显然，第四修正案亦调整以下对人身的“扣押活动”，即这些活动最终并没有导致将相对人押到警察局并对其犯罪提出指控的后果，也即并没有达到“逮捕”这一传统术语所要求的那种程度。必须承认的是，只要警察与某人搭讪并对其自由离开施加了限制，那么该人即处于被扣押状态。(*Id.*, at 16, 88 S. Ct., at 1877 (footnote omitted))

因此，传统“截停—拍身搜查”理论的特点在于，它让人们不再关注第四修正案的核心问题，即在具体政府行为对公民个人安全构成侵害时，必须符合合理性要求。“搜查”、“扣押”并不是万能的法宝。因此，我们拒绝以下观点，即如果执法官员的截停活动尚且不足以构成所谓的“法律意义上的逮捕”或者“完整意义上的搜查”，那么第四修正案根本不适用于此类警察行为并对

① 在布朗案（*Brown v. Texas*, 443 U.S. 47, 99 S. Ct. 2637, 61 L. Ed. 2d 357 (1979)）中，最高法院就适用了这一原则：“我们已经承认，在某些情形下，执法官员为了对其进行询问可以短暂地羁押嫌疑人，即使他并没有像传统意义上的逮捕所要求的那样有‘合理根据’相信该嫌疑人与犯罪活动有牵连。但是，本院要求，对于该人涉嫌犯罪活动，执法官员应当具有以客观事实为根据的合理怀疑。”*Id.*, at 51, 99 S. Ct., at 2640 (citations omitted).

其施以必要的限制。（*Id.*，at 19，88 S. Ct.，at 1878）

p637 卡兹案和特瑞案的判决意见明确地拒绝了以下观点，即关于逮捕的普通法规则界定了“扣押”这一术语在第四修正案意义上的适用范围。在卡兹案中，最高法院抛弃了将扣押限定于实体物的狭义的观点，并判决说，第四修正案扩张适用于对言辞陈述的录音活动。同样，在特瑞案中，最高法院抛弃了它自己的传统立场，即第四修正案意义上的扣押必须具有合理根据；相反，最高法院对扣押的定义进行了扩张，从而将依据低于合理根据要求而实施的、出于侦查目的的截停活动亦纳入到这一概念之下。因此，在本案多数意见的分析论证中，其主要预设前提——应当根据关于逮捕的普通法规则来界定“扣押”这一术语在第四修正案意义上的含义（See *ante*，at 1550）——是存在严重缺陷的。最高法院一方面错误地诉诸普通法规则；另一方面，又忽视了自卡兹案和特瑞案以来，本院在第四修正案分析中一直采取的是扩张解释的理路。①

二

最高法院在竭力论证说，迄今为止，为什么关于“扣押”一词的适当界定一直是一个悬而未决的问题；但是在这方面，最高法院的解释并不理想。在特瑞案中，最高法院除了论述说“只要警察与某人搭讪并对其自由离开施加了限制”（392 U.S.，at 16，88 S. Ct.，at 1877），就构成了扣押行为，它还明确地指出，“如果执法官员通过采取强制方法或者通过表明执法身份对公民的自由施加了某种限制……”（*Id.*，at 19，n. 16，88 S. Ct.，at 1879，n. 16），也可以构成扣押。因此，判断是否构成扣押的基准在于，

① 值得注意的是，在本案中，最高法院主要依赖的是卡兹案和特瑞案以前的判例和评论。

对个人的人身自由施加了“某种”限制。（*Ibid.*（emphasis added））[①] 然而，在本案中，对于被申请人将特瑞案作为其辩论的根据，最高法院的回答却表明，在“表明执法身份”的情形下，除非被逮捕人表示服从，否则不构成普通法意义上的逮捕。（See ante，at 1550 -1551）但是，如果考虑到，特瑞案的判决主旨是，第四修正案适用于下述截停活动——在不构成完整意义上的逮捕的情形中，它不需要具有合理根据作为正当理由——那么，最高法院的上述回答显然是不充分的。 p638

在门登霍尔案（*United States v. Mendenhall*，446 U.S.544，100 S.Ct.1870，64 L.Ed.2d 497（1980））中，最高法院“坚持这样一种观点，即因执法官员采取武力或者表明执法身份，只有当相对人的行动自由受到限制时，该人才处于‘被扣押状态’”。（*Id.*，at 553，100 S.Ct.，at 1876）在该案中，最高法院审查的问题是：受到询问的公民是否“依然享有不理睬这些询问并转身离开的自由”；如果他或她依然拥有这种自由，那么“就不构成对个人自由或隐私的侵害”——如果构成此类侵害，根据宪法规定，则必须具有某种“具体的、客观的正当理由”。（*Id.*，at 554，100 S.Ct.，at 1877）在门登霍尔案中，最高法院所确立的、判断是否构成“扣押”的标准是，“综合考虑该事件的全部情形，一个理性人是否认为他已经没有离开的自由。”（*Ibid.*）构成扣押的例子包括：“几个执法官员的出现已经构成了一种威胁；执法官员掏出了武器；与特定公民发生了肢体冲突；执法官员所使用的措辞或语调表明，服从执法官员的要求是一种强制性要求。”（*Ibid.*）但是，在本案中，最高法院不愿意继续坚持大法官斯图尔特在门登霍尔

① “在特瑞案中，最高法院判决意见的基本教义——也即，即使是警察与公民的交往活动还不足以构成完整意义上的逮捕，也必须尊重有关人身安全和自由的个人权利——已经得到了一以贯之的确认。” *INS v. Delgado*，466 U.S.210，227，104 S.Ct.1758，1768，80 L.Ed.2d 247（1984）（Brennan，J.，concurring in part and dissenting in part）.

案中所确立的这一“理性人”标准，而是在并非必要的情形下偏离了第四修正案的判例法规则。

在本案中，最高法院得出了一条标新立异的结论，即除非符合门登霍尔案确立的理性人标准，否则就不构成扣押（see *ante*, at 1551）；尽管如此，符合该理性人标准却并不必然意味着该行为就构成扣押。（See *ibid.*（门登霍尔案“说的是因‘表明执法身
p639 份’……而实施扣押的必要条件而非充分条件”））如果真的如此，即构成扣押必须具备比“理性人觉得自己是否享有离开的自由”更多的要求，那么最高法院在德尔加多案（*INS v. Delgado*, 466 U. S. 210, 104 S. Ct. 1758, 80 L. Ed. 2d 247（1984））中的以下论述，最起码也是一种严重的误导：

> 恰如我们在其他判例中指出的那样，很显然，警察与公民之间的所有交往并非都涉及对人身的“扣押”。只有当执法官员通过采取武力或者通过表明执法身份限制了公民的自由，我们才可能得出结论说，该行为构成了“扣押”。（*Terry v. Ohio*, *supra*, at 19, n. 16（88 S. Ct., at 1879, n. 16））该标准可以直接适用于传统意义上的逮捕行为以及类似活动（see *Dunaway v. New York*, 442 U. S. 200, 212 – 216, 99 S. Ct. 2248, 2256 – 2258, 60 L. Ed. 2d 824（1979）），同时，关于不受不合理扣押的宪法保护也同样适用于“只涉及短暂的拘禁，因而还不构成传统意义上的逮捕的扣押活动”。（*United States v. Brignoni – Ponce*, 422 U. S. 873, 878, 95 S. Ct. 2574, 2578, 45 L. Ed. 2d 607（1975））

根据我们的判例法，可以推演出以下结论，即在综合考虑了事件的所有情形后，如果一个理性人认为他已经失去了离开的自由，那么原本基于双方同意而发生在该理性人和警察之间的活动，也会转化为第四修正案所规定的扣押或拘留活动。（*Mendenhall*, *supra*,（446 U. S.）at 554（100 S. Ct. at 1877）（footnote omitted); see *Florida v. Royer*, 460 U. S. 491, 502, 103 S. Ct. 1319, 1326, 75 L. Ed. 2d 229 (1983) (plurality opinion). *Id.*, 466 U. S. at 215, 104 S. Ct. at 1762)

更重要的是，在罗耶案（*Florida v. Royer*, 460 U. S. 491, 103 S. Ct. 1319, 75 L. Ed. 2d 229 (1983)）中，最高法院的相对多数意见将大法官斯图尔特在门登霍尔案中提出的规则作为裁判以下问题的适宜标准：警察的询问行为在什么时候会从一项相对人同意的交往活动转化为一项强制性的截停行为？在罗耶案中，最高法院判决认为，该案的警察行为构成了非法扣押。作为该案 p640
判决的裁判依据之一，大法官怀特在其相对多数意见中解释说，“如果不具有合理的、客观的根据，不得拘禁该公民，哪怕时间很短也不行”；“如果没有其他理由，他拒绝接受询问或回答问题本身并不会为此提供合理的客观根据。”（*United States v. Mendenhall*, *supra*, at 556 (100 S. Ct., at 1878) (opinion of Stewart, J.); 460 U. S., at 498, 103 S. Ct., at 1324 (emphasis added)）该规则关注的并非被询问人的主观感受，而是该交往活动的客观特征，也即根据这一活动，理性人是否认为他具有离开的自由。

根据客观的评价标准，如果警察表明执法身份的行为传达了这样一种信息，即某公民已经部分失去了离开的自由，换句话说，已经以某种产生实质影响的方式限制了他或她的自由，那么即使这种限制十分短暂，亦应构成扣押。根据本院在杰克布森案（*United States v. Jacobsen*, 466 U. S. 109, 104 S. Ct. 1652, 80 L. Ed. 2d 85 (1984)）中发表的判决意见，很显然，最高法院将门登霍尔规则视为一项有关第四修正案扣押概念的充要标准。

如果对个人财产的排他占有权造成了某种重大妨碍，那么，也就构成了对该财产的扣押。①

最后，值得注意的是，在切斯特纳特案（*Michigan v. Chesternut*，486 U. S. 567，108 S. Ct. 1975，100 L. Ed. 2d 565 (1988)）中，控方请求本届大法官否定经由特瑞案、门登霍尔案、戴尔尕度案以及罗耶案发展形成的理性人标准。② 但是，在座的大法官决定"继续坚持我们所采取的语境解释的传统"。(486 U. S.，at 573，108 S. Ct.，at 1979）在判决意见中，我们将大法官斯图尔特在门登霍尔案中的分析论证描述为"一项用

① See *United States v. Place*，462 U. S. 696（103 S. Ct. 2637，77 L. Ed. 2d 110）(1983)；*id.*，at 716（103 S. Ct.，at 2649）（Brennan，J.，concurring in result）；*Texas v. Brown*，460 U. S. 730，747 – 748（103 S. Ct. 1535，1546，75 L. Ed. 2d 502）(1983)（Stevens，J.，concurring in judgment）；see also *United States v. Chadwick*，433 U. S. 1，13 – 14，n. 8（97 S. Ct. 2476，2485，n. 8，53 L. Ed. 2d 538）（1977）；*Hale v. Henkel*，201 U. S. 43，76（26 S. Ct. 370，379，50 L. Ed. 652）(1906)．在最高法院此前的判例中，对于财产实施"扣押"这一概念并没有进行太多的讨论，但是关于该概念的界定当然可以套用我们在先例中反复重申的、关于第四修正案意义上的对人身实施"扣押"的概念，也即无论多么短暂，但已经对个人的行动自由构成了实质性影响。See *Michigan v. Summers*，452 U. S. 692，696（101 S. Ct. 2587，2590，69 L. Ed. 2d 340）(1981)；*Reid v. Georgia*，448 U. S. 438，440，n.（100 S. Ct. 2752，2753，n.，65 L. Ed. 2d 890）(1980)（*per curiam*）；*United States v. Mendenhall*，446 U. S. 544，551 – 554（100 S. Ct. 1870，1875 – 1877，64 L. Ed. 2d 497）(1980)（opinion of Stewart，J.）；*Brown v. Texas*，443 U. S. 47，50（99 S. Ct. 2637，2640，61 L. Ed. 2d 357）(1979)；*United States v. Brignoni – Ponce*，422 U. S. 873，878（95 S. Ct. 2574，2578，45 L. Ed. 2d 607）（1975）；*Cupp v. Murphy*，412 U. S. 291，294 – 295（93 S. Ct. 2000，2003，36 L. Ed. 2d 900）（1973）；（p641）*Davis v. Mississippi*，394 U. S. 721，726 – 727（89 S. Ct. 1394，1397，22 L. Ed. 2d 676）(1969)；*Terry v. Ohio*，392 U. S.，at 16，19，n. 16（88 S. Ct.，at 1877，1879，n. 16）．*Id.*，466 U. S.，at 113，and n. 5，104 S. Ct.，at 1656，and n. 5.

② "申请人争辩说，除非个人服从于警察表明执法身份的行为并停了下来，否则就不产生第四修正案问题。因此，申请人希望本院作出如下判决，即只要警察事实上没有将相对人成功地予以逮捕，即使其行为缺乏客观的、具体化的犯罪嫌疑——而且，无论该行为具有多么大的强制性——也不会影响该行为的合法性。" *Michigan v. Chesternut*，486 U. S.，at 572，108 S. Ct.，at 1979.

以确定‘某人是否已经处于第四修正案意义上的扣押状态的标准’”，并强调指出“最高法院一直奉行的就是这一标准。”（486 U. S. , at 573, 108 S. Ct. , at 1979）而且，在论及该标准的优点时，我们阐释说，该标准着重强调的是警察的行为：

该标准是一项客观标准，即着眼于理性人对引发争议的行为的理解；根据这一标准，警察可以预先判断拟将实施的行为是否会引发第四修正案问题。

拉费弗教授明确表示他赞成最高法院拒绝密歇根州检察官在切斯特纳特案中提出的论证理由；就此，他评论说：

换句话说，“自由离开”这一概念与特定嫌疑人的下述选择无关：决定逃匿而不是服从命令，或者，其选择是在对是否能够成功逃亡进行评估后作出的。若非如此，那么，将会怂恿警察在甚至不具备实施特瑞式截停所需的合理怀疑的情形下，利用一种具有高度威胁但速度很慢的追踪活动，作为收集证据的技术手段。

无论人们怎么看待本案的判决，它背离了此前的第四修正案 p642
判例法则是不争的事实。以下观点只不过是在进行创造性立法：我们之前的判例法试图对已经有身体接触的扣押活动与仅仅表明执法身份的扣押活动进行区分，以及我们关于门登霍尔标准的一再强调，仅表明它是一个有关后一类扣押行为的必要而非充分条件。而且通过对扣押一词进行狭义的解释，而不是扩大扣押必须具有合理理由的适用范围，本院已经实质性地限缩了普通公民所享有的第四修正案的保护。恰如我们在特瑞案中阐释的那样：

通过区分“截停”与“逮捕”（或对人身的“扣押”）、“拍身搜查”与“搜查”而建立起来的推理，具有双重危险。它寻求避开对警察和公民接触之初始阶段的宪法审查。通过提出一个僵硬的“或者全有或者全无”的、关于第四修正案的正当化根据和规则模式，这种观点忽视了一点，那就是：对警察行为的范围设限——与对其行为的发动设限一样——都是对警察活动进行宪法性规制的手段。（*Terry v. Ohio*，392 U. S.，at 17，88 S. Ct.，at 1877－1878）

三

在本案中，执法官员表明执法身份的行为（即以迎面追捕的方式）足以传达以下信息，即被申请人不享有离开的自由。[1]在门登霍尔案中，“没有法庭记录表明，被告人有合理理由认为，她不享有终止与警察在机场大厅里进行交谈、继续走自己的
p643 路的自由”（446 U. S.，at 555，100 S. Ct.，at 1877），但是在本案中，被告人试图避免开始此类“谈话活动”，不过他很快就发现，他事实上“根本没有离开的自由”——因为一个执法官员正在迎头追过来，并最终将其制伏并摁倒在地上。从被告人看见警察朝他追过来到他最终被制伏并置于执法官员控制之下，这二者之间存在着一个时间差。因此，这里的问题是：应当适用于第四修正案的时间点究竟是前者还是后者？

由于本案的事实有点不同寻常，因此理应予以注意的是，如果执法官员在表明执法身份时采取的是以下方式，如命令对方“站住不许动”，“鸣枪示警”或者巡逻警车开着警灯、鸣着警报器，那么将会引发同样的问题。在上述任何一种情形下，从警察开始表明自己的执法身份到彻底制伏该公民，可能会持续相当长的一段时间。至少就本案事实而言，本院的结论是，扣押的起始时间取决于该公民的反应而不是执法官员的行为。（See *ante*，at

① 加州上诉法院指出：“本案所涉及的并不是追捕问题；因为执法官员帕特瑟并没有对（被申请人）实施追捕，其奔跑的目的是为了迎面对被申请人实施拦截。根据切斯特纳特案的理论，理应将该行为看做对个人行动自由的侵犯，是为了阻挡或‘控制他人行动的方向或速度’而实施的操纵。”

1554—1555）上述结论的影响之一在于警察与公民之间的交往活动转化为扣押行为的时间点，不是作为理性人的公民认为他或她已经不再享有离开自由之时，而是执法官员对该公民实施控制之后。

我认为，坚持“警察可据以预先判断拟将实施的行为是否会引发第四修正案问题”的标准（*Chesternut*，486 U. S.，at 574，108 S. Ct.，at 1980），将更有助于保护有效执法和个人自由的利益。[①] 由于在警察表明执法身份后，相对人可能作出的反应具有多样性，而且在确定该公民是否已经“被制伏”、何时被制伏时，也会引发多重问题，因此这么做只能带来结果上的不确定性并引发更多的纷争。 p644

当然，在某些情形下，执法官员表明执法身份后，嫌疑人表示服从的时间点非常直观。例如，就像加纳案（*Tennessee v. Garner*，471 U. S. 1，11，105 S. Ct. 1694，1701，85 L. Ed. 2d 1（1985）（“警察不得以当场击毙的方式扣押一个没有携带枪支又不具有人身危险性的嫌疑人”[②]）那样，执法官员一枪打死了相对人，[③] 或者像布劳尔案（*Brower v. Inyo County*，489 U. S. 593，109 S. Ct. 1378，103 L. Ed. 2d 628（1989））那样，相对人撞在

① “为了确定某一扣押行为的合宪性问题，‘我们必须权衡以下两种利益：对个人第四修正案利益实施干预的性质和程度；作为该项干预正当理由的政府利益所具有的重要价值。’” *Tennessee v. Garner*，471 U. S. 1，8，105 S. Ct. 1694，1699，85 L. Ed. 2d 1（1985）（citation omitted）.

② 在加纳案（*Tennessee v. Garner*）中，即使持反对意见的大法官也赞同多数意见的以下观点：执法官员朝着正在逃匿的嫌疑人开枪射击，“该射击行为已经构成了对（嫌疑人）的‘扣押’”。471 U. S.，at 25，105 S. Ct.，at 1708（O'connor，J.，dissenting）.

③ 即使是根据普通法的规定，“如果执法官员没有权力开枪而朝被逮捕人开枪射击，那么将构成加重的攻击罪。如果无权实施逮捕而在逮捕或逮捕未遂过程中造成被逮捕人死亡……逮捕实施者将构成过失杀人罪（manslaughter），在个别情形下，甚至会构成谋杀罪（murder）。” Perkins，25 Iowa L. Rev.，at 263－264.

隐蔽的路障上当场毙命；在上述情形下，相对人毫无疑问是被彻底制伏了。但是，假如威廉·杰姆斯·考德威尔（布劳尔）在被逮捕以前只是被摔伤了，又应当如何处理呢？——是否可以说，即使实施追捕的执法官员在开始展开追捕时毫无正当理由，其行为也不会构成扣押，因此不适用第四修正案的要求呢？在布劳尔案中，最高法院指出，执法官员是否负有责任不应当取决于受害人逃跑行为的特点。最高法院认为：

> 就布劳尔撞在路障上才停下来而言，布劳尔自行选择继续逃窜这一事实对于减轻被申请人的责任，并不比以下事实具有更大的意义，即就加纳被子弹打翻在地而言，加纳自行选择逃匿这一事实对于减轻菲斯警察局执法官员的责任。

p645 在我看来，同样显而易见的是，警察表明执法身份的合宪性应当根据该执法官员采取行动当时的情形来判断。一项搜查行为必须根据其启动当时已掌握的事实根据作为其正当理由；之后发现的证据并不能反过来赋予某违宪搜查行为以正当性。该分析思路应当同样适用于扣押行为；执法官员行为的合宪性不应当取决于公民对此作出了何种反应。

如果某执法官员以身体接触的方式逮捕了某公民，很显然，最高法院将会接受以下结论：即使被逮捕人稍后得以挣脱并逃匿，依然构成扣押。在此情形下，扣押的合宪性应当根据执法官员采取行动当时的情形来判断。对于此类扣押行为，将会按照与搜查行为一模一样的方式予以分析评价，也即执法官员的行为在该行为发生时是否具有正当理由？对于以“表明执法身份”而实施的逮捕类型，设定一套不同的规则，即使往好处讲，也是一种反常的现象。

就这一新型扣押而言，在相对人的自由已经受到限制，但他或她又没有完全服从执法命令以前，可能会持续一段时间。在高速公路上，巡逻车勒令汽车司机靠边停车时，即使汽车司机愿意遵从巡逻车的指令，他也无法做到立即把车停下来。假设某执法官员擅自决定对车辆实施普鲁斯案（*Delaware v. Prouse*，440 U. S. 648，99 S. Ct. 1391，59 L. Ed. 2d 660（1979））所禁止的随机截停活动；在发出停车信号后、机动车辆彻底停稳之前，他发现汽车的牌照已经过期，那么他能否以该扣押行为在启动后、尚未实施完毕前已经取得合法性为据，作为其行为的正当理由呢？在机场，某缉毒官员手持枪支朝一群旅客走过去，嘴里还喊着“检查行李”，那么是否可以将这些旅客的反应作为该侦查性截停行为的正当根据呢？本案多数意见的判决主旨不承认此类行为的强制、胁迫属性，而且其创设的规则有可能会允许此类行为畅行无阻。

排除规则的威慑目的着眼于执法官员的行为，着眼于减少执法官员不适当的执法行为，[①] 而不是公民在执法官员表明执法身份后所作出的反应。在本案中，如果执法官员帕特瑟在被申请人 p646

① 第四修正案的目的旨在“防止执法官员对个人隐私和安全实施任意的、令人难以忍受的干预。”*INS v. Delgado*，466 U. S.，at 215，104 S. Ct.，at 1762（quoting *United States v. Martinez - Fuerte*，428 U. S. 543，554，96 S. Ct. 3074，3081，49 L. Ed. 2d 1116（1976））；see *Mendenhall*，446 U. S.，at 553 - 554，100 S. Ct.，at 1876 - 1877（same）；*Terry v. Ohio*，392 U. S.，at 12，88 S. Ct.，at 1875（“从其诞生那一天起，排除以违反第四修正案方式扣押的证据的规则就一直被视为遏制警察违法的主要方式”）；4 W. LaFave，*Search and Seizure* § 11. 4（j），pp. 459 - 460（2d ed. 1987）（“自我归罪的自认与企图销毁具有归罪性质的证据，是进行非法逮捕和搜查后可预见到的一般后果；因此，允许采纳此类证据将会鼓励警察在今后的案件中继续实施此类违反第四修正案的行为”）。

对于第四修正案的根本目的，大法官布兰代斯曾经雄辩地论述说：“我们宪法的缔造者……试图对美国人的信仰、思想、情感和感觉提供一种保护。为了对抗政府，他们赋予了公民一种不受干预的权利（the right to be let alone）——这是一种最全面的权利，也是文明社会的人们最为珍视的权利。为了保护这一权利，政府对个人隐私实施的任何没有正当理由的干预——无论其采取何种手段——都必须将其视为对第四修正案的违反。”*Olmstead v. United States*，277 U. S. 438，478，48 S. Ct. 564，572，72 L. Ed. 944（1928）（dissenting opinion）.

但是，对这一目的，本案的多数意见却视而不见。

丢弃那块可卡因之前就已经成功地将其制伏，那么这块可卡因毫无疑问应当作为非法扣押的“毒树之果”予以排除。但是，根据最高法院逻辑肢解式的分析方法，排除规则并不适用于此，因为无论执法官员的行为性质多么恶劣或者多么不合理，企图实施的违宪扣押并不属于第四修正案的调整范围。

预断本案判决将会产生什么样的影响还为时过早。根据其逻辑推论可知，该项判决将会鼓励执法官员非法地表明自己的执法身份，而且在其惊吓之中，不计其数的无辜公民将因此放弃其原
p647 本可以享有的隐私权利。但是，我们现在就可以指出以下具有讽刺意味的事实：最高法院对于该案判决结果给出的正当理由，根据是本院在卡兹案和特瑞案以前的有关逮捕的普通法规则。然而，即使在那个年代，普通法也保护公民不受未遂的非法逮捕行为的侵扰。（See nn. 5 and 7，*supra*）而且，卡兹案和特瑞案的核心内容在于，第四修正案对普通公民的保护并非僵硬地局限于古代的普通法概念。但是，本院在座的、思想僵化的多数大法官所传达的信息却是：普通法，而不是我们在过去二三十年间发展起来的、关于第四修正案的理解，界定并限制着“扣押”一词的适用范围。在本案中，最高法院将扣押行为界定为：扣押并非始于异乎寻常的警察行为，而是始于某公民已经被制伏。因此，它既推迟了将“第四修正案适用于”[①] 警民交往活动的时间点，同时，也限制了“扣押”一词所涵盖的警民交往活动的范围类型。本案判决所界定的第四修正案意味着，只有仰赖警察的裁量权，无辜

① *Terry v. Ohio*，392 U. S.，at 16，88 S. Ct.，at 1877.

公民才会继续“享有人身……不受不合理搜查、扣押的权利”。[①]

伴随着执法机关不受审查的[②]执法权力的扩张，不可避免地会牺牲掉某些自由。如果是一个更加强调第四修正案立法目的的 p648
法院，那么在允许本案判决牺牲公民权利以前，将会坚持要求给予社会更多的补偿。亚历山大·贝克尔曾经先知先觉地说过，“许多政府行为具有以下两个特点：它们要求立竿见影、必然为其所需的实际效果；它们或许不知不觉或者并不看重其行为对以下价值造成的影响，即我们所持有的，具有更一般、更恒久利益的那些价值。”[③] 最高法院当前对于遏制犯罪的关注，尽管无心，却会对那些基本的、长远的价值构成巨大的威胁。

谨发表反对意见如上。

5.3 美方评论

何达瑞案给门登霍尔案的截停标准添加了一个重要的注脚。如果执法官员使用的是非武力的、表明执法身份的方式（non

---

① 大法官杰克逊的以下论述预言了这一发展趋势：“非法搜查扣押行为通常都是一个孤立的事件：整个过程弥漫着惊吓、草率；执法官员会故意规避法院方面的监督；而且，其行为方式也仅仅受制于执法官员自己的判断和节制——这些搜查行为往往会危及他本人的利益和履历……公民只有两种选择：或者服从执法官员的所有要求；或者冒着被逮捕或当场暴力相向的风险对此加以抵抗。”*Brinegar v. United States*，338 U. S. 160，182，69 S. Ct. 1302，1314，93 L. Ed. 1879（1949）（dissenting opinion）.

② “不受不合理搜查扣押的权利是最难保护的权利之一。由于执法官员本人就是违法活动的罪魁祸首，因此，除了法院，再没有其他执行机关……事实上可能存在——我自己也深信如此——许多针对无辜公民的住宅和汽车实施的违法搜查活动，由于没有发现归罪性证据、没有逮捕相对人，因此法院也对之无能为力，本院也无从对其进行审理。”*Id.*，at 181，69 S. Ct.，at 1313（Jackson，J.，dissenting）.

③ *The Least Dangerous Branch* 24（1962）.

physical show of authority）——对此，理性人将会认为，他已经不再享有离开的自由——那么，除非相对人真的服从了这一命令，否则不构成截停。如果相对人无视执法官员的强制性命令拒绝停下来，那么该行为也就不构成截停。就像何达瑞案那样，如果何达瑞听到警察的命令后，停下了逃跑的脚步，那么这将构成截停；但是，他事实上并没有这么做。因此直到何达瑞被执法官员制伏以前，执法官员的行为并不构成截停。——这是因为，就像普通法规定的那样，使用武力的行为当然属于扣押。由于追捕活动并不构成扣押，因此实施追捕活动并不要求必须具有具体的犯罪嫌疑。

何达瑞案又是一起最高法院根据普通法（即第四修正案颁布时期的普通法规则）作出判决的判例。如前所述，在有关第四修正案的判例中，最高法院什么时候会采取历史分析方法、什么时候又会诉诸灵活的现代分析方法，似乎并没有什么规律可循，也没有什么道理可言。也许，这取决于由谁来写多数意见。值得注意的是，何达瑞案的多数意见是由大法官斯卡利亚撰写的，而他恰恰是第四修正案历史分析方法最忠实的拥护者。

大法官斯卡利亚钟爱的另外一项理论是，作为宪法刑事诉讼的基本原则，应当鼓励并奖励那些配合执法的公民。何达瑞案的最终结果当然体现了奖励配合（或者说，惩罚拒不合作）的立法政策。大法官斯卡利亚认为，不应当通过将此类行为定性为扣押的方式，奖励那些像何达瑞一样拒不配合的犯罪嫌疑人。

何达瑞案的判决可能会诱发以下风险，即执法官员可能会诉诸强制性行为——甚至是违法行为——以期让某些人吓得闻风而逃，并在执法官员对其实施追赶过程中将犯罪证据扔掉。执法官员可能会通过朝空中鸣枪示警的方式，让某些人吓得闻风而逃；对此，有什么防范手段呢？在何达瑞案中，多数意见并不担心此类滥用权力的风险。多数意见还认为，执法官员不会一方面诉诸这种强制性行为，另一方面又希望公民无视他们的命令转身逃跑。多数意见还认为，执法官员当然不愿冒着以下风险诉诸此类强制性行为，即嫌疑人可能真的会服从他们的命令，从而致使对这些嫌疑人的扣押因缺乏合理怀疑的支持而被判违法。

5.4 阅读文献

- Thomas K. Clancy, *The Future of Fourth Amendment Seizure Analysis after Hodari D. and Bostick*, 28 Am. Crim. L. Rev. 799 (1991).
- Richard W. Zahn, Comment, *California v. Hodari D.: An Evolving Definition of Siezure under the Fourth Amendment*, 27 New Eng. L. Rev. 447 (1992—1993).
- Richard W. Zahn, *Seizure and the Fourth Amendment: The Meaning and Implications of California v. Hodari D.*, 25 Creighton L. Rev. 213 (1991—1992).
- Randolph Alexander Piedrahita, *Conservative Court Says Goodbye to All That and Forges a New Order in the Law of Seizure – California v. Hodari D.*, 52 La. L. Rev. 1321 (1991—1992).

（逮捕后的）附带搜查

1. 附带搜查的范围：

戚莫尔案（*Chimel v. California*）

395 U. S. 752, 89 S. Ct. 2034 (1969)

1.1 案件信息

- **本案争点**

第四修正案是否允许附带搜查，以及进行附带搜查的范围问题。

- **本院的判决**

最高法院以7:2的投票结果作出了不利于申请人戚莫尔的判决。大法官斯图尔特代表最高法院撰写了本案的判决意见，大法官哈兰表示附和。大法官怀特和大法官布莱克发表了反对意见。

最高法院判决认为，基于盗窃罪进入被告人家里对其实施逮捕，并在实施逮捕后对整个住宅进行附带无证搜查，是不合理的。因为该搜查超出了被逮捕者人身以及被逮捕人可能拿到武器或销毁于其不利证据的物品的那些区域。如果没有搜查令状的授权，也不存在“扣押武器”、“防止毁坏证据”等紧急情形，超出上述范围的搜查行为是违宪的。

- **该判例的影响**

该判例明确承认，在实施逮捕时可以进行附带搜查，但是附带搜查的范围必须严格限制在被逮捕者人身以及他能立即控制的区域内。该判例也为判定什么是立即控制的区域提供了一定的判断标准。

1.2 判决正文

泰德·斯蒂文·戚莫尔
诉
加利福尼亚州

第770号

1969年3月27日进行辩论

1969年6月23日作出判决

1969年10月13日驳回复审请求

大法官斯图尔特（Mr. Justice Stewart）代表最高法院撰写了本案的判决意见。

根据第四修正案对被告人实施了合法的逮捕，关于法律允许附带搜查的范围，本案呈现出若干基本问题。

相关的事实基本上不存在争议。1965年9月13日下午，3名警察抵达申请人位于加州圣安娜市的住宅，他们持有一份授权对申请人因盗窃钱币店而实施逮捕的令状。警察敲门并对申请人妻子表明了身份，接着问她是否允许他们进入住宅。她引领他们进入住宅，10至15分钟后，申请人下班回到家中。当申请人进入住宅时，一名警察将逮捕令状递给他并要求允许他们“随处看看”。申请人表示反对，但警察劝告他说，“以合法逮捕为依据”，我们将进行搜查。当时没有签发任何搜查令状。

在申请人妻子的陪同下，警察随后仔细查看了这个三居室住宅，包括阁楼、车库和一间小小的工作室。在一些房间里，搜查进行得相对仓促。但是，在主卧室和缝纫房中，警察让申请人的妻子打开抽屉并“将抽屉中的物品左右移动，以便他们可能发现任何盗窃所得的物品”。搜查结束之后，警察扣押了很多物品——主要是钱币，但也有几枚奖章、代币品和一些其他物品。整个搜查进行了 45 分钟至 1 小时。

随后，在州法院对申请人两项盗窃罪指控的审判中，从其住宅获得的物品被采信作为不利于他的证据，申请人认为它们是违宪扣押所得的异议被驳回。他被判定有罪，加州上诉法院（61 Cal. Rprt. 714）和本院（68 Cal. 2d 436，439 P. 2d 333）都维持了有罪判决。两级法院都接受了申请人的下述主张，即逮捕令状是无效的，因为为之提供支持理由的书面陈述都是概括性的言辞。[1] 但是，法院认为，鉴于实施逮捕的警察都是“善意地”获取了令状，在任何情形下他们都有足够的信息为逮捕提供合理根据，所以对申请人的逮捕是合法的。从这一结论出发，上诉法院进一步认为，即使没有搜查令状，搜查已经附带于有效的逮捕这
p755 一理由，就为搜查申请人住宅提供了正当性。（395 U. S. 752 755）我们授予调卷令以考虑申请人重要的宪法性诉求。（393 U. S. 958，S. Ct. 404，21 L Ed. 2d 372）

在不对此问题作出决定的情况下，我们进而先假设加州法院以下的判决意见是正确的，即根据宪法，对申请人的逮捕是合法有效的。这使得我们可以直接进入以下问题，即对于申请人整个住宅的搜查是否可以因附带于逮捕而具有宪法性的正当理由。长久以来，本院关于此问题的判决是一致的，即使通过最为仓促的回顾，这一点也是清楚明白的。

对于附带于合法逮捕的搜查的支持，似乎首先在 1914 年威克斯案（232 U. S. 383，34 S. Ct. 341，58 L. Ed. 652）中就有所

① 支持逮捕令状的书面陈述罗列在上诉法院的意见中，控方没有根据阿基拉尔案（*Aguilar v. Texas*，378 U. S. 108，84 S. Ct. 1509，12 L. Ed. 2d 723）和斯皮内利案（*Spinelli v. United States*，393 U. S. 410，89 S. Ct. 584，21 L. Ed. 2d 637）确立的原则对其不充分性提出质疑。

论述，本院的判决意见论述说：

当前的案件是什么情况？在明确回答这个问题之前，最好通过排除程序来回答本案不是什么样的情况。英美法经常认可控方有权在合法逮捕被告人时对他进行搜查，以期发现并扣押犯罪的果实和证据；但本案不是对控方此项权力的确认。(*Id.*，at 392，34 S. Ct.，at 344)

上述判决意见没有涉及任何对逮捕场所进行搜查的权力，相反只限制对“人身”进行搜查的权力。11 年后的卡罗尔案 (*Carroll v. United States*，267 U. S. 132，45 S. Ct. 280，69 L. Ed. 543) 对威克斯案的表述进行了润色：

当个人因犯罪被合法逮捕时，无论在他身上或者他控制的区域内，发现了他非法持有并可能用以证明犯罪的物品，都可以将之扣押并作为控诉证据。(Emphasis added) p756

至此，那种主张仍远远不同于以下诉求，即只要逮捕合法有效，就可以对逮捕场所进行搜查。虽然如此，在几个月后的安格纳罗案 (*Agnello v. United States*，269 U. S. 20，46 S. Ct. 4，70 L. Ed. 145) 中，在未作解释的情况下，此原则以扩张的形式显露端倪，尽管仍以下述法官意见加以阐述：

在没有搜查令状的情况下，警察有权对现行犯实施合法逮捕并进行搜查；而且，为了发现并扣押与犯罪果实或犯罪手段紧密联系的物品，以及那些用于辅助从羁押场所逃逸的武器或其他工具，警察有权对逮捕场所进行搜查。上述搜查的权力毋庸置疑。(See *Carroll v. United States*，267 U. S. 132，158，45 S. Ct. 280，69 L. Ed. 543；*Weeks v. United States*，232 U. S. 383，392，34 S. Ct. 341，58 L. Ed. 652. 269 U. S.，at 30，46 S. Ct.，at 5)

两年后，安格纳罗案中的法官意见似乎成为了本院对玛萝案 (*Marron v. United States*，275 U. S. 192，48 S. Ct. 74，72 L.

Ed. 231）所作判决的基石。在玛萝案中，联邦执法官员获得了一份搜查令状，授权他们扣押烈性酒以及用以酿造烈性酒的某些配制品。当他们到达意欲搜查的场所时，他们发现了“此处用于零售并畅饮醉人的烈性酒”。（*Id.*，at 194，48 S. Ct.，at 75）执法官员进而逮捕了主管人员并开始执行令状。为了查获令状所列物品，他们在搜查一个壁橱时，发现了一份归罪性的分类账；诚然，令状没有涵盖分类账，但他们也将之扣押。本院支持对于分类账的扣押，认为鉴于执法官员已经实施了合法的逮捕，“在没有令状的同时，为了发现并扣押用以经营犯罪行业的物品，他们有权进行搜查”。（*Id.*，at 199，48 S. Ct.，at 77）

p757 虽然如此，几年后的欧—巴特进口公司案（282 U. S. 344，51 S. Ct. 153，75 L. Ed. 374）和莱弗科维茨案（285 U. S. 452，52 S. Ct. 420，76 L. Ed. 877）的判决意见，并不像玛萝案所说的那样清楚明白。在以上几则判例中，本院的判决意见都是由玛萝案判决意见的创作者——大法官巴特勒执笔撰写的。在欧—巴特进口公司案中，执法官员搜查了对办公人员实施合法逮捕的场所，[①] 并且从书桌、保险箱和办公室其他地方取走了几份文件。本院指出，在执法官员面前没有犯罪行为发生，而且虽然主管的执法官员“有充足的信息和时间去获得一份合法有效的搜查令状，但是他没有这样做”。（282 U. S.，at 358，51 S. Ct.，at 158）在认定搜查和扣押违法的同时，本院评论说：

很明显，我们面前的案件在本质上不同于玛萝案（275 U. S. 192，48 S. Ct. 74，72 L. Ed. 231）。在玛萝案中，执行一份有效的搜查烈性酒令状的执法官员发现并逮捕了一个名叫伯兹奥尔的人；实际上，伯兹奥尔秘密经营着一家酒店。作为附带于逮捕的措施，执法官员扣押了存放烈性酒壁橱里的分类账以及收银

① 本院认定逮捕是合法的。282 U. S.，at 356，51 S. Ct.，at 157.

机边上的几张账单。这些物品看得见、够得着，且处于犯罪分子的直接保管之下。该案中不存在暴力威胁和一般搜查，也没有随意乱翻的行为。(282 U. S.，at 358，51 S. Ct.，at 158)

本院在莱弗科维茨案中重申了玛萝案中局限性的描述。在莱弗科维茨案中，尽管搜查是伴随合法逮捕进行的，但本院仍认为对书桌抽屉和壁橱的搜查是违法的。

然而，在1947年哈里斯案（331 U. S. 145，67 S. Ct. 1098，91 L. Ed. 1399）的判决中，欧—巴特案和莱弗科维茨案中的局限性观点被彻底抛弃了。在哈里斯案中，根据他涉嫌兑现并在州际间运输伪造票据的行为，执法官员获得了一份对哈里斯的逮捕令状。执法人员在哈里斯的四居室公寓的客厅内将其逮捕，而且为了获得被认为是用以实施伪造行为的两张已注销的单据，执法官员对整个公寓进行了彻底的搜查。在书桌的抽屉内，他们发现了一个密封的信封，上面标有“乔治·哈里斯，个人文件”的字样。信封随后被撕开，其中包含有更改过的关于选择性征兵制（Selective Service）的文件，这些文件被用以支持哈里斯因违反1940年义务兵役制法案（Selective Training and Service Act）的有罪判决。本院驳回了哈里斯关于第四修正案的主张，维持附带搜查的合法性。(*Id.*，at 151，67 S. Ct.，at 1101) p758

然而，仅仅在哈里斯案后一年，局面再次混乱起来。在朱比安诺案（*Trupiano v. United States*，334 U. S. 699，68 S. Ct. 1229，92 L. Ed. 1663）中，执法官员突击搜查了一个非法酿酒厂，发现其中一名共犯正在蒸馏室进行操作。执法官员将其逮捕并同时查封了这个非法酿酒厂。（*Id.*，at 702，68 S. Ct. at 1231）本院认为，实施的逮捕以及随后采取的其他措施都是合法有效的，但是执法官员无法解释没有申请搜查令状的原因——尽管他们原本有足够充裕的时间在突击搜查之前去申请令状——这使得搜查沦为违法。本院论述说：

> 在扣押物品和文件时，在合理可行的场合中，执法官员必须获取并使用搜查令状。这是一条重要的规则。……该规则植根于如下要求：应当由地方法官而非警察来就以下两个事项作出决定，即搜查和扣押在什么情况下是允许的以及应该对此类活动施加怎样的限制。……为了提供必要的保护措施来防止对个人私生
> p759 活的不合理入侵，第四修正案的起草者要求应尽可能地严格遵守司法程序。而且，随后的历史也印证了这项要求的明智性。
>
> ……
>
> 附带于合法的逮捕而实施无证搜查或扣押，经常被认为是一项受到严格限制的权力。它源自于实施逮捕时情形之内在必要性。但是，此必要性不仅仅意指合法的逮捕，还必须有其他情况。(*Id.*，at 705，708，68 S. Ct.，at 1232，1234)

朱比安诺案①两年之后的1950年，出现了拉比诺维茨案(339 U.S. 56，70 S. Ct. 430，94 L. Ed. 653)，这是本案中加州政府援引的主要判例。在拉比诺维茨案中，联邦官员被告知被告人正在买卖盖有伪造印戳的邮票。基于该信息，他们申请获得了一份逮捕令状，进而在被告人单间型的商务办公室中将他逮捕。实施逮捕时，执法官员“搜查了办公室中的书桌、保险箱和文件柜。搜查持续了大约一个半小时（*id.*，at 59，70 S. Ct.，at 432），”而且，扣押了盖有伪造印戳的573枚邮票。在对被告人的审判中，邮票被采信作为证据，本院也维持了有罪判决，驳回了无证搜查是违法的这一主张。本院认为，整个搜查完全遵循如下原则，即为了发现并扣押与犯罪相关的物品，授权执法官员对实施逮捕的场所进行搜查……（*Id.*，at 61，70 S. Ct.，at 433）哈里斯案被认为对此结论提供了“充分的权威性”。（*Id.*，at 63，70 S. Ct.，at 434.）这个看法否定了朱比安诺案所确立的规

① See also *McDonald v. United States*，335 U.S. 451，69 S. Ct. 191，93 L. Ed. 153.

则，即“在扣押物品和文件时，在合理可行的场合中，执法官员必须获取并使用搜查令状。”本院认为，这个标准“不在于获得搜查令状是否合理，而在于搜查是否合理”。（*Id.*，at 66，70 S. Ct.，at 435） p760

拉比诺维茨案开始转向下述一种立场：即一般来说，“附带于合法逮捕”的无证搜查可能会扩张至特定的区域——该区域被认为是被逮捕者“占有”或处于他“控制”之下。① 而且，在本案中，就是基于上述立场，加州法院支持对申请人的整个住宅进行搜查。虽然如此，加州法院在本案中适用的理论，至少在宽泛的层面上，不能够经受住历史的或理性的分析。

正如我们所见，即使仅就拉比诺维茨案本身的事实而言，它的判决几乎也无法处于一种无懈可击的权威地位。正如大法官弗兰克福特在拉比诺维茨案反对意见中评论的那样，在没有给出令人信服的正当性理由的情况下，威克斯案中蕴涵的“细微迹象”却“渐渐成为法官意见并最终升华成为一项判决意见”。（339 U. S.，at 75，70 S. Ct.，at 439）而且，欧—巴特案、莱弗科维茨案和朱比安诺案等判例中所采用的方法，基本上被审理拉比诺维茨案的最高法院所抛弃。

通过对案件背景和第四修正案目的的合理审查，控方在此所援引的、意在支持搜查申请人住宅的理由也不成立。大法官弗兰克福特在拉比诺维茨案发表的反对意见中睿智地指出，第四修正

① 拉比诺维茨案以降，本院的判决适用了抽象性的学说；从拉比诺维茨案到各种各样的实际情形，呈现出不同的存有分歧的结果。*Compare Ker v. California*，374 U. S. 23，42，83 S. Ct. 1623，1634，10 L. Ed. 2d 726；*Abel v. United States*，362 U. S. 217，80 S. Ct. 683，4 L. Ed. 2d 668；and *Draper v. United States*，358 U. S. 307，79 S. Ct. 329，3 L. Ed. 2d 327，with *Kremen v. United States*，353 U. S. 346，77 S. Ct. 828，1 L. Ed. 2d 876（*per curiam*）. Cf. *Chapman v. United States*，365 U. S. 610，81 S. Ct. 776，5 L. Ed. 2d 828；*Jones v. United States*，357 U. S. 493，499 – 500，78 S. Ct. 1253，1257 – 1258，2 L. Ed. 2d 1514.

案中“不合理搜查和扣押”的表述必须根据其“产生的历史进
p761 行解读”——这段历史中，“我们深切地感受到殖民者滥用权力，以至于成为了独立战争的一个重要的起因……”(339 U.S., at 69, 70 S. Ct., at 436) 一般令状和无证搜查使得殖民者与我们变得如此疏远，并促使我们加速开展独立运动，第四修正案在很大程度上就是对它们的回应。[①] 因此，在起草第四修正案过程中，“除非具有合理根据，否则不得签发任何令状”这一要求扮演了关键的角色。正如本院在麦当劳案（*McDonald v. United States*, 335 U.S. 451, 69 S. Ct. 191, 93 L. Ed. 153）中指出的那样：

我们不是在处理礼节性的手续问题。获得搜查令状会起到重大作用。除了某些严重的紧急情形，第四修正案将地方法官设置于公民与警察之间。这种设置不是为了包庇犯罪，也不是让住宅成为违法活动的安全港。这种设置的目的是，在因执法而侵犯隐私时，让地方法官客观地进行权衡。隐私权是如此的弥足珍贵，所以不能将自由裁量权赋予那些以发现犯罪、逮捕罪犯为职责的执法官员……而且，宪法也有如此要求，即在警察侵犯住宅隐私之前，要求地方法官判断这一请求。在那些试图豁免于宪法强制性要求的人们没有证明具有紧急情形而迫切需要进行无证搜查时，我们无法既遵守该宪法性要求，同时又宽恕无证搜查的行为。(*Id.*, at 455 -456, 69 S. Ct., at 193)

p762 即使在安格纳罗案中，本院所依赖的规则是：“无论对此有

① See generally *Boyd v. United States*, 116 U.S. 616, 624 - 625, 6 S. Ct. 524, 528 - 529, 29 L. Ed. 746; *Weeks v. United States*, 232 U.S. 383, 389 - 391, 34 S. Ct. 341, 343 -344, 58 L. Ed. 652; *Davis v. United States*, 328 U.S. 582, 603 -605, 66 S. Ct. 1256, 1266 - 1267, 90 L. Ed. 1453 (dissenting opinion); *Harris v. United States*, 331 U.S. 145, 157 -162, 67 S. Ct. 1098, 1104 -1107, 91 L. Ed. 1399 (dissenting opinion); *Stanford v. Texas*, 379 U.S. 476, 481 -482, 85 S. Ct. 506, 509 -510, 13 L. Ed. 2d 431.

多么确信——意欲查获的某件物品就藏匿于住宅之中——这一信念也不能为无证搜查提供正当性理由。无论事实是否毫无争议地表明存在合理根据，此类搜查仍被认为是违法的。”（269 U. S., at 33，46 S. Ct., at 6）很明显，必须获得搜查令状这个一般性要求不能被轻易摒弃，而且“那些试图豁免此要求的人们必须对之承担证明责任……”（342 U. S. 48，51，72 S. Ct. 93，95，96 L. Ed. 59）

在特瑞案（392 U. S. 1，88 S. Ct. 1868，20 L. Ed. 2d 889）中，我们仅在最后部分强调说：“只要具有可行性，警察都应当通过令状程序来事先获得对搜查、扣押的司法性授权（*Id.*, at 20，88 S. Ct. at 1879）；[①]”并且，“搜查的范围应当‘严格限定于’允许发动搜查之情形，并以此作为它的正当理由”。（*Id.*, at 19，88 S. Ct., at 1878）在那个“截停与拍身搜查”案中，上述标准就为执法官员的搜查提供了支持，因为它只是“为发现武器而进行的保护性搜查……”（*Id.*, at 29，88 S. Ct., at 1884）但是，在与其同时的希伯伦案（392 U. S. 40，88 S. Ct. 1889，20 L. Ed. 2d 917）中，我们对于另一组事实适用相同的标准，但却得出了相反的结论。我们认为，警察将手插入嫌疑人口袋的行为，既不是基于保护性的目的，也并不局限于该目的。[②] 相反，我们认定，搜查事实上是为了查获毒品。

以下类似的分析思路能够支持“附带搜查”原则，并且为其指明了适当的范围。当实施逮捕时，为了解除随后可能用于反 p763

---

① See also *David v. Mississippi*, 394 U. S. 721，728，89 S. Ct. 1394，1398，22 L. Ed. 2d 676；*Katz v. United States*, 389 U. S. 347，356－358，88 S. Ct. 507，514－515，19 L. Ed. 2d 576；*Warden v. Hayden*, 387 U. S. 294，299，87 S. Ct. 1642，1646，18 L. Ed. 2d 782；*Preston v. United States*, 376 U. S. 364，367，84 S. Ct. 881，883，11 L. Ed. 2d 777.

② 我们关于希伯伦案的判决意见涉及两起案件。这里涉及的是第 63 号案件，与上诉人希伯伦有关。

抗逮捕或辅助逃逸的任何武器，执法官员对被逮捕者进行搜查是合理的。否则，执法官员的人身安全可能会受到威胁，逮捕本身也可能失败。另外，为了防止被逮捕者隐匿或毁坏证据，执法官员在被逮捕者身上搜寻并扣押任何证据，也是完全合理的。当然，至于被逮捕者为获得武器或证据可能触及的区域，也必须受到类似规则的调整。对于实施逮捕的执法官员来说，被逮捕者面前桌上或抽屉里的枪支，与藏匿于被逮捕者身上的枪支一样，都是非常危险的。因此，对被逮捕者人身和“他能够立即控制的区域”——在该区域内，被逮捕者可能获得武器或毁坏证据——进行搜查，有充分的正当性理由。

虽然如此，对实施逮捕的场所之外的任何房间进行例行搜查——或者，就本案而论，在房间内对所有的书桌抽屉或其他封闭、隐匿的区域进行搜查——就不存在任何类似的正当性理由。在没有明确认可的例外情形时，搜查只能在搜查令状授权之下才可进行。[①] 不能降低第四修正案强制规定的“遵守司法程序”这一要求。

此原则构成了我们对普雷斯顿案（*Preston v. United States*, 376 U. S. 364，84 S. Ct. 881，11 L. Ed. 2d 777）判决的基础。在该案中，警察在截停的车内对3名男性实施逮捕，随后将车拖入

p764 车库并对之进行搜查。即使该搜查附带于合法有效的逮捕，我们仍认为根据第四修正案搜查是违法的。我们的推理非常简单：

允许同时进行搜查的规则可以从以下需求中获得正当性理由。例如，扣押可能用于攻击执法官员或辅助逃逸的武器，防止毁坏犯罪证据——当武器或证据就在被告人身上或处于他能够立即控制的区域内时，上述事情都很可能发生。但是，当搜查在时间或空间上都远离逮捕时，上述正当性理由都不成立。（*Id.*，at

① See *Katz v. United States*, 389 U. S. 347，357 - 358，88 S. Ct. 507，514 - 515，19 L. Ed. 2d 576.

367，84 S. Ct.，at 883）①

相同的基本原则也反映于我们在希伯伦案最后的判决意见中。该意见涉及彼得斯案（*Peters v. New York*）和希伯伦案。在彼得斯案中，被告人涉及我们认为是附带于合法逮捕的搜查行为。虽然如此，我们维持搜查仅仅是因为，基于“扣押武器和防止毁坏证据”的需求，对彼得斯的搜查范围进行了“合理的限制”。我们强调指出，执法官员“没有对彼得斯的人身和个人财产进行毫无约束的彻底搜查。他扣押彼得斯是为了切断他逃逸的后路，搜查也主要是出于查获武器的目的。”（392 U. S.，at 67，88 S. Ct.，at 1905）

在本案中，有观点认为，当在被告人住宅内对他实施逮捕时，对该住宅的搜查是“合理的”。但是，这种观点至多只是基于如下主观臆测——考虑到警察某些行为的可接受性——而不是 p765
基于对第四修正案相关法益的考量。根据这种漫无边际的分析，第四修正案在此领域提供的保护将蒸发殆尽。很难对以下问题进行解释。例如，恰巧在住宅内逮捕某人与在他家房前的草坪或就在街上逮捕某人相比，为什么在前述情况下搜查住宅在主观上更具“合理性”呢？②

---

① 当然，我们今天的决定与这个被认可的原则完全一致，即存在合理根据时，“在获得令状不具有可行性的情况下”，可以对车辆和其他交通工具进行搜查，“在申请令状的地点或地区内，交通工具能够被迅速移走。” *Carroll v. United States*，267 U. S. 132，153，45 S. Ct. 280，285，69 L. Ed. 543. See *Brinegar v. United States*，338 U. S. 160，69 S. Ct. 1302，93 L. Ed. 1879.

② 有些法院已经用拉比诺维茨案确立的方法来进行衡量。See *Clifton v. United States*，224 F. 2d 329（C. A. 4th Cir.），cert. denied，350 U. S. 894，76 S. Ct. 152，100 L. Ed. 786（在卖方后院逮捕违法购买威士忌酒的买方；维持对其中一间房屋的搜查）；*United States v. Jackson*，149 F. Supp. 937（D. C. D. C.），rev'd on other grounds，102 U. S. App. D. C. 109，250 F. 2d 772（在远离嫌疑人承租房间半个街区的地点对他实施逮捕；支持搜查房间）. But see *James v. Louisiana*，382 U. S. 36，86 S. Ct. 151，15 L. Ed. 2d 30（per curiam）.

正如大法官弗兰克福特指出的那样：

我们说搜查必须合理就是要求存在某些关于理由的评判标准。对于陪审团、地方法官或警察而言，绝对不是指导他们说，禁止“不合理的搜查”——而是搜查必须是合理的。使得搜查合理化的理由的评判标准是什么呢？标准即是第四修正案固有的明示的理由：它所涵盖的历史和经历，以及它所提供的用以防止罪恶的保障措施。(*United States v. Rabinowitz*, 339 U. S., at 83, 73 S. Ct., at 443 (dissenting opinion))

因此，虽然“反复出现的关于搜查合理性的问题”取决于“具体事实和情状——案件的综合情状 (*id.*, at 63, 66, 70 S. Ct., at 434, 435 (opinion of the Court))”，但是，必须根据第四修正案确立的原则，对那些事实和情状进行审查。

p766 当然，也可以将拉比诺维茨案和哈里斯案归为一类，而将本案归为另一类。因为拉比诺维茨案涉及一个单独的房间，哈里斯案涉及一套四居室的公寓；而在我们面前的本案中，整个住宅被搜查了。但是，如此的区分将显得过于人为化。允许在拉比诺维茨案和哈里斯案中进行搜查和扣押的原理同样也允许在本案中进行搜查和扣押。一旦允许搜查的范围超出被逮捕者可能获得武器或证据的区域，那么，第四修正案的相关考量因素将无法指出合理界限的范围。[①] 仅有的合理区分在于，一方面是对被逮捕者人

① 首席大法官杰克逊在哈里斯案的反对意见中评论说：“对我而言，此问题的难点在于，一旦允许搜查超出被逮捕者人身和其身上的物品或者他的身体可以立即控制的区域，除了本院的意见之外，我看不见任何可行的限制条件——在我看来，根本不存在任何限制。”331 U. S., at 197, 67 S. Ct., at 1120.

身和触手可及区域的搜查，另一方面是范围更广的搜查。[①]

申请人正确地指出，诸如拉比诺维茨案和哈里斯案之类的判决造成的后果是，通过权宜地在嫌疑人住宅而非其他场所实施逮捕，执法官员就有机会进行不具有合理根据的搜查。我们并不是指出，申请人关于使用上述策略的主张本质上是正确的，[②] 而是关注以下事实：如果当天早些时候他在工作场所而非住宅内被逮捕，那么就不能对他的住宅进行无证搜查。在任何情况下，即使撇开警察采用此类策略的可能性而言，勒纳德·汉德法官在基尔森布拉特案（*United States v. Kirschenblatt*, 2 Cir., 16 F. 2d 202, 51 A. L. R. 416）中强有力地提出了以下一般观点： p767

> 在其住宅逮捕某人之后，接着为查获任何将他定罪的物品而在其文件中任意翻找，在我们看来，这与根据一般令状的所作所为毫无区别；诚然，令状将提供更多保护，因为一般而言，它必须由地方法官签发。当然，如果没有在其住宅发现嫌疑人，警察就不存在这项假设性的权力；但是，略感安慰的是，只要嫌疑人不在家，他的文件就是安全的。（*Id.*, at 203） p768

① 在反对意见中有观点认为，只要具有合理根据，即使没有搜查令状，也应当允许搜查实施逮捕的场所。这一观点主要基于以下两个假设：第一，一旦实施逮捕，同时进行搜查造成的对于隐私的额外侵犯是“相当微小的”；第二，搜查的被害人可以“在此之后不久”获得关于搜查是否具有合理根据的司法裁定。就第二个假设而言，有人可能首先就会质疑是否各州都像反对意见假想的那样，提供了迅速的异议程序？然而，更为重要的是，我们无法接受以下观点，即只要“禁止提交不具有合理根据扣押而获得的证据，进而保护‘罪犯的权利’，那么就能维护第四修正案的法益。”第四修正案不是意在简单地进行矫正，而是防止警察非法行为的发生。在任何情况下，对于通过彻底地搜查公民住宅进而侵犯隐私的行为，我们不能将之定位于“微小的”。并且，仅仅因为合法地干涉了个人隐私和行动自由，就允许通过违反第四修正案要求的无证搜查进一步侵犯隐私——对此，我们认为不存在任何理由。

② 尽管在上午10时39分签发了令状，到下午很晚的时候才实施逮捕，控方解释说耽搁是正常的警察程序和警察局局长繁重的工作所致。另外，这名官员作证说，他和同事前往申请人的住宅而非“申请人的工作场所，以免在那里给他造成不便”。

多年以来，拉比诺维茨案和哈里斯案一直是批判评论的对象，[①] 并且在我们的判决中也越来越少地援引它们。[②] 根据本案中我们论述的理由，基于它们自身的案件事实以及它们所代表的原则与我们现在支持的原则不相符性，是时候宣布我们将不再遵循这两个先例了。

将恰当的第四修正案原则适用于本案的事实，就产生了非常明确的结果。本案中的搜查超出了申请人的人身以及他可能获得武器或其他物品——这些将可能用作不利于他的证据——的范围。在没有搜查令状的情况下，搜查超出上述范围没有任何宪法性的正当理由。因此，根据第四修正案和第十四修正案，搜查的范围是"不合理的"，对申请人的定罪也不能成立。[③]

撤销原判。

p769 **大法官哈兰（Mr. Justice Harlan）发表了协同意见。**

我附和本院的意见，并就其没有提及的一个考量因素发表如

---

① See J. Landynski, *Search and Seizure and the Supreme Court* 87 – 117 (1966); Way, *Increasing Scope of Search Incidental to Arrest*, 1959 Wash. U. L. Q. 261; Note, Scope Limitations for Searches Incident to Arrest, 78 Yale L. J. 433 (1969); Note, The Supreme Court 1966 Term, 81 Harv. L. Rev. 69, 117 – 122 (1967).

② Cf. *Dyke v. Taylor Implement Mfg. Co.*, 391 U. S. 216, 220, 88 S. Ct. 1472, 1475, 20 L. Ed. 2d 538; *Katz v. United States*, 389 U. S., at 357 – 358, n. 20, 88 S. Ct., at 514 – 515; *Warden v. Hayden*, 387 U. S., at 299, 87 S. Ct., at 1646; *Stoner v. California*, 376 U. S. 483, 487, 84 S. Ct. 889, 892, 11 L. Ed. 2d 856. But see *Cooper v. California*, 386 U. S. 58, 62, 87 S. Ct. 788, 791, 17 L. Ed. 2d 730; *Ker v. California*, 374 U. S., at 42, 83 S. Ct., at 1634 (opinion of Clark, J.); cf. *Beck v. Ohio*, 379 U. S. 89, 91, 85 S. Ct. 223, 225, 13 L. Ed. 2d 142; *Abel v. United States*, 362 U. S., at 236 – 239, 80 S. Ct., at 695 – 697; *Giordenello v. United States*, 357 U. S. 480, 488, 78 S. Ct. 1245, 1251, 2 L. Ed. 2d 1503.

③ 控方提出了各种各样次要的争辩，包括主张申请一份详述意欲扣押的钱币的令状是过分烦琐的，提交搜查的果实是一种无害错误。我们驳回这些毫无价值的主张。

下评论。

我在投票推翻哈里斯案和拉比诺维茨案时稍有犹豫的仅有一件事，作为马普案（*Mapp v. Ohio*, 367 U. S. 643, 81 S. Ct. 1684, 6 L. Ed. 2d 1081（1961））和科尔案（*Ker v. California*, 374 U. S. 23, 83 S. Ct. 1623, 10 L. Ed. 2d 726（1963））的产物，现在第四修正案法律的每一次改变，都必须服从于州执法官员所面对的各种各样的执法问题。我们根本无从知悉，本国的城镇将如何做好准备，来执行今天判决所要求的显著扩张的令状制度；我们也无法满怀信心地预言，在每个城镇当地的具体情形下，就保护第十四修正案赋予的基本自由不受政府侵犯而言，令状制度正扮演着非常重要的角色。

因此，通过我在科尔案中（*Ker*, 374 U. S., at 45－46, 83 S. Ct., at 1646）独立发表的意见可以看出，必须在下述两难境地中作出选择：在可能的范围内牺牲控方的利益，选择维护恰当的第四修正案原则——它们在马普案和科尔案出现在教科书中之前，就早已被认为是与第十四修正案相一致的；抑或为了给控方至少留有可以执行刑事法的必要空间，而选择削弱联邦权利法案的保护。当然，考虑到今天判决在联邦法院系统内的影响，实际上不存在类似的窘境。

对我而言，这个联邦—州的考量因素并不容易加以解决，但是，归根结底，本着良知，我不能投票赞成延续第四修正案中的恶法。

我仅指出一点，几乎没有其他判例与本案以及今天判决的下述案件——本顿案（*Benton v. Maryland*, 395 U. S. 784, 89 S. Ct. p770
2056, 23 L. Ed. 2d 707）、皮尔斯案（*North Carolina v. Pearce*, 395 U. S. 711, 89 S. Ct. 2089, 23 L. Ed. 2d 656）和辛普森案（*Simpson v. Rice*, 395 U. S. 711, 89 S. Ct. 2072, 23 L. Ed. 2d 656）——那样，强调了下述深刻的变革，即在我们联邦法院系统的运作和本院的司法裁判程序中，"合并理论"（incorporation

doctrine）已经被锤炼成型。

大法官怀特（Mr. Justice White）发表了反对意见，大法官布莱克（Mr. Justice Black）表示附和。

在过去50年中，几乎没有哪个法律领域像“附带搜查”那样，不断地转变其宪法性标准。整个领域存在显著的不稳定性，强调起来至少已经经历了四次主要的转变。今天本院的判决意见带来了不合时宜的第五次转变。在我看来，本院现在不应该抛弃旧有的规则。

一

在此领域中，这一理论的冒险历程在多数意见中已有所详述。它始于威克斯案（*Weeks v. United States*，232 U. S. 383，34 S. Ct. 341，58 L. Ed. 652（1914）），本院认为该案不属于附带搜查。“英美法经常认可控方有权在合法逮捕被告人时对他进行搜查，以期发现并扣押犯罪的果实和证据；但本案不是对控方此项权力的确认。众多判例中均支持了此项权力。本案也不是基于逮捕而在被告人控制区域内发现盗窃工具或其他有罪证据的情形。”（*Id.*，at 392，34 S. Ct.，at 344（Emphasis added））卡罗尔案（*Carroll v. United States*，267 U. S. 132，158，45 S. Ct. 280，287，69 L. Ed. 543（1925））的法官意见再次重申了附带搜查的范围扩张至处于嫌疑人“控制”之下的所有物品。安格纳罗案（*Agnello v. United States*，269 U. S. 20，30，46 S. Ct. 4，5，70 L. Ed. 145（1925））同样如此（本院认为，可以对“实施逮捕的场所”进行搜查，这点“毫无疑问”）。在玛萝案（*Marron v. United States*，275 U. S. 192，199，48 S. Ct. 74，77，72 L. Ed. 231
p771（1927））中，本院再次重申了这条规则，认为附带搜查的权力“扩张至用于非法目的的住宅的所有区域”。

在之后5年内，通过两则涉及禁酒令法案的判例，欧—巴特案（*Go－Bart Importing Co. v. United States*，282 U. S. 344，356－358，51 S. Ct. 153，157－158，75 L. Ed. 374（1931））和莱弗科维茨案（*United States v. Lefkowitz*，285 U. S. 452，463－467，52 S. Ct. 420，422－424，76 L. Ed. 877（1932）），这条规则受到了限制。

如果欧一巴特案和莱弗科维茨案代表了威克斯案、卡罗尔案、安格纳罗案和玛萝案确立的这条规则的倒退，那么在哈里斯案（*Harris v. United States*，331 U. S. 145，67 S. Ct. 1098，91 L. Ed. 1399（1947））中，先前的这条规则获得了重生。除了一段短小的插曲，很明显，该规则至今仍具有法律效力。在紧随哈里斯案的朱比安诺案（*Trupiano v. United States*，334 U. S. 699，68 S. Ct. 1229，92 L. Ed. 1663（1948））中，本院认为，尽管该蒸馏室是违法酿酒的场所，执法官员在进入被搜查的房屋前就能从敞开的门中观察到，而且犯罪行为就在执法官员眼皮底下进行，但是在蒸馏室实施逮捕后进行附带搜查是不具有正当性理由的。当年的麦当劳案（*McDonald v. United States*，335 U. S. 451，69 S. Ct. 191，93 L. Ed. 153（1948））也是如此（进入之前通过气窗可以看到正在进行赌博）。然而，不到两年之后，在拉比诺维茨案（*United States v. Rabinowitz*，339 U. S. 56，70 S. Ct. 430，94 L. Ed. 653（1950））中，本院回归到了哈里斯案确立的规则；本院认为，搜查的合理性并不取决于获得搜查令状的可行性，并且就合理性而言，合法有效的逮捕事实是具有相关性的。至此，朱比安诺案被推翻了。

如此迅速地改变立场以前也发生过，① 但是屈指可数。这里

① *Murdock v. Pennsylvania*，319 U. S. 105，63 S. Ct. 870，87 L. Ed. 1292（1943），overruled *Jones v. Opelika*，316 U. S. 584，62 S. Ct. 1231，86 L. Ed. 1691（1942）；Legal Tender Cases，12 Wall. 457，20 L. Ed. 287（1871），*overruled Hepburn v. Griswold*，8 Wall. 603，19 L. Ed. 513（1870）.

经历了两次大的转向，前后艰难地相继出现。大法官弗兰克福特以下述措辞表示反对："尤其需要指出的是，本院不应该通过给如下信念提供相当的支持理由来助长我们今天所面对的不稳定
p772 性，即法律是一种机会主义的表述。例如，本院不可预见的人事变动、选择继承者的意外事件。"（339 U. S.，at 86，73 S. Ct.，at 444）很明显，从那时起，威克斯案、玛萝案、哈里斯案和拉比诺维茨案确立的规则就成为了法律。（E. g.，*Abel v. United States*，362 U. S. 217，80 S. Ct. 683，4 L. Ed. 2d 668（1960）(Frankfurter，J.，writing for the Court)；*Ker v. California*，374 U. S. 23，83 S. Ct. 1623，10 L. Ed. 2d 726（1963））①

二

除了一段短小、饱受质疑的偏差时期以外，处于支配地位的规则是，附带搜查可以扩张至那些属于被告人控制之下的区域以及通过合宪扣押可能发现物品的区域。根据第四修正案的措辞，这条规则的正当性理由在于其合理性。（*Terry v. Ohio*，392 U. S. 1，9，88 S. Ct. 1868，1873，20 L. Ed. 2d 889（1968）；*Sibron v. New York*，392 U. S. 40，88 S. Ct. 1889，20 L. Ed. 2d 917（1968）；*Klkins v. United States*，364 U. S. 206，222，80 S. Ct. 1437，1446，4 L. Ed. 2d 1669（1960））第四修正案规定：

个人的人身、住宅、文件和财产不受不合理搜查和扣押的权利，不得侵犯，而且除非存在合理根据、以宣誓或代誓宣言保证并具体说明拟搜查的地点和拟扣押的人或物，不得签发司法

---

① 多数意见援引克里门案（*Kremen v. United States*，353 U. S. 346，77 S. Ct. 828，1 L. Ed. 2d 876（1957）），显示出一种不一致性。然而，在一致同意的法庭意见中，本院推翻了对整个壁橱内物品的一般搜查行为；本院用 11 张质地良好的复印纸来罗列扣押物品的详细目录。See *Abel v. United States*，362 U. S. 217，239，80 S. Ct. 683，697，4 L. Ed. 2d 668（1960）（作为"批量扣押"，与克里门案相区别）。

令状。

据此，本院必须判定既有的搜查是否合理。第四修正案并不禁止“无证搜查”，相反它禁止“不合理的搜查”；本院与本案 p773
的多数意见也从不主张无证搜查本质上都是不合理的。

将合理性标准适用于附带搜查的领域时，有件事情在一开始就是清楚明白的。在几乎所有的案件中，对被逮捕者以及他所能立即触及的物品进行的搜查一定是合理的。当然，也会存在以下危险：嫌疑人将试图逃逸，获得用以对抗并伤害执法官员的隐藏武器，也可能会毁坏对于指控至关重要的证据。不存在这些正当理由的场合相当稀少，所以无须调查此范围内的搜查情况，就可以认定这完全是合理的。

很明显，使得此类搜查具有合理性的正当理由，并不适用于下述情形，即对被告人身体无法触及的区域进行搜查。虽然如此，仍不足以证明这类搜查的违宪性。本院总是认为且今天也并不否定的是，存有合理根据进行搜查并且基于某种原因使得获得搜查令状“不可行”时，进行无证搜查可能具有合理性。（E. g., even *Trupiano v. United States*, 334 U. S. 699, 68 S. Ct. 1229, 92 L. Ed. 1663（1948））下述情形也是如此，即搜查时，是否实施了逮捕。①

这并不是说，不考虑合理根据的要求，只要相信意欲扣押的物品在住宅之内，搜查就是合理的。而是说，在紧急情形下，如果存有合理根据，那么可以合理地进行无证搜查。逮捕本身经常 p774
可能会创造一种紧急情形，使得在进行相关搜查之前获得令状不具有可行性。我们再次假设，如果具有合理根据在逮捕嫌疑人的场所对其住宅进行搜查，那么在我看来，下述做法就是不合理

① 即使是大法官弗兰克福特，在拉比诺维茨案中协同大法官杰克逊的反对意见，承认在有必要性的案件中，搜查令状要求存有例外；并指出，此例外适用于诸如迅速移走交通工具的情形。

的，即当警察已经合法地抵达并实施逮捕时，或者当被逮捕者的同谋在同一时刻转移警察具有合理根据对之搜查的物品时——这几乎总是具有相当大的可能性——要求警察此时为了获得搜查令状而离开现场。现实情况必定经常如此，以至于在我看来，与要求获得令状来搜查人身和立即触及的周围区域一样，要求获得令状来搜查住宅也是不合理的。

本案为我以下的观点提供了一个很好的例证：当警察已经具有合理根据进行搜查时，要求他们为了获得搜查令状而离开现场是不合理的；而且，在他们获得令状返回之前，那些他们可能合理查获的物品存在着被转移的危险。申请人在他家中被逮捕，逮捕的合法性将在下文中予以讨论，但现在我假设它是合法的。毫无疑问的是，逮捕申请人并搜查他的住宅都具有合理根据。他也已经拐弯抹角地向他的邻居和被盗窃商店的主人承认自己有盗窃行为。[1] 有鉴于此，加上邻居在申请人的住宅内已经看到过其他
p775 被承认是盗窃来的赃物这一事实，必定存有合理根据来签发搜查令状，为寻找被盗钱币而搜查住宅。而且，假设警察仅仅逮捕了

① 在盗窃这间钱币商店前，申请人已经告诉店主他正在计划一起大宗盗窃案，已经打听了店内的警报系统、店主的保险状况和店主最贵的钱币的存放位置。申请人在实施盗窃前一天在这家店附近漫步徘徊。实施盗窃后，申请人打电话给店主并指控他盗窃了自己的商店，因为申请人知道，根据一项政策，承保范围刚从5万美元降至1万美元。在被告得知那起盗窃案的手段拙劣时，申请人兴奋地声称手段“相当专业”，但否认其实施了盗窃。盗窃当晚，申请人拒绝了骑自行车兜风的邀请，说他“将要盗窃一个地方”“就是准备去”的那家钱币店。盗窃之后，他告诉同一个邻居说，他本准备破门闯入钱币店，但中途停止了，接着否认了整个事件。邻居先前在申请人家中看到过一堆打字机。当被问及它们是否“热销”时，申请人回答说“比3美元的钞票还热销”。在阅读一则描述钱币店盗窃案的报道后，这个邻居报了警。

申请人，将他带到警局并稍后持令状返回时，① 申请人看来一向是唠叨不停的且一定已经知悉盗窃案的妻子，很可能已经转移了钱币。当警察具有合理根据进行搜查扣押仍在原处的证据时，让他们搜查整个住宅不能视为是不合理的。②

p776

三

由本院先例支持的分析思路，基于两项假设之上。第一，正如多数意见假设的那样，没有有效的令状③而逮捕申请人是合宪的；第二，即使警察知道逮捕的影响可能会使申请人的妻子产生警觉并产生最好马上将钱币转移的想法，也不要求他们事先申请获得搜查令状。与一个没有法律支持的行为的结果一样，如果逮捕是违法的，那么它所创造的紧急情形将不能用以证明同时进行的无证搜查之正当性；有鉴于此，必须审查逮捕的合宪性。除逮捕以外，无证搜查没有任何正当性理由。④ 并且，如果现实情况能够为无证逮捕提供正当性理由，那么下述说法将是非常奇怪的：通常来说，由逮捕造成的对个人生命和隐私的侵犯和破坏远胜于搜查住宅时伴随的相对微小的侵扰，所以无论何种情形，第四修正案都禁止无证搜查。

---

① 逮捕现场有3名警察，1名来自于钱币店盗窃案发生的城市，另外2名来自于实施逮捕的城市。假设需要来自于每个城市的1名警察将申请人带走并获得一份搜查令状，另一名警察就能够留下监视住宅。然而如果根据申请人妻子的意愿，他不仅能够留在住宅内，而且四处跟随她以保证不损坏任何证据，那么对于其隐私的侵犯将几乎与同时进行搜查一样严重。而且，如果妻子召唤了一名共犯，那么这名警察就不可能同时监视他们两个人。

② 第二次逮捕申请人并搜查其住宅发生于3年后。它涉及一起完全不同的盗窃案，申请人被单独定罪，同时被判处刑罚。鉴于第二次搜查没有扣押任何证据，而且法庭记录显示，其也未对申请人的审判造成任何影响，所以无须考虑它的正当性。

③ 事实上签发了逮捕令状，但它是根据不充分的书面陈述签发的，因此是无效的令状；以至于本案应该作为没有签发令状加以考虑。

④ 这转向于假定获得搜查令状不可行且搜查与逮捕不同时进行时，必须获得令状来使得搜查具有合法性。这是过去判例所认定的，我对此没有疑问。

在刑事案件中，国会已经授权很大一部分执法官员实施无证逮捕。长期以来，美国的执法官员一直享有此项权力，[①] 美国联邦调查局、[②] 秘密特工组织[③]和毒品缉私局[④]也都对之予以认可。p777 即使在有时间去申请令状而不担心嫌疑人可能逃逸的场合下，无证逮捕的权力也同样存在——通过美国制定法授予联邦调查局逮捕权力的立法史，已让我们清楚地看到了这一点。

在科普朗案（*United States v. Coplon*，185 F. 2d 629，633－636，28 A. L. R. 2d 1041（C. A. 2d Cir. 1950））中，法院考虑到没有充分的迹象表明有逃逸的危险，因此执法官员有足够的时间去申请令状，所以认为逮捕和搜查是非法的。勒纳德·汉德法官执笔撰写、斯旺法官和弗兰克法官表示附和的法庭意见，回顾了普通法上的逮捕权力；"如果执法官员有合理根据认为被逮捕者已经犯有重罪的话"，上述权力允许基于先前的重罪对其实施逮捕。虽然如此，法院得出结论认为，通过国会立法的下述要求——"申请逮捕令状之前，必须存有罪犯逃逸的可能性"——这项无证逮捕的权力已经受到了限制。

接下来的一个月，国会的立场因上述判例而发生动摇，进而修订了法律；有意识地删去了汉德法官所援引的语句，以便清楚地表明：即使有时间去申请令状，但也授权执法官员有权实施无证逮捕。（Act of January 10，1951，c. 1221，s 1，64 Stat. 1239；p778 H. R. Rep. No. 3228，81st Cong.，2d Sess.（1950））[⑤]据此，哥伦

---

① Act of June 15，1935，c. 259，s 2，49 Stat. 378，as amended，18 U. S. C. s 3053.

② Act of June 18，1934，c. 595，48 Stat. 1008，as amended，18 U. S. C. s 3052.

③ Act of Sept. 29，1965，79 Stat. 890，as amended，18 U. S. C. s 3056（1964 ed.，Supp. IV）.

④ Act of July 18，1956，as amended，Tit. I，s 104（a），70 Stat. 570，26 U. S. C. s 7607（2）.

⑤ 国会的反应可能是局部性的，因为早些时候参议院委员会已经支持了相同的改革。S. Rep. No. 2464，81st Cong.，2d Sess.（1950）.

比亚特区巡回法院的上诉法庭就一个非常类似于促使国会改变立场的逮捕行为作出判决，认为该“确证无误”的修订条款清楚地表明，即使有时间去申请令状，联邦调查局仍有权实施无证逮捕。基于这个理由，法院维持了逮捕和同时进行的搜查行为。（*Coplon v. United States*，89 U. S. App. D. C. 103，191 F. 2d 749（1951））本院没有就此案授予调卷令。（*Coplon cases.* 342 U. S. 920，926，72 S. Ct. 362，363，96 L. Ed. 688，690（1952））而且，本院随后在论述宪法性标准时，也对联邦调查局执行那项权力所依据的制定法作了如下说明（*Henry v. United States*，361 U. S. 98，100，80 S. Ct. 168，4 L. Ed. 2d 134（1959））：在申请逮捕令状之前，宪法要求“具有合理根据来确信被逮捕者已经或正在实施”重罪行为。（18 U. S. C. s 3052.）现在，本院拒绝根据麻醉品管制法来审查无证逮捕行为。（*Jamison v. United States*，395 U. S. 986，89 S. Ct. 2135，23 L. Ed. 2d 774. See also *my dissent in Shipley v. California*，395 U. S. 818，at 821，89 S. Ct. 2053，at 2055，23 L. Ed. 2d 732）

国会作出的决定是，联邦执法官员可以基于合理根据，合理地实施无证逮捕；并且，没有任何司法经验表明以上决定是不牢靠的。事实上，过去的判例恰好显示出相反的结论。长期以来，联邦逮捕行为的合法性一直由联邦法律规制（*United States v. Di Re*，332 U. S. 581，589－592，68 S. Ct. 222，226－227，92 L. Ed. 210（1948）），普通法的历史[①]或本院的判例都没有对此提出以下要求，即时间允许时必须申请令状。本院支持为驱逐出境而 p779
执行逮捕令状的行为，允许在缺乏事先司法审查的情况下

① 审理科普朗案的两级法院就此点没有争议，因为普通法明确规定，就算是以私人身份，也可以对实际已经犯有重罪的人实施无证逮捕；所以，如果地方法官有合理根据相信已经发生了犯罪，那么他当然可以进行无证逮捕。1 J. Stephen, A. History of the Criminal Law of England 193（1883）；2 M. Hale，Pleas of the Crown 71－104（first American ed. 1847）.

实施逮捕。(*Abel v. United States*, 362 U. S. 217, 80 S. Ct. 683, 4 L. Ed. 2d 668 (1960)) 而且，在没有迹象表明缺乏时间去申请令状而实际情形都指向相反的结论时，本院也经常性地维持无证逮捕的合法性。(*Ker v. California*, 374 U. S. 23, 83 S. Ct. 1623, 10 L. Ed. 2d 726 (1963); *Draper v. United States*, 358 U. S. 307, 79 S. Ct. 329, 3 L. Ed. 2d 327 (1959)) 下级联邦法院当然也会认为，即使有时间去申请令状，也没有必要那样做。(*Dailey v. United States*, 261 F. 2d 870 (C. A. 5th Cir. 1958), cert. denied, 359 U. S. 969, 79 S. Ct. 881, 3 L. Ed. 2d 836 (1959) (联邦麻醉品执法官员实施的制定法上的无证逮捕); *Smith v. United States*, 103 U. S. App. D. C. 48, 52, 254 F. 2d 751, 755, cert. denied, 357 U. S. 937, 78 S. Ct. 1388, 2 L. Ed. 2d 1552 (1958); *Mills v. United States*, 90 U. S. App. D. C. 365, 196 F. 2d 600, cert 2049 denied 344 U. S. 826, 73 S. Ct. 27, 97 L. Ed. 643 (1952) (sub silentio))

可见，国会的决定、先前的司法判例以及日常实践中都反对以下观点，即只要具有可行性，申请逮捕令状就是必要的。从此种一致性中我们必然得出的结论是，这种逮捕和伴随其进行的搜查是合理的——至少在出现相反的实践经验之前可以这样认为。现实中经常出现如下情形，当存在合理根据足以去逮捕某人时，他已经知道警察盯上了自己或者基于其他充分的理由而正准备逃逸。而且，判定他逃逸的可能性将是非常困难的。考虑到这种情况，尤其是那些争点问题能够在逮捕之后的短暂时间内就能作出决定的情况下，如果存有合理根据，简单的做法就是最好在所有案件中都允许实施逮捕。

上述假设并非完全是幻想出来的。恰恰是这些事实动摇了国会的立场，进而授权联邦调查局在没有迹象表明存在逃逸可能性
p780 时，仍可以实施无证逮捕。参众两院的委员会都援引副总检察长彼得·坎贝尔·布朗在就新法接受询问时所断言的内容："我们

承认，在任何重罪案件中被逮捕者可能都会试图逃逸；我们也承认，在此类案件中基于紧急情形而被实施无证逮捕的被告人，都可能会提出一项相当具有说服力的主张，即他没有打算逃逸。”（S. Rep. No. 2464，81st Cong.，2d Sess.，2（1950）；H. R. Rep. No. 3228，81st Cong.，2d Sess.，2（1950））国会必须采取一定的措施来赋予执法官员就此事实的裁量决定权。

四

如果案件情形经常要求实施无证逮捕，且法律一般都表示允许的话，典型的情形将是在没有逮捕或搜查令状时，执行逮捕的官员将合法地出现在公民住宅内。像多数意见一样，我同意警察基于确保人身安全或防止毁坏证据之目的，搜查嫌疑人的人身以及处于他立即控制的区域。如多数意见那样，我也认为，仅仅实施逮捕并不能为任何超范围的搜查提供合理根据。虽然如此，像本案一样，当合理根据可以独立地得以确证并能为更为宽泛的搜查活动提供正当性理由时，我将遵循先前的判例并同意进行无证搜查；因为逮捕的事实提供了一种紧急情形，为警察在证据被移走之前采取行动提供正当性理由，并且也就搜查事实给嫌疑人作了提醒，以便他能在对抗式程序中，立即寻求对于合理根据的司法认定和适当的赔偿。

与先前判例相一致的这一观点，将不会授权签发第四修正案

p781 意在禁止的一般令状，也不会以任何形式对第四修正案所允许的搜查范围进行扩张或带来不确定性。本案的争点不在于搜查的范围问题，因为所实施的搜查明显具有合理根据。即使执法官员申请了令状，也不允许搜查更加宽泛的区域。唯一的争点问题在于，是否要求搜查令状作为进行此类搜查的前提条件。广为赞同的观点是，没有紧急情形必须申请搜查令状。[①] 我认为，逮捕的事实提供了此种紧急情形，因为警察已经合法地进入住宅以实施逮捕，搁置搜查而去申请令状将产生无法发现犯罪果实的风险。

对于存有合理根据或者除非立即进行搜查否则可能一无所获的情况，今天的多数意见反而禁止无证搜查。通过禁止提交不具有合理根据的搜查取得的证据，从而能保护刑事被告人在审判中享有的权利；对此，上述规则无论如何都没有丝毫的促进作用。旧有的规则已然禁止提交此类证据。对于那些具有合理根据对其
p782 住宅进行搜查的公民来说，今天的多数意见也没有给予其隐私权更多的保护。针对那些住宅的搜查令状仍能通过宣誓而获得，户主的隐私也会受到侵犯。对于根据多数意见确立的规则而言，其仅存的可能的正当性理由在于，在下述情形下，执法官员也可以进行搜查：执法官员不具有合理根据，或者如果他们首先向地方

---

① “对于搜查必须基于搜查令状这个规则而言，仅当有迹象表明，周围的事实使得搜查属于该规则的一种例外情形时”，无证搜查“才能豁免于宪法性的禁止要求”。*Jones v. United States*, 357 U.S. 493, 499, 78 S. Ct. 1253, 1257, 2 L. Ed. 2d 1514; *United States v. Jeffers*, 342 U.S. 48, 51, 72 S. Ct. 93, 95, 96 L. Ed. 59; *Rios v. United States*, 364 U.S. 253, 261, 80 S. Ct. 1431, 1436, 4 L. Ed. 2d 1688 (1960); *Stoner v. California*, 376 U.S. 483, 486, 84 S. Ct. 889, 891, 11 L. Ed. 2d 856 (1964). 并且，“仅当搜查充分地与逮捕同时进行且限制于被逮捕者能够立即控制的区域内时，搜查才能附带于逮捕而进行”。*Agnello v. United States*, 269 U.S. 20, 46 S. Ct. 4, 70 L. Ed. 145; *Stoner v. California*, *supra*, at 486, 84 S. Ct. at 891; *James v. Louisiana*, 382 U.S. 36, 37, 86 S. Ct. 151, 15 L. Ed. 2d 30 (1965). 因此，如果没有在申请人的住宅内对其实施逮捕，那么就需要申请一份搜查其住宅的令状，这点是毫无疑问的。在此类案件中，执法官员并不是已经合法地进入住宅内，而且类似毁坏证据的风险也不是频繁出现，也没有不去申请令状而直接进行搜查的必要性。

法官申请令状，此类违法搜查可能被禁止。为了实施逮捕而进入住宅——多数意见并不认为，授权进入住宅的任何令状是必需的——住宅内的隐私已经受到了侵犯；在此类案件中，对隐私可能提供的保护必须与下述风险进行权衡比较，即获取令状导致的迟延可能会产生毁坏证据的风险，而执法官员本是具有合理根据来搜查获得该证据的。本院意见已经为彻底的改革提供了最为详尽的依据，我也不用担心如何平衡这些被本院先例所损害的法益了。

在考虑附带搜查时，我们应当牢牢记住，在对抗式程序中必须存在及时的机会以质疑搜查所依赖的合理根据。在对嫌疑人实施逮捕时，必须当场告知他所要进行的搜查；实施逮捕后，必须使他迅速联络到能为其解释权利的人。正如大法官布伦南在亚伯案（*Abel v. United States*, 362 U. S. 217，249－250，80 S. Ct. 683，702，4 L. Ed. 2d 668（1960））中的反对意见指出的那样——首席大法官、大法官布莱克和大法官道格拉斯表示附和——与无证逮捕同时进行的搜查特别值得加以防护，因为“只有基于合理根据，才能合宪地进行此类搜查，而合理根据必须接受司法审查”(see *Henry v. United States*, 361 U. S. 98，100，80 S. Ct. 168，169，4 L. Ed. 2d 134)；也因为此类逮捕要求立即将被逮捕者带至司法官员面前，由他们就是否存在合理根据进行审查。（联邦 p783
刑事程序规则第 5 条第（a）（c）款）（*Mallory v. United States*, 354 U. S. 449，77 S. Ct. 1356，1 L. Ed. 2d 1479；*McNabb v. United States*，318 U. S. 332，63 S. Ct. 608，87 L. Ed. 819）并且，也因为在那个时期，本院已经对州和联邦执法官员规定了类似的义务，即在询问嫌疑人之前，必须事先告诉将被羁押的嫌疑人他们有权聘请律师。（*Miranda v. Arizona*，384 U. S. 436，86 S. Ct. 1602，16 L. Ed. 2d 694（1966）；*Orozco v. Texas*，394 U. S. 324，89 S. Ct. 1095，22 L. Ed. 2d 311（1969））

已被逮捕的人——他自己意识到已被警察盯上，但立即获得了律师的帮助并被带到法官面前——在纯粹的对抗式程序中，将处于非常有利的地位来质疑逮捕以及同时进行的搜查的合理性。鉴于搜查和逮捕都具有合理根据，也可能出现移走或毁坏证据的紧急情形，并且随后也提供了令人满意的机会来立即质疑签发令状的合理性，所以我支持与逮捕同时进行的搜查的合宪性。本案中，搜查是合理的。

1.3 美方评论

在权利法案获准通过的时候，在依法执行逮捕之后进行无证附带搜查，已经是一种广为接受的做法。尽管无论是过去还是现在，该规则都是一项普遍接受的规则，但是一旦将该项逮捕后附带搜查的规则适用于具体事实情形——甚至是论及该项搜查例外的理论基础是什么——都将在最高法院引发争议并导致前后不一的应用。在戚莫尔案中，最高法院试图通过这一里程碑式的判例重新界定逮捕后进行附带搜查的标准，并运用该例外的理论基础限定附带搜查的范围。该例外的理论基础有两个，即因实施逮捕而引发了以下担心：(1) 嫌疑人可能会销毁身边的证据；(2) 嫌疑人可能会掏出武器对执行逮捕的官员实施攻击。

在戚莫尔案中，最高法院从地理空间上限制了逮捕后附带搜查规则的适用范围。最高法院将逮捕后附带搜查的范围限定于被逮捕人实际能够接触到的那些区域。但是，尽管戚莫尔案限制了逮捕后附带搜查的范围，但是它同时还强调说，警察自动享有以下权力，即确保被逮捕人触手可及的范围内所有东西都不存在问题。因此，在依法实施逮捕后，即使没有合理根据或合理怀疑的支持，而且没有搜查令状的授权，警察仍然有权对被逮捕人的人身及其触手可及的区域进行搜查以保证这些地方都不存在问题。

由于适用该项例外是自动的，因此无须再通过逐案考量的方法确定事实上被逮捕人是否具有实施人身伤害的能力，或者事实上在其触手可及的范围内是否具有容易被销毁的证据。根据逐案考量的方式探究是否具有合理根据的支持，将会给执行逮捕的警察带来令人难以接受的危险。

一、触手可及区域的确定

戚莫尔案以后，法院系统以逐案考量的方式确定特定区域或物体是否属于被逮捕人触手可及的区域。但是在特定情形下，如何适用戚莫尔案提出的“触手可及”标准，则存在着相当大的争议。例如，一些法院在确定什么是触手可及的区域时，着眼于逮捕当时被告人可以伸手够得着的地方；即使在实施搜查或扣押过程中，被告人发生了走动，依然如此。但是，这一理解似乎违背了戚莫尔案以及附带搜查例外的理论基础——该例外旨在解除被逮捕人的武装；因此，如果被逮捕人已经离开了某一区域，也就不再具有对该区域实施搜查的必要了。基于此，绝大多数法院在确定触手可及的范围时，重在分析搜查当时被告人伸手可以够得着的地方。但是，在这些法院中，有一些法院就特定情形下触手可及的区域作出了极其宽泛的解释，即他们赋予了具体被告人一种除奥林匹克运动员以外其他人不可能具有的弹跳能力。

二、一些有助于帮助判断某地点是否属于被逮捕人能够立即控制区域的因素

根据戚莫尔案，尽管哪些地方属于触手可及的区域取决于具体的案件事实，但是在确定该区域时，应当考虑以下因素：(1) 嫌疑人是否戴着手铐或者只是受到了某种限制；(2) 具体嫌疑人的生理特征。例如，对于年轻、矫健的被逮捕人而言，其触手可及的区域肯定要比年迈体弱的人大得多；(3) 执法官员与嫌疑人的人数比例；比例越大，嫌疑人到很远的地方拿武器的

可能性就越小；（4）被逮捕人是否可以合乎情理地接触到被搜查物品，如锁着的保险柜可能就在被逮捕人身边，但是根据戚莫尔案，该保险柜并不属于触手可及的区域。

三、处于移动状态的触手可及区域：即使并不存在附带搜查规则必需的危险性

为了保证逮捕活动的有序进行，警察可能会在没有确定是否存在危险的情形下，陪伴被逮捕人移动到其他地方。随着这种逮捕后物理位置的转移，触手可及的区域也将随着被逮捕人而移动。在克林斯曼案（*Washington v. Chrisman*, 455 U. S. 1（1982））中，最高法院判决认为，“即使没有任何积极的迹象表明被逮捕人可能会拿到武器或者企图逃逸，也并不能因此缩减执行逮捕的官员为控制被逮捕人而享有的权力”。最高法院认为，“必须推定，对于执行逮捕的官员，任何逮捕行为都存在着危险性”。因此，警察享有控制被逮捕人行动路线的绝对权力，而且在移动过程中，如果执法官员发现了犯罪证据，他有权根据一览无余的例外予以扣押。

1.4 阅读文献

- Joseph J. Velitsky, *Search and Seizure – Warrantless Search Incident to Arrest Restricted – Chimel v. California*, 74 Dick. L. Rev. 361（1969—1970）.
- Patricia Madrid, *Chimel v. California – Its Effect on Search and Seizure*, 2 N. M. L. Rev. 308（1972）.
- Paul B. Butler, *Broadening the Scope of a Search Incident to Custodial Arrest: The Burger Court's Retreat from Chimel*, 24

Emory L. J. 151（1975）.

- William J. Landers, *Permissible Scope of a Premises Search Incident to Arrest under Chimel v. California: Divergent Definitions of Immediate Control Plague the Lower Courts*, 9 Loy. L. A. L. Rev. 350（1975—1976）.
- Myron Moskovitz, *Rule in Search of a Reason: An Empirical Reexamination of Chimel and Belton*, 2002 Wis. L. Rev. 657（2002）.

2. 针对被逮捕人的附带搜查：

罗宾逊案（*United States v. Robinson*）

414 U. S. 218, 94 S. Ct. 467（1973）

2.1 案件信息

• **本案争点**

警察基于合理根据实施合法的羁押性逮捕后，对被逮捕人的人身实施全面的附带搜查是否合法，由此取得的证据是否可采?

• **最高法院的判决**

美国最高法院以6∶3的投票结果作出了不利于被申请人罗宾逊的判决。大法官伦奎斯特代表最高法院撰写了本案的判决意见。大法官马歇尔发表了反对意见；大法官道格拉斯和布伦南表示附和。

该判决认为，警察有权对依法予以逮捕的人的人身实施全面的附带搜查，附带搜查的范围，不限于为解除武器而对外衣进行的拍身搜查。

- **该判例的影响**

本判例肯定了无须令状即可对合法逮捕的嫌疑人进行全面的人身搜查。逮捕后的附带搜查不仅是第四修正案令状要求的例外，也是第四修正案所规定的合理搜查，由此获得的证据具有可采性。

2.2 判决正文

美国联邦政府

诉

小威利·罗宾逊

第72－936号

1973年10月9日进行辩论

1973年12月11日作出裁决

大法官伦奎斯特（Mr. Justice Rehnquist）代表最高法院撰写了本案的判决意见。

被申请人罗宾逊被哥伦比亚特区地区法院以违反《美国联邦法典》第26卷第4704条a款（26 U. S. C. s 4704（a）（1964 ed.））和《美国联邦法典》第21卷第174条（21 U. S. C. s 174（1964 ed））为由，判处持有和帮助隐匿海洛因罪，并被判处合
p220 并执行刑罚。他上诉到哥伦比亚特区法院，该法院先是将案件发回地区法院，要求就逮捕时对被申请人人身搜查的范围举行证据听证。(145 U. S. App. D. C. 46，447 F. 2d 1215（1971））地区法院在事实认定和法律结论上都做了对被申请人不利的决定，所以他再次上诉。在此次由全体法官参与的审判中，上诉法院撤销了有罪判决；它认为，作为不利于被申请人的证据提出的海洛因，系通过违反美国联邦宪法第四修正案的搜查而获得的。(3 U. S. App. D. C. 114，471 F. 2d 1082（1972））我们签发了调卷令(410 U. S. 982，93 S. Ct. 1500，36 L. Ed. 2d 177（1973）)，并将本案与同时也于今天裁决的古斯塔夫森案（*Gustafson v. Florida*，414 U. S. 260，94 S. Ct. 488，38 L. Ed. 2d 456）一并进行辩论。

1968年4月23日，大约晚上11点，哥伦比亚特区大都会警察局（the District of Columbia Metropolitan Police Department）一名有15年办案经验的警察理查德·詹克斯，看到被申请人开着一辆1965年产的凯迪拉克汽车行驶在哥伦比亚特区东北部第8大道和C大道的交叉口附近。基于四天前对被申请人驾驶证的检查结果，詹克斯警官认为，有理由相信被申请人属于驾驶证被吊销后驾驶机动车。这在哥伦比亚特区是制定法规定的一项犯罪，可处以法定最低监禁刑、法定最低罚金刑或两者并处。（D. C. Code Ann. s 40 – 302（d）（1967））

被申请人按照詹克斯的指示把车停下，车里的3名乘客也都下了车。此时，詹克斯告知被申请人他已经被逮捕了，理由是“驾驶证被吊销后驾驶并且通过虚假陈述获取驾驶证”。上诉法院认为，詹克斯有合理根据逮捕被申请人，并且他实施的是完整意义上的逮捕（a full custody arrest），对此，被申请人亦表示认可。①

① 上诉法院注意到，地区法院在不同的程序中对事实的陈述略有不同。被申请人的辩护律师在上诉时强调，被申请人先前有两项毒品的定罪记录，并且认为，当詹克斯发现行车证上所记载的生日和此前他与被申请人接触时被申请人出示的义务兵役卡上的记载不一致，因而在调查被申请人的犯罪记录时，可能已经知悉了该犯罪记录。于是，被申请人主张，警察可能只是将随后的交通违法逮捕作为搜查毒品的借口而已——如果他寻求令状的话，中立的地方法官不可能批准这一搜查。上诉法院通过调查发现，詹克斯不承认他有过任何此类动机。因此，为判决方便，上诉法院采纳了控方关于这一事实的说法，因为即使采纳了这一说法，法院仍然认为所涉搜查违宪。153 U. S. App. D. C. 114，120 n. 3，471 F. 2d 1082，1088 n. 3. 我们认为，被申请人因犯罪而被合法逮捕，詹克斯在逮捕后将其看管起来，并不违反警察局的内部规则，这已经足以供我们作出判决。See n. 2，infra. 对基于不同于此的事实而提出的问题，我们留待以后再做考虑。

依照警察局内部规则规定的程序①，詹克斯开始搜查被申请
p222 人。在此后的一次听证中，他解释说，他与被申请人是“面对
p223 面”的，并“把手放在被申请人身上，右手放在其左胸上，就

① 在因上诉法院第一次发回重审而举行的证据听证中，控方提出了关于大都会警察局的执行程序规定的证言。大都会警察局培训部门指导员丹尼斯·C. 唐纳德警官作证说，警察在实施“完整意义上的逮捕”时，根据他的定义，也即警察“逮捕该嫌疑人，并随后将其带至警察局进行登记”时，都被要求进行全面的“现场搜查”：

问：你能不能描述一下，在完整意义上的逮捕情形中，警察被要求如何行事呢？

（唐纳德警官）答：从根本上说，这是一个对嫌疑人的彻底搜查。在现场搜查中，我们期待警察对个人进行彻底的搜查，并对诸如衣领后面、衣领下面、裤子腰带、袖口、袜子和鞋子等地方进行完全彻底的搜查。

问：在现场搜查过程中，当警察在外衣外面摸到东西时，需遵守的指示有哪些？

答：如果是羁押性逮捕，并且他正在进行的是现场搜查，那么我们期望他把任何东西都拿出来并进行检查以确定到底为何物。

法院：本案即属于羁押性逮捕的情形。那么，最后一步是什么？

证人：在任何执行完整意义上的逮捕的时候，警察都可以进行现场搜查，在这一过程中，我们期待警察对他可能在嫌疑人身上发现的任何物品都进行检查。

法院：在拍身搜查时，他也应该这样做吗？

证人：在拍身搜查过程中，如果通过挤压就可以确定该物品是否在事实上属于可以针对警察的武器，那么我们不要求他采取进一步的行动。

法院：那么，在进行现场搜查时，如果摸到了他认为不属于武器的物品，他是否还应该将其拿出？

证人：是的，先生。

唐纳德警官作证说，在实施现场搜查的过程中，警察必须对“所有口袋中的物品”进行检查。他说，这些执行程序标准是警察局制定的，“主要目的是：第一，确保警察自身安全；第二，确保被逮捕之人的安全；第三，为了搜查犯罪证据”。尽管在因吊销驾驶证后驾驶机动车而发生羁押性逮捕的情形下，要求警察对被逮捕人进行彻底的现场搜查，但是警察局规则规定，警察不得对“被逮捕人立即控制范围以外的区域进行搜查，因为没有合理根据相信机动车藏有赃物、犯罪工具、违禁品或吊销驾驶证后驾驶机动车这一犯罪的证据”。规则还规定，在某些交通犯罪的场合——包括吊销驾驶证后驾驶机动车犯罪，警察应当对违法者实施简易逮捕，把违法者控制起来，并带至警察局进行登记。D. C. Metropolitan Police Department General Order No. 3, series 1959（Apr. 24, 1959）. 当然，这一内部执行程序对本案提出的宪法性争议并不具有决定性意义。

像这样（演示），接着（用右手）对他进行自上而下的拍身搜查”。在这一过程中，詹克斯在被申请人所穿的厚外套左胸口袋里摸到一件物品，但是他作证说，他“无法”分辨，也“无法准确地判断它的大小”。接着，詹克斯伸进口袋取出该物品——原来是一个“弄皱了的香烟盒”。詹克斯作证说，当时他仍然不知道盒子里装的是什么：

当我摸那个口袋的时候，可以感觉到口袋里有东西，但无法分辨出是何物……我知道不是香烟。

所以，警察打开香烟盒并发现了14粒装有白色粉末的凝胶胶囊，他认为是海洛因——事后检验证明确实如此。接着，詹克斯继续对被申请人进行搜查，摸他的腰和裤腿的周围，并检查其他口袋。从被申请人身上扣押的海洛因，在审判中被采纳为证据。最后，被申请人被地区法院定罪。

无论是由赖特法官执笔的上诉法院多数意见、首席法官贝兹伦的协同意见，还是获得3名法官赞同的威尔基法官的不同意见，都仔细而全面地研究了警察对已经被合法逮捕并控制起来的人进行搜查的权限问题。我们得出结论认为，本案中詹克斯进行 p224
的搜查，并不违反第四修正案所施加的限制，因此我们撤销上诉法院的裁判。

二

众所周知，附带搜查（a search incident to a lawful arrest）是第四修正案令状要求的传统例外。一直以来，这一广为适用的例外被表述为两项内容。第一，合法逮捕后可以对被逮捕者的人身进行搜查。第二，可以对被逮捕者控制范围内的区域进行搜查。

对本院判例的考察显示，这两项内容的境遇大相径庭。对人身进行附带搜查的合法性从一开始就被认为是既定规则，并且在本案以前几乎没有受到过挑战。第二项内容的合法性，尽管基本上得到认可，但是对于搜查范围，本院却一直存在着不同的解读。

由于排除违反第四修正案取得的证据的规则，在威克斯案（*Weeks v. United States*, 232 U. S. 383，34 S. Ct. 341，58 L. Ed. 652（1914））中才第一次确立下来，所以不难理解，本院搜查—扣押规则几乎都是从那以后才发展起来的。在威克斯案中，本院清楚地表示了对附带搜查合法性的认可：

当前的案件是什么情况？在明确回答这个问题之前，最好通过排除法来回答本案不是什么样的情况。英美法经常认可控方有权在合法逮捕被告人时对他进行搜查，以期发现并扣押犯罪所得

p225 和证据；但本案不是对控方此项权力的确认。这一权力，在很多判例中已经毫无例外地获得支持。（1 Bishop on Criminal Procedure，s 211；Wharton，Crim. Plead. and Practice，8th ed.，s 60；Dillon v. O'Brien and Davis，16 Cox C. C. 245；*Id.*，at 392，34 S. Ct. at 344）

11 年后，安格纳罗案（*Agnello v. United States*, 269 U. S. 20，46 S. Ct. 4，70 L. Ed. 145（1925））重申了对附带搜查的无条件认可：

以下权力不容置疑——对正在实施犯罪的人实施逮捕以后，为了发现和扣押诸如赃物、犯罪工具等与犯罪有关的物品或可能用于辅助逃逸的武器以及其他物品，可以不经令状授权而对被逮捕者的人身以及实施逮捕的地方同时进行搜查。（*Id.*，at 30，46 S. Ct. at 5）

本院讨论附带搜查的第二项内容——除被逮捕者人身之外可允许附带搜查的范围——的一系列判例，从来没有质疑过实施逮捕的警察享有对被逮捕者的人身进行搜查的绝对权力。（E. g.，*Carroll v. United States*, 267 U. S. 132，45 S. Ct. 280，69 L. Ed. 543（1925）；*Marron v. United States*, 275 U. S. 192，48 S. Ct. 74，72

L. Ed. 231（1927）；*Go – Bart Co. v. United States*，282 U. S. 344，51 S. Ct. 153，75 L. Ed. 374（1931）；*United States v. Lefkowitz*，285 U. S. 452，52 S. Ct. 420，76 L. Ed. 877（1932）；*Harris v. United States*，331 U. S. 145，67 S. Ct. 1098，91 L. Ed. 1399（1947）；*Trupiano v. United States*，334 U. S. 699，68 S. Ct. 1229，92 L. Ed. 1663（1948）；*United States v. Rabinowitz*，339 U. S. 56，70 S. Ct. 430，94 L. Ed. 653（1950）；*Preston v. United States*，376 U. S. 364，84 S. Ct. 881，11 L. Ed. 2d 777（1964）；*Chimel v. California*，395 U. S. 752，89 S. Ct. 2034，23 L. Ed. 2d 685（1969））威莫尔案在推翻拉比诺维茨案和哈里斯案关于可允许的附带搜查范围的先例时，再次完全认可了对被逮捕者人身进行 p226
附带搜查的合法性：

当实施逮捕时，为了解除随后可能用于反抗逮捕或辅助逃逸的任何武器，执法官员对被逮捕者进行搜查是合理的。否则，执法官员的人身安全可能会受到威胁，逮捕本身也可能失败。另外，为了防止被逮捕者隐匿或毁坏证据，执法官员在被逮捕者身上搜寻并扣押任何证据，也是完全合理的。（395 U. S.，at 762 – 763，89 S. Ct. at 2040）

威莫尔案（*supra*）判决作出 3 年后，在亚当斯案（*Adams v. William*，407 U. S. 143，92 S. Ct. 1921，32 L. Ed. 2d 612（1972））中，我们维持了下述搜查的合法性，即基于一项武器指控而逮捕被告人后，对其人身进行搜查从而获得了海洛因：

康诺利警官在亚当斯携带的物品中扣押了一把枪，在这种情况下，以枪支指控为基础的逮捕就获得了合理根据的支持，所以对其人身和汽车的附带搜查也是合法的。（*Id.*，at 149，92 S. Ct. at 1925）

上一个开庭期，在墨菲案（*Cupp v. Murphy*，412 U. S. 291，295，93 S. Ct. 2000，2003，36 L. Ed. 2d 900（1973））中，我们

重申了关于附带搜查权的传统主张。

因此，自威克斯案（*supra*）以来，在将近60年的时间里，这一广为论述的规则及其原理已经得到了本院判决的反复确认。这些判例并不是单纯地将附带搜查视为令状要求之例外，而是认为它是对搜查的肯定性授权。这一事实足以表明，此类搜查也是
p227 符合第四修正案的合理性要求的。

二

上诉法院在本案的判决中认为，即使警察出于羁押的目的而逮捕了嫌疑人，他也无权对该被羁押者进一步实施没有特定目的的全面搜查。相反，他只能对其外衣进行有限的拍身搜查，从而解除他合理相信并确定嫌疑人所持有的武器。尽管上诉法院承认特瑞案（*Terry v. Ohio*，392 U. S. 1，88 S. Ct. 1868，20 L. Ed. 2d 889（1968））解决了下述问题，即在无须满足逮捕的合理根据要求就允许进行的调查性截停（an investigative stop）中，是否允许附带进行"拍身搜查"；但是，上诉法院仍认为，应当将该案件的原则适用到本案情形之中。本案涉及的是基于合理根据的逮捕（probable－cause arrest），被逮捕者涉嫌吊销驾驶证后驾车。就此类犯罪而言，不可能从被逮捕人身上查获进一步的犯罪证据，因此上诉法院认为，只有针对武器的搜查才能使之正当化。

特瑞案（*Terry v. Ohio*，*supra*）并不涉及有合理根据的逮捕，而且很清楚的是，它所认可的旨在搜寻武器的"保护性拍身搜查"（protective frisk）可以在缺乏合理根据的情况下进行。（Id.，at 21－22，24－25，88 S. Ct. at 1879－1880，1881－1882）本院的判决明确指出，"附带搜查和针对武器的有限搜查，在目的、特征和范围上都存在明显区别"。

前者尽管可以保护执行逮捕的警察免受隐藏的武器的袭击，这一公认的必要性为其提供了部分理由，但是对普雷斯顿案

（*Preston v. United States*，376 U. S. 364，367（84 S. Ct. 881，883，11 L. Ed. 2d 777）（1964））的判决还基于其他原因才允许了相对宽泛的人身搜查。（Ibid.）然而，后者，即在缺乏逮捕之合理根据的情况下所进行的针对武器的搜查则与其他搜查一样，必须受证明其行为正当性的紧急情形的严格限制。（*Warden v. Hayden*，387 U. S. 294，310（87 S. Ct. 1642，1652，18 L. Ed. 2d 782）（1967）（Mr. Justice Fortas，concurring））因此，此种搜查必须被限定在可能发现用于伤害警察或附近其他人的武器的必要范围内；尽管它仍属于一项严重的侵犯行为，但是其侵犯程度低于“全面”的搜查活动。 p228

……与针对武器的有限搜查相比，逮捕是一种完全不同的对个人自由的侵犯，并且两者旨在保护的利益也同样存在很大差别。逮捕是刑事诉讼程序的开始阶段，它旨在通过执行法律来维护社会利益，而且不论其后是否进行审判或定罪，都必然伴随着对个人行动自由的进一步干预。而另一方面，针对武器的保护性搜查，对个人身体神圣性所造成的侵犯，虽然远非无足轻重，但是却比较短暂。（*Id.*，at 25－26，88 S. Ct.，at 1882（footnote omitted））

因此，本院在特瑞案中为无须合理根据的截停—拍身搜查（a stop－and－frisk search）所设定的限制，在一个事关必须具有合理根据的逮捕案件中并不适用。

上诉法院还把判决建立在彼得斯案（*Peters v. New York*（392 U. S. 40，66，88 S. Ct. 1889，1904，20 L. Ed. 2d 917（1968））的基础之上。这是一个与特瑞案同时期的案件。在该案中，本院认为，鉴于警察有合理根据逮捕彼得斯，所以有权对他进行搜查，并进而指出，“‘扣押可能用于袭击警察或辅助逃逸的武器或其他物品，以及避免毁坏犯罪证据’的必要，显然使附带搜查得以正当化。（*Preston v. United States*，376 U. S. 364，367（84 p229

S. Ct. 881，11 L. Ed. 2d 777）（1964））而且，这些目的使附带搜查的范围受到了合理限制。拉斯基警官并没有对彼得斯的人身或其个人物品进行不受限制的彻底检查。”（*Id.*，at 67，88 S. Ct.，at 1905）

我们当然可以把前引第二句话解读为对第一句话所确立的规则的额外限制。同时，我们也可以像大法官哈兰在他如下协同意见中那样进行解读：

引起混淆的第二个可能的原因是，法院认为“拉斯基警官并没有对彼得斯的人身或其个人物品进行不受限制的彻底搜查”。（392 U. S.，at 67，88 S. Ct.，at 1905）鉴于法院认为本案存在合理根据逮捕彼得斯，并且实施有合理根据的逮捕的警察有权进行全面的附带搜查，故我假定，法院的上述结论只是对事实的一个观察。作为事实问题，我对此表示同意。（*Id.*，at 77，88 S. Ct.，at 1909（footnote omitted））

我们认为，在彼得斯案中，法院并没有打算通过一个不清楚也没有详细阐述的句子，来对附带搜查权施加一个新颖且影响深远的限制。虽然戚莫尔案（*Chimel v. California*，95 U. S.，at 764，89 S. Ct. at 2040）肯定性地引用了彼得斯案的这一表述，但是戚莫尔案对执行逮捕的警察可以搜查被逮捕人这一传统而不受限制的权力进行了充分的分析，并以此为前提作出了判决。（*Id.*，at 763，89 S. Ct. at 2040）鉴于先前讨论过的本院判例，我们认为，特瑞案或彼得斯案都不能为上诉法院在本案中对附带搜查权进行的限制提供正当理由。

p230

三

几乎所有确认存在不受限制的附带搜查权的本院判例都是权威的。因此，遵循先例原则（principles of stare decisis）并不妨碍我们对历史和现实做进一步的考察，以便确定上诉法院在本案中所施加的限制，在事实上是否符合第四修正案缔造者的本意，或被威克斯案以前的判例所认可。不幸的是，这样的资料极其稀少。诸如《布莱克斯通评论》(Blackstone's Commentaries) 和《霍姆斯普通法》 (Holmes' Common Law) 这样的普通法论述，对这一话题都是简单地保持沉默。波洛克和梅特兰在《英国法的历史》中，将爱德华一世以前的逮捕规定描述为“粗疏和野蛮”的，但是也没有谈到附带搜查权问题。(2 F. Pollock & F. Maitland, *The History of English Law*, 582 (2d ed. 1909))

就此问题，在英国法院第一次明确提起诉讼的是狄龙案。(*Dillon v. O'Brien*, 16 Cox C. C. 245 (Exch. Ireland, 1887), cited in *Weeks v. United States*, *supra*) 在该案中，帕里斯男爵说：

> 但是，国家通过正当程序把被指控人交付审判的利益，如同以审判目的将其羁押一样，必然同时延伸到保全证明他有罪或无罪的实物证据上。如果法律在防止证据的提取或毁坏方面无能为力的话，那么羁押被指控人就没有价值了，因为如果没有这些证据，审判只不过是个空洞的形式而已。但是，如果国家享有提出或保全这些证据的权力，那么除了扣押以外，我想不出还能以何种方式来实现。(*Id.*, at 250)

斯波尔丁案 (*Spalding v. Preston*, 21 Vt. 9 (1848)) 代表了我国早期的立场，即可以从被合法逮捕者身上扣押证据。在克劳森案 (*Closson v. Morrison*, 47 N. H. 482 (1867)) 中，法院如是说： p231

> 我们认为，警察有正当理由从因犯罪而被逮捕的人身上扣押可能找到的任何武器，如连发左轮手枪、匕首、小刀、内藏刀剑的手杖、飞石或棍棒——即使这些武器并不曾或试图用于实施据以逮捕行为人的那些犯罪活动，也并没有对警察造成任何暴力危险。对警察自身安全和公共安全应有的考虑，足以使彻底搜查正当化；通过这一搜查，可以确认被羁押者是否携带或持有此类武

器，而且，一旦发现，就得扣押并保有它们，直到该被羁押者应当被释放或能以其他适当的方式得到处理为止。（*Spalding v. Preston*，21 Vt. 9，16）

同样，我们认为，警察可能会在被羁押者身上发现金钱或其他有价值的物品，如果这些物品继续由被羁押者持有，它们可能会为被羁押者用以设法逃脱，抑或获取工具、器具或武器以辅助逃逸。我们认为，实施刑事逮捕的警察不仅可以——而且常常是应当——进行这样的搜查和扣押；在许多情况下这样做都是合理且适当的，并且只要警察的行为系出于善意、基于对自己或公共的安全抑或被羁押者的安全角度考虑，法院将不会因为警察这样行事而作不利于他的判决。（*Id.*，at 484 - 485）

p232 相似地，在霍尔克案（*Holker v. Hennessey*，141 Mo. 527，42 S. W. 1090（1897））中，密苏里州最高法院认为：

"一般而言，除非制定法另有规定，警察无权从被羁押者身上扣押任何财产，除非这些物品属于被指控犯罪的证据、识别罪犯的工具或者对辅助逃逸有所帮助。"（*Id.*，at 539，42 S. W.，at 1093）

纽约上诉法院助理法官卡多佐先生将他对附带搜查权之历史基础的理解概括如下：

一个基本原则是：当扣押身体属于侵权行为，并且搜查的目的是发现逮捕或指控的未知根据时，对公民进行搜查是非法的（citation omitted）。当逮捕或指控的根据已经被发现，而且使被指控者的身体受到有形控制的法律也已开始实施时，对人身的搜查就是合法的了。

这一差异看起来可能很小，但是事实上，它建立在对政府需要的敏锐评价基础之上。我们无意于把公民免受国家干预的权利提高到人类本性会在行动中拒绝尊重它的程度。享有逮捕权的治安官（the peace officer）必须被赋予解除武装的权限。如果他有权解除武装，他就可以进行搜查以防武器被隐匿。在这一搜查合法的前提下，他就有权保有他发现的与犯罪有关的物品。（*People v. Chiagles*，237 N. Y. 193，197，142 N. E. 583，584（1923））

虽然此类早期的权威材料比较少，但是它们都倾向于支持本院判决相继建立起来的对附带搜查权的宽泛陈述，而不是上诉法 p233
院在本案中所采用的限制性陈述。毫无疑问，威克斯案以前判例法的缺乏，与排除规则11年前才在爱荷华州第一次被确立下来有一定的关系；但是，也与人们认为这一问题早已明确有着一定的关系。[1]

实际上，上诉法院支持全面的附带搜查的唯一理由是：发现证据或赃物的可能性。[2] 鉴于有些犯罪可能没有证据或赃物——如本案被申请人被指控的犯罪——法院认为，任何保护性搜查都必须受特瑞案所设定之条件的限制。由于特瑞标准的适用对象是在低于逮捕的合理根据要求之下所实施的搜查，因此法院的这一做法偏离了特瑞案关于两类搜查的明确区分以及两类搜查分别受不同规则支配的事实。此外，我们还有其他理由可以反驳上诉法院的观点。

附带搜查的正当基础或理由不仅仅是保全嫌疑人身上的证 p234
据，以便在随后的审判中使用，同时也是为了解除嫌疑人的武装，以便对其实施羁押。（*Agnello v. United States*，269 U. S. 20，

① See T. Taylor，*Two Studies in Constitutional Interpretation* 44－45（1969）. 泰勒认为，毫无疑问，对被逮捕者的人身和住宅进行搜查这种方式与逮捕制度本身一样悠久。*Id.*，at 28. 无论是所报道的案件还是法律文献都没有显示，在19世纪末以前的英国，对被逮捕者的人身或作为逮捕发生地的住宅的搜查曾受到过质疑……而且英国法院也总是简单地处理这一问题。*Id.*，at 29.

② 在因犯罪而实施逮捕并且有理由相信存在关于这一犯罪的证据的情况下，上诉法院认为，“根据‘附带搜查’规则，为了发现这类证据而对被逮捕者的口袋进行无证搜查，是合理的。”153 U. S. App. D. C.，at 127，471 F. 2d，at 1095. 法院进而认为，警察可以利用这一“合理的（证据性）搜查”来同时进行武器搜查。*Ibid.*

46 S. Ct. 4，70 L. Ed. 145（1925）；*Abel v. United States*，362 U. S. 217，80 S. Ct. 683，4 L. Ed. 2d 668（1960））因此，不能以逮捕的特定犯罪并不存在可能的赃物或进一步的证据为由，而将规制附带搜查的传统标准换成更严格的特瑞标准。因吊销驾驶证后仍驾车而遭逮捕的嫌疑人，可能被认为不大可能像因其他犯罪而被逮捕的人那样持有武器，但是我们不愿基于这个在我们看来相当具有推测性的判断来限制附带搜查的范围。[①] 与典型的特瑞式截停情形下相对短暂的接触相比，在控制嫌疑人并将其带至警
p235 察局所带来的延时接触中，警察面临更大的危险，这简直是毋庸置疑的。这就是把所有的羁押性逮捕都一视同仁地当做搜查理由的充分根据。

此外，我们与上诉法院更根本的分歧在于：它认为，附带搜查的理由是否存在，这一问题必须在个案中解决。我们认为，无论是威克斯案以来的本院先例，还是在我国和英国历史中所能收集到的权威资料，都不要求进行此类个案审查（a case-by-case adjudication）。警察对其逮捕的嫌疑人如何搜查以及搜查哪些地方，必然是一个快速、即时的判断。第四修正案并不要求在每个案件中都把搜查的每一步分解开来进行分析。附带搜查的权力，尽管出于解除武器和发现证据的需要，但是并不取决于法院关于以下可能性的事后判断，即在特定逮捕情形下，武器或证据是否事实上能从嫌疑人身上找到。以合理根据为基础的羁押性逮捕，

① 从对现有的警察在实施逮捕过程中遭遇袭击的统计数据来看，这一假定至少是存在问题的。警察面临的危险来自于逮捕以及随之而来的与被逮捕者人身的接近、紧张和不确定性，而与逮捕理由无关。有调查表明，大约30%的警察遭遇枪击案件都发生在警察拦截汽车之时。Bristow，Police Officer Shootings—A Tactical Evaluation，54 J. Crim. L. C. & P. S. 93（1963），cited in *Adams v. Williams*，407 U. S. 143，148，92 S. Ct. 1921，1924，32 L. Ed. 2d 612（1972）. 控方在诉讼摘要中指出，由联邦调查局作的统一犯罪报告（the Uniform Crime Reports）显示，有相当一部分谋杀警察事件发生在警察实施交通拦截之时。Brief for the United States 23. 该报告显示，在1973年1至3月间，有35名警察被杀害，其中的11名在遇害当时正在实施交通拦截。*Ibid.*

是符合第四修正案的合理侵犯；只要该侵入合法，附带搜查无须其他理由。合法逮捕这一事实构成了搜查权的基础，而且我们认为，在合法的羁押性逮捕情形下，对被逮捕者人身的全面搜查不但是第四修正案令状要求的例外，也是符合该修正案的“合理”搜查。 p236

四

在本案中，詹克斯警官搜查被申请人的人身以及扣押海洛因的行为，都是确证的第四修正案规则所允许的。而且，这一搜查没有呈现任何极端或公然的滥用权力的情形——这是我们在罗克林案（*Rochin v. California*，342 U. S. 165，72 S. Ct. 205，96 L. Ed. 183（1952））中确立的判断违反第十四修正案正当程序条款的标准。由于羁押性逮捕这一事实是产生搜查权的原因，[1] 詹克斯在主观上并没有惧怕被申请人，甚至没有怀疑他携带了武器，这些都无足轻重。[2] 詹克斯有权检查在合法搜查过程中发现的弄皱了的香烟盒，而且当检查显示其是海洛因胶囊时，他有权将其作为能证明犯罪行为的“赃物、犯罪工具或违禁品”而进行扣押。（*Harris v. United States*，331 U. S.，at 154 - 155，67 S. Ct.，at 1103 - 1104；*Warden v. Hayden*，387 U. S. 294，299，307，87 S. Ct. 1642，1646，1650（1967）；*Adams v. Williams*，407 U. S.，at 149，92 S. Ct.，at 1924）因此，撤销上诉法院与此相反的 p237

---

① 上诉法院还在所谓的“日常性交通拦截”中，即警察只是简单地签发违法通知而允许违法者继续前行的情形下，讨论了自己对法律的理解。鉴于本案警察确实对违法者实施了完整意义上的逮捕，我们并不涉及上诉法院所讨论的这一问题。

② 控方承认，“詹克斯警官并不是因为感到危险即将发生或专门为寻找武器才搜查被申请人。”Brief for the United States 34. 詹克斯作证说，“我只是搜查罗宾逊。我没想过我要搜查什么。我只是搜查他。”如前所述，詹克斯警官还作证说，从被申请人身上取出香烟盒的时候，他仍然不确定盒子里装的是什么，但他知道肯定不是香烟。

判决。

撤销原判。

p238 **大法官马歇尔（Mr. Justice Marshall）发表了反对意见，大法官道格拉斯（Mr. Justice Douglas）、布伦南（Mr. Justice Brennan）表示附和。**

这些年来，某些基本原则已经体现了本院关于第四修正案的理论。也许，其中最根本的一点是大法官巴勒特在欧—巴特案（*Go - Bart Co. v. United States*，282 U. S. 344，51 S. Ct. 153，75 L. Ed. 374（1931））中发表的全体法官一致同意的下述法庭意见："合理性的判断没有固定模式。每一起案件都需要根据其本身的事实和情景来裁决。"（*Id.*，at 357，51 S. Ct.，at 158）正如我们新近所言："无证搜查的合宪性，是一个只能根据个案的具体事实来裁决的典型例子。"（*Sibron v. New York*，392 U. S. 40，59，88 S. Ct. 1889，1901，20 L. Ed. 2d 917（1968））而且，我们有关第四修正案的判决所呈现出的集中的、有时相当棘手的个案分析特征，表明"我们对维护个人权利保持完整性的审慎态
p239 度"。（*Mapp v. Ohio*，367 U. S. 643，647，81 S. Ct. 1684，1687，6 L. Ed. 2d 1081（1961）. See also *Weeks v. United States*，232 U. S. 383，393，34 S. Ct. 341，344，58 L. Ed. 2d 652（1914））

但是，在本案中，多数意见却背离了这些原则，他们认为，不论特定案件中是否"存在附带搜查的理由，合法逮捕这一事实"总能赋予警察对被逮捕者的人身实施彻底搜查的权力。（*Ante*，at 477）多数意见所持的这一观点明显地背离了我们长期以来的下述传统做法，即在个案中判断搜查和扣押是否符合第四修正案的合理性要求。我坚信，"只有确保执法人员的行动，在某一时间点上接受更为超然、中立的法官的审查，由该治安法官根据具体情状来对具体搜查或扣押的合理性进行个案判断，第四修正案的规定才不会沦为具文。"（*Terry v. Ohio*，392 U. S. 1，

21，88 S. Ct. 1868，1880，20 L. Ed. 2d 889（1968））我认为，多数意见与这些基本原则不一致，我必须谨慎地发表反对意见，如下：

一

1968年4月19日，当被申请人驾驶着一辆1965年产的凯迪拉克汽车行驶至哥伦比亚特区西北部第9大道和U大道的交叉路口时，理查德·詹克斯警官以“例行的现场检查”为由截停了该车。当时，詹克斯警官检查了被申请人的临时驾驶证、汽车登记簿以及义务兵役分级卡。虽然允许被申请人离开，但是詹克斯注意到驾驶证上的生日是1938年，而义务兵役卡上则是1927年，为此他进行了追查。通过核对警察局的交通记录，詹克斯警官发现，签发给生于1927年名叫小威利·罗宾逊的驾驶证已经被吊销；而警察局随后又给生于1938年名叫威利·罗宾逊的人 p240
签发了临时驾驶证。被吊销了的驾驶证上的照片与临时驾驶证申请表上的照片为同一个人，即4月19日詹克斯因例行检查而截停的那个人。显然，经过此番亲自调查，詹克斯警官有合理根据认为被申请人违反了哥伦比亚特区机动车法典的一项条款，该条款规定任何人在驾驶证被吊销期间在该地区驾驶机动车都是违法的。（D. C. Code Ann. s 40－302（d）（1967））

4天后，即1968年4月23日，詹克斯警官和他的同事在巡逻车上执勤的时候，看到被申请人又开着同样的车。他们追了上去并示意被申请人停车。法庭记录显示，被申请人立即遵守指示把车停在路边，警察的巡逻车紧靠被申请人的车尾停下。

被申请人从车上下来，向后走向巡逻车。詹克斯及其同事也从巡逻车上下来，并向被申请人的车走去。詹克斯警官要求被申请人出示驾驶证和登记簿。在看到与4天前一模一样的驾驶证时，詹克斯警官告知被申请人他已经被捕了，理由是吊销驾驶证后驾驶机动车。

接着，詹克斯开始搜查被申请人。搜查被逮捕者的一般程序是“让他手脚伸开面朝墙或类似物体”。但是，用詹克斯自己的话说，“我认为，几乎每次搜查都是不同的。它取决于嫌疑人的身材大小以及犯罪性质。”由于他相对于被申请人而言有明显的
p241 身高和体重优势，况且被申请人只是因为交通违法才被逮捕，所以詹克斯选择了与常规做法不同的面对面搜查。

詹克斯的第一个步骤是把两只手都放在被申请人胸前并开始拍身搜查。在拍身搜查过程中，詹克斯在被申请人厚外套的左胸口袋里摸到一些东西。后来，詹克斯作证说，他无法马上分辨出口袋里装着什么。但是，法庭记录确实显示，该物品摸起来确实不像是枪，并且，詹克斯也没有特别暗示说这是任何一种武器。[①] 然而，他还是伸进口袋并把东西取出来，发现原来是一个揉皱了的香烟盒。

当把香烟盒拿在手里时，詹克斯可以感觉到里面的东西，但是无法分辨究竟是何物。并没有迹象表明，詹克斯有任何理由相信或在事实上认为该物品属于任何种类的武器。然而，他还是打开了烟盒以对里面进行进一步检查，结果他发现里面装的是凝胶胶囊海洛因，这些海洛因在持有和帮助隐匿海洛因的审判中被用作不利于被申请人的证据。

二

执笔约翰逊案（*Johnson v. United States*，333 U. S. 10，13－14，68 S. Ct. 367，369，92 L. Ed. 436（1948））判决意见的大法官杰克逊先生解释说：

---

① 在排除证据的庭审中，（辩方）向詹克斯警官出示了一把大口径短口手枪，并把枪放在一件外衣的口袋里，问他“摸起来是否像你当晚逮捕罗宾逊先生时在他口袋里摸到的那个东西一样？”詹克斯回答说，该物品“摸起来不一样”，而是更“硬”、更“大”，并且“更可疑”。

狂热的执法官员常常无法理解的是，第四修正案的精髓并不在于否定以“理性人根据证据进行日常推理”为基础的法律执行活动。第四修正案提供的保护在于，要求由中立的、不偏不倚的地方法官进行此类推理，而不是由从事往往具有对抗性质的追究犯罪活动的执法官员来做此类判断……什么时候个人隐私权必须对搜查权作出合理的让步，应当由司法官员来决定，而不是由警察或其他政府执法官员来判断。(See also *Coolidge v. New Hampshire*, 403 U. S. 443, 449, 91 S. Ct. 2022, 2029, 29 L. Ed. 2d 564 (1971))

因此，多数意见不敢推翻警察“快速、即时决定”的做法，有违第四修正案的下述本质功能，即确保警察快速、即时作出的决定能受到司法的审查和控制。

在绝大多数案件中，隐私权何时必须合理地让位于搜查权，需要由中立的司法官在搜查前作出决定。(See *Katz v. United States*, 389 U. S. 347, 356 - 357, 88 S. Ct. 507, 514, 19 L. Ed. 2d 576 (1967); *Agnello v. United States*, 269 U. S. 20, 33, 46 S. Ct. 4, 6, 70 L. Ed. 145 (1925)) 宪法要求“在公民和警察之间，介入司法官员深思熟虑、不偏不倚的判断……”(*Wong Sun v. United States*, 371 U. S. 471, 481 - 482, 83 S. Ct. 407, 414, 9 L. Ed. 2d 441 (1963))

毫无疑问，“警察在搜查前应事先寻求司法官员的许可”这一要求，存在着“一些专门确立并详细阐述的例外”。(*Katz v. United States*, *supra*, 389 U. S. , at 357, 88 S. Ct. at 514; 包括汽车搜查，*Carroll v. United States*, 267 U. S. 132, 45 S. Ct. 280, 69 L. Ed. 543 (1925); 某些紧急情形下的搜查，*Warden v. Hayden*, 387 U. S. 294, 298 - 299, 87 S. Ct. 1642, 1645 - 1646, 18 L. Ed. 2d 782 (1967); *McDonald v. United States*, 335 U. S. 451, 454 - 455, 69 S. Ct. 191, 192 - 193, 93 L. Ed. 153 (1948); 附带搜查，*Agnello v. United States*, *supra*; *Chimel v. California*, 395 p243

U. S. 752，89 S. Ct. 2034，23 L. Ed. 2d 685（1969））但是，这些例外只是使无证搜查正当化，并没有排除司法官员对该搜查合理性的进一步审查。界定令状要求例外范围的是法官，而非警察。“取得搜查令的一般要求不能轻易省却，寻求免除这一要求的人有义务证明例外的必要性……”（*Id.*，at 762，89 S. Ct.，at 2039，quoting *United States v. Jeffers*，342 U. S. 48，51，72 S. Ct. 93，95，96 L. Ed. 59（1951））令状要求的例外，并不是一旦援引就可以排除进一步的司法审查的护身符（see *Coolidge v. New Hampshire*，*supra*，403 U. S.，at 461，91 S. Ct. at 2035），而是需要“在适用上谨慎而小心”。（*Jones v. United States*，357 U. S. 493，499，78 S. Ct. 1253，1257，2 L. Ed. 2d 1514（1958））

为了完成给附带搜查界定合理范围的使命，我们必须考察附带搜查的目的在本案具体搜查行为中的适用情况。（See *Chimel v. California*，*supra*，395 U. S.，at 762－763，89 S. Ct.，at 2039－2040；*Preston v. United States*，376 U. S. 364，367，84 S. Ct. 881，883，11 L. Ed. 2d 777（1964））但是，多数意见并没有关注本案事实，而是强调警察局的程序规定，即要求詹克斯警官在实施羁押性逮捕时进行彻底搜查，并对发现的任何物品进行仔细检查。（See *ante*，at 470 and n. 2）法院的这种分析模式，早在斯布朗案（*Sibron v. New York*，392 U. S. 40，88 S. Ct. 1889，20 L. Ed. 2d 917（1968））中已经被明确抛弃。在该案中，控辩双方都认为摆在我们面前的主要争点在于某一州制定法的合宪性问题，因为该法律授权了处于争议之中的搜查行为。然而，我们却认为，将州制定的法与第四修正案相提并论以决定两者在某种意
p244 义上是否一致，属于“抽象而徒劳的行为”，因而拒绝讨论该问题。（*Id.*，at 59，88 S. Ct.，at 1901）我们的结论是，“对州制定法的审查，对于我们的宪法性审查活动不会有什么帮助。相反，我们必须把审查范围限定在作为两项有罪判决之基础的搜查和扣押的合理性之上”。（*Id.*，at 62，88 S. Ct.，at 1902）

多数意见还认为，实施彻底的附带搜查是历史上早已被认可的权力，因此上诉法院对其施加限制的判决是异常而缺乏先例支持的。没有比这更背离真理的了，上诉法院也已谨慎地指出了这一点。

为了给上诉法院的观点寻找先例，我们无须回溯到《布莱克斯通评论》、《霍姆斯普通法》或波洛克和梅特兰。鉴于直到20世纪早期汽车才开始大量生产这一事实，我甚至有点不解，为何多数意见要从这些材料中寻找渊源以解决本案的下述唯一问题，即对违反机动车法规而被合法逮捕的人的人身进行附带搜查时，其可允许的范围有多大。实际的情况是，这一问题已经被数个州和联邦的法院讨论过，它们中的绝大部分判例都认为，除非存在特别情形，警察无权对因违反机动车法规而被合法逮捕的人的人身进行全面的附带搜查。

例如，在巴恩斯案（*Barnes v. State*，25 Wis. 2d 116，130 N. W. 2d 264（1964））中，警察以刹车灯违规为由截停了汽车。警察不是简单地签发传票，而是逮捕了司机。接着，对司机进行了全面的搜查——包括用手电筒照射他的外衣口袋——结果，警察发现了少量的大麻和一盒香烟纸。威斯康星州最高法院认为，对 p245
司机口袋的搜查是不合理的。虽然法院明确表示，与签发传票不同，在违反交规者被实际逮捕的情况下，实施逮捕的警察有正当理由对其身体进行搜查以确认有无武器，但是法院认为，用手电筒查看外衣口袋的里面则是不合理的。“我们无法想象”，法院判决说，“这一搜查是针对武器的合法搜查……我们驳回控方的以下主张，即合法逮捕后的任何搜查都属于合法搜查”。（*Id.*，at 126，130 N. W. 2d，at 269）

在柯蒂斯案（*State v. Curtis*，290 Minn. 429，190 N. W. 2d 631（1971））中，警察截停了一辆尾灯有问题而且非法右转的汽车。警察决定把司机带到警察局，因此在将他带入警察巡逻车前实施了旨在发现武器的搜查。其中一个警察摸了摸司机的口袋。与罗宾逊案情形相似，警察“察觉到有东西，但不确定是何物。不过，摸起来不像是手枪或小刀”。（*Id.*，at 430，190 N. W. 2d，at 632.）“两名警察都没有表示他们担心自己的安全。没有任何证言表明，他们怀疑被告人有其他犯罪行为，或者意识到他有什么危险性。”（*Id.*，at 431，190 N. W. 2d，at 633）然而，警察却搜查了口袋的里面，结果发现了一袋大麻。明尼苏达州最高法院认为，这一搜查不合法。尽管法院肯定，“警察在和交通违法者面对面时存在受伤甚至丧命的危险，但是法院认为，因交通违法而逮捕嫌疑人之后而进行的旨在发现武器的搜查的合法性，取决于警察是否有合理根据相信，此种搜查为保证他自己的安全或防止被逮捕人逃逸所必需。”（*Id.*，at 436－437，190 N. W. 2d，at 636；citing *Shelton v. State*，3 Md. App. 394，399，
p246 239 A. 2d 610，613（1968））

同样重要的是，俄勒冈州最高法院在奥尼尔案（*State v. O'Neal*，251 Or. 163，444 P. 2d 951（1968）（en banc））中的判决。该案中，被告人的汽车因为没有尾部车牌而被截停。警察要求被告人出示驾驶证，他拿出来一张临时驾驶证，该驾驶证为另一人所有并已经失效数年。因此，警察逮捕了被告人，并让他坐在警车后座上。“其中一个警察上了警车后，要求被告人把钱从其钱包里拿出并把钱包给他。被告人照做后，警察从钱包里取出一些纸张并进行了检查。当警察打开其中一张纸时，一支吸了一半的大麻烟掉了出来。”（*Id.*，at 164－165，444 P. 2d，at 952）法院认为该搜查违法。尽管法院再一次确认，为了保护警察和解除被羁押者隐藏的辅助逃逸的武器，警察有权进行附带搜查，但是，法院认为：

> 显然，搜查钱包与警察的安全无关。被告人作证说，警察让他坐到警车里之前已经对他进行了“拍身搜查”。警察不记得他们是否曾经做过。无论如何，很难说有合理根据认为被告人的钱包里藏有武器。（*Id.*，at 166，444 P. 2d，at 953）

（See also *People v. Marsh*，20 N. Y. 2d 98，281 N. Y. S. 2d 789，228 N. E. 2d 783（1967）；*People v. Superior Court of Los Angeles County*，7 Cal. 3d 186，101 Cal. Rptr. 837，496 P. 2d 1205（1972）；*State v. Quintana*，92 Ariz. 267，376 P. 2d 130（1962）（en banc）；*People v. Zeigler*，358 Mich. 355，100 N. W. 2d 456（1960））联邦法院系统第十巡回区法院也作了类似判决，它在判决中说，它“完
全同意联邦和州的主流判决，即不允许在一般交通违法的情形下 p247
对违法者及其汽车进行搜查”。（*United States v. Humphrey*，409 F. 2d 1055，1058（1969）. See also *Amador – Gonzalez v. United States*，391 F. 2d 308，315（CA5 1968）（Wisdom，J. ））

法院认为，现存关于该问题的先例“倾向于支持本院判决相继建立起来的对附带搜查权的宽泛陈述，而不是上诉法院在本案中所采用的限制性陈述”。[①]（*Ante*，at 475）我认为，法院现在就作此种判断并不公允。法院还立刻肯定地认为，“几乎所有确认存在不受限制的附带搜查权的本院判例都是权威的”，而且认为我们面对的是一个没有争议的问题，因而进行“历史和现实的进一步考察”会有所裨益。退一步说，这种做法让我甚为
不安，法院所做的对于先前实践的考察，不但只是完全流于表面 p248
形式，而且根本不准确，并且带有误导性。

① 本院对英国普通法的研究也带有选择性。利案（*Leigh v. Cole*，6 Cox C. C. 329（Oxford Circuit 1853））对警察的附带搜查权提出了质疑。这是一起民事案件，原告（系一名律师）在马路上被截停并被被告（系一名高级警察）逮捕。在将原告带至警察局后，被告指使一名警员对原告进行搜查，并扣押了他身上的一个烟草盒和一张纸。法官在指示陪审团时说，“在搜查被羁押者方面，毫无疑问，一个被羁押之人可能在语言或行动上表现得如此具有暴力倾向，以至于为了确认他是否携带了可以对人身造成伤害或用于实施破坏治安行为的任何武器，警察可以合理地认为对他进行搜查是谨慎而正当的；但是，与此同时，认为这是可以适用于此一类案件的普遍规则则是错误的。即使一个人由于醉酒扰乱秩序而被限制人身自由，也没有理由认为他必须屈尊接受搜查，因为能否搜查此类人员，必须综合考虑案件的各种情况。”*Id.*，at 332.

多数意见试图取消对第四修正案争点的个案审查，这不仅在理论上误入了歧途，而且在实践适用中也注定行不通。正如多数意见已经完全意识到的那样（see *ante*，at 470 n. 1），本案赋予警察的权力很强大，可能会被滥用。虽然在本案中警察局内部规则要求詹克斯警官实施羁押性逮捕而不是签发传票，但是在大部分司法辖区的大部分交通违规案件中，警察有权自由决定签发传票还是实施完整意义上的逮捕。以下可能性总是存在，即在缺乏合理根据以获取搜查令的情形下，警察会把因交通违法而实施的逮捕作为搜查的借口。（See，e. g.，*Amador - Gonzalez v. United States*，*supra.*）我指出这一可能性，并不是要指责警察的正洁性，而只是旨在说明，在判断逮捕是出于完全合法的理由抑或只是搜查被逮捕人的一个借口时，个案审查总是有必要的。

“逮捕不能作为搜查证据的借口。”（*United States v. Lefkowitz*，285 U. S. 452，467，52 S. Ct. 420，424，76 L. Ed. 877（1932）. See also *Jones v. United States*，357 U. S. at 500，78 S. Ct. at 1257；*Abel v. United States*，362 U. S. 217，226 and 230，80 S. Ct. 683，690 and 692，4 L. Ed. 2d 668（1960）；*United States v. Rabinowitz*，339 U. S. 56，82，70 S. Ct. 430，442，94 L. Ed. 653（1950）（Frankfurter，J.，dissenting）. Cf. *Chimel v. California*，395 U. S.，at 767 - 768，89 S. Ct.，at 2042 - 2043.）

三

多数意见认为，“警察对其逮捕的嫌疑人如何搜查以及搜查哪些地方，必然是一个快速、即时的判断。第四修正案并不要求在每一起案件中都把搜查的每一步分解开来进行分析。”①（Ante，at 477）多数意见并没有援引任何先例来支持这一宽泛的主张——这不足为怪，因为根本不存在此类先例。甚至，我们最近刚刚拒绝“对第四修正案的正当根据及其调整方式采用严格的全有全无模式（all－or－nothing model），因为这一做法削弱了宪法性调整方法在限制警察活动范围及其发动方面的效果。本院曾认为，最初是合理的搜查，可能因其强度和范围让人无法忍受而违反第四修正案”。（*Terry v. Ohio*，392 U. S.，at 17－18，88 S. Ct.，at 1878）正如我们在特瑞案判决意见中所说，“判断搜查和扣押是否‘不合理’，我们需要考察两个方面：首先，警察最初的行为是否具有正当理由；其次，搜查的范围是否与为最初干预行为提供正当性理由的情形具有合理的联系。”（*Id.*，at 19－20，88 S. Ct.，at 1879） p249

在我看来，本案的搜查可以分为三个阶段：对被申请人外衣的拍身搜查；从口袋里取出不明物品；以及打开弄皱了的香烟盒。 p250

（一）

在本案中，对被申请人的外衣口袋进行拍身搜查的合法性并

① 多数意见之所以提及警察快速、即时的判断，可能是怀疑法院确立的标准能否对此种街头执法活动进行有效的控制。这一问题在特瑞案（*Terry v. Ohio*，392 U. S. 1，88 S. Ct. 1868，20 L. Ed. 2d 889（1968））中讨论过，在该案中，我们承认警察与公民在街头正面接触时存在着难以穷尽的日常情形，司法在对其进行控制时，作用相对有限。*Id.*，at 12，88 S. Ct.，at 1875. 但是，正如我们在该案中所指出的那样，即使任何司法裁判都不可能涵盖街头相遇可能出现的千变万化的情形，而我们只能对在我们面前的案件事实作出裁判。我们今天所说的，并不能被当成对警察在法定侦查权限外行为的赞同。……法院仍然保有它们古老的职责……预防警察在没有宪法所要求的关于客观证据的正当性理由时，侵犯人身安全的行为。这样的行为一经确认，就应当受到司法机关的谴责，而该行为的果实也应当从刑事审判中排除。*Id.*，at 15，88 S. Ct.，at 1876.

没有受到质疑。上诉法院全体一致认为，不论据以逮捕的犯罪性质如何，警察在实施羁押性逮捕时，都有权为搜查武器而进行有限的拍身搜查。法院如是说：

“如果我们期望警察在未采取合理措施确保嫌疑人没有武器以前，就将嫌疑人置于巡逻车中带回警察局，则显然不合理。因此，我们认为，警察在依法实施羁押性逮捕的任何时候，都有权对嫌疑人的外衣进行有限的拍身搜查，从而解除嫌疑人可能持有的任何武器。”（153 U. S. App. D. C. 114，130，471 F. 2d 1082，1098（1972）（footnote omitted；emphasis in original））

（二）

从外衣口袋中拿出不明物品这一行为存在的第一个问题是：这是否仍然属于有限的旨在发现武器的搜查？上诉法院所允许的武器搜查，指的是特瑞案所创设的范围有限的保护性武器搜查，它包括“对嫌疑人外衣进行有限的拍打，以发现可能当做袭击工具的隐匿物”。（See *Sibron v. New York*，392 U. S.，at 65，88 S. Ct.，at 1904. See also *Terry*，*supra*，392 U. S.，at 30，88 S. Ct.，at 1884）

控方后来似乎也承认，从被申请人身上取出该物品的行为已
p251 经超出了特瑞案所确立的武器搜查的范围，因为根据特瑞案，只有当警察有理由认为该物品属于危险武器时，他才可以从被申请人的口袋中将其取出。（153 U. S. App. D. C.，at 121，and n. 9，471 F. 2d，at 1089 and n. 9，citing ALI Model Code of Pre－Arraignment Procedure s 110. 2（4）（Proposed Official Draft No. 1，1972）. Cf. *Sibron v. New York*，*supra*，392 U. S.，at 65，88 S. Ct.，at 1904）①

---

① 这也是警方自己的立场。警察训练部门指导员唐纳森警官作证说，“如果警察在他的拍身搜查过程中，通过挤压就可以知道该物品事实上不是可以用来伤害他的武器，那么我们并不要求他采取进一步的行动。”

但是，本案的情况是，詹克斯警官没有理由相信——其在事实上也不认为——被申请人外衣口袋中的物品是武器。他后来承认，这一物品摸起来并不像武器。（See n. 1，*supra.*）事实上，他根本就没有想过口袋里装的是什么。正如詹克斯自己作证所说，“我只是搜查他。我没有想过我要找什么。我只是搜查他。”从口袋中拿出物品这一行为，不能作为有限的特瑞式拍身搜查武器的一部分而正当化。所以，由此引发的问题在于，警察在对交通违法者实施羁押性逮捕的情形下，对被逮捕者的人身实施比特瑞规则所允许的范围更大的搜查是否合理。

对交通违法者进行附带搜查的根本理由，从最初就表明它属于合理搜查，并且其范围与特瑞案所允许的保护性武器拍身相似。正如多数意见所言，附带搜查有两个基本功能：解除被逮捕人可能用于反抗逮捕或辅助逃逸的武器，以及扣押据以逮捕该罪犯的证据或赃物以防止其被隐匿或遭毁坏。（See *ante*，at 476；*Chimel v. California*，395 U. S.，at 763，89 S. Ct.，at 2040）

控方现在并未主张，对被申请人口袋的搜查，可以以需要发现和扣押证据从而防止其隐匿或毁坏为由来证明其正当性，因为正如上诉法院所言，被申请人被指控的这一犯罪并不存在证据或赃物。所以，本案搜查的唯一理由，只能是解除被申请人可能用于伤害警察和辅助逃逸的武器。当然，这一理由与特瑞式搜查的理由一致。正如我们在该案中所言，“本案搜查的唯一理由，在于保护警察和附近其他人的安全，所以搜查必须限定在可以发现枪支、刀具、棍棒或其他被隐匿的、可用以袭击警察的工具的合理范围内。”（*Terry v. Ohio*，*supra*，392 U. S.，at 29，88 S. Ct.，at 1884）鉴于特瑞式搜查与对交通违规者的搜查在理由上的同一性，上诉法院认为，搜查的范围也应该是一致的。鉴于上诉法院认为，警察从被申请人外衣口袋中拿出物品，逾越了合法的特瑞式搜查的范围——这一结论既没有受到控方的争辩，也没有受到本院多数意见的质疑，所以上诉法院多数意见得出结论认为， p252

警察拿出物品的行为亦逾越了对交通违法者进行附带搜查的范围。

这一推理的问题在于，它忽视了对交通违法者的附带搜查与特瑞案情况的诸多重要差异。这其中的一些差异表明在本案中本可以进行比特瑞案更全面的搜查；而另一些差异则表明本案的搜查权应该更狭窄、受到比特瑞案更多的限制。

p253 这两种情况存在的最大不同，在于警察是否有理由相信在他面前的那个人携带了可能用于袭击他的武器。特瑞规则并不允许警察对他在大街上合法截停的人进行武器拍身搜查，相反只有在“他有理由相信，他正面对的是一个携带武器的危险人物时……”（392 U. S.，at 27，88 S. Ct. at 1883），他才被允许实施此种搜查。逮捕了一个强奸犯或者抢劫犯的警察，完全有理由相信他那时正面对的人是携带武器的危险人物，但是如果警察面对的是本案所涉及的因交通违规而被逮捕的人，那么情况就完全不同了。

本案也不存在任何特殊理由认为被申请人是危险的。他不曾试图逃逸，而是遵照警察的指示，迅速停车并提交警察索要的文件。事实上，詹克斯承认，他之所以采取面对面而不是手脚伸开的方式搜查被申请人，是因为他没有理由相信被申请人会诉诸武力。

特瑞案与本案存在的这一不同情节，表明警察在本案中的搜查权限应当小一些。然而，两起案件的其他不同显示的又是相反的情况。正如上诉法院所言，羁押性逮捕和特瑞式截停最明显的不同“不是被羁押的人持有武器的可能性更大，而是一旦这些人确实携带武器，警察面临危险的可能性将更大”。（153 U. S. App. D. C.，at 130，471 F. 2d，at 1098，quoting *People v. Superior Court of Los Angeles County*，7 Cal. 3d，at 214，101 Cal. Rptr.，at 857，496 P. 2d，at 1225（Wright，C. J.，concurring））特瑞式截停只涉及警察与嫌疑人的瞬间接触，而羁押性逮捕却使双方在更长的时间里保持着近距离的接触。在羁押性逮捕情形下，如果碰巧嫌疑人身上携带了武器，那么他必然有更多机会伤害警察。同时，延长了的亲密接触使得嫌疑人更有可能拿出搜查中难以发现的小型隐藏武器，诸如安全别针或剃刀刀片等。此外，与只是被警察截停并受到问话的人不同，被羁押的嫌疑人因其人身自由受到更为严重的限制，所受惊吓可能更多，因而更有可能倾向于诉诸武力。 p254

因此，从某种意义上说，因交通违规而羁押的场合比特瑞案的情况更无进行武器搜查的必要；但是，从另一角度来看，武器搜查可能更有必要。试图在这些相互矛盾的因素之间进行权衡以确定在因交通违法而逮捕的情形下实施无证搜查的合理范围确实是一个困难的过程，对此没有简单的分析标准可资参照。我们面对的是不能简单量化的因素，所以无法简单地把一个因素置于另一个之上。而且，我们所保护的相互竞争的利益——无论是隐私免受不必要侵犯的个人利益，还是警察在执行职务时无须面临不必要危险的社会利益——都需要我们给予最认真的关注，它们本身并不使天平朝某一个特定方向倾斜。

但是，我认为，并无必要在这一具体案件中解决这两个因素的平衡问题。关于此点，下文还会有更详尽的阐述。本案更值得关注的问题是，即使从多数意见的逻辑看，那份引用的实证研究数据只能支持上诉法院的判决，而无法支持本院今天得出的结论。

多数意见援引的统计数据显示，相当数量的警察遇害事件都发生在警察对交通车辆进行拦截的时候。但是，这些数据只是确认了我们在特瑞案中认可的事实——“长期以来，美国的犯罪分子有使用枪支的传统，这个国家每年都有许多警察在执行职务时遇害，更有数以千计的警察受伤。”(*Terry v. Ohio*, *supra*, 392 U.S., at 23, 88 S. Ct. at 1881) 但是，正如特瑞案紧接着的一句话所指出的，“几乎所有死亡和相当部分的伤害，都是因滥用枪 p255

支和刀具造成的。”（*Id.*，at 24，88 S. Ct. at 1881）本案控方所援引的统计数据支持了这一看法。几乎所有的杀害行为都是由枪支和刀具造成的，这类武器在适当进行的武器搜查中是不会发现不了的。[①] 所以，还需要举出更多的证据才能证明本院的下述观点，即为了解除被逮捕的交通违规者的武装，警察有合理理由进行比特瑞式武器搜查更广泛的搜查。

（三）

多数意见没有认识到，詹克斯警官并不仅仅是对被逮捕者的人身进行了搜查，还对从他身上发现的物品进行了一次独立的搜查。而且，即使我们为了判决的方便而假设詹克斯扣押从被申请人身上摸到的物品是合理的，可显然警察仍缺乏符合第四修正案

p256 规定的理由来打开盒子进行查看。

因为当詹克斯警官拿到香烟盒后，并不存在任何迹象表明，他有理由或事实上相信盒子里藏有武器。更重要的是，即使揉皱了的香烟盒里事实上藏有某种小型武器，在盒子由詹克斯持有的情况下，被申请人也不可能再使用。因此，打开盒子并无法进一步实现搜查的保护性目的。甚至上诉法院的不同意见亦承认，“警察控制盒子，已经排除了被申请人使用盒子里的武器的任何

① 多数意见援引的联邦调查局所做的统一犯罪报告（see *ante*，at 476 n. 5）显示，在1972年，全国范围内有112名警察被杀害。这其中，108名是被火器杀害的。剩下的4名中，2名是被刀具杀害，另外2名是由炸弹和汽车造成的。

危险”。[1]（153 U. S. App. D. C.，at 150，471 F. 2d，at 1118（Wilkey，J.，dissenting））

然而，多数意见指出，因为合法的羁押性逮捕已经代表了对公民隐私权的重大侵犯，因此诸如打开或检查从嫌疑人身上发现的物品这样的进一步侵犯行为，就不值得宪法再加以保护。但是，本院在戚莫尔案中已经否定了此种观点。在该案中，控方主张，既然警察已经合法地进入申请人住宅去实施逮捕，那么对整个住宅的附带搜查所进一步的隐私侵犯行为就是无关紧要的。法院回答说，“我们认为，仅因为对个人隐私和行动自由的某些干预是合法的，就在缺乏第四修正案要求的令状的情形下自动地允许实施进一步的侵犯行为，这种观点是站不住脚的。”（395 U. S.，at 766 – 767，n. 12，89 S. Ct. at 2042） p257

第四修正案保护“个人的人身、住宅、文件和财产不受不合理的搜查和扣押……”戚莫尔案确立了以下原则，即警察干涉个人安全的合法权力，并不足以自动转化为干涉其住宅安全和隐私的权力。所以，仅仅有逮捕这一事实本身，并不能当然地构成侵犯个人所享有的其财产不受干预之权利的正当理由。

控方声称，很难说，被羁押者对香烟盒里面的东西享有受宪法保护的“隐私权期待”。我们不禁要问，如果本案的被申请人是一个因无证驾驶被逮捕并且其钱包被警察拿走的商人，处理结果是否还会一样？因为钱包中可能藏有剃刀刀片，警察就可以合

---

① 但是，持不同意见者主张，“对盒子进行进一步的检查，可以作为保护性措施而得以正当化。如果盒子里藏有剃刀刀片或活性子弹，警察可能会警惕地对罗宾逊进行更全面的搜查，因为其身上隐藏其他武器的可能性增加了”。153 U. S. App. D. C.，at 150，471 F. 2d，at 1118. 但是，首席法官贝兹伦在下面的意见中指出，这一逻辑会使得对搜查范围的限制失去意义。例如，一旦接受了这一逻辑，在戚莫尔案（*Chimel v. California*，（395 U. S. 752，89 S. Ct. 2034，23 L. Ed. 2d 685（1969））中，警察对整个房屋的搜查就将变得合理，因为如果在房屋某处发现了一件武器，实施逮捕的警察就会谨慎地对戚莫尔进行更全面的搜查，因为他身上隐匿其他武器的可能性已经增加。

理地打开并将每件物品都拿出来仔细检查吗？或者，我们假定，警察在一名因交通违规而被合法逮捕的律师身上发现了封缄的信件，那么可否允许执行逮捕的警察撕开信封以确认里面是否装有
p258 秘密武器——一个大头针或剃刀刀片？（Cf. *Harris v. United States*，331 U. S. 145，67 S. Ct. 1098，91 L. Ed. 1399（1947）；*Chimel v. California*，*supra*，395 U. S.，at 758，89 S. Ct. at 2037）如果要求警察在将被逮捕者带至警局前，即使对钱包或信封里的物品有疑问，都必须先保管好这些物品，这是否会更符合第四修

正案的目的和警察的合法需要呢?①

一方面，我无法将对私人文件和财产隐私的此类侵犯看做一个更严重的侵犯行为的微不足道的附属品——该更严重的侵犯行为系逮捕本身引起，涉及的是对个人隐私权的侵犯。另一方面，我也无法划定一条原则性界限，以区别我提到的借口式搜查和本 p259

① 即使警察在警察局才打开香烟盒，其行为也未必就变得更为合理。控方认为以下观点可以作为本案搜查正当性的另一个理由：当嫌疑人已经被登记并被羁押在警局时，为防止其在监狱中拿出武器或违禁品，以及为了对在他身上发现的个人物品进行清点，警察可以合理地对其人身实施搜查。控方进而认为，由于被申请人的香烟盒无论怎样都会在警察局被拿出并被打开，因此在逮捕之时，警察将其打开来搜查并没有什么不妥。这一论断存在两个问题。第一，正如上诉法院在米尔斯案(*United States v. Mills*, 153 U. S. App. D. C. 156, 472 F. 2d 1231 (1972) (en banc))中指出的那样，警察局搜查的正当性不在于登记程序本身，而在于嫌疑人将被关进监狱这一事实。在哥伦比亚特区法院，像本案这样的微罪是可以保释的，并且正如控方在米尔斯案中承认的那样，常规程序是：告知违法者其享有向警察局提供担保物的机会，并且可以免予财产登记搜查（inventory search），除非他们无法或拒绝提出担保。*Id.*, at 160 – 161, 472 F. 2d, at 1235 – 1236. 我们不能将此后很可能不会发生的事件作为全面搜查的理由。第二，即使有必要把被申请人羁押起来，警察是否有正当理由打开香烟盒进行检查仍然值得怀疑。防止把武器或违禁品带进监狱这一目的，通过简单地把香烟盒从被申请人身上拿出就已经完全实现。控方主张，为了防止被羁押者事后投诉个人财产在监狱中被窃，警察必须对被羁押者身上发现的物品进行清点。但是，正如上诉法院在米尔斯案中谈到的，警察可以通过采用较少侵犯隐私权的手段来保护自己免受这样的控诉，而不是必须打开在其身上发现的任何物品并检查里面的内容。例如，上诉法院建议，“正如为了暂时使用之目的，就像给某人一个公共浴室里带锁的储物柜那样，把被羁押者的所有物品装在密封的信封中，并给予其‘核实’的机会，也许通过签署弃权书，就可以免除警察的任何责任。” *Id.*, at 164 n. 11, 472 F. 2d, at 1239 n. 11. 控方在本院进行的口头辩论中还主张，如果要求警察从被告人身上拿出物品后，只是保管这些物品而不是查看里面藏着什么东西，会带来管理上的不便。但是，单纯的管理不便并不是侵犯第四修正案权利的正当理由。*Chimel v. California*, *supra*, 395 U. S., at 768, 89 S. Ct., at 2043. 我们完全可以想象，在一些情况下，所带来的不便如此严重，以至于阻碍了把嫌疑人带至警察局以实现羁押的目的。在这些情形下，确实可能有必要适用一个不同规则，但是本案显然并不存在任何此类不便。詹克斯警官可以很容易地将香烟盒放在自己的口袋里，或者交给他的同事保管，直至他们到达警察局。

案对香烟盒的搜查。唯一具有合理根据的区分只能是，起到合理的保护性和证据性功能的无证搜查，以及不能起到这种作用的无证搜查。(See *Chimel*, *supra*, at 766, 89 S. Ct. at 2041)

詹克斯警官在本案中的搜查远远超过了保护他自己免受伤害或确保被申请人不致逃离监管的合理必要的范围。因此，在我看来，这已经不属于附带搜查，因为作为第四修正案令状要求的例外，附带搜查的范围是受到合理限定的。我将维持上诉法院的裁决，本案搜查所得的证据应当在针对被申请人的审判中被排除。

2.3 美方评论

根据实施逮捕后的附带搜查例外，执法官员有权对被逮捕人的人身进行搜查。在罗宾逊案中，最高法院讨论了此类搜查活动的搜查范围问题。根据该案，最高法院确立了一项极端的甚至是令人震惊的规则：执法官员自动享有对被逮捕人的人身进行彻底搜查的权力；从被逮捕人身上掏出发现的所有箱包容器并对这些箱包容器进行搜查。即使没有理由担心嫌疑人会实施反击，而且没有理由认为可以在这些箱包容器里发现犯罪证据，依然如此。(在罗宾逊案中，被告人因交通违章被截停，因此有关交通违章的实物证据是明摆着的——根本没有理由怀疑可以从箱包容器里找到相应的证据）彻底搜查从被逮捕人身上发现的任何物品是一项自动享有的权力。

在罗宾逊案中，最高法院对逮捕后的附带搜查与特瑞式的拍身搜查进行了区分。根据逮捕后的附带搜查，执法官员自动享有以下权力：对被逮捕人的人身进行彻底搜查；对于搜查过程中从被逮捕人身上发现的任何物品，执法官员有权掏出并打开检查。而另一方面，根据特瑞案，拍身搜查必须具有可能对执法官员造成人身伤害的合理怀疑。一般认为，截停与逮捕之间的差异构成了二者享有不同搜查权限的正当理由。逮捕是一项比截停更严厉的措施，因此与受到截停的嫌疑人相比，被逮捕人可能会采取更激烈的反抗。因此，尽管根据实施逮捕时的事实情形，并不存在实施人身伤害或毁灭证据的危险，但是逮捕一般都会促使对执法官员实施人身伤害或毁灭证据的风险升级。因此，在罗宾逊案中，最高法院判决认为，在实施逮捕时，必须赋予警察进行搜查的自动权力。但是，即使承认以下命题成立，即对被逮捕人进行人身搜查可能是保护执法官员在执行逮捕过程中不会受到人身伤害的必要措施，对于从被逮捕人身上发现的箱包容器，却无法适用同样的推理。一旦执法官员把箱包容器从被逮捕人身上掏出来，那么该执法官员也就没有理由担心被逮捕人会从该箱包容器里掏出什么东西并将它作为攻击武器——由于执法官员已经控制了箱包容器，这种情形根本不可能发生。在嫌疑人被逮捕期间，并不要求执法官员必须将该箱包容器归还被逮捕人。因此罗宾逊规则——对于从被逮捕人身上发现的任何箱包容器，执法官员都自动享有进行搜查的权力，是不具有正当根据的。虽然不具有合理的理由，该规则却授权执法官员可以对隐私实施干预。

与最高法院之后作出的两项判例结合在一起，罗宾逊规则关于宽泛搜查范围的规定可能会引发诸多问题。

1. 埃特瓦特案（*Atwater v. City of Lago Vista*, 532 U. S. 318 (2001)）该案判决认为，根据第四修正案，即使对轻微的交通违章犯罪实施严格意义上的羁押性逮捕（a full custodial arrest），也是合理的。最高法院拒绝对轻微犯罪和严重犯罪作出区分，并判决说，应当由政治性的立法程序来决定对于哪些犯罪可以实施严格意义上的羁押性逮捕（在埃特瓦特案中，一个带着两个孩子的母亲，因在城郊开车时没有系安全带而被捕，并于提取指纹后交付羁押。法院判决说，由于执法官员具有合理根据的支持，因此这一逮捕行为是合理的）。将埃特瓦特案与罗宾逊案结合在一起，也就意味着，执法官员可以因轻微的交通违章罪逮捕某人，然后再对被告人的人身进行彻底搜查，包括打开由此发现的任何箱包容器。

2. 武瑞恩案（*Whren v. United States*, 517 U. S. 806（1996））在该案中，最高法院判决认为，如果执法官员有合理根据相信某人实施了轻罪，那么该执法官员就有权对其实施逮捕，即使其真正目的是为了搜查其他更严重犯罪的证据——对于后者，他并不具有合理根据（在武瑞恩案中，执法官员将交通违章逮捕作为搜查毒品的执法借口）。在武瑞恩案中，最高法院判决认为，由于第四修正案立足于合理性标准，因此执法官员的主观心理状态是无关紧要的。即使执法官员这么做可能只是为了找一个执法借口，但据此并不能否定其逮捕行为的合法性——只要该逮捕行为具有合理根据的支持，根据第四修正案进行的审查也就结束了。

如果将罗宾逊案、埃特瓦特案、武瑞恩案结合在一起，也就意味着，警察事实上享有对每一个公民实施逮捕并搜查的、几乎不受限制的裁量权力——尤其是那些驾车的公民。几乎每一个司机都可能会因为违反某些交通法规而被捕，如或者因为超速，或者因为低于限速的要求，等等。但是，执法官员并不会逮捕每一个违章的司机。相反，这里的风险在于，执法官员只会逮捕那些他想就其更严重犯罪展开调查的那些人（即使对于该项严重犯罪，他并不具有合理根据）、少数族裔，或者那些他本人不喜欢的人。对于执法官员挑选的那些公民，是否实施完整意义上的逮捕并进行彻底搜查，执法官员享有自由裁量权，而且对于该项权力根本不存在任何真正意义上的限制。

基于上述原因，应当重新思考罗宾逊案、埃特瓦特案、武瑞恩案组成的三方组合。一种修正方案是，通过判例宣布，执法官员可以实施此类逮捕，甚至是进行此类搜查，但是由此所得的任何证据都将予以排除。这样的规则将削弱执法官员优先选择此类逮捕和搜查的兴趣。不幸的是，最高法院从来没有判决说，在某些情形下，依法获得的证据也应当予以排除；而且，它也根本不可能这么做。

2.4 阅读文献

- Wayne R. LaFave, "*Case – by – Case Adjudication*" *Versus* "*Standardized Procedures*": *The Robinson Dilemma*, 1974 Sup. Ct. Rev. 127 (1974).
- James B. White, *The Fourth Amendment as a Way of Talking About People*: *A Study of Robinson and Matlock*, 1974 Sup. Ct. Rev. 165 (1974).
- Albert W. Alschuler, *Bright Line Fever and the Fourth Amendment*, 45 U. Pitt. L. Rev. 227, 256 – 60 (1984).
- Craig M. Bradley, *The Court's* "*Two Model*" *Approach to the Fourth Amendment*: *Carpe Diem*!, 84 J. Crim. L. & Criminology 429 (1993).

3. 针对截停车辆的附带搜查：

贝尔顿案（*New York v. Belton*）

453 U. S. 454, 101 S. Ct. 2860 (1981)

3.1 案件信息

- **本案争点**

在对汽车里的某一个人实施合法的羁押性逮捕的情况下，根据宪法，执法官员是否有权对被逮捕人所乘汽车的车厢内部进行附带搜查。

- **最高法院的判决**

美国最高法院以5∶4的投票结果作出了不利于被申请人贝尔顿的判决。大法官斯图尔特代表最高法院撰写了本案的判决意见，大法官伦奎斯特、史蒂文斯分别发表了协同意见。大法官布伦南发表了反对意见，大法官马歇尔表示附和。大法官怀特发表了反对意见，大法官马歇尔亦表示附和。

最高法院判决认为，根据戚莫尔规则，被逮捕人刚刚乘坐过的汽车车厢内部以及车厢内的容器都属于“被逮捕者可立即控制的区域”之内。因此，都属于第四修正案附带搜查范围。

- **该判例的影响**

该判例事实上扩大了警察对机动车辆附带搜查的范围。此前，附带搜查仅限于被逮捕者人身和可立即控制的范围。但是，本案通过扩大解释，使得在对机动车实施附带搜查时，“可立即控制范围”及于整个汽车内部车厢和车厢内的所有容器。

3.2 判决正文

纽约州
诉
罗杰·贝尔顿

第80－328号

1981年4月27日进行辩论

1981年7月1日作出裁决

1981年9月23日驳回了再次听证的请求

大法官斯图尔特（Justice Stewart）代表最高法院撰写了本案的判决意见。

在对汽车里的人依法实施羁押性逮捕（custodial arrest）的情况下，根据宪法，执法官员是否有权对被逮捕人所乘汽车的车厢内部（passenger compartment）进行附带搜查？这就是本案所争议的问题。

一

1978年4月9日，纽约州警察道格拉斯·尼考特驾驶一辆没有标明“警车”字样的汽车行驶在纽约州的一条公路上。突然，一辆超速行驶的汽车超过了他。于是，尼考特追了上去，并在追上该车后命令司机把车停在路边。车内共有四人，本案被申请人罗杰·贝尔顿就是其中之一。警察要求查看驾照和汽车登记，结果发现这些人中没有一人是车主或与车主有任何联系。同
p456 时，警察闻到一股大麻的味道，并看见汽车车厢内部地面上有一个写有“超级黄金”（Super gold）字样的信封，他认为该信封

与大麻有关联。因此，他命令这些人下车并以非法持有大麻为由逮捕了他们。他对每个人都进行了拍身搜查，并让他们“分别站在公路的四个地方，使得他们无法彼此接触”。接着，他捡起写有“超级黄金”字样的信封，发现里面装有大麻。警察根据米兰达规则（*Miranda v. Arizona*，384 U. S. 436，86 S. Ct. 1602，16 L. Ed. 2d 694）给予被逮捕者警告后，对每个人进行了搜查。然后他又搜查了汽车的车厢内部，并在后座上看到一件属于贝尔顿的黑色皮夹克。他拉开其中的一个口袋，发现里面装有可卡因。把皮夹克拿到自己的车上后，他开车把这四个被捕者带至附近的警察局。

随后，贝尔顿被指控非法持有违禁毒品。他向初审法院申请排除州警察从他夹克口袋中发现的可卡因。法庭驳回了该申请。于是，贝尔顿就指控犯罪所包含的较轻罪名（a lesser included offense）作了有罪答辩，但是仍然保留了以下主张，即对可卡因的扣押违反了宪法第四和第十四修正案的要求。（See *Lefkowitz v. Newsome*，420 U. S. 283，95 S. Ct. 886，43 L. Ed. 2d 196）纽约最高法院上诉庭维持了搜查和扣押的合宪性，其依据是：“一旦被告人因持有大麻而被合法逮捕，警察就有理由对其紧邻区域（the immediate area）进行搜查以发现其他违禁品。”（68 A. D. 2d 198，201，416 N. Y. S. 2d 922，925）纽约上诉法院撤销了这一判决：“对一件难以够得着的夹克衫上拉着拉链的口袋实施无证搜查，不能被认为是附带搜查，因为被捕者或其同伙可能接近这一物品的危险已经不复存在。”（50 N. Y. 2d 447，449，429 N. Y. S. 2d 574，575，407 N. E. 2d 420，421）该法院有两位法官持反对意见。他们指出：“在本案的搜查过程中，只有一名警察，而 p457
他所逮捕的是四名身份尚未确定的人，当时他截停了四人乘坐的一辆超速行驶的汽车，而该汽车并不为四人中任何一人所有，并且显然装有一定数量的管制物品。在试图将他们带往警察总局前，警察快速地检查了一下汽车以确定他的怀疑，而当时嫌疑人正站在汽车旁边……”（*Id.*，at 454，429 N. Y. S. 2d，at 578，407 N. E. 2d，at 424）我们签发了调卷令，以便讨论在这种情形下为宪法所允许的搜查范围问题。（449 U. S. 1109，101 S. Ct. 917，66 L. Ed. 2d 838）

二

第四修正案的首要原则是：警察不得进行搜查，除非他们先让一个中立的地方法官确信搜查的合理根据已经存在。但是，本院已经认可：在“紧急情形”下，有时可以免除令状要求的“命令”。（*McDonald v. United States*，335 U. S. 451，456，69 S. Ct. 191，193，93 L. Ed. 153）特别是在戚莫尔案（*Chimel v. California*，395 U. S. 752，89 S. Ct. 2034，23 L. Ed. 2d 685）中，本院认为，合法的羁押性逮捕为同时对被捕者的人身及其紧挨着的区域（如 immediately surrounding area）进行无证搜查提供了正当性理由。长期以来，此类搜查都被认为是合法的，因为需要“解除被逮捕者可能用以反抗逮捕或辅助逃逸的任何武器”，同时需要防止隐藏或毁灭证据。（*Id.*，at 763，89 S. Ct.，at 2040）

在特瑞案（*Terry v. Ohio*，392 U. S. 1，19，88 S. Ct. 1868，1878，20 L. Ed. 2d 889）中，本院指出，“搜查的范围应当‘严格限定于’允许发动搜查之情形，并以此作为它的正当理由。”戚莫尔案再次强调了这一基本原则。（*Chimel v. California*，*supra*，
p458 at 762，89 S. Ct.，at 2039）因此，在戚莫尔案中，本院认为，“对被捕者可能获得武器或毁坏证据的区域进行搜查是有充分理由的”；而“对除实施逮捕的房间之外的任何其他房间进行没有特定目的的搜查，或者对实施逮捕的房间内所有的抽屉或其他关着的或隐蔽的区域进行搜查，就不存在与之相当的理由。”（395 U. S.，at 763，89 S. Ct.，at 2040）

尽管附带搜查的原理已经得到极为明确的阐述，但是诸法院仍然觉得在具体个案中难以适用该规则。正如有评论者指出，

"警察只有在这样一套规则的指导下，第四修正案和第十四修正案的保护才能得以实现，即根据该规则，警察在大多数情况下都能事先正确地判断某一侵犯隐私权的行为是否能因执法利益而正当化"。（LaFave，" *Case – By – Case Adjudication" Versus " Standardized Procedures"*：*The Robinson Dilemma*，1974 S. Ct. Rev. 127，142）之所以这样说，是因为：

由排除规则保障实施的第四修正案规则，其主要目的在于规范警察的日常行为，所以必须以警察在其必然参与的执法活动中容易理解和适用的语言来表达。一套高度精密复杂，使用各种"如果"、"而且"以及"但是"进行限定并且需要区分极其细微的差别的规则，可能成为满足律师和法官敏捷思维的智慧之物，但同时也可能是"该领域的警察所根本无法适用"的。（*Id.*，at 141）

简言之，"为了指导警察，一个简单而熟悉的标准是必不可少的，因为警察只有有限的时间和知识来对他面对的具体情况中所包含的社会和个人利益作出反应和权衡。"（*Dunaway v. New York*，442 U. S. 200，213 – 214，99 S. Ct. 2248，2256 – 57，60 L. Ed. 2d 824）

因此，在罗宾逊案（*United States v. Robinson*，414 U. S. 218，p459
94 S. Ct. 467，38 L. Ed. 2d 427）中，本院遵循了一个简单明了的规则，既便于适用又能可预见地被执行：

在实施合法的羁押性逮捕的同时，对被逮捕者的人身进行全面搜查不仅是第四修正案令状要求的例外，也是该修正案所称的"合理"搜查。（*Id.*，at 235，94 S. Ct.，at 477）因此，法院驳回了是否存在附带搜查人身的理由，必须在每起案件中具体解决的主张。（*Ibid.*）

但是，本院已经判决的案件并没有给本案涉及的问题提供简单明了的规则。本案的问题是，如果汽车里的某人受到合法的羁押性逮捕，宪法允许的对其实施附带搜查的范围如何。诸法院所面临的困难反映在判决本案的纽约州各个法官之间的冲突观点之中，并且因为他们满足于研究有限的一组判例的一小部分做法，从而使得这一问题变得更为复杂。纽约州法官所研究的这些判例共同涉及以下问题，即在警察对汽车里的某人实施了合法的羁押性逮捕并且该被逮捕者已经不在车内的情况下，警察是否可以对汽车内部进行附带搜查。一方面，诸如桑德斯案（*United States v. Sanders*，631 F. 2d 1309（CA8 1980）；*United States v. Dixon*，558 F. 2d 919（CA9 1977））和弗里克案（*United States v. Frick*，490 F. 2d 666（CA5 1973）），都维持了此类附带搜查的合法性。另一方面，诸如本森案（*United States v. Benson*，631 F. 2d 1336（CA8 1980））和里加尔兹案（*United States v. Rigales*，630 F. 2d 364（CA5 1980））在事实基本相当的情况下，又认为此类搜查违反宪法。①

一个人如果无法知悉法院对重复出现的事实情形将如何适用
p460 一个既定规则，那么他就无法明确他享有的宪法保护的范围，警察也无法界定自己的权力范围。戚莫尔案确定的一个规则是，附带搜查不得逾越被逮捕者可立即控制的区域（the immediate control of the arrestee），但是当论及该范围是否包含被逮捕者刚刚乘坐过的汽车的内部车厢时，诸法院发现，“被逮捕者可立即控制的区域”这一说法并不具可操作性。通过解读这些判例，我们得出的一般规则是：事实上，位于汽车车厢内部这一相对狭窄范围内的物品，通常——即使不是不必可避免地——包含在“被逮捕者可能获得武器和证据性材料的范围内”。（*Chimel*，395 U. S.，at 763，89 S. Ct.，at 2040）为了建立一个适用于这类案件的可操作性规则，我们把戚莫尔案对这一区域的限制的含义解

① 州法院的判例同样混乱。Compare，e. g.，*Hinkel v. Anchorage*，618 P. 2d 1069（Alaska 1980），with *Ulesky v. State*，379 So. 2d 121（Fla. App. 1979）.

释为：可以根据该一般规则进行搜查。因此，我们认为，在警察已经对车内乘坐的人进行了合法的羁押性逮捕的情况下，[1] 作为与该逮捕同时发生的附带事件，他可以搜查那辆汽车的车厢内部。[2]

由此可知，警察还可以对在车厢内部发现的任何容器内的物品进行搜查，因为如果车厢内部处于被捕者控制范围之内，那么容器也处于其控制范围之内。[3]（*United States v. Robinson*，*supra*；*Draper v. United States*，358 U. S. 307，79 S. Ct. 329，3 L. Ed. 2d 327）当然，无论这样的容器是敞口的还是封口的，都可以被搜查，因为这一搜查的理由，不是被捕者对容器不享有隐私权，而是合法的羁押性逮捕构成了侵犯被捕者可能享有的任何隐私的合理根据。所以，在戚莫尔案中，尽管本院认为，警察不能仅仅因为在被捕者家中实施逮捕而搜查房内所有抽屉，但是，本院认为，可以搜查被捕者可控制范围内的那些抽屉，因为抽屉内的物品可能对警察构成危险。(395 U. S.，at 763，89 S. Ct.，at 2040) p461

当然，有时候，这些容器确实无法藏匿武器或据以作为逮捕犯罪嫌疑人的证据。但是，在罗宾逊案中，本院驳回了下述主张，即在对罗宾逊进行附带搜查时不可以对诸如揉皱了的香烟盒这样的容器进行搜查。本院的理由是："基于解除武装和发现证据的需要而对人身进行附带搜查的权力，并不取决于本院事后对以下可能性的判断，即在逮捕的特定情形下，是否可能在嫌疑人

① 本案并没有质疑对贝尔顿实施羁押性逮捕的合法性。Cf. *Gustafson v. Florida*，414 U. S. 260，266，94 S. Ct. 488，492，38 L. Ed. 2d 456（concurring opinion）.

② 我们今天的判决只不过是确定戚莫尔规则在本案特定情形下的含义而已。我们并没有改变戚莫尔案确立的关于附带搜查基本范围的根本原则。

③ "容器"（container），在这里指的是任何可以储存物品的东西。因此，包括敞口或封闭的汽车仪表台下的小柜、位于汽车上凹背坐椅之间的储藏小柜，或汽车乘客车厢内任何别的贮藏器，还包括行李、盒子、袋子、衣服以及类似的物品。我们的裁决只涉及汽车车厢内部，不包含汽车尾部行李箱。

身上发现那些武器或证据。基于合理根据的羁押性逮捕，属于第四修正案所授权的合理侵犯；因此，附带于该逮捕的搜查不需要其他理由。”（414 U. S.，at 235，94 S. Ct.，at 476）

纽约州上诉法院基于查德威克案（*United States v. Chadwick*，433 U. S. 1，97 S. Ct. 2476，53 L. Ed. 2d 538）和桑德斯案（*Arkansas v. Sanders*，442 U. S. 753，99 S. Ct. 2586，61 L. Ed. 2d 235）判决认为，本案的搜查和扣押违反宪法。① 但是，这两个
p462 案件没有一个涉及可以争辩其合法性的附带搜查。正如本院在查德威克案中所指出的，本案的搜查是在联邦官员对军用小型提箱取得完全控制一个多小时以后，并在被申请人早已安全地处于羁押之中才进行的；因此，该搜查无法以附带搜查或者任何其他紧急情形为由而正当化。（433 U. S.，at 15，97 S. Ct.，at 2485）而在桑德斯案中，本院明确表示，“逮捕行李所有人后，对行李进行的搜查不符合宪法。（See，e. g.，*United States v. Robinson*，414 U. S. 218，94 S. Ct. 467，38 L. Ed. 2d 427（1973））控方并没有主张被申请人的行李箱是被附带搜查的，而且逮捕时行李箱似乎并不在被申请人‘可立即控制’的范围之内。”（442 U. S.，at 764，n. 11，99 S. Ct.，at 2593，n. 11）（争议中的手提箱在出租车后备箱内，See n. 4，*supra.*）

三

毫无疑问，被申请人因持有大麻而受到合法的羁押性逮捕。对被申请人皮夹克的搜查是在逮捕后立即实施的。皮夹克位于被

---

① 上诉法院的理由似乎是这样：本案的搜查和扣押不可能是附带搜查，因为尼考特警官通过对被申请人上衣的搜查和口袋内的储藏物的扣押已经取得了对这些物品的“排他控制”（exclusive control）。50 N. Y. 2d 447，451，429 N. Y. S. 2d 574，576，407 N. E. 2d 420，422. 但是，根据这一不合理的理论，合法的附带搜查将不复存在；甚至只要扣押了被逮捕者身上的某一物品，警察就可以被认为已经把该物品置于自己的“排他控制”之下了。

申请人乘坐的那辆汽车的车厢内部。我们认为，根据威莫尔案，皮夹克处于“被逮捕者可立即控制范围”之内。[①] 因此，对皮夹克的搜查属于附带搜查，并不违反第四修正案。所以，撤销原判。 p463

特此判决！

大法官伦奎斯特（Rehnquist，J.）发表了协同意见。

因为本院的多数意见显然不愿意推翻马普规则（*Mapp v. Ohio*，367 U. S. 643，81 S. Ct. 1684，6 L. Ed. 2d 1081（1961）），而且本院认为，在本案判决中，没有必要考虑“汽车例外”（*ante*，at 2865，n. 6，see *Robbins v. California*，453 U. S. 420，437，101 S. Ct. 2841，2851，69 L. Ed. 2d 744（Rehnquist，J.，dissenting）），我同意本院这一判决。

大法官史蒂文斯（Stevens，J.）发表了协同意见。

基于我在罗宾斯案（*Robbins v. California*，*ante*，at 444，101 S. Ct.，at 2855）中的反对意见，我同意大法官布伦南、大法官怀特、大法官马歇尔、大法官布莱克曼关于两起案件应该以相同的方式裁决的意见；我亦同意首席大法官、大法官斯图尔特，大法官布莱克曼、大法官鲍威尔和大法官伦奎斯特关于应该撤销原判的意见。

---

① 鉴于本案所需要解决的问题，我们没有必要考虑搜查和扣押是否符合所谓的“汽车例外”。*Chambers v. Maroney*，399 U. S. 42，90 S. Ct. 1975，26 L. Ed. 2d 419；*Carroll v. United States*，267 U. S. 132，45 S. Ct. 280，69 L. Ed. 543.

大法官布伦南（Brennan，J.）发表了反对意见，大法官马歇尔（Marshall，J.）表示附和。

在戚莫尔案（*Chimel v. California*，395 U. S. 752，89 S. Ct. 2034，23 L. Ed. 2d 685（1969））中，本院对五十多年来与附带搜查范围有关的先例进行了仔细的分析。而本院今天的判决却与该分析结果背道而驰，宣布了一项适用于汽车“新近”乘坐者的专断的“硬性”规则，这一规则并不符合戚莫尔案据以裁判的根本原则。虽然本院声称不触动戚莫尔规则的完整性（see *ante*，at 2864，n. 3），但是我担心，本院对该案据以裁判的根本原则的不适当的摒弃可能导致完全背离我们小心翼翼发展起来的附带搜查规则的分析模式。因此，我持反对意见。

p464

一

第四修正案令状要求的例外只能作狭义解释，这是一项历时已久的基本原则。（*Arkansas v. Sanders*，442 U. S. 753，759－760，99 S. Ct. 2586，2590，61 L. Ed. 2d 235（1979）；*Mincey v. Arizona*，437 U. S. 385，393－394，98 S. Ct. 2408，2414，57 L. Ed. 2d 290（1978）；*Coolidge v. New Hampshire*，403 U. S. 443，454－455，91 S. Ct. 2022，2032，29 L. Ed. 2d 564（1971）；*Vale v. Louisiana*，399 U. S. 30，34，90 S. Ct. 1969，1971，26 L. Ed. 2d 409（1970）；*Katz v. United States*，389 U. S. 347，357，88 S. Ct. 507，514，19 L. Ed. 2d 576（1967）；*Jones v. United States*，357 U. S. 493，499，78 S. Ct. 1253，1257，2 L. Ed. 2d 1514（1958））第四修正案的根本目的在于“保护公民免受不合理的隐私权侵犯”（*Jones v. United States*，*supra*，at 498，78 S. Ct.，at 1256），因此这一原则可以引出如下两个推论：第一，根据第四修正案，一项搜查如果想要获得合法性，必须“与‘允许发动搜查的具体情形’紧密相连并据此获得正当性”。（*Terry v. Ohio*，392 U. S. 1，19，88 S. Ct. 1868，1878，20 L. Ed. 2d 889（1968），quoting *Warden v.*

Hayden, 387 U. S. 294, 310, 87 S. Ct. 1642, 1651, 18 L. Ed. 2d 782（1967）（Fortas, J., concurring）. See *Chimel v. California*, *supra*, at 762, 89 S. Ct., at 2039; *Cupp v. Murphy*, 412 U. S. 291, 295, 93 S. Ct. 2000, 2003, 36 L. Ed. 2d 900（1973））第二，决定是否准许一项令状例外时，法院必须仔细考量每一次搜查和扣押的具体事实和情况，集中关注支持例外的理由，而不是关注任何具有一般适用性的硬性规则。（See *Sibron v. New York*, 392 U. S. 40, 59, 88 S. Ct. 1889, 1900, 20 L. Ed. 2d 917（1968）; *Preston v. United States*, 376 U. S. 364, 367, 84 S. Ct. 881, 883, 11 L. Ed. 2d 777（1964））①

令状要求的戚莫尔案例外，旨在实现两个主要目的：保护实施逮捕的警察的安全和保全易隐藏或破坏的证据。鉴于嫌疑人在逮捕时可能获得武器或违禁品，本院宣布： p465

当实施逮捕时，为了解除随后可能用于反抗逮捕或辅助逃逸的任何武器，执法官员对被逮捕者进行搜查是合理的。否则，执法官员的人身安全可能会受到威胁，逮捕本身也可能失败。另外，为了防止被逮捕者隐匿或毁坏证据，执法官员在被逮捕者身上搜寻并扣押任何证据，也是完全合理的。当然，至于被逮捕者为获得武器或证据可能触及的区域，也必须受类似规则的调整。（395 U. S., at 762－763, 89 S. Ct., at 2039－2040）

为了实现上述目的，戚莫尔规则被精细地限定为：它允许实施了羁押性逮捕的警察对下述区域进行无证搜查，即“被逮捕者的人身以及其‘可立即控制的区域’——这一术语仅指他可能获得武器或毁坏证据的区域”。（*Id.*, at 763, 89 S. Ct., at 2040）由此，该规则从时间和空间上对足以免除令状要求的附

① 正如我们在欧—巴特进口公司案（*Go－Bart Importing Co. v. United States*, 282 U. S. 344, 357, 51 S. Ct. 153, 158, 75 L. Ed. 374（1931））中所言：“没有认定合理性的一般模式。必须根据每起案件本身的事实和具体情形进行判断。”

带搜查进行了限制：只有在“实质意义上与逮捕同时发生（substantially contemporaneous）并且限于与被逮捕者紧挨着的区域（the immediate vicinity）”。（*Shipley v. California*，395 U. S. 818，819，89 S. Ct. 2053，2054，23 L. Ed. 2d 732（1969），quoting *Stoner v. California*，376 U. S. 483，486，84 S. Ct. 889，891，11 L. Ed. 2d 856（1964）. See *United States v. Chadwick*，433 U. S. 1，14－15，97 S. Ct. 2476，2485，53 L. Ed. 2d 538（1977）；*Dyke v. Taylor Implement Mfg. Co.*，391 U. S. 216，220，88 S. Ct. 1472，1474，20 L. Ed. 2d 538（1968）；*Preston v. United States*，*supra*，at 367，84 S. Ct.，at 883；*United States v. Edwards*，415 U. S. 800，810，94 S. Ct. 1234，1240，39 L. Ed. 2d 771（1974）（Stewart，
p466 J.，dissenting））① 在圆满完成逮捕并且在被逮捕者已经被安全羁押的情况下，戚莫尔规则据以裁判的原则就不再有适用的余地，因为此时被逮捕者已经不可能触及武器或违禁品。（See *Chimel v. California*，*supra*，at 764，89 S. Ct.，at 2040）

为了确立一个“简单而熟悉的标准……来指导警察，因为他们只有有限的时间和知识来对他面对的具体情况中所包含的社会和个人利益作出反应和权衡”（*ante*，at 2863，quoting *Dunaway v. New York*，442 U. S. 200，213－214，99 S. Ct. 2248，2256－57，60 L. Ed. 2d 824（1979）），本院在今天的判决中摒弃了戚莫尔案据以裁判的原则，并且将判决建立于如下假定之上，即汽车内部总是处于新近乘坐过该车的被逮捕者的直接控制之下。因此，本院判决认为：

在警察已经对车内乘坐的人进行了合法的羁押性逮捕的情况

① 一旦被逮捕者已经被逮捕和羁押，那么在另一地点实施的无证搜查，根本不属于附带搜查。*Chambers v. Maroney*，399 U. S. 42，47，90 S. Ct. 1975，1979，26 L. Ed. 2d 419（1970），quoting *Preston v. United States*，376 U. S.，at 367，84 S. Ct.，at 883.

下，作为与该逮捕同时发生的附带事件，他可以搜查那辆汽车的车厢内部……还可以对在车厢内部发现的任何容器内的物品进行搜查。（*Ante*，at 2864）

本院的这一判决不但背离了先例和原则，而且也未能实现为警察判断附带搜查的范围提供一个更可行标准之目的。

二

本案事实已经清楚地表明，本院的做法，即允许警察在逮捕时对被逮捕者当时难以够得着的地方和容器进行搜查，实质上已经扩大了附带搜查的范围。本案事实证明，贝尔顿及其3个同伙先是被要求下车并分开站立以接受拍身搜查，在此之后，他们才受到羁押性逮捕。因此，逮捕发生时，他们中已经无人可以触及放在汽车后座上的皮夹克。纽约州上诉法院是这样描述事件的先 p467
后顺序的：

1978年4月9日，被告人及其3名同伙驾车行驶在纽约州安大略县（Ontario County）的公路上，他们被1名州警察以超速为由截停。警察走到汽车旁边时就闻到从汽车里散发出较浓的大麻气味，后来他在汽车地板上也看到了他认为通常用来贩卖这一物品的信封。在这种情况下，警察命令车内所有人下车、对他们进行拍身搜查、拿走地板上的信封并发现里面确实装着少量大麻。

发现大麻后，当时仍站在车外的诸嫌疑人就被逮捕了。然后，警察再次进入汽车，搜查了汽车车厢内部，并扣押了放在烟灰缸底下的大麻。他还翻遍了在后座放着的5件皮夹克的口袋。当打开其中一件带有拉链的夹克口袋时，他发现了少量的可卡因和被告人的身份证件。（50 N. Y. 2d 447，449，429 N. Y. S. 2d

574，575，407 N. E. 2d 420，421（1980）（emphasis added）.[①]

因此，本院认为：

在被逮捕者或其同伴可能接触这些物品的任何危险都已不复存在的情况下，对难以够得着的皮夹克上带有拉链的口袋进行无证搜查，不能借由附带搜查来获得正当性。（*Ibid.*）而且，“从法庭记录中，我们没有找到支持反对意见者下述主张的证据：在逮捕发生当时，即所谓的无证搜查开始的那个时间点，皮夹克仍
p468 为4个嫌疑人控制，而非处于警察的排他控制之下。（*Id.*，at 452，n. 2，429 N. Y. S. 2d，at 577，n. 2，407 N. E. 2d，at 423，n. 2 quoting id.，at 454，429 N. Y. S. 2d，at 578，407 N. E. 2d，at 424（dissenting opinion））

通过维持本案无证搜查的合宪性，本院开启了一个危险先例，该先例无法根据戚莫尔案据以裁判的原则而获得正当化。本院不但抛弃了“无证搜查的范围必须与免除令状要求的理由相称”的原则（*Cupp v. Murphy*，412 U. S.，at 295，93 S. Ct.，at 2003），而且还认可了警察在被逮捕者不可能“获得武器或易破坏的证据”的情况下，针对“特定区域”实施无证搜查的权限。（*Chimel v. California*，395 U. S.，at 763，89 S. Ct.，at 2040）根据本院今天采取的立场，即使尼考特警官在逮捕前已经给贝尔顿及其同伙戴上了手铐，即使搜查活动扩及锁着的行李或后座上其他难以够得着的容器，结果势必也是一样的。

这一对戚莫尔例外的扩大，不但在逻辑上行不通，而且与我们已经判决的关于附带搜查的任何重要判例都不相符。在这些案件中，一个共同涉及的问题是：警察是否可以合法地对被逮捕者邻近区域进行无证搜查。（See，e. g.，*United States v. Chadwick*，

---

① See also 50 N. Y. 2d，at 454，n. 2，429 N. Y. S. 2d，at 577，n. 2，407 N. E. 2d，at 423，n. 2；Tr. of Oral Arg. 4 – 5；App. A – 36.

433 U. S. , at 15, 97 S. Ct. , at 2485（“警察已经排他地控制了军用小型手提箱长达一个多小时而且被逮捕人早已安全地处于羁押之中”，因此搜查该手提箱不属于附带搜查）；*Coolidge v. New Hampshire*, 403 U. S. , at 456 - 457, and n. 11, 91 S. Ct. , at 2032 - 33, and n. 11（在住宅实施逮捕后，不得对门廊实施附带搜查）；*Chambers v. Maroney*, 399 U. S. 42, 47, 90 S. Ct. 1975, 1979, 26 L. Ed. 2d 419（1970）（羁押被逮捕人后，无证搜查汽车不合法）；*Vale v. Louisiana*, 399 U. S. , at 35, 90 S. Ct. , at 1972（嫌疑人在住宅门前的台阶上被捕，其可立即控制的区域不包括住宅本身）；*Dyke v. Taylor Implement Mfg. Co.* , 391 U. S. , at 220, 88 S. Ct. , at 1474（车内乘客已经被控制起来并带到了法官面前，这种情形下无证搜查汽车不再属于合法的附带搜查）；*Preston v. United States*, 376 U. S. , at 368, 84 S. Ct. , at 883（虽然逮捕当时嫌疑人在车内，但是搜查汽车时他已经在警察局，该搜查不属于合法的附带搜查））上述案件都证明：戚莫尔规则的关键问题，不是被逮捕者是否曾经可以接触到被搜查区域，而是在逮捕和搜查当时他是否可以接触到这些区域。如果无法接触到这些区域，那么警察无证搜查的行为就失去了正当性。[①] 本院忽视了这一既定规则，因而严重地背离了遵循先例原则和第四修正案的根本原则。

三

本院试图以有必要为该领域的警察建立新的“硬性规则”为由，来为自己根本上偏离戚莫尔规则的行为提供正当性理由。

① “在那些试图豁免于宪法强制性要求的人们没有证明具有紧急情形而迫切需要进行无证搜查时，我们无法既遵守该宪法性要求，却又宽恕无证搜查的行为。” *Chimel v. California*, 395 U. S. , at 761, 87 S. Ct. , at 2039, quoting *McDonald v. United States*, 335 U. S. 451, 456, 69 S. Ct. 191, 193, 93 L. Ed. 153（1948）.

但是，正如我们在闵希案（*Mincey v. Arizona*, 437 U. S.，at 393, 98 S. Ct.，at 2413）中所指出的那样："执法活动可能更有效，这一事实本身从来都不足以作为规避第四修正案规定的正当理由。"而且，本院试图创制"硬性规则"的努力也没有实现。虽然"车厢内部/后备箱"的区分，可能为诸如逮捕了司机后立即搜查汽车座位和地板这类常规案件提供了具有可操作性的规则，但是从长远来看，它引发的问题会远远多于它所解决的问题。本院的新方法将会带来太多的问题，而且更重要的是，它为警察和法院提供的寻找答案的手段太少。

p470 关于这一点，尽管本院认为，即使嫌疑人已经在车外，无证搜查仍可进行，但是它并没有指明逮捕嫌疑人后多长时间内搜查仍可以合法地进行。嫌疑人下车 5 分钟后进行无证附带搜查合法吗？30 分钟？3 小时？搜查时，嫌疑人是否可以站在靠近汽车的地方？如果警察在嫌疑人下车前或下车后形成了实施逮捕的合理根据，那情况又如何？今天宣布的规则，为何必然就只限于搜查汽车？当嫌疑人正准备从住宅出来的时候，在门外监视的警察如果已经形成合理根据相信犯罪刚刚发生，又该如何处理？警察可以逮捕嫌疑人并进入房间进行附带搜查吗？即使假定今天的规则仅限于搜查汽车"内部"——这一推论尚缺乏逻辑基础——那么，"内部"的含义是什么？是否包括锁着的汽车仪表台下的杂物箱、门板里面或者汽车地板下面？如果是可以从汽车内部接触到行李舱的旅行车、有仓门式后背的汽车或者是一块玻璃嵌板隔开了驾驶室和汽车其他部分的出租车，是否有必要适用特殊规则呢？可以被搜查的容器是否必须足够大到"可以容纳另一个物体"？这一新规则是否适用于任何容器，即使"不能藏匿武器或据以逮捕嫌疑人的那起犯罪行为的证据"？（Compare *ante*，at 2864，n. 4，with ante，at 2864）

对于这些问题，本院并没有任何"明确的"回答。更重要的是，由于本院的新规则摒弃了戚莫尔规则据以裁判的根本理由，它不能为试图自己寻找答案的警察提供任何指导。正如我们在戚莫尔案中警告的那样："一旦允许搜查超出被逮捕人可以获得武器或证据的范围，第四修正案将无法提供任何理性限制。"（395 U. S.，at 766，89 S. Ct.，at 2041. See also *Mincey v. Arizona*，*supra*，at 393，98 S. Ct.，at 2413）本院没有注意这一警告，因此破坏了——而非发展了——追求一致性的执法目标，因为它并不能在非常规案件中为警察和法院适用这一新规则提供任何原则性的指导。 p471

戚莫尔规则并不像本院所说的那样难以适用。相反，我仍然认为戚莫尔规则为判断附带搜查的合宪性提供了适当而且具有可操作性的规则。根据戚莫尔规则，附带搜查的范围只能限于被逮捕者的人身（see *United States v. Robinson*，414 U. S. 218，94 S. Ct. 467，38 L. Ed. 2d 427（1973））或者其"可立即控制"的范围内。尽管在某些案件中，准确界定被逮捕者可立即控制的范围可能存在困难，但是相关因素必然包括：警察和被逮捕者的人数对比、对被逮捕者采取的限制性手段和被逮捕者接触某一特定地方或容器的可能性。[①] 当然，在一些案件中上述因素可能会不相上下以至于警察难以作出判断，在这种情况下，警察总是可以在作出决定前求助于戚莫尔案据以裁判的根本理念，即防止被逮捕者取得武器或违禁品的必要性。以这一理念为基础的规则势必比 p472

① 我们很容易批驳法院的以下观点：根据上诉法院"排他控制"的解释，"合法的附带搜查将不复存在；甚至只要扣押了被逮捕者身上的某一物品，警察就可以被认为已经把该物置于自己的'排他控制'之下"。*Ante*，at 2865，n. 5. 如果警察简单地将某物握在手中就可以取得对该物排他控制的话，我当然会同意本院的判决。但是，正如我们在查德威克案（*United States v. Chadwick*，433 U. S. 1，14 - 15，97 S. Ct. 2476，2485，53 L. Ed. 2d 538（1977））中所意识到的，排他控制的含义并不止于此。它意味着充分控制以至于不存在被逮捕者或其同伙"可能取得武器或易破坏的证据"的重大危险。*Chimel v. California*，395 U. S.，at 763，89 S. Ct.，at 2040. 正如纽约州上诉法院在本案中已经说过的那样，排他控制是一个需要根据每起案件的具体情况而判断的事实问题。

本院今天宣布的规则更能指导警察。而且，与本院今天宣布之规则不同的是，这一规则能忠实于第四修正案。

大法官怀特（White，J.）发表了反对意见，大法官马歇尔（Marshall，J.）表示附和。

在罗宾斯案（*Robbins v. California*，453 U.S. 420，101 S. Ct. 2841，69 L. Ed. 2d 744）中，我们认为，即使后备箱本身可以因存在搜查汽车的合理根据而被无证搜查，并且即使存在搜查该容器的合理根据，警察也不得在没有令状的情况下搜查汽车后备箱内封闭的容器。这是因为，所有人对容器享有独立的隐私利益。而本院现在却认为，在对司机或者汽车内任何人进行附带搜查时，即使缺乏能找到违禁品或犯罪证据的合理根据，但对汽车内部车厢以及在车内找到的无论是否加了锁的任何容器，不但可以进行扣押，而且还可以实施搜查。就行李、公文包或者其他容器而言，我认为这是对戚莫尔规则的无限扩大。对此，我无法赞同。即使罗宾斯案作了相反的判决并且查德威克案（*United States v. Chadwick*，433 U.S. 1，97 S. Ct. 2476，53 L. Ed. 2d 538（1977））和桑德斯案（*Arkansas v. Sanders*，442 U.S. 753，99 S. Ct. 2586，61 L. Ed. 2d 235（1979））也被推翻，在缺乏合理根据相信里面藏有违禁品或证据的情况下，警察仍不得搜查在汽车后备箱内发现的行李。而本案中，警察丝毫没有怀疑过汽车内的行李、公文包和其他容器中可能藏有警察享有合法利益的任何物品（即可扣押物），但是本院却认可了警察对这些容器的搜查行为。这比本院今天所展现的问题更值得我们警惕。因此，谨呈反对意见如上。

3.3 中方评论

贝尔顿案是戚莫尔规则在机动车辆问题上的具体应用。具体而言，贝尔顿案明确了在对汽车里的人实施羁押性逮捕后，执法官员有权对机动车进行附带搜查的范围问题。根据戚莫尔案所确立的（依法实施羁押逮捕后的）附带搜查例外，在附带搜查过程中，执法官员可以进行无证搜查的范围包括：（1）被逮捕人的身体；（2）被逮捕人可以立即控制的区域，或者说触手可及的区域；（3）如果是在住宅内实施的逮捕，被搜查区域还包括临近逮捕实施地、因而可据以对执法官员猝然实施袭击的壁橱或其他类似空间。需要说明的是，在戚莫尔案中，有关附带搜查范围的讨论主要针对的是在住宅里实施的逮捕。因此，如果在执行逮捕时，被逮捕人坐在汽车里，那么“可立即控制的区域”又应当如何界定呢？贝尔顿案对此作出了明确回答。

在贝尔顿案中，就针对汽车的附带搜查这一特定情形，最高法院为“可立即控制的区域”创设了一条明确规则，即执法官员在对汽车里的人依法实施羁押性逮捕后，可以同步附带搜查汽车的车厢（the passenger compartment）以及在车厢里发现的箱包容器。应当指出的是，在贝尔顿案中，执法官员是在汽车里的人都下车以后，才对汽车车厢进行无证附带搜查的。因此，这时候，汽车车厢事实上已经超出了贝尔顿“触手可及的范围”。但是，最高法院因循罗宾逊案（*United States v. Robinson*）的论证脉络指出，为了避免执法官员在实施逮捕时冒着生命危险反复考虑搜查范围的界限，需要针对此类情形设定一条明确的规则，而不是诉诸个案的考量。

贝尔顿案是一个颇有争议的判例。对此，德雷斯勒教授曾经评论说：

令人难以置信的是：在对汽车里的人实施逮捕的绝大多数案件中，如果被逮捕人已经下了车，汽车的整个车厢居然还会属于被逮捕人可立即加以控制的区域?! 大多数的下级法院判例以及警察的培训手册建议，在对汽车里的人实施逮捕时，对汽车进行搜查前，应当勒令被逮捕人下车、给他戴上手铐并把他关到警车里。据此，如果对于此类案件确实需要确立一个明确的规则，那么以下规则似乎更加合乎情理：一旦被逮捕人已经下了车，或者至少在他被关进警车之后，被逮捕人汽车内的区域也就不再属于被逮捕人可立即加以控制的区域。①

尽管贝尔顿案存在着巨大争议，但是美国最高法院并没有就此止步。相反，在桑顿案（*Thornton v. United States*）② 中，贝尔顿规则被进一步扩张适用于“刚刚从汽车上下来的人”（recent occupants）。在桑顿案中，在警察勒令桑顿停车之前，桑顿已经把车开进了一个停车场，并在那里停车后下了车。因此，当警察与桑顿正面接触时，桑顿已经不在汽车里了。后来，警察发现桑顿携带有高纯度可卡因并据此对其实施了逮捕。在给桑顿戴上手铐并将其关进警车后，警察对桑顿的汽车进行了搜查，在驾驶座底下找到了一把手枪。在桑顿案中，最高法院宣布，警察对桑顿的汽车实施的无证附带搜查是合法的。最高法院判决认为，执法官员与嫌疑人进行首次接触时，无论嫌疑人是坐在汽车里（即“坐在汽车里的人”（an “occupant”））还是已经下了车（即“刚从汽车里下来的人”（a “recent occupant”）），都应当适用贝尔顿规则。最高法院的理由是，就相关方面而言，对站在自己汽车旁边的嫌疑人实施逮捕，将会产生与对坐在车里的人实施逮捕一模一样的担心，即担心执法官员人身安全、担心被逮捕人可能

① ［美］约书亚·德雷斯勒、艾伦·迈克尔斯：《美国刑事诉讼法精解》，吴宏耀译，北京大学出版社2009年版，第212页。

② *Thornton v. United States*, 541 U.S. 615（2004）.

毁灭证据。而且，最高法院继续因循罗宾逊案（*United States v. Robinson*）的论证思路，强调说，不能要求执法警察在街头实施逮捕时，思前想后地评判特定被逮捕人的人身危险性问题。

值得注意的是，桑顿案尽管对贝尔顿规则作出了扩张性解释，可同时也暴露出贝尔顿规则存在着重重危机。在该案中，尽管大法官斯卡利亚和金斯伯格对多数意见表示附和，但是他们同时认为，应当重新回到戚莫尔案的规定，将贝尔顿式的搜查范围限定在“执法官员有理由相信在汽车里可能找到与据以实施逮捕的犯罪相关的证据”。此外，投赞成票的大法官奥康纳也认为，贝尔顿规则的理论根据是难以成立的。

果不其然，4 年后，美国最高法院于 2008 年 2 月 25 对甘特案签发调卷令，决定重新考虑以下问题，即根据贝尔顿案确立的规则，对汽车里的人实施逮捕后，如果被逮捕人对于执法官员的人身安全和证据保全不存在威胁，是否可以对汽车进行无证搜查？就此，最高法院于 2008 年 10 月 7 日举行了法庭辩论，并于 2009 年 4 月 21 日作出如下判决：如果被逮捕人已经被控制而且不可能再接近汽车车厢里面的东西，那么执法官员不能以贝尔顿规则为由对被逮捕人刚刚乘坐的汽车进行无证附带搜查；而且，只有执法官员有理由相信（reasonable to believe）在汽车里可以发现与据以逮捕的犯罪有关的证据，才允许对汽车进行无证附带搜查。

甘特案（*Arizona v. Gant*）① 是一个曾先后两次获得美国联邦最高法院听证的案件。1999 年 8 月 25 日，根据有人从事毒品犯罪的线报，两名身穿制服的警察找到了线报中所说的那幢住宅。敲门后，罗德尼·甘特（Rodney Gant）给他们开了门，但告诉他们说，房子的主人要下午才能回来。离开住宅后，执法官员迅速核查了甘特的情况，并由此获悉，甘特曾因暂吊驾照期间驾车

① *Arizona v. Gant*, U. S. ____ (2003); *Arizona v. Gant*, 556 U. S. ____ (2009).

受到传唤，但并未如期到庭，因此据此签发的逮捕令状尚未执行。于是，当天傍晚时分，他们又来到了那幢住宅。他们到那儿的时候，甘特刚好开车从外面回来，而且已经停好车并从车上下来。执法官员对甘特宣布说他被捕了，并在与汽车存在一段距离的地方对甘特实施了逮捕。甘特被戴上了手铐，关进了巡逻车的后车厢里。之后，执法官员对甘特的汽车进行了搜查；经搜查，他们在汽车里发现了一小包可卡因和一把枪。在上述搜查过程中，至少有四名警察在场，而且除了巡逻车里关押的其他两名被逮捕人，附近再无他人。一名警察后来作证说，在搜查甘特的汽车时，现场已经“被控制了”。

在初审程序中，甘特曾提出动议，要求法院排除通过对汽车进行附带搜查所发现的证据，但没有得到法院的支持。被判有罪后，甘特提起了上诉。上诉法院撤销了原判，并判决说，通过附带搜查发现的证据应当予以排除。控方向亚利桑那州最高法院申请救济，遭到驳回。亚利桑那州向美国联邦最高法院提出申请。2003 年 10 月 20 日，最高法院决定撤销亚利桑那州最高法院的判决，并要求州法院根据亚利桑那州最高法院 2003 年关于迪恩案（*Arizona v. Dean*）[①] 的判决对甘特案重新作出判决。在迪恩案中，亚利桑那州最高法院判决认为，在实施逮捕时，如果被逮捕人不是刚从其汽车上下来的人（not a recent occupant），那么就没有理由对汽车进行无证搜查。因此，在重审中，亚利桑那州法院需要解决的问题是：在执行逮捕时，甘特是否属于刚从汽车上下来的人？经过重审，法院认定甘特是“刚从汽车上下来的人”，因此根据对汽车无证附带搜查获得的证据，维持了甘特的定罪判决。甘特再次提起上诉，上诉法院再次作出了撤销判决的决定，并指出，在该案中，对汽车的无证搜查与对甘特的逮捕活动不是同步发生的（contemporaneous），因此根据戚莫尔规则，

① *State v. Dean*, 76 P. 3d 429 (2003).

不具备实施附带搜查的条件。对此，控方向亚利桑那州最高法院申请救济，亚利桑那州最高法院尽管撤销了上诉法院的判决，却维持了有利于甘特的判决。亚利桑那州最高法院认为，贝尔顿案、罗宾逊案以及桑顿案与本案有别。因为前三个案件涉及的仅仅是允许对汽车进行附带搜查的范围；与此不同，甘特案涉及的问题却是：在现场已经被警方控制的情形下，是否允许对汽车进行附带搜查——这是一个门槛性问题。对此，亚利桑那州最高法院认为，应当综合全案情状作出具体的判断。由于不存在戚莫尔案所要求的危及执法官员的人身安全或毁灭证据的风险，因此亚利桑那州最高法院维持了关于排除附带搜查所得证据的决定。

但是，在该案的判决中，持反对意见的大法官争辩说，多数意见的论证和结论与贝尔顿案相抵触：贝尔顿案明确表示，在对汽车进行无证附带搜查时，根本无须存在以下现实的风险：可能危及执法官员的人身安全或者存在毁灭证据的风险；相反，根据罗宾逊案，依法实施羁押性逮捕这一行为本身就已经为针对汽车进行附带搜查提供了充足的正当化理由。持反对意见的大法官也承认，长期以来，贝尔顿案所确立的明确规则一直饱受责难和批评，但是他们认为，只有联邦最高法院才有权力对该规则的适当性予以重新考虑。

于是，这起简单的案件，兜兜转转，再次摆在了联邦最高法院大法官的面前。而且，在调卷令中，最高法院大法官明确表示，将正视贝尔顿案的适用问题。作为申请人，亚利桑那州请求最高法院重申贝尔顿规则并将该规则适用于甘特案。他们提出的主要论据有三个：第一，合理性（reasonableness）是第四修正案的基石。对于汽车，个人只享有较低的隐私期待，而与之相对的是为了保护执法官员的人身安全和保全证据的政府利益。因此，根据利益权衡的方法，贝尔顿规则强调保护政府利益是合理的。第二，就针对汽车的附带搜查而言，特别需要一个明确的规则，而不应当要求执法官员冒着生命危险去思量特定情形是否适用戚莫尔案所确立的附带搜查例外。第三，贝尔顿规则已经得到了下级法院的普遍认可，因此在不存在推翻先例的重大利益条件下，理应维持贝尔顿规则。与此相对，甘特一方固然承认贝尔顿案的正当性，但是他们认为，控方关于贝尔顿规则的解释存在问题。甘特一方认为，“可立即控制的区域”应当根据戚莫尔案提出的两项标准来判断，而贝尔顿规则显然大大扩张了这一区域。而且他们认为，即使根据贝尔顿案，控方的解释是正确的，但是根据以下两方面的原因，也应当对贝尔顿规则予以限制：第一，在司法实践中，被逮捕人被逮捕后，将被戴上手铐并关进警车后车厢里；因此，有关被逮捕人可能毁灭自己汽车里的证据或者从自己汽车里拿到武器的推定是难以成立的。第二，控方关于贝尔顿规则的解释仅仅是用所谓的一种明确规则取代了其他明确规则。他们争辩说，需要执法官员判断的不是是否适用戚莫尔规则，而是将要进行的附带搜查在时空上是否与逮捕行为“同步发生”(contemporaneous incident)。

在2008年开庭期，甘特案是一个备受关注的第四修正案判例。在联邦最高法院签发调卷令以后，各方力量以“法庭之友”的方式递交了大量书面意见。其中，支持亚利桑那州一方的有：美国联邦政府、佛罗里达州（与其他24州联名）、洛杉矶城区检察局（the Los Angeles County District Attorney）、全美警察联合会（The National Association of Police Organizations，Inc.）等。支持甘特一方的有：美国公民自由协会及其亚利桑那州分会、全美刑辩律师协会、全美联邦辩护人协会。

最终，最高法院以5∶4的微弱多数作出了有利于甘特的判决。大法官史蒂文斯代表最高法院撰写了本案的判决意见。大法官斯卡利亚、苏特、托马斯、金丝伯格表示附和。大法官斯卡利亚发表了独立的协同意见。大法官阿利托发表了反对意见，首席大法官罗伯茨、大法官肯尼迪表示附和；大法官布雷耶发表了独立的反对意见，并对阿利托的反对意见表示部分附和。

最高法院认为，只有在以下情形下，执法官员才能对被逮捕人的汽车进行无证附带搜查，即被逮捕人所在的位置能够接触到自己的汽车，或者执法官员有理由相信（*reasonable belief*）被逮捕人的汽车里藏有与据以实施该项逮捕的犯罪有关的证据（*evidence of the offense of arrest might be found in the vehicle*）。

很显然，在甘特案中，最高法院对贝尔顿规则进行了限缩性解释。在多数意见中，大法官史蒂文斯指出，无证搜查在本质上是不合理的（*warrantless searches are per se unreasonable*），而且只能适用于为数不多、适用范围不大的例外情形。在其协同意见中，大法官斯卡利亚批评说，贝尔顿案及其子嗣判例富有想象力地诉诸执法官员的人身安全，这是一个非常糟糕的理由。

在我看来，我们应当彻底抛弃贝尔顿—桑顿案关于保护执法官员人身安全的文字游戏，并明确推翻这些判例。我愿意作出如下判决：只有当拟于发现的物品属于与据以实施该项逮捕的犯罪有关的证据，或者与执法官员有合理根据相信已经发生的其他与犯罪有关的证据（evidence of the crime for which the arrest was made, or of another crime that the officer has probable cause to believe occurred），对车辆的附带搜查才能说是“合理的”。①

在反对意见中，大法官阿利托根据遵循先例原则争辩说，多数意见事实上等于推翻了贝尔顿案和桑顿案。

综上，无论贝尔顿案是否已经被彻底推翻，不争的事实是：在甘特案以后，就针对汽车的附带搜查而言，其搜查范围的判断依据已经不再是贝尔顿案所确立的明确规则，而应当是甘特案确立的新规则。

---

① *Arizona v. Gant*, 556 U. S. ____ (2009).

3.4 阅读文献

- Holly Wells, *State v. Gant: Departing from the Bright – Line Belton Rule in Automobile Searches Incident to Arrest*, 49 Ariz. L. Rev. 1033 (2007).
- Carol A. Chase, *Cars, Cops, and Crooks: A Reexamination of Belton and Carrol with an Eye toward Restoring Fourth Amendment Privacy Protection to Automobiles*, 85 Or. L. Rev. 913 (2006).
- Dane C. Ball, *Thornton v. United States: Blurring Belton's Bright Line Rule Spells Disaster for Lower Courts and the Fourth Amendment*, 35 Sw. U. L. Rev. 1 (2006 – 2007).
- David S. Rudstein, *Belton Redux: Reevaluating Belton's Per Se Rule Governing the Search of an Automobile Incident to an Arrest*, 40 Wake Forest L. Rev. 1287 (2005).
- Carson Emmons, *Arizona v. Gant: An Argument for Tossing Belton and All Its Bastard Kin*, 36 Ariz. St. L. J. 1067 (2004).
- David S. Rudstein, *Search of an Automobile Incident to an Arrest: An Analysis of New York v. Belton*, 67 Marq. L. Rev. 205 (1983 – 1984).
- Patrick Coughlin, *Expanding the Automobile Search Incident to Arrest: New York v. Belton*, 12 Golden Gate U. L. Rev. 473 (1982).

紧 急 例 外

1. 令状原则之紧急例外：

闵希案（*Mincey v. Arizona*）

437 U. S. 385, 98 S. Ct. 2408（1978）

1.1 案件信息

- **本案争点**

第四修正案是否允许对谋杀现场进行无证搜查？闵希在医院中的陈述是否具有自愿性？

- **最高法院的判决**

最高法院作出了有利于申请人闵希的判决。大法官斯图尔特代表最高法院撰写了本案的判决意见。大法官马歇尔发表了协同意见，大法官布伦南表示附和。大法官伦奎斯特发表了部分同意、部分反对的意见。

该判决认为，将申请人逮捕之后，对其住宅进行为期长达 4 天的无证搜查，不能因“谋杀现场例外”这一理由得以正当化；谋杀案本身并不足以构成紧急情形；闵希被捕这一事实也并未降低宪法对其住宅隐私的保护；闵希在医院中身负重伤、几近昏迷、痛苦不堪，面对警察讯问所作的有罪陈述不具有任意性。

- **该判例的影响**

最高法院虽然承认无证搜查之紧急情形例外，但拒绝由此延伸出“谋杀现场”例外这一扩张性解释。换句话说，对于“谋杀现场”，不能自动适用紧急情形例外，并据此免除令状原则的要求。

1.2 判决正文

鲁弗斯·朱尼尔·闵希
诉
亚利桑那州

第77－5353号
1978年2月21日进行辩论
1978年6月21日作出判决

大法官斯图尔特（Mr. Justice Stewart）代表最高法院撰写了本案的判决意见。

1974年10月28日下午，大都会地区麻醉品执法分队的秘密警察贝利·海德瑞克斯来到亚利桑那州图森市申请人鲁弗斯·闵希居住的公寓并敲门。执法官员海德瑞克斯称，当天早些时候，他试图从闵希处购买一定量的海洛因并随后离开，表面上是为了去取钱。他和9名便衣警察及1名郡县代理检察官一起回来。开门的是约翰·霍德曼，他是闵希熟识的3人之一，他当时正在公寓客厅，并打开了房门。执法官员海德瑞克斯闯进屋内并迅速走向卧室。霍德曼试图关上门以防止其他执法官员进入，但是被推开并撞到墙上。当警察进入公寓时，从卧室内传来一阵急速的枪击声。执法官员海德瑞克斯走出卧室并倒在地板上。当其他执法官员进入卧室时，发现闵希躺在地板上；他受伤了，处于半昏迷状态。几小时之后，执法官员海德瑞克斯在医院辞世。

p388 申请人被指控犯有谋杀罪、伤害罪[①]以及3起麻醉品犯罪。数项指控合并在一个审判中进行，法院判决所有罪名成立。在初审和上诉中，他都争辩说，用以反对他的证据都是从他公寓中通过非法无证扣押获得的，并且用以弹劾他可信性的陈述不具有可采性，因为它们不是自愿作出的。亚利桑那州最高法院根据州法律[②]撤销了谋杀罪和伤害罪的定罪，但是维持了对麻醉品指控的定罪。（115 Ariz. 472，566 P. 2d 273）它认为根据第四修正案和第十四修正案，无证搜查谋杀现场的行为是允许的，并且闵希的陈述是自愿的。我们签发调卷令来考虑这些重要的宪法性问题。（434 U. S. 902，98 S. Ct. 295，54 L. Ed. 2d 188）

一

这里出现的第一个问题在于搜查闵希公寓的行为是否为宪法所允许的。枪声响后，麻醉品执法官员认为其他在公寓内的人员可能已经受伤，因此迅速到处寻找其他被害人。他们发现在卧室壁橱里有一名受伤的年轻女子，在卧室中闵希明显处于半昏迷状态，在客厅里还有3个闵希的熟人（其中1名头部已经受伤）。警察寻求紧急救助，执法官员海德瑞克斯也获得了一些医疗救护。但是，根据图森市警察局的规章，警察不能对牵涉他们的事件进行调查，所以执法官员没有展开进一步的调查。他们没有进一步搜查，也没有扣押任何证据；仅仅控制了嫌疑人和住宅。

p389 然而，10分钟之内，负责调查谋杀案的刑警在听到枪击事件的广播报道后抵达现场，并接管了调查工作。他们监督转移了执法官员海德瑞克斯和嫌疑人，努力确保现场尽可能地少遭破

① 伤害罪的指控是基于以下事实：穿墙而过的一发子弹击中并打伤了客厅中的一个人。

② 州上诉法院认为，陪审团就犯罪意图方面被不适当地作了指示。本案法庭记录显示，在最高法院授予调卷令之后，在初审法院中就申请人的谋杀罪和伤害罪指控的重审一直处于停止状态。

坏。随后，他们开始收集证据。他们的搜查持续了4天，[①] 在那段时间里，他们对整个公寓进行了搜查、拍照并制作了现场勘验图。执法官员打开抽屉、壁橱和柜橱并检查里面的物品；掏空了衣服的口袋；从墙和地板里挖出了子弹的碎片；抽样了部分地毯并带走进行检查。公寓中的每件物品都经过了仔细的检查并记录在案，两三百件物品被扣押。简言之，闵希的公寓遭受了一次彻底的、侵犯性的搜查，但并没有获得任何令状。

申请人排除搜查果实的审前动议在听证之后被驳回。在审判中用以反对他的许多证据（包括照片、图解、子弹和弹壳、枪支、麻醉品和注射工具）都是4天来搜查他公寓的产物。在上诉中，亚利桑那州上诉法院再次维持了先前的判决并认为，无证搜查谋杀现场是宪法所允许的。[②] 该上诉法院的裁定如下：

> 我们认为，在执法官员起初合法地进入住宅的情况下，合理地无证搜查谋杀——或者合理怀疑存在严重犯罪因而造成死亡可能性的严重人身伤害——的现场，并不违反美国宪法的第四修正 p390
> 案。……为使搜查具有合理性，它的目的必须限定于判定死亡的环境，并且搜查的范围一定不能超出此目的。警察的搜查也必须开始于紧随他们第一次知悉谋杀案（或潜在的谋杀案）的合理时间内。(115 Ariz., at 482, 566 P. 2d, at 283)

因为调查谋杀案的刑警知道执法官员海德瑞克斯已经严重受伤，在一抵达公寓后就立即展开搜查，并且仅仅搜查了确证死亡环境或“与动机和意图或认知相关”的证据（*Id.*, at 483, 566

---

① 基于申请人房东的请求，在申请人的租约于1974年10月31日届满之后，警察又于11月搬走了留在公寓内的申请人的财产。

② *State v. Sample*, 107 Ariz. 407, 489 P. 2d 44; State ex rel. *Berger v. Superior Court*, 110 Ariz. 281, 517 P. 2d 1277; *State v. Duke*, 110 Ariz. 320, 518 P. 2d 570. 在前引森浦案中被判决有罪的被告人提交的人身保护令申请遭到拒绝；第九巡回区上诉法院以无证搜查谋杀现场违反了第四修正案和第十四修正案为由，而非其他因素，撤销上述裁定。

P. 2d，at 284），所以法院认为无证搜查申请人的公寓并没有违反第四修正案和第十四修正案。

我们对此不能表示认同。第四修正案禁止一切不合理的搜查和扣押，并且下述是一条最重要的原则，即“除非属于少数具体的、得以清晰界定的例外情形，否则未经法官或地方法官预先批准、未经司法程序审查而实施的搜查活动，本质上属于第四修正案的不合理搜查。”（*Katz v. United States*, 389 U. S. 347，357，88 S. Ct. 507，514，19 L. Ed. 2d 576 （footnotes omitted）；see also *South Dakota v. Opperman*，428 U. S. 364，381，96 S. Ct. 3092，3103，49 L. Ed. 2d 1000 （Powell，J.，concurring）；*Coolidge v. New Hampshire*，403 U. S. 443，481，91 S. Ct. 2022，2045，29 L. Ed. 2d 564；*Vale v. Louisiana*，399 U. S. 30，34，90 S. Ct. 1969，1971，26 L. Ed. 2d 409；*Terry v. Ohio*，392 U. S. 1，20，88 S. Ct. 1868，1879，20 L. Ed. 2d 889；*Trupiano v. United States*，334 U. S. 699，705，68 S. Ct. 1229，1232，92 L. Ed. 1663）亚利桑那州最高法院并不认为对申请人公寓的搜查属于本院先前认可的令状要求之任一例外情形，而是认为，对谋杀现场的搜查应当被认可作为另一种例外情形。

控方提出了几个理由来满足“表明存在此类例外情形……
p391 的证明责任”，作为创设一项新的令状例外的正当理由。（See *Vale v. Louisiana*，*supra*，399 U. S.，at 34，90 S. Ct.，at 1971；*United States v. Jeffers*，342 U. S. 48，51，72 S. Ct. 93，95，96 L. Ed. 59）虽然如此，没有任何理由能够说服我们认为亚利桑那州最高法院描述的此项例外情形是合法的。

控方提出的第一个主张是搜查申请人的公寓没有侵犯任何宪法所保护的隐私权。（See *Katz v. United States*，*supra.*）这一争辩似乎有两个方面：一方面，控方极力主张，闵希因枪杀执法官员海德瑞克斯的行为而丧失了其公寓里的合理隐私期待。最近，我们已经在泰勒案（*Michigan v. Tyler*，436 U. S. 499，505 – 506，

98 S. Ct. 1942，1948，56 L. Ed. 2d 486）中否定了一个类似的弃权观点；在此，它足以说明，即使在收集不利于他的证据之前，也不允许以这种推理将嫌疑人定罪。① 另一方面，控方认为，警察进入公寓并逮捕闵希的行为是对他隐私的重大侵犯，以至于因搜查带来的额外侵扰不具有宪法上的相关性。但是，鉴于此类搜查的扩张性本质，这个主张几乎难以站得住脚。认为被警察合法羁押的人对于他的人身来说只享有较少的隐私权，这是一回事。（See *United States v. Edwards*，415 U. S. 800，808 – 809，94 S. Ct. 1234，1239，39 L. Ed. 2d 771；*United States v. Robinson*，414 U. S. 218，94 S. Ct. 467，38 L. Ed. 2d 427）认为对于他的整幢住宅也只享有较少的隐私权，这完全是另一回事。事实上，上述观点被提出用以支持“附带”搜查被逮捕者的住宅时，我们就已经对之表示拒绝。（*Chimel v. California*，395 U. S. 752，766 n. 12，89 S. Ct. 2034，2042，23 L. Ed. 2d 685）因此，即使搜查 p392
没有侵犯任何宪法所保护的隐私权，也不能为之提供正当性理由。

控方用以支持令状要求的绝对例外情形的第二个主张是，在一起潜在的谋杀案中出现了需要立即采取行动的紧急情形。我们

① 而且，如果谋杀案发生在被害人或陌生人家中，这个理论也是不适用的；而亚利桑那州的判例表明，根据“谋杀现场例外”，此类案件中的无证搜查也是允许的。Cf. *State v. Sample*，*supra*，107 Ariz.，at 409，489 P. 2d，at 46.

并不质疑警察有权就紧急情形作出反应。许多州判例[①]和联邦判例[②]已经对之表示认可，即当警察合理地相信住宅内有人需要立即救助时，第四修正案并不禁止他们无证进入住宅并进行搜查。相似地，当警察来到谋杀现场时，他们可以立即进行无证搜查来查看是否存在其他受害人，或者杀人犯是否仍在屋内。(Cf. *Michigan v. Tyler*, *supra*, 436 U. S., at 509 – 510, 98 S. Ct., at 1950 – 1951)"对于没有迫切需求或紧急情形就是非法的行为来说，保护或保存生命、避免严重伤亡的需要就是他们的正当性
p393 理由。"(*Wayne v. United States*, 115 U. S. App. D. C. 234, 241, 318 F. 2d 205, 212 (opinion of Burger, J.)) 并且，在警察合法的活动过程中，他们可以扣押一眼就能发现的任何证据。

---

① E. g., *People v. Hill*, 12 Cal. 3d 731, 753 – 757, 117 Cal. Rptr. 393, 410 – 413, 528 P. 2d 1, 18 – 21; *Patrick v. State*, 227 A. 2d 486, 488 – 490 (Del.); *People v. Brooks*, 7 Ill. App. 3d 767, 775 – 777, 289 N. E. 2d 207, 212 – 214; *Maxey v. State*, 251 Ind. 645, 649 – 650, 244 N. E. 2d 650, 653 – 654; *Davis v. State*, 236 Md. 389, 395 – 397, 204 A. 2d 76, 80 – 82; *State v. Hardin*, 90 Nev. 10, 518 P. 2d 151; *State v. Gosser*, 50 N. J. 438, 446 – 448, 236 A. 2d 377, 381 – 382; *People v. Mitchell*, 39 N. Y. 2d 173, 383 N. Y. S. 2d 246, 347 N. E. 2d 607; *State v. Pires*, 55 Wis. 2d 597, 603 – 605, 201 N. W. 2d 153, 156 – 158. 其他案件在文献中采集，The Emergency Doctrine, Civil Search and Seizure, and the Fourth Amendment, 43 Ford. L. Rev. 571, 584 n. 102 (1975). See also ALI Model Code of Pre – Arraignment Procedure § SS 260. 5 (Prop. Off. Draft 1975). 当然，援引这些案例和那些随后文献中的案例，我们并不是意图支持每个判例的具体判决意见。

② E. g., *Root v. Gauper*, 438 F. 2d 361, 364 – 365 (CA8); *United States v. Barone*, 330 F. 2d 543 (CA2); *Wayne v. United States*, 115 U. S. App. D. C. 234, 238 – 243, 318 F. 2d 205, 209 – 214 (opinion of Burger, J.); *United States v. James*, 408 F. Supp. 527, 533 (SD Miss.); *United States ex rel. Parson v. Anderson*, 354 F. Supp. 1060, 1086 – 1087 (Del.), aff'd, 481 F. 2d 94 (CA3); see *Warden v. Hayden*, 387 U. S. 294, 298 – 299, 87 S. Ct. 1642, 1646, 18 L. Ed. 2d 782; *McDonald v. United States*, 335 U. S. 451, 454 – 456, 69 S. Ct. 191, 192 – 193, 93 L. Ed. 153; *Johnson v. United States*, 333 U. S. 10, 14 – 15, 68 S. Ct. 367, 369, 92 L. Ed. 436.

(*Michigan v. Tyler*, *supra*, 436 U. S. , at 509 – 510, 98 S. Ct. , at 1950 – 1951; *Coolidge v. New Hampshire*, 403 U. S. , at 465 – 466, 91 S. Ct. , at 2037 – 2038)

但是，无证搜查必须“严格限定于允许发动搜查之情形，并以此作为它的正当理由”。(*Terry v. Ohio*, 392 U. S. , at 25 – 26, 88 S. Ct. , at 1882) 而且，不能简单地主张，任何危及生命或肢体的紧急情形都能为此类搜查提供正当性理由。在调查谋杀案的执法官员抵达闵希公寓并开展搜查之前，所有在那里的人都已被找到。并且，为紧急搜查提供正当性理由的合法担忧，难以使持续4天的搜查行为——包括打开梳妆台抽屉、撕碎地毯在内——合理化。

控方指出，对极端严重的谋杀案立即展开调查，符合极为重要的公共利益。没有人能怀疑此目标的重要性。但是，在调查其他严重犯罪时，公共利益也是同样重要的。如果无证搜查谋杀现场是合理的，那么为什么无证搜查强奸、抢劫或盗窃现场就是不合理的呢？“第四修正案相关的考量因素表明，不存在任何一点”针对该理论的“合理限制”。(*Chimel v. California*, *supra*, 395 U. S. , at 766, 89 S. Ct. , at 2041)

此外，仅仅因为执法活动可能会变得更加困难这一事实本身，根本无法构成漠视第四修正案要求的正当理由。(Cf. *Coolidge v. New Hampshire*, *supra*, at 481, 91 S. Ct. , at 2045) 如果不要求司法令状，侦查犯罪肯定会变得更加容易。但是，第四修正案反映了权利法案缔造者的这样一种观点，即个人对于住宅和财产的隐私不会因为最大限度地便利刑事执法而牺牲掉。(See *United States v. Chadwick*, 433 U. S. 1, 6 – 11, 97 S. Ct. 2476, 2481 – 2483, 53 L. Ed. 2d 538) 基于这个原因，一般来说，要求 p394
获得令状来搜查个人住宅或他的人身，除非“情况的紧急性”使得执法需求如此的强烈，以至于根据第四修正案，无证搜查客观上是合理的。(*McDonald v. United States*, 335 U. S. 451, 456,

69 S. Ct. 191，193，93 L. Ed. 153；*Johnson v. United States*，333 U. S. 10，14－15，68 S. Ct. 367，369，92 L. Ed. 436. See，e. g.，*Chimel v. California*，*supra*（为了发现证据而搜查被逮捕的嫌疑人和他立即控制的领域）；*Warden v. Hayden*，387 U. S. 294，298－300，87 S. Ct. 1642，18 L. Ed. 2d 782（“热追捕”逃逸的嫌疑人）；*Schmerber v. California*，384 U. S. 757，770－771，86 S. Ct. 1826，1835－1836，16 L. Ed. 2d 908（即将发生毁坏证据的行为）；see also *supra*，at 2413－2414）

事实上，正如亚利桑那州最高法院承认的那样，除了调查之中的是谋杀案这一事实以外，本案中没有任何紧急情形。（115 Ariz.，at 482，566 P. 2d，at 283）没有迹象表明，在获得令状所需的时间内，证据将会遗失、遭毁坏或被移走。事实上，警察对于公寓的控制使得上述可能性得以最小化。并且，也没有任何迹象显示出无法简便地获得搜查令状。故我们拒绝认为：接受调查的犯罪行为的严重性本身创造了一种紧急情形，根据第四修正案，该紧急情形能为无证搜查提供正当性理由。

最后，控方争辩说“谋杀现场例外”是宪法所允许的，因为在亚利桑那州最高法院判决中（see *supra*，at 2411－2412）详细解释的准则中，它的适用范围受到了严格的限制。[①] 鉴于本案中扩张性的搜查，人们可能会提出以下质疑，即对于那些家中发生谋杀或伤害案件的个人而言，上述准则到底给他们提供了什么样的保护？事实上，这些所谓的准则几乎无法像控方声称的那样
p395 受到严格的限制。它们赋予每个警察无约束的裁量权去解释术语，诸如“合理……搜查”、“合理怀疑存在严重犯罪因而造成死亡可能性的严重人身伤害”和“合理时间”。就这种合理性的

① 控方也依靠以下事实，即能通过排除证据动议来强制遵循这些准则。但是，第四修正案“旨在防止非法的警察行为，而并非简单地进行赔偿。”*Chimel v. California*，395 U. S. 752，766 n. 12，89 S. Ct. 2034，2042，23 L. Ed. 2d 685.

司法评定与意欲搜查的范围而言，第四修正案强调的是，它们必须由1名中立、客观的地方法官而不是1名警察来作出决定。(See, e. g., *United States v. United States District Court*, 407 U. S. 297, 316, 92 S. Ct. 2125, 2136, 32 L. Ed. 2d 752; *Coolidge v. New Hampshire*, *supra*, at 449 – 453, 91 S. Ct., at 2029 – 2031; *Mancusi v. DeForte*, 392 U. S. 364, 371, 88 S. Ct. 2120, 2125, 20 L. Ed. 2d 1154; *Wong Sun v. United States*, 371 U. S. 471, 481 –482, 83 S. Ct. 407, 413 –414, 9 L. Ed. 2d 441)

相当可能的情况是，亚利桑那州最高法院所描述的情形经常足以合宪地获得一份针对较大范围的搜查令状。但是，第四修正案要求在每起案件中，首先必须由中立的地方法官来作出此类判断。

狂热的执法官员常常无法理解的是，第四修正案的精髓并不在于否定以"理性人根据证据进行日常推理"为基础的法律执行活动。第四修正案提供的保护，在于要求由中立的、不偏不倚的地方法官进行此类推理，而不是由从事往往具有对抗性质的追究犯罪活动的执法官员来作此类判断。(*Johnson v. United States*, *supra*, at 13 – 14, 68 S. Ct., at 369)

总之，我们认为，亚利桑那州最高法院创设的"谋杀现场例外"是与第四修正案和第十四修正案不一致的——无证搜查闵希的公寓不是宪法所允许的，即使最近在那里已经发生了谋杀案。①

p396

二

鉴于本案将可能重新进行审判，② 所以考虑申请人的下述主

① 如果存在证据的话，那么根据第四修正案确证的标准，在何种程度上允许扣押闵希公寓内发现的证据；这个问题将留待亚利桑那州法院解决。

② See also n. 2, *supra*.

张也是合适的，即他在医院病床上所作的陈述不是自愿的，因此不能在审判中合宪地用以反对他。

枪击案发生后闵希被带到医院，并且被立即送往急诊室接受检查治疗。他臀部受伤，致使坐骨神经受损且右腿部分瘫痪。软管插入他的喉咙以帮助他呼吸，并穿过鼻子插进他的胃中以防止他呕吐；导尿管插进了他的膀胱。他接受了各种药物治疗，并在他的手臂上系上一个装置以使他能接受静脉注射。随后，他被转入加护病房。

大约晚上 8 点钟，图森市警察局的刑警哈斯特来到加护病房询问他。因为有软管在闵希嘴里，所以他不能说话，他利用医院提供的纸书面回答了刑警哈斯特的问题。[①] 哈斯特告诉闵希他已经因谋杀警察而被逮捕，根据米兰达规则（*Miranda v. Arizona*, 384 U. S. 436, 86 S. Ct. 1602, 16 L. Ed. 2d 694）的要求给予闵希警告后，开始就几小时前发生在闵希公寓的事情对他进行发问。尽管闵希反复请求停止询问直至他能获得 1 名律师，但是哈斯特继续向他发问直至深夜。

p397 在审前听证之后（see *Jackson v. Denno*, 378 U. S. 368, 84 S. Ct. 1774, 12 L. Ed. 2d 908），初审法院认为闵希已经自愿地回

① 考虑到进行询问的方式，仅存的同步询问记录由闵希的书面回答组成。哈斯特作证说，第二天他仔细检查了这份文件并作了一些注释以帮助他重构对话。在一份显示日期是一周后的书面汇报中，哈斯特书面誊写了闵希的回答并增加了他相信自己已经提过的问题。在随后的审判中，就是这份书面汇报被用以对闵希进行交叉询问。

答了询问。[①] 当闵希在审判中作证时，他对刑警哈斯特问题的回答被用以试图从诸多方面弹劾他的可信性。[②] 在上诉审中，亚利桑那州最高法院表明了自己的看法，即由于刑警哈斯特没有尊重闵希获得律师的请求，所以陈述不能作为控方证据使用。（*Miranda v. Arizona*, *supra*）但根据哈里斯案（*Harris v. New York*, 401 U. S. 222, 91 S. Ct. 643, 28 L. Ed. 2d 1）和哈斯案（*Oregon v. Hass*, 420 U. S. 714, 95 S. Ct. 1215, 43 L. Ed. 2d 570），亚利桑那州最高法院认为，初审法院认定陈述系自愿作出且并不是“清晰、明显”的错误，所以陈述可以恰当地用以弹劾目的。(115 Ariz.，at 480，566 P. 2d，at 281)

在违反米兰达规则的情况下，如果被告人所作陈述的“可靠性……满足了法律标准”，那么可以基于弹劾的目的而采信它们。（*Harris v. New York*, *supra*, 401 U. S.，at 224，91 S. Ct.，at p398
645；*Oregon v. Hass*, *supra*, 420 U. S.，at 722，95 S. Ct.，at 1220）但是，“即使在自白之外存有充分的证据来支持定罪”，任何将被告人不自愿的陈述用以在刑事审判中反对他的做法都违

① 初审法院没有作出事实认定，也没有作出明确的自愿性认定，并且申请人主张认为采信陈述将违反杰克逊案。然而，我们同意亚利桑那州最高法院的下述看法，自愿性地认定“从法庭记录中显示出具有确定无误的清晰性”。*Sims v. Georgia*, 385 U. S. 538, 544, 87 S. Ct. 639, 643, 17 L. Ed. 2d 593. 申请人起初已经基于以下两点理由提出动议排除他就哈斯特问题所作的书面回答：陈述是以违反米兰达规则（*Miranda v. Arizona*, 384 U. S. 436, 86 S. Ct. 1602, 16 L. Ed. 2d 694）的方式获得的，并且回答不是自愿的。在听证中，控方提出证据约定说，如果他作证，那么回答将仅被用以弹劾申请人。因此，任何对于米兰达规则的违反变得不再具有相关性。*Oregon v. Hass*, 420 U. S. 714, 95 S. Ct. 1215, 43 L. Ed. 2d 570；*Harris v. New York*, 401 U. S. 222, 91 S. Ct. 643, 28 L. Ed. 2d 1. 此后，证言、摘要和律师的辩论都仅仅指向了回答是否出于自愿，并且，法院特别裁定认为它们仅基于弹劾目的而具有可采性。因此，法院必然认为闵希对于哈斯特询问的回应是自愿的。

② 鉴于我们认为闵希在医院中的陈述不是自愿地作出的，故没有必要去延伸至他替代性的下述主张，即不允许将陈述用以反对他，因为它们与他的听审证言非常一致。

反了法律的正当程序。（*Jackson v. Denno*，378 U. S. supra，at 376，84 S. Ct.，at 1780；*Haynes v. Washington*，373 U. S. 503，518，83 S. Ct. 1336，1345，10 L. Ed. 2d 513；*Lynumn v. Illinois*，372 U. S. 528，537，83 S. Ct. 917，922，9 L. Ed. 2d 922；*Stroble v. California*，343 U. S. 181，190，72 S. Ct. 599，603，96 L. Ed. 872；see *Chapman v. California*，386 U. S. 18，23 and n. 8，87 S. Ct. 824，828，17 L. Ed. 2d 705）因此，如果闵希对刑警哈斯特所作的陈述不是"'合理理智和自由意志的产物'（*Townsend v. Sain*，372 U. S. 293，307，83 S. Ct. 745，754，9 L. Ed. 2d 770，quoting *Blackburn v. Alabama*，361 U. S. 199，208，80 S. Ct. 274，280，4 L. Ed. 2d 242）"，那么将不能维持对他的定罪。在作出这个至关重要的决定时，我们没有受制于亚利桑那州最高法院认为陈述是自愿的这个观点。事实上，本院有义务去对法庭记录作出独立的评价。（*Davis v. North Carolina*，384 U. S. 737，741－742，86 S. Ct. 1761，1764，16 L. Ed. 2d 895；*Haynes v. Washington*，*supra*，at 515－516，83 S. Ct.，at 1345）

很难想象存在一种更不利于闵希使用"合理理智和自由意志"的情形。仅几个小时前他刚严重受伤了，而且据他的主治医生说，他是在"精神不振、几乎昏迷"的状态下被送到了医院。尽管他已经接受了一些治疗，但是，在哈斯特询问他时，他在加护病房中的伤情仍十分严重。① 他向哈斯特抱怨说腿上的疼痛"难以忍受"。很明显，他神志不清，并且不能清醒地考虑当
p399 天下午发生的事情抑或询问当时的情形，因为他的一些书面回答

① 在证据排除听证中一位护士作证说，用于帮助闵希呼吸的装置是留给"更重要的"病人使用的。而且，很明显，闵希在枪击案发生后仍在医院治疗了近一个月。根据初审法院的法庭记录事项，因闵希仍在医院，所以对他的聆讯推迟了好几次；直到1974年11月26日才对他进行聆讯。

表面上看来就不是完全连贯一致的。[①] 最后，当闵希被提问时，他背靠在医院的床上，被软管、针和呼吸器具所束缚。简言之，他“完全处于”刑警哈斯特的“支配下”，不能逃逸或抵抗哈斯特询问的压力。(Cf. *Beecher v. Alabama*, 389 U. S. 35, 38, 88 S. Ct. 189, 191, 19 L. Ed. 2d 35.)

在这种疲惫不堪、不能自理的身体状况下，闵希明确地表达了他不愿接受询问的愿望。当哈斯特的问题突然转向下午案件的具体细节时，闵希就说道：“在没有律师的情况下，我能说的就只有这些。”虽然如此，哈斯特继续向他发问，并且在场的一位护士建议闵希最好作出回答。闵希对多个问题作了无针对性的或无信息价值的答复，并随后再次表明如果没有律师的话他不想多说。哈

① 例如，闵希写的两个回答是：“是你……我……他给了我一些钱（没有）(Do you me Did he give me some money (no))”和“每个人都认识对方（Every body know Every body)”。而且，闵希明显认为他被几个不同的警察讯问而不只是哈斯特一个；尽管就是哈斯特告诉闵希他已经杀了一名警察，随后的讯问中闵希指出他认为是其他人干的。

斯特不理睬那个要求并随后立即提出另一个问题。[①] 事实上，在整

---

① 在他重构的询问中（see n. 11，*supra*），哈斯特陈述说，在他询问闵希一些问题以试图识别另一名受害人后，出现了下述情形：

"哈斯特：……你还记得发生了什么？

闵希：我记得有人站在我面前说"过来黑鬼，过来。"我在床边的地板上。

哈斯特：你是否记得打中了人或开了枪？

闵希：在没有律师的情况下，我能说的就只有这些。

哈斯特：如果你现在想要获得一名律师，那我不能继续和你谈话了，然而如果你不想回答就不必回答任何问题。你是否还想继续和我谈话呢？

闵希：（断然地摇了摇头。）

哈斯特：你还记得别的什么？

闵希：我的头都要炸了。有太多的事情我都不记得了。比如他们是如何进入公寓的。

哈斯特：哪些人是如何进入公寓的？

闵希：警察。

哈斯特：你有没有卖给你枪击的那个家伙一些麻醉品？

闵希：你的意思是他有没有给我钱？

哈斯特：是的。

闵希：没有。

哈斯特：你有没有给过他样品？

闵希：你说的样品指的是什么？

哈斯特：给他品尝的少量的毒品或麻醉品？

闵希：没有律师我不能说。

哈斯特：他们进入公寓时是否有人说他们是警察或缉毒刑警？

闵希：先让我整理一下思路。你知道，我并不确定这么快发生的每件事。此时我不能回答，因为我不认为是这样的，我不确定。此刻，对于一些问题我并不十分清楚。

哈斯特：你有没有开枪打人？

闵希：我不能说，我必须见律师。"（Emphasis supplied.）

尽管闵希的一些回答看起来比较像是对问题的回应，但是必须牢记的是，哈斯特是在之后某一天加上的问题，并由他自己附上了回答。See n. 11，*supra.* 哈斯特汇报的可靠性是不确定的。例如，哈斯特声称在闵希第一次表达出保持沉默的请求时，他立即告诉闵希不必回答任何问题，但是回应表示他希望继续。没有任何同时的记录来支持哈斯特的以下陈述，即在闵希声称不愿进一步回答问题后，他立即表现出来的不一致性；询问过程中在场的护士也不能补强哈斯特的陈述。很明显，亚利桑那州最高法院就此点不相信哈斯特，因为它指出"每一次闵希指出他想要咨询律师或他想要停止回答问题后，警察仍继续询问他"。115 Ariz.，at 479，566 P. 2d，at 280（emphasis supplied）.

个询问过程中，闵希一直徒劳地请求哈斯特停止。而且，他多次 p400
抱怨说自己精神很混乱，不能清醒地思考，第二天他会更准确地 p401
答复。① 虽然置闵希的恳求于不顾，仅在闵希失去意识或接受医务治疗时的间隔期间，哈斯特停止了询问，但在每次治疗中断后立即无情地恢复了询问工作。因此，争议之中的陈述实际上是对严重受伤、极端痛苦并处于昏迷边缘的人不断询问的结果。

本案中不存在某些粗野的虐待行为，它们已经使得本院在其他案件中认定自白是非自愿的，如毒打（see *Brown v. Mississippi*, 297 U. S. 278, 56 S. Ct. 461, 80 L. Ed. 682）或者使用“能让人吐露实情的麻醉药”（see *Townsend v. Sain*, 372 U. S. 293, 83 S. Ct. 745, 9 L. Ed. 2d 770）。但是，“被告人的鲜血并不是违宪询问的唯一标志。”（*Blackburn v. Alabama*, 361 U. S., at 206, 80 S. Ct., at 279）决定一项陈述是否是非自愿的，“要求的不只是纯粹在案例之间进行对色比较”。（*Reck v. Pate*, 367 U. S. 433, 442, 81 S. Ct. 1541, 1547, 6 L. Ed. 2d 948）它要求对询问的所有情形进行仔细的评价。②

从本案的法庭记录可以明显地看出，闵希的陈述不是“他自由、理性选择的产物”。（*Greenwald v. Wisconsin*, 390 U. S. 519, 521, 88 S. Ct. 1152, 1154, 20 L. Ed. 2d 77）相反，无可争

① 除了前页脚注①中引用的陈述外，闵希在询问中多次写道：“有大量的事情都不清楚”，“那就是为什么我必须有时间去重新回忆记忆中发生的每件事的原因”，“到目前为止我并不确定”。他也写道：“是否现在有可能获得律师。我们能完成交谈。没有律师的话，我可能将某些事情张冠李戴；如果有律师，此时他能给我指引正确的方向。”他在另一点中写道：“让我们明天面对面地继续吧。我不能说清楚事实，不能说清是否发生了我不知道的事情。”在询问结束前，闵希两次请求获得律师。

② E. g., *Boulden v. Holman*, 394 U. S. 478, 480, 89 S. Ct. 1138, 1139, 22 L. Ed. 2d 433; *Clewis v. Texas*, 386 U. S. 707, 708, 87 S. Ct. 1338, 1339, 18 L. Ed. 2d 423; *Haynes v. Washington*, 373 U. S. 503, 513 – 514, 83 S. Ct. 1336, 1842 – 1843, 10 L. Ed. 2d 513.

辩的证据清楚地显示出闵希并不想回答刑警哈斯特的问题。但是，闵希被疼痛和打击削弱了意志，与家人、朋友和律师相隔
p402 离，几乎没有意识，并且他的意志很容易被压制。法律的正当程序要求以此种方式获得的陈述不能在对他的审判中以任何方式用以反对他。

三

基于前述理由，本院撤销亚利桑那州最高法院的判决，并将本案发回重审；重审不得与本判决相违。

特此判决！

大法官马歇尔（Mr. Justice Marshall）发表了协同意见，大法官布伦南（Mr. Justice Brennan）表示附和。

我协同本院的意见，认为被告人根据第四修正案和第十四修正案享有的权利被侵犯了。今天我撰写协同意见来强调本案所论证的问题，但是当我们被要求去审查州刑事定罪案件中出现的第四修正案的其他问题时，它将更广泛地适用到所有案件中。

至于仅仅为了解决本案中非自愿陈述的争点，我们是否会签发调卷令，此点尚不清楚，因为那本可以通过联邦人身保护令加以解决。然而，考虑到关于第四修正案的争点，我们几乎没有选择，只能进行审查，因为我们在斯通案（*Stone v. Powell*, 428 U.S. 465, 96 S. Ct. 3037, 49 L. Ed. 2d 1067（1976））中的判决拒绝签发联邦人身保护令来考虑此类争点问题。在斯通案中，本院认为，“当控方已经提供了一次基于第四修正案主张的完整、公平的诉讼机会时，1名州的犯人基于以下原因可能不会被签发联邦人身保护令，即在对他的审判中提交了违宪搜查或扣押获得的证据。”（*Id.*, at 494, 96 S. Ct., at 3052（footnotes omitted））鉴于该意见，申请人将不能向受理联邦人身保护令申请的法院提出本院今天一致支持的第四修正案主张。

经过审查亚利桑那州最高法院就本案第四修正案争点问题所作的判决后，紧随斯通案施加给本院的额外职责变得明朗起来。 p403
亚利桑那州法院在 1971 年的案例中创设了“谋杀—现场例外”。(*State v. Sample*，107 Ariz. 407，409 – 410，489 P. 2d 44，46 – 47) 1 年后，当上述案件的被告人申请联邦人身保护令时，美国第九巡回区上诉法院和我们今天同样裁定认为，这一例外不能根据第四修正案获得支持。(*Sample v. Eyman*，469 F. 2d 819，821 – 822 (1972)) 在我们对斯通案作出判决前，亚利桑那州最高法院全体法官对此争点问题进行了考量，很明显，尽管它认定本案与先前的判例不同，但还是受到第九巡回区森浦案判决的约束。(*State v. Duke*，110 Ariz. 320，324，518 P. 2d 570，574 (1974))①

然而，当亚利桑那州最高法院就本案作出判决时，它采取了一种不同的方法。几乎在斯通案一年后作出的这份判决仅仅指出第九巡回区法院不同意亚利桑那州法院关于谋杀现场例外的合法性这一观点。(115 Ariz. 472，482 n. 4，566 P. 2d 273，283 n. 4 (1977)) 因此，它创造了有富有影响力的“冲突”，需要我们来加以解决。(Cf. this Court's Rule 19 (1) (b)) 如果没有签发调卷令，我们将长期留存一项州最高法院就联邦宪法问题所作的判决——而对州富有特殊职责的联邦最高法院已经以直接相反的方法解决了该问题。不论哪个法院关于宪法的观点都是正确的，此 p404

① 在闵希案（115 Ariz. 472，482，566 P. 2d 273，283（1977））的判决意见中，亚利桑那州最高法院指出，本案非森浦案和杜克案涉及谋杀—现场例外。*State ex rel. Berger v. Superior Court*，110 Ariz. 281，517 P. 2d 1277（1974）. 然而，后一案件的两项科刑意见没有对基础事实提供任何解释，也没有援引亚利桑那州法院和第九巡回区法院对森浦案的判决。因此，无法判断伯格案中的情况是否在任何方面与森浦案、杜克案和闵希案相似，也无法判断审理伯格案的法院是否草率地忽视了第九巡回区法院对森浦案的判决，或者相反，像在杜克案（伯格案后两周作出判决）中一样，认为是有别于森浦案的。

种关于第四修正案问题的不一致性明显是不受欢迎的；而且无论是对于州被告人、检察官还是艰难裁决应当排除这些证据的法官而言，都是不公平的。

在斯通案之前，对于诸如本案的情况不需要签发调卷令，因为被告人可以获得联邦人身保护令的救济。事实上，在斯通案之前，本案的申请人可能甚至不必利用联邦人身保护令，因为正如上文中讨论的那样，亚利桑那州法院在此之前更加倾向于遵循联邦第九巡回区法院的宪法性声明。但是，考虑到违反了第四修正案，斯通案排除了人身保护令的救济，因而就这些问题所作的裁定，允许州法院偏离于下级联邦法院，并给本院施加相对沉重的负担来确保联邦法在第四修正案领域内的统一性。

在斯通案的判决中，我的兄长布伦南写道，“制度上的限制完全排除了任何下述可能性，即本院能够充分监督州法院是否适当地适用了联邦法”。（428 U. S.，at 526，96 S. Ct.，at 3067（dissenting opinion）；see *id.*，at 534，96 S. Ct.，at 3071.）由于这些限制，在那些不具全国性的重要意义、以前能留给下级联邦法院的案件中，我们将经常面对一个霍布森式的选择①：要么拒绝签发调卷令，使得州和联邦关于第四修正案权利的不同判决继续存在；要么签发调卷令，并因此增加我们业已过于紧凑的日程安排来考虑本应在别处解决的问题。鉴于这一问题和其他的问

① 1631年，英国剑桥商人霍布森贩马时，把马匹放出来供顾客挑选，但附加了一个条件，即只许挑选最靠近门边的那匹马。显然，加上这个条件实际上就等于不让挑选。对这种无选择余地的所谓“选择”，后人讥讽为“霍布森式的选择”。——译者注

题，[①] 我希望本院在一定程度上重新考虑对斯通案的判断。[②] p405

大法官伦奎斯特（Mr. Justice Rehnquist）发表了部分同意、部分反对的意见。

申请人被指控犯有谋杀罪、伤害罪以及3项麻醉品犯罪。他就所有指控被判定有罪。在上诉中，亚利桑那州最高法院撤销了除麻醉品罪以外的所有定罪。（115 Ariz. 472，566 P. 2d 273（1977））在他的调卷令申请中，他质疑了针对麻醉品定罪所提交的重要证据——该证据是在他的公寓里进行长时间无证搜查中扣押得到的。申请人也质疑了他对警察所作的与谋杀指控相关的各种陈述的自愿性。我们签发了调卷令（434 U. S. 902，98 S. Ct. 295，54 L. Ed. 2d 188），并且本院今天就所有争点问题撤销了亚利桑那州最高法院的判决。本院认为，无证搜查不能基于亚利桑那州最高法院的理由而获得正当性，我对此表示同意，但是我对最高法院关于闵希的陈述是非自愿的因而不可采的裁定表示反对。

一

我附和本院第一部分的意见。正如亚利桑那州最高法院承认的那样，根据审判中认定的事实，对申请人的公寓持续4天的无证搜查"不属于任何通常的'紧急情形'例外"。（115 Ariz.，at 482，566 P. 2d，at 283）相反，控方请求我们采纳令状要求之 p406

---

① 斯通案的判决给下级联邦法院减轻的负担并不像斯通案多数意见可能希望的那样多，因为那些法院不得不为本院意指的"一次基于第四修正案主张的完整、公平的诉讼机会"而努力奋斗。428 U. S.，at 494，96 S. Ct.，at 3052. See，e. g.，*Gates v. Henderson*，568 F. 2d 830（CA2 1977）；*United States ex rel. Petillo v. New Jersey*，562 F. 2d 903（CA3 1977）；*O'Berry v. Wainwright*，546 F. 2d 1204（CA5 1977）.

② 目前，在国会悬而未决的一项法案将可能具有推翻斯通案的效力。S. 1314，95th Cong.，1st Sess.（1977）；see 123 Cong. Rec.（11347 – 11353（1977））.

“谋杀现场”例外，本院基于其所论述的理由正确地拒绝了这一请求。

就此争点问题我独立地撰写意见旨在强调以下问题，即如果存在依据确证的第四修正案标准而扣押的证据，那么什么样的证据能留由亚利桑那州法院在案件发回重审时去裁决。（*Ante*，at 2415 n. 9）很明显，控方在审判中提交的大多数证据是在枪击案发生当天从公寓中取走的。（App. 40）而且，控方的诉讼摘要也表明，某些证据——例如，地板上的血迹——需要进行立即检查。（Brief for Respondent 70－71）下述问题应当留由亚利桑那州法院在案件发回重审时进行考虑，即如果去申请令状，那么什么样的证据将会“遗失、遭到毁坏或被移走”（*ante*，at 2415）而因此需要立即进行搜查，或者什么样的证据是一眼就能发现的。

在考虑紧急情形是否要求搜查、扣押某一证据时，公寓内先前发生的案件不容忽视。我同意本院的下述意见，即在枪击案发生后为了搜寻被害人，警察进入住宅逮捕闵希的行为并不能为随后对公寓持续4天的搜查提供正当性理由。（*Ante*，at 2413－2414）但是，某一搜查的合宪性即是它的合理性问题，并且取决于“在公共利益和个人保护其人身安全不受执法官员恣意干涉的权利之间进行的权衡比较”。（*United States v. Brignoni－Ponce*，422 U. S. 873，878，95 S. Ct. 2574，2579，45 L. Ed. 2d 607（1975）. See *Terry v. Ohio*，392 U. S. 1，19，88 S. Ct. 1868，1878，20 L. Ed. 2d 889（1968）. *Pennsylvania v. Mimms*，434 U. S. 106，98 S. Ct. 330，54 L. Ed. 2d 331（1977））我们认为，一旦因交通违章而合法扣押机动车辆时，警察能够合宪地命令司机走出车辆。在该判决意见中，我们强调这种颇受质疑的侵扰“不是由最初截停车辆引起的——无可否认，这是具有正当理由的——而是由走出车辆的命令所引起的。我们认为，这种额外的
p407 侵扰仅能被描述为微量标准（de minimis）的侵扰”。（*Id.*，at

111，98 S. Ct.，at 333）相似地，在本案中，由枪击案引起的先前侵扰和警察前往现场的反应可能使某些紧急情形下的搜查合法化，而在更稀松平常的情形下就可能不允许进行搜查。

二

就闵希所作的仅与谋杀指控相关陈述的可采性问题，本院第二部分的意见为亚利桑那州法院提供了建议。因为对闵希谋杀罪的定罪判决被亚利桑那州最高法院撤销，并且也不确定是否将进行重审，所以我不愿涉及此争点问题。然而，鉴于本院解决了该问题，所以我必须附上对此结论的反对意见。

在审判前，闵希提出动议排除某些非自愿陈述，它们是在枪击案发生几小时后，他被限制在加护病房时所作的。正如本院所承认的那样，初审法院“确信无疑地”认定陈述是自愿的（*ante*，at 2416 n. 12），并且亚利桑那州最高法院一致同意地对此表示肯定。（*Arizona*，*unanimously affirmed.* 115 Ariz.，at 479－480，566 P. 2d，at 280－281）现在本院表示反对并认为，“闵希的陈述不是‘自由、理性选择的产物’”，并因此“不能在对他的审判中以任何方式用以反对他”。（*Ante*，at 2418）因为我相信，本院既没有像经常的做法——认定此类裁定是适当的——那样去遵从州法院的裁定，并且还错误地适用了我们先前的判例，所以我表示反对。

正如本院指出的那样（*ante*，at 2417），本院先例认为，州法院关于自愿性的裁定“如果不能完全获得法庭记录支持的话，那么，对于联邦权利来说就不是决定性的”。（*Townsend v. Sain*，372 U. S. 293，316，83 S. Ct. 745，758，9 L. Ed. 2d 770（1963）（emphasis added））相反，这些判例要求本院“就毫无争议的事实作出独立的裁决。”（*Stroble v. California*，343 U. S. 181，190，72 S. Ct. 599，603，96 L. Ed. 872（1952）（emphasis added）；*Malinski v. New York*，324 U. S. 401，404，65 S. Ct. 781，783，89 L. p408

Ed. 1029 (1945)) 可以相当确定的是，“基于法院审查之目的，初审法院或陪审团的裁决通常将被用以解决证据上的争议，并且裁决中关于自愿性这一关键争点问题的最终结论也可能被赋予一定的证明力”。(*Haynes v. Washington*, 373 U. S. 503, 515, 83 S. Ct. 1336, 1344, 10 L. Ed. 2d 513 (1963). See *Lisenba v. California*, 314 U. S. 219, 238, 62 S. Ct. 280, 290, 86 L. Ed. 166 (1941); *Blackburn v. Alabama*, 361 U. S. 199, 205, and n. 5, 80 S. Ct. 274, 279, 4 L. Ed. 2d 242 (1960)) 这种尊重，特别是在解决证据性争议方面，“尤其是合适的，因为初审法官和陪审团最接近审判现场并因而拥有评价矛盾性证言的最佳机会”。(*Haynes*, *supra*, at 516, 83 S. Ct., at 1344)

然而，在本案中，本院完全忽视了某些证据的自愿性，并且还将之与其他证言区别开来。不折不扣的情况是闵希严重受伤并身附众多医疗器具。闵希当然不能到处走动，并且由于他的嘴里有呼吸软管，所以他不得不在纸上回答刑警哈斯特的问题。但是，初审法院像本院所意指的那样去认定，闵希“严重受伤、极端痛苦并处于昏迷边缘”。(*Ante*, at 2418) 也不能准确地得出以下结论认为，刑警哈斯特“在闵希失去意识或接受医务治疗时的间隔期间停止了询问，并且，在每次中断后立即无情地恢复了他的工作”。(*Ibid.*)

正如亚利桑那州最高法院在维持初审法院自愿性裁定时所评论的那样，闵希的护士“作证说她尚未给闵希服用任何药物，他是警觉的并能够听懂警察的问题……她说闵希承受的疼痛并不剧烈，对每个人都相当配合。询问的警察也作证说，闵希看上去

p409 没有受到药物的影响，并且，他的回答一般还是有针对性的”。(115 Ariz., at 480, 566 P. 2d at 281)

(See App. 50 – 51 (刑警哈斯特的证言)，63 – 66 (护士格

拉汉姆的证言))① 刑警哈斯特不矛盾的证言也反映出一种远非“无情的”询问。当谈话超过3小时后，谈话本身并不“非常冗长；可能所有时间总和不足一小时”。(*Id.*, at 59.) 每当闵希接受医疗时“或如果他看起来有一点疲惫时”，哈斯特都将离开房间。(*Ibid.*) 根据刑警哈斯特所言，闵希从未“在任何时候失去过意识”。(*Id.*, at 58)

正如本院公开承认的那样，本案不存在任何“粗野的虐待行为，它们已经使得本院在其他案件中认定自白是非自愿的，如毒打……或者使用‘能让人吐露实情的麻醉药’”。(*Ante*, at 2418) 然而，本案也不属于以下情形，即被告人的意志将被“精神强迫”所“轻易压制”。(Cf. *Blackburn v. Alabama*, *supra*, 301 U.S., at 206, 80 S.Ct., at 279; *Davis v. North Carolina*, 384 U.S. 737, 741, 86 S.Ct. 1761, 1764, 16 L.Ed. 2d 895 (1966); *Greenwald v. Wisconsin*, 390 U.S. 519, 521, 88 S.Ct. 1152, 1153, 20 L.Ed. 2d 77 (1968)) 正如亚利桑那州最高法院所说，刑警哈斯特和护士格拉汉姆的证言都表明，“既没有对闵希实施精神性或物理性的暴力，也没有虐待他……也没有许下任何承诺。”(115 Ariz., at 480, 566 P. 2d, at 281) (See App. 58-59 (刑警哈斯特的证言) and 63 (护士格拉汉姆的证言)) 根据闵希自己的证言，他想“尽他可能”地帮助哈斯特， p410
并且试图“在当时情况下尽他所记忆的内容”去回答每一个问题。(*Id.*, at 86) 闵希并不主张他被刑警哈斯特强制去回答提

---

① 亚利桑那州最高法院也强调“以下事实，即闵希能够以一种清楚且相当明智的方式书写他的回答。”115 Ariz., at 480 n.3, 566 P. 2d, at 281 n.3. 本院承认说：“闵希的回答看起来是比较具有针对性的，”*ante*, at 2418 n.16, 但却基于“哈斯特汇报的可靠性并不确定”这一理由选择去忽视上述证据。*Ibid.* 尽管最高法院给出了相反的意见，*ibid.*，但是亚利桑那州最高法院的意见不会使人对哈斯特的证言或汇报产生怀疑。因此，关于建立在再次审查上诉审法庭记录基础上的各种证人的可信性问题，本院仅剩下自己的结论而已。

出的问题。[①] (Cf. *Greenwald*, *supra*, 390 U. S., at 521, 88 S. Ct., at 1153)

根据我们在先前判例中详细说明的所有这些标准，我认为本院今天的下述做法走得太远了，即以自己的判断替代初审法院和州最高法院的判断；后两者就争点问题所作的判断完全不同于本院，并且后两者比起本院来更接近所发生的事实。诚然，我们不能在完全免除州法院事实认定功能——这是作出宪法性决定程序的必要组成部分——的伪装之下，去放弃自己就宪法问题作出决定的职责。但是，前述职权同样劝告我们不要走向另一极端，并试图在冰冷的、记录在案的零碎证据中获取我们随后指称的案件"事实"。我相信初审法院有权得出结论认为，无论闵希的医疗条件如何，他在加护病房中的陈述都是可采的。同一法院可能同样有权去得出相反的结论，但这一事实不能为最高法院通过相反的结论提供正当性理由。

因此，我对本院第二部分意见表示反对。

1.3 美方评论

在闵希案中，最高法院认可了以下紧急例外，即在执法官员采取措施获取某项物品之际，如果不这么做将会导致危及公共安全或证据灭失的风险，那么可以不要求必须具有司法令状的授

① 尽管闵希多次要求去见律师，但他也表达了自己即使没有律师也想与刑警哈斯特继续谈话的愿望。See *ante*, at 2417, n. 16. 正如本院指出的那样，因为闵希的陈述并不用作控诉证据而仅能用以弹劾，任何对于米兰达规则（*Miranda v. Arizona*, 384 U. S. 436, 86 S. Ct. 1602, 16 L. Ed. 2d 694 (1966)）的违反都是不相关的。See *Harris v. New York*, 401 U. S. 222, 91 S. Ct. 643, 28 L. Ed. 2d 1 (1971); *Oregon v. Hass*, 420 U. S. 714, 95 S. Ct. 1215, 43 L. Ed. 2d 570 (1975).

权。但是，最高法院拒绝了以下观点，即对于谋杀犯罪，可以自动适用该项例外。

最高法院拒绝就谋杀罪设定一条明确规则。但是，值得注意的是，在其他第四修正案判例中，最高法院曾经投向明确规则的怀抱，并希望以此为警察提供明确的行动指南，并避免因逐案考量造成的诉讼成本。罗宾逊案就是例证之一。在该案中，最高法院判决说，根据当时的情形，无论是否对执法官员存在威胁或者存在毁灭证据的风险，执法官员都自动享有对被逮捕人人身以及由此发现的箱包容器进行搜查的权力。为什么某些判例会采用明确规则，某些判例却不采用明确规则，最高法院迄今从来没有给出相应的解释。其理由之一可能在于，在某些领域，执法官员尤其需要知道相应的规则是什么——这或许是因为该情形需要执法官员瞬间作出决断，而且执法官员的人身安危可能会受到威胁。这或许可以作为罗宾逊规则的解释。另外一种可能的解释是，在某些情形下，对于特定事实适用什么样的规则相当模糊，以至于为了避免出现错误必须就此确立一条明确的规则。但是，不幸的是，最高法院从来没有系统地解释过，为什么它愿意在某些判例中设立明确规则，而在其他判例中却拒绝这么做。

尽管谋杀现场并非当然的紧急情形，但是以下命题依然成立，即涉及的犯罪越严重，毁灭证据的风险就越有可能得到法院的承认，因此也就越有可能不适用令状原则的规定。这是因为，在重罪案件中，任何证据的灭失都是对控方的沉重打击，并由此造成控方利益的重大损害；而且，犯罪越严重，被告人或者他的同伙企图毁灭证据的可能性也就越大。因此，对于涉及谋杀、大批量的毒品交易或者恐怖主义犯罪的绝大多数案件，法院根据案件事实认定其属于紧急情形因而不适用令状原则的可能性都非常大。

1.4 阅读文献

- Michael Dwyer, *Warrantless Murder Scene Searches in the Aftermath of Mincey v. Arizona*, 58 Wash. U. L. Q. 367 (1980).

2. 警察安全与公共安全：

布里格姆市案（*Brigham City v. Stuart*）

547 U.S. 398, 126 S. Ct. 1943（2006）

2.1 案件信息

- **本案争点**

如果警察有客观的合理根据相信住宅内的人受到了严重伤害或者正受到严重伤害的威胁，警察是否可以在没有令状授权的情况下进入住宅?

- **最高法院的判决**

最高法院以8:0的投票结果作出了有利于布里格姆市的一致判决。其中，首席大法官罗伯茨、大法官斯卡利亚、肯尼迪、苏特、托马斯、金斯伯格、布雷耶、阿利托投了赞成票；大法官史蒂文斯放弃投票。首席大法官罗伯茨代表最高法院撰写了本案的判决意见。大法官史蒂文斯发表了协同意见，表达了他对多数判决是否适当的疑惑。

最高法院判决认为，不管警察的主观动机是什么，在本案中，根据令状原则的紧急例外，警察无证进入住宅的行为是正当的；而且，警察进入住宅的方式也是合理的。

- **该判例的影响**

该判例创设了警察无证进入住宅的紧急情形例外，即如果存在危及警察安全或公共安全的紧急情形，那么警察无证进入住宅就是正当的。

2.2 判决正文

布里格姆市，犹他州
诉
查尔斯·W. 斯图亚特等

第 05-502 号

2006 年 4 月 24 日进行辩论

2006 年 5 月 22 日作出判决

首席大法官罗伯茨（Roberts，C. J.）代表最高法院撰写了本案的判决意见。 p400

在本案中，我们将考察以下问题：如果警察有客观的合理根据（an objectively reasonable basis）相信，住宅里的人受到了严重伤害或者正受到严重伤害的紧急威胁，警察是否可以无证进入住宅？我们得出结论认为警察可以这么做。

一

本案源于 2000 年 7 月 23 日凌晨犹他州布里格姆市某住宅里发生的一起争斗。大约凌晨 3 点，4 名警察对一个在住宅内搞喧嚣聚会的电话控诉作出回应。警察到达该住宅后，听到里面的喊 p401
叫声，于是沿着车道进行调查。在那儿，他们发现两个少年在后院喝啤酒。警察进入后院，通过透视门和窗户看到厨房内正在发生争论。根据其中 1 名警察的证言，4 名成年人正在竭力制止 1 名少年。那名少年最终“挣脱，挥拳打了其中一个成年人的脸”。（2005 UT 13，12，122 P. 3d 506，508）警察作证说，他看到被打的受害人向旁边的水槽内吐血。（App. 40）其他成年人继续试图制止那名少年，将他按在冰箱上，用力很猛以至于冰箱都移动了。此时，1 名警察打开门，并宣告了他们的身份。在骚乱中，没人注意到他们。警察进入厨房并再次大喊，他们慢慢意识到警察在场，骚乱停止了。

警察随后逮捕了被申请人并指控他们构成一项少年犯罪（delinquency of a minor），有扰乱社会治安的行为（disorderly conduct），非法酗酒（intoxication）。在初审法院，被申请人提出动议，要求排除在警察进入住宅后所获得的所有证据，理由是这种无证进入住宅违反了第四修正案。法院批准了该动议，犹他州上诉法院维持了这一裁定。

在上诉到犹他州最高法院时，控方（布里格姆市）主张认为，虽然警察没有令状，但是基于下述任一理由，他们进入住宅无论如何都是合理的。尽管有两位法官表示反对，法院还是驳回了这两项主张，维持了动议。首先，法院认为，少年的拳击不足以援引“紧急救助原则（emergency aid doctrine）”，因为没有产生“客观、合理的下述信念，即在住宅里面有惧怕受伤、死亡
p402 的无意识的、半清醒的或已经失踪的人”。（122 P. 3d，at 513（internal quotation marks omitted））再者，法院指出不能适用“紧急救助原则”的另一原因是，警察没有打算救助伤者，相反，他们的行为“完全不在其执法范围之内”。（*Ibid.*）

法院还认为，进入住宅也不属于令状要求之紧急情形例外。法院解释说，这一例外适用的情形是，警察有合理根据并且“理性人（将）相信，进入住宅足以阻止对警察或者其他的人的身体伤害”。（*Id.*，at 514（internal quotation marks omitted））根据这一标准，法院指出，潜在的伤害情况不需要像援引紧急救助例外所要求的那么严重。尽管法院认定当时的情形是“封闭的，难以求救的”，但是法院仍然得出结论认为，紧急情形不能使本案中警察进入住宅的行为正当化。（*Id.*，at 515）

在调整警察在紧急情形下无证进入住宅方面，鉴于州法院和

上诉法院对于什么是恰当的第四修正案标准存在差异，我们批准了调卷令。(546 U. S. 1085，126 S. Ct. 979，163 L. Ed. 2d 722 (2006). Compare *In re Sealed Case* 96－3167，153 F. 3d 759，766 (C. A. D. C. 1998)（“紧急情形的标准是客观的”），*People v. Hebert*，46 P. 3d 473，480（Colo. 2002）（en banc）（涉及“谨慎且训练有素的警察可以客观审视”的情况），with *United States v. Cervantes*，219 F. 3d 882，890（C. A. 9 2000）（“根据紧急情形原则，‘搜查的主要目的不能是逮捕或者扣押证据’”）(quoting *People v. Mitchell*，39 N. Y. 2d 173，177，383 N. Y. S. 2d 246，347 N. E. 2d 607，609（1976）and *State v. Mountford*，171 Vt. 487，492，769 A. 2d 639，645（2000）（米歇尔标准（Mitchell test）“要求法院认定此类搜查背后的首要主观动机在于提供紧急救助”))

p403

二

这是一个“第四修正案的基本原则，即在住宅内进行无证搜查、扣押都被推定为不合理的。”(*Groh v. Ramirez*，540 U. S. 551，559，124 S. Ct. 1284，157 L. Ed. 2d 1068 (2004) (quoting *Payton v. New York*，445 U. S. 573，586，100 S. Ct. 1371，63 L. Ed. 2d 639（1980））尽管如此，因为第四修正案的根本标准就是“合理性”，但令状要求也有某些例外情形。(*Flippo v. West Virginia*，528 U. S. 11，13，120 S. Ct. 7，145 L. Ed. 2d 16 (1999)（*per curiam*）；*Katz v. United States*，389 U. S. 347，357，88 S. Ct. 507，19 L. Ed. 2d 576（1967））例如，我们已经判决认为，警察可以因为救火或为调查火灾原因而无证进入私人住宅(*Michigan v. Tyler*，436 U. S. 499，509，98 S. Ct. 1942，56 L. Ed. 2d 486（1978））；为阻止毁坏证据（*Ker v. California*，374 U. S. 23，40，83 S. Ct. 1623，10 L. Ed. 2d 726（1963））；或者对逃逸嫌疑人的“热追捕”(*United States v. Santana*，427 U. S. 38，

42－43，96 S. Ct. 2406，49 L. Ed. 2d 300（1976））。“一般来说，要求获得令状来搜查个人住宅或他人的人身，除非‘情况的紧急性’使得执法需求如此的强烈，以至于根据第四修正案，无证搜查客观上是合理的。”（*Mincey v. Arizona*，437 U. S. 385，393－394，98 S. Ct. 2408，57 L. Ed. 2d 290（1978））

一种令状要求的例外就是，需要帮助受到严重伤害或严重伤害威胁的人。“保护生命或避免严重伤害是正当理由，否则，缺乏紧急情形就是非法的。”（*Id.*，at 392，98 S. Ct. 2408（quoting *Wayne v. United States*，318 F. 2d 205，212（C. A. D. C. 1963）（Burger，J.））；see also *Tyler*，supra，at 509，98 S. Ct. 1942）因此，执法警察能够以为伤者提供紧急帮助或者保护其免受即时伤害为由而无证进入住宅。（*Mincey*，supra，at 392，98 S. Ct. 2408；see also *Georgia v. Randolph*，547 U. S. 103，126 S. Ct. 1515，1525，164 L. Ed. 2d 208（2006）（“警察进入……为判定暴力（或暴力威胁）是否已经发生或正要（或一会儿将要）发生，这样的建
p404 议是非常愚蠢的”）。

被申请人没有将这些原则作为争点，相反他们提出了两个理由来说明为什么本案中警察进入住宅是不合理的。首先，他们主张，警察更乐于逮捕而不是制止暴力行为。他们促使我们在评价进入住宅的合理性时，考虑警察的主观动机是否“在于保护生命和财产”。（Brief for Respondents 3；see also Brief for National Association of Criminal Defense Lawyers as *Amicus Curiae* 6（“仅仅当警察超出传统执法范围”进行搜查时，进入住宅提供紧急救助才具有正当性））犹他州最高法院也认为警察的主观动机具有相关性。（See 122 P. 3d，at 513（根据“紧急救助原则”进行的搜查可能不是“主要旨在逮捕或者扣押证据”（internal quotation marks omitted））

我们的判例再三反对这种方法。一种行为根据第四修正案是“合理的”，而不管个体警察的主观状态，“只要是客观上观察所

得的情形，为该行为提供了正当理由"。（*Scott v. United States*，436 U. S. 128，138，98 S. Ct. 1717，56 L. Ed. 2d 168（1978）（emphasis added））与警察的主观动机是无关的。（See *Bond v. United States*，529 U. S. 334，338，n. 2，120 S. Ct. 1462，146 L. Ed. 2d 365（2000）（"当事人大概都合适地同意，在判定执法人员行为是否违反第四修正案时，他们的主观动机是无关的……争点问题不在于他的主观状态，而在于其行为的客观效果"）；*Whren v. United States*，517 U. S. 806，813，116 S. Ct. 1769，135 L. Ed. 2d 89（1996）（"我们一直不愿意基于个体警察的实际动机来考虑对第四修正案的质疑"）；*Graham v. Connor*，490 U. S. 386，397，109 S. Ct. 1865，104 L. Ed. 2d 443（1989）（"我们的先例清楚地表明"，"根据第四修正案，个体警察的主观动机……与特定扣押是否'不合理'没有关系"）因此，下述事项 p405
就无关紧要——即使能够完全厘清他们的主观动机——警察的动机是进入厨房逮捕被申请人并搜查反对他们的证据，还是帮助伤者并避免发生更多的暴力。

正如被申请人所言，我们已经判决认为，在没有具体怀疑而进行的实用性搜查（programmatic searches）中——例如，设置检查站来打击酒后驾驶或毒品走私——"对实用性目的的调查"有时是合适的。（*Indianapolis v. Edmond*，531 U. S. 32，46，121 S. Ct. 447，148 L. Ed. 2d 333（2000）；see also *Florida v. Wells*，495 U. S. 1，4，110 S. Ct. 1632，109 L. Ed. 2d 1（1990）（"财产登记搜查必须由'标准化准则'或'固定程序'加以规制，这才不会使之成为为发现犯罪证据而到处翻寻的诡计"））但是，这种调查是为了确保计划背后的目的"完全无法区别于犯罪控制之一般利益"。（*Edmond*，531 U. S.，at 44，121 S. Ct. 447）这与辨明警察在实施搜查时的主观思想没有关系。（*Id.*，at 48，121 S. Ct. 447）

被申请人进一步主张，他们行为的严重性并不足以成为警察侵入住宅的正当理由。他们依赖于威尔士案（*Welsh v. Wisconsin*, 466 U. S. 740，753，104 S. Ct. 2091，80 L. Ed. 2d 732（1984）），在该案判决中，我们认为，“在判断是否存在任何紧急情形时所考虑的一个重要因素是据以实施逮捕的犯罪的严重程度。”这一主张同样被张冠李戴了。威尔士案涉及的是警察无证逮捕酒后驾车的嫌疑人。该案中，警察面临的“唯一紧急情形”是需要保全证据（也就是嫌疑人血液中的酒精含量）——我们认为，该紧急情形不足以成为进入嫌疑人住宅的正当理由。（*Ibid.*）而在本案中，警察面临的是住宅内发生的持续性的暴力行为。威尔士案并不解决这样的情况。

p406 我们认为，根据本案当时的情况，警察进入住宅是合理的。警察是在凌晨3点钟对喧嚣聚会的控诉作出回应的。当警察到达住宅时，他们听到了“正在发生的口角，某种争斗。”（App. 29）“当时非常吵闹、喧嚣。”（*Id.*，at 33）警察听到“重击声、碰撞声”，人们喊着“停下来，停下来”，“别碰我”。（*Id.*，at 28，29）正如初审法院所认定的那样，“很明显……叩敲前门”将是徒劳的。（*Id.*，at 92）喧嚣声似乎是从后门传出来的；警察透过屋前的窗户往里看，但什么也没有看到，之后警察走向屋后进一步侦查。他们发现2名少年在后院喝啤酒。在那里，警察看到厨房里正在进行的争斗。1名少年拳头紧握，正在被几名成年人往后推。正如警察所见，他挣脱了并打了其中一个成年人的面部，致使其面部流血。

在这些情形下，警察有客观的合理根据相信，受伤的成年人可能需要帮助，而且厨房中的暴力行为刚刚开始。第四修正案并不要求警察在进入住宅前等待，直至另外一击导致有人“不省人事”或者“半清醒”或者出现更糟的情况。治安警察的职责包括阻止暴力、维持秩序，而不仅仅是对伤者进行紧急救助；警察并不像拳击（或者曲棍球）裁判，只有一方赢的时候才会停止一个回合的比赛。

警察进入住宅的方式同样是合理的。在目击了打斗之后，1名警察打开门并“大声说警察来了”。（*Id.*，at 40.）当无人听到他的喊声时，他进入住宅并再次表明身份。仅仅在那时喧闹才平息下来。警察表明其身份的行为最低限度只能等同于敲击纱门。确实，这可能是唯一能高过喧嚣声的选择了。在这种情况 p407
下，并没有违反第四修正案的敲门并表明身份规则。再者，一旦表明身份，警察就可以自由地进入住宅；当他们正处于争斗之中，完全不知道警察的到来时，要求警察在门外默默等候毫无意义。

因此，我们推翻犹他州最高法院的判决，并将该案发回该法院进行重审；重审不得与本判决相违。

特此判决！

大法官史蒂文斯（Stevens J.）发表了协同意见。

这是本案的一个污点。在过去6年中，针对被申请人的未决指控皆为轻罪——酗酒，构成一项少年犯罪并且有扰乱社会治安的行为——采取应对措施的警察在进入住宅之前所收集的证据已经证明上述两项指控。针对这些犯罪的最长刑期是90天至6个月的监禁。而且，最高法院依赖于联邦法律确证的规则所作的一致性裁决是具有相当说服力的，以至于很难想象该结果会受到质疑。

在这些情形下，唯一困难的问题在于下述事项哪个最为特殊：(1) 犹他州初审法院、中级的州上诉法院、犹他州最高法院全都基于案件事实均认定本案行为违反了第四修正案；(2) 控方选择将这一问题一直上诉到美国最高法院；或者 (3) 最高法院投票表决同意签发调卷令。

对于第1项一个可能的解释是，根据犹他州的法律，排除规则是正确的，初审律师或者初审法官都不愿意将犹他州宪法作为

p408 判决的独立基础，因为他们不希望控方继续上诉。[①] 对于后两项裁决最合理的解释就是，在警察看到发生暴力时就可以无证进入住宅——当然，我们推翻了犹他州最高法院的相反的结论。但是上述目的尽管是值得称赞的，但在本案中却不能实现。我们今天判决解决的仅仅是联邦宪法对争议事实中的搜查所施加的限制；我们没有权力去裁决本案中警察是否违反了犹他州宪法。

p409 不管预测是否准确，我都没有发现任何理由来支持本院促使犹他州法院将之作为一个州法律问题而重新作出判决。当一个州选择为其公民提供比联邦宪法更多的保护时，并未侵犯联邦的利益。事实上，我依然坚信“司法限制主义的政策——允许其他裁判主体享有法律的最终解释权，除非最高法院进行干涉确有必要——使得本院能为我们的联邦政府系统作出最有效的贡献”。（*Michigan v. Long*，463 U. S. 1032，1067，103 S. Ct. 3469，77 L. Ed. 2d 1201（1983）（Stevens，J.，dissenting））因此，尽管我附和本院的判决意见，我依然认为，我投票拒绝批准控方调卷令的申请是正确的。

---

① 事实上，正是控方为初审法院准备了批准被申请人排除证据动议的命令。See 2002 UT App. 317，14，57 P. 3d 1111，1112.

但是，犹他州最高法院已经明确指出，犹他州宪法比第四修正案为住宅隐私提供了更多的保护。See *State v. DeBooy*，2000 UT 32，12，996 P. 2d 546，549. 同时，在本案中，被申请人未能提出针对州宪法的质疑，或者将之作一个充分的诉讼摘要，因此州法院只能以第四修正案为基础作出判决。See 2005 UT 13，12，122 P. 3d 506，510.“当事人不愿提出并发展一种关于州宪法的分析（*ibid*）”，法院感到“惊异”并明确邀请将来的当事人提出自己关于对犹他州宪法的质疑，使得法院能充分履行“其作为公民个人自由守护者的职责”，并且“就联邦和州对权利的保护之间的相互作用而言，承担起原则性的考察职责”。*Id.*，122 P. 3d at 511. 本案中的警告和要求来自于犹他州最高法院；这一事实不仅证明了控方选择了一个错误的案例来确证它所意图的规则，而且也表明，作为我们今天根据联邦宪法所拒绝的州宪法的问题，犹他州最高法院很可能采纳相同的规则。

2.3 美方评论

布里格姆市案所涉及的紧急情形类型与闵希案不同。在布里格姆市案中，并不存在毁灭证据的风险。但是，存在以下迫在眉睫的风险，即如果要求执法官员去申请令状，在此期间，某些公众可能会受到人身伤害。因此，为了保护公共安全不会受到迫在眉睫的风险，可以不适用司法令状的规定。布里格姆市案解释说，受到威胁的公共安全并不要求必须属于某种公共灾难或者导致多人死亡。执法官员有责任保护社会公众的人身不会受到伤害；因此如果某人正在流血，而且争斗还在继续，那么公众成员面临的危险已经严重到了无须令状授权即可立即采取行动的程度。

在布里格姆市案中，最重要的部分是有关以下问题的分析论证：该案件的相对公民主张说，公共安全例外只是执法官员无证进入公民住宅的执法借口，他们的真正目的在于搜查证据——对此，他们原本需要具有令状授权和合理根据支持才行。但是，最高法院判决说，第四修正案立足于合理性标准，因此最高法院并不关心执法官员是否具有不良动机或者是否出于执法借口的目的。在这里，问题的关键是，执法官员客观上是否面临着可以据此适用令状例外的风险——就本案而言，是否存在危及公共安全的情形。执法官员的主观心理状态对于第四修正案审查不具有相关性，这一观点最初出现在武瑞恩案中（详见罗宾逊案的评论）。武瑞恩案判决指出，如果执法官员有合理根据以交通违章罪为由逮捕某人，那么，他是否将此作为执法借口并借此对并不具有合理根据的更为严重的犯罪展开搜查，则属于无关紧要的事情。武瑞恩案以后，各下级法院一直纠缠于以下问题：执法官员寻找执法借口的动机究竟是都不具有相关性，还是应当将武瑞恩案仅仅限定于有合理根据支持的逮捕活动？就此而言，布里格姆市案传达了这样一种信息，即根据第四修正案，个体执法官员的主观动机对于判断其行为的合理性永远都不具有相关性。

2.4 阅读文献

- Jean Boylan, *After Katrina: Is the Emergency Exception to Public Bidding All Washed Up*, 53 Loy. L. Rev. 31 (2007).
- Recent Developments – Florida Case Law, Criminal Law – *Scope of the Exigent Circumstances Exception*, 33 Fla. St. U. L. Rev. 1239 (2005 – 2006).

汽车搜查例外

1. 机动车辆的例外：

卡罗尔案（*Carroll v. United States*）

267 U. S. 132, 45 S. Ct. 280 (1925)

1.1 案件信息

- **本案争点**

在本案中，执法官员是否具有搜查汽车的合理根据，据此实施的逮捕和扣押是否属于非法搜查扣押，搜查所得的酒是否应当予以排除?

- **最高法院的判决**

美国最高法院以6:2的投票结果作出了不利于卡罗尔等人的判决。大法官塔夫脱代表最高法院撰写了本案的判决意见，大法官麦肯纳表示附和。大法官麦克雷诺兹发表了独立的意见。

最高法院判决认为，执法官员已经掌握的、具有合理可靠信息支持的事实和相关情形，足以保证一个合理谨慎的人相信，他们所截停和搜查的汽车载有烈酒。因此，执法官员进行无证搜查和扣押是正当的，而且，机动车辆的流动性使得申请搜查令状根本不具有可行性，因此，允许对汽车进行无证搜查。

- **该判例的影响**

本案判决创设了汽车例外。根据该判例，只要执法官员在进行搜查时具有合理根据，对机动车辆进行无证搜查所得的证据，就可以在法庭审理中使用。

1.2 判决正文

卡罗尔等人
诉
美国联邦政府

第 15 号
1924 年 3 月 14 日重新辩论、提交书面意见
1925 年 3 月 2 日作出判决

针对密歇根州西部联邦地区法院的错误裁判而提起的上诉。

乔治·科罗和约翰·卡罗尔因贩运烈酒被判决有罪。他们提起上诉。兹予准许。

这是根据司法法（the Judicial Code, Comp. St. § 1215）第 238 条签发的针对地区法院的复审令。* 申请上诉一方（以下称之为被告），即乔治·科罗和约翰·卡罗尔，因用汽车贩运烈性酒——据查，系 68 夸脱的威士忌酒和杜松子酒——触犯了全国禁酒令**（the National Prohibition Act, Comp. St. Ann. Supp. 1923,

* Writ of error，纠错令；复审令是一种由具有上诉管辖权的法院签发给存卷法院的法官，命令其将被指控有误的包括有判决结果的案卷提交给上诉法院进行审查或命令其自行审查的令状。审查的结果可能是撤销原判、改判或维持原判。但是，审查只限于案卷中明显的错误。根据这种令状提起的诉讼是一个新诉的开始，而不是原诉的继续。当事人不能同时寻求上诉救济和纠错令救济，至少直至其上诉请求被驳回后才能获得纠错令救济。——薛波主编：《元照英美法词典》，法律出版社 2003 年版，第 1426 页——译者注

** the National Prohibition Act，禁酒令是 1919 年国会批准的一项旨在实施联邦宪法第十八条修正案的立法，又称沃尔斯特德法。该项立法禁止生产、销售、运输或出口酒精含量超过 0.5% 的饮料。该法于 1933 年废止。——薛波主编：《元照英美法词典》，法律出版社 2003 年版，第 947 页——译者注

§ 10138 1/4 et seq）而被起诉和定罪。初审法院将通过搜查汽车所得的 68 瓶酒中的 2 瓶（1 瓶威士忌和 1 瓶杜松子）采纳作为证据。据此，两被告对定罪判决提出质疑。他们争辩说，本案中，搜查扣押违反了第四修正案，因此，将这些酒作为审判证据不合法。在初审法院开庭审判前，两被告曾提出动议，要求将被扣押的酒全部返还给汽车的所有人，即被告卡罗尔。但是，该动议被驳回。

本案中，搜查扣押由联邦禁酒局的克罗宁瓦特、斯卡利和塞耶以及一名叫做彼得森的州官员于 1921 年 12 月实施——当时，被告的汽车正沿着底特律至大激流市（Grand Rapids）的高速公路向西行驶到距大激流市城 16 公里处。他们实施搜查扣押的事实根据如下：1921 年 9 月 29 日，克罗宁瓦特、斯卡利曾经拜访大激流市城区的一处公寓住宅。之后有 3 个人来到这里，其中一个叫库尔斯克，其他两个是本案的被告，即卡罗尔和科罗。克罗宁瓦特以大激流市的密歇根坐椅公司供销员的身份与他们结识，并声称他想买 3 箱威士忌酒。当时谈定的价格是每箱 130 美元。

这 3 个人说，他们必须去大激流市东部取酒，大概需要半个小时或 45 分钟才能回来。他们离开后不一会儿，库尔斯克回来说，因为酒的主人不在，他们当晚不能拿到酒，但是他们会在第二天交货。库尔斯克他们当天来的时候坐的是一辆奥斯摩比跑车（Oldsmobile roadster），后来克罗宁瓦特通过车牌号码辨认出了该车，斯卡利亦然。但是，到了第二天，所谓的卖主还没有回来；对此，他们没有给出合理的解释。可能的猜测是，他们对于所谓买主的真实身份心存疑虑——在之后的 12 月某日，当卡罗尔被逮捕时，他当即叫出了克罗宁瓦特的名字。

为了发现违反禁酒令的犯罪行为，克罗宁瓦特和他的部下负责底特律至大激流市之间路段的巡逻工作。本案看上去只是他们日常工作的战果。10 月 6 日，卡罗尔和科罗驾驶着那辆奥斯摩比跑车从大激流市出发向东行驶，离开大激流市一段行程后，他们经过克罗宁瓦特、斯卡利的巡逻车。克罗宁瓦特呼叫斯卡利——当时，后者正在吃午饭——说卡罗尔一伙刚与他们擦肩而过朝底特律驶去，并要求斯卡利和他一起追上卡罗尔他们，看看他们准备往哪里去。但是，当追踪到兰辛市东部时——距底特律已经有过半的路程，他们突然失去了卡罗尔一伙的行踪。大概两个月后，12 月 15 日，斯卡利、克罗宁瓦特，以及彼得森——一名州官员——正沿着大激流市至艾奥尼亚路段（去底特律方向）进行日常巡逻时，途中遇见科罗和卡罗尔驾驶着同一辆汽车，从底特律方向向大激流市驶来。

这些政府官员调转车头，在大激流市城东 16 公里左右的地方追上了被告的汽车；他们责令被告停车，并对汽车进行了搜查。在汽车座位的装饰物后面——里面原有的东西已经被移除——他们找到了 68 个瓶子。这些瓶子上贴着标签。根据标签，部分瓶子内的液体是所谓经英国验酒师验证的混合苏格兰威士忌酒；其他的则是伦敦产的戈登杜松子酒。

当执法人员为了证明瓶内液体的性质而准备传唤专家证人时，两被告承认它们是威士忌酒和杜松子酒。两被告被逮捕时，卡罗尔对克罗宁瓦特说："你们把酒拿走好了，但是请放我一马，我会好好报答你的。"并掏出一卷面值为 10 美元的钞票。彼得森和其他人将两被告、酒与汽车带回大激流市，克罗宁瓦特、塞耶、斯卡利则继续在路上进行巡逻，寻找他们已经收到线报会途经此地的其他贩酒车辆。这些官员并没有料到，两被告会在某一时刻通过这段高速公路，但是当他们在这里遇到两被告时，他们相信两被告正在贩运烈酒，于是对他们进行了搜查、扣押和逮捕。

首席大法官塔夫脱（Mr. Chief Justice Taft）在陈述上述案情后，代表最高法院撰写了本案的判决意见。 p143

本案涉及的宪法和制定法规定包括第四修正案和全国禁

酒令。

第四修正案的部分内容如下：

个人的人身、住宅、文件和财产不受不合理搜查和扣押的权利不得侵犯，而且除非存在合理根据、以宣誓或代誓宣言保证并具体说明拟欲搜查的地点和拟欲扣押的人或物，不得签发司法令状。

全国禁酒令（c. 85，41 Stat. 305，315）——一项旨在推进宪法第十八修正案的立法——第2编第25条规定，拥有或持有酒类并意图将其用于本法禁止性活动或者已经如此使用的行为，属于违法行为；该法还规定，对于上述酒类，任何人不享有财产权。对于此类酒，可以签发搜查令；根据令状，可以扣押此类酒及其容器并将其销毁。该条文进一步规定："不得签发搜查令搜查任何私人住宅，但以下地点除外：用以非法出售烈性酒的地方；部分用以以下商业目的的地点，如店铺、商店、公共大厅的酒吧、饭店、宾馆或旅店。"在此，"私人住宅"（"private dwelling"）这一术语"应当解释为包括公寓住宅、宾馆或旅店中并非
p144 临时使用或占有，而是完全用作居住使用的一间或多间房子"。

对于据此实施的扣押，全国禁酒令第2章第26条的部分内容如下：

如果禁酒专员、禁酒专员助理、巡检人员或其他任何执法官员发现任何人用卡车、货车、汽车、船只或飞行器，或者其他任何运输手段非法贩运烈酒，他们负有职责扣押由此发现的非法贩运的全部烈酒。当执法官员扣押非法贩运或拥有的烈酒时，他可以控制非法贩运者所使用的汽车、船舶、飞行器或水上工具，或者其他任何运输工具，可以逮捕据此提出指控的任何人。

该条还规定，据此逮捕的个人被判有罪后，法院应当命令销毁该案的烈酒；但是，在例外情形下，如果存在正当理由，法院也可以命令由负责其他扣押财产的公共拍卖机构进行出售，该项

所得应上缴美国联邦国库。

另外，根据全国禁酒令增补法第 6 条的规定（42 Stat. 222，223，c. 134（Comp. St. Ann. Supp. 1923，§ 10184a）），对于负责执行禁酒令和该项修正案的任何美国联邦执法官员、助手或雇员，“如果在没有搜查令的情况下对全国禁酒令中定义的私人住宅进行搜查，或者对任何其他的建筑物和财产进行恶意无证搜查和无合理根据擅自进行搜查，即构成一项可判处罚款、监禁或者两者并处的轻罪”。

第 32 号修正案，即著名的斯坦利修正案，经过参议院审议并获通过。其相关内容如下：

第六条　负责执行该修正案、禁酒令或其他联邦法律的任何美国联邦执法官员、助手或雇员，如果没有按照法律的规定预先 p145
获得搜查令即对个人的财产或房屋住宅进行搜查或企图进行搜查，即构成一项轻罪，可以判处 1000 美元以下罚款或 1 年以下的监禁，或者由法院自由裁量并处罚款和监禁。

众议院反对这一规定；对该项法案进行审查的司法委员会向众议院提出了下述替代方案：

第六条　负责执行该项修正案、禁酒令或者有关烈酒生产、纳税、运输的其他联邦法律的任何美国联邦执法官员、助手或雇员，无权对搜查令范围以外的个人住宅进行搜查；除非有理由相信此类住宅被用做下述用途：为销售目的而制造烈酒或者买卖烈酒。否则，不得签发此类搜查令。“私人住宅”这一术语应当解释为包括公寓住宅、宾馆或旅店中并非临时使用或占有，而是完全用做居住使用的一间或多间房子。违反该条规定的任何行为，应被判处 1000 美元以下罚款或 1 年以下的监禁，或者由法院自由裁量并处罚款和监禁。

在其报告中，司法委员会的相关解释部分如下：

在司法委员会看来，如果众议院同意参议院的第 32 号修正案，将会产生以下显而易见的效果：该法案将会极大地削弱禁酒令的实施效果，而且如果不将其适用范围限定在禁酒法令范围
p146 内，而是允许其同等地适用于必须采取及时措施的所有法律，那么，将会严重妨碍政府对其他诸多法律的贯彻实施。在美国联邦法规全书中，许多法律都允许无证搜查。根据普通法和宪法，在许多情形下，无证搜查也是合法的。宪法并不禁止搜查——像某些党派主张的那样——它所禁止的只是不合理的搜查。宪法这一条款关于搜查的规定与一些州宪法中的规定一样，但是后者在许多情形下均允许无证搜查，在为执行禁酒立法时更是如此。

参议院的修正案禁止对任何财产或住宅进行无令状搜查或试图进行搜查。其后果必然是阻碍所有的搜查，因为搜查活动不可能不涉及某些财产或住宅。

这一修正案不仅禁止搜查任何地产，而且禁止对各种财产的搜查。即使发现了私酒贩子的违法行为并将其逮捕，这一修正案依旧阻碍对普通的私酒贩子及其存货进行搜查。而且，更为严重的是，它使得对从事非法运输酒类的走私车辆实施拦截变得几乎不可能。它将剥夺执法官员为执行职务所必需的权力；因为，如果他们不能对烈酒进行无证搜查，那么他们无疑等于被解雇了。为了截停一辆汽车，不可能要求其先获得令状。在获得令状准许以前，汽车可能早载着非法运输的烈酒跑得无影无踪了。

就参众两院的分歧而言，会议报告促成的最后规定是：对无
p147 证搜查“私人住宅”的政府执法官员、助手或雇员进行惩罚；至于上述官员对“其他建筑或财产”（“other building or property”）的搜查，“当且仅当属于恶意无证搜查或者搜查不存在合理根据时”，才予以惩罚。换句话说，如果搜查不属恶意搜查或者搜查时存在合理根据，该法案允许无证搜查运输烈酒的汽车或其他运输工具。

斯坦利法案的立法历史明确证明了下述事实：立法机关有意

区分以下两种情形：在有关禁酒令的执法活动中，搜查私人住宅时搜查令的必要性，以及搜查汽车或其他运输工具时搜查令的必要性。该项区分是否合乎第四修正案呢？我们认为，它是符合的。第四修正案从未反对所有的搜查或扣押，它所反对的仅仅是不合理的搜查与扣押。

关于搜查扣押这一主题的先例是博伊德案（*Boyd v. United States*，116 U. S. 616，6 S. Ct. 524，29 L. Ed. 746）。根据1874年6月22日通过的一项议会立法（18 Stat. 187）的授权，在税收案件中，基于控方律师的动议，美国联邦法院有权要求被告人向法庭提交他的私人记录、发票和其他文书；如果被告人拒绝提交，控方律师在其动议中所声称的事实将视为被告人的自认。但是，对于涉及刑罚的案件或者为了证明某货物应当予以没收，上述规定则属于违宪和无效。其理由是，根据第四修正案，即使已经获得了搜查令状，为了没收货物而强迫提交发票作为证据，亦属于不合理的搜查。在刑事案件中，强迫被告人提出反对他自己的证据或者据此推论其自认有罪，也违反了宪法第五修正案的规定。

在威克斯案（*Weeks v. United States*，232 U. S. 383，34 S. Ct. 341，58 L. Ed. 652，L. R. A. 1915B，834，Ann. Cas. 1915C，1177）中，最高法院判决认为，在刑事案件中，如果被告人已经及时向法院提出返回某类信件的申请，那么法院不得继续扣留被告人的下述信件——该信件是联邦执法官员在没有逮捕被告的逮捕令，也没有搜查被告住宅的搜查令，而且在被告不在场且未 p148
经被告授权的情形下，从其房屋中扣押得到的；而该信件被用来作为不利于被告的证据。

在西尔弗索恩木材公司案（*Silverthorne Lumber Co. v. United States*，251 U. S. 385，40 S. Ct. 182，64 L. Ed. 319）中，签发复审令的目的是为了撤销地区法院的一项藐视法庭的判决——该判决对该公司判处罚金，并判处该公司经理西尔弗索恩监禁直至他以实际行动证明他不再藐视法庭——本案中，其藐视法庭的行为表现为，拒绝向大陪审团提交用以证明该公司和他本人违法行为的相关公司账簿和文书。西尔弗索恩已经被逮捕，在逮捕期间，联邦执法官在没有令状许可的情况下，闯入该公司的办公室，并对那里所能找到的所有账簿、文件和文书实施了地毯式搜查，并对这些文件进行了复印备份和拍照。地区法院命令执法官员应当归还原件，但扣留了这些照片和复印件。最高法院判决认为，这一做法构成了对公司财产和物品的不合理搜查，违反了宪法第四修正案，因此，藐视法庭的判决被撤销。

在戈尔德案（*Gouled v. United States*, 255 U. S. 298, 41 S. Ct. 261, 65 L. Ed. 647）中，联邦政府委托他人从一个嫌疑人的办公室秘密偷取了一份有关他们欺诈政府的文件——这份文件本身并不具有经济价值，而只是被用来作为不利于其所有人的证据——该行为被最高法院裁定违反了第四修正案。该案判决进一步认为，如果这一文件被用做本案证据但对方对此提出了异议，那么法院必须裁定：该文件不可采，因为它是通过不合理的搜查扣押而获得的，而且由于该文件具有强制归罪的作用，故同时也违反了第五修正案的规定。

在阿莫斯案（*Amos v. United States*, 255 U. S. 313, 41 S. Ct. 266, 65 L. Ed. 654）中，判决认为，如果政府官员是在被告人不在场的情况下，通过对被告人的住宅进行无证搜查，发现了私藏
p149 的烈酒，那么在被告人的妻子提出返还请求后，由于该烈酒是通过不合理的扣押而获得的，所以不得将其采纳作为不利于被告人的证据。

在前引判例中，没有一个判例涉及以下问题：为了进行没收或销毁而对运输中的走私货物进行无证扣押，是否符合宪法第四修正案的要求。

根据理性和文献，真正的规则是：如果无证搜查和扣押是基于合理根据——基于实施扣押的执法官员所知晓的综合情况而合

理形成的信念——而相信汽车或其他运输工具运载有依法应该被扣押或销毁的物品，那么，搜查扣押即属合法。第四修正案应当根据该修正案通过当时的不合理搜查扣押标准进行解释，其解释方式既要维护公共利益又要保护个体公民的利益和权利。

在博伊德案（*Boyd v. United States*，116 U. S. 616，6 S. Ct. 524，29 L. Ed. 746）中，如前所述，该案判决并不涉及无证搜查是否属于合理搜查的问题，该案的目的是表明第四修正案运作的基本原则；而且，为了避免对所作裁判的误解，最高法院——通过大法官布拉德利（Mr. Justice Bradley）的判决意见——所采用的文字表述，对于本案尤其合适且意义重大。该案判决写道（page 623（6 S. Ct. 528））：

对赃物、应予没收的物品以及为逃避依法缴纳关税而藏匿的货物进行搜查扣押，与为了获悉私人账簿和文件的内容或者将其作为不利于其所有人的证据而进行的搜查扣押，是完全不同的两种情形。这两种情形存在着本质差别。对于前者，政府享有对该财产的所有权；对于后者，政府则不享有这种权利。扣押赃物存在普通法上的依据；根据英国制定法，政府有权对因违反税收法 p150
律而应予没收的货物以及为逃避关税而藏匿的货物进行扣押，这一权力已经持续了至少二百年了；自联邦政府成立之日起，我们美国自己的关税法也授权政府进行此类扣押。立法机关通过的调整征税活动的第一个制定法，即1789年7月21日通过的法案（the Act of July 31，1789，1 Stat. 29，43.），已经包含了此类规定。由于通过这一立法的议会也即提议通过宪法前十条修正案的那届议会，因此显而易见的是，这些议员并不将此类搜查扣押视为“不合理”，也不属于宪法第四修正案所禁止的对象。同样，对于该法令授权税收官员行使的对以下事项的监督权，同样必须排除在不合理的搜查扣押之外：应税物品的生产与管理活动，以及对此依法在账簿中进行记载，以备税收官员检查。同样，有些法律规定，对于个人为发行或出售而非法持有的某些商品或物品，如伪造的钱币、彩票、赌博工具等，可以进行搜查扣押。此种情形也不属于不合理的搜查扣押。除此以外，还可以列举出许多具有这一特点的其他物品。

值得注意的是，在该判例中，法院引述的1789年法律第24条规定：

每一个征税官员、海关官员和巡检员，以及他们为了征税目的而委托的其他人，如果他们有理由怀疑藏有应当纳税的任何商品、交易物或货物，即享有进入任何船只或水上运输工具的充足的权力，并可以搜查、扣押、保全其中藏匿的应税的任何商品、交易物或货物；如果他们有根据怀疑任何特定的住宅、商店、建
p151 筑物或其他地方藏匿有上述应税物品，他们或他们之一，通过向治安法官提出请求并宣誓或代誓宣言，有权获得进入此类住宅、商店或其他地方（仅限于那个时代的含义）的令状，并对此类应税物品进行搜查，如果发现此类物品，有权为了本案审判活动而予以扣押和保管。对于上述扣押的商品、交易物、货物，如果没有纳税，应予没收（1 Stat. 43.）。

以下法律也有类似的规定：the Act of August 4，1790，c. 35，§ § 48 – 51，1 Stat. 145，170；in section 27 of the Act of February 18，1793，c. 8，1 Stat. 305，315；and in sections 68 – 71 of the Act of March 2，1799，c. 22，1 Stat. 627，677，678。

此外，我们发现，在通过第四修正案的那个时代，针对搜查令的必要性问题，第一届议会与随后的第二届、第四届议会对于下述两种情形的区分存在着不同的见解：应予没收的商品一般藏匿于住宅或其他类似地点，或是处于运输途中或者藏匿于运行的水上运输工具之中，因而很容易逃避搜查令的控制（Compare *Hester v. United States*, 265 U. S. 57，44 S. Ct. 445，68 L. Ed. 898）。

而且，根据1815年3月3日法律第2条的规定（3 Stat. 231，232），海关官员不仅有权登上自己辖区以及毗邻辖区

的船只进行搜查，而且，如果他们怀疑任何车辆、畜力或个人运送或携带有应税货物，或者该商品属于以任何违法的方式输入美国境内，那么，无论这些行为是否由车辆、畜力的所有人实施，他们都有权予以截停、搜查和检查。如果通过搜查发现了他们有合理根据相信属于非法携带入境的商品、交易物或货物，为了进行审判和没收，他们有权对应税物品以及车辆或畜力进行扣押和保全。该法律被1916年2月27日的法律取代（3 Stat. 315），因 p152 此只适用了一年即告失效。前述的1815年法律的第2条则为1869年2月28日法律所修正（13 Stat. 441，c. 67）。该条的实质内容被1866年7月18日法律（c. 201，14 Stat. 178）的第3条继承，此后，在修订后的制定法中，则体现于第3061条之中（Comp. St. § 5763）。无论是第3061条，还是此前相应的法律条文，都从未遭受过违宪的指责。事实上，在克茨浩森案（*Cotzhausen v. Nazro*，107 U. S. 215，219，2 S. Ct. 503，27 L. Ed. 540）中，最高法院曾引用该条文并将其视为完全有效（See also United States v. One Black Horse（D C.）129 F. 167）。

此外，根据印第安地区修订后的成文法（Comp. St. § 4141）第2140条的规定，任何官方机构、政府官员和军队长官在有合理怀疑或者预先获悉的情况下，对于那些企图或者已经将烈性酒、葡萄酒非法走私进入印第安地区的白人和印第安人，有权搜查他们的船只、仓库、包裹、货车和其他可能涉及的地方。如果确实查获任何酒类，那么有权将它们及其运输工具一并扣押、没收，或者向有关法院提出指控。第2140条孕育于1822年5月6日的法案（Act of May 6，1822，c. 58，3 Stat. 682），它授权印第安地区执法官员在有合理怀疑或已经获得相关信息的情况下，对于那些正在向印第安地区走私烈酒人员的货物，有权进行搜查、扣押，并且发现后有权当场没收。并且根据1834年6月30日的法案（Act of June 30，1834，§ 20，c. 161，4 Stat. 729，732），印第安地区执法官员在有合理怀疑的情况下，对于那些已经或者企图向印第安地区走私烈酒的人员，有权搜查他们的船只、仓库以及其他相关地点，并且有权没收查获的烈酒。本院认可1822年的制定法，并以此来证明美国皮草公司案（*American Fur Co. v. United States*，2 Pet. 358，7 L. Ed. 450）中搜查和扣押的正当性。根据印第安地区1917年3月2日的拨款法案（Appropria-
p153 tion Act of March 2，1917，c. 146，39 Stat. 969，970），对于那些用做正在或企图向印第安地区走私烈性酒类的车辆，可以依照修订后的成文法第2140条对其进行扣押、起诉并予以没收。

在拉斯维加斯州，1899年3月3日法案第174条规定（c. 429，30 Stat. 1253，1280），征税官员、征税代理人以及他们书面授权的其他人，有权逮捕依据本法应当判处罚款、刑罚或没收财产的阿拉斯加境内的个人，有权扣押、保管或移转被逮捕人的船只和货物。关于该法律的解释，司法部长向政府建议如下：

> 如果政府执法人员合理怀疑存在违反法律的行为，我的观点是，根据海关官员在执行修正后的制定法第3059条（Comp. St. § 5761）时的通例，他们有权搜查三英里以内的任何船只并对实施违法行为的船只予以扣押（26 Op. Attys. Gen. 243.）。

我们广泛征引这些制定法是为了说明，在联邦政府成立后的司法实践中，第四修正案所保障的免受不合理搜查扣押的自由，一直承认以下两种搜查之间的必然差别：对商店、住宅或其他建筑物的搜查，与对运载走私货物的船只、摩托艇、货车、汽车的搜查——对于前者，申请相应的司法令状并不存在什么困难；对于后者，由于运输工具能够迅速离开签发令状的辖区或地点，因此要求预先获得令状根本不切实际。

至此我们已经证明，对于藏匿在汽车或其他运输工具中的非法走私物品，可以进行无证搜查，现在我们再来考察在什么样的情形下，可以进行这种搜查。如果为了发现贩运的酒类而授权禁酒令执法机关可以截停任何车辆，从而给合法使用高速公路的个

人带来诸多不便和羞辱的话，这显然是无法忍受和不合理的。旅 p154
行者在穿越国界时，可能会因此被拦下来，因为基于国家自我防卫的考虑，可以合理地要求任何进入该国的人证明他本人有权入境、他所携带的物品可以合法入境。但是，对于在我国合法居留的个人，他们有权使用公共高速路，他们享有自由通行而不受中断或搜查的权利，除非依法享有搜查权的适格官员根据知道的情况，有合理根据相信他们的交通工具载有走私物品或非法货物。像1789年法律第2条关于船只搜查的规定那样，像1815年法律以及修正后的制定法第3601条为查处走私物品而搜查交通工具的规定那样，像1822年法律、1834年法律、R. S. 第2140条以及1917年法律为查处走私酒类进入印第安地区而搜查交通工具和汽车的规定那样，全国禁酒令第二章第26条的立法目的，第一，实现对走私物品的扣押和销毁。第二，没收汽车。第三，逮捕驾驶员。根据该法第二章第29条，后者如果是初犯可能会被判处500美元以下的罚款，如果是再犯可能会被判处1000美元以下的罚款和90天以下的监禁，如果是第三次犯罪，则可能判处500美元以上的罚款和2年以下的监禁。因此，对于驾驶员，如果是初犯或再犯，会因为轻罪而被捕；如果是第三次犯罪，则属于重罪逮捕。

显然，立法的主要目的是为了应对烈酒及其贩运，并将其销毁。除非将被禁的烈酒用于非法零售和流通消费，否则，单纯地制造烈酒对于第十八修正案和全国禁酒令冲击甚小。第26条的 p155
目的是为了发现并销毁贩运中的、被禁的烈酒；有关没收交通工具、逮捕运输人的规定是附带性的。适格的扣押官员在进行扣押前，应当遵守什么样的规定？其规则不取决于运输人可能受到什么样的刑罚。根据禁酒令第2章第28条的规定，国税专员及其助理、执法官员和巡检员，在执法过程中，有关制造或销售烈酒的现行法律授予了他们权力并予以保护。因此，根据禁酒令第26条进行扣押的官员受到修正后的制定法第970条的保护。该条规定如下：

因征税官或其他类似官员根据国会立法对船只、商品、交易物或货物进行扣押而引发的诉讼案件中，即便判决应当将扣押物归还原告，对法院而言，显而易见的是，只要存在扣押的合理根据，法院就应当裁定此扣押行为具有合法性；在此类案件中，原告没有权利要求赔偿损失；无论是实施扣押的个人，还是检察官，都不应因为此种案件或指控而遭受起诉或判决：但是，判决后，船只、商品、交易物或货物，应当立即返还原告或他的代理人。

综上所述，如果一个官员无证扣押了一辆汽车或汽车中的烈酒，而之后逐步澄清的事实不足以支持一项定罪和没收判决，那么只要有证据表明，他当时具有扣押的合理根据或相当理由，就可以不负赔偿责任或遭受损害赔偿的诉讼（*Stacey v. Emery*，97
p156 U. S. 642，24 L. Ed. 1035）。因此，这种合法扣押的标准在于：实施扣押的官员当时应当具有合理根据或相当理由相信他截停和扣押的汽车载有非法贩运的烈酒。

在此，对于利用交通手段贩运烈酒的扣押，我们找到了区分其合法与非法的明确界限。这当然是一个合理的界限。对于根据第26条而被扣押的汽车或其他交通工具的所有人，其赋予了他一项权利，即在扣押缺少合理根据时，请求返还汽车的权利；根据威克斯案和阿莫斯案，该项权利保护他免受被扣押的烈酒作为不利证据的攻击，而且该项权利使实施扣押的官员受制于可能的损害赔偿诉讼。另一方面，如果有证据表明存在合理根据，政府及其官员拥有他们应当享有的机会，去实施为追踪具有合理怀疑的走私物品和进行扣押所必需的调查活动。

这一规则履行了第四修正案保障权利的承诺。只要申请令状是合理、可行的，就必须先申请令状；如果令状遵守了以代誓证言为根据并经司法审查后被批准，那么它将保护实施扣押的官员免受损害赔偿的诉讼。但是，在不采取无证扣押将无法实施扣押的情形下，除非要求扣押的执法官员向法庭表明扣押具有合理根据，否则他将可以为所欲为地进行非法扣押。

但是，我们需要慎重对待以下主张：如果通过汽车搜查发现了烈酒，并由此根据制定法规定逮捕了汽车驾驶员，那么在此情形下，扣押权应当受到普通法规则关于对轻罪犯罪人实施无证逮捕的正当条件的限制。对此，普通法的一般规则是，如果警察有合理根据相信某人实施了重罪，他可以将其无证逮捕；对于轻罪犯罪人，只有属于现行犯时，才能进行无证逮捕（*Kurtz* p157
v. Moffitt，115 U. S. 487，6 S. Ct. 148，29 L. Ed. 458；*John Bad Elk v. United States*，177 U. S. 529，20 S. Ct. 729，44 L. Ed. 874）。有时，这一规则表述为：

> 对于轻罪，负责治安的官员，像普通人一样，在普通法上不享有无证逮捕的权力，除非他亲眼目击了破坏治安的行为，或者有合理根据相信，破坏治安的行为将要当着他的面发生或继续实施（Halsbury's Laws of England，vol. 9，part. Ⅲ，612）。

在普通法上，无证逮捕轻罪犯罪人的理由在于立即制止危害治安的行为（1 Stephen，History of Criminal Law，193），然而对有可靠根据的重罪进行无证逮捕，既是基于公共安全的考虑，也是基于及时逮捕被指控犯有严重罪行之犯罪人的需要（*Rohan v. Sawin*，5 Cush.（Mass.）281）。被告人提出的论辩是，对轻罪犯罪人进行无证逮捕的正当条件是犯罪发生时警察必须在场，但是，无论此前执法官员据以确认汽车装载着烈酒的信息是多么可靠，除非他是凭借自己的感官发现运输途中的烈酒，否则就谈不上当场实施犯罪。

因此，被告人主张的是这样的规则：如果携带烈酒的人是已经两次因相同罪行被定罪的人，那么根据感官以外的信息，可以扣押烈酒；但是，如果该人仅被定罪一次，那么除非藏有烈酒的汽车经过时执法官员凭感官发现藏有烈酒，否则就不能扣押。但是，由于该条规定的主要目标是为了没收和查禁烈酒，实施逮捕仅仅具有附带性——对被逮捕人科处刑罚的轻缓程度表明了这一
p158 点，因此，上述区分当然无法让人满意（See *Commonwealth v. Street*, 3 Pa. Dist. and Co. Ct. Rep. 783）。在英格兰，普通法中重罪和轻罪之间的差异是相当显著的。但是，在我们现行的联邦制定法中，这种差异是无足重轻的，而且，国会在将特定犯罪归类于重罪或轻罪方面享有相当广泛的自由裁量权。由于第 26 条的主要目的是查封和没收，因此，它所针对的是违禁的物品而非物品的所有人（*Agnew v. Haymes*, 141 F. 631, 641, 72 C. C. A. 325）。从字面上看，当执法官员"发现"任何人使用汽车或其他交通工具运输烈酒时，该条款才允许进行扣押。显然，这是对这一词语的非常狭义的、技术性的解释；如此解释将"发现"局限于执法官员在汽车经过时看到、听到或者凭嗅觉闻出烈酒的情形，而从中排除执法官员此前获得的、据以认出该辆汽车的可靠信息。

我们不认为当前的案件可以使用这样一种微妙的差别。如果一个人因犯罪而被合法逮捕，无论在他身上或者身边发现了什么对他而言是非法持有且可用以证明犯罪的物品，都可以被扣押并用作起诉的证据（*Weeks v. United States*, 232 U. S. 383, 392, 34 S. Ct. 341, 58 L. Ed. 652, L. R. A. 1915B, 834, Ann. Cas. 1915C, 1177; *Dillon v. O'Brien and Davis*, 16 Cox, C. C. 245; Getchell v. Page, 103 Me. 387, 69 A. 624, 18 L. R. A. (N. S.) 253, 125 Am. St. Rep. 307; *Kneeland v. Connally*, 70 Ga. 424; 1 Bishop, Criminal Procedure, § 211; 1 Wharton, Criminal Procedure (10th Ed.) § 97）。被告方的主张立足于这样的理论：本案中的扣押只有在那样的情况下才是正当的。如果他们的理论是对的，他们的结论也就没有问题。这样一来，扣押的合法性会完全取决于逮捕的合法性。但是这一理论是有问题的。搜查权和扣押的合法性

并不取决于逮捕权；而是取决于执行扣押的官员所持有的相信汽车中的货物违法的合理根据。如同第 26 条所表明的，这种扣押 p159 先于逮捕。确实，第二编第 26 条规定了对被逮捕人的简易程序，而且定罪后要销毁烈酒、卖掉汽车或其他运输工具，除非权利人对其非法用途不知情；但是，显然根据第二编第 25 条规定，如果被逮捕人对运输的货物不知情，或者逃跑了，那么可以对烈酒作出销毁或其他处理。在发现和扣押违禁的酒品后，对司机所起诉的犯罪的性质不影响扣押的合法性。这一结论符合宪法第四修正案的要求和对可没收的违禁物品进行搜查和扣押的原则，而且这样做也是明智的，因为这一结论使规则变得易于适用和理解，而且前后一致。霍克案（*Houck v. State*，106 Ohio St. 195，140 N. E. 112）符合这一结论。在埃什案（*Ash v. United States*（C. C. A.）299 F. 277）和米兰姆案（*Milam v. United States*（C. C. A.）296 F. 629）中，第四巡回区上诉法院的判决也坚持同样的立场。

在事实方面，埃什案与当前的案件非常相似，而且，二者都是由被告人所引述的史耐德案（*Snyder v. United States*（C. C. A.）285 F. 1）的法院作出判决（See also *Park v. United States*（1st C. C. A.）294 F. 776，783，and *Lambert v. United States*（9th C. C. A.）282 F. 413）的。

最后，本案存在合理根据吗？在阿波罗案（*Apollo*，9 Wheat. 362，6 L. Ed. 111.）中，问题的焦点是：在某地扣押一艘法国船只时，是否存在合理根据证明它以走私为目的。在斯托瑞法官先生代表法院所作的判决中，他论述说：

在法庭审理中，人们应当已经注意到以下事实：法庭应当对公共事实和地理位置进行司法认知；而在各个时期，在本国这一 p160 偏远的地区一直都充斥着走私者，这一点早已尽人皆知，而且政府的公共文件也能够证明这一点。

借助这一方式，我们知道大激流市距底特律大约152英里，底特律及其周边地区处于作为国界的底特律河沿岸，这一地区是将烈酒非法运入我国境内并向内地贩卖的最为活跃的中心之一。根据现有证据显而易见的是：禁酒令执法人员为拦截和扣押贩运烈酒的机动车辆，而沿着底特律到大激流市的重要干道进行常规巡逻。他们得知或者说存在令人信服的证据使他们相信，他们所说的卡罗尔一伙人，就是所谓的大激流市的"私酒贩子"，即他们在这个城市进行销售烈酒的非法交易。稍后，执法官员发现卡罗尔一伙人正在从大激流市去底特律市的途中，遂试图跟踪他们，看他们去哪里，但是他们逃脱了监视。两个月后，这些官员大概是从底特律回来的路上突然遇见了向西行驶的这帮人。原来那些在大激流市贩卖私酒的团伙成员都在这辆车上——该车就是前晚他们试图向执法官员兜售威士忌时驾驶的那辆车，由此可以确认，该车是他们的常用工具之一。他们正从库存着巨大货源的供应地向他们从事交易的大激流市方向行进。当看到被告人时，执法官员相信他们携带有私酒，我们不能怀疑这一点，而且我们认为同样明确的是，他们如此认为是有合理根据的。辩方律师强调，其中一位执法官员曾经说过，他们当时并不是在寻找被告
p161 人。我们并不认为这有什么证明价值。只要执法人员确实在场，他们就有能力根据他们以前所知道的有关被告人的所有事实进行理性推断。

在陆地或海上进行合法扣押，对发生过的重罪实施无证逮捕，以及在恶意追诉和恶意监禁案件中，合理根据的必要性已经促使人们对这一术语频繁界定。在史黛丝案（*Stacey v. Emery*，97 U. S. 642，645（24 L. Ed. 1035））中——这是一起要求扣押人进行损害赔偿的诉讼，法庭对合理根据定义如下：

> 如果摆在执法人员面前的事实和情形使得一个相当谨慎的人相信犯罪已经发生，这就足够了（See *Locke v. United States*，7 Cranch，339，3 L. Ed. 364；The George，1 Mason，24，Fed. Cas.

No. 5328；The Thompson，3 Wall. 155，18 L. Ed. 55）。

在凯里案（*Commonwealth v. Carey*，12 Cush. 246，251）中，首席大法官肖（Chief Justice Shaw）这样写道：

> 如果一个警官或者其他的执法人员在无令状的情况下逮捕某人，为了使逮捕合法化，在论证逮捕的正当性时，他不必证明实际上已经发生了重罪；如果他根据自己知悉的或者别人提供的事实怀疑某人，并据此有合理根据相信被告人犯有重罪，就不属于非法逮捕（*Commonwealth v. Phelps*，209 Mass. 396，95 N. E. 868，Ann. Cas. 1912B，566；*Rohan v. Sawin*，5 Cush. 281，285.）。

在麦卡锡案（*McCarthy v. De Armit*，99 Pa. 63）中，宾夕法尼亚最高法院将合理根据的定义总结如下：

> 所有定义的实质内容在于：存在相信有罪的合理根据（a reasonable ground for belief of guilt）。

在卡斯滕鲍姆案（*Director General v. Kastenbaum*，263 U. S. 25，44 S. Ct. 52，68 L. Ed. 146）中——这是一起关于恶意拘禁的诉讼，法庭判决认为：

> 但是，正如我们所看到的，良好的信用并不足以构成合理根据。这种信任必须以执法人员所了解的事实为基础，在本案判决中，正是这一点使得信任具有了合理性（See，also，*Munn v. De* p162
> *Nemours*，3 Wash. C. C. 37，Fed. Cas. No. 9926）。

依据这些判例以及法庭记录的内容，显而易见，本案的执法官员进行的搜查扣押具有正当理由。也就是说，他们所知悉的以及具有合理可信性信息支持的事实和相关情形，足以保证一个合理谨慎的人也会相信，他们所截停和搜查的汽车载有烈酒。

最后，辩护律师争辩说，应当对被告人免于定罪，因为在他们看来，在动议中控方出示的证据比法庭上出示的证据要少得多，因此，当时并没有表明存在合理的根据，但是，法院却拒绝了他们要求交付烈酒的动议。在支持或反对动议时出示了什么证据，法庭记录并不是十分清楚。但是除这些之外，我们认为这一论点在此没有任何实质的内容。如果法庭上展示的证据足以支持将烈酒作为证据提出——我们认为事实亦如此——那么，在提出要求返还的申请时，有没有足够的证据就是无关紧要的了。一个基于足够和可采的证据作出的定罪不应该因此被驳回。整个事项已经进入到了审判，因此被告人的权利并没有被侵犯。

控方律师主张，由于被告人科罗不是这辆车的主人，因此，无论关于卡罗尔的权利采取什么样的观点，科罗都没有资格提出以下控诉：将烈酒作为不利于他的证据违反了第四修正案。我们关于整个案件的结论使得我们没有必要讨论这个方面的问题。

综上所述，本院决定维持判决。

p163 **在临退休前，大法官麦肯纳（Mr. Justice McKenna）对本案判决表示同意。**

大法官麦克雷诺兹（Mr. Justice McReynolds）独立发表了判决意见。

第一，“私酒贩子”可憎的形象不能使我们对以下的损害视而不见：任何试图借助无令状的手段摧毁它而必然出现的损害。“通过突破任何阻碍其确立的其他基本原则的方式，来促进某一特定基本原则的发展……简而言之，以不法手段获取显而易见的善，既不合乎社会正义，也难以与个人道德相协调（Sir William Scott，The Le Louis，2 Dodson，210，257）。”

当复审申请人安静地驱车行驶于繁忙的高速公路时，联邦官员在没有令状的情况下，仅仅基于怀疑——我认为并无确实根据——将他们逮捕。之后，执法官员对车辆进行了搜查，发现了小心隐藏的威士忌；威士忌被扣押，在之后的审判中，作为不利于复审申请人的证据，用以证明他们运输烈酒并因此违反了禁酒令（the Volstead Act. 41 Stat. 305，c. 85）。复审申请人主张逮捕和扣押都是违法的，将烈酒作为证据使用侵犯了他们的宪法权利。

这不是关于没收扣押货物的程序，也不是对实施扣押行为的警官提出侵权之诉的程序。因此，以下案件对此没有约束力：*Crowell v. McFadon*. 8 Cranch，94，98，3 L. Ed. 499；*United States v.* 1960 *Bags of Coffee*，8 Cranch，398，403，405，3 L. Ed. 602；*Otis v. Watkins*，9 Cranch，339，3 L. Ed. 752；*Gelston v. Hoyt*，3 Wheat. 246，310，318，4 L. Ed. 381；*Wood v. United States*，16 Pet. 342，10 L. Ed. 987；*Taylor v. United States*，3 How. 197，205，11 L. Ed. 559。本案取决于相关国会法令的明确规定；本案并不涉及现在提出的论点，而且，对于这些论点的适当解决，如果存在帮助，也作用甚微。在条文表述上，禁酒令并没有授权可以仅仅根据怀疑而进行逮捕或扣押。

执法官员是否受修订后的制定法第 970 条（Rev. Stat. § p164
970）的保护而免受控诉或起诉，在此并不重要。该条规定并非意在剥夺公民的宪法权利或者允许使用非法获得的证据。然而，它确实表明，国会清楚地认识到：合理根据并非总是扣押正当化的充足理由（probable cause is not always enough to justify a seizure）。

现在，我们毋庸考虑以下问题：通过选择适当的措辞，国会是否已经授权无证逮捕。国会并没有这么做。相反，整个立法历史均表明立法者确实不愿意这么做。第一次和第二次违法被规定为轻罪，而不是更重；而且，国会理所当然熟悉此类犯罪的逮捕规则。是否应该规定不同的刑罚或者增加其他的规定，并非我们大法官的任务；即使存在执法上的困难，也不能赋予我们增补立法的权力。

第二，既然禁酒令并没有包含以下明确的授权，即在没有令状的情况下，根据怀疑对第一次犯罪的人实施逮捕，那么我们就应当探寻从它的规定中能否推出这样的授权。

除非规定轻罪的法律条文明确作出相反的规定，否则对于违法行为的怀疑不能成为逮捕的正当理由。为合乎普通法的规则，刑事法律必须予以严格解释和适用（*United States v. Harris*，177 U. S. 305，310，20 S. Ct. 609，44 L. Ed. 780）。长期以来奉行的原则是，除非是现行犯，否则在没有令状的情况下，不能对轻罪实施逮捕。

库茨案（*Kurtz v. Moffitt*，115 U. S. 487，498，6 S. Ct. 148，152（29 L. Ed. 458））的判决认为：

> 根据英国的普通法，国家官员和私人都没有权力在没有令状
> p165 的情况下，对非现行犯实施逮捕，除非属于重罪并基于将罪犯带到治安法官面前的目的。

约翰·贝德·厄克案（*John Bad Elk v. United States*，177 U. S. 529，534，20 S. Ct. 729，731（44 L. Ed. 874））的判决亦认为："在普通法上，执法官员对于他不在场时所发生的轻罪，无权实施无证逮捕。"

怀特案（*Commonwealth v. Wright*，158 Mass. 149，158，33 N. E. 82，85（19 L. R. A. 206，35 Am. St. Rep. 475））的判决认为：

> 持有小龙虾并意图进行贩卖是一项制定法规定的轻罪，而且，可以看出该项犯罪属于连续犯——当这种持有状态持续存在时，即构成该项犯罪——因此，当警察看见任何人持有这样的龙虾并意图贩卖时，都可以在没有令状的情况下将他逮捕，因为该项轻罪是在他在场时实施的。但是，我们认为对于这类法定轻罪，如果尚未达到妨碍治安的程度，除非法律另有规定，警察并不享有无证逮捕的权力……对于类似犯罪，立法机关往往赋予执法官员无证逮捕的权力；这可能表明了，在立法者看来，普通法上并不存在此类权力。

平柯顿案（*Pinkerton v. Verberg*, 78 Mich. 573，584，44 N. W. 579，582（7 L. R. A. 507，18 Am. St. Rep. 473））的判决认为：

除非妨碍治安的行为当着保护者的面发生，或者基于对重罪的怀疑，否则，将保卫并确保公民安全通行的权力置于某些人哪怕是那些治安保卫者之手的一切法律，都是最苛刻和最不公平的法律，它会破坏宪法承诺给我们的一切权利。这些权利在宪法规定以前就长期存在，我们以它们的持久存在为傲，并促使它们成为我们这块土地上的基本法的一部分。如果一个人在没有控诉或令状的情况下，就可以被剥夺自由、受到攻击和监禁，那么，警察的权力也就失去了任何限制。

第三，禁酒令没有包含任何废除公认的普通法规则或者明确授权执法官员，可以对其不在场时实施的轻罪进行无证逮捕的规定。 p166

该法第26条支持相反的观点。

如果……执法官员发现任何人用卡车、货车、汽车、船舶或飞行器，或者其他任何运输手段非法贩运烈酒，即负有扣押由此发现的非法贩运的全部烈酒的职责。当执法官员扣押非法贩运或持有的烈酒时，他可以使用非法贩运所使用的运输手段——汽车、船舶、飞行器或水上工具，或者其他任何运输工具，可以逮捕据此被提出指控的任何人。

值得注意的是，该条规定并非专门适用于机动车辆；它涵盖了所有运输工具——卡车、货车、船只或飞机。毫无疑问，在一贯被严格解释的刑事法律中，“发现……非法贩运行为”的表达并不等同于有合理理由怀疑或相信这种运输正在进行。发现和怀疑是截然不同的。如果国会意图承认可以基于怀疑对轻罪实施逮捕或扣押，那么它从一开始就会使用恰当的措辞词汇。它特意避免将这里指控的犯罪规定为重罪，同时并没有通过适当的措辞来扩大逮捕的权力。立法者并非无视已经确立的规则，也很明白怎么废除它——以下法律规定清楚地表明了这一点：

1789 年 3 月 2 日批准通过的“关于进口税、吨位税征收的法律”（1 Stat. 627，677，678，c. 22）；1790 年 8 月 4 日批准通过的“关于更有效地对美国进口的货物、器皿和商品进行征税
p167 以及对轮船或航船征收吨位税的法律”（1 Stat. 145，170，c. 35）；1815 年 3 月 3 日批准通过的“关于进一步强化征收进口税和吨位税的法律”（3 Stat. 231，232，c. 94）。

这些法律以及其他类似的法律的确赋予了执法官员基于怀疑进行扣押的权力，因此，这些规定与禁酒令的根本差别在于：禁酒令根本没有进行此类授权。

1921 年 11 月 23 日，批准通过的全国禁酒令增补法案（42 Stat. 222，223，c. 134）规定：

负责执行该项修正案、禁酒令或者其他联邦法律的任何美国联邦执法官员、助手或雇员，在没有搜查令状的情况下，对全国禁酒令中规定的私人住宅或者作为住宅使用的场所进行搜查，或者在没有搜查令状的情况下，恶意或无合理根据地对其他的房屋或财产进行搜查，均构成一项轻罪；对此，一旦被定罪，初犯应处以 1000 美元以下罚金，再犯应处以 1000 美元以下罚金或者处以一年以下拘禁，或者并处罚金和拘禁。

有人争论说，这条法律的措辞和立法史均表明，国会有意区分以下两种情形，即搜查私人住宅需要申请令状与搜查汽车无需申请令状。显然，国会将搜查私人住宅看得比其他搜查的后果严重得多，并且通过将前者宣布为犯罪加以区分。但是，这种差别和逮捕复审申请人的合法性之间的联系并不明显。而且，我也看
p168 不到在第四修正案下探究此类区分之合法性具有什么价值。当然，这种区分是合宪的，某些扣押也确实如此。但是，那又怎么样呢？法律并没有将直到那时还属于违法的事情变为合法，而

且，似乎无法得出结论说：通过宣称对于私人住宅进行无证搜查构成犯罪，国会意在取消对其他搜查和逮捕的传统限制。

尽管第四修正案只反对不合理的扣押，但是，是否合理通常取决于所采用的手段。在此，扣押在非法逮捕之后发生，因此，扣押自身也变得不合法——这与威克斯案（*Weeks v. United States*，232 U. S. 383，391，392，393，34 S. Ct. 341，58 L. Ed. 652，L. R. A. 1915B，834，Ann. Cas. 1915C，1177）所坚决反对的、在被告人家中实施的扣押一样，其不法性是显而易见的。

在史耐德案（*Snyder v. United States*，285 F. 1，2）中，第四巡回区上诉法院拒绝采纳通过无证逮捕获得的证据，并清楚地宣布了一些有益的法律原则：

> 执法官员不能在没有令状的情况下，对他不在场时发生的轻罪实施逮捕。此类裁决如此之多以至于不需要再援引判例。同样重要的是，不能基于对某一轻罪的怀疑，无证逮捕任何公民或以武力搜查他的身体。因此，本案中，如果实施逮捕的执法官员没有实施逮捕的其他正当理由，而仅仅因为看到被告人上衣口袋突出的瓶颈，就怀疑瓶子里装有烈酒，我们得出以下结论似乎没有什么问题：如果没有事前获得令状，则搜查和逮捕属于非法。本案中，执法官员唯一的正当理由是他的怀疑；对此，执法官员自己的证词已经予以承认。那么，如果瓶子是空的或者如果瓶子里装的是十二种无害液体中的任何一种，执法官员的行为自然是对被告人人身自由权的非法侵犯。我认为，本案中，瓶子恰好装的是威士忌的事实，也无法赋予这一侵犯人身的行为正当性，或者对规定这一行为构成违法的法律原则说三道四。 p169

本案所讨论的扣押的合法性取决于逮捕的合法性。其合法性并不依据扣押，而是相反。复审申请人最先遭遇的是执法官员的逮捕，之后才是扣押。如果一个执法官员仅仅基于对轻罪的怀疑，就可以在公共高速公路上对车辆进行拦截并从被拦截人那里拿走某些物品，之后将这些物品用作定罪的证据，那么第四修正案和第五修正案将会变成什么样呢？在威克斯案中，通过法官戴(Day)，法院判决指出：

第四修正案的效果在于，让美国法院和联邦执法官员在行使权力或享有权威的同时，也受到相关条款对其权力或权威的限制和约束，从而永久地保护人民、人身、住房、文件和财产不受以法律为幌子进行的无理搜查和扣押。这种保护泽及任何人，无论是否属于被指控犯罪的人；在我们联邦体系中，所有受托执行法律的执法人员均负有实现这一保护义务的职责。但是，那些负责执行刑事法律的人，倾向于通过非法扣押和强迫获取口供的方式获取定罪证据——就获取口供而言，必先置被指控人处于一种其联邦宪法权利遭受损害的、未经授权的执法状态——在法院判决中，上述倾向不会受到制裁，但是恰恰是这些法院，时刻都肩负着维护宪法的责任，并保障任何情形下公众为维持此类基本权利而提起诉讼的权利。……法院及其法官为使有罪的人受到应有的惩罚所做出的努力固然值得称颂，但是为了这些努力，不应牺牲那些多年前通过努力和磨难而确立的、最终体现于这一国土之上

p170 的基本法的重大原则。

西尔弗索恩案（*Silverthorne Lumber Co. v. United States*, 251 U. S. 385, 391, 40 S. Ct. 182, 64 L. Ed. 319）的判决认为：

这一主张已经表达得非常清楚。尽管政府现在已经为它的违法扣押行为追悔莫及，但是，它可以在交还文件之前研究这些文件，并在加以复制后，运用这些文件中获得的信息，从而以一种更常规的方式要求所有者出示这些文件，即宪法保护对物的占有，却无法涵盖政府通过违法行为追索物证并从中获利。确实，威克斯案（*Weeks v. United States*, 232 U. S. 383）已经确立了以下规则：不允许在大陪审团面前直接提出这些文件，但是，这只是意味着需要两步走而不是一步走。在我们看来，法律并非如

此。如此行事将会使第四修正案沦为具文（232 U.S. 393.）。禁止以某种方式获得证据的规定，其实质在于，如此取得的证据不仅不能在法庭上使用，而且不能在任何场合使用。当然，这并不是说，可以由此证明的事实将变得神圣和不容调查。如果关于它们的信息来自独立的来源，它们也可以像其他的事实一样被证明。但是，通过政府自身错误行为而获得的信息，不能以控方建议的方式加以使用。

戈尔德案（*Gouled v. United States*, 255 U.S. 298, 41 S. Ct. 261, 65 L. Ed. 647）和阿莫斯案（*Amos v. United States*, 255 U.S. 313, 41 S. Ct. 266, 65 L. Ed. 654）均明确指出，联邦官员通过违法行为获取的财产不能作为证据出示。

对复审申请人的逮捕未经授权，因而是非法的，违反了第五修正案赋予的正当程序保障。作为证据出示的烈酒是在逮捕后的搜查中获得的，因而是在侵犯他们宪法权利的情形下获得的。通 p171
过对个人的合法逮捕或控制而找到的物品，可以为一定目的作为证据使用，但是，如果是通过联邦执法官员的非法活动取得的物品，则根本不能加以使用。

第四，对复审申请人施以逮捕的执法官员所知悉的事实，不足以形成以下合理的信念：被逮捕人正在运输法律所禁止的烈酒。首席禁酒令官员佛瑞德·克罗宁瓦特提供的事实是详尽的。他在审判中的证言如下：

我负责这一地区的联邦禁酒令部门。我非常了解这两个申请人。我第一次见到他们是1921年9月29日，当时是在斯卡利先生位于大激流市欧克斯大街的公寓。那天来斯卡利先生公寓的有3个人，他们分别是库尔斯克（Kruska）、乔治·科罗（George Krio）和约翰·卡罗尔（John Carroll）。我化名斯塔福德（Stafford）与他们相识，并告诉他们，我供职于密歇根椅子公司，想买3箱威士忌，价钱已谈好了。当确认我没有问题时，他们说，他们会在半小时或者45分钟内回来，因为他们必须去大激流市东区取酒。他们离开后不久，就回来了。库尔斯克先生跑上楼来说，他们当晚拿不到酒，因为那个叫欧文（Irving）的人不在，他们无法拿到酒，不过可以在第二天10点左右交货。第二天他们没有交付。对于价钱我不太肯定，好像是一箱130美元左右，也可能是135美元。两位申请人都参与了这次谈话。当他们来斯卡利先生的公寓时，开的就是这辆车。当时天色已晚，我无法看清这辆车。之后，10月6日那天，我与斯卡利先生在路上巡逻，他去里德河买便餐，我在高速公路上等他。这时，我看
p172 到申请人的车开过来，这次我看清了车的样子和车牌号码，并认出了9月29日曾经见过面的那两个家伙，当我在12月15日再次看到这辆车时，我非常确信那就是我在9月29日见到过的那辆车。10月6日，当斯卡利回到我停车的地方时，大概已经过去了20分钟左右。我告诉他，卡罗尔那帮家伙正朝着底特律的方向行驶，我们尝试着追上他们，看看他们究竟往哪里去。我们跟着他们到了兰辛市东部，就在抵达阿达市之前的某个地方，我们把他们跟丢了。最后我们在兰辛市东部放弃了追踪。

12月15日，当我们在路上追上这辆车时，它正行驶于乡间的一条名为派克16的公路上，该路位于大激流市与底特律之间。当我们经过这辆车时，我们正开往爱澳尼亚或底特律方向，而科罗和卡罗尔正开往大激流市方向，我和斯卡利先生认出了他们："那是卡罗尔兄弟。"我们朝同一方向继续行驶了一段时间后掉头往回开——开到他们的一侧。斯卡利先生开着车，我坐在前面的副驾驶座上。我下了车，对他们挥手说："卡罗尔，停车！"他们停下了车。是科罗开的车。我们拦下他们的车后，要求他们下车，他们也照着做了。我刚到卡罗尔跟前，他就认出了我，叫我佛瑞德（Fred）。我抬起敞篷车的后备箱，发现那里没有烈酒；我掀开坐垫；敲打坐椅的靠背，发现那儿很硬。于是，我开始尝试打开靠背，确实撕掉了一些靠垫，卡罗尔说："不要撕靠垫；

我们那里只有6箱酒。”我拿出两瓶，发现是酒；后经确认确实是酒。彼得森和一个名叫杰罗德·当克（Gerald Donker）的人将卡罗尔兄弟、酒和车带回大激流市。我和彼得森身旁的那个人继 p173
续进行巡逻，检查根据情报正开过来的其他车辆。在彼得森带被告去市区之前，我与卡罗尔之间有一段对话。卡罗尔先生说："你们把酒拿走好了，请放我们一马，我会好好报答你的。"同时，他从裤兜里掏出一些钱，具体数额我不知道。我不认为很多。我看见一张10美元的钞票和其他一些钞票，我不知道总共有多少，数目不大。

就我所知，是汉利（Hanley）先生帮忙从车中搬出了酒。第二天，我们将这些酒装进箱子，一个铁箱子中，放在市司法官的地窖中，现在仍存放在那里。汉利先生，首席代表约翰逊，一些探员和我本人当时在场。次日，当其他官员在瓶子做标记时，彼得森先生在场。这是那两个瓶子，即证物A和证物B。

问：这两个瓶子，即证物A和证物B，是你当时从车里取出来的，还是放到这儿之后，你从中取出来的？

答：我们在路上没有做标记，只是发现它是酒，便将它呈报上去。当晚以后直到第二天中午——我们检查那些酒的数量时，这些酒都由汉利先生保管。约翰逊先生和我密封了这些瓶子，约翰逊先生的名字和我的名字一起写在这些瓶子的标签上，这瓶酒就是今天从箱子里拿出来的。是为了分析的目的拿出来的。别的瓶子直到今天都还没有开封。

问：你能告诉我们，根据标签和瓶子，你是否确定它就是从 p174
那辆车中取出来的酒的一部分？

答：它们外包装一样，是的，长官。这些就是汉利先生所说的、从卡罗尔车中拿出来的酒瓶。

交叉询问：

我认为，在卡罗尔的车停下来后，我是第一个到达车那边的人。我口袋里有枪，但我没有拿出来。我是第一个靠近车的，我打开车的后备箱。但是，之后其他人很快也到了。我们迅速把车包围起来。

问：无论是什么检查和调查，你都是径直过去，以你自己的方式进行的？

答：是的，先生。

问：控制它，逮捕他们，将他们移交？

答：是的，先生。

问：那时，你当然没有搜查令状？

答：是的，先生。我们不知道这辆车会在这个时间路过。

再主询问：

当我用拳头敲打车的靠背时，我发现它真的很硬。它比靠背中常规的填充材料要硬，而且硬得多。它事实上是实心的。一个靠背里有69夸脱的威士忌。

9月29日关于3箱威士忌的洽谈是唯一一个使复审的原告处于合理怀疑的情形。当时没有交付威士忌，而且，也无法肯定他们是否真的想交付。逮捕在洽谈的两个半月之后进行。其间的每个行为完全合乎无辜状态。难道仅仅因为一个人曾经同意交付威士忌但实际上没有交付，他从此之后驾车开往底特律就应冒着被逮捕的风险吗？

第五，当国会意图允许基于怀疑而进行扣押和逮捕时，它的
p175 措辞非常谨慎。禁酒令的立法历史和条文规定都与以下意见相左：赋予执法官员所主张的无证扣押权是立法者的目的。逮捕发生时知道的事实，完全不足以让人合理地相信复审原告人正在实施一项轻罪；而逮捕的合法性不能借助之后搜查发现的事实加以确认。

因此，在我看来，很清楚的是，应该撤销原判。

同时，萨瑟兰法官授权我宣布，他赞同我的观点。

1.3 美方评论

在卡罗尔案中，最高法院认为，机动车辆本质上属于一种紧急情形。由于汽车具有机动性，如果警察申请司法令状时司机可以把汽车开走，那么汽车里的证据将面临湮灭的危险。但是，卡罗尔案仅仅回答了以下问题，即为什么允许执法官员在申请司法令状期间对汽车实施扣留（这是一种扣押行为），而不涉及“为什么应当允许执法官员可以对被扣押的汽车进行无证搜查”？扣押本身就可以克服汽车的机动性问题，而且也不会侵害公民汽车里的隐私利益。

在钱伯斯案（*Chambers v. Maroney*，399 U. S. 42（1970））中，最高法院重新考虑了卡罗尔案的判决，并拒绝接受以下主张：根据汽车例外，只允许对汽车实施无证扣押，而不得对其进行无证搜查。在钱伯斯案中，最高法院维持了对已经转移到警察局里的被扣押车辆的无证搜查——该车辆因为驾车人被逮捕而扣押。最高法院认为，就第四修正案而言，“在向地方法官展示本案具有合理根据支持之前就对汽车实施扣押，与在没有令状授权的情形下当场对该汽车实施搜查，这二者之间并不存在什么差别”。在钱伯斯案中，最高法院为汽车例外提供了一项新的理由。在论述“汽车的机动性赋予了（在获得司法令状授权以前实施）无证扣押正当性”这一不容置辩的假定后，最高法院继续论证说，如果无证扣押是正当的，只要无证搜查造成的侵害并没有超过无证扣押的侵害程度，那么对被扣押汽车进行无证搜查同样也是正当的。最高法院的结论是，在多数案件中，在获得司法令状之前因暂扣汽车而造成的侵害，可能会比当场实施无证搜查更大。通过搜查，如果没有发现犯罪证据，相应公民可以继续赶路，而不会因为警察申请司法令状需要时间而承受相应的不便。因此，最高法院认为，没有理由要求警察必须在是对汽车进行无证扣押还是实施无证搜查之间作出选择。既然这二者具有基本等同的侵害程度，而且汽车的机动性可以作为其中之一的正当理由，那么也就意味着，另外一种行为也应当予以准许。

钱伯斯案的理论基础是，如果你可以实施无证扣押，那么你也就有权以无证搜查作为替代措施。这一理论是很难成立的。因为它忽视了以下事实，即在扣留汽车的绝大多数案件中，搜查造成的侵害程度要比扣押严重得多。而且，在有合理根据对汽车进行搜查的绝大多数案件中，汽车司机可能已经被逮捕，因此，在获得司法令状授权以前，暂时排除汽车的机动性只会给他额外造成非常小的不便。就侵害程度最小化而言，钱伯斯案的判决应当是，由相对公民选择，在当时特定的情形下采取哪种措施造成的侵害程度更小。政府宣称“对你的汽车进行无证搜查是为你好，否则，在申请令状期间，你不得不在这儿等很长的时间”——这无疑是一种父权主义国家的说辞。

钱伯斯案以后，最高法院就针对机动车辆的搜查等同于扣押这一等式解释说，对汽车进行搜查事实上不会遭成严重的侵害，因为对于汽车里的空间，公民只享有较低的隐私期待。受此影响，对汽车当场进行无证搜查与为申请令状而对汽车进行临时扣押，这二者造成的侵害程度是一模一样的，而且二者侵害程度都不大。最高法院在查德威克案中论述了上述理由。查德威克案（*United States v. Chadwick*, 433 U. S. 1（1977））区分了对汽车本身的搜查（不要求具有司法令状的授权）与对军用手提箱的搜查（要求司法令状的授权）；其理由是，公民对于汽车只享有较低的隐私期待，但汽车内的箱包容器不在此列。最高法院认为，与其他私人箱包容器相比（如行李箱），个人对于汽车里的空间只享有较少的隐私利益，其理由有三：第一，与旨在储藏私人物品的箱包容器相比，汽车是一种交通工具。第二，个人在开车时处于一览无余的状态，其他公民可以看见汽车里的情形。第三，汽车受到严格的监管。因此，由于搜查汽车造成的侵害较小（例如，小于对住宅或行李箱实施搜查造成的侵害程度），因此，其侵害程度可以等同于因申请司法令状而暂时扣押汽车所造成的侵害。所以，如果有合理根据认为汽车里藏匿有证据，根据汽车例外，既可以对汽车进行无证搜查，也可以实施无证扣押。

许多学者争辩说，最高法院有关车辆只具有较低隐私期待的论证是没有说服力的。的确，汽车是一种交通工具，但它同时也是储存私人物品的地方——这也是为什么汽车会配备后备箱和（副驾驶座前的）储物箱的原因。的确，汽车行驶于公共场所之间，但是，这并不意味着放在汽车后备箱、储物箱等地方的东西也处于公众视野之下。此外，就安全驾驶、车辆登记等诸如此类的事项而言，机动车辆确是受到政府的监管，但是对车辆的监管程度并不比政府对住宅的监管程度大多少——最高法院判决认为，对于住宅，公民享有巨大的隐私期待。简言之，就现实的社会认识和期待而言，最高法院关于汽车只具有较低隐私期待的结论是没有证据支持的。

在卡尼案（*California v. Carney*，471 U. S. 386（1985））中，最高法院进一步澄清了汽车搜查例外的理论根据。在卡尼案中，最高法院认为，汽车例外有两个正当理由，如卡罗尔案所言，机动车辆的机动性是该项令状例外的根据之一。此外，最高法院认为，机动车辆只具有较低的隐私期待，同样也是汽车例外的正当理由。最高法院指出："即使某机动车辆不具有现实的机动性，但是，适用于具有现实机动性的车辆的较低隐私期待理论，依然可以作为它适用汽车例外的正当理由。"在卡尼案中，最高法院判决认为，根据汽车例外，也可以对房车进行无证搜查——与住宅相比，房车更接近于汽车（具有较低的隐私期待）。因此，根据第四修正案，在具有合理根据支持时，可以对房车进行无证搜查。

1.4 阅读文献

- Lewis E. Katz, *The Automobile Exception Transformed: The Rise of a Public Place Exemption to the Warrant Requirement*, 36 Case W. Res. L. Rev. 375 (1986).
- David E. Steinberg, *The Drive Toward Warrantless Auto Searches: Suggestions from a Back Seat Driver*, 80 B. U. L. Rev. 545 (2000).
- Note, *Warrantless Searches and Seizures of Automobiles*, 87 Harv. L. Rev. 835 (1974).
- Michael D. West, *Warrantless Searches and Seizures of Automobiles and the Supreme Court from Carroll to Cardwell: Inconsistently through the Seamless Web*, 53 N. C. L. Rev. 722 (1974 - 1975).
- Steven G. Davison, *Warrantless Investigative Seizures and Searches of Automobiles and Their Contents and Occupants*, 6 Geo. Mason U. L. Rev. 1 (1983).
- Martin L. O'Connor, *Vehicle Searches - The Automobile Exception: The Constitutional Ride from Carroll v. United States to Wyoming v. Houghton*, 16 Touro L. Rev. 393 (1999 - 2000).

2. 对汽车内箱包容器的搜查：

阿切韦多案（*California v. Acevedo*）

500 U. S. 565, 111 S. Ct. 1982(1991)

2.1 案件信息

• 本案争点

如果执法官员只对汽车里的某个箱包容器具有实施搜查的合理根据，那么，执法官员在找到该箱包容器后，是否可以根据汽车例外，径行对其进行无证搜查?

• 最高法院的判决

美国最高法院以6∶3的投票结果作出了有利于申请人的判决。大法官布莱克曼代表最高法院撰写了判决意见，首席大法官伦奎斯特、大法官奥康纳、肯尼迪、苏特表示附和。大法官斯卡利亚发表了协同意见。大法官怀特发表了反对意见；大法官史蒂文斯亦发表了反对意见，大法官马歇尔表示附和，大法官怀特亦表示部分附和。

最高法院判决认为，即使执法官员并不具有搜查整个汽车的合理根据，只要他们有合理根据相信汽车里的某个特定的箱包容器里装有违禁品或犯罪证据，那么经搜查发现该箱包容器后，警察可以径行进行无证搜查，无需申请司法令状的授权。

- **该判例的影响**

该判例明确推翻了桑德斯案，并宣布，对于汽车搜查中发现的箱包容器——无论是在对汽车进行搜查时，偶然发现的箱包容器，还是针对放在汽车里的箱包容器进行的特定搜查——均适用同样的法律规则。也就是说，只要警察有合理根据相信该汽车里藏匿有违禁品或证据，或者，有合理根据相信放在汽车里的箱包容器里藏匿有违禁品或证据，均属于汽车搜查的例外，可以径行实施无证搜查，而无需申请司法令状的授权。

2.2 判决正文

加利福尼亚州
诉
查尔斯·斯蒂文·阿切韦多

第89–1690号
1991年1月8日进行辩论
1991年5月30日作出判决

大法官布莱克曼（Blackmun，J.）代表最高法院撰写了本案的判决意见。

在本案中，需要最高法院再次思考以下问题：所谓的第四修正案令状原则之“汽车例外”以及在对汽车后备箱里封着口的箱包容器进行搜查时，该例外的适用问题。

一

1987年10月28日，加利福尼亚州圣安娜市警察局的执法官员科尔曼接到联邦缉毒官员从夏威夷打过来的电话。该缉毒官员通知科尔曼说，他已经扣押了一个夹带有大麻的包裹，该包裹原本应当由圣安娜市的联邦快递负责递运，收件人是该市史蒂文斯大街西段805号的J.R.达萨。但是，该缉毒官员已经安排人将这个包裹寄给科尔曼。接到这个包裹后，科尔曼应当将这个包裹交给当地的联邦快递，并在某人到快递公司领取包裹时，将其予以逮捕。 p567

科尔曼于10月29日收到了这个包裹。科尔曼对包裹里装的东西进行检查后，将它交给了当地联邦快递的高级业务经理。10

月30日上午10点30分左右，一个自称名叫吉米·达萨的男子来取这个包裹。拿到包裹后，他开车回到了位于史蒂文斯大街西段的公寓，并把包裹拿到了自己的房间里。

上午11点45分，执法官员看见达萨从那个房间里出来，把原本装有大麻的那个盒子和包装纸扔到了垃圾桶里。于是，科尔曼离开这里去申请搜查令状。大约12点05分的时候，执法官员看见理查德·圣·乔治从那个房间里走出来，身上背着一个看上去装了一半东西的蓝色背包。当理查德正要开车离开的时候，执法官员对其实施了截停并对那个背包进行了搜查。经搜查，在背包里找到了0.5磅重的大麻。

中午12点半的时候，被申请人查尔斯·斯蒂文·阿切韦多来到这里。他走进达萨的房间，在那里待了10分钟左右，出来的时候，拿了一个看上去装得满满的棕色纸袋子。执法官员注意到，在大小上，这个纸袋子与夏威夷寄过来的一个大麻包装袋一模一样。阿切韦多走到停车场里停放的一辆银白色本田汽车旁，把那个纸袋子放进了汽车的后备箱，然后，开车上路了。因为害怕弄丢了到手的证据，执法官员开着警车对阿切韦多实施了截停。他们打开阿切韦多的汽车的后备箱和那个纸袋子，在那里发现了大麻。①

p568 在州法院，被申请人因涉嫌违反加利福尼亚州健康安全法第11359条（Cal. Health & Safety Code Ann. § 11359（West Supp. 1991））被控非法持有大麻并用以销售罪（App. 2）。被申请人提出动议，请求排除在汽车里发现的那些大麻。该动议被驳回。之后，他作出有罪答辩，同时对驳回证据排除动议的裁定提起上诉。

---

① 执法官员科尔曼拿到搜查令状后，对达萨的房间进行了搜查并在那里找到了多袋大麻。但是，在本案中，我们理所当然只应关心在阿切韦多的汽车里发现的那些大麻。

加利福尼亚州第四巡回区上诉法院的结论是，从汽车后备箱里放的那个纸袋子中发现那些大麻，应当予以排除（216 Cal. App. 3d 586，265 Cal. Rptr. 23（1990））。该法院认为，尽管执法官员有合理根据相信那个纸袋子里装有毒品，但是，（除了那个纸袋子）他们并没有合理根据怀疑阿切韦多的汽车藏有违禁品。由于执法官员的合理根据具体针对的是那个纸袋子，因此，该上诉法院判决认为，对于该案，应当适用查德威克案（*United States v. Chadwick*，433 U. S. 1，97 S. Ct. 2476，53 L. Ed. 2d 538（1977））的规则，而不是罗斯案（*United States v. Ross*，456 U. S. 798，102 S. Ct. 2157，72 L. Ed. 2d 572（1982））的规则。尽管该上诉法院承认，执法官员有权扣押那个纸袋子，但是却判决说，根据查德威克案，这些执法官员在就此获得司法令状授权以前无权径行打开那个纸袋子。该法院当时也承认，关于查德威克规则与罗斯规则（*Ross*. 216 Cal. App. 3d，at 592，265 Cal. Rptr.，at 27）的两分法“有点不正常”。根据这种两分法，如果有合理根据搜查某辆汽车，那么，对于整个汽车（包括在汽车里发现的封着口的任何箱包容器）都可以进行无证搜查；但是，如果合理根据指向的仅仅是汽车里的某个箱包容器，那么可以先控制这个箱包容器，但未经司法令状授权之前，不得对其实施搜查。

加利福尼亚州最高法院拒绝了控方提出的上诉审查请求（App. E to Pet. for Cert. 33）。1990 年 5 月 14 日，大法官奥康纳决定暂缓执行加利福尼亚州上诉法院的判决，并安排时间对控方的调卷令申请进行审查；如果控方的申请获得批准，最高法院将会签发正式的命令。

我们决定签发了调卷令（498 U. S. 807，111 S. Ct. 39，112 L. Ed. 2d 15（1990）），目的是为了重新审查对于汽车里发现的封着口的箱包容器应当适用什么样的规则——自查德威克案第一次论及这一问题以来，该问题一直困扰着法院系统和执法官员。 p569

二

第四修正案保护的是“个人的人身、住宅、文件和财产不受不合理搜查和扣押的权利”。在第四修正案获准通过的那个时代，第一届议会以及之后的第二届议会和第四届议会明确区分了以下两种必要性：为搜查发现藏匿在“住宅以及类似场所”的违禁品而持有司法令状的必要性；为搜查发现藏匿在具有机动性的船只里的违禁品而持有司法令状的必要性（See *Carroll v. United States*, 267 U. S. 132, 151, 45 S. Ct. 280, 284, 69 L. Ed. 543（1925）. See also *Boyd v. United States*, 116 U. S. 616, 623 - 624, 6 S. Ct. 524, 528 - 529, 29 L. Ed. 746（1886））。在卡罗尔案中，最高法院针对处于运动状态的车辆创立了一项司法令状例外。因为，最高法院承认：

以下两种搜查行为有着必然差别：对商店、住宅或其他建筑物的搜查，与对运载走私货物的船只、摩托艇、货车、汽车的搜查——对于前者，申请司法令状并不存在什么困难；对于后者，由于运输工具能够迅速离开签发令状的辖区或地点，因此，要求预先获得令状根本不切实际（267 U. S. , at 153, 45 S. Ct. , at 285）。

因此，最高法院判决认为，由于车辆能够迅速跑得无影无踪而具有时间上的紧迫性，因此，如果有合理根据相信某车辆藏匿有犯罪证据，那么，对车辆进行无证搜查并不违反第四修正案令状条款的要求。

在钱伯斯案（*Chambers v. Maroney*, 399 U. S. 42, 90 S. Ct. 1975, 26 L. Ed. 2d 419（1970））中，最高法院对汽车搜查的紧急性要件进行了提炼。在该案中，最高法院判决认为，是否存在
p570 紧急情形，应当根据汽车被扣押当时的情况来确定。在钱伯斯案中，引发争议的汽车搜查发生在警察局——在那里，汽车已经被

固定下来——而且，是在汽车司机已经被逮捕之后。但是，考虑到最初对汽车实施截停时确实存在合理根据和紧急情形，因此最高法院判决认为，后来发生在警察局的无证搜查也可以通过合宪性审查。对后一搜查行为的有效性的认定，根据的是卡罗尔案的以下判决：在扣押当时，立即进行无证搜查应该具有可行性(See *Chambers*, 399 U. S. , at 51, 90 S. Ct. , at 1981)。在钱伯斯案中，最高法院论证说，如果警察愿意，他们也可以在之后能够实施搜查的第一时间进行该项搜查（*Id.*, at 51 - 52, 90 S. Ct. , at 1981.）。按照钱伯斯案的逻辑，如果警察有合理根据对马路上的某辆汽车实施无证扣押，那么他们可以对该汽车立即进行搜查，也可以稍等片刻再进行搜查。

在1981年判决的罗斯案（*United States v. Ross*, 456 U. S. 798, 102 S. Ct. 2157, 72 L. Ed. 2d 572）中，本院判决认为，如果具有合理根据的支持，那么，根据卡罗尔规则，针对汽车的无证搜查活动可以包括对汽车内发现的箱包容器或包裹的搜查。在该案中，某线人向警察报告说，他看见罗斯刚刚用他放在汽车后备箱里的毒品完成了一项毒品交易；接到报告后，警察对罗斯的汽车进行了无证搜查。警察对罗斯汽车实施截停后，对汽车进行了无证搜查；通过搜查，在汽车后备箱里找到了一个装有毒品的棕色纸袋。本院认为，根据第四修正案，对罗斯汽车进行搜查的行为并非不合理搜查："在搜查范围上，根据合理根据而实施的无证搜查，应当与具有合理根据支持的司法令状授权的搜查范围完全相同——既不能大也不能小（*Id.*, at 823, 102 S. Ct. , at 2172）。"因此，"如果有合理根据对依法截停的车辆进行搜查，那么，这同样可以成为对车内各个部分以及可能藏匿被搜查物品的地方进行搜查的正当理由"（*Id.*, at 825, 102 S. Ct. , at 2173）。可以说，在罗斯案中，本院已经澄清了卡罗尔规则的适用范围——只要具有合理根据的支持，该范围理应包括对汽车里面以及汽车内发现的箱包容器的"细致搜查"（*Id.*, at 800, 102

S. Ct.，at 2160）。

p571 除澄清上述问题以外，罗斯案还将对卡罗尔规则和另外一项规则进行了区分——后者调整的是针对封着口的箱包容器的搜查行为（See 456 U. S.，at 817，102 S. Ct.，at 2169）。在查德威克案（*United States v. Chadwick*，433 U. S. 1，97 S. Ct. 2476，53 L. Ed. 2d 538（1977））中，最高法院宣布了该项专门适用于行李或其他封着口的包裹、提包和其他箱包容器的独立规则。在查德威克案中，联邦缉毒官员有合理根据相信一个 200 磅重的、上了两层锁的军用手提箱里藏有大麻。自被告人从火车上卸下手提箱，到他们把手提箱运到火车站等车来接，整个过程都处于这些缉毒官员的监视之下。因此，当被告人把该手提箱装进汽车的后备箱后，这些执法官员立即对他们实施了逮捕，扣押了手提箱并对手提箱进行了搜查。在本院听证过程中，代表联邦政府的控方并没有提出以下抗辩，即尽管该行李箱装进汽车后备箱的时间很短，但已足以符合卡罗尔规则的适用条件。相反，控方竭力争论说，对于处于移动状态的行李实施的搜查行为应当可以类推适用汽车搜查的规定（433 U. S.，at 11－12，97 S. Ct.，at 2483－2484）。

最高法院拒绝了控方的观点。最高法院论证说，个人对于其行李和私人物品持有的隐私期待要比对其汽车的隐私期待高得多（*Id.*，at 13，97 S. Ct.，at 2484）。而且，最高法院得出结论认为，在扣押行李时，通常会涉及为安全起见而采取的措施，但是“在汽车被扣押时，通常不会遇到这些情况（At 13，n. 7，97 S. Ct.，at 2484，n. 7）”。

在桑德斯案中，最高法院将查德威克规则扩张适用于汽车后备箱里运送的行李。在桑德斯案中，警察有合理根据相信某行李箱里夹带有大麻。在他们监视下，被告人将该行李箱放进了出租车的后备箱里，然后坐车离开了。警察跟着这辆出租车走了几个街区，然后，对其实施截停，在后备箱里找到了那个行李箱后，对行李箱进行了搜查。尽管最高法院将卡罗尔规则适用于汽车自身的各个组成部分（事实上，在卡罗尔案中，违法贩运的威士忌藏在汽车坐垫底下。See 267 U. S.，at 136，45 S. Ct.，at 281）。但是它并没有“仅仅因为某私人行李处于警察依法截停的车辆里”（442 U. S.，at 765，99 S. Ct.，at 2594），就将该规则适用于针对此类私人行李的无证搜查行为。此外，在桑德斯案 p572
中，多数意见再次强调说，对私人行李，个人享有更高的隐私期待，并得出结论说，行李箱放在汽车里并不会降低所有人对于其私人物品的隐私期待（*Id.*，at 764 – 765，99 S. Ct.，at 2593 – 2594. Cf. *California v. Carney*，471 U. S. 386，105 S. Ct. 2066，85 L. Ed. 2d 406（1985））。

在罗斯案中，最高法院尽力对卡罗尔案与查德威克案进行了区分：其中，对于罗斯案的汽车搜查，适用的是前者，对于桑德斯案的汽车搜查，适用的却是后者。最高法院判决认为，如果警察有合理根据搜查整个汽车，那么对于此类汽车搜查，应当适用卡罗尔规则；如果警察仅仅对于汽车里的某个箱包容器持有搜查的合理根据，那么对该行李的搜查则应当适用查德威克规则。因此，对于罗斯案的情形，无需司法令状的授权，警察的搜查行为也属于宪法第四修正案意义上的合理搜查。但是，对于桑德斯案的情形，在实施搜查前，警察必须获得司法令状的授权。

因此，大法官史蒂文斯的以下说法无疑是正确的：罗斯案表明了汽车搜查的适用范围（See *post*，at 1998）。罗斯案判决认为，在警察根据汽车搜查例外对汽车进行无证搜查时，对于搜查过程中发现的封着口的箱包容器，也有权进行搜查。因此，在罗斯案中，最高法院通过明确以下内容迈出了至关重要的一步：汽车里放置的、封着口的箱包容器，因当时就放在汽车里面，所以，可以对其进行无证搜查。因此，尽管桑德斯案试图将第四修正案的保护范围扩张适用于封着口的箱包容器，但是，对于汽车里放置的封着口的箱包容器，其隐私利益却应当服从于汽车搜查例外的宽泛适用范围。

三

本案的事实情形与罗斯案的事实非常接近。在罗斯案中，警察有合理根据相信，毒品就藏匿在特定汽车的后备箱里（456 U. S.，at 800，102 S. Ct.，at 2160）。在本案中，加利福尼亚州上诉法院也认为，警察有合理根据相信被申请人汽车后备箱的提
p573 包里夹带有大麻（216 Cal. App. 3d，at 590，265 Cal. Rptr.，at 25）。[1] 而且，值得注意的是，在罗斯案和本案中，汽车后备箱里的毒品，都是装在一个棕色的纸袋子里。

在罗斯案中，最高法院拒绝了查德威克案关于箱包容器和汽车的区分。最高法院得出结论说，个人对于其汽车所享有的隐私期待，与其对于箱包容器所享有的隐私期待完全一样；并指出，“个人对于汽车后备箱或驾驶座前的小杂物柜所享有的隐私利益，可能并不比处于运输状态的箱包容器少（456 U. S.，at 823，102 S. Ct.，at 2172）”。最高法院还承认，将允许对汽车进行无证搜查的紧急情形，作为对处于运输状态的箱包容器进行无证搜查的正当理由是有争议的（At 809，102 S. Ct.，at 2165）。但是，出于对查德威克案和桑德斯案所确立规则的尊重，最高法院暂时搁置了这一问题（*Id.*，at 809－810，102 S. Ct.，at 2165）。最高法院的结论是，如果在发现一个纸盒子之前，警察有权对汽车

① 尽管本案的被申请人对于该项事实认定提出了质疑，但是，既然加利福尼亚州的法院已经认定执法官员具有合理根据，我们不愿再就此进行“马后炮式”的评断。在答辩状中，被申请人并没有指出，应该就合理根据问题作出相反的认定，而且，他也没有为纠正该问题向本院提出专门的上诉申请。此外，在向加利福尼亚州最高法院提起的上诉申请中，他也没有提及这一问题。因此，在这里，我们不考虑这方面的问题。See *Lytle v. Household Mfg.*，*Inc.*，494 U. S. 545，551，n. 3，110 S. Ct. 1331，1336，n. 3，108 L. Ed. 2d 504（1990）；*Heckler v. Campbell*，461 U. S. 458，468－469，n. 12，103 S. Ct. 1952，1958，n. 12，76 L. Ed. 2d 66（1983）.

的每一寸空间实施搜查，但在发现该纸盒子后，第四修正案却要求警察将该纸盒子拿到地方法官那里并由后者来决定警察是否可以对纸盒子进行检查，那么，这么做可能意味着司法令状程序的时间、成本用错了地方。因此，在本案中，我们必须对罗斯案搁置的以下问题作出判断：仅仅因为警察没有搜查整个汽车的合理根据，那么为了打开在具有机动性的车辆里发现的纸盒子，第四修正案是否要求警察必须获得司法令状的授权？我们的结论是，第四修正案并不要求必须这么做。

四

在罗斯案中，持反对意见的大法官追问说：为什么桑德斯案中的行李箱“比警察在有合理根据搜查整个车辆时发现的箱包容器，具有更大的隐私，而且，对警察来说，进行扣押并加以保管的难度会更小？或者说，究竟是因为哪些方面的原因，前者更 p574
应该适用司法令状原则（*Id.*，456 U.S.，at 839 –840，102 S.Ct.，at 2180 –2181）”？在此，我们赞同以下观点：无论是在对车辆进行一般搜查时发现的箱包容器，还是为搜查特定箱包容器而在汽车里发现的箱包容器，对于警察而言都很容易加以保管，对于嫌疑人而言都很容易加以藏匿或销毁。事实上，我们认为，警察在罗斯案中发现的那个纸袋子与在本案中发现的纸袋子之间，无论是在隐私期待方面，还是在紧急情形方面，都不存在什么实质差别。而且，通过对警察特意搜查寻找的箱包容器与警察在对汽车进行搜查时碰巧发现的箱包容器进行细致的区分，我们为个人隐私提供的保护也仅仅是最低的保护，而且已经对有效执法构成了妨碍。

有合理根据搜查整个汽车与有合理根据搜查汽车里的某个行李箱，这二者之间的界限并非总是一清二楚的。对于这两种搜查情形设定不同的规则，可能会让警察享有更大的无证搜查权限，从而危及个人的隐私利益。在罗斯案中（本案涉及的是针对整个汽车的搜查），我们已经指出了这一问题。根据卡罗尔规则，“可以对整个汽车……进行无证搜查”；据此，我们的结论是，“如果禁止警察当场打开极有可能藏匿被搜查物品的箱包容器，并反过来要求他们在打开之前先对整个车辆进行地毯式搜查，这么做事实上将会对隐私利益造成更为严重的侵害（456 U. S.，at 821，n. 28，102 S. Ct.，at 2171，n. 28）”。在对汽车实施截停时，执法官员究竟是对毒品藏在汽车内的提包里持有足够程度的怀疑，还是对毒品就藏在汽车里具有足够程度的怀疑，可能并不是很清楚。如果警察知道，只有当他们事实上是对整个汽车进行搜查时，才可以打开由此发现的箱包，那么为了形成罗斯案所要求的、针对整个汽车的合理根据，他们可能会扩张搜查的范
p575 围——如果不是因为该项规则，他们原本不需要这么做。

这一情形并非牵强的猜测。在约翰斯案（*United States v. Johns*，469 U. S. 478，105 S. Ct. 881，83 L. Ed. 2d 890（1985））中，海关执法官员看见两辆卡车开进了一家供私人飞机起降的停机场，并向两架小飞机驶去。这些执法官员走近这些卡车后，闻到了大麻的味道；之后，他们又在卡车的车斗里看见了一些行李箱，这些行李箱的包装方式与走私大麻的人通常采用的方法完全一样。于是，他们把这两辆卡车拖到了总部，并对车上的行李箱进行了无证搜查（*Id.*，at 481，105 S. Ct.，at 883）。以查德威克案为据，被告人争辩说，本案中的搜查属于非法搜查（*Id.*，at 482，105 S. Ct.，at 884）。被告人主张说，对于本案不应适用罗斯规则，因为除了这些箱子，执法官员缺乏搜查其他物品的合理根据。为了支持这一说法，被告人指出，执法官员一直没有对整个车辆进行搜查（*Id.*，at 483，105 S. Ct.，at 884）。最高法院拒绝了这一主张，并判决说，查德威克—桑德斯规则并不适用于本案，因为尽管执法官员并没有对这两辆卡车进行彻底搜查，但是，他们具有搜查这两辆卡车各个部分的合理根据（*Id.*，at 482－483，105 S. Ct.，at 884）。因此，我们看不到确立以下规则

会有什么样的益处：根据该规则，执法官员为了给具有较低侵犯程度的行为提供正当理由，而不得不采取一种具有更大侵犯程度的搜查活动。

就查德威克案与桑德斯案提供的隐私保护而言，其程度也是最低限度的。执法官员可以扣押某箱包容器，并在获得司法令状的授权以前一直控制着该箱包容器（*Chadwick*，433 U.S.，at 13，97 S. Ct.，at 2484）。“假设警察有合理根据扣押这一财产，那么，我们可以推测说，在绝大多数情形下，警察总是能够按照常规拿到司法令状的授权（*Sanders*，442 U.S.，at 770，99 S. Ct.，at 2596（dissenting opinion））。”而且，即使存在查德威克—桑德斯规则，作为依法逮捕后的附带搜查，警察通常仍然可以对箱包容器进行无证搜查。在贝尔顿案（453 U.S. 454，101 S. Ct. 2860，69 L. Ed. 2d 768（1981））中，最高法院曾经指出：

> 本院判决认为，如果警察对某车辆里的人依法实施了羁押性 p576
> 逮捕，那么，在实施该项逮捕行为的同时，他可以对该车辆中坐人的区域进行无证搜查。
>
> 根据上述结论，可以推论说，警察也可以对在座人区域发现的任何箱包容器进行检查以确定里面装的是什么（*Id.*，at 460，101 S. Ct.，at 2864（footnote omitted））。

根据贝尔顿案，如果有合理根据相信某箱包容器里装有毒品，那么根据该项合理根据，警察既可以逮捕运输这一箱包容器的人，也可以对该箱包容器进行搜查。

最后，就对个人隐私的侵害程度而言，对纸袋子进行搜查所造成的侵害要比卡罗尔案多年以前准许的干预行为造成的侵害小得多。在卡罗尔案中，禁酒执法官员撕坏了车辆的内饰。但是，最高法院判决认为，根据第四修正案，该案中的搜查行为属于合理搜查。如果弄坏车辆的内饰都不属于不合理搜查，我们当然不能得出如下结论，即看看封着口的箱包容器里装的是什么，将属于不合理搜查。由于查德威克—桑德斯规则仅仅提供了程度极低的隐私保护，而且我们非常怀疑，该规则是否为隐私利益提供了实质意义上的保护，因此在本案中，我们作出判决如下：第四修正案并不要求为仅仅对汽车内放置的箱包容器进行搜查的汽车搜查行为另行设定一套处理规则。

五

查德威克—桑德斯规则不仅不能保护个人隐私，而且还对法院系统和执法警察构成了困扰并妨碍了有效执法。有关卡罗尔规则的相关判例与查德威克—桑德斯规则这条线上的判例之间的冲突，已经受到了学术界的批评（See，e. g.，Gardner，*Searches and Seizures of Automobiles and Their Contents*：*Fourth Amendment Considerations in a Post – Ross World*，62 Neb. L. Rev. 1（1983）；Latzer，*Searching Cars and Their Contents*：*United States v. Ross*，18 Crim. L. Bull. 381（1982）；Kamisar，*The "Automobile Search" Cases*：*The Court Does Little to Clarify the "Labyrinth" of Judicial Uncertainty*，in 3 *The Supreme Court*：*Trends and Developments* 1980 –
p577 1981，p. 69（D. Opperman ed. 1982））。在对查德威克案、桑德斯案与卡罗尔案及其嗣后判例进行比较后，第四修正案的某权威著作评论说："这两条线上的判例根本无法和平共处，因此，在对汽车里的箱包容器进行搜查的场合，究竟适用哪条线上的判例，取决于开始进行搜查时的选择（3 W. LaFave，*Search and Seizure* 53（2d ed. 1987））。"

这两项规则之间的冲突还给执法官员带来了困惑。例如，如果某执法官员有合理根据相信某车辆藏匿有毒品，在准备对该车辆实施搜查时，执法官员突然发现了一个封着口的箱包，那么对此应当适用什么规则呢？被告人可能会争辩说，由于该执法官员第一件事就是对该箱包进行搜查，因此表明该执法官员的合理根据仅限于该箱包。对此，根据查德威克案和桑德斯案，在对该箱包进行搜查之前应当先去申请司法令状的授权。而另外，如果该执法官员选择相对更明显的区域进行搜查时，却会限制他们再对其他物品实施搜查。就像桑德斯案那样，查德威克规则已经发展成了一种不正常的现象，即在箱包容器里发现毒品的可能性越大，警察的搜查权力反而越小。我们曾经强调，为执法官员提供一个“‘清晰、明确的’指南”是有价值的（*Minnick v. Mississippi*, 498 U. S. 146，151，111 S. Ct. 486，489，112 L. Ed. 2d 489（1990），quoting *Arizona v. Roberson*，486 U. S. 675，682，108 S. Ct. 2093，2098，100 L. Ed. 2d 704（1988））。而查德威克—桑德斯规则恰恰构成了“‘清晰、明确的’指南”的对立面。

大法官史蒂文斯争辩说，本院的判决表明，汽车例外并不会让人感到困惑不解（See *post*，at 1998 – 1999）。在反对意见中，他引用的第一个判例是普雷斯案（*United States v. Place*，462 U. S. 696，103 S. Ct. 2637，77 L. Ed. 2d 110（1983））。但是，普雷斯案根本不涉及机动车辆的问题。在普雷斯案中，我们面对的情形是：在机场里，对旅客行李实施了短暂的扣押。但该案不仅没有涉及机动车辆，而且被告人普雷斯是在机场等候登机，而不是 p578
准备乘车离开机场。在桑德斯案中，被告人倒是准备乘车离开机场；但是，即使就桑德斯案而言，与普雷斯案的案情也并没有太大的相似性。总之，普雷斯案与汽车搜查例外无关，在此讨论该案是不适当的。

卡斯尔伯里案（*Oklahoma v. Castleberry*，471 U. S. 146，105 S. Ct. 1859，85 L. Ed. 2d 112（1985））也无法支持大法官史蒂文斯的观点。卡斯尔伯里案提出的问题与我们在该案中所面对的问题完全一样，即汽车搜查例外是否适用于对封着口的箱包容器的搜查？在卡斯尔伯里案中，本院尽管维持了原判决，但是对此存在着严重的意见分歧。该判决表明，本院一直试图澄清汽车搜查例外的适用范围，但这并不意味着对其适用范围已经不存在令人困惑不解的地方。

大法官史蒂文斯还争辩说，自罗斯案以来，本院已经在29起第四修正案判例中作出了有利于控方的判决，但是执法活动并没有因此受到不利的影响（See *post*, at 2002）。在这29起判例中，控方都是向最高法院寻求救济的申请人。因此，持反对意见的大法官并没有回答以下问题：在这29起案件中，控方在下级法院那里的败诉——暂且不提本院没有进行听证的那些案件——为什么不会对执法活动造成影响。自1982年以来，最高法院针对州法院和联邦上诉法院的第四修正案判决，已经先后撤销了29件。这一事实进一步表明，本院第四修正案判例法已经让法院系统困惑不解到了什么样的程度。

更重要的是，除了约翰案（*United States v. Johns*, 469 U. S. 478, 105 S. Ct. 881, 83 L. Ed. 2d 890（1985））和布朗案（*Texas v. Brown*, 460 U. S. 730, 103 S. Ct. 1535, 75 L. Ed. 2d 502（1983）），持反对意见的大法官所引用的第四修正案判例或者与机动车辆无关，或者与汽车搜查例外无关。从卡罗尔案到罗斯案，本院反复解释说，汽车搜查不同于其他搜查。持反对意见的大法官没有注意到这一基本原则，因此，对本院的第四修正案判例规则作出了错误的解释和应用。

在查德威克案中，持反对意见的大法官预言说，本案中的箱包容器规则将导致“以下荒谬的后果，即偶然存在的情形将决
p579 定着”诸多搜查活动的最终结论（433 U. S., at 22, 97 S. Ct., at 2489）。而且，该规则令人困惑不解的程度已经达到这样一种地步：查德威克案判决后还不足两年的时间，本院就发现，有必要对该判决的含义进行澄清，以明确一般情形下该规则适用于哪些箱包（*Sanders*, 442 U. S., at 761 - 764, 99 S. Ct., at 2591 - 2593）。此外，持反对意见的大法官还哀叹说，卡罗尔规则与查德威克规则之间界限的“内在模糊性”，“由此导致的混淆不清是全方位的”（*Id.*, at 771, 90 S. Ct., at 2597. See also *Robbins v. California*, 453 U. S. 420, 425 - 426, 101 S. Ct. 2841, 2845 -

2846，69 L. Ed. 2d 744（1981），该案列出了查德威克案以后，联邦上诉法院判决的所有相关判例）。桑德斯案判决3年后，为了澄清桑德斯案并没有限缩卡罗尔规则的意思，在罗斯案中，本院再次涉足“这一烦人的领域”（456 U. S.，at 817，102 S. Ct.，at 2169）。

尽管我们坚定不移地认为，在我们的法律制度中，遵循先例原则具有极其重要的价值。但是如果某规则已经造成了理解上的混乱、已经被人遗忘或者导致了反常的后果，本院在相当罕见的场合也曾经推翻过一些先例（See，*e. g.*，*Complete Auto Transit*, *Inc. v. Brady*, 430 U. S. 274，288 – 289，97 S. Ct. 1076，1084，51 L. Ed. 2d 326（1977））。在罗斯案（*Ross*，456 U. S.，at 824，102 S. Ct.，at 2172）中，桑德斯规则已经受到了明显的侵蚀；而且，正如在查德威克案、桑德斯案中持反对意见的大法官预言的那样，对涉及箱包容器的汽车搜查活动适用两套并行的规则，事实表明确实造成了理解上的混乱。因此，我们的结论是：更好的做法应该是，对于汽车搜查，适用统一、明确的规则；同时，取消桑德斯案所确立的、搜查封着口的箱包容器应遵循令状原则的要求。

六

从今天起，罗斯案关于卡罗尔规则的解释将适用于所有针对汽车里发现的箱包容器的搜查活动。换句话说，如果具有合理根据的支持，警察有权对此类箱包容器进行无证搜查。在罗斯案中，本院的表述是：

在针对汽车的无证搜查中，搜查的范围……并不取决于藏匿违禁品的箱包容器的自身特点；相反，其范围取决于拟欲搜查的物品以及有合理根据相信在哪儿可以找到该物品（456 U. S.，at p580
824，102 S. Ct.，at 2172）。

最高法院还进一步指出：“如果有合理根据相信，出租车后备箱的箱包容器中藏匿有违禁品或犯罪证据，据此并不能作为搜查整个出租车的正当理由（*Ibid.*）。”在此，我们重申这一原则。就我们正在审理的这案件而言，警察有合理根据相信放在汽车后备箱里的那个纸袋子里装有大麻。根据这一合理根据，警察可以对这一纸袋子进行无证搜查。但是，根据法庭记录，警察并没有合理根据认为，汽车的其他地方也藏匿有违禁品，因此根据第四修正案的规定，对整个车辆进行搜查是没有合理根据的，属于不合理的搜查。

本案判决主旨既没有对卡罗尔规则进行扩张解释，也没有扩张卡罗尔案、钱伯斯案、罗斯案所界定的汽车搜查例外的适用范围。我们的“基本原则”依旧是：“除非属于少数具体的、得以清晰界定的例外情形，否则，未经法官或地方法官预先批准、未经司法程序审查而实施的搜查活动，本质上属于第四修正案的不合理搜查（*Mincey v. Arizona*, 437 U. S. 385, 390, 98 S. Ct. 2408, 2412, 57 L. Ed. 2d 290 (1978), quoting *Katz v. United States*, 389 U. S. 347, 357, 88 S. Ct. 507, 514, 19 L. Ed. 2d 576 (1967) (footnotes omitted))。”在罗斯案中，我们曾经判决说，“卡罗尔案所确立的令状例外，毫无疑问属于一项‘具体的、得以清晰界定的’例外（456 U. S., at 825, 102 S. Ct., at 514)”。

在此以前，本院曾经对以下两种情形进行了古怪的区分：在对汽车进行搜查时，偶然发现的箱包容器，以及对于偶然放在汽车里的箱包进行搜查。然而，是否享有第四修正案的保护不应当取决于此类偶然因素。因此，我们对卡罗尔案的理解是，该案为所有汽车搜查活动提供了统一的规则。如果警察有合理根据相信箱包容器里藏匿有违禁品或证据，那么他有权对汽车以及汽车里的箱包容器进行搜查。

p581 因此，本院撤销加利福尼亚州上诉法院的判决，并将该案发回该法院进行重审。重审不得与本判决相违。

特此判决!

大法官斯卡利亚（Scalia J.）发表了协同意见。

一方面，我赞同持反对意见的大法官的下述观点，即以下处理方法是不正常的：如果公文包是由街上的行人拿在手里，那么它将受到“必须预先经过令状授权才能进行搜查”的“一般要求”的保护。但是，一旦将它放进汽车里，则不再享有该项保护了。另一方面，我也同样赞同本案多数意见的以下观点：即使车门是锁着的，汽车里面的区域也不享有“必须预先经过令状授权才能予以搜查”的“一般要求”的保护；但是，放在汽车里的、没有上锁的公文包，却可以享有这一保护。我之所以加入本案的多数意见是因为，我认为：该判决主旨更忠实于第四修正案的宪法文本和传统，而且，如果我们真的试图消除判例法中存在的这些乖谬之处，这也理应成为我们努力的方向。

第四修正案的措辞本身并不要求实施搜查扣押前必须获得司法令状的授权。它所禁止的仅仅是“不合理”搜查和扣押。第四修正案关于司法令状的明确规定，是为了规范司法令状的签发，而不是司法令状的执行（See *Wakely v. Hart*, 6 Binney 316, 318 (Pa. 1814). F）。这是因为，在历史上，司法令状是一种保护执法官员本人不负个人责任的手段——执法官员是否负有个人责任将由殖民地时期的陪审团来判断。当时，如果某执法官员进行了无证搜查，那么他将冒着这样一种风险，即除非陪审团认定他的行为是“合理的”，否则他本人将就其侵害行为承担法律责任（包括施以惩罚性赔偿）（Amar, *The Bill of Rights as a Constitution*, 100 Yale L. J. 1131, 1178 – 1180 (1991); *Huckle v. Money*, 2 Wils. 205, 95 Eng. Rep. 768 (K. B. 1763)）。但是，如果执法官员根据依法签发的司法令状采取行动，那么，它将享有绝对的豁免权（See *Bell v. Clapp*, 10 Johns. 263 (N. Y. 1813); 4 W. Blackstone, Commentaries 288 (1769)）。因此，通过严格限

p582 定司法令状的签发要件，宪法缔造者试图捍卫陪审团在规范搜查扣押方面的地位（Amar, *supra*; Posner, *Rethinking the Fourth Amendment*, 1981 S. Ct. Rev. 49, 72 – 73; see also T. Taylor, *Two Studies in Constitutional Interpretation* 41 (1969)）。

尽管第四修正案并没有明确规定令状原则，但是从上下文的语境来看，当然也可以解释说，该修正案暗含了令状原则的要求。由于最高法院在威克斯案（*Weeks v. United States*, 232 U. S. 383, 34 S. Ct. 341, 58 L. Ed. 652 (1914)）中正式确立了非法证据排除规则，第四修正案的案件数量开始"大爆炸"（这种势态至今依旧）；自此以降，若干年来，我们的判例法一直在以下两种立场之间逡巡徘徊：或者对于特定类型的搜查扣押要求遵循司法令状原则，或者只要求具有合理性即可（对于不动产的搜查，最高法院的判决意见倾向于要求必须具有司法令状的授权。(Compare *Harris v. United States*, 331 U. S. 145, 67 S. Ct. 1098, 91 L. Ed. 1399 (1947), with *Johnson v. United States*, 333 U. S. 10, 68 S. Ct. 367, 92 L. Ed. 436 (1948); Compare *Trupiano v. United States*, 334 U. S. 699, 68 S. Ct. 1229, 92 L. Ed. 1663 (1948), with *United States v. Rabinowitz*, 339 U. S. 56, 70 S. Ct. 430, 94 L. Ed. 653 (1950). See generally *Chimel v. California*, 395 U. S. 752, 89 S. Ct. 2034, 23 L. Ed. 2d 685 (1969))。最高法院对司法令状的偏爱一直持续到20世纪60年代晚期——至少在修辞学意义上一直是这样（See *Chimel*; *Coolidge v. New Hampshire*, 403 U. S. 443, 91 S. Ct. 2022, 29 L. Ed. 2d 564 (1971)）。

但是，令状原则的胜利是一种错觉。早在最高法院作出本案判决以前，由于"令状原则"充斥了太多的例外，因此该"原则"本身基本上已经隐而不彰。在1985年，曾有评论者归纳了近20种令状原则的例外，其中包括"逮捕后的附带搜查……汽车搜查……边境搜查……对管制行业的行政搜查……紧急搜查……有合理根据实施逮捕但并未真的逮捕时的附带搜查……为检查票证而登船搜查……基于公共福利的需要而进行的搜查……财产登记搜查……机场搜查……学校搜查……”（Bradley，*Two Models of the Fourth Amendment*，83 Mich. L. Rev. 1468，1473 – 1474（footnotes omitted））除此以外，我们至少还可以再增加两类令状例外，即卡尼案（*California v. Carney*，471 U. S. 386，105 S. Ct. 2066，85 L. Ed. 2d 406（1985））确立的房车搜查和奥康纳案（*O´Connor v. Ortega*，480 U. S. 709，107 S. Ct. 1492，94 L. Ed. 2d 714（1987））确立的针对政府雇员的办公室进行的搜查。而且，最高法院关于“合理隐私期待”的、复杂的规则体系，很大程度上已经变成了一种创设此类例外的手段：由此，一项搜查行为将会被认定为不属于第四修正案意义上的“扣押”，因此不适用令状原则的一般要求。 p583

所以，与持反对意见的大法官不同，我并不认为本案判决是具有某种重大意义的背经离典之举；相反，我认为，它仅仅是本院多年以来摇摆不定的判例法的延续。查德威克案（*United States v. Chadwick*，433 U. S. 1，97 S. Ct. 2476，53 L. Ed. 2d 538（1977））、桑德斯案（*Arkansas v. Sanders*，442 U. S. 753，99 S. Ct. 2586，61 L. Ed. 2d 235（1979））之类的判例，将“倚重司法令状”看得很重，但是罗斯案（*United States v. Ross*，456 U. S. 798，102 S. Ct. 2157，72 L. Ed. 2d 572（1982））、卡罗尔案（*Carroll v. United States*，267 U. S. 132，45 S. Ct. 280，69 L. Ed. 543（1925））之类的判例对此却并不以为然。因此，除非我们真的下定了决心，而且准备做到言行合一，否则该领域的规则不会变得明晰起来。

我认为，为了走出这种混乱状态，我们应当重新回到最初的原则，即第四修正案“合理性原则”提供的保护，也即普通法所提供的那种保护（See *County of Riverside v. McLaughlin*，500 U. S. 44，60，111 S. Ct. 1661，1672，114 L. Ed. 2d 49（1991）

(SCALIA, J., dissenting); *People v. Chiagles*, 237 N.Y. 193, 195, 142 N.E. 583 (1923)(Cardozo, J.). Cf. *California v. Hodari D.*, 499 U.S. 621, 624 - 627, 111 S. Ct. 1547, 1549 - 1551, 113 L. Ed. 2d 690 (1991))。我的看法与以下主张并不冲突：如果普通法要求必须具有司法令状的授权，那么，合理性原则也将包含令状原则的要求；而且，如果相关的法律规则发生了变化（例如，废除了以下普通法规则，即对于严格的侵害责任，合理、善意的信念并非抗辩的理由）（*Little v. Barreme*, 2 Cranch 170, 2 L. Ed. 243 (1804) (Marshall, C. J.); See generally Amar, *Of Sovereignty and Federalism*, 96 Yale L. J. 1425, 1486 - 1487 (1987)），那么，具有司法令状的授权甚至会成为合理性原则的必不可少的要件，尽管该规则变化之前并非如此。但是，那种认
p584 为"必须具有司法令状"是一项"一般规则"的观点，在普通法上根本找不到任何根据（See, *e.g.*, *Carroll*, *supra*, 267 U.S., at 150 - 153, 45 S. Ct., at 284 - 85; *Gelston v. Hoyt*, 3 Wheat. 246, 310 - 311, 4 L. Ed. 381 (1818) (Story, J.); *Wakely*, *supra.*)。而且，上述观点不但不利于根据已经发生变化的法律规则体系对合理性原则进行的发展，反而会造成某种混乱，就像本案判决表明的那样，无论是废除令状原则还是坚持令状原则都将造成反常的现象。

而且，还存在着更多的反常现象。（就像普通法规定那样）我们的先例认为，在具有合理根据时，在住宅以外的地方，可以对个人实施无证逮捕（*United States v. Watson*, 423 U.S. 411, 418 - 421, 96 S. Ct. 820, 825 - 826, 46 L. Ed. 2d 598 (1976); *Rohan v. Sawin*, 59 Mass. 281 (1851)）。在执行逮捕过程中，为了发现与被逮捕犯罪有关的证据，可以对被逮捕人及其触手可及的区域进行搜查（*Chimel v. California*, *supra*, 395 U.S., at 762 - 763, 89 S. Ct., at 2039 - 2040; *People v. Chiagles*, *supra* (collecting authority)）。根据上述规则，如果某人是众所周知的

毒品贩子，那么如果有合理理由相信他的公文包里藏匿有大麻（未经依法授权，持有大麻即构成犯罪），警察只需具有合理根据就可以对其实施逮捕和人身搜查。而且，根据我们的先例，将他带到警察局后，即使没有理由怀疑他身上携带有违禁品，警察也有权对他的个人物品（包括他携带的那个公文包）进行财产登记搜查（*Illinois v. Lafayette*，462 U. S. 640，103 S. Ct. 2605，77 L. Ed. 2d 65（1983））。但是，根据我们的现行规则，根据同样的合理根据，警察在街头甚至不得对个人实施具有更低侵犯程度的截停并要求查看他公文包里装的是什么。这在逻辑上是说不通的，而且，此类区分也缺少任何普通法传统的支持。因此，我认为，这种状况没有理由再沿袭下去。

综上所述，我同意撤销本案的判决。我这么做不是因为放在汽车里的、封着口的箱包容器属于令状原则的“汽车搜查例外”，而是因为，如果有合理根据相信某箱包容器里藏匿有违禁 p585
品，而且，事实上该箱包容器也确实藏匿着违禁品，那么对于私人住宅之外的、封着口的箱包容器进行搜查，并不属于下述搜查类型，即搜查行为是否具有第四修正案所要求的合理性取决于是否具有司法令状。基于此，我同意最高法院关于本案的判决。

大法官怀特（White J.）发表了反对意见。

我同意大法官史蒂文斯的大部分意见并赞同他所得出的结论，因此，我对本案判决持反对意见，并希望维持下级法院的判决。

大法官史蒂文斯（Stevens J.）发表了反对意见，大法官马歇尔（Marshall J.）表示附和。

多数意见一直到最后部分，才对以下观点“卖弄了一下嘴皮子”：这里的“基本原则是：除非属于少数具体的、得以清晰界定的例外情形，否则，未经法官或地方法官预先批准、未经司法程序审查而实施的搜查活动，本质上属于第四修正案的不合理搜查”。——这原本应当作为正确处理本案法律问题的依据。

根据保守派大法官在此前判例中一再加以拒绝的论据，在本案中，最高法院扩大了——尽管多数意见认为他们是在缩小——汽车例外之于上述“基本原则”的适用范围。在撰写查德威克案（*United States v. Chadwick*，433 U. S. 1，97 S. Ct. 2476，53 L. Ed. 2d 538（1977））具有里程碑意义的判决意见的大法官退休以前，该原则一直是本院第四修正案判例法的基石。作为我对本案判决论证方式进行回应的序曲，有必要在此重申令状原则的理论根据、查德威克案的重要意义，以及认为罗斯案（*United States v. Ross*，456 U. S. 798，102 S. Ct. 2157，72 L. Ed. 2d 572
p586 （1982））所阐明的有关汽车搜查例外的限制，代表着对“搜查应当预先经过司法授权”这一基本原则与汽车搜查例外的兼顾与协调的原因。

一

第四修正案是一项对执行权的限制。第四修正案是宪法缔造者针对当时英国皇家执法官员不合理的执法活动而采取的宪法性应对措施（See *Weeks v. United States*，232 U. S. 383，389 - 391，34 S. Ct. 341，343 - 344，58 L. Ed. 652（1914）；*Boyd v. United States*，116 U. S. 616，624 - 625，6 S. Ct. 524，529，29 L. Ed. 746（1886）；1 W. LaFave，Search and Seizure 3 - 5（2d ed. 1987））。多年以来，尤其是第二次世界大战刚刚结束的那段时间，大法官约翰逊在纽伦堡审判中履行特别检察官职务后撰写的那些判决意见里，最高法院明确承认，该限制的重要意义在于，它是对抗集权国家警察活动的堡垒（See，*e. g.*，*United States v. Di Re*，332 U. S. 581，595，68 S. Ct. 222，229，92 L. Ed. 210（1948）；*Johnson v. United States*，333 U. S. 10，17，68 S. Ct. 367，371，92 L. Ed. 436（1948））。

但是，这段历史只能对令状原则作出部分解释。令状原则同时还反映了立法政策方面的合理判断，即除非存在例外情形，否则是否允许侵犯个体私人财产的隐私，应当由中立的地方法官作出，而不是委诸执法官员本人。在约翰逊案（*Johnson v. United States*, *id.*, at 13 - 14, 68 S. Ct., at 369）中，大法官约翰逊在他代表最高法院撰写的判决意见中解释说：

狂热的执法官员常常无法理解的是，第四修正案的精髓并不在于否定以“理性人根据证据进行日常推理”为基础的法律执行活动。第四修正案提供的保护在于，要求由中立的、不偏不倚的地方法官进行此类推理，而不是由从事往往具有对抗性质的追究犯罪活动的执法官员来做此类判断。

最高法院的判决一贯认为，令状原则是对执法活动提出的一项要求。而且，我们的判例法从未怀疑，训练有素的职业警察通 p587
常能够就是否存在实施搜查行为所需的合理根据作出可靠的判断。但是，我们一再重申，在应当事先进行司法审查保护下，个体隐私利益已经压倒了上述各项因素。第四修正案宣布，个体隐私利益是至高无上的，无论出错的可能性多么小，无证搜查的合法性只能根据无证搜查行为本身作出评判。

在查德威克案判决意见的结论部分，首席大法官伯格对此解释说：

尽管根据本案法庭记录，可以合理地预言说，司法官员肯定会签发令状，但是在此必须明确以下界限，即我们认为，如果不存在支持必须立即实施搜查的紧急情形，那么令状条款设定的界限则在于，有待搜查的财产不属于警察自行决断的权力范围。因此，被申请人有权享有令状条款规定的保护，即在其（有关行李箱里装了什么）隐私利益受到侵犯以前，应当由中立的地方法官就此作出判断（433 U.S., at 15 - 16, 97 S.Ct., at 2485 - 2486）。

在查德威克案中，司法部曾经对令状原则发起猛攻。控方的主要观点是，“第四修正案令状条款保护的仅仅是传统上与住宅密切相关的那些利益（*Id.*，at 6，97 S. Ct.，at 2481）”。但是，
p588 根据第四修正案的历史和文本、[①] 令状原则的立法政策，[②] 以及一个多世纪以来最高法院所作的一系列判例，[③] 本院拒绝了此类观点。同时，本院还拒绝了控方提出的以下备用论据：最高法院关于汽车搜查的判例理论表明，对行李箱进行无证搜查是符合合理性原则的。

我们的结论是，汽车搜查例外据以存在的正当理由都不足以支持一项类似的行李搜查例外。我们的判决首先认为，行李箱里装的东西“比汽车里的东西具有更大的隐私利益（*Id.*，at 13，97 S. Ct.，at 2484）”。我们论证说，与汽车以及汽车里的东西不同，“除了出入境或利用公共交通进行的旅行，执法官员无权要求开箱检查；而且，即使根据一以贯之的理由，也无权对行李箱实施常规性的检查和监督（*Ibid.*）”。事实上，与汽车的“主要

---

① “尽管殖民地时期的居民深感焦虑的是针对住宅的搜查扣押活动，而且这也正是宪法缔造者头脑中首先想到的事情，但是据此得出令状条款的目的仅仅在于保卫住宅不受侵犯的结论——就像控方争辩的那样——却是错误的。首先，在措辞上，令状条款并没有将针对私人住宅的搜查区别于其他搜查活动。而且，令状条款与第四修正案的前半句具有强烈的历史关联，而后者并没有对‘人身、住宅、文件和其他财产’‘不受不合理搜查扣押的权利’加以区分。” *United States v. Chadwick*，433 U. S.，at 8，97 S. Ct.，at 2482.

② “司法令状的实质作用在于，它要求由中立的地方法官进行超然的审查；与‘从事往往具有对抗性质的发现犯罪活动的’执法官员的仓促决定相比，前者是一种更可靠的、防止不适当搜查的保障手段。*Johnson v. United States*，333 U. S. 10，14（68 S. Ct. 367，369，92 L. Ed. 436）（1948）. 而且，在合法搜查过程中，由于令状‘具体记载了拟欲搜查的地点和拟欲扣押的人或物’，因此根据司法授权而实施的搜查活动也更不可能发生超出适当搜查范围的情形。此外，令状使那些财产被搜查或扣押的个人相信执法官员具有合法的权力，具有进行搜查的必要以及对其权力的合理限制。” *Id.*，433 U. S.，at 9，97 S. Ct.，at 2482.

③ See *id.*，at 10－11，97 S. Ct.，at 2483. 在首席大法官伯格征引的判例中，最早的判例是杰克逊案（*Jackson*，96 U. S. 727，733，24 L. Ed. 877（1878））。

功能在于运输”不同，行李箱存在的特定目的就是为了保障私人物品的隐私（*Ibid.*）。

之后，该判决还认为，行李箱的机动性也不足以构成司法令状条款增设一项新例外的正当理由。与机动车辆不同，在申请搜查令状以前，可以轻而易举地对行李箱实施扣押并予以扣留。一旦警察已经将行李箱“置于他们的绝对控制之下，在获得搜查 p589
令状以前，行李箱或者行李箱里的东西根本不存在被人转移的任何风险。……由于可以稳妥地消除（行李箱）的机动性，因此，对其实施无证搜查将会造成额外的、更为严重的干预，因此，属于不合理的行动（footnote omitted）（*Ibid.*）”。

在查德威克案判决后的第二个开庭期，我们又作出了一个相关事实与现在这个案件一模一样的判例。在桑德斯案（*Arkansas v. Sanders*，442 U. S. 753，99 S. Ct. 2586，61 L. Ed. 2d 235（1979））中，警察有合理根据搜查一个绿色的手提箱——该手提箱放在一辆由小石机场驶出的出租车的后备箱里。该出租车离开机场走了几个街区后，警察对出租车实施了截停、逮捕了车上的乘客、扣押了那个手提箱，并在没有令状授权的情形下，对手提箱进行了开箱搜查。

阿肯色州最高法院判决认为，该搜查属于违宪搜查。以查德威克案为据，州法院毫不费力地得出了如下结论，“在本案情形下，没有理由说申请搜查令状是不切实际的（*Sanders v. State*，262 Ark. 595，600，559 S. W. 2d 704，706（1977））”。大法官布莱克曼和当时还不是首席大法官的伦奎斯特对此发表了反对意见——在查德威克案中，他们同样也持反对意见——但是，最高法院维持了州法院的判决。在代表最高法院撰写的多数意见中，大法官鲍威尔强调说，除了以下两点，扣押那个绿色手提箱是无

可挑剔的:[1] 一是，对于无证搜查的正当性，控方负有证明责
p590 任;[2] 二是，控方“没有履行以下证明责任，即证明确有必要对已经依法从汽车上拿下来的行李箱实施无证搜查（442 U. S. , at 763, 99 S. Ct. , at 2592)”。

首席大法官伯格在其独立撰写的意见中，对以下情形进行了区分：警察有合理根据相信违禁品藏在车辆的某个地方——这是适用汽车例外的典型情形，以及像查德威克案和桑德斯案那样，在特定的箱包容器放进汽车以前，警察已经有合理根据对该箱包容器实施搜查。他写道：

由于在绿色手提箱放进出租车的后备箱以前，执法官员已经有合理根据相信被申请人的手提箱里藏匿有大麻，因此根据查德威克案（*United States v. Chadwick*, 433 U. S. 1 (97 S. Ct. 2476, 53 L. Ed. 2d 538) (1977)）的要求，可以明确地说，他们有责任在开箱搜查前，先获得搜查令状的授权。查德威克案判决意见的核心在于，个人对于他携带的或放在身边的箱子或手提箱里装的东西，享有合法的隐私期待；而且，这一隐私期待不会仅仅因为箱子的主人在公共场所被逮捕而有所降低。无论逮捕是发生在酒店的大堂、机场、火车总站，还是像本案这样发生在街头，箱子的主人都享有以下期待：未经其本人同意，警察无权开箱检查

① “由于警察有合理根据相信，出租车里藏匿的违禁品会被运走，因此他们有理由对该车辆实施截停、当场实施搜查，并对怀疑藏匿有违禁品的那个行李箱实施扣押。See *Chambers v. Maroney*, (399 U. S. 42, 52, 90 S. Ct. 1975, 1982, 26 L. Ed. 2d 419 (1970)) 在口头辩论中，被申请人承认，对出租车实施截停、对行李箱进行扣押，其合宪性是没有争议的。” See Tr. of Oral Arg. 30, 44 -46. *Arkansas v. Sanders*, 442 U. S. , at 761 -762, 99 S. Ct. , at 2591 -2592.

② “由于令状原则的各项例外不可避免会对第四修正案保护的利益造成某种程度的侵害，因此没有令状授权也可以实施搜查的少数情形，已经得到了审慎的界定，而且‘应当由主张这些例外的人承担存在无证搜查必要的证明责任’。*United States v. Jeffers*, 342 U. S. 48, 51 (72 S. Ct. 93, 95, 96 L. Ed. 59) (1951)” *Id.* , 442 U. S. , at 759 -760, 99 S. Ct. , at 2590 -2591.

自己的行李……

但是，最高法院判决意见的宽泛表达，并反复提及以下事实，即在被申请人被逮捕时，其手提箱是在汽车上被扣押的，可能会让读者误以为——持反对意见的大法官很显然就是这么以为的——该案件涉及的是令状原则的“汽车搜查例外”（See *ante*，(442 U. S.) at 762 – 765，and n. 14（99 S. Ct.，at 2592 – 2594 and n. 14））。其实，事实并非如此。就像查德威克案一样，在本案中，被怀疑藏匿违禁品的是被申请人被逮捕时恰好处于运输状 p591
态的行李，而不是运输该行李的机动车辆（442 U. S.，at 766 – 767，99 S. Ct.，at 2594 – 2595（opinion concurring in judgment））。

因此，首席大法官伯格小心翼翼地解释说，桑德斯案——今天，最高法院明确推翻了这一判例——“并没有提出以下问题，即如果警察有合理根据相信违禁品藏在机动车辆的某个地方，但是并不知道究竟是藏在后备箱的某件行李里，还是藏在驾驶座前的杂物柜里，或者藏在车身的某个部位，那么在打开行李进行检查以前，是否需要令状的授权（*Id.*，at 767，99 S. Ct.，at 2595.）”？这是我们在罗斯案（*United States v. Ross*，456 U. S. 798，102 S. Ct. 2157，72 L. Ed. 2d 572（1982））中遇到的问题。①

在罗斯案中，本院判决认为，“与地方法官通过司法令状依法授权的搜查范围相比，根据汽车搜查例外进行无证搜查的范围既不会更大，也不会更小（See *id.*，at 825，102 S. Ct.，at 2173）”。因机动车辆具有机动性这一内在属性，不经令状授权而立即实施搜查是正当的，但是这并不会影响到搜查的范围

① 最高法院将本案拟欲裁判的问题表述为：“与查德威克案、桑德斯案不同，在本案中，警察有合理根据对被申请人的整个汽车进行搜查。”456 U. S.，at 817，102 S. Ct.，at 2168 – 2169.

(*See id.*，at 822，102 S. Ct.，at 2171)。因此，搜查的范围应该包括箱包容器——这些箱包容器可能藏匿也可能没有藏匿被搜查物品——和车辆的各个部分（See *id.*，at 821，102 S. Ct.，at 2171)。

我们的结论不仅可以得到判例的支持——包括对令状搜查的范围加以适当界定的判例和涉及汽车搜查例外的判例——而且，还可以得到有关以下搜查活动的实践考量因素的支持：警察具有合理根据，但据此只能笼统地认为违禁品藏在车辆的某个地方。我们曾经解释说，在上述情形下，“禁止警察当场打开极有可能藏匿被搜查物品的箱包容器，并迫使他们先对整个车辆进行地毯
p592 式搜查，实际上会加重对隐私利益的干预（*Id.*，at 821，n. 28，102 S. Ct.，at 2171，n. 28)”。事实上，由于“警察根本无法断定，车辆中尚未搜查的那些地方并没有藏匿违禁品”，因此，极有可能会导致这样的后果，即“在申请令状期间，需要对整个车辆采取控制措施（*Ibid.*)”。

上述担心构成了罗斯案判决意见的正当根据，但是在诸如查德威克案、桑德斯案之类的案件中，却并不涉及这些因素——在后者中，警察有合理根据搜查特定的箱包容器而不是整个车辆。由于警察可以对拟欲搜查的箱包容器实施扣押，因此，他们没有必要对整个车辆实施搜查或扣押。事实上，即使负责裁判本案的最高法院也承认，警察并没有权利对整个车辆实施搜查或扣押（See 456 U. S.，at 824，102 S. Ct.，at 2172；*ante*，at 1990－1991)。

因此，在得出罗斯案结论时，我们并没有从查德威克案或桑德斯案往后退缩。相反，我们明确赞成首席大法官伯格在桑德斯案独立撰写的判决意见中所持的论证脉络（456 U. S.，at 813－

814，102 S. Ct.，at 2167）。[1] 我们反复解释说，罗斯案涉及的是根据汽车搜查例外进行无证搜查的范围（*Id.*，at 800，809，817，825，102 S. Ct.，at 2160，2165，2169，2173）；与查德威克案、桑德斯案不同，罗斯案并不涉及以下问题，即将汽车搜查例外适用于封着口的箱包容器（456 U. S.，at 809－817，102 S. Ct.，at 2165－2168）。

因此，在罗斯案中，我们明确承认，查德威克案和桑德斯案并没有为箱包容器的搜查创设特殊的规则；相反，它适用的仅仅是以下基本规则，即除非属于该一般原则的某项例外，否则无证搜查本质上是不合理的（See 456 U. S.，at 811－812，102 S. Ct.，at 2165－2166）。[2] 罗斯案处理的是根据汽车搜查例外实施搜查的范围，而查德威克案和桑德斯案则属于根本不应适用汽车搜查例外的判例。 p593

---

① 此外，最高法院曾经引用大法官鲍威尔在罗宾斯案（*Robbins v. California*，453 U. S. 420，101 S. Ct. 2841，69 L. Ed. 2d 744（1981））协同意见中的一段话：

"'如果警察有合理根据对汽车实施搜查，而不仅仅是搜查纯属偶然放在汽车上的某个特定的箱包容器，那么允许警察对整个汽车实施无证搜查的紧急性，同样可以作为对搜查过程中发现的任何箱包容器实施无证搜查的根据。'（See *post*，at 451，and n. 13，101 S. Ct.，at 2859，and n. 13.（STEVENS，J.，dissenting））上述分析完全合乎查德威克案和桑德斯案的判决主旨——这两个判例都不属于'汽车搜查例外'，因为在这两个案件中，在警察接近机动车辆时，他们均具有对上了两层锁的军用手提箱、行李箱实施搜查的合理根据（*Id.*，at 435，101 S. Ct.，at 2850，quoted in *United States v. Ross*，456 U. S. 798，816，102 S. Ct. 2157，2168，72 L. Ed. 2d 572（1982））。"

② 尽管在本案中，最高法院表面上承认令状原则是一项基本原则（Ante，at 1991.），但是它毫无道理地坚持说，查德威克案和桑德斯案"针对行李箱和其他封着口的包裹、各种箱包容器宣布了一条专门规则"，*Ante*，at 1986。同样最高法院还毫无道理地争辩说，尽管推翻了桑德斯案，但是，本案判决并没有对创设汽车搜查例外的"卡罗尔规则作出扩张性解释"，*Ante*，at 1991。

二

在本案判决意见中，最高法院承认，首先，警察并不具有搜查被申请人车辆的合理根据，因此除了被申请人从达萨公寓里拿出来并放在汽车后备箱里的那个纸袋子，对其他任何物品的搜查都属于违宪行为（*Ante*，at 1991）。其次，根据我对多数意见的理解，最高法院似乎假定，在这个纸袋子放进汽车以前，警察无权对它进行无证搜查（See *ibid.*）。最后，最高法院并没有对以下观点提出质疑：根据本院此前的判例，在获得搜查令状以前，警察可以依法对这个纸袋子（和被申请人）实施扣押并予扣留（*Ante*，at 1989）。因此，本案具备影响本院作出查德威克案、桑德斯案最终判决的所有相关事实，却并不具备罗斯案中作为汽车搜查正当理由的相关事实。

在本案中，最高法院并不想明确指出，如果具备什么样的紧急情形，就可以正当地拒绝适用令状原则而允许进行无证搜查。相反，它提出了以下三方面的论据：第一，此前判例所形成的规则令人感到困惑，而且，导致了反常的后果（*Ante*，at 1989 - 1991）。第二，该规则无法为隐私利益提供具有实质意义的保护
p594 （*Ante*，at 1988 - 1989）。第三，该规则妨碍了执法效率（*Ante*，at 1989 - 1990）。但是，这些论据没有一个经得起认真的推敲。

（一）“令人感到困惑”

罗斯案判决后的9年时间里，最高法院判决了3起案件——在这些案件中，警察有合理根据对特定的箱包容器实施搜查。其中，在一起案件中，警察有合理根据对两辆汽车进行搜查。在上述4种情形下，法院非常容易地作出了相应的判决，没有证据表明州法院或下级联邦法院对该规则的适用感到过困惑。

在普雷斯案（*United States v. Place*，462 U. S. 696，103 S. Ct. 2637，77 L. Ed. 2d 110（1983））中，本院判决认为，尽管根据合理怀疑可以对飞机乘客的行李进行短暂的扣留，但是在本案

中，由于为验证合理根据的存在造成了太长的拖延，因此其扣押行为是不合理的。在本案判决意见中，我们强调说，当时刚刚判决的罗斯案并没有改变桑德斯案的判决（462 U. S.，at 701，n. 3，103 S. Ct.，at 2642，n. 3）。同时，我们还以查德威克案为据，得出了以下结论，即对行李进行短暂的扣留所造成的侵害要远远小于对行李的搜查（462 U. S.，at 706 – 707，103 S. Ct.，at 2694）。

在卡斯尔伯里案（*Oklahoma v. Castleberry*，471 U. S. 146，105 S. Ct. 1859，85 L. Ed. 2d 112（1985））中，警察有合理根据相信，被告人放在汽车后备箱里的蓝色手提箱藏有麻醉剂制品。在对被告人实施逮捕后，警察打开汽车的后备箱，扣押了手提箱并在没有令状授权的条件，对手提箱实施了搜查。州法院判决认为，该搜查行为无效，并解释说：

"如果执法官员有合理根据相信违禁品藏匿在汽车的某个地方，但是并不知道具体的位置，那么他们可以搜查整个汽车，包括由此发现的任何箱包容器（See *United States v. Ross*，456 U. S. 798（102 S. Ct. 2157，72 L. Ed. 2d 572）…（1982）；*Chambers v. Maroney*，399 U. S. 42（90 S. Ct. 1975）…（1970）；*Carroll v. United States*，267 U. S. 132（45 S. Ct. 280，69 L. Ed. 543）…（1925））。"另一方面，如果执法官员有合理根据相信，违禁品就藏匿在汽车里的某个特定箱包容器里，那么，在获得搜查令状 p595
授权以前，他只能扣留该箱包容器，但不能径行实施搜查（See *United States v. Ross*，456 U. S. 798（102 S. Ct. 2157，72 L. Ed. 2d 572）…（1982）；*Arkansas v. Sanders*，442 U. S. 753（99 S. Ct. 2586，61 L. Ed. 2d 235）…（1979）；*United States v. Chadwick*，433 U. S. 1（97 S. Ct. 2476，53 L. Ed. 2d 538）…（1977）；*Castleberry v. State*，678 P. 2d 720，724（Okla. 1984））。

最高法院内部尽管存在着严重分歧，但最终维持了州法院的判决（471 U. S. 146，105 S. Ct. 1859，85 L. Ed. 2d 112

(1985))。

但是，在最高法院正在审理的这起案件中，加利福尼亚州上诉法院同样毫无困难地根据这一重要区分作出了判决。根据查德威克案，该上诉法院解释说，“执法官员有合理根据相信大麻就藏在那个棕色的午餐袋里，而不是汽车的其他地方。因此，我们只能判决说，在打开这个袋子之前，执法官员应当获得搜查令状的授权（216 Cal. App. 3d 586，592，265 Cal. Rptr. 23，27（1990））”。

在约翰斯案（*United States v. Johns*，469 U. S. 478，105 S. Ct. 881，83 L. Ed. 2d 890（1985））中，[①] 警察有合理根据对两辆汽车实施搜查。但是，我们拒绝了被申请人根据查德威克案提出的抗辩，并直接了当地解释了为什么这个案件与罗斯案不同，因此，根本不涉及令状原则的汽车例外。首先，我们明确表示，本院同意上诉法院的以下观点，即实施搜查的海关执法官员有合理

p596 根据对这些车辆进行搜查（*Id.*，at 482，105 S. Ct.，at 884）。之后，我们进一步解释说：

根据本案情形，被申请人诉诸查德威克案是错误的……查德

---

① 在论及约翰斯案时，最高法院的表述令人困惑不解：它“看不到以下规则有什么好处，即据此执法官员为了给侵害程度较低的执法行为提供正当理由，而去实施具有更严重侵害程度的搜查行为”。See *ante*，at 1989. 我的猜测是，最高法院的意思并不是说，通过搜查所获得的证据可以作为该搜查行为的合理根据，从而使之具有正当性。我们的判例法已经清清楚楚表明，如果实施搜查时有一项行为是非法的，那么这种事后查获的证据不能作为论证其正当的理由。See，*e. g.*，*United States v. Di Re*，332 U. S. 581，595，68 S. Ct. 222，229，92 L. Ed. 210（1948）；*Byars v. United States*，273 U. S. 28，29－30，47 S. Ct. 248，248－249，71 L. Ed. 520（1927）. 或许，最高法院担心的是，被告人会尝试类似的反向推理，并争辩说，由于警察仅仅对某些箱包容器实施了搜查，而不是对整个汽车实施搜查，因此，他们肯定当时只具有搜查该箱包容器的合理根据。如果真是如此，最高法院的担心是毫无根据的，因为约翰斯案本身已经预先否定了这种论证方式。See 469 U. S.，at 482－483，105 S. Ct.，at 884.

威克案……并不涉及卡罗尔案所确立的令状原则的例外（*Carroll v. United States*，*supra*）；这是因为，除了那个军用手提箱，警察并没有合理根据相信汽车里藏有违禁品（See 433 U. S.，at 11－12（97 S. Ct.，at 2483－2484））。罗斯案的判决意见特别强调了这一点；该案判决认为，尽管存在查德威克案的判决，但是对于依法进行的汽车搜查过程中发现的箱包容器，警察依然有权进行无证搜查（See 456 U. S.，at 810－814（102 S. Ct.，at 2165－2167））。因此，既然我们的结论是，海关的执法官员有合理根据相信那两辆载货卡车里藏匿有违禁品，那么一言以蔽之，对于本案不适用查德威克规则（See 456 U. S.，at 817（102 S. Ct.，at 2168）469 U. S.，at 482－483，105 S. Ct.，at 884－885）。

因此，这些先例并不支持本院关于“造成困惑不解”的担心。相反，本院主要根据的是大法官布莱克曼在查德威克案和桑德斯案反对意见中所做的预言。① 但是，最高法院并没有提出任何证据证明，这些预言已经真的变成了现实，或者对于这一并不复杂的问题，其“内在的模糊性”（*Ante*，at 1990）真的已经让谁觉得那么难以理解。除了上述反对意见中提出的并没有兑现的说法外，最高法院给出的论据是三篇法律评论上的论文和拉费弗教授著作中的一句话。但是，这三篇论文没有一篇是批评查德威 p597

① See *ante*，at 1990.（最高法院提到了在查德威克案反对意见中，大法官布莱克曼提出的、时任大法官的伦奎斯特表示附和的、毫无根据的预言）；*Ante*，at 1990（最高法院提到了以下事实，即持反对意见的大法官哀叹说：“卡罗尔规则与查德威克规则之间界限的‘内在模糊性’，‘由此导致的混淆不清是全方位的’”）。

克案和桑德斯案的判决主旨的。① 至于拉费弗教授著作中的那句话，也至多表明，就像多数判例法一样，可能会存在着某些事实情形，因处于相关规则的边缘地带而难以适用。此外，就最高法院对这方面判例法的批评而言，拉费弗教授批评的对象是罗斯案，而不是查德威克案或者桑德斯案。而且，他的最终结论是，即使是罗斯案的判决，也是完全正确的（See 3 W. LaFave, *Search and Seizure* 55 – 56（2d ed. 1987））。

最高法院将因罗斯规则与查德威克案—桑德斯规则并存而造成的所谓“反常现象”概括为：“警察越有可能在箱包容器中找到毒品，他们对它进行搜查的权力反而越小（*Ante*, at 1990）。”但是，只有承认了以下错误命题，上述并列从句所描述的现象才会成为一种反常现象：警察找到违禁品的可能性大小与其无证搜查的权力密切相连。事实上，一方面，如果某一无证搜查行为不属于令状原则的特定例外，即使具有排除合理怀疑的证据，也无法赋予其正当性。而另一方面，如果警察具有司法令状的授权或者属于令状原则的某项例外，只要具有合理根据的支持，警察就有权实施搜查——此时，警察对于箱包容器里装的是什么所具有的确信程度，与其搜查权力大小毫无关系。

p598 即使承认此前的判例法存在着某种“反常现象”，最高法院为了“治愈”它所付出的代价却是制造了一种更为严重的“吊

① 在这3篇文章中，卡梅萨的论文（Kamisar, *The "Automobile Search" Cases: The Court Does Little to Clarify the "Labyrinth" of Judicial Uncertainty*, in 3 *The Supreme Court: Trends and Developments* 1980 – 1981（D. Opperman ed. 1982））发表于罗斯案以前。而且，该文并没有对查德威克案、桑德斯案提出批评，相反，该文明确赞同大法官布伦南在查德威克案中对大法官布莱克曼反对意见中提出的论据的反驳意见。See Kamisar, *supra*, at 83 – 85. 另外两篇论文是在罗斯案判决不久发表的，但是二者批评的对象是罗斯案，而非查德威克案或桑德斯案。See Gardner, *Searches and Seizures of Automobiles and Their Contents: Fourth Amendment Considerations in a Post – Ross World*, 62 Neb. L. Rev. 1（1983）；Latzer, *Searching Cars and Their Contents*, 18 Crim. L. Bull. 381（1982）.

诡现象”。如果某人拿着公文包走在大街上，将禁止对公文包实施搜查，但是一旦该人将这个公文包放在了锁着的汽车后备箱里，却允许警察对其实施无证搜查——这当然是一种反常现象。个人对自己行李所具有的隐私毫无疑问不会因为以下行为而缩减：将大街上放的行李拿进公众看不到的私人汽车里面。而且，与大街上的行李相比，证据灭失的风险并不会因为行李放进了汽车里而变得更大。在上述两种情形下，如果警察具有合理根据，他们都有权对行李实施扣押，并在获得搜查授权之前加以扣留。为界定令状原则例外而设定的任何界限，在边缘地带都会存在某种模糊性，但是如果最高法院认为，擦掉并重画一条线就可以让这一界限变得更明确，那么这种想法毫无疑问是错误的。

（二）关于隐私权的论据

最高法院认为，查德威克案和桑德斯案只能为“隐私权提供最低限度的保护”（*Ante*, at 1989）；这一说法同样是没有说服力的。毫无疑问，公民个人对于可以存放私人文件和物品从而使其免受他人窥探的行李箱、公文包、手包以及诸如此类的任何箱包容器里装的东西，享有隐私利益。这种隐私利益已经得到了一个多世纪以来判例法的反复强调（See, *e. g.*, *Chadwick*, 433 U. S., at 6 – 11, 97 S. Ct., at 2480 – 2484; *United States v. Van Leeuwen*, 397 U. S. 249, 251, 90 S. Ct. 1029, 1031, 25 L. Ed. 2d 282 (1970); *Ex parte Jackson*, 96 U. S. 727, 733, 24 L. Ed. 877 (1878))。

但是，根据最高法院关于本案的判决，如果行李箱或公文包的主人拎着它坐进了出租车，那么他也就不再享有据以保护行李箱或公文包里装的东西不受无证搜查的隐私利益——尽管在箱子处于公众视野之下时，他还享有这一隐私利益。毫无疑问，本案判决通过否定与桑德斯案一脉相承的那些判例，将会对个人隐私权利造成实质性的负面影响。

p599 为了支持本案判决只会对隐私权造成最低限度的干预，最高法院指出，“如果警察知道，只有当他们事实上是对整个汽车进行搜查时，才可以打开由此发现的箱包，那么为了形成罗斯案所要求的针对整个汽车的合理根据，他们可能会扩张搜查的范围——如果不是因为该项规则，他们原本不需要这么做（*Ante*, at 1988）”。但是，如前所述（See n. 9，*supra*），这种担心令人费解。如果实施搜查前缺乏合理根据的支持，那么，通过搜查发现的证据以及搜查的范围，都不能作为事后证明该搜查行为具有正当理由的依据。

对此，最高法院另外一项正当理由是，本案判决只会造成轻微的损害。最高法院认为，根据贝尔顿案（*New York v. Belton*, 453 U. S. 454，101 S. Ct. 2860，69 L. Ed. 2d 768（1981）），如果相对人将箱包放在汽车车厢里而不是后备箱里，那么警察可能会对其实施逮捕，并对箱包进行搜查。但是，在贝尔顿案中，对汽车实施截停并对司机实施逮捕的正当理由与随后的搜查活动毫无关系——后者的正当根据在于，有可能存在针对执行逮捕官员的潜在危险。贝尔顿案的判决主旨可以直接得到汽车搜查例外的支持（See *Robbins v. California*, 453 U. S. 420，449 - 453，101 S. Ct. 2841，2857 - 2859，69 L. Ed. 2d 744（1981）（STEVENS, J., dissenting））。但是，我并不同意将贝尔顿案扩张适用于此——在本案中，在该箱包容器放进汽车以前，警察无权对其实施无证搜查；而且，该箱包容器构成了随后逮捕行为的唯一依据。而且，即使承认贝尔顿案可以适用于本案这样的案件，在逻辑上，最高法院关于贝尔顿规则扩张解释针对的也不是放在汽车车厢里的箱包容器，而是放在汽车后备箱里的箱包容器。除了便于执法，最高法院根本没有理由作出这样的扩张解释。

（三）给执法活动带来的负担

最高法院认为，查德威克案和桑德斯案已经构成了有效执法
p600 的实质负担。但是这一说法是毫无根据的、不准确的，而且无论

如何，这根本无法作为创设一项令状原则新例外的理由。

尽管最高法院一再声称查德威克案、桑德斯案已经“妨碍了执法效率”（*Ante*，at 1988，1989），但是，对此它并没有提出任何证据。相反，从已掌握的所有证据来看，恰恰指向相反的结论。自罗斯案以降，最高法院已经听审了 30 起涉及麻醉剂制品的第四修正案判例。[①] 除了一起案件外，其他案件的申请人都是控方。[②] 而且，除两起案件外，所有的案件都牵涉到无证搜查扣

① *Illinois v. Rodriguez*, 497 U. S. 177, 110 S. Ct. 2793, 111 L. Ed. 2d 148 (1990); *Florida v. Wells*, 495 U. S. 1, 110 S. Ct. 1632, 109 L. Ed. 2d 1 (1990); *United States v. Verdugo-Urquidez*, 494 U. S. 259, 110 S. Ct. 1056, 108 L. Ed. 2d 222 (1990); *Skinner v. Railway Labor Executives' Assn.*, 489 U. S. 602, 109 S. Ct. 1402, 103 L. Ed. 2d 639 (1989); *Treasury Employees v. Von Raab*, 489 U. S. 656, 109 S. Ct. 1384, 103 L. Ed. 2d 685 (1989); *Florida v. Riley*, 488 U. S. 445, 109 S. Ct. 693, 102 L. Ed. 2d 835 (1989); *Michigan v. Chesternut*, 486 U. S. 567, 108 S. Ct. 1975, 100 L. Ed. 2d 565 (1988); *California v. Greenwood*, 486 U. S. 35, 108 S. Ct. 1625, 100 L. Ed. 2d 30 (1988); *United States v. Dunn*, 480 U. S. 294, 107 S. Ct. 1134, 94 L. Ed. 2d 326 (1987); *Maryland v. Garrison*, 480 U. S. 79, 107 S. Ct. 1013, 94 L. Ed. 2d 72 (1987); *Colorado v. Bertine*, 479 U. S. 367, 107 S. Ct. 738, 93 L. Ed. 2d 739 (1987); *California v. Ciraolo*, 476 U. S. 207, 106 S. Ct. 1809, 90 L. Ed. 2d 210 (1986); *United States v. Montoya de Hernandez*, 473 U. S. 531, 105 S. Ct. 3304, 87 L. Ed. 2d 381 (1985); *California v. Carney*, 471 U. S. 386, 105 S. Ct. 2066, 85 L. Ed. 2d 406 (1985); *United States v. Sharpe*, 470 U. S. 675, 105 S. Ct. 1568, 84 L. Ed. 2d 605 (1985); *United States v. Johns*, 469 U. S. 478, 105 S. Ct. 881, 83 L. Ed. 2d 890 (1985); *New Jersey v. T. L. O.*, 469 U. S. 325, 105 S. Ct. 733, 83 L. Ed. 2d 720 (1985); *United States v. Leon*, 468 U. S. 897, 104 S. Ct. 3405, 82 L. Ed. 2d 677 (1984); *United States v. Karo*, 468 U. S. 705, 104 S. Ct. 3296, 82 L. Ed. 2d 530 (1984); *Oliver v. United States*, together with *Maine v. Thornton*, 466 U. S. 170, 104 S. Ct. 1735, 80 L. Ed. 2d 214 (1984); *United States v. Jacobsen*, 466 U. S. 109, 104 S. Ct. 1652, 80 L. Ed. 2d 85 (1984); *Michigan v. Long*, 463 U. S. 1032, 103 S. Ct. 3469, 77 L. Ed. 2d 1201 (1983); *Illinois v. Andreas*, 463 U. S. 765, 103 S. Ct. 3319, 77 L. Ed. 2d 1003 (1983); *Illinois v. Lafayette*, 462 U. S. 640, 103 S. Ct. 2605, 77 L. Ed. 2d 65 (1983); *United States v. Place*, 462 U. S. 696, 103 S. Ct. 2637, 77 L. Ed. 2d 110 (1983); *United States v. Villamonte-Marquez*, 462 U. S. 579, 103 S. Ct. 2573, 77 L. Ed. 2d 22 (1983); *Illinois v. Gates*, 462 U. S. 213, 103 S. Ct. 2317, 76 L. Ed. 2d 527 (1983); *Texas v. Brown*, 460 U. S. 730, 103 S. Ct. 1535, 75 L. Ed. 2d 502 (1983); *Florida v. Royer*, 460 U. S. 491, 103 S. Ct. 1319, 75 L. Ed. 2d 229 (1983); *United States v. Knotts*, 460 U. S. 276, 103 S. Ct. 1081, 75 L. Ed. 2d 55 (1983).

② See *Treasury Employees v. Von Raab*, 489 U. S. 656, 109 S. Ct. 1384, 103 L. Ed. 2d 685 (1989).

押或者根据有瑕疵的令状进行的搜查扣押。[1] 除了3起案件，在其他案件中，最高法院均宣布，这些搜查、扣押行为合乎宪法。[2]

与此同时，在法院系统处理的案件中，涉及麻醉剂制品的案件数量已经稳步、迅猛增加。[3] 因此，没有一个持中立立场的观察者，可以以阻碍对毒品开战的进程为由对本院提出批评。相反，恰恰是最高法院的本案判决及其类似判例将会支持下述结论：本院已经变成了执法机关打击犯罪的忠实仆人。 p601

即便令状原则确实给警察带来了某种不便，据此也不足以将令状原则这一宪法要求与权利法案提供的其他程序保护加以区别对待。这仅仅是我们为了捍卫社会自由而支付的代价。因此，在根据约翰逊案和查德威克案作出的一项一致意见中，大法官斯图尔特曾经指出：

> 此外，仅仅因为执法活动可能会变得更加困难这一事实本身，根本无法构成漠视第四修正案要求的正当理由（Cf. *Coolidge v. New Hampshire*, *supra*,（403 U. S. 443，481，91 S. Ct. 2022，2045，29 L. Ed. 2d 564（1971）））。如果不要求司法令状，侦查犯罪肯定会变得更加容易。但是，第四修正案反映了权利法案缔造者这样一种观点，即个人对于住宅和财产的隐私不会因为最大

① See *Maryland v. Garrison*, 480 U. S. 79, 107 S. Ct. 1013, 94 L. Ed. 2d 72 (1987); *Illinois v. Gates*, 462 U. S. 213, 103 S. Ct. 2317, 76 L. Ed. 2d 527 (1983).

② See *Florida v. Wells*, 495 U. S. 1, 110 S. Ct. 1632, 109 L. Ed. 2d 1 (1990); *United States v. Place*, 462 U. S. 696, 103 S. Ct. 2637, 77 L. Ed. 2d 110 (1983); *Florida v. Royer*, 460 U. S. 491, 103 S. Ct. 1319, 75 L. Ed. 2d 229 (1983).

③ 自1980年至1986年，在联邦法院系统，因违反有关毒品的法律而被起诉并最终被定罪的被告人人数，增加了134%。而在非毒品犯罪中，同期定罪的增长却只有27%。Bureau of Justice Statistics´Special Report, *Drug Law Violators*, 1980－1986, p. 1 (June 1988). 在地区法院驳回的毒品案件，则从1980年的22.2%下降到了1989年的13.8%。See Bureau of Justice Statistics, *Federal Criminal Case Processing*, 1980－1987, Addendum for 1988 and Preliminary 1989, p. 12 (Nov. 1990).

限度地便利刑事执法而牺牲掉（See *United States v. Chadwick*, 433 U. S. 1，6 – 11（97 S. Ct. 2476，2480 – 2484，53 L. Ed. 2d 538））。（*Mincey v. Arizona*，437 U. S.，at 393，98 S. Ct.，at 2413）

p602 预言美国公民将因为本案判决丧失多少自由还为时过早。但是，损失的程度肯定与最高法院想象的要大不相同——最高法院甚至没有为其推翻先例规则寻找一个华丽的借口。

谨发表反对意见如上！

2.3 美方评论

由于汽车例外根据的是人们对于汽车只具有较低的隐私期待以及汽车的机动性理论，因此根据该项例外，不得对箱包容器进行无证搜查。即使该箱包容器具有机动性，依然如此。在查德威克案（*United States v. Chadwick*，433 U. S. 1（1977））中，最高法院对汽车和汽车里的箱包容器进行了区分，并判决说，由于公民对于箱包容器具有高于汽车的隐私期待，因此根据第四修正案，不得对箱包容器（在查德威克案中，是一个军用手提箱）进行无证搜查。

根据最高法院关于查德威克案的判决，与汽车相比，行李和其他类似的箱包容器并非处于公众视野之下。此外，行李箱的功能在于储存私人物品，而汽车则是一种运输工具。因此，人们对于行李箱持有的隐私期待，要远远大于对于机动车辆本身的隐私期待。由于汽车只具有较低的隐私期待，在钱伯斯案中，最高法院认为，对汽车进行无证搜查所造成的侵犯程度，并不比为申请搜查令状而临时扣押车辆造成的侵犯程度更大。但是，对于汽车里的箱包容器，就不能这么讲了。在查德威克案中，最高法院拒绝在对箱包容器的搜查与扣押之间画等号。其理由是，搜查将会对箱包容器里的隐私期待造成实质性侵害。根据查德威克案，如果警察有合理根据相信箱包容器里装有犯罪证据，他们可以对该箱包容器实施扣押，但是在对其进行搜查以前，原则上必须具有司法令状的授权。

但是，如果公民将箱包容器放进了汽车，而且有合理根据相信，该箱包容器里藏有犯罪证据，又该如何处理呢？——如果适用汽车例外规则，执法官员可以无证搜查该箱包容器；如果适用箱包容器规则，执法官员在获得司法令状授权之前，只能对该箱包容器暂时实施扣押。汽车搜查例外与箱包容器规则之间的冲突，最终在阿切韦多案中得到了解决。在阿切韦多案发生时，最高法院已经确立了以下规则：如果执法官员的合理根据仅仅针对的是汽车里的箱包容器，那么执法官员需要令状的授权才能对该箱包容器进行搜查。但是，如果执法官员的合理根据针对的是整个汽车（包括汽车里的箱包容器），那么执法官员无需司法令状即有权对该箱包容器实施搜查。但是，这种关于针对整个汽车的合理根据与仅限于箱包容器的合理根据的区分，带来了诸多困难。因为，这意味着如果执法官员对于犯罪活动只具有笼统的认识，搜查箱包容器无需司法令状的授权。但是，如果执法官员具有更为具体的证据，进行搜查却需要具有司法令状的授权。因此，如果执法官员收到了一条可靠的线报并报告说，嫌疑人正在汽车里销售毒品，那么执法官员可以对该汽车进行无证搜查，并打开汽车里可能装有毒品的任何箱包容器。但是，如果执法官员收到了一条可靠的线报并报告说，被告人汽车里有一个行李箱装满了毒品，那么执法官员需要具有司法令状的授权才能打开该行李箱，因为在该情形下，执法官员的合理根据仅仅限于行李箱而非整个汽车。如此一来，事实上等于鼓励执法官员知道的越少越好。

在阿切韦多案中，最高法院正确地废除了以下细微区分：合理根据究竟针对的是整个汽车还是仅限于箱包容器。最高法院令人欣慰地判决说，在对汽车里的箱包容器进行搜查时，上述两项规则只能选择其一，或者是适用箱包容器规则，因此，要求必须具有司法令状的授权；或者适用汽车搜查例外，因此，不需要令状授权即可。但是，在阿切韦多案中，不知道为什么，最高法院最终选择了汽车搜查例外规则而不是箱包容器规则。因此，阿切韦多案可能会鼓励执法官员采取某种策略以规避司法令状。例如，如果他们看见某人带着一个行李箱，并有合理根据相信该行李箱装有证据，他们只需尾随其后，等该人将行李箱放进汽车后，就可以不用遵守令状原则的要求了。而且，由于汽车搜查例外的理论根据自始就存在着争议，选择汽车例外规则而不是箱包容器规则也是有疑问的。如前所述，最高法院关于汽车搜查例外的主要论据，即人们对于汽车只具有较低的隐私期待，并没有得到有效的论证，而且有悖社会公众的一般期待。就此，更容易被人接受的分析思路是，公民对于任何容器，无论它们是汽车、行李箱还是房子，都享有同等的隐私期待。这一分析思路也更合乎第四修正案背后的、社会公众的一般期待。这将意味着，（除非符合其他令状例外，如紧急情形例外）执法官员在获得令状授权以前，对任何箱包容器都不得进行搜查。但是，根据合理根据，执法官员可以对该箱包容器暂时予以扣押，以便有时间去申请搜查令状。

2.4 阅读文献

- Todd P. Guthrie, *California v. Acevedo*: *Now You See It*, *Now You Don't – The Supreme Court's Latest Approach to the Fourth Amendment Warrant Requirement*, 45 Ark. L. Rev. 397

(1992 - 1993).

- James J. Tomkovicz, *California v. Acevedo: The Walls Close in on the Warrant Requirement*, 29 Am. Crim. L. Rev. 1103 (1991 - 1992).
- Shaela Ann McNulty, *Constitutional Law - Fourth Amendment Protection on the Wane - California v. Acevedo, 111 S. Ct. 1982 (1991)*, 26 Suffolk U. L. Rev. 248 (1992).
- Robert Angell, *California v. Acevedo and the Shrinking Fourth Amendment*, 21 Cap. U. L. Rev. 707 (1992).
- Peter C. Prynkiewicz, *California v. Acevedo: The Court Establishes One Rule to Govern All Automobile Searches and Opens the Door to Another Frontal Assault on the Warrant Requirement*, 67 Notre Dame L. Rev. 1269 (1991 - 1992).

一 览 无 余

1. 一览无余法则的确立：

柯立芝案（*Coolidge v. New Hampshire*）

403 U. S. 443, 91 S. Ct. 2022（1971）

1.1 案件信息

- **本案争点**

在本案中，据以实施搜查扣押的令状，是由负责本案侦查起诉工作的检察总长根据州制定法的规定而签发的，因此，该搜查扣押活动是否有效？如无效，是否可以根据令状原则的例外赋予本案中的搜查扣押以正当性？

- **最高法院的判决**

美国最高法院以5:4的投票结果作出了有利于申请人柯立芝的判决。大法官斯图尔特代表最高法院撰写了本案的判决意见。大法官哈兰表示部分附和并发表了协同意见。大法官布莱克发表了部分协同、部分反对的意见，大法官布莱克曼附和大法官布莱克意见的第二、三部分以及第一部分的某些意见。大法官怀特发表了部分协同、部分反对的意见，首席大法官伯格对此表示附和。首席大法官伯格发表了部分协同、部分反对的意见。

最高法院判决认为，负责本案侦查起诉工作的检察总长基于合理根据签发的令状是无效的，因此，除非满足令状原则的例外，否则本案中的搜查扣押行为是无效的。一览无余法则必须满足以下要件：证据是一眼看到的；证据是无意之中发现的；可以显而易见地立即辨别出证据的归罪性质。

- **该判例的影响**

本判例系统回顾了有关一览无余规则的先例，并宣布一览无余规则是第四修正案令状原则的一项例外。该判例引发了对以下问题的关注："一览无余"规则的构成要件、实施逮捕时执法官员获取证据的方式。

1.2 判决正文

爱德华·H. 柯立芝
诉
新罕布什尔州

第 323 号

1971 年 1 月 12 日进行辩论

1971 年 6 月 21 日作出裁决

1971 年 10 月 12 日驳回复审请求

大法官斯图尔特（Mr. Justice Stewart）代表最高法院撰写了本案的判决意见。[①]

在本案中，我们被要求以第四修正案和第十四修正案为根据，就一个州刑事审判过程中引发的争议作出判决，该审判与一个极其残忍的谋杀行为有关。与以往任何情形一样，我们的职责只是在于：根据宪法和法律对提出的问题作出判决。

1964 年 1 月 13 日晚，14 岁女孩帕梅拉·梅森显然是因为接到了一个男子需要找人临时照顾婴儿的电话，冒着猛烈的暴风雪离开她在美国新罕布什尔州曼彻斯特市的家。事隔 8 天，在冰雪融化以后，人们才在数英里之外一条南北向的主干公路旁发现了她的尸体。帕梅拉被人谋杀了。这一事件在当地造成了极大的恐慌，警察立即开始大规模的调查活动。

1 月 28 日，警察从申请人爱德华·柯立芝（Edward Coo-

① 其中，对于该判决意见第二部分（一）、（二）、（三）的论述，只有大法官道格拉斯、布伦南、马歇尔表示赞同。

lidge）的邻居处得知，申请人在女孩失踪的那晚离开过家，于
p446 是，就到他家对其进行询问。警察询问的问题之一是：他是否拥有枪支。他拿出3把枪——两把散弹猎枪和一把步枪。警察还问他：是否愿意就他关于自己案发当晚出门后的行为所作的陈述接受测谎试验。他同意在他休息的那天，即周日接受试验。警察事后描述说，调查过程中申请人非常“合作”。在整个询问过程中，他妻子一直在场。

星期日那天，警察一大早就打电话要求柯立芝前往警察局，以便到新罕布什尔州康科德市接受测谎试验。当晚，两位便衣警察来到柯立芝家，柯立芝夫人正和婆婆在家中等待丈夫的归来。这两位警察并非之前来过柯立芝家的那俩警察，而且他们显然并不知道柯立芝在警察上次调查时曾拿出3把枪供警察检查。便衣警察告诉柯立芝夫人，她丈夫有“大麻烦”，当晚可能回不来了。他们让柯立芝的母亲离开，并继续询问柯立芝夫人。在问话过程中，他们从她那里得到了4把柯立芝的枪以及柯立芝夫人认为帕梅拉·梅森失踪那晚她丈夫可能穿过的一些衣服。

当晚，柯立芝因另一无关的指控而被关押，但是，第二天就被释放。[①] 在接下来的两周半时间内，控方收集到的大量证据都证明是柯立芝谋杀了帕梅拉·梅森。2月19日，负责该案的警
p447 察和州检察总长开会讨论了这一侦查结果。这位州检察总长亲自负责了与这一谋杀案有关的侦查活动，后来在审判中还担任主诉检察官。此次会议认为，已经具备了足够证据可以谋杀指控逮捕柯立芝，并对其住宅和两辆汽车进行搜查。据此，曼彻斯特警察局局长作了宣誓，正式申请逮捕令和搜查令。与我们的判决相关的是授权搜查柯立芝的庞蒂亚克汽车的令状，警察在针对该汽车的搜查令申请书中称：宣誓者“已经有合理根据怀疑并相信——而且确实怀疑并相信，同时提供了令人满意的证据证

① 在测谎试验期间，柯立芝承认他从雇主那偷过钱。See III – A of text, *infra.*

明——该犯罪过程中使用过的某些物品，正隐匿在一辆两扇门的1951年产的庞蒂亚克汽车之中或之上……”因此，检察总长以太平绅士（a justice of the peace）的名义，自行签发了令状。根据新罕布什尔州当时实行的法律，所有的太平绅士都有权签发搜查令（N. H. Rev. Stat. Ann. s 595：1（repealed 1969））。

在令状签发的当天，警察就到柯立芝家中将其逮捕。柯立芝夫人询问警察她与孩子可否待在家里，但被告知她们必须待在别处。显然，其中部分原因是，警察认为，如果她接触到记者的话，会受到他们的骚扰。当问及她是否可以开走汽车时，警察告知她两辆车都已经被“扣留”（impounded），警察会为她提供交通工具。在警察逮捕柯立芝后两个半小时，警察叫来了拖车公司，汽车被拖至警察局。在逮捕当时，汽车停在柯立芝家所使用的车道上，虽然夜色已经降临，但是从街上以及逮捕柯立芝的住 p448
宅内都可以清晰地看到该汽车。在扣押两天后（即2月21日）以及一年以后（即1965年）的1月和4月，警察先后3次对1951年产的庞蒂亚克汽车进行搜查并用吸尘器检查。

随后，在陪审团对柯立芝涉嫌的谋杀指控进行的审理过程中，包括枪口上的弹药残留物在内的通过吸尘器从庞蒂亚克汽车中采集到的微粒，都被用做不利于他的证据；控方试图以此证明：通过精密分析，帕梅拉·梅森极有可能坐过柯立芝的汽车。[①] 警察周日晚上从柯立芝住宅拿走的其中一把枪——22毫米口径的莫斯伯格步枪，也被作为证据提交，控方声称这是凶器。关于从帕梅拉·梅森身上发现的子弹是否为这一步枪所发，控辩双方提供了不同的弹道学证言。最后，控方还提交了从柯立芝家中取得的衣服上采集到的吸尘器微粒，试图证明：通过精密分

① 关于“这一证据完全缺乏证明价值，因而应予以排除”的强有力主张。See Tribe, *Trial by Mathematics: Precision and Ritual in the Legal Process*, 84 Harv. L. Rev. 1329, 1342 n. 40 (1971).

析，这些衣服极有可能与帕梅拉·梅森的身体有过接触。要求排除所有这些证据的审前动议，被新罕布什尔州的初审法院驳回，法院认为所有证据都可采信（106 N. H. 186，208 A. 2d 322）。柯立芝被陪审团判决有罪，并被处以终身监禁。新罕布什尔州最高法院维持了有罪判决（109 N. H. 403，260 A. 2d 547）。我们签发了调卷令，就审判中采信不利于柯立芝的证据所引起的宪法问题进行裁决（399 U. S. 926，90 S. Ct. 2253，26 L. Ed. 2d 806）。

p449

一

申请人的第一个主张是：授权扣押并搜查申请人的庞蒂亚克汽车的令状，并非由“中立、超然的地方法官”签发，因而该令状无效。我们同意申请人以此为理由主张令状无效，因此我们无需再考虑他的下述主张：令状申请书中的附誓宣言过于概括，因而违反了宪法的相关要求（Cf. *Giordenello v. United States*，357 U. S. 480，78 S. Ct. 1245，2 L. Ed. 2d 1503；*Aguilar v. Texas*，378 U. S. 108，84 S. Ct. 1509，12 L. Ed. 2d 723）。

关于第四修正案令状要求的经典描述，当属大法官杰克逊在约翰逊案（*Johnson v. United States*，333 U. S. 10，13 - 14，68 S. Ct. 367，369，92 L. Ed. 436）中的表述：

狂热的执法官员常常无法理解的是，第四修正案的精髓并不在于否定以“理性人根据证据进行日常推理”为基础的法律执行活动。第四修正案提供的保护在于，要求由中立的、不偏不倚的地方法官进行此类推理，而不是由从事往往具有对抗性质的追究犯罪活动的执法官员来做此类判断……隐私权在何时必须合理地让位于搜查权，通常必须由司法官员而非警察或政府执法人员来决定。足以支持无私的地方法官决定签发搜查令状的证据，将赋予执法官员无证搜查活动以正当性，诸如此类的任何推定，都会让第四修正案沦为一纸空文，而且由此个人的住宅安全将完全取决于警察执法官员的个人裁量……作为一项规则，什么时候个人隐私权必须对搜查权作出合理的让步，应当由司法官员来决定，而不是由警察或其他政府执法官员来判断。

（Cf. *United States v. Lefkowitz*，285 U. S. 452，464，52 S. Ct. 420，423，76 L. Ed. 877；*Giordenello v. United States*，*supra*，at 486，78 S. Ct.，at 1250；*Wong Sun v. United States*，371 U. S. 471，481－482，83 S. Ct. 407，413－414，9 L. Ed. 2d 441；*Katz v. United States*，389 U. S. 347，356－357，88 S. Ct. 507，514，19 L. Ed. 2d 576.） p450

在本案中，决定合理根据的是州“政府执法人员”的主管——检察总长，他积极负责本案的侦查活动，并在此后的审判中担当主诉检察官。诚然，由于“搜查令状”的存在，这一决定在形式上具有了正当性，而在约翰逊案中并不存在任何书面形式的令状。但是控方并没有试图基于这一形式化的理由来主张令状的合法性。相反，控方认为，根据当时有效的法律，检察总长无疑有权作为太平绅士签发令状，并且事实上他确实像“中立、超然的地方法官”那样行事。此外，控方还声称，面对曼彻斯特警察局局长的合理根据证明，任何地方法官都会签发令状。对于第一项主张，作如下回答就已经足以解决：没有比本案情形更适合于确立一个在这种情况下检察官不具备签发令状之相应资格的绝对规则，而不是根据全案情形进行个案评价。大法官杰克逊精辟阐述的根本规则，并不是不尊重本案所涉及的州执法人员，其关键点在于：根本就无法要求检察官和警察在自己的侦查活动中保持必要的中立，因为侦查是一项“竞争性的活动”，它势必使执法人员产生了单向思维（Cf. *Mancusi v. DeForte*，392 U. S. 364，371，88 S. Ct. 2120，2125，20 L. Ed. 2d 1154）。[①] 至于第二项主张——只要存在合理根据，未能遵守令状程序，属于不相干

① 在听取了检察总长关于签发令状的证言后，初审法官说：“我认为一个中立的地方法官会像您一样做的。真诚地说，我并不希望你身兼两任。”

的枝节性问题——我们只需援引1925年判决的安格纳罗案（*Agnello v. United States*, 269 U. S. 20, 33, 46 S. Ct. 416, 70 L.
p451 Ed. 145）就足以批驳：

无论警察有多确信某一物品隐匿在住宅中，都不足以构成无证搜查该地方的理由。即使事实证明确实存在合理根据，此类搜查也不能被认为合法。

（See also *Jones v. United States*, 357 U. S. 493, 497–498, 78 S. Ct. 1253, 1256, 2 L. Ed. 2d 1514; *Silverthorne Lumber Co. v. United States*, 251 U. S. 385, 392, 40 S. Ct. 182, 183, 64 L. Ed. 319（"即使通过合法方式亦会导致相同结果，不受无理搜查和扣押的权利，仍受到保护。"））

然而，新罕布什尔州最高法院维持有罪判决的理由是在于，尽管本案的令状程序明显违反了第四修正案对联邦政府的要求，但是，这一要求并没有通过第十四修正案适应于各州。这一立场，是以本院克尔案（*Ker v. California*, 374 U. S. 23, 31, 83 S. Ct. 1623, 1628, 10 L. Ed. 2d 726）判决的一段话为根据的：

在审查本案所涉及的搜查和扣押之前，我们简要说明一个尚未为马普案（*Mapp v. Ohio*, 367 U. S. 643, 81 S. Ct. 1684, 6 L. Ed. 2d 1081））解决的问题可能会有所裨益。首先，必须认识到的一点是："在联邦刑事审判中，规制证据可采性的规则并不仅局限于……单纯从宪法推导出来的规则。在行使对联邦法院刑事司法监督权的过程中……本院已经……形成了一套适用于联邦刑事诉讼的证据规则（*McNabb v. United States*, 318 U. S. 332, 341, 63 S. Ct. 608, 613, 87 L. Ed. 819（1943））。"……但是，马普案并没
p452 有建立起本院对州法院的司法审查权……因而它并没有完全抹煞各州确立的关于搜查和扣押的规定而要求统一适用联邦法律。马普案并没有给我们的联邦制度敲响丧钟，相反，它重申了埃尔金斯案（*Elkins v. United States*, *supra*, 364 U. S. （206）, at 221, 80

S. Ct. （1437），at 1446，4 L. Ed. 2d 1669）的观点：联邦制度的健康发展，有赖于在州法院和联邦法院之间避免不必要的冲突。这一制度本身就力促州和联邦在宪法的旗帜下积极合作以打击犯罪，现在只是要求它们在行动上应当共同遵守相同的宪法标准而已(367 U. S.，at 658，81 S. Ct.，at 1693，6 L. Ed. 2d 1081)。

因此，州法院认为，新罕布什尔州在本案所涉及的搜查发生之当时允许执法人员自己签发令状的规定，即属于“规范逮捕、搜查和扣押以适应各州有效地侦查犯罪和执行法律的现实需要的可操作规则”之一（*Id.*，at 34，83 S. Ct.，at 1630，authorized by Ker)。

从警察角度看，这样的程序确实具有可操作性，本案法庭上证人的证言就是例证：

法院：你的意思是说，另一个警官签发了这些（搜查令)？

证人：是的。库曲尔长官、谢伊长官和洛弗林长官都是和平绅士（J. P.）。

法院：那么，局长，我问你，你的回答是说，你从来没有向警察局外部的太平绅士申请过令状吗？

证人：向警察局以外的人申请，不是我们的政策。

法院：好，那么，你们的政策和做法是由另一名警察以太平绅士身份来签发令状吗？

证人：这一直是我们的惯例。

然而，无需赘言就已经很明显的是，新罕布什尔州这一关于 p453
签发“搜查令状”的规定（现已被废止)，违背了第四修正案和第十四修正案的根本前提。关于这一前提，本院早在克尔案（*Ker v. California*，*supra*）和马普案（*Mapp v. Ohio*，367 U. S. 643，81 S. Ct. 1684，6 L. Ed. 2d 1081）之前，就已经详细论证和阐释过。正如大法官弗兰克福特在沃尔夫案（*Wolf v. Colorado*，338 U. S. 25，27 – 28，69 S. Ct. 1359，1361，93 L. Ed. 1782）中

所言：

第四修正案的核心，是保护个人隐私不受警察专断干预，这是自由社会的根基。因此，它暗含在“有秩序的自由这一概念”（the concept of ordered liberty）之中，并通过第十四修正案条款同样地适用于各州。无需引证对新近历史的评论，为搜查之目的而在白天或晚上到公民住宅敲门，如果是在缺少法律授权而仅仅基于警察权力的情况下所为，那么都应当被认为是不可宽恕的……

因此，我们必然得出的结论是：对庞蒂亚克汽车进行扣押和搜查的宪法基础，不可能建立在一个同时负责该案侦查和起诉工作的政府官员所签发的令状之上。由于他不是宪法所要求的中立、超然的地方法官，这一搜查就不比无证搜查更具有正当性。鉴于此，要证明这一扣押和搜查的正当性，必须根据其他理由。

二

控方提出三个不同的理由，试图使本案的事实符合令状要求的例外之一。在审查这些理由的过程中，我们切勿忽视第四修正案所提供的基本保障。在此，有必要再次重申将近一个世纪以前大法官布拉德利（Mr. Justice Bradley）在博伊德案（*Boyd v. United States*，116 U. S. 616，635，6 S. Ct. 524，535，29 L. Ed.
p454 746）的判决意见中所发出的警告：

这也许只是以最温和、最不令人排斥的形式表现出来的侵权行为；但是，通过这种悄然无息的方式和对法定程序模式的轻微背离，违法和违宪的做法得以立足。唯有通过对保障人身和财产安全的宪法条款作自由解释，才能避免这种现象发生。严格的字面解释，会使这一宪法条款失去部分功效，同时还会导致权利不断受到减损以至于仿佛只停留于口头而不是实际存在。维护公民的宪法权利并保障其免受任何暗中侵蚀，是法院的职责所在。[①]

因此，这一领域最根本的宪法规范是："根据第四修正案，未经法官或地方法官的事先批准而在司法程序之外进行的搜查，在本质上都是不合理的——除了一些专门建立并详细描述的例外。"[②] 这些例外，都是"谨慎而仔细创立"的，[③] 因此，"寻求豁免的人……必须证明存在紧急情形使得其有必要采取行动"。[④] "那些寻求豁免的人，有义务证明此种必要性。"[⑤] 对某些人而言，它所代表的这一基本规则和价值，在动荡时期（times of unrest）——不论是犯。罪、种族冲突还是内部颠覆的危险所引起的——可能显得不切实际或"过于奢侈"。但是，这些价值正是我们的制宪者所奉行的。在并非与我们完全不同的时代，他们赢得了不受官方权力专断干涉的个人安全权——在英国通过合法、合宪的方式[⑥]，在这片土地上则是通过革命的方式。如果说时代已经不同，因为，在城市化和工业化的社会中，每个人随心所欲 p455

① See also *Gouled v. United States*, 255 U. S. 298, 303 – 304, 41 S. Ct. 261, 263, 65 L. Ed. 647 (1921)：我们的制宪者和本院对恰当地保障这两个修正案（第四修正案和第五修正案）的权利及其对政治自由和我们国家福祉的重要意义的强调，可谓到了无以复加的程度。所援引的这一判决的作用是：这些权利已经被宣布为"充分享有个人安全、自由和私有财产权"所必需的；它们已经被认为是宪法自由的真正本质所在；保障这些权利，与保障公民个人的其他宪法权利——接受陪审团审判的权利、申请人身保护令和法律的正当程序——同样重要和不可或缺。我们的先例一再重申：这些修正案应当作自由解释（liberal construction），以使它们所保护的权利免受暗中侵蚀或"不断减损"——不管是来自法院不为人察觉的判决，还是善意而错误的过于狂热的执法人员的行为。See also *Go – Bart Importing Co. v. United States*, 282 U. S. 344, 357, 51 S. Ct. 153, 158, 75 L. Ed. 374.

② *Katz v. United States*, 389 U. S. 347, 357, 88 S. Ct. 507, 514, 19 L. Ed. 2d 576.

③ *Jones v. United States*, 357 U. S. 493, 499, 78 S. Ct. 1253, 1257, 2 L. Ed. 2d 1514.

④ *McDonald v. United States*, 335 U. S. 451, 456, 69 S. Ct. 191, 193, 93 L. Ed. 153.

⑤ *United States v. Jeffers*, 342 U. S. 48, 51, 72 S. Ct. 93, 95, 96 L. Ed. 59.

⑥ See *Entick v. Carrington*, 19 How. St. Tr. 1029, 95 Eng. Rep. 807 (1765), and *Wilkes v. Wood*, 19 How. St. Tr. 1153, 98 Eng. Rep. 489 (1763).

的范围缩少了，那么这些变化将使得第四修正案所承载的价值更加——而不是更不——重要。[①]

（一）

控方的第一个理由是，2 月 19 日进行的扣押以及随后对柯立芝的庞蒂亚克汽车进行的搜查，都是“附带”于合法逮捕而发生的。为了满足附带搜查的第一个要件，我们暂且假定在柯立芝的住宅内对其实施的逮捕是合法的（*Whiteley v. Warden*, Wyoming State Penitentiary, 401 U. S. 560, 567 n. 11, 91 S. Ct. 1031, 1037, 28 L. Ed. 2d 306）。此外，由于本案发生在 1964 年，我们用戚莫尔案（*Chimel v. California*, 395 U. S. 752, 89 S. Ct. 2034,
p456 23 L. Ed. 2d 685）之前的法律来评价控方的主张，因为该案根据令状的有关要求实质性地限制了“附带搜查”例外（*Williams v. United States*, 401 U. S. 646, 91 S. Ct. 1148, 28 L. Ed. 2d 388）。然而，即使是根据戚莫尔案之前的法律，控方的主张也是站不住脚的。

在戚莫尔案之前，占支配性地位的先例是拉比诺维茨案（*United States v. Rabinowitz*, 339 U. S. 56, 70 S. Ct. 430, 94 L. Ed. 653）。该案特别指出：“一般而言，无证的‘附带搜查’，可以延伸到被逮捕人‘占有’（possession）或‘控制’（control）之下的区域（*Chimel*, *supra*, at 760, 89 S. Ct., at 2038）。”而在本案中，柯立芝是在住宅里面被逮捕的；他的汽车则是停在住宅外的车道上。在将柯立芝带离现场前，警察根本没有对汽车采取任何措施。相反，直到警察在将柯立芝带离现场以后，警察才对汽车进行了扣押并将汽车拖至警察局，但是搜查却发生在两天以后。

首先，根据拉比诺维茨标准，警察能否对汽车进行附带搜

① See *Elkins v. United States*, 364 U. S. 206, 80 S. Ct. 1437, 4 L. Ed. 2d 1669.

查，仍有待商榷。因为本院一再重申：即便是根据拉比诺维茨标准，“只有本质上与逮捕同时（substantially contemporaneous）发生，并且限制在与被逮捕人紧密相邻的区域（the immediate vicinity of the arrest），才能实施附带搜查（*Vale v. Louisiana*, 399 U. S. 30, 33, 90 S. Ct. 1969, 1971, 26 L. Ed. 2d 409, quoting from *Shipley v. California*, 395 U. S. 818, 819, 89 S. Ct. 2053, 2054, 23 L. Ed. 2d 732, quoting from *Stoner v. California*, 376 U. S. 483, 486, 84 S. Ct. 889, 891, 11 L. Ed. 2d 856（Emphasis in Shipley.）Cf. *Agnello v. United States*, 269 U. S., at 30-31, 46 S. Ct., at 5-6; *James v. Louisiana*, 382 U. S. 36, 88 S. Ct. 151, 15 L. Ed. 2d 30）……”这些案件清楚无疑地显示，在戚莫尔案之前，在住宅外发生的合法逮捕从来就不足以成为对住宅进行无证搜查的正当理由。（与下文要讨论的汽车搜查以及“一览无余”发现证据的特殊规则不同）附带搜查规则并没有表明在屋内实施逮捕的情况下，可以对房外一定面积的范围进行搜查。[①] p457

即使为判决方便而假定，警察在屋内逮捕柯立芝的时候，可能已经搜查了停在车道上的汽车，但是普雷斯顿案（*Preston v. United States*, 376 U. S. 364, 84 S. Ct. 881, 11 L. Ed. 2d 777）已经清楚地表明，警察不得在没有令状的情况下自行扣押、移动并搜查汽车。在一个几乎与本案情形相同的案件中，大法官布莱

① 大法官布莱克在其协同意见和反对意见的第三部分（一）中认为，这已经远远超出了戚莫尔案。*Chimel v. California*, 395 U. S. 752, 89 S. Ct. 2034, 23 L. Ed. 2d 685, post, at 2056. 我们认为，他的这一看法是错误的。这里讨论的问题是：根据戚莫尔案之前的法律，警察是否可以在屋内逮捕柯立芝的同时，为了发现犯罪证据——事后提交给法庭的那些微粒——而搜查其汽车。此种搜查在戚莫尔案以后无疑就不再能以附带搜查为借口而正当化了，因为根据戚莫尔规则，以此为理由的搜查，仅及于“被逮捕者”的人身和“其可立即控制的区域”（within his immediate control），即只能在其获得武器或易破坏的证据的范围内。395 U. S., at 763, 89 S. Ct., at 2040. 警察是否有权将一眼就看到的汽车作为证据进行扣押，这一截然不同的问题，将在第二部分（三）中讨论。Cf. n. 24, infra.

克代表法院作出全体一致的判决："一旦被逮捕人已经被警察逮捕和羁押，那么在另一地点对（他的汽车）的无证搜查，根本就不属于附带搜查（*Id.*，at 367，84 S. Ct.，at 883. *Dyke v. Taylor Implement Mfg. Co.*，391 U. S. 216，88 S. Ct. 1472，20 L. Ed. 2d 538. Cf. *Chambers v. Maroney*，399 U. S. 42，47，90 S. Ct. 1975，1979，26 L. Ed. 2d 419）。"简言之，附带搜查规则不适用于本案。[①]

p458

（二）

控方证明无证扣押和搜查汽车的行为之合法性的第二个理由是：根据卡罗尔案（*Carroll v. United States*，267 U. S. 132，45 S. Ct. 280，69 L. Ed. 543），只要存在合理根据，警察就可以对汽车进行无证搜查；同时，根据我们上一个开庭期在钱伯斯案（*Chambers v. Maroney*，399 U. S. 42，90 S. Ct. 1975）中的判决，警察在根据卡罗尔规则实施合法搜查的同时，可以扣押汽车并将其带回警察局进行搜查。但是，即使认可警察有合理根据搜查汽车，把卡罗尔案适用于本案，将远远超出它最初的基本含义。

卡罗尔案确实认为："无需令状即可搜查汽车或其他机动车中隐匿或非法运输的违禁品"，[②] 只要"实施扣押的警察有合理怀疑或合理根据相信他拦截和扣押的汽车非法运输了违禁酒"。[③] 国会已经明确授权了此类搜查，而且正如我们在其他地方所指出的那样，[④] 在那个时候，"汽车……几乎是大量违反国家禁酒法

① 库珀案（*Cooper v. California*，386 U. S. 58，87 S. Ct. 788，17 L . Ed. 2d 730）并不具有相关性，因为在该案中，控方没有援引附带搜查，而是试图以其他理由来证明搜查的正当性。Id.，at 60，87 S. Ct.，at 790. 大法官布莱克在库珀案中重申了普雷斯顿案（*Preston v. United States*，376 U. S. 364，84 S. Ct. 881，11 L. Ed. 2d 777）的判决意见。

② 267 U. S.，at 153，45 S. Ct.，at 285.

③ *Id.*，at 156，45 S. Ct.，at 286.

④ *United States v. Di Re*，332 U. S. 581，586，68 S. Ct. 222，225，92 L. Ed. 210.

令的犯罪行为所必不可少的一个工具，因此从某种意义上说，汽车本身可以被认为是一个违法者，从而成为违禁品”。此后的两个案件[①]都涉及在公路上拦截汽车并搜查违禁酒，法院遵循并重 p459
申了卡罗尔规则。[②] 在上一个开庭期，我们在钱伯斯案（*supra*）中再次肯认了这一规则。

卡罗尔规则以及遵循它的所有判例都有一个根本理念：“为了查获违禁品，对商店、住宅或其他建筑进行搜查前，合法的令状可以事先获得，而对船舶、摩托艇、货车或汽车进行搜查时， p460
要求取得令状并不现实。这一区别很有必要，因为在后一种情形下，如果搜查必须以取得令状为前提，那么机动车将会很快离开现场或管辖区（267 U. S.，at 153，45 S. Ct.，at 285）。”

正如我们在钱伯斯案（*supra*，at 51，90 S. Ct.，at 1981）中

---

① *Husty v. United States*，282 U. S. 694，51 S. Ct. 240，75 L. Ed. 629；*Brinegar v. United States*，338 U. S. 160，69 S. Ct. 1302，93 L. Ed. 1879.

② 第三个有时也被援引为适用卡罗尔先例（*Carroll v. United States*，267 U. S. 132，45 S. Ct. 280，69 L. Ed. 543）的判例是谢尔案。*Scher v. United States*，305 U. S. 251，59 S. Ct. 174，83 L. Ed. 151. 在该案中，警察跟踪一辆他们有合理根据认为藏有大量违禁酒的汽车。案情如下：司机“转弯进入庭院内离他住所还有一定距离的车库。其中一名追赶的警察下车跟了上去，当申请人从车里下来的时候，该警察走上前去表明身份，并说他得知该汽车运输走私酒。申请人回答说‘只是为聚会准备了一点’，当被问及酒是否已经上税时，他回答说，这是加拿大威士忌，同时，他还说酒就在汽车尾部的后备箱里。警察打开后备箱找到了酒……”305 U. S.，at 253，59 S. Ct.，at 175. 本院判决认为，“根据卡罗尔规则（*Carroll v. United States*，267 U. S. 132，45 S. Ct. 280，69 L. Ed. 543）并结合本案事实，很显然，在申请人进入车库之前，尾随的警察本可以合理地拦截申请人的汽车进行搜查并对其实施逮捕。这一点在辩论时没有引起太大争议。申请人在被警察紧跟的情况下将车开进了车库，这一事实并不足以使警察丧失上述权力。警察并没有搜查车库。对于警察在逮捕之同时对汽车进行的搜查活动，嫌疑人不但没有反对而且表示同意。警察没有实施任何无理或压制性的行为。”*Agnello v. United States*，269 U. S. 20，30，46 S. Ct. 4，5，70 L. Ed. 145；*Wisniewski v. United States*，47 F. 2d 825，826（CA 6 1931）. 305 U. S.，at 254－255，59 S. Ct.，at 176. 安格纳罗案和威斯纽斯基案都涉及附带搜查过程中所扣押的证据的可采性问题。

所言：只要存在合理根据，“紧急情形”可以使得对“停在公路上的汽车”进行无证搜查的行为正当化，因为汽车是“可移动的，司机是警觉的，如果必须获得令状，那么，车内的物品可能再也无法找到”。“搜查的时机稍瞬即逝……”

在本案中，警察事先已经知晓庞蒂亚克汽车在犯罪中所可能起的作用。柯立芝也意识到他是曼彻斯特谋杀案的嫌疑人，但是，他在侦查过程中一直非常配合，并且没有迹象表明他试图逃跑。他完全有机会毁灭任何他认为能证明自己有罪的证据，但是他并没有这样做，也并没有迹象表明，在案发当晚，该汽车被用做非法目的，而且将它像往常一样停在柯立芝家的车道上。因此，搜查的时机难以说是“稍瞬即逝”。警察认为有合理根据会在汽车中搜查到的物品，既不是被盗物，也不是违禁品或危险品。

警察前往柯立芝的住宅实施逮捕的时候，主要警力从前门进入，同时还派了两名警察守卫后门。在自愿允许警察包围前后门的情况下，柯立芝在房屋内被逮捕，在这一过程中，他没有作任何反抗。在警察到达他的住宅后，他已经不可能接触到汽车。警
p461 察带走柯立芝时，通知房内唯一的成年居民柯立芝夫人，她和她孩子必须去别处过夜并且不得使用柯立芝的任何一辆车。接着，两名警察用警车把她带到另一个镇的亲戚家，并且他们一直跟随她，直到将近午夜——此时，警察早已将庞蒂亚克汽车拖到了警

察局。柯立芝的住宅一整夜都有两名警察看守。①

“汽车”这个词，并不是法宝——以其名义，就能使第四修正案黯然失色甚至不起作用。显然，本案并不具备可以适用卡罗尔规则（*Carroll v. United States*）的任何事实——不存在伺机逃跑的嫌疑人或公路上追捕时机稍纵即逝的情形，不存在违禁品、被窃物或武器，不存在伺机转移证据的同伙，甚至不存在任何不便使得无法专门指派一名警察以看守静止不动的汽车。简言之，没有任何法律上可知的理由，可以将本案情形说成“获取令状并不现实”，因此，卡罗尔规则（*supra*，at 153，45 S. Ct.，at p462

① 常被提及的一个观点是：警察可以无证搜查停在公路上的汽车，因为它们是“机动的”或“能够移动的”。除此以外，似乎没有别的理由可以支持大法官怀特在不同意见中阐述的以下观点：我们应该“像对待逮捕那样对待汽车搜查”。*Post*，at 2068. 在本案中，柯立芝已经被关押，他妻子在数里之外并有两名便衣警察跟随，而且柯立芝的住宅另有两名警察看守。不过，根据字面意义，汽车确实是“机动的”，因为拥有车钥匙的人可以避开看守的警察而开走汽车。但是，我们认为这种机动性并不具有宪法意义。首先，警察在个人住宅中可能发现并拟于进行搜查的许多容器，如后备箱、手提箱、盒子、公文包和袋子，也同样是“能够移动的”，这些物品如何才能与当时并没有被用于任何非法目的而是停在车主家中的无人驾驶的汽车相区别呢？汽车确实有轮子并且有它自己的动力，但是鉴于汽车的普遍使用，带走容器与将容器放在汽车中带走，并无不同。当然，如果嫌疑人离汽车足够近，以至于他可能从车里取得武器或破坏车内的证据时，那么警察可以在相对有限的范围内进行搜查。*Chimel v. California*，395 U. S. 752，89 S. Ct. 2034，23 L. Ed. 2d 685. See II – A of the text，supra. 但是，如果卡罗尔规则（*Carroll l v. United States*，267 U. S. 132，45 S. Ct. 280，69 L. Ed. 543）允许对私人住宅内无人驾驶而且不属于附带搜查范围内的汽车进行无证搜查，那么，它也就允许对手提箱或盒子进行无证搜查。我们并没有发现这样解读卡罗尔规则的判例。See nn. 16，17，*supra.*

285）和“汽车例外”（automobile exception）都与本案无关。①

p463 由于卡罗尔规则并不能为逮捕柯立芝时进行的无证搜查庞蒂亚克汽车的行为提供正当性理由，因此，至少仅就汽车例外而言，此后在警察局进行的搜查，显然也属违法。钱伯斯案（*supra*）无法支持控方的主张，因为该案只是判决认为，在警察可以根据卡罗尔规则拦截并搜查汽车的情况下，他们可以扣押

① Cf. *United States v. Payne*, 429 F. 2d 169（CA 9 1970）在该案中，两对夫妇在约塞米蒂国家公园（Yosemite National Park）野营。晚上，一个未当班而是和家人在附近野营的警察看到两对夫妇似乎在抽大麻，他还看到他们在“鬼鬼祟祟”地把他认为是毒品的东西从停在附近的汽车仪表盘上的小柜中拿出。他叫来公园的巡逻人员，两人走到那个野营地。他发现其中一对夫妇已经准备入睡，而另一对夫妇（即车主）则去了另一个野营地拜访朋友。警察搜查了这辆无人的汽车，发现车内藏有12粒速可眠胶囊（seconal capsules），因而逮捕了待在那的一对夫妇。控方试图援引卡罗尔案（*supra*）和布林加尔案（*supra*）作为搜查的理由。上诉法院则认为：“尽管最高法院允许无证搜查汽车的规则之间存在略微差异，但是其根本理念显然均基于以下事实：‘如果必须获得令状，汽车可能会被迅速转移出现场或管辖区。’” *Chimel v. California*, 395 U. S. 752, 764, 89 S. Ct. 2034, 2040, 23 L. Ed. 2d 685（1969）所举案例中对大众汽车的搜查，无法根据这一理由而正当化。法庭记录中并不存在任何事实显示，上诉人或其同伴打算离开，相反，显然上诉人正准备睡觉，并且如果（公园巡逻警察）认为存在合理根据可以获得令状，他完全有时间去申请搜查汽车所必需的令状。429 F. 2d, at 171－172.

该汽车并在警察局进行搜查。[①] 相反，本案受到戴克案（*Dyke v. Taylor Implement Mfg. Co.*，*supra*）先例的约束。在该案中，警察在逮捕被告人时，并没有合理根据扣押或搜查被告人的汽车，因此，此后在警察局进行的搜查就不具合法性。本案虽然存在合理根据，但是缺乏紧急情形使警察的无证扣押和搜查合法化。因此，正如戴克案一样，此后在警察局进行的搜查也是违法的。[②] p464

（三）

控方证明无证扣押和搜查汽车行为的合法性的第三个理由是：汽车本身是“犯罪工具”，而且在柯立芝家中被警察一眼就

① 大法官布莱克在其协同和不同意见的第三部分的（二）中强烈主张本案必须以某种方式受钱伯斯案（*Chambers v. Maroney*，399 U. S. 42，90 S. Ct. 1975，26 L. Ed. 2d 419）的拘束，但是他从没明确阐述钱伯斯案的确切含义。显然，钱伯斯案所要解决的，只是在警察根据卡罗尔案（*Carroll v. United States*，267 U. S. 132，45 S. Ct. 280，69 L. Ed. 543）合法地进行无证搜查情形下遇到的问题。由于卡罗尔规则并不适用于本案，警察无权在逮捕柯立芝时无证搜查汽车。因此，大法官布莱克势必只能认为，从某种程度上说，钱伯斯案已经悄然扩大了卡罗尔案所确立的基本规则。在钱伯斯案中，警察确实是在拦截汽车数小时后才在警察局对其进行搜查，当时汽车已经是“能够移动的”，任何“紧急情形”都已经消失，并且综合记录上的各种情形，可以很容易地找到地方法官申请令状。然而，这无法类推适用到本案。钱伯斯案的理由是：既然最初的侵犯是合法的，在公路上的搜查和晚些时候在警察局的搜查就没有什么区别。而本案我们解决的正是这一前提问题，即最初侵犯是否合法。因此，在公路上对汽车进行的拦截、扣押和搜查，与进入私人住宅扣押并搜查一辆停在那无人驾驶且没有被用于任何不法目的的汽车，两者在宪法上无疑存在着重大差异。诚然，为了逮捕柯立芝，警察可能已经合法地出现在他的住宅之中，但是，这一点无关紧要，因为正如本判决第二部分（二）所示，即使是根据拉比诺维茨案（*United States v. Rabinowitz*，339 U. S. 56，70 S. Ct. 430，94 L. Ed. 653），逮捕之目的并不足以授权警察搜查汽车。

② 库珀案（*Cooper v. California*，386 U. S. 58，87 S. Ct. 788，17 L. Ed. 2d 730）在这里的相关程度不比在附带搜查情形下更大。See n. 12，*supra.* 在库珀案中，扣押申请人的汽车是加利福尼亚州制定法所授权的，而且其合法性也没有受到质疑。该案判决认为，鉴于扣押的合法性无可非议，该案存在的特殊情形使得随后的无证搜查也是合法的。Cf. *Chambers*，*supra.* 当然，我们不能将这一判例解读为：在警察局，警察无需令状即可进行他们在扣押地点不得无证进行的活动。

看到，因此警察可以以此为由实施扣押。在假定扣押合法的基础上，控方认为，根据库珀案（*Cooper v. California*，386 U. S. 58，87 S. Ct. 788，17 L. Ed. 2d 730），无论有无合理根据，都可以在警察局对汽车继续进行无证搜查。当然，“犯罪工具”和“纯粹证据”之间的区分，已经被典狱长案（*Warden v. Hayden*，387 U. S. 294，87 S. Ct. 1642，18 L. Ed. 2d 782）所摒弃，而且，我们可以假定警察有合理根据扣押汽车。① 但是，基于下述原因，
p465 我们认为令状要求的“一览无余”例外并不适用于本案。因为既然扣押是违法的，那么就无需考虑随后进行的搜查活动是否能适用库珀案（*supra*）的问题。②

众所周知，在某些情形下，警察无需令状即可扣押一眼就看见的证据。但是，需要注意的是，在绝大部分案件中，任何为警察所扣押的证据都是一眼就看见的——至少在扣押当时如此。一览无余法则的关键，在于甄别一览无余且有重要意义——而不只是作为任何合法或非法的搜查活动的常态伴随物——的情景。

适用一览无余法则的其中一个情形是：警察持有在某一特定地点搜查某一特定物品的令状，在这一搜查过程中，警察发现了其他具有归罪性质的物品（Cf. *Go - Bart Importing Co. v. United States*，282 U. S. 344，358，51 S. Ct. 153，158，75 L. Ed. 374；*United States v. Lefkowitz*，285 U. S. 452，465，52 S. Ct. 420，423，76 L. Ed. 877；*Steele v. United States*，267 U. S. 498，45 S. Ct. 414，69 L. Ed. 757；*Stanley v. Georgia*，394 U. S. 557，571，89 S. Ct. 1243，1251，22 L. Ed. 2d 542（Stewart，J.，concurring in result））。如果导致警察一眼看见此类物品的最初侵入，不能根

① 柯立芝承认帕梅拉·梅森失踪的那晚，他把车停在发现尸体对面的公路旁。他声称汽车被困在雪中。两个停下来问他是否需要帮助的证人，作证说他的汽车并没有被困住。

② See nn. 12 and 21，*supra*.

据令状而正当化，但是仍符合已经被认可的令状要求的例外之一，那么扣押也是合法的。因此，警察在对逃跑的嫌疑人进行“热追捕”的过程中，可以在无意之中发现证据（*Warden v. Hayden*，387 U. S. 294，87 S. Ct. 1642，18 L. Ed. 2d 782（1967）；Cf. *Hester v. United States*，265 U. S. 57 44 S. Ct. 445，68 L. Ed. 898（1924））。在附带搜查过程中——根据现行法其适用范围已经受到适当限制——警察无需令状即可扣押进入视线范围内的物品（*Chimel v. California*，395 U. S. 752，762 – 763，89 S. Ct. 2034，2039 – 2040（1969））。[①] 最后，尽管警察当时并不是在搜查不利于被告人的证据，然而却无意之中发现了归罪证据，在这种情况下，一览无余法则亦适用（*Harris v. United States*，390 U. S. 234，88 S. Ct. 992，19 L. Ed. 2d 1067（1968）；*Frazier v. Cupp*，394 U. S. 731，89 S. Ct. 1420，22 L. Ed. 2d 684（1969）；*Ker v. California*，374 U. S. 23，43，83 S. Ct. 1623，1635，10 L. Ed. 2d 726（1963）. Cf. *Lewis v. United States*，385 U. S. 206，87 S. Ct. 424，17 L. Ed. 2d 312（1966））。 p466

适用“一览无余法则”之案件的一个共同特点是：在每个案件中，警察都先有正当理由实施某一侵入行为，在这个过程中，他无意地发现了某个能证明被告人有罪的证据。这一法则只

① 令状要求的一览无余法则与戚莫尔案（*Chimel v. California*，395 U. S. 752，89 S. Ct. 2034，23 L. Ed. 2d 685）所确立的附带搜查规则并不冲突。本院认为，“完全有理由……搜查被逮捕者的人身及其‘直接控制范围’，即他可能获得武器或易破坏证据的区域”。*Id.*，at 763，89 S. Ct.，at 2040. 一览无余法则，使得警察在此类相对有限的搜查过程中进入视线范围内的其他物品进行扣押的行为得以正当化。在戚莫尔案中，本院进而认为，“并不存在相当的理由允许一般性地搜查实施逮捕的房间以外的任何其他房间，或者，全面搜查实施逮捕的房间内所有的书桌抽屉或任何其他封闭或隐蔽的区域。由于不符合已经确立的例外情形，此类搜查只有根据搜查令才可以进行”。*Ibid.* 然而，如果执行逮捕的警察无意中一眼发现了一件没有被隐匿的证据，那么尽管该证据处于被逮捕者直接控制范围之外，警察仍有权将其扣押——只要该证据是警察在进行有限的附带搜查过程中一眼看见的。

是补充了先前的正当理由——不论是持有搜查其他物品的令状、“热追捕”、附带搜查还是与被告人的搜查无关的其他合法的在场理由——从而允许无证扣押而已。当然，只有在警察能立即明显（immediately apparent）地看出他面前的物品具有证据价值的条件下，扩大最初正当理由所允许的侵犯范围才具正当性；一览无余法则不得被扩大成没有特定目的的探寻式搜查，即从一物延
p467 伸到另一物，一直到最后发现归罪证据为止（Cf. *Stanley v. Georgia*, *supra*, at 571 – 572, 89 S. Ct., at 1251 (Stewart, J., concurring in result)）。

如果我们牢记令状要求所欲实现的两个不同的宪法性保护的话，“一览无余”例外的理念将不言自明。第一，地方法官的审查，意在消除所有缺乏合理根据的搜查。这里的前提是，在搜查或扣押方面，任何侵犯行为都是一种罪恶，因此，如果事先没有对必要性进行仔细审查，那么任何侵犯行为都没有正当理由（See, e. g., *Mc Donald v. United States*, 335 U. S. 451, 69 S. Ct. 191, 83 L. Ed. 153; *Warden v. Hayden*, 387 U. S. 294, 87 S. Ct. 1642, 18 L. Ed. 2d 782; *Katz v. United States*, 389 U. S. 347, 88 S. Ct. 507, 19 L. Ed. 2d 576; *Chimel v. California*, 395 U. S., at 761 – 762, 89 S. Ct., at 2039）。第二，那些被认为必要的搜查，也应该尽可能地受到限制。这里涉及的特殊罪恶，是殖民地人民所憎恨的“一般令状”（general warrant），而且问题不在于闯入本身，而在于对个人财产进行一般、探寻式地到处搜查（See, e. g., *Boyd v. United States*, 116 U. S., at 624 – 630, 6 S. Ct., at 528 – 532; *Marron v. United States*, 275 U. S. 192, 195 – 196, 48 S. Ct. 74, 75 – 76, 72 L. Ed. 231; *Stanford v. Texas*, 379 U. S. 476, 85 S. Ct. 506, 13 L. Ed. 2d 431）。通过要求令状“详细描述”被扣押之物，这第二个目标才得以实现。

一览无余法则与第一个目标并不冲突，因为只有在搜查过程中才可能一眼就看到。在每一起案件中，这些最初侵入行为，都

因令状、“热追捕”或附带搜查等令状的例外或者使警察得以合法在场的其他事由而正当化。而且，由于存在最初的这一侵入行为，扣押一览无余的物品就和第二个目标相一致，因为它并没有把搜查扩大为一般搜查或探寻式搜查。这一扣押尽管对第四修正案所保护的权利造成了轻微危害，但是所带来的有效执法利益却更值得关注。在合法的搜查过程中，警察无意中发现一件证据，p468
如果要求他们忽视这一证据直到取得详细描述它的令状为止，常常会造成不必要的麻烦，有时候甚至会给证据或警察自身带来危险。

一览无余法则的界限，暗含在对它基本原理的阐述之中。第一，一览无余本身并不足以证明无证扣押证据的正当性。这只不过是上述我们熟知的原则的一个必然推论。这一原则是，任何程度的合理根据都不能为缺乏“紧急情形”的无证搜查或扣押提供正当性。能证明有罪的证据就在犯罪嫌疑人的住所内，这一通过感官所获得的无可争议的证言，可以确立最大限度的合理根据。但是，即使该物品是违禁品，本院已经多次重复并践行一个基本规则，即警察不可以进入住宅以实施无证扣押（*Taylor v. United States*，286 U. S. 1，52 S. Ct. 466，76 L. Ed. 951；*Johnson v. United States*，333 U. S. 10，68 S. Ct. 367，92 L. Ed. 436；*Mc Donald v. United States*，335 U. S. 451，69 S. Ct. 191，93 L. Ed. 153；*Jones v. United States*，357 U. S. 493，497 - 498，78 S. Ct. 1253，1256 - 1257，2 L. Ed. 2d 1514；*Chapman v. United States*，365 U. S. 610，81 S. Ct. 776，5 L. Ed. 2d 828；*Trupiano*

v. *United States*，334 U. S. 699，68 S. Ct. 1229，92 L. Ed. 1663）。[①]

---

① 朱比安诺案（*Trupiano v. United States*，*supra*）把这一原理适用到与本案有点相似的情形中。联邦执法官员派人潜入参与非法造酒的团伙之中。该秘密侦查人员向他们尽可能详细地描述了该非法酒厂的布局和设备等情况。调查人员并没有去申请搜查令或逮捕令——虽然他们完全有机会这样做。相反，他们对该场所进行了无证的夜间突袭搜捕。进入酒厂后，一名调查人员从其中一个车间的门口发现有一名嫌疑人正站在非法的蒸馏器旁。警察进去对他实施了正式逮捕并扣押了蒸馏器。本院认为该证据在审判中不可采，因而驳回了控方以下主张："根据一系列判例，警察在逮捕的时候可以四处查看并对一眼就看见并在他立即可辨别范围之内的赃物、犯罪证据或违禁品进行扣押。"334 U. S.，at 704，68 S. Ct.，at 1232. 法院认为：政府官员在进入酒厂之前未能申请令状并不存在可允许的理由，对站在蒸馏器附近的嫌疑人的无证逮捕，也缺乏使之正当化的"紧急情形"。为实施合法逮捕而允许的侵犯行为，并不包括对事先完全知悉其确切位置及非法用途的蒸馏器进行无证搜查和扣押。在逮捕的当时，蒸馏器一览无余并且就在附近，这一事实无关紧要。本案政府官员与泰勒案（*Taylor v. United States*，286 U. S. 1，52 S. Ct. 466，76 L. Ed. 951）中的警察处于完全相同的位置，该案的警察具有视觉和嗅觉上确切无疑的理由相信违禁酒就储藏在车库中，然而由于没有令状就闯进去实施扣押而违反了第四修正案。可以肯定的是，朱比安诺案并不是一直得到完全遵循。该案严格限制可允许的附带搜查和扣押的范围的做法，被拉比诺维茨案（*United States v. Rabinowitz*，339 U. S. 56，70 S. Ct. 430，94 L. Ed. 653）推翻。See *Chimel v. California*，395 U. S. 752，89 S. Ct. 2034，23 L. Ed. 2d 685. 但是，该案证明了一个一般规则的有效性：仅有"一览无余"本身并不能使无证扣押正当化。Cf. n. 24，*supra*.

第二，必须是意外地（inadvertent）一眼发现证据。[①] 如前 p469
所述，令状要求的此一例外的基本理念在于，当要求令状涵盖一 p470
件无意之中发现的证据会带来极大不便之时，一览无余扣押（a plain-view seizure）并不会把一个最初有效（并因此受到限制）

① 大法官布莱克在其协同和反对意见第三部分的（三）中所援引的判例中，没有一个可以对这一结论构成任何质疑。在斯蒂尔案（*Steele v. United States*, 267 U. S. 498, 45 S. Ct. 414, 69 L. Ed. 757）中，政府官员看到一些标有“威士忌”字样的容器被从一辆卡车中搬到一幢建筑内。据此，他们取得了在该住宅中搜查违禁酒的令状。在搜查过程中，他们发现并扣押了大量的威士忌和杜松子酒——不是他们看到从车上卸下来的那些——以及各种装瓶仪器。在典狱长案（*Warden v. Hayden*, 387 U. S. 294, 87 S. Ct. 1642, 18 L. Ed. 2d 782）中，警察于热追捕在逃的持械抢劫犯的过程中，进入住宅进行搜查。本院指出，“在本案中，速度是最根本的，而且只有通过在房屋中彻底搜查人和武器，才可以确保海登是唯一一个在场的人，并且保证警察已经控制了所有可能用来伤害他或实现逃跑的武器”。387 U. S., at 299, 87 S. Ct., at 1646. 于是，本院艰难而谨慎地认定，被扣押的各种衣物是搜查抢劫犯及其武器期间发现的。*Id.*, at 299-300, 87 S. Ct., at 1646-1647. 在李案（*United States v. Lee*, 274 U. S. 559, 47 S. Ct. 746, 71 L. Ed. 1202.）中，海岸巡逻队员在夜晚的时候靠近公海上的一艘船，打开探照灯照射该船后发现了一些违禁容器。此后，扣押的违禁酒没有作为证据提出，但是实施扣押的警察被允许就他所看到的情况提供证言。正如法院认为的那样：“警察后来的侵入——如果有的话——并不使得已经合法得到的亲身感知不具可采性。”274 U. S., at 563, 47 S. Ct., at 748. 在玛萝案（*Marron v. United States*, 275 U. S. 192, 48 S. Ct. 74, 72 L. Ed. 231）中，警察持搜查和扣押违禁酒的令状对地下酒吧进行了突袭搜捕。他们逮捕了酒吧间销售烈性酒的人，并扣押了很多账单以及在酒吧一眼就看到的其他文件。在储物室搜查违禁酒的时候，警察看到了一本记录了非法生意的账簿，遂一并予以扣押。并无证据表明这些令状之外的扣押是警察事先计划好了的。对于玛萝案法院以附带于合法逮捕为由维持了扣押的合法性。但是，为了避免暗示执行逮捕的警察在逮捕时有权对住宅进行试探性搜查，该判决在后面部分强调了该案存在的“一览无余”因素。See *Go-Bart Importing Co. v. United States*, 282 U. S., at 358, 51 S. Ct., at 158; *United States v. Lefkowitz*, 285 U. S. 452, 465, 52 S. Ct. 420, 423, 76 L. Ed. 877; *United States v. Rabinowitz*, 339 U. S., at 78, 70 S. Ct., at 440 (Frankfurter, J., dissenting) 因此，与斯蒂尔案（*supra*）、典狱长案（*supra*）以及李案（*supra*）一样，玛萝案并不能证明以下主张：警察可以通过使自己恰好能一眼就看见他想要的物品的方式而使预先计划好的无证扣押正当化。最后，克尔案（*Ker v. California*, 374 U. S. 23, 83 S. Ct. 1623, 10 L. Ed. 2d 726）将在注28中详细讨论。

的搜查转化成没有特定目的的搜查。但是，如果预先知晓将发现该证据，即警察事先知道该证据的所在并打算扣押它的时候，情况就完全不同了。无论如何在这种情形下，要求扣押令状并不会造成任何不便——至少在下述法律制度中是不存在宪法上认可的不便的，因为在这一法律制度中，缺乏紧急情形而实施的无证搜
p471 查被认为是绝对不合理的。

如果最初的侵入是基于一个没有提及某一特定物品——尽管警察知道其所在并打算扣押它——的令状，那么这就违背了“令状……详细描述……被扣押之物”这一宪法的明确要求。当然，这一最初的侵入行为，可以不通过令状，而是通过诸如“热追捕”或附带搜查等令状要求的某一项例外以获得正当性。但是，要将此种侵入行为扩大到扣押警察事先知道会一览无余地发现并打算扣押而其本身又不属于违禁品或危险品的物品，那么就违背了最基本的规则，即任何程度的合理根据都不能使无证扣

押正当化。[①]

综上所述，“一览无余”例外，显然不能证明警察在本案中扣押庞蒂亚克汽车之行为的正当性。警察完全有机会取得合法令状；他们事先充分知悉汽车的确切型号和位置；他们打算待他们去柯立芝住宅时将其扣押。而且，本案本身并不包含违禁品、被 p472

① 大法官布莱克痛惜本院抛弃了关于附带搜查的规定（but see n. 24，*supra*），而大法官怀特则同样强有力地称法院的“新规则”并“不意味着什么”。在此，尤其需要注意的是，我们处理的案件涉及的是有计划的无证扣押。本院不曾以一览无余为由认可过有计划的无证扣押的合法性（see n. 26，*supra*），因此，我们如果在本案中这样做的话，就会与既存的第四修正案法律完全背道而驰。正文中所援引的一长串判例（at n. 25，*supra*）只是其中一部分，但是它们已经排除合理怀疑地证明了，警察合法地一眼看见归罪证据这一事实本身，并不足以使无证扣押正当化。虽然大法官布莱克和大法官怀特似乎对本院今天这一判决的重要性持相反看法，但是他们都认为，只要执行扣押的警察在看得见他们所寻找的物品的范围内实施逮捕行为，那么令状要求就应当被忽视。“例外不能变成原则。” *United States v. Rabinowitz*，339 U. S.，at 80，70 S. Ct.，at 441（Frankfurter，J.，dissenting）在戚莫尔案（*Chimel v. California*，395 U. S.，at 767，89 S. Ct.，at 2042）中，我们就已经意识到根据被逮捕者的位置改变第四修正案保护范围的危险，因为根据在戚莫尔案之前关于附带搜查的规则，“执法官员只要简单地将逮捕安排在住宅之中而不是其他地方，即有机会进行此种不以合理根据为前提的搜查”。而在朱比安诺案（*Trupiano v. United States*，*supra*，n. 25）中，本院认为：“正如我们所看到的，政府官员早在扣押之前就已经知悉非法蒸馏器的存在并打算扣押它，而且这也是此次突袭搜捕的主要目的之一。同样，逮捕安东尼奥（在蒸馏室发现的那个人）……也是可预知的引发突袭逮捕的事由。然而，嫌疑人在政府官员实施逮捕时所处的确切位置，与扣押的可预见性或必要性无关。获得搜查令的现实可行性，并不取决于执行逮捕时安东尼奥和其他人是否在酒厂内或是否正忙于操作蒸馏设备。……在那个特定时刻，安东尼奥很有可能就在该酒厂以外的地方。如果情况果真如此，并且他是在一个农家庭院被逮捕，那么控方支持无证逮捕的所有理由就不攻自破。我们认为，第四修正案是否适用于本案，并不取决于——诸如在突袭逮捕当时安东尼奥的确切位置——这样的偶然因素。” 334 U. S.，at 707－708，68 S. Ct.，at 1233.

窃物或危险品。①

p473 因此，这一扣押以及随后在警察局进行的搜查都不符合宪法。鉴于这一搜查过程中取得的证据在针对柯立芝的审判中被采纳为证据，因此这一判决必须被撤销并发回新罕布什尔州最高法院重新进行审判（*Mapp v. Ohio*, 367 U. S. 643, 81 S. Ct. 1684, 6 L. Ed. 2d 1081）。

(四)

大法官怀特在其今天发表的不同意见中，汇集了可能与我们对令状要求的“汽车例外”和“一览无余”例外的理解相左的 p474 各种观点。除了一个不足为奇的观点，即一旦划定了界线，在界线两边的紧邻情形之间通常不会再存在太大差异；他关于这两个

① 即使根据克尔案（*Ker v. California*, 374 U. S., 23, 83 S. Ct. 1623, 10 L. Ed. 2d 726）也不能得出相反结论。在该案中，警察有逮捕克尔的合理根据，因而他们进入他住宅以实施逮捕。但是，他们并没有搜查令，然而法院认为“时间……至关紧要”以至于令状并无必要。当警察进入起居室之时，克尔的妻子从附近的厨房里走出来。其中一个警察走到厨房门前往里看了看，结果发现桌子上有一块大麻。于是，警察将克尔及其妻子带到厨房进行询问，在他们无法给出合理解释的情况下，警察逮捕了他们并扣押了大麻。接着，警察搜查了整个住宅，发现了多个归罪证据。本院认为，对整个住宅的这一一般试探性搜查“完全符合哈里斯案（*Harris v. United States*, 331 U. S. 145, 67 S. Ct. 1098, 91 L. Ed. 1399）所设定的附带搜查范围”。同时，本院驳回了克尔的以下主张：厨房中的大麻属于非法扣押，因为警察在逮捕之前（通过走到厨房门前并往里看）已经实施了“搜查”。本院认为，当克尔的妻子从厨房里走出来的时候，警察有合理理由走到厨房门前并往里看，因此他看到那块大麻并不属于“搜查”。逮捕克尔后，警察扣押大麻的行为，因其“附带”于逮捕而合法化。374 U. S., at 42 – 43, 83 S. Ct., at 1634 – 1635. 克尔案与本案至少有以下几点不同：在克尔案中，法院认为“警察进入住宅是为了逮捕乔治·克尔”，而不是为了搜查或扣押（374 U. S., at 42 – 43, 83 S. Ct., at 1634 – 1635）；存在紧急情形使得没有申请搜查令具有正当理由；大麻系无意之中发现；大麻属于易遭破坏的违禁品；在逮捕时，大麻就在紧挨着克尔的地方。因此，根据当时关于附带搜查的规定，该扣押行为无疑是合法的，即使根据更严格的戚莫尔案（*Chimel v. California*, 395 U. S. 752, 89 S. Ct. 2034, 23 L. Ed. 2d 685）确立的标准，该扣押行为很可能也是合法的。而以上任何因素在本案中都不存在。

例外的观点中还贯穿着一条主线。而这一主线再现了关于第四修正案的恰当内涵和范围的争论，因此，我们似乎应该从这一个角度——而不是零散地——看待他的观点。

百余年来，在创制一个逻辑自洽的第四修正案法律的过程中，本院所产生的重要争议，大部分都源自于对执法人员获取令状的重要性的不同意见。有些人认为，作为任何搜查或扣押前提条件，地方法官关于合理根据的决定是如此必要，以至于一旦警察可以合理地获取令状却没有那么做时就违反了第四修正案。另一些人则同样有力地主张，当警察在搜查和扣押完成之后试图将其所得作为证据提出时，适用合理性检验标准，就已经能充分保障第四修正案所规定的权利，因此，“相应的检验标准不是获取令状是否合理，而是搜查是否合理”。①

争议双方似乎都认可，在个人领地——无论是住宅还是办公室——所进行的搜查和扣押，与在其他地方进行的搜查扣押之间，存在明显不同。至少双方都接受以下原则：在嫌疑人住宅进行的无证搜查或扣押，一律不合理——除非警察能证明它符合基于“紧急情形”而且受到严格限定的几个例外之一。② 但是，正 p475
如我们在有关汽车搜查、电子监听、街头搜查（street searches）和行政搜查（administrative searches）等案件中明显表现出来的那样，对于其他类型的侵犯行为，到底应当适用怎样的基本规则，则存在不同意见。③

① *United States v. Rabinowitz*, *supra*, at 66, 70 S. C., at 435.

② See the cases cited in nn. 5 – 8, *supra*, and in the text at n. 25, *supra*.

③ See *Carroll v. United States*, *supra*, and cases discussed in Part II – B above（汽车）; *Katz v. United States*, *supra*（电子监听）; *Terry v. Ohio*, 392 U. S. 1, 88 S. Ct. 1868, 20 L. Ed. 889; *Sibron v. New York*, 392 U. S. 40, 88 S. Ct. 1912, 20 L. Ed. 2d 917（街头搜查）; *Camara v. Municipal Court*, 387 U. S. 523, 87 S. Ct. 1727, 18 L. Ed. 2d 930; *See v. Seattle*, 387 U. S. 541, 87 S. Ct. 1737, 18 L. Ed. 2d 943（行政搜查）。

关于在嫌疑人住宅进行的搜查和扣押，争议焦点在于：如何定义“紧急情形”。审查的困难之处似乎是，在何种情形下，警察得不经事先的司法批准而进入私人领地以扣押“人身……文件和财产”。至于警察进入住宅后可以搜查和扣押的范围，似乎附属于这一基本问题，即侵入行为在什么情况下才是允许的。但是，判例法并没有朝这一方向发展。

迄今为止，由第四修正案引发的最常见问题是：警察进入嫌疑人住宅并将其逮捕后，无证搜查和扣押了证据。如果存在逮捕令状，被扣押的证据在事后所受的质疑，可能是令状系缺乏合理根据而不当签发，[①] 或者是警察的搜查和扣押超过了附带搜查的

p476 范围。[②] 如果警察没有逮捕令状，嫌疑人可能提出以下主张：必须持有逮捕令状、逮捕缺乏合理根据，[③] 或者，即使逮捕有效，但是搜查和扣押超越了可允许的范围。[④] 或许，因为这些理由本身提供了太多可争议的问题，诸联邦法院几乎没有考虑过更基本的问题，即警察何时可以无需令状在嫌疑人的住宅中执行逮捕。在许多情形下，本院都选择假定逮捕合法，以便在此基础上判决无证搜查的可允许范围这一问题（E. g.，*Chimel v. California*，*supra.*）。更常见的情形是，法院“假设警察为了实施逮捕合法地进入了住宅，从而审查警察不经地方法官事先授权可以进行怎样的搜查和扣押”。

对于这一问题，本院曾尝试过两个完全不同的方案。朱比安诺案（*Trupiano v. United States*，*supra*）的答案是：如果仅存在为执行逮捕而合法进入住宅这一事实，而没有证明获取搜查或扣

① E. g.，*Giordenello v. United States*，357 U. S. 480，78 S. Ct. 1245，2 L. Ed. 2d 1503.

② E. g.，*Marron v. United States*，*supra*；*United States v. Rabinowitz*，*supra.*

③ E. g.，*Wong Sun v. United States*，371 U. S. 471，83 S. Ct. 407，9 L. Ed. 2d 441.

④ E. g.，*Trupiano v. United States*，*supra*；*Warden v. Hayden*，*supra*；*Ker v. California*，*supra.*

押令状的特殊困难，那么任何搜查扣押都不合法。而哈里斯案（*Harris v. United States*，1 U. S. 145，67 S. Ct. 1098，91 L. Ed. 1399）和拉比诺维茨案（*United States v. Rabinowitz*，*supra*）的回答则相反，为逮捕目的合法地进入住宅后，可以合法地对整个房屋进行彻底搜查——无论房屋有多大。

哈里斯案和拉比诺维茨案所采取的立场饱受批评：如果警察可以如此轻易地对个人领地进行无证搜查，那么宪法对公民 p477 “财产”的保护将成为一纸空文。与此同时，朱比安诺案所采取的立场也受到相应的批评：允许警察为了逮捕而在深夜通过强力扣押“人身”，却不允许他们对放在附近一眼就能看到的物品进行扣押，显然是荒谬的。如果进入房屋实施逮捕这一本质上非常严重的侵犯行为，符合第四修正案之“合理性”要求，那么，附带搜查这一较轻的侵犯是否就必然也是合理的呢？

这一质疑朱比安诺立场的主张，并没有什么说服力，因为它假定：警察在缺乏“紧急情形”所限定的例外之一的情况下，必须先取得逮捕令状才能进入公民住宅实施逮捕。如果第四修正案要求持有令状才可以进入住宅实施逮捕，那么要求持有令状才能扣押该住宅内的其他物品也是合理的。但是，如果警察在进入其有合理根据相信实施了重罪的人的住宅之前并不需要先取得逮捕令状的话，情况就不同了。如果深夜进屋实施逮捕，这一极严重的侵犯行为都无需令状来证明其合法性，似乎可以认为，进入房屋逮捕之后进行彻底的搜查，也根本不要求令状来证明其合法性。如果根据第四修正案，无证逮捕是绝对合理的，那么就很难理解为何哈里斯—拉比诺维茨式的附带于逮捕的搜查不是绝对合理的。

因此，很明显基于合理根据而无证进入住宅以执行逮捕，一律属于合法，这一观点与第四修正案的基本理念——如果不存在 p478 “紧急情形”所限定的例外情形之一，在公民住宅中进行的无证搜查和扣押，一律不合理——存在根本冲突。这一冲突在戚莫尔案（*Chimel v. California*，*supra*）中表现得尤为明显。在该案中，本院适用了一个基本规则，即“附带搜查”是令状要求的例外，因此其范围必须受到使其正当化的“紧急情形”的严格限制。“紧急情形”，是指存在伤害执行逮捕的警察和毁坏被捕者可触及范围内的证据之危险。这两个危险中的任何一个，都不能令人信服地为哈里斯案和拉比诺维茨案所授权的——并已经远远超出此范围的——搜查提供正当理由。大法官怀特在威莫尔案的反对意见中提出的观点，从来都没有获得过本院判决的支持。他认为，无论具体情况如何，基于合理根据而无证进入住宅总是合法而且是合理的（395 U.S.，at 776－780，89 S.Ct.，at 2047－2049）。他进而认为，彻底的附带搜查也是合理的，因为它的侵犯程度更低（395 U.S.，at 772－775，89 S.Ct.，at 2045－2047）。

本案又再现了这一冲突。由于警察知道汽车的存在并一直打算扣押它，所以并不存在“紧急情形”可以使警察没有申请令状的行为得以正当化。因此，适用第四修正案法律之基本规则的结果，是要求将无证扣押所得的证据排除。但是，大法官怀特在其不同意见中再次主张：只要警察无需证明“紧急情形”就可以合理地在夜间无证进入柯立芝的住宅逮捕他，那么阻止他们扣押汽车并将其作为犯罪证据使用就是荒谬的。

p479 关于本案中对汽车的搜查是否因卡罗尔案（*Carroll v. United States*，*supra*）和钱伯斯案（*Chambers v. Maroney*，*supra*）而合法化这一问题，大法官怀特采取了基本相似的立场。从表面上看，卡罗尔案似乎是以下规则的经典例子：缺乏紧急情形而进行的无证搜查，是绝对不合理的。该判决的每一句话，都表明本院对这一基本规则的遵循和发展有限例外时的谨慎。如果这样解读，那么很显然该判例不可以延伸适用至本案。但是，如果我们站在一位被要求抽象地进行判决的法官的立场，撇开警察在当时的情形下是否实施了“合理”行为这一事实——简言之，如果我们完全不考虑令状要求——那么，卡罗尔案代表了更多的东西。在公路上拦截汽车并对汽车进行搜查，对车内人员的生活构成了严重侵扰。但是，卡罗尔案的判决意见认为，只要有合理根据，即使没有令状，这样的搜查也是合法的。鉴于本案的搜查和扣押并不涉及拦截车辆而且车内也没有人，尽管无论如何都不存在紧急情形，但是因其侵犯程度更轻，所以本院可能更有理由认定其合法。然而，据此仍无法得出如下结论，即只要警察有合理根据，他们从来就不必在搜查和扣押汽车之前取得令状。然而，当大法官怀特建议本院应该“像对待逮捕一样对待汽车搜查”时，他采取的似乎恰恰是这种立场。

如果我们接受大法官怀特的观点——只要警察有合理根据，无证进入住宅实施逮捕以及无证搜查和扣押汽车都是合理的——那么，我们就难以区分搜查住宅和扣押财产所根据的不同理由。 p480
如果警察为了将嫌疑人从床上逮捕而在夜间无证进入住宅是合理的，那么为搜查和扣押严重犯罪的重要证据而无证进入住宅，也必然是合理的。如果警察可以无需令状而扣押并搜查停在所有者私人领地内无人驾驶而且当时并没有用于非法目的的汽车，那么就很难理解他们为何需要令状才能扣押和搜查手提箱、后备箱、购物袋或住宅内其他便携容器、车库或者后院。

因此，大法官怀特在本案以及戚莫尔案（*Chimel v. California*, *supra*）中的反对意见的最根本缺陷，在于其结果使人无法忍受。如果我们赞同大法官怀特所说的——只要有合理根据，警察就可以无证进入住宅实施逮捕；只要有合理根据，如此扣押和搜查汽车都是绝对合理的——那么由此推知，无需令状即可以进行任何搜查和扣押。这样一来，我们将会从根本上把第四修正案剔除出宪法。再者，即使大法官怀特所持的观点——为实施逮捕而无证侵入公民住宅通常并不违反第四修正案——正确的话，我们也应该重新检讨这一观点。这样的重新检讨“会使我们面对重要的宪法问题，即如果不存在无法获取逮捕令状的情形，那么夜间强行进入公民住宅以逮捕一个有合理根据认为实施了重罪的人，是否符合宪法第四修正案（*Jones v. United States*, 357 U. S.，at 499 - 500，78 S. Ct.，at 1257）”。

大法官怀特所援引的判例中，没有一个能解决这一“重要的宪法问题”。在典狱长案（*Warden v. Hayden*，*supra*）中，为了证明警察无证进入被告人住宅实施逮捕的行为合法，法院详细阐
p481 述了“热追捕”，这种做法显然是从反面表明了以下观点：如果缺乏紧急情形，必须持有逮捕令状（See also *Davis v. Mississippi*, 394 U. S. 721，728，89 S. Ct. 1394，1398，22 L. Ed. 2d 676；*Wong Sun v. United States*，371 U. S.，at 481 - 482，83 S. Ct.，at 413 - 415）。哥伦比亚特区上诉法院全体法官参与的审判一致得出了与之相同的结论。[①] 但是，我们认为，在本案中我们并没有必要解决这一问题。“根据第四修正案，除了一些专门确立并详细描述的例外，未经法官或地方法官的事先批准，而在司法程序之外进行的搜查，本质上都是不合理的。”[②] 这一规则并没有脆弱到这样的程度，即它的持久活力需要由一个假想的无证逮捕规则的命运来决定。数十年来，令状要求一直是我们宪法极为重要的一部分，而且它决定了整个国家无数案件的判决结果。尽管一定程度上“不利于”提高执法效率，但是它绝不是一个累赘。它是——或者说应当是——我们政府机器运作的重要部分，是对“善意但错误地过于热情的执法官员”——他们作为任何执法体系的组成部分而存在——的一种制衡机制。[③] 如果这是对宪法性警察行为的真正规制而不是一句伪善的话，那么“紧急情形就不能上升成为一般规制”。（*United States v. Rabinowitz*，*supra*，at 80，70 S. Ct.，at 441（Frankfurter，J.，dissenting））在戚莫尔

① *Dorman v. United States*，140 U. S. App. D. C. 313，435 F. 2d 385（1970）.

② *Katz v. United States*，*supra*，at 357，88 S. Ct.，at 514.

③ *Gouled v. United States*，255 U. S.，at 304，41 S. Ct.，at 263.

案（*Chimel v. California*，*supra*）中，我们讨论了“附带搜查”是否可以包含逮捕发生地的所有区域——无论其范围有多大。该判例将令状之例外限制在了适当的范围之内。正如本部分（三）中已经讨论的案例中所一再重申的那样，“一览无余”例外与附带搜查紧密地联系在一起。正如不同意见中两个判例所引出的相似论调所明确显示的那样，允许没有限制的一览无余无证扣押，将会使戚莫尔规则的大部分作用无法发挥。 p482

最后，关于朱比安诺案（*Trupiano v. United States*，*supra*）的几句话。我们在本部分（三）中关于一览无余的讨论，与朱比安诺判例是一致的。正如朱比安诺案那样，本案的决定性因素在于：警察事先知悉证据的存在和位置、警察扣押的打算以及有充分机会获取令状（See 334 U. S.，at 707－708，68 S. Ct.，at 1233－1234 and n. 27，supra.）。但是，我们没有“复兴”拉比诺维茨规则，因为我们无法苟同它的所有观点。首先，在戚莫尔案（*Chimel v. California*，*supra*）中，我们认为无需令状就可以对被逮捕者及其直接控制的范围进行搜查。在该案中我们并没有暗示——现在我们也不认为——如果警察预知他们会在此类搜查过程中发现特定证据，那么他们必须获取令状（See n. 24，*supra.*）。而对于汽车搜查例外，我们也并不质疑库珀案（*Cooper v. California*，386 U. S. 58，87 S. Ct. 788）和钱伯斯案（*Chambers v. Maroney*，*supra*）——尽管这两个判例与朱比安诺规则不尽一致。

大法官怀特在其不同意见中将戚莫尔案、库珀案、钱伯斯案以及本案概括为：“带有惩罚性”、“过度”、“矛盾”、“缺乏明显理由”、“莫名其妙”并且“无法理解”（*Post*，at 2063－2065）。该观点认为，在某种程度上，我们现在完全有机会来厘

p483 清并明确常常使下级法院和执法官员困惑的法律规定（*Post*，at 2065）。大法官怀特认为，我们可以厘清并明确法律的方法之一，想必就是采纳他的观点：只要存在合理根据，我们就应当将出于逮捕和扣押汽车等物品之目的而进入住宅的行为，看成是绝对合理的。这样的逻辑可能使得本案变得极为清晰和确定，但是，正如我们在上面试图证明的，这将是把第四修正案令状要求的全部规定打入地狱。此外，我们亦很难接受大法官怀特的第二种替代选择方法：明确性和确定性以及连贯性和可信性，也可以通过修改戚莫尔规则，推翻钱伯斯规则和库珀规则来实现。可以确定的是，除了对实质问题强烈不满以外，他还会对本院任何此类温和做法持强烈异议。

当然，谎称我们今天的决定会使第四修正案恢复完全的有序与和谐，显然也是不对的。本院多年来的判决，指向不一、强调重点亦不同，因而很难使它们在逻辑上趋于完全一致。但是，正如大法官怀特所言，认为我们今天停止了“追求分析的明确性和连贯性”或已经“放弃”了在这一领域寻找理性区分的“任何努力”，也是不对的。那种认为必须总是把新情况顺利地纳入单一连贯的分析框架之中，法律才能发展的时代早已过去。我们无需接受没有令状要求的第四修正案的“明确性和确定性”，或者是通过一揽子推翻最近的判例而得到的表面上的一致性。大法

p484 官哈兰关于第五修正案的评论，对第四修正案也是适用的：

我猜想，有些人会把米兰达案（*Miranda v. Arizona*，384 U. S. 436，86 S. Ct. 1602，16 L. Ed. 2d 694）和博伊德案（*Boyd v. United States*，116 U. S. 616，6 S. Ct. 524，29 L. Ed. 746 (1886)）式的采取自由解释进路（the ‘liberal construction’ approach）的判例，与钱默尔案（*Schmerber v. Californiaan*，384 U. S. 757，86 S. Ct. 1826，16 L. Ed. 2d 908）式的采取平衡方法（balancing approach）的判例相提并论，并且进而认为很明显为解决案件之方便，法院把相互矛盾的解释方法适用到了各个不同

的结果之上。但是，我认为这些案件产生紧张关系的根源，在于这一宪法条款本身给予本院的就是一个不确定的命令（*California v. Byers*，402 U. S. 449 – 450，91 S. Ct. 1535，1548，29 L. Ed. 2d 9（concurring in judgment））。

我们相信，本院所得出的结论是正确的，而且它所反映的以下原则可以很容易地为法院和执法人员所理解和适用：当警察打算扣押合法的附带搜查范围之外的物品时，他必须先获取令状。这应该是一个既能保护公民而又不至于给警察过多负担的原则，一个能坚守并维护第四修正案规定的原则。

三

考虑到本案需要重新审理，司法效率要求我们对第四修正案和第十四修正案所引发的本案的第二个实质问题进行讨论。申请人辩称，1964 年 2 月 2 日周日那晚，当他在警察局接受讯问的时候，警察从他家里拿走步枪和衣服的行为构成了违反宪法的搜查和扣押。为了审查这一主张，我们有必要回顾一下 2 月 2 日的 p485
一些细节。

（一）

2 月 2 日下午，在康科德市对柯立芝所做的测谎试验，并不足以确定他在帕梅拉·梅森失踪那晚的行为，但是在测试过程中，他承认曾偷过其雇主 375 美元现金。从康科德市回到曼彻斯特市后，警察继续讯问柯立芝其在女孩失踪那晚的行为，而且显然柯立芝做了不少陈述，警察则尽可能快地对这些陈述进行核实。警察局派了两名警察前往柯立芝家与柯立芝夫人谈话，显然部分原因是希望把柯立芝的陈述与柯立芝夫人可能说的任何话进行比对，另一部分原因则是需要获得一些证据以与从柯立芝所作的有关从雇主处实施盗窃的供述相印证。初审法院调查发现：事实上，并且有记录证明，在去柯立芝家的时候，警察尚未发现杀

害帕梅拉 · 梅森的武器。在女孩身上找到的子弹是小口径的，但警察并不确定武器是步枪还是手枪。在发现尸体后进行的进一步调查过程中，按照惯例，警察问了所有问题，包括他们是否有枪以及征求所有者同意对那些大体符合凶器描述的枪支进行了检验。初审法官查明，事实上当2月2日两名警察去找柯立芝夫人的时候，他们并不知悉先前其他警察已经去过柯立芝家并且当时柯立芝给警察看过3把枪，他们并不是出于想要寻找凶器的动机。

p486 这两位便衣警察问柯立芝夫人，她丈夫在被害人失踪那晚是否在家。她回答说他不在家。接着，他们问她，她丈夫是否有什么枪。根据她在审前排除证据的听审中的证言，她回答说："有。我去卧室把枪拿出来。"一个警察则说："我们和你一起去。"3人进了卧室，在那里，柯立芝夫人把壁橱里的4把枪都拿了出来。她继续回答警察的问题。

答：我想我问了他们是否需要这些枪，其中一个说"不需要"，接着，另一个警察转过身来说，"我们也可能带走它们"。我说，"如果你们愿意，你们可以带走"。

问：你有没有进一步说，"我们没有什么可隐藏的"？

答：我回忆不起来我是否说过。我想不起来了。

问：但是，你是否曾对他们说过，你没有什么可隐藏的，他们可以把需要的东西拿走？

答：是的。

问：当时你是不是觉得你有什么需要隐藏的？

答：没有。

这两名警察还问了柯立芝夫人她丈夫那晚出去时穿了什么衣服。于是，她拿出了4条裤子，并指着其中两条说，当晚她丈夫可能穿了这其中之一。她还拿出了一件打猎穿的夹克。警察给了她有关枪和衣服的清单，搜查了柯立芝家的汽车（并非本案争议之中的汽车)，然后将诸物品带回了警察局。

(二) p487

申请人的第一个主张是：当柯立芝夫人拿出枪和衣服并交给警察的时候，她只是依警察的“命令”行事，属于警察的“工具”而已。因此，申请人主张，他是这一宪法意义上搜查和扣押行为的受害者。我们不同意对事实作如此解释，因此也就无需再考虑申请人的下一个主张：柯立芝夫人不能——也没有——“放弃”她丈夫不受不合理的搜查和扣押的宪法权利。

如果柯立芝夫人完全主动地寻找她丈夫的手枪和衣服并交给警察局以作为不利于柯立芝的证据使用，那么根据现行法，这些物品日后无疑都是具有可采性的证据（Cf. *Burdeau v. McDowell*, 256 U. S. 465, 41 S. Ct. 574, 65 L. Ed. 1048）。这里的问题是：警察在柯立芝家的举动，是否使得柯立芝夫人的行为成为警察的行为，以至于可以适用第四修正案和第十四修正案及其附随的排除规则。正如申请人所主张的，检验的标准是：综合考虑本案所有情况，柯立芝夫人在提交她丈夫个人物品的时候，是否应当被看做控方的“工具”或官员（Cf. *United States v. Goldberg*, 330 F. 2d 30（CA3），cert. denied, 377 U. S. 953, 84 S. Ct. 1630, 12 L. Ed. 2d 497（1964）；*People v. Tarantino*, 45 Cal. 2d 590, 290 P. 2d 505（1955）；See *Byars v. United States*, 273 U. S. 28, 47 S. Ct. 248, 71 L. Ed. 520；*Gambino v. United States*, 275 U. S. 310, 48 S. Ct. 137, 72 L. Ed. 293）。

毫无疑问，在诸如本案的情形下，永远存在推动配偶与警方合作的力量。其中，简单而有力的惯常做法就是公开和诚实，因 p488
为警察担心秘密行动会增加配偶对于以下问题的猜疑和犹豫：自己如何行动才能最有利于不在场的配偶。但是，只要警察没有进一步诱使嫌疑人之配偶彻底揭发或与警察积极配合，那么警察的行为在宪法上就没有什么可非难的。排除规则旨在“排除，而不是修复”，而且针对的是警察的不当行为。排除规则“旨在以唯一有效的方式——通过排除忽视它的动因——来促进对宪法性保障的遵守（*Elkins v. United States*，364 U. S. 206，217，80 S. Ct. 1437，1444，4 L. Ed. 2d 1669）”。但是，第四修正案和第十四修正案从未阻止公民以其最大能力帮助警察抓获罪犯。所以，如果要对警察 2 月 2 日从柯立芝家中拿走的证据正确适用排除规则的话，必须以发生了某种不合宪法的警察行为为前提。

但是，没有理由要求警察在见柯立芝夫人前先取得有关枪支和衣服的令状，因为他们并没有打算翻看柯立芝的物品或者拿走他的任何财产。同样，也没有理由要求警察就一项他们没有打算去实施的扣押行为征得柯立芝的同意。而且，也不存在任何法律要求他们必须告诉嫌疑人，他们想向他妻子询问女孩失踪那晚他的行踪或关于他盗窃雇主财物的行为。正如警察在早期侦查期间包括向柯立芝本人询问过的那样，当警察向柯立芝夫人询问住宅内是否藏有枪支的时候，只要柯立芝夫人允许，警察的行为当然就是自然而恰当的。警察询问关于柯立芝在女孩失踪那晚所穿衣
p489 服这一问题，完全符合逻辑并且没有强制性。相反，如果警察没有询问这些问题的话，人们可能会怀疑他们的办案能力。在柯立芝夫人主动拿出枪和衣服供他们检查而不只是描述它们的情况下，警察没有义务制止或移开自己的视线。

申请人主张的关键点很可能是：当柯立芝夫人问警察是否需要这些枪时，他们本应该回答说他们不能将其拿走，或者先给在警察局的柯立芝打电话征得其同意，或者向柯立芝夫人了解她丈夫有无授权她可以交出这些枪。相反，在其中一名警察已经拒绝了这一提议的情况下，另一名警察转过身说：“我们也可以带走它们。”对此，柯立芝夫人回答说：“如果你们需要，可以拿走。”

在审查这一行为过程是否等于搜查扣押时，我们需要牢记的是，柯立芝夫人说，她的动机是替她丈夫澄清犯罪嫌疑，并且她相信她没有什么可隐瞒的。在这星期的早些时候，她看到她丈夫亲自把枪给其他两个警察看，并且没有迹象表明，她知道那个时

候她丈夫只拿出了其中的3把枪供警察检查。正如她自己的证言所示，向她问话的两个警察表现得极有礼貌。没有任何迹象表明，他们试图强制或控制她，或者通过警察在这种情况下会使用的更隐晦的建议方式指挥她的行为。如果我们认定警察在本案中的行为属于搜查和扣押的话，那么就意味着确认犯罪嫌疑人享有如下宪法权利，即不受其配偶为澄清他的犯罪嫌疑而自发、善意地采取的行为所导致的不利后果的影响。[①] p490

撤销原判，本案发回新罕布什尔州最高法院进行重审；重审不得与本判决相违。

特此判决！

大法官哈兰（Mr. Justice Harlan）发表了协同意见。

从本案引出的数个法官意见来看，搜查-扣押法显然应当进行大的修订。州和联邦执法人员和检察官一定觉得无法忍受现在的不确定状态，因为这种状态甚至已经扩大到下述日常性问题：警察在何种情况下可以进入公民住宅以实施逮捕，或者扣押被认为曾在实施犯罪过程中被使用过的汽车。

我认为，这一重新评价过程应当从推翻马普案（*Mapp v. Ohio*，367 U. S. 643，81 S. Ct. 1684，6 L. Ed. 2d 1081（1961））和克尔案（*Ker v. California*，374 U. S. 23，83 S. Ct. 1623，10 L. Ed. 2d 726（1963））开始。前一个判例，使得联邦的“排除规则”适用于州。而后一个判例，则使得州必须遵守通过联邦判例宣布的关于第四修正案的各种规定。

将马普案和克尔案结合起来，是导致这一宪法领域出现严重扭曲和不协调的主要原因。这些问题包括两方面，我相信通过对我们最近的判例和调卷令卷宗的研究将能证明这一点。第一，在

① Cf. Recent Cases，79 Harv. L. Rev. 1513，1519（1966）；Note，*Seizures by Private Parties: Exclusion in Criminal Cases*，19 Stan. L. Rev. 608（1967）.

刑事执法活动的这一领域，州已经被纳入到了联邦模式之中，这就使得这个国家没有机会在相似情形下观察不同程序的实施效
p491 果。例如，奥克斯教授在一篇文章中指出，所谓排除规则的“威慑价值”从来就没有得到过证实或证伪。而且，马普案导致无法取得新的数据，以至于所有的比较数据都是10年以前的（Oaks，*Studying the Exclusionary Rule in Search and Seizure*，37 U. Chi. L. Rev. 665（1970））。第二，由于第四修正案现在已经适用于各州，为了给各州处理自己多样的问题留有余地，一个普遍的趋势是：放松第四修正案对联邦司法的要求。另一宪法领域关于这一趋势的例证，同样源自于不适当的“合并”（íncorporation）法则（See *Williams v. Florida*，399 U. S. 78，90 S. Ct.，1893，26 L. Ed. 2d 446（1970））。在我看来，除非我们直面马普案和克尔案的根本性错误，否则不可能切实地理顺搜查－扣押法。

要不是因为马普案和克尔案，我将毫不怀疑地赞成维持本案的定罪，因为我认为州法院在本案中的任何行为都没有违反“宪法的核心价值”（*Wolf v. Colorado*，338 U. S. 25，27，69 S. Ct. 1359，1361，93 L. Ed. 1782（1949）；cf. *Irvine v. California*，347 U. S. 128，74 S. Ct. 381，98 L. Ed. 561（1954）；*Rochin v. California*，342 U. S. 165，72 S. Ct. 205，96 L. Ed. 183（1952））。

然而，由于马普案和克尔案，本案判决必须依照联邦标准进行，有鉴于此，尽管并不是确信无疑，我将赞同本院意见的第一部分、第二部分的（四）和第三部分以及法院判决部分。必须
p492 认识到本案是一个票数势均力敌的案件。我之所以赞同大法官斯图尔特的意见，是因为我担心相反裁判会使得令状要求在联邦的搜查—扣押法中的地位不再重要——而我认为这将与两个开庭期前我们在戚莫尔案（*Chimel v. California*，395 U. S. 752，89 S. Ct. 2034，23 L. Ed. 2d 685（1969））中采取的立场背道而驰。

近期已有学者指出，从历史的角度看，法院为了将令状要求置于搜查的合理性标准之上，已经“颠倒了第四修正案的位置

(*T.* Taylor, *Two Studies in Constitutional Interpretation* 23 - 24 (1969))"。这一问题，在无证进入住宅以进行合理根据逮捕的情形下表现得最为明显。此种进入的有效性，在琼斯案（*Jones v. United States*, 357 U. S. 493, 499 -500, 78 S. Ct. 1253, 1257 - 1258, 2 L. Ed. 2d 514（1958））中没有解决，尽管我的同事大法官怀特和大法官斯图尔特都认为，关于这一点的不同观点是他们在本案中意见分歧的根源（*Ante*, at 2044 - 2045; Post, at 2060 - 2061, 2065），但是本案还是没有解决这一问题（*Ante*, at 2045）。依我看，这样一种局面倒是很好。因为这一问题不适合在一个没有直接提及该问题因而没有充分陈述案情或展开辩论的州案件中裁决。在条件成熟以前，我都不对此问题明确表示看法。我希望，在联邦案例中，我不需要勉为其难地去支持有违我们最近判决的做法。

首席大法官伯格（Mr. Chief Justice Burger）发表了部分协同、部分反对的意见。

我赞同大法官怀特的不同意见以及大法官布莱克的协同和反对意见中的第二部分和第三部分。我还赞同大法官布莱克意见第一部分中的大部分观点，但是，我不准备接受以下观点：第五修正案要求排除违反第四修正案而扣押的证据。我赞成大法官斯图 p493
尔特意见的第三部分。

本案生动地体现了我们为排除规则所付出的巨大代价，这一规则已经使我们作茧自缚（See my dissent in *Bivens v. Six Unknown Named Agents of Federal Bureau of Narcotics*, 403 U. S. 388, 91 S. Ct. 1999, 29 L. Ed. 2d 619）。

关于本案的实体问题，我认为法庭记录中并不存在任何可以撤销有罪判决的根据。在本案中，法院再一次逾越并扭曲了已经显示出某些稳定迹象的规则，并且在犯罪行为被指控 7 年多以后指示重开审判。

明尼苏达州最高法院的法官斯通先生（Mr. Justice Stone）将本院今天所行使的这种司法职能称之为：试图“区分那些细微得无法区分的因素”。

大法官布莱克（Mr. Justice Black）发表了部分协同、部分反对的意见。

经新罕布什尔州法院陪审团的审判，申请人被宣告谋杀罪成立并且判处终身监禁。多数意见撤销了这一定罪，他们认为：控方提交的某些证据是在“不合理”的搜查过程中扣押的，根据司法所创制的第四修正案的排除规则，这些证据不具可采性。我对此表示异议，因为我认为本案的搜查和扣押是合理的，而且如果进行合理解释的话，第四修正案其实并不包含此类排除规则。

本案的相关事实是这样的：14岁女学生帕梅拉·梅森与其母亲和弟弟住在新罕布什尔州曼彻斯特市。她在放学后有时候替人临时看管小孩，并且她在当地的自助洗衣店贴了一张广告寻求此类兼职信息。1964年1月13日，下午16时15分她放学回到
p494 家后，母亲告诉她有个男子打电话来想要她当晚临时照看小孩，并说他一会再打回来。大约16时30分，有个电话找帕梅拉。当时帕梅拉的母亲已经去上班了——她在附近的餐馆当服务员。电话是她弟弟接起的，但是他并没有偷听通话，事后她称打电话的是个男子。打完电话以后，帕梅拉给弟弟和自己准备了晚饭，接着，大约18时的时候她离开家。此后，她家人再也没有见过她。8天以后，即1964年1月21日，警察在离她家几英里的州际公路的雪堆里发现了她已经僵硬的尸体。她的喉咙被割开了，头部也受到过打击。法医检验显示，她大约是在1月13日离家当晚20时至22时之间遇害。

对嫌疑人的搜捕活动开始了。有证人告诉警察，案发当晚21时30分左右，他们曾主动向州际公路上一辆停在发现女孩尸体附近区域的庞蒂亚克汽车上的男子提供过帮助。在发现尸体后

第7天，柯立芝成了嫌疑人，因为他的邻居报告警察说，案发当晚，即1月13日下午17时到晚上23时之间，他都不在家。申请人拥有一辆1951年产的庞蒂亚克汽车，而且该汽车与两个证人向警察所作的关于停在发现女孩尸体处的汽车的描述相吻合。1月28日晚上，也即女孩遇害15天后，警察去他家问话，并安排他周日，即1964年2月2日，到警察局来。于是，周日那天，柯立芝到警察局接受了有关案发当晚他的行踪的问话。他告诉警察，案发当晚，他在附近一个城镇上购物。在讯问过程中，申请 p495
人供认他曾对其雇主实施过与本案无关的盗窃行为，警察遂以此为由将其关押在警察局。直到第二天，他才被允许回家。

2月2日，申请人在警察局接受讯问的时候，两名警察到申请人家中与其妻子交谈。他们问申请人是否有枪，他妻子拿出了两把散弹猎枪和两把步枪，并自愿交给警察。罗德岛州大学犯罪侦查实验室的检验结论是，被害女孩脑部发现的那颗子弹，是其中一把莫斯伯格牌22毫米口径步枪所发射。

申请人承认，他经常去帕梅拉张贴广告的那个自助洗衣店，并且，案发当晚正好去过。第二天，警察在那个自助洗衣店附近发现了申请人的一把匕首，并推测可能是造成遇害女孩身上刀伤的凶器。警察还查明，申请人在女孩尸体被发现之前分别与4个人联系过，试图制造1月13日晚虚假的不在场证明，但未遂。

1964年2月19日，所有这些证据都在州检察总长面前展示，而且根据新罕布什尔州法律，他有权签发逮捕令和搜查令。于是，检察总长在审查了这些证据后，签发了逮捕令和4个搜查令，其中包括对被申请人庞蒂亚克汽车进行扣押和搜查的令状。

令状签发的当晚，警察就在申请人的住宅中将其逮捕。他们控制了一眼就看到的停在房前车道上的1951年产的庞蒂亚克汽车，并且在两小时后将车拖至警察局。警察在警察局搜查汽车的 p496
过程中，通过吸尘器得到了带有泥土和其他细小微粒的实物证据，这些都与从遇害女孩衣服上取得的微粒相匹配。根据从申请人汽车上取得的微粒与女孩衣服上所得的微粒的相似性，专家证人在法庭上作证说，可以得出的结论是：帕梅拉曾经坐过申请人的汽车。申请人的妻子交给警察的步枪，也被采纳为证据。

申请人对有罪判决提出异议，他认为，从他妻子处获得的步枪以及从汽车中取得的微粒，都是以违反第四修正案的方式取得的，并且都在审判中被不恰当地采纳为证据。鉴于步枪是由申请人的妻子自愿交给警察的，多数意见认为，将其接纳为证据是合适的。我对此表示赞同。但是，本院撤销了对申请人的有罪判决，理由是：通过吸尘器从汽车中所取得的微粒，是在非法搜查过程中获得的，因此，将其采纳为证据的做法违反了第四修正案。对此，我持不同意见。

一

第四修正案虽然禁止不合理的搜查和扣押，但第四修正案并没有提及违反该规定的后果。当然，它也没有在任何地方规定将排除规则作为其救济手段。第四修正案规定：“个人的人身、住宅、文件和财产不受不合理搜查和扣押的权利，不得侵犯，而且，除非存在合理根据、以宣誓或代誓宣言保证并具体说明拟欲搜查的地点和拟欲扣押的人或物，不得签发司法令状。”如果仅仅通过解释活动，对宪法文本的任何考察都难以发现排除规则。显然，第一次宣布第四修正案规定中包含排除规则的是大法官布拉德利在博伊德案（*Boyd v. United States*，116 U. S. 616，6
p497 S. Ct. 524，29 L. Ed. 746（1886））中发表的多数意见。该案判决认为，任何人都不得被强迫提交自己的私人书籍和文件以作为不利于己的犯罪证据使用。这一判决，是对一项确证的普通法原则的有效适用，也是任何人都不得被强迫作不利于己的证人这一第五修正案规定的要求。但是，显然大法官布拉德利选择的是从第四修正案中创造出新的排除规则，而不是援引已经存在于第五修正案条文中的排除规则。他认为，强制提出这些证据违反了第四修正案。大法官米勒仅仅是以第五修正案为基础发表了协同意见，并且明确拒绝赞成大法官布拉德利对第四修正案所作的新解读，首席大法官韦特赞成大法官米勒的意见。博伊德案件过去后约28年，本院在威克斯案（*Weeks v. United States*，232 U. S. 383，34 S. Ct. 341，58 L. Ed. 652）中认为，第四修正案禁止采纳违反第四修正案规定而扣押的证据。威克斯案并没有明确宣布要与传统背道而驰。但是，如果这是对第四修正案的正确解读的话，令人不解的是，本院居然用了近125年时间才发现了这一文本的正确意义。事实上，根本无法简单地在第四修正案中找到排除规则的渊源。修正案在制定之时，并不包含禁止采纳非法扣押之证据的任何宪法性规则——现在依然不存在。

明显不同于第四修正案的是，第五修正案以明示和毫不含糊的语言规定，任何人"都不得被强迫在任何刑事案件中作为不利于己的证人"。第五修正案本身直接而明确地规定了它自己的 p498
排除规则——被告人不得被强迫提出不利于己的证据。在国会没有对第四修正案采取行动以前，如果要排除证据，只能是根据第五修正案，而不能根据第四修正案。对此，在博伊德案（*Boyd v. United States*，*supra.*）中，大法官米勒发表的并为首席大法官韦特所赞同的协同意见，已经进行了精辟地阐述。这也是我在马普案（*Mapp v. Ohio*，367 U. S. 643，661，81 S. Ct. 1684，1694，6 L. Ed. 2d 1081（1961））中发表协同意见的关键所在。

闯入马普夫人的住宅并搜查她的财产从而得到的证据，之所以要被排除，依据的不是第四修正案，而是第五修正案，前者不包含排除规则，而后者才包含排除规则。采纳这样的证据，将意味着强迫个人成为不利于己的证人；而且，通过此种方式强制获得的证据必须根据第五修正案予以排除，这不是本院自己的创造，而是第五修正案的命令使然。

第四修正案规定了控方为获取在刑事诉讼中使用的证据而可以使用的宪法手段。公民有义务服从政府官员根据该修正案而合理实施的职权行为。① 根据第四修正案而合理扣押的证据，在审判中当然是可采的。但是，第四修正案并没有规定，违反该修正案而扣押的证据必须被排除。

多数意见认为，违反内涵不断发展的第四修正案的规定而承
p499 认被不当扣押的证据，不具可采性。多数意见把排除规则看做是法官创造的证据法规则，意欲以此来贯彻多数意见对警察适当行为（proper police conduct）的立场。法院在今天的判决中以第四修正案的名义宣布了警察程序的一项新规则，并且进而认为，违反这一新的“指导规则”而扣押的证据在审判中将自动地被排除。多数意见没有援引第五修正案来排除本案中的证据——它确实也无法这样做。相反，多数意见诉诸以下理由：“时代变化”以及多数意见所认为的法院角色，即法院是负责调整警察和公民之间行为的管理者。多数意见认为，在缺乏更好的规制措施之前，它将适用法院创制的证据法规则。

我完全承认，近期确实有很多判例支持多数意见的这一套新的关于警察行为程序的主张。通过行使第四修正案没有明确规定而却存在于其“精神”某处的规则制定权，法院已经把该修正案修改得面目全非。而且，每一新步骤的正当性都只是建立在前一步骤的逻辑延伸之上。

很难相信，权利法案的缔造者试图要求警察在签发令状前的“小型审判”中证明被告人有罪（But see *Aguilar v. Texas*, 378 U. S. 108, 84 S. Ct. 1509, 12 L. Ed. 2d 723 (1964); *Spinelli v. United States*, 393 U. S. 410, 89 S. Ct. 584, 21 L. Ed. 2d 637 (1969)）。在第四修正案通过之前和之后都不曾要求这一程序，

---

① 当然，有一些搜查，即使根据搜查令或传票，也无法得到宪法的肯定。See, e. g., *Boyd v. United States*, 116 U. S. 616, 6 S. Ct. 524, 29 L. Ed. 746 (1886); *Rochin v. California*, 342 U. S. 165, 174, 72 S. Ct. 205, 210, 96 L. Ed. 183 (1952) (Black, J., concurring); *Schmerber v. California*, 384 U. S. 757, 773, 86 S. Ct. 1826, 1837, 16 L. Ed. 2d 908 (1966) (Black, J., dissenting).

直到本院就埃格勒案（*Aguilar*）和斯皮内利案（*Spinelli*）作出判决。相似地，无论美国还是英国的法院，偷听者一直被视为适格证人，直到本院行使第四修正案的“规则制定权”创制了电子监听方面的法律（*Berger v. New York*，388 U. S. 41，70，87 S. Ct. 1873，1889，18 L. Ed. 2d 1040（1967）（Black，J.，dissenting）；*Katz v. United States*，389 U. S. 347，364，88 S. Ct. 507，518，19 L. Ed. 2d 576（1967）（Black，J.，dissenting））。对被 p500
告人可控制范围和可能找到证据的区域以外的地方进行附带搜查的合理性，是继英国普通法和批准权利法案后美国宪法的既定原则，直到戚莫尔案（*Chimel v. California*，395 U. S. 752，89 S. Ct. 2034，23 L. Ed. 2d 685（1969））将其改变。“隐私”这一宽泛、抽象并且模糊的概念，如今被不合理地主张为第四修正案所禁止的“不合理的搜查扣押”这一保障的宽泛的替代物（*Griswold v. Connecticut*，381 U. S. 479，85 S. Ct. 1678，14 L. Ed. 2d 510（1965））。

我们的政府是在以成文宪法为基础而建立起来的。为了与所肩负的重大责任相称，宪法的缔造者选用了谨慎有度的措辞。宪法的缔造者以及批准它的人民，都应当被认为是使用了这些用语的本来意思，并且已经表达了他们试图表达的内容。宪法本身就包含一系列标准，在不存在国会制定法的情况下，这些标准使我们得以判决本案的问题，即对争议之证据的扣押是否合法以及该证据在审判中是否可采。我的结论是：扣押申请人的妻子所提供的步枪以及在逮捕申请人时对汽车的扣押，都是符合第四修正案的。并且，基于本案法庭记录所显示的情形，也无法援引第五修正案以排除通过此种方法取得的证据。

二

多数意见认为，授权扣押和搜查申请人汽车的令状，存在宪法上的缺陷，因而是无效的。第四修正案关于搜查令的规定是：

"除非存在合理根据、以宣誓或代誓宣言保证并具体说明拟于搜
p501 查的地点和拟于扣押的人或物，不得签发司法令状。"多数意见承认，警察确实证明了签发令状所要求的合理根据。多数意见也没有质疑，令状已经详细描述了被搜查的地点和被扣押的物品。

但是，符合州法律以及联邦宪法第四修正案的要求，显然还不够。多数意见认为，州检察总长与侦查活动的关联，自动地使搜查令归于无效。首先，第四修正案并没有规定州检察总长不能以地方法官身份行事。他属于州的一名高级官员。第四修正案并没有规定，他高于州执法人员的职权地位，使得他没有资格根据由宣誓或代誓宣言保证的合理根据证明而签发令状。多数意见根据的是"小型审判"理论，即在签发令状前，地方法官像法官一样权衡证据，在事实上决定是否有罪的问题。这一观点过分夸大了地方法官的权限，在第四修正案的规定里找不到根据。第四修正案或任何其他宪法条款都没有禁止州检察总长签发令状。

其次，新罕布什尔州最高法院认为，在签发搜查令时，州检察总长事实上正参与本案的侦查活动，如果说这有什么错误的话，也只是属于"无害错误"（harmless error）。对此，我表示赞同。很难想象出更明显的合理根据证明了。偏见不可能存在，因为根本没有自由裁量的空间。甚至可以说，在本案所证明的合理
p502 根据条件下，拒绝签发令状将是滥用自由裁量权的表现。由于警察的这一证明，州检察总长在自行侦查过程中所知悉的信息不可能对签发令状有作用。我认为，州检察总长的行为没有错误。而且，即使是个错误的话，毫无疑问也是无害错误（See *Harrington v. California*，395 U. S. 250，89 S. Ct. 1726，23 L. Ed. 2d 284（1969）；*Chapman v. California*，386 U. S. 18，87 S. Ct. 824，17 L. Ed. 2d 705（1967））。

因此，我的结论是：授权扣押和搜查申请人汽车的令状符合第四修正案之规定，在搜查中获得的证据也无法根据第五修正案排除。而且，我认为，根据多数意见所考虑和驳回的三个令状要

求的例外，即使令状没有被签发，本案的搜查也是合宪的。

三

有必要指出的是，汽车本身就属于证据，而且也是作为犯罪证据而遭扣押的。在这一扣押发生以前，警察已经从两名证人处得知，凶案发生当晚，他们看到过一辆汽车停在后来发现女孩尸体的地方。他们关于停在那的汽车的描述，与申请人的汽车刚好吻合。在这一扣押发生的时候，申请人的汽车是否是证人当晚看见的那辆，尚有待证人进行辨认。警察完全有理由相信，这一辨认将成为本案不利于申请人的重要因素。将汽车本身作为证据进行保全，是这一扣押的合理动机。考虑到新罕布什尔州警察在扣押当时已经掌握的信息，我认为即使没有搜查令，扣押和搜查也是合宪的，理由如下。

（一） p503

首先，扣押申请人的汽车属于合法的附带搜查。多数意见认为，存在逮捕申请人的合理根据。在抵达申请人住宅实施逮捕的时候，警察看到申请人的汽车，他们认为该汽车符合两名证人关于在后来发现女孩尸体的那个地方看到的那辆汽车的描述。警察逮捕了申请人并扣押了该汽车。多数意见认为，为了逮捕申请人，警察必须进入到申请人的住宅之中，因此，同时对停在住宅外的汽车所进行的扣押并没有附带于该逮捕。我无法接受此种拔高形式并将其置于理智之上的做法。

多数意见不但认为戚莫尔案（*Chimel v. California*, 395 U. S. 752, 89 S. Ct. 2034, 23 L. Ed. 2d 685（1969））在本案不具有适用性，而且还创制并适用了一个在本质上远远超出戚莫尔规则的新规则。由此，多数意见陷入了典型的不合逻辑的推论之中。本院的先例曾判决认为，如果警察在被告人住宅前的街道上逮捕被告人，那么逮捕后，警察不得进入他的住宅并实施没有特定目的的搜查。鉴于此，多数意见认为，警察进入住宅实施逮捕后，不能走出住宅以扣押显而易见的证据。多数意见认为应该适用戚莫尔案之前的法律。尽管在戚莫尔案之前，警察在进入房间实施合法逮捕时，有权对一个4间房型的住宅进行历时5个小时的搜查(See *Harris v. United States*，331 U. S. 145，67 S. Ct. 1098，91 L. Ed. 1399 (1947))，但是多数意见却认为，警察不得走出房门以扣押他们在进来的路上看见但是却没有扣押的证据。多数意见的逻辑是，住宅的大门可以把警察挡在门外，但是，一旦走了进去，它也可以把警察锁在里面。

合理性标准（test of reasonableness），不能受如此专断之规
p504 则的调整。每一案件都必须根据它的特定事实来裁决。本案并不存在没有特定目的的搜索，警察只是扣押了从屋里和屋外都一眼就能看见的重要证据而已。根据本案的事实，我认为，扣押申请人的汽车是附带于合法逮捕的，因此，根据第四修正案，扣押是合理的。

（二）

此外，根据我们上一开庭期在钱伯斯案（*Chambers v. Maroney*，399 U. S. 42，90 S. Ct. 1975，26 L. Ed. 2d 419 (1970)）中的判决，警察不但有权扣押申请人的汽车，而且可以将其拖至警察局并进行搜查。警察有合理根据相信申请人使用汽车进行谋杀并且车内藏有犯罪证据。根据卡罗尔案（*Carroll v. United States*，267 U. S. 132，45 S. Ct. 280，69 L. Ed. 543 (1925)）和钱伯斯案（*Chambers v. Maroney supra*），这样的确信已经足以成为扣押和搜查申请人的汽车的正当理由。

多数意见认为，钱伯斯—卡罗尔规则根据的是汽车的机动性，而本案申请人的汽车已经处于警察控制之下因而不能再移动，所以，该规则对本案不具有可适用性。但是，本院在钱伯斯案中已经明确拒绝采用这一逻辑：“我们认为，在宪法意义上而言，在向地方法官证明合理根据事宜之前先扣留并看住汽车，与不经令状而直接进行搜查，并没有什么不同。……在警察局，合

理根据这一因素仍得到满足，汽车的机动性亦然（399 U. S. , at 52, 90 S. Ct. , at 1981）……”本院在该案中认为，根据第四修正案，在警察局进行的推迟了的搜查以及在扣押当时立即进行的搜查，都是合理的。

多数意见认为，钱伯斯规则并不适用于本案的第二个理由是：证据不可能被篡改、汽车也不可能被移动，因为申请人已处 p505 于羁押之中，而其妻子则有警察跟随——至少在警察把车拖到警察局之前。但是，多数意见的理由是建立在下述两个假设之上的：第一，警察应该——乃至可以——继续有效地将申请人的妻子置于软禁之中（under house arrest）；第二，没有其他人试图改变或移动汽车。我无法接受第一个假设，而且，我认为警察有理由拒绝接受第二个假设。①

（三）

我深信，对于在实施逮捕的过程中一眼就看到的证据，警察有权予以扣押，这是一项已经得到充分认可的权力。据此，在本案中，警察对申请人的汽车的扣押也是合法的。多数意见

① 多数意见试图根据普雷斯顿案（*Preston v. United States*, 376 U. S. 364, 84 S. Ct. 881, 11 L. Ed. 2d 777（1964））来支持以下主张：警察不可以在警察局搜查汽车。但本案与普雷斯顿案不同，因此也不受其约束。普雷斯顿因流浪罪（vagrancy）而被警察逮捕。没有人主张，警察有权根据该指控而扣留他的汽车。事实是这样的：警察扣押汽车，与据以逮捕普雷斯顿的流浪罪指控完全没有关系，随后对汽车进行的搜查与流浪罪指控无关。而在本案中，申请人因谋杀指控而被捕。他们扣押申请人的汽车作为据以逮捕的犯罪的证据使用。随后对汽车的搜查，与逮捕申请人以及扣押汽车的原因直接相关，因此根据库珀案（*Cooper v. California*, 386 U. S. 58, 87 S. Ct. 788, 17 L. Ed. 2d 730（1967）），本案的搜查是合法的。我的同事怀特指出，在本案中，警察不但在将汽车拖至警察局后立即进行了搜查，而且在扣押后 11 个月和 14 个月后又分别进行了搜查。在库珀案中，搜查在扣押后一星期才进行，我们在该案中裁决：警察为给即将进行的审判收集证据而检查或搜查汽车，并不违反第四修正案。在我看来，不论汽车已经被扣押了一星期还是一年，只要是作为与指控的犯罪相关的证据而被扣押，警察就有权搜查汽车。

p506 亦肯定，在扣押当时，警察正为执行合法逮捕之目的而正当地出现在被申请人的住宅之中。用多数意见的话说，使得警察得以一眼就看到汽车的“最初侵入”是合法的。多数意见还肯定，汽车不论是“从街上还是从逮捕柯立芝的住宅内都是一眼就能看到的”（*Ante*，at 2028），并且从汽车本身属于警察有合理根据实施扣押的证据（*Ante*，at 2037）。因此，根据一览无余法则——至少就该法则在今天以前的规定而言——多数意见似乎已经认可了对申请人的汽车进行扣押的合法性（*Ante*，at 2038 n. 24）。

但是，尽管肯定了汽车本身属于犯罪证据，因而警察有合理根据以此为由进行扣押，并且汽车是在逮捕的时间和空间范围内一眼就被看到的，多数意见却以汽车不是“无意之中”发现的为由，判决认为扣押违反了第四修正案。多数意见自信地认为：“适用一览无余扣押的判例之共同特点在于，警察事先有正当理由侵入，在这一过程中，他无意之中发现了证明被告人有罪的证据。”但是，先例不但没有支持多数意见的这一主张，而且还坚决反对这一主张。无需引证多数意见所援引的判例之外的判例，就可以发现多数意见的这一主张是站不住脚的。

在其援引的判例之一，即在克尔案（*Ker v. California* 374 U. S. 23，83 S. Ct. 1623，10 L. Ed. 2d 726（1963））中，警察知悉被告人参与了一宗非法的大麻交易，因此到他住宅执行逮捕。进入住宅后，警察看见了一块大麻，于是警察在逮捕了被告人
p507 后，扣押了这块大麻。本院认为，扣押是以警察有正当理由进入被告人住宅实施合法逮捕为前提的；并不存在搜查，因为证据是一眼就看到的；扣押这样的证据是附带搜查所授权的。在该案

中，大麻几乎不能说是“无意之中”被发现的。[①]

在同时为多数意见所援引的玛萝案（*Marron v. United States*, 275 U. S. 192, 48 S. Ct. 74, 72 L. Ed. 231（1927））中，法院认为，对商业记录的扣押，是附带于合法的逮捕活动而进行的，因而具有合法性。这些记录是一眼看到的。我认为，因为据以逮捕的犯罪是运营非法零售威斯忌公司，对经营场所内的商业记录的扣押就无法说是“无意”的。[②]

多数意见混淆了两项不同的权力：一项是历史上一直被认为正当的权力，即对逮捕现场开放视阈（open view）范围内可见的证据的扣押；另一项是一览无余法则，它是针对搜查令特定化 p508
要求（requirement of particular description）的一个例外。多数意见显然认为，由令状授权的扣押必须仅仅及于令状中特定化了的物品，否则令状将成为没有特定目的的帮助令状（a general writ of assistance）。很显然，在检讨搜查令特定化要求的过程中，多数意见宣布了一个新规则：未在令状中特定化的物品不得被扣

① 克尔案所呈现的事实，使多数意见试图将其与本案区别开来的目的无法实现。在该案中，执行逮捕的警察从另一名警察处得知，有人看到克尔和一个有名的大麻供应商会面。在过去的8个月中，执行逮捕的警察数次得到消息说，克尔在其住宅内贩卖大麻，而且，这些大麻都是从该著名的供货商处买到的。执行逮捕时，警察已经有了克尔“脸部”的照片，并且警察作证说，至少有2个月时间，他从一个知道姓名的线人处得到有关克尔参与大麻活动的消息，而该线人曾3次提供过可靠消息导致了对其他犯罪嫌疑人的逮捕，因而其信息被认为是值得信赖的。执行逮捕的警察并不知道克尔在逮捕的当晚是否会在家。警察既无逮捕令也无搜查令。他进入克尔的公寓将其逮捕，并扣押了一块位于隔壁房间的一眼就能看到了的大麻。本院认为，根据第四修正案，这一扣押是合理的，因而也是合法的。

② 多数意见正确地注意到，*Ante*, at 2037，在典狱长案（*Warden v. Hayden*, 387 U. S. 294, 87 S. Ct. 1642, 18 L. Ed. 2d 782（1967））中，本院彻底废除了在第四修正案意义上区分“纯粹证据”（mere evidence）和违禁品的做法。但是，在我看来，多数意见似乎在另一处又重提这一区分。At 2040 and 2041.

押，除非它们是被“无意之中”发现的。[①] 多数意见关注的是令
p509 状所授权的侵入范围。但是，对逮捕时处于开放视阈范围内的可扣押之物进行扣押的权力，明显独立于基于令状搜查这些物品的权力。在本案中，警察进入住宅，显然不是基于搜查令，而是因为存在合理根据，从而可以据以实施合法逮捕。侵入行为并没有逾越这一权限，因为侵入行为被严格地限制于使得其进入住宅行为具有正当性的情形之中——逮捕申请人。并不存在没有特定目的的搜查，其实，根本就不存在搜查。汽车本身属于可扣押的犯罪证据，并且处于执行逮捕之时空范围内的开放视阈范畴之中。[②]

---

① 多数意见援引的判例，根本就无法支持他们自己创制的新规则。例如，在斯蒂尔案（*Steele v. United States*, 267 U. S. 498, 45 S. Ct. 414, 69 L. Ed. 757（1925））中，执法官员在搜查令申请中证明存在合理根据认为禁酒法令已遭违反，并且指明搜查的对象是“威斯忌容器”，在这种情形下，搜查令被签发，执法官员据此进入一个仓库。因此，很难说执法官员是“无意之中”发现并扣押一眼就看见的威士忌桶、瓶子以及装酒设备的。多数意见认为，在典狱长案（*Warden v. Hayden*, *supra*）中，扣押之所以正当，是因为警察在热追捕逃犯过程中“无意”地发现了证据。在该案中，警察接到两个证人的电话，称一个持械男子刚刚抢劫了一家银行。证人描述了抢劫犯以及其所穿的衣服，并且他们已经跟着抢劫犯到了某一住宅。于是，警察搜查了该住宅并扣押了以下物品：（1）在二楼洗漱间发现的猎枪和手枪；（2）在被告人卧室床垫底下发现的手枪弹药和一顶疑似抢劫犯所戴的帽子；（3）在地下室洗衣机里发现的夹克和裤子，款式与证人描述的在逃的男子所穿的一样。我难以接受多数意见将这一发现描述为“无意”。在同时为多数意见所援引的李案（*United States v. Lee*, 274 U. S. 559, 47 S. Ct. 746, 71 L. Ed. 1202（1927））中，海岸守卫警察有合理根据认为一艘船被用于实施违反禁酒法令的活动，于是警察从甲板对面用探照灯照射该船，结果发现了违法运输的威士忌。尽管该发现难以称之为“无意”，但是，本院在该案中认为，采纳有关这一发现的证言并不违反第四修正案。

② 此外，明知自己暴露于开放视阈之下的人，不受第四修正案保护。See *Lewis v. United States*, 385 U. S. 206, 210, 87 S. Ct. 424, 427, 17 L. Ed. 2d 312（1966）；*United States v. Lee*, 274 U. S. 559, 563, 47 S. Ct. 746, 748, 71 L. Ed. 1202（1927）；*Hester v. United States*, 265 U. S. 57, 44 S. Ct. 445, 68 L. Ed. 898（1924）.

唯有在极其例外的情形下，附带于逮捕而扣押的证据才可能被认为是真正出乎意料或无意之中发现的。如果警察不期望会发现武器、违禁品或其他证据，他就不会进行搜查。在我看来，本院今天的做法，实际上废除了附带于逮捕而进行的扣押。多数意见拒绝适用第四修正案所规定的合理性标准，而是代之以一个绝对规则——如果警察本可以取得令状而没有这样做，那么扣押无论有多合理，都归于无效。但是，第四修正案并没有要求每一次搜查都必须持有令状。它只禁止“不合理的搜查和扣押”。因此，相应的检验标准，不是有无合理机会获取令状，而是综合所有情形，从而判断扣押的合理性。这一合 p510
理性标准，不能根据绝对规则来解决，而是必须根据每一案件自身的事实来决定。

综上所述，我认为，本案对申请人的汽车的扣押和搜查都是合理的，因此都是符合第四修正案的。通过此种方式取得的证据，既不违反包含排除规则的第五修正案，也不违反不包含排除规则的第四修正案。申请人的陪审团成员们，与我们一样都意识到他们裁决的分量，在听取了这些证据的基础上，宣布申请人谋杀罪名成立。本诸良心，我不能推翻这一定罪判决。

大法官布伦南（Mr. Justice Brennan）附和大法官布莱克意见第二部分、第三部分以及第一部分中认为第四修正案并不包含排除规则的那部分内容。

大法官怀特（Mr. Justice White）发表了部分同意、部分反对的意见，首席大法官伯格（Mr. Chief Justice Burger）表示附和。

我同意这一判决。在我看来，柯立芝的庞蒂亚克汽车被合法地作为一览无余发现的犯罪证据而扣押，此后根据库珀案（*Cooper v. California*, 386 U. S. 58, 87 S. Ct. 788, 17 L. Ed. 2d 730 (1967)），汽车被合法地搜查。因此，我坚决不赞成本院意见第二部分的第（三）节和第（四）节。我也不赞成第二部分的第（二）节，并且只对第三部分的结论表示协同。

一

第四修正案规定，个人的“人身、住宅、文件和财产不受不合理搜查和扣押的权利……”应该受到保障。对于人身，绝大部分权威资料都认为，如果警察有合理根据认为嫌疑人实施了

重罪，那么无需令状即可进行逮捕。① 一般规则，还包括在对一 p511

① 这是一项普通法规则。1 J. Stephen, A History of Criminal Law of England 193（1883）；2 M. Hale, Historia Plactorum Coronae 72 - 104（new ed. 1800）. 同时也是一项宪法规则。在卡罗尔案（*Carroll v. United States*, 267 U. S. 132, 45 S. Ct. 280, 69 L. Ed. 543（1925））中，本院认为，"一般规则是，执法官员无需令状即可逮捕一个他合理怀疑地认为已经实施了重罪的人……" *Id.*, at 156, 45 S. Ct., at 286. 在该案中，1921年9月，执法官员有合理根据相信被告人非法运输私卖酒，但是执法官员并没有立即实施逮捕也没有寻求令状。几个月以后，他们在公路上看到这两人，遂截停并搜查了汽车，还逮捕了他们。本院维持了逮捕和搜查的合法性。此外，在朱比安诺案（*Trupiano v. United States*, 334 U. S. 699, 68 S. Ct. 1229, 92 L. Ed. 1663（1948））中，执法官员事先知道被告人有犯罪行为，而且也有时间寻求令状，但是却没有那样做。相反，过了一段时间后，他们进入了朱比安诺的酒厂并在那里找到了他们期待找到的物品——正忙于蒸馏私卖酒的其中一名被告人。法院维持了这一无证逮捕的合法性，理由是：综合本案情形，"尽管有充分的时间获取逮捕令而未申请，这并不使得本案的逮捕归于无效"。*Id.*, at 705, 68 S. Ct., at 1232. 同样，国会也认为：基于合理根据，联邦执法人员可以合理地进行无证搜查。它已经授权联邦执法官、联邦调查局人员、安全部门人员以及毒品执法人员实施此类逮捕。See Act of June 15, 1935, s 2, 49 Stat. 378, as amended, 18 U. S. C. s 3053；Act of June 18, 1934, 48 Stat. 1008, as amended, 18 U. S. C. s 3052；Act of Sept. 29, 1965, 79 Stat. 890, as amended, 18 U. S. C. s 3056（1964 ed., Supp. V）；Act of July 18, 1956, Tit. I, s 104（a）, 70 Stat. 570, as amended, 26 U. S. C. s 7607（2）. 而且，在1951年，国会明确废止了此前的立法限制——如果获取令状不至于产生使嫌疑人逃跑的可能性，那么禁止无证逮捕。See Act of Jan. 10, 1951, s 1, 64 Stat. 1239；S. Rep. No. 2464, 81st Cong., 2d Sess., 2（1950）；H. R. Rep. No. 3228, 81st Cong., 2d Sess., 2（1950）；*Chimel v. California*, 395 U. S. 752, 776 - 780, 89 S. Ct. 2034, 2047 - 2049, 23 L. Ed. 2d 685（1969）（dissenting opinion）. 多数意见现在却认为，如果缺乏紧急情形，即使有合理根据，亦不得在住宅中实施无证逮捕。在琼斯案（*Jones v. United States*, 357 U. S. 493, 78 S. Ct. 1253, 2 L. Ed. 2d 1514（1958））中，本院判决认为，夜间无证侵入住宅是非法的，同时还暗示，如果闯入住宅是为了实施逮捕，那么此种特定情况下的闯入行为会引发严重的第四修正案问题。但是，作为宪法问题，本院从来就没有支持或宣布过，所有在住宅中实施的无证逮捕，都必须有紧急情形作为正当理由，而不能基于逮捕重罪犯的必要性；本院也没有说过，如果合理根据程度的增加和实施逮捕之间的时间间隔，足以证明警察本来是可以获得令状的，那么逮捕就归于无效。相反，本院的很多判例都假定：基于合理根据的无证逮捕，即使在住宅中也可以进行。See *Sabbath v. United States*, 391 U. S. 585, 88 S. Ct. 1755, 20 L. Ed. 2d 828（1968）；*Miller v. United States*, 357 U. S. 301, 305 - 308, 78 S. Ct. 1190, 1193 - 1195, 2 L. Ed. 2d 1332（1958）；*United States v. Rabinowitz*, 339 U. S. 56, 60, 70 S. Ct. 430, 432, 94 L. Ed. 653（1950）（dictum）；*Trupiano v. United States*, *supra*；*Johnson v. United States*, 333 U. S. 10, 15, 68 S. Ct. 367, 369, 92 L. Ed. 436（1948）（dictum）. 当然，这并不是说，根据第四修正案，进入住宅的时间和方式永远都不会引发严重的宪法问题。

个人进行合法逮捕的同时，对这个人的人身及其可立即控制的范围都可以进行搜查，而且无需令状就可以对违禁品或证据进行扣
p512 押。“为了发现或扣押赃物或犯罪证据，而对合法逮捕的嫌疑人实施搜查的权力，已经为许多案件所一致认可（*Weeks v. United States*，232 U. S. 383，392，34 S. Ct. 341，344，58 L. Ed. 652（1914）. Accord，*Chimel v. California*，395 U. S. 752，89 S. Ct. 2034，23 L. Ed. 2d 685 （1969））。”

对于住宅和其他私人领地，一般规则刚好相反：除非基于合理根据并且获得令状的授权，而且该令状必须详细描述被搜查的地点和被扣押的物品，否则任何搜查都不合法。但是，这一规则存在诸多例外，这些例外允许无证进入住宅并进行有限的搜查——这与无证逮捕极为相似。

本案涉及的是第四修正案对“财产”的保护，而不是对人
p513 身或文件的保护。可以肯定的是，没有合理根据不得扣押财产，但是令人困惑和模糊不清的问题是：什么情况下需要持有令状才能使扣押合法化。这一困难部分地源自于下述事实：一件物品，如果位于住宅或其他受到第四修正案保护的地点内，那么它亦享有派生的宪法保护。根据现行法则，在对住宅进行非法的无证搜查的过程中，警察扣押得到的物品，是违宪行为的“毒树之果”，因此不得采纳为证据。但是，如果警察合法地出现在一个地方，并在那里发现了违禁品或犯罪证据，那么警察是否必须先申请令状才能扣押呢？在剥夺一个人对财产的控制或占有权之前，是否必须先由地方法官确认以下事实：已经为警察合法地看到（并且，如果相关而且重要的话，允许就此作证）的物品确系违禁品或犯罪证据？

这一问题在不同情况下都会出现。第一种情形，这些物品可能在公共场所被发现。例如，警察得到消息说重要的证据被藏匿于公园中。于是，警察进行了搜查并找到了这一证据。虽然证据系被隐藏而非被抛弃，但是我认为，警察无需获得令

状即可进行扣押（See *United States v. Lee*, 274 U. S. 559, 47 S. Ct. 746, 71 L. Ed. 1202（1927）（在公海上扣押船只）;[①] *Hester v. United States*, 265 U. S. 57, 44 S. Ct. 445, 68 L. Ed. 898 (1924)（在开放场域扣押违禁酒）；无需令状即可扣押本身属于犯罪证据并在公共停车场或公路上发现的汽车（See *Cooper v. California*, *supra*））。

第二种情形，这些物品可能在第三方住宅内发现。该第三人有权同意警察搜查该住宅，但是无权同意警察对这一为别人所有 p514
的物品进行扣押。弗雷泽案（*Frazier v. Cupp*, 394 U. S. 731, 89 S. Ct. 1420, 22 L. Ed. 2d 684（1969））似乎已经认可，只要搜查本身并不违反第四修正案，此类无证扣押即具有合法性。

第三种情形，在嫌疑人的住宅完成逮捕以后，警察在随后进行的范围有限的附带搜查过程中，发现了犯罪证据。从威克斯案（*Weeks v. United States*, *supra*）到哈里斯案（*Harris v. United States*, 331 U. S. 145, 67 S. Ct. 1098, 91 L. Ed. 1399（1947））的一系列判例都认为，逮捕时对被逮捕者的人身及其紧邻区域进行搜查都是合法的，而且，哈里斯案还认可了对更广泛区域的附带搜查。但是，在此后的一个开庭期，朱比安诺案（*Trupiano v. United States*, 334 U. s. 699, 68 S. Ct. 1229, 92 L. Ed. 1663 (1948)）偏离了哈里斯案的立场。在朱比安诺案中，警察基于足以实施逮捕的合理根据而进入一家非法制酒厂，并逮捕了当时正在操作非法蒸馏器的一名被告人。该蒸馏器也被扣押。警察本来有时间和条件去获取逮捕令和搜查令，但是他们没有去申请其中的任何一个。法院并没有因此认定无证逮捕无效，而是认为无证扣押蒸馏器是无效的，因为警察本可以获得令状而却没有获取。但是，在拉比诺维茨案（*United States v. Rabinowitz*, 339

① 李案允许扣押了船只的税务官员将船上发现的私卖酒予以扣押并进行化学分析，并就化学分析结果在法庭上作证。

U. S. 56，70 S. Ct. 430，94 L. Ed. 653（1950））中，法院又恢复了以下规则：附带搜查的合法性，并不取决于获取令状的现实性。尽管戚莫尔案（*Chimel v. California*，*supra*）把附带搜查的范围缩小到被告人的人身及其可立即控制的范围，但是它并没有试图重新确立朱比安诺规则——如果有机会获取令状，逮捕过程伴随的搜查就是无效的。

最后一种情形，警察在嫌疑人的住宅执行搜查令的过程中，
p515 发现了搜查令中没有提及的犯罪证据。玛萝案（*Marron v. United States*，275 U. S. 192，48 S. Ct. 74，72 L. Ed. 231（1927））判决明确认为，仅仅是基于令状而合法地出现在住宅，并不足以使得扣押证据的行为正当化。但是，如果这一证据是在实施逮捕以及附随进行的搜查过程中一览无余发现的，那么允许将之扣押。本院允许在无证逮捕的同时（正如戚莫尔之前的一长串判例所判决的），或者是在"热追捕"重罪犯的搜查过程（*Warden v. Hayden*，387 U. S. 294，87 S. Ct. 1642，18 L. Ed. 2d 782（1967）. *Hester v. United States*，*supra*）中，扣押一眼就看见的物品，然而本院却禁止警察在以下情形下扣押一眼就看见的证据，即警察据以进入住宅的搜查令完全合法，只是未能涵盖实际上被扣押的这一物品。这一做法，至少在我看来很奇怪。我怀疑玛萝案确立的这一点已经为本院此后的一些判决所修改——特别是赞普案（*Zap v. United States*，328 U. S. 624，66 S. Ct. 1277，90 L. Ed. 1477（1946）），在根据其他理由将其推翻以后（330 U. S. 800，67 S. Ct. 857，91 L. Ed. 1259（1947））。在该案中，联邦调查人员扣押了合法搜查过程中看到的一张能证明某一犯罪行为的已付讫的支票（See also *Stanley v. Georgia*，394 U. S. 557，569，89 S. Ct. 1243，1250，22 L. Ed. 2d 542（1969）（Stewart，J.，concurring in result）. Cf. *Chimel v. California*，*supra*；*Warden v. Hayden*，*supra*；*Frazier v. Cupp*，*supra.*）。多数意见显然也同意这一点，因为它允许在这种情形以及其他合法进入后才实施扣押的情

形下，根据一览无余法则进行扣押。

显然，在上述所有情形之下，除了在已经获得法律授权的范围内，无证扣押证据本身并没有进一步侵犯个人的隐私权或财产权。唯一受到影响的是，被告人对财产的占有利益。在这些不同情形下——至少在“无意之中”发现证据的情形下——本院允许了对证据的扣押，因为本院认为，“第四修正案保护所遭受的微小危险”小于省却获取令状的“不必要不便”而带来的“巨大的执法利益”（*Ante*，at 2039）。我认为，本院意指，无论是被告人对财产的占有利益，还是由地方法官确认警察亲眼看到的物品是否确属违禁品或犯罪证据，都不是重要的宪法性考虑因素。处于这些情况下的警察，既不需要在获取令状期间控制证据，也不需要忽视证据的存在。根据第四修正案，直接实施扣押就是正当且合理的。 p516

然而，本院今天却在上述情形中的某一个或所有情形下增加了一个条件，即争议中的证据必须是被执法人员“无意之中”发现的。如果该证据的发现是“可预期的”，即“如果警察事先知道该证据的位置并打算将其扣押”，那么扣押就归于无效（*Id.*，at 2040）。

我简直无法理解这一做法。我们假定，警察获得了在房间中搜查步枪的令状。在搜查步枪的必要范围内，他们在卧室一眼就发现了死者的两张照片。我们再假定，其中一张照片是无意之中发现的，而另一张则是事先知道能够发现的。本院只允许扣押其中的一张照片。但是，就对第四修正案的价值所造成的“轻微”危害而言，这两张照片显然并不存在差别：对财产的侵犯程度相同，而且警察对两张照片所作的评价的可靠性程度也是一样的。如果警察被要求必须离开现场以获取令状，那么由此所带来的实际不便以及对证据的危险，在两种情形下也都是相同的。但是法院认为，认定此种事先有预期的扣押无效，并没有给控方带来任何宪法上认可的不便，因为控方有搜查被扣押之物的合理根据，

p517 并且本可以将它们记载在令状之中。

这种惩罚性的适用排除规则的方式，似乎有些过分。如果警察有合理根据搜查照片和步枪并着手申请令状，他们不可能有动机故意记载步枪而省略照片；反之亦然。如果警察确信他们有合理根据对照片进行搜查，那么只有疏忽或粗心才能解释在令状申请过程中的这一省略。当然，他们也可能错误地判断了事实，并没有意识到对照片的搜查已经有了合理根据，或因为地方法官不同意他们的判断而没有签发对该物品的令状。无论出于何种原因，对于没有合理根据进行搜查的那张照片，警察可以合法地将其扣押；而对于法院后来认定警察有进行搜查的合理根据的那张照片，则不得作为证据使用。

更重要的是，"无意发现"这一要求并不是促进任何第四修正案目的的必要手段，而且也发挥不了什么作用。持有搜查步枪令状的警察，只可以搜查步枪可能隐藏的地方，并且一旦步枪被发现，搜查就应停止；要求无意之中发现证据，无论如何也无法缩小他们可以合法地查看的地点的数量。而且，附带搜查的范围已经受到戚莫尔案的严格限制。排除在这一范围内发现的证据，几乎不可能有效地防止更广泛的未经授权的搜查。如果偏离了戚莫尔案允许的搜查范围，那么警察就已经违反第四修正案了，如此扣押的证据必将遭到排除。因此，不值得为排除证据之目的而

p518 再增加一个额外的理由。也许法院担心：有权侵入私人住宅以实施逮捕的警察，会以此为借口进入住宅以搜查一眼就能看到的物品（Cf. *Chimel v. California*, *supra*, 395 U. S., at 767, 89 S. Ct., at 2042）。但是，我认为这一忧虑是没有根据的。理由是：根据戚莫尔规则，警察只可以进入实施逮捕所必要的那部分住宅区域。在戚莫尔规则的这一限制下，警察面临的实质风险在于，在实施逮捕和附带搜查过程中，尽管能一眼看见他们要搜查的物品，但是他们可能无权进入住宅的那一部分区域；而如果他们不进入的话，在他们获得令状并据此对整个住宅实施搜查之前，这

些物品可能已经被破坏。如果警察事实上有合理根据相信武器、违禁品或犯罪证据会在住宅中一眼就看到，那么更安全的做法是先申请令状，而不是期望在逮捕过程中碰巧能一眼就看见他们正寻找的证据。只有当他们尚缺乏搜查的合理根据，也就是说，警察从某一他可以合法出现的地点纯属无意地发现证据的情形下，以实施逮捕为借口而进入住宅，才可能在事实上帮助警察发现他们无法通过令状取得的证据。但是在这种情况下，多数意见势必会认为警察有权扣押所见之物。因此，我怀疑法院的新规则是否会对警察行为产生重要影响。它只会对经常出现的非故意错误或对本院有关合理根据的某些判决的错误理解科以不必要的后果——而前述这些错误恐怕是我们每个人都可能会犯的。

在警察有合理根据并被认为有机会获取令状的情况下（尽管法院并没有这样说），本院宣布这一在其他方面都合法的一览无余扣押（plain - sight seizure）是无效的。法院的规则似乎是朝朱比安诺规则方向发展。而朱比安诺规则已经为拉比诺维茨案 p519
所推翻，而且在戚莫尔案中也没有得到复兴。但是，本院似乎对它自己创制的规则不是很有信心。

多数意见谨慎地指出，柯立芝的汽车不是违禁品、盗窃物或危险品。多数意见似乎认为，如果在合法搜查过程中发现的是违禁品、盗窃品或危险品，即使执法人员事先完全预料到会发现它们而且本可以取得令状，这些物品仍可以被合法扣押。本院这一关于违禁品和纯粹犯罪证据的区分，是在复兴一项容易引起混淆而不具可操作性的规则，而我认为该规则已经为典狱长案（*Warden v. Hayden*，*supra*）所明确摒弃。

本院也没有对戚莫尔规则进行明确的限制；相反，本院暗示：无证的戚莫尔式搜查仍将不受影响——即使警察“预见到他们会在这一搜查过程中发现特定证据”（*Ante*，at 2046）。本院同时还肯定：“当执行逮捕的警察一眼就看见一件未被藏匿的证据，即使该证据处于被逮捕人可立即控制范围之外，警察仍可以将其扣押，只要警察是在逮捕之后实施附带搜查的过程中得以一眼看见该证据的，而且该附带搜查局限于恰当的范围（*Id.*，at 2038 n. 24.）。”尽管如此，本院今天的判决还是构成了对戚莫尔规则的限制，因为在上面举的后一例子中，依照本院今天的判决，只有当警察是无意之中一眼看见该物品时，扣押该物品才是被允许的。也就是说，如果嫌疑人从前门进入住宅，而警察已经完全预料到如下情形：他们在实施逮捕的时候，将会在嫌疑人口袋里找到一张信用卡，还会在门对面的墙上一眼就看见一幅画，而两样物品都能证明他实施了犯罪，那么根据今天的判决，他们仅可以扣押信用卡，而不可以扣押这幅画。在我看来，这一区分是没有根据的，而本院也没有试图对此进行解释。因此，我只能得出结论认为，本院今天的判决和戚莫尔规则是直接相冲突的，
p520 而本院在没有能够作出合理区分的情况下，已经放弃了寻找两案件之间区别的任何努力。

此外，法院也没有提及基于第三方同意而进行的搜查。我们假定，当时警察得到可靠的消息称，应受逮捕而尚未被抓获的那个嫌疑人，在其一个朋友家中隐匿了他的某一犯罪证据。这个朋友自愿同意警方对他的住宅进行搜查，并在搜查过程中一直跟随警察。结果，警察果真在被告知将发现证据的地方发现了犯罪证据。尽管警察知道该朋友无权代表嫌疑人交出这一物品，但还是对其实施了扣押。在此种情形下，嫌疑人所享有的利益与本案柯立芝所享有的利益相似：未经地方法官签发令状，财产不受强制干预。因此，我们有理由期待法院对这一问题进行裁决。在弗雷泽案（*Frazier v. Cupp*，*supra*）中，本院指出，此情形下的扣押是合法的。而本院今天既没有推翻弗雷泽案，也没有与之进行区分。事实上，本院判决意见的第三部分，在讨论警察从柯立芝夫人处得到枪支和衣服的时候，默示地赞成了弗雷泽规则。

本院也没有说，它是否要将“无意要求”适用到在公共场所进行搜查的情形——尽管我们可以从它对李案（*United States v. Lee*，*supra*）判决的赞成意见中推论出，它不会将其适用到该情形。在李案中，本院认为，税务官员对一眼就看到的非法酒进行的化学分析，具有可采性。

由于意识到存在这些不尽一致之处，本院承认，“谎称我们今天的决定会使第四修正案恢复完全的有序与和谐，显然也是不对的（*Ante*，at 2047）”。但是，法院得出的结论是：无法在宪法中实现逻辑上的一致性，并最终把判决建立在“本案作出的判决是对的……”这一信念之上（*Id.*，at 2047）。也许，宪法不 p521
可能具有完全的连贯性，宪法原则也不应总是受到逻辑的禁锢，但是这并不意味着我们就应该停止追求思考的明确性和一致性。本院在本案中本来完全有机会，以两种方法中的一种，给常常感到困惑的下级法院和执法官员制定明确和确定的法律。但是，本院在缺乏明显理由的情况下，坚持一个使人莫名其妙而且无法解释的差别，结果只能是增加他们的困惑。

二

在本案中，警察有合理根据逮捕柯立芝并扣押他的汽车。为了实施逮捕，警察前往他的住宅，因为住宅也许是最可能抓获他的地方。同时，警察还期望在他家找到汽车，事实上，当警察到达他家实施逮捕的时候，确实在那发现了一辆 1951 年产的庞蒂亚克汽车。因此，即使假定第四修正案禁止在屋外实施无证扣押（See *Hester v. United States*，*supra*，265 U. S.，at 59，44 S. Ct.，at 446），事实仍然是：警察已经合法地进入柯立芝家中实施逮捕，并且他们是在一览无余地发现了汽车后才将其扣押的。但是，本院却认为这一扣押是无效的，理由是：警察一眼就看到的那些证据，如果是警察事先就预见到能看见的，那么不应当允许警察对这些证据实施扣押。

即使接受本院的这一理由，对汽车的扣押也并非无效。多数意见在这里作了一个假定：警察去柯立芝家实施逮捕的时候，他

们已经预先知道同时会在那找到1951年产的庞蒂亚克汽车，但
p522 是，我从法庭记录中找不到证据支持这一假定。法庭记录显示，警察虽然希望在柯立芝家找到1951年产的庞蒂亚克汽车，但是当他们前往他家执行逮捕的时候，他们并不知道汽车的确切位置，而且他们在柯立芝家所使用的车道上发现汽车纯粹系出无意。当然，他们确实有合理根据扣押汽车，而且如果他们持有合法令状的话，警察本可以有正当理由在柯立芝家所使用的车道上搜寻它，因为汽车很可能停在那个地方。但是，如果因为存在合理根据就禁止扣押的话，那么不但会禁止对在住宅中发现的汽车进行扣押，也会禁止对停在停车场、隐藏在秘密地点或由第三人向警察局移送的汽车进行扣押。这简直相当于确立了这样一个规则：只要存在合理根据，就一律禁止无证扣押。

很明显，根据本案事实，如果程序适用得当的话，柯立芝案的汽车无疑是要被扣押的。同样明显的是，在警察合法地进入柯立芝的住宅进行逮捕时，那辆庞蒂亚克汽车是警察一眼就看到的。我认为，无论警察是否期望在汽车所在的位置找到它，它都是被合理扣押的。而且，在庞蒂亚克汽车作为据以逮捕柯立芝的那个犯罪的证据而被合法扣押后，根据库珀案（*Cooper v. California, supra*），警察可以无证搜查已经处于自己控制之下的汽车。“如果认为一个需要如此长时间地扣押汽车的警察无权搜查汽车——即使是为了自我保护之目的——那将是不合理的。”警察本可以获得搜查证，这不能决定什么，因为“相关的检验标准，不是获得令状的合理性，而是搜查的合理性”。……基于本案的情形，根据第四修正案，我们无法认定警察为取得证据之目的对汽车的检查或搜查是不合理的（*Cooper v. California*, *supra*, 386 U. S., at 61-62, 87 S. Ct., at 791）……

p523

三

基于前述观点，可能没有必要再讨论可以维持对柯立芝的汽

车进行搜查这一行为之合法性的其他理由。然而，解释一下我为什么根据一览无余法则——而非钱伯斯规则（*Chambers v. Maroney*，399 U. S. 42，90 S. Ct. 1975，26 L. Ed. 2d 419（1970））——来维持搜查的合法性，也许能有所裨益。

钱伯斯案支持对汽车进行扣押并随后在警察局对其进行搜查，而不要求警察在发现汽车的地点立即搜查汽车。但是，钱伯斯案并没有授权警察无期限的扣留通过此种方式扣押的汽车；它考虑采取相对迅速的行动以完成搜查，以便可以解除对汽车的扣押并返回给所有人。但是，本案的情形是：柯立芝的庞蒂亚克汽车并没有被快速解除扣押，而是被留置在警察局超过1年以上的时间，并且汽车不但在扣押后立即受到搜查，而且在扣押后11个月以及扣押后14个月又受到搜查。由于前后两次搜查的结果都被作为证据提出，我无法援引钱伯斯案，而且要不是警察有权扣押并留置汽车——并不是因为它是汽车，而是因为其本身就是犯罪工具——我将会认为后一次搜查无效。我认为钱伯斯案不适用于本案，只是因为本案对汽车进行了长时间的扣押，因此我强烈反对多数意见拒绝适用钱伯斯案的理由。

如前所述，基于合理根据但是没有令状的情况下，逮捕和搜查个人是一项普遍适用的宪法和立法规则——无论基于特定事实，警察是否有机会获取令状。显然，紧急情形在逮捕的情况中如此常见，以至于被认为没有必要在每个案件中进行具体的判断。 p524

同样，“事实上，自政府建立之初”，国会和法院就已经认可了“在搜查商店、住宅以及其他建筑时，获取适当的官方令状可能是可行的；而为了查获违禁品而搜查船只、摩托艇、武器或汽车时，获取令状并不现实，因为如果必须获取令状的话，这些交通工具可以被迅速地转移出现场或司法辖区（*Carroll v. United States*，267 U. S. 132，153，45 S. Ct. 280，285，69 L. Ed. 543（1925））”。正如对个人进行逮捕时，可以对其人身进行附带搜查那样，根据第四修正案，只要涉及机动车，那么基于合理根据而对机动车实施的无证搜查也是合理的，无需再证明存在其他紧急情形。这一规则一直被认可（See *Cooper v. California*, *supra*; *Brinegar v. United States*, 338 U. S. 160, 69 S. Ct. 1302, 93 L. Ed. 1879（1949）; *Harris v. United States*, *supra*, 331 U. S., at 168, 67 S. Ct., at 1110（dissenting opinion）; *Davis v. United States*, 328 U. S. 582, 609, 66 S. Ct. 1256, 1269, 90 L. Ed. 1453（1946）(dissenting opinion); *Scher v. United States*, 305 U. S. 251, 59 S. Ct. 174, 83 L. Ed. 151（1938）; *Husty v. United States*, 282 U. S. 694, 51 S. Ct. 240, 75 L. Ed. 629（1931）; *United States v. Lee*, *supra*），并且得到钱伯斯案（*Chambers v. Maroney*, *supra*）的再次确认。该案的判决距现在不到一年，在该案中，机动车在高速公路上被拦截，但搜查是在警察局进行的，而且仅有合理根据而无令状。

现在，多数意见支持对扣押时处于可移动状态的汽车进行无证搜查。另外，在一些情形下，尽管具备合理根据但是因为没有令状，所以对停放着的可移动的汽车的搜查，只有证明存在紧急情形时，才具有正当性。尽管我不是很确定，但是当警察发现有合理根据搜查一辆停放着的汽车时，似乎不得径直进行搜查，而
p525 必须寻求令状。然而，如果在得到令状之前，汽车被其所有人或其他人开动，那么警察可以将其拦截并当场或在其他地方对其进行搜查。在本案中，如果柯立芝是在开车逃离住宅时被逮捕，对其汽车的立即扣押和随后的搜查，可能会被认为符合第四修正案，但是现在的情形是，柯立芝的汽车停放在其使用的车道上，因此没有合法的令状不得进行搜查。

从卡罗尔案到钱伯斯案的一系列判例，无论是从其明示的语言还是从其隐含的规则看，我都没有发现像本院现在这样对诸如本案情形下的搜查进行限制的。正如法院所言，尽管这些案件都涉及在拦截和搜查前处于移动状态的汽车或船只，但是它们都支

持搜查不再具有移动性的机动车。在这些案件中，汽车所有人已经为警察所控制，因此一点都不比那些停在马路或个人住宅汽车道上，并且无人驾驶但具有移动性的汽车更具有移动的可能性。不论汽车被发现时是静止的还是移动的，在上述两种情形下，家人或朋友移动汽车的可能性完全相同，因此结果自然也应该相同。

在赫斯特案（*Husty v. United States*，*supra*）中，警察从可靠的线人处得知，赫斯特在某汽车里放了两担酒，该车当时正停在某地，而且该线人还具体描述了该车的特征。警察在该地点找到了该汽车，但里面没有人。后来，警察看见赫斯特和另一人一起上了该车，并且将车开了出去。在该汽车开出不到两英尺后，就被警察拦截了下来，车内的违禁品立即被搜查。接着，赫斯特被逮捕。对于驳回排除搜查所得证据的动议，本院全体一致地予以维持，理由是："如果搜查是基于合理根据，并且是为了查获不法运输或持有的违禁酒，第四修正案并不禁止无证搜查汽车 p526
(*Id.*，at 700，51 S. Ct.，at 241)。"此外，"搜查并不是不合理的，因为正如申请人所言，自警察从线人处得到消息到警察可以获得针对汽车的搜查令之间，已经过去了足够多的时间。他不可能知道赫斯特何时会回到车内或汽车多久后会被转移。在这种情况下，我们认为，不应当要求警察去猜测在下述情形下成功执行令状的可能性，即为了获取令状，搜查必须推迟，并且必须从现场调离一名或多名警察。因此，这一搜查，有合理根据的支持，并不是不合理的（*Id.*，at 701，51 S. Ct.，at 242）……"

关于公路上正在移动的汽车，本院显然是赞成赫斯特案的。但是，对于法院而言，警察本可以在赫斯特试图开走汽车之前取得令状，这一点显然并不具有相关性。同样不重要的是，汽车在被拦截前已移动了近两英尺。即使是在赫斯特到来之前，或在他到来后、汽车被开走之前，警察也可以合法地进行搜查。法院试图以汽车被拦截前那微不足道的一点移动将本案与赫斯特案进行区分，并不具有说服力。

然而，法院坚决认为，本案不受卡罗尔—钱伯斯规则的支配，而是受戴克案（*Dyke v. Taylor Implement Mfg. Co.*，391 U. S. 216，88 S. Ct. 1472，20 L. Ed. 2d 538（1968））的约束。在该案中，汽车被恰当地拦截，并且车内乘坐的人因鲁莽驾驶而遭逮捕，但是随后在警察局的搜查，并不能以附带搜查为由而合理化（See *Preston v. United States*，376 U. S. 364，84 S. Ct. 881，11 L. Ed. 2d 777（1964））。汽车本身也不能被扣押或搜查，因为没
p527 有合理根据相信车内藏有犯罪证据。法院在戴克案中指出，搜查并不存在合理根据。我们正是基于这一事实才作出了该案的判决，我们指出："既然搜查没有被证明是建立在充分根据之上的"，那么我们没有必要根据其他理由即可宣告其违法（391 U. S.，at 222，88 S. Ct.，at 1476）。在戴克案中，如果存在合理根据，我们可能会维持搜查的合法性。

在第四修正案意义上，正在移动的机动车和具有移动性的机动车之间所存在的区别，最多只能说是微不足道的。这只是形而上学的区分，缺乏合理性的一般标准作为基础，而规制搜查扣押的正是这一合理性标准。将本案与卡罗尔—钱伯斯等判例进行区分，无疑会使得第四修正案的规定进一步陷入某种与现实无关、完全由诉讼产生的精细区分之中。从连贯性和确定性角度考虑，我建议，我们要么推翻这些先例，像对待住宅一样对待汽车搜查；要么把这些案件也适用到能立即移动和正在移动的机动车上，像对待逮捕的人那样对待机动车搜查。通过任何一种方式，我们都可能给第四修正案的规定带来一定程度的确定性，并且，为执法人员提供一些行动上的指导。

因此，我不同意法院意见第二部分的（二）、（三）、（四）小节。但是，我赞成该意见的第三部分所得出的结论。因此，我将维持新罕布什尔州最高法院的判决。

1.3 中方评论

柯立芝案是一览无余法则的源头判例。柯立芝案之后，经过希克斯案[1]、霍顿案[2]的发展，一览无余法则的基本要件已经牢牢确立了下来。而且，在迪克森案（*Minnesota v. Dickerson*）[3]中，最高法院根据一览无余理论，进一步承认了“一触即知”法则。此外，在美国司法实践中，法院系统还普遍认可“一听即知”、“一嗅即知”的法则。[4]

需要说明的是，20世纪70年代，最高法院关于第四修正案的解释明显偏向于令状优先原则，而非合理性条款。在此大背景下，柯立芝案将一览无余法则视为令状原则的例外，并据此要求，一览无余法则必须具备“无意发现”的要求。但是，随着第四修正案解释逐渐倒向合理性条款，最高法院的立场也逐渐发生了变化。在布朗案（*Texas v. Brown*）[5]中，最高法院判决认为，由于执法官员对于在公共场所一览无余发现的物品，即使没有司法令状的授权，也可以予以扣押，因此柯立芝案的上述理解“并不是很准确”。相反，最好不要把一览无余法则看做令状原则的例外，“而仅仅将其看做是执法官员据以‘接近某一物品’的某种正当理由的进一步延伸”。

关于一览无余法则，现在的解释是：在一览无余法则之下，对某特定物品的观察并非第四修正案意义上的“搜查”，因此，

---

① *Arizona v. Hicks*, 480 U. 8. 321 (1987).

② *Horton v. California*, 496 U. S. 128 (1990).

③ *Minnesota v. Dickerson*, 508 U. S. 366 (1993).

④ ［美］约书亚·德雷斯勒、艾伦·迈克尔斯著：《美国刑事诉讼法精解》，吴宏耀译，北京大学出版社2009年版，第249页。

⑤ 460 U . S. 730 (1983).

对于一览无余的观察并不适用第四修正案的规定；一览无余法则主要功能是，允许对于处于一览无余状态的物品实施无证扣押。对于一览无余状态的物品实施扣押，只涉及该物品的所有权，而不涉及物主的隐私利益。[①] 恰如迪克森案所言：

如果违禁品处于一览无余的状态，并被依法出现在某一地点的警察看见了，那么该行为并没有侵犯正当的隐私期待，因此不构成第四修正案意义上的“搜查”——或者说，至少不会在警察出现在该地点这一初始干预活动之外构成独立的搜查。[②]

或许是受到上述宪法定位的影响，柯立芝案以后，最高法院并没有正式认可柯立芝案提出的“无意发现”的要件；相反，在霍顿案中，最高法院判决认为，无意发现尽管是“根据‘一览无余原则’进行的大多数合法扣押活动的特征……但是，它并不是该原则的必要前提条件”。[③] 有意思的是，“无意发现”要件尽管遭到了联邦最高法院的否定，但是自柯立芝案以降，几乎所有的州法院以及联邦下级法院均要求必须符合无意发现的要求。[④]

现如今，作为联邦宪法的要求，一览无余法则的适用需要同时具备 3 个要件：1. 警察是从一个法律允许其进入的位置看到了该物品；2. 警察有权进入该物品所在的区域；3. 当警察看见它时，该物品应予扣押的属性（即该物品属于违禁品、赃物、犯罪工具或犯罪证据）是显而易见的，因此警察有合理根据对

---

① *Horton v. California*, 496 U. S. 128 (1990).

② *Minnesota v. Dickerson*, 508 U. S. 366, 375 (1993).

③ 496 U. S. 128 (1990); *contra under the state constitution*, *State v. Meyer*, 893 P. 2d 159 (Haw. 1995) （无意发现是一览无余法则的一项要求）; *Commonwealth v. Balicki*, 762 N. E. 2d 290 (Mass. 2002) (same)。

④ 有 46 个州、外加华盛顿哥伦比亚特区以及 12 个美国联邦上诉法院已经认可这一要求。*Horton v. California*, 496 U. S. 128, 149 – 53 (1990) (appendices A and B to the dissenting opinion of Brennan, J.).

其实施扣押。

为了理解上述3个要件之间的关系，试看德雷斯勒教授举的一个例子：正在街头巡逻的警察偶然朝某住宅一瞥，一眼看见起居室靠窗的桌子上种了一些大麻。很显然，该警察看见这些大麻时，他所处的位置是他依法有权出现的位置（a lawful vantage point）；而且，作为违禁品，该大麻应予扣押的属性也是显而易见的。那么，警察能不能根据一览无余法则扣押该大麻呢？对此，德雷斯勒教授解释说：

警察或许可以从法律允许的位置看见某一具有归罪性质的物品，但是他还必须依法享有接近该物品的权利，才可以根据一览无余原则实施扣押。因此……一览无余原则不允许警察为了扣押从街上看见的那些大麻，在未经令状授权的情况下进入嫌疑人的家。警察要想进入嫌疑人的起居室，需要有令状的授权或者符合令状原则的某项例外。①

换句话说，根据一览无余原则，即使执法官员从法律允许的位置看见了特定物品，而且这些物品的违法属性一目了然，这些还尚不足以赋予他进入他原本无权进入的区域实施扣押。为了进入该区域实施扣押，他还必须取得进入该区域的合法授权才行。

需要强调的是，执法官员据以进行观察的地点也必须是其有权进入的地点。如果执法官员的观察地点是违法的，那么其观察行为也就丧失了合法性，当然也就无法诉诸一览无余法则。所谓的“法律允许的位置”，既可以是执法官员依照法律特别授权而进入的区域（如依照司法令状的授权或者根据令状原则的例外进入某地点），也可以是无需特别授权就可以进入的区域（如从公共场所对住宅内部情况的观察）。其中，就特别法律授权而

① ［美］约书亚·德雷斯勒、艾伦·迈克尔斯著：《美国刑事诉讼法精解》，吴宏耀译，北京大学出版社2009年版，第243页。

言，最高法院明确认可的情形有：司法令状的执行活动、截停、为确定是否携带武器而进行的搜查（weapons searches）、紧急情形下无证进入住宅（exigent entries into a home）、财产登记搜查、同意搜查、与被逮捕人同行（situations in which the police accompany an arrestee），等等。①

最后，就扣押而言，第 3 个要件至关重要。在希克斯案中（Arizona v. Hicks），② 最高法院解释说，所谓“显而易见”（immediately apparent）是指，执法官员必须有合理根据对处于一览无余状态的物品实施扣押。就此而言，执法官员对于依法看见、依法接触的物品是否享有根据一览无余法则予以扣押的权力，很大程度上依赖于被扣押物品这种“显而易见”的属性。

1.4 阅读文献

- Diane Eyre Scott, *Plain View—Anything but Plain: Coolidge Divides the Lower Courts*, 7 Loy. L. A. L. Rev. 489 (1974).
- Paul M. Hubbard, *Auto Search: The Rocky Road from Carroll to Coolidge*, 17 S. D. L. Rev. 98 (1972).
- Warren D. Wolfson, *Car Is Not a Home: The Long and Difficult Path from Carroll to Coolidge (Part 3)*, 1 Police L. Q. 26 (1971 - 1972).
- Warren D. Wolfson, *Car Is Not a Home: The Long and Difficult Path from Carroll to Coolidge (Part 2)*, 1 Police L. Q. 24 (1971 - 1972).

---

① Thomas K. Clancy, *The fourth Amendment: Its History and Interpretation*, Carolina Academic Press (Durham: 2008) P. 303.

② 480 U. S. 321 (1987).

- Warren D. Wolfson, *Car Is Not a Home: The Long and Difficult Path from Carroll to Coolidge* (*Part 1*), 1 Police L. Q. 8 (1971 -1972).
- Robert L. Weldon, *Constitutional Law - Warrantless Search and Seizure - Coolidge v. New Hampshire*, 76 Dick. L. Rev. 333 (1971 -1972).

2. 一览无余法则的宪法要求：

希克斯案（*Arizona v. Hicks*）

480 U.S. 321, 107 S. Ct. 1149 (1987)

2.1 案件信息

- **本案争点**

当警察不具有合理根据相信争议事实中的物品就是犯罪证据或违禁物品时，是否能够援引一览无余法则予以无证扣押？

- **最高法院的判决**

最高法院以6:3的投票结果作出了有利于被申请人的判决。大法官斯卡利亚代表最高法院撰写了本案的判决意见，大法官布伦南、怀特、马歇尔、布莱克曼和史蒂文斯表示附和。大法官怀特发表了协同意见。鲍威尔大法官发表了反对意见，首席大法官伦奎斯特和奥康纳大法官表示附和。奥康纳大法官发表了反对意见，首席大法官伦奎斯特和鲍威尔大法官表示附和。

最高法院判决认为，基于第四修正案的目的，当执法官员仅仅记录他一眼就发现的立体声音响设备的序列号时，没有发生“扣押”行为。但是，尽管执法官员已经处于设备所在的公寓内，他搬动它进而找出序列号的行为构成了“搜查”，对此必须存在合理根据为之提供支持。

- **该判例的影响**

该判例通过“搜查就是搜查”的分析方法，将“纯粹检查”和“移动、记录”等行为严格区分开来，并根据是否侵犯隐私利益来判定一个行为是否构成“搜查”。对物品实施“移动、记录”等行为构成扣押，一览无余法则不能为之提供正当性理由，合理怀疑标准也不能替代第四修正案要求的合理根据标准。

2.2 判决正文

亚利桑那州
诉
詹姆士·托马斯·希克斯

第 85—1027 号

1986 年 11 月 8 日进行辩论

1987 年 3 月 3 日作出判决

p323 **大法官斯卡利亚（Scalia，J.）代表最高法院撰写了本案的判决意见。**

在柯立芝案（*Coolidge v. New Hampshire*，403 U. S. 443，91 S. Ct. 2022，29 L. Ed. 2d 564（1971））中，我们认为，根据宪法第四修正案，在特定的情形中，当警察合法地搜查私人场所时，对其一眼就发现的物品实施的无证扣押行为可能是合理的（See *id.*，at 465 – 471，91 S. Ct. at 2037 – 2041（plurality opinion）；*Id.*，at 505 – 506，91 S. Ct. at 2057 – 2058（Black，J.，concurring and dissenting）；*Id.*，at 521 – 522，91 S. Ct. at 2065 – 2066（White，J.，concurring and dissenting））。我们签发调卷令（475 U. S. 1107，106 S. Ct. 1512，89 L. Ed. 2d 912（1986）），在本案中就以下问题作出决定：当警察不具有合理根据去相信争议事实中的物品就是犯罪证据或违禁物品时，是否能够援引一览无余法则。

一

1984 年 4 月 18 日，一发穿过被申请人公寓地板的子弹打中并击伤了下层居住的一名男子。警察抵达并进入被申请人的公寓，进而搜寻枪支、其他被害人和武器。他们发现并扣押了包括一把短管步枪在内的3件武器，并在搜查过程中发现了一个带面罩的绒线帽。

其中一名叫尼尔森的警察注意到了两套昂贵的立体声音响，而它们看起来与这套邋遢的、布置凌乱的四居室公寓格格不入。尼尔森怀疑它们是偷来的，进而通过移动包括一个邦恩·奥鲁夫森牌*的唱机转盘在内的某些部件，查阅并记录了音响的序列号，随后打电话回警察总局就这些号码进行查询。在被告知这个唱机转盘已经在一起持枪抢劫案中被抢走后，他立即扣押了音响。随后，另一序列号被认定与同起持枪抢劫案中被抢走的另一套立体声音响相匹配，执法官员申请并执行令状，扣押了那套音响设备。被申请人随后被指控犯有抢劫罪。 p324

州初审法院批准了被申请人要求排除扣押获得的证据这一动议。亚利桑那州上诉法院维持判决。必须承认的是，虽然没有令状，但是枪击案中的紧急情形能够为最初进入公寓并进行的搜查提供正当性理由。然而，上诉法院认为，作为一种额外的搜查，获取序列号的行为与紧急情形不具相关性。基于闵希案（*Mincey v. Arizona*，437 U. S. 385，98 S. Ct. 2408，57 L. Ed. 2d 290（1978））中陈述的理由——“无证搜查必须‘严格限定于允许发动搜查之情形，并以此作为它的正当理由’（*Id.*，at 393，98 S. Ct. at 2413（citation omitted））”。上诉法院认为，警察的行为违反了第四修正案，据此获得的证据必须加以排除（146 Ariz. 533，534－535，707 P. 2d 331，332－333（1985））。两级法院——初审法院明确地，上诉法院含蓄地——拒绝了控方的下述主张，即柯立芝案（*supra*）确立的一览无余法则能够为执法

* 邦恩·奥鲁夫森（Bang & Olufsen）公司是丹麦一家国际顶级的音响及电视机生产厂商。——译者注

官员尼尔森的行为提供正当性理由。亚利桑那州最高法院拒绝进行审查，控方向本院提交了申请。

二

第一个问题是，控方主张执法官员尼尔森的行为不构成第四修正案意义上的“搜查”或“扣押”。仅仅记录序列号的行为并不构成扣押，对此我们表示赞同。可以肯定的是，在被申请人被夺走立体声音响的整个过程中，上述行为就是迈开的第一步。虽然如此，就记录行为本身而言，它并不是“有目的性地干涉”被申请人对于序列号或立体声音响所享有的财产性利益，因此也不能将之等同于扣押行为（See *Maryland v. Macon*, 472 U. S. 463, 469, 105 S. Ct. 2778, 2782, 86 L. Ed. 2d 370 (1985)）。

搜寻枪支、被害人和武器是执法官员尼尔森进入公寓的合法
p325 目标，然而除此以外，与之分开进行的移动音响设备的行为也就构成了“搜查”。在随后的搜查中，仅仅检查进入视野的转盘的那些零件并没有构成独立的搜查行为，因为它没有对被申请人的隐私利益造成更多的侵犯（See *Illinois v. Andreas*, 463 U. S. 765, 771, 103 S. Ct. 3319, 3324, 77 L. Ed. 2d 1003 (1983)）。但是，针对进入视野的公寓或其内部物品的隐秘部分采取的行动，如果与授权侵扰的目标不相关，那么就对被申请人的隐私造成了新的侵犯；而且，使进入公寓合法化的紧急情形亦不能为之提供正当性理由。与大法官鲍威尔的意见相反（*Post*, at 1156），从第四修正案之目的来考量，这就是为什么“‘观察’一眼就发现的可疑物和仅‘移动’它几英尺之间的差别”并非微小的原因。它与搜查没有发现任何对于被申请人具有重大个人价值的物品——序列号而不是（可以想象得到地隐藏在设备后面或下面的）书信或照片——无关。搜查就是搜查，就算除了转盘底座外没有发现任何物品。

三

剩下的问题在于，根据第四修正案，该搜查行为是否是“合理的”。

首先，在这一问题上，我们不同意亚利桑那州上诉法院下述明确的立场：因为执法官员作用于立体声音响的行为与他们进入被申请人住宅的正当性理由之间毫无关联，所以据此事实，搜查是不合理的。因一览无余法则而合法化的行为，经常不存在上述联系；当执法官员的行为符合进入住宅的正当目的时，援引一览无余法则就是多余的。在闵希案（*Mincey v. Arizona*，*supra*）中，无证搜查必须“严格限定于容许发动搜查之情形，并以此作为它的正当理由”（437 U. S.，at 393，98 S. Ct. at 2413）。这一说法，仅仅解决最初搜查本身的范围问题，而不是隐晦地推翻那些承认“一览无余”法则可以使超出该范围的行为正当化的判例。 p326

其次，我们转而将此法则适用到本案的事实中去。“在某些情况下，警察可以无证扣押一眼就发现的证据，这是一条确证的规则（*Coolidge v. New Hampshire*，403 U. S.，at 465，91 S. Ct. at 2037（plurality opinion）（emphasis added））。”那些情况包括：“根据一种已经认可的令状要求之例外，对于一眼就发现的证据警察所实施的最初侵扰具有法律上的支持。”例如，本案紧急情形下的侵扰即是如此。一个物品可以被合法地扣押并被带离住宅，却不能因进一步检查而被移动。这是一种荒谬的说法。因此，如果一览无余法则能够支持对该设备的扣押，那么很明显，此处进行的搜查亦是合法有效的。

毫无疑问的是，如果执法官员尼尔森具有合理根据相信这套设备是偷来的，那么情况就如上文所说那样。然而，控方承认他仅具有“合理怀疑”，这意味着其确信程度低于合理根据（See

Brief for Petitioner 18 - 19)。[①] 就下述问题我们尚未作出规制：为了援引一览无余法则，是否要求具有合理根据。在佩顿案（*Payton v. New York*, 445 U.S. 573, 587, 100 S. Ct. 1371, 1380, 63 L. Ed. 2d 639 (1980)）中，法官意见指出必须满足合理根据的标准；但是，我们后来在布朗案（*Texas v. Brown*, 460 U.S. 730, 103 S. Ct. 1535, 75 L. Ed. 2d 502 (1983)）中的判决意见明确指出这个问题尚未得到解决（See *id.*, at 742, n. 7, 103 S. Ct. at 1543 n. 7 (plurality opinion); *Id.*, at 746, 103 S. Ct. at 1545 (Stevens, J., concurring in judgment)）。

现在我们认为要求具有合理根据。相反的做法将使一览无余法则从理论和实践的码头中挣脱而漂走。一览无余法则的理论包括以下内容：长久以来，警察有权在公共场所对诸如武器和违禁品之类的物品进行无证扣押；该法则将警察的权力扩张至诸如住宅之类的非公共场所，在这些地方进行的无证搜查和扣押被推定

p327 是不合理的（See *Payton v. New York*, *supra*, at 586 - 587, 100 S. Ct. at 1380）。并且，扩大警察权力的现实正当理由在于，自我克制的警察提出的下述要求，即在合法搜查过程中看见物品，与在公共场所看见物品一样，都具有正当性；正当性理由还在于获得令状不方便且存在危险——为了自我保护或者保存证据（See *Coolidge v. New Hampshire*, *supra*, at 468, 91 S. Ct. at 2039 (plurality opinion)）。无需获得令状并不是允许以低于令状要求的标准——合理根据标准——来实施扣押。如果已经知悉目标物就在住宅内，那么在与之不相关的搜查扣押中，基于比原本申请针对同一物品的令状所需的较少理由，就能扣押目标物；此种做法没有任何明显的理由。

当然，我们并不是说，未达到合理根据标准扣押就不具有正

① 与大法官奥康纳在反对意见中提出的意见相反，这种妥协排除了我们在本案中的关于是否满足合理理由标准的考虑。

当性。例如，下述情形即是如此：扣押是一种最低限度的侵扰，并且操作上的必要性使之成为发现某种犯罪的唯一可行的方法（See，e. g.，*United States v. Cortez*，449 U. S. 411，101 S. Ct. 690，66 L. Ed. 2d 621（1981）（对疑为运送非法留滞的外国人的车辆进行调查性扣押）；*United States v. Brignoni - Ponce*，422 U. S. 873，95 S. Ct. 2574，45 L. Ed. 2d 607（1975）（same）；*United States v. Place*，462 U. S. 696，709，and n. 9，103 S. Ct. 2637，2645 and n. 9，77 L. Ed. 2d 110（1983）（dictum）（在机场扣押疑为毒贩的行李以让经过特殊训练的缉毒犬嗅寻））。本案不存在特别的操作上的必要性——而仅有以下事实，即争议事实中的物品合法地出现在执法官员一眼就发现的地方。单凭这个事实不能够取代合理根据的要求。

同样的考虑因素阻止我们得出以下结论：就算合理根据对于扣押来说是必要的，像本案这样，搜查一眼看见的物品能够基于较少的理由而得以维持。对寓所的搜查行为，毫不逊于对其的扣 p328
押行为，但需要合理根据；并且，对于以下问题也没有任何理论和实践性的理由：为什么适用一览无余法则将排斥合理根据的要求？虽然第四修正案针对不合理搜查的禁令所保护的法益完全不同于针对不合理扣押的禁令（See *Texas v. Brown*，*supra*，460 U. S.，at 747 - 748，103 S. Ct.，at 1546（Stevens，J.，concurring in judgment）），但是二者相较而言，并不是其中一者的价值稍微逊色，也不是其中一者本质上只需要较少的保护。就它们所需的用以确证警察行为合理性的正当性理由而言，至今我们未在任何场所对它们进行绝对化的区分；并且，就本案的特定情形而言，我们也没有任何理由来作出区分。事实上，更为宽容地对待搜查将尤其会腐蚀柯立芝案中多位法官意见作出的如下警告：“直到最后某些具有归罪性的物品出现之前，一览无余法则都可能被用以将一种全面的探寻式搜查从一物扩张至另一物（403 U. S.，at 466，91 S. Ct. at 2038）。”简言之，无论是否能通过下述情形来认可警察享有法律授权来移动音响——是仅仅作为不可避免的同时获得的授权来扣押它，抑或作为对一眼就发现的物品享有搜查权的后果——必须具有相信设备是盗窃所得的合理根据。

大法官奥康纳的反对意见指出，我们应该基于以下理由支持本案中的行为：它是一种“仓促的检查（cursory inspection）”而不是“彻底的搜查（full - blown search）”，因此合理怀疑可以替代合理根据为之提供正当性。正如上文指出的那样，根据第四修正案的目的，真正仓促的检查行为——仅仅观察已经进入视野的物体而不移动它——不构成“搜查”，因此就连合理怀疑也不需要。我们不愿意将警察和法官带进一个新的第四修正案规则的丛林之中，也不愿意试图创造一种不确定的描述——它既不是
p329 “一眼就发现”的检查，也不是“彻底的搜查”。在本院先前的判决意见中，没有任何内容支持此类区分；就算是大法官斯图尔特在斯坦利案（*Stanley v. Georgia*，394 U. S. 557，571，89 S. Ct. 1243，1251，22 L. Ed. 2d 542（1969））中的意见，虽然涉及“纯粹的检查”（mere inspection），但是在我们看来，这也没有描述对一眼就看见的物品的近距离观察。

大法官鲍威尔的反对意见富有见地地问到，在这种情况下，我们能期待执法官员尼尔森怎么做呢？当然，答案取决于他是否具有合理根据来进行搜查——该问题在本案中未获支持。如果具有合理根据，那么他就应当照他现在所做的那样去做。如果他没有合理根据，在可能的情况下，他应当通过搜查以外的方法来证实他的怀疑——就像在如下假设的情况中他所能做的那样：当他沿街行走时，在离他几步开外的住宅内，注意到了同样可疑的立体声音响存放于敞开的窗户下。在此类情况下，可以确定的是，除了搜查以外没有任何有效的方法。为了保护所有人的隐私，宪法有时忽视了一些犯罪，这点认识毫无新鲜之处。我们与反对者的分歧在于，如何维持恰当的平衡；我们选择遵循合理根据这一宪法文本和传统确立的标准。

控方争辩认为，即使执法官员尼尔森的搜查行为违反了第四修正案，下级法院也应当采信根据排除规则“善意”例外获得的证据。那不是本院签发调卷令所针对的问题，故我们拒绝考虑它。

基于已经论述的理由，本院维持亚利桑那州上诉法院的判决。

大法官怀特（White，J.）发表了协同意见。

我撰写协同意见仅仅旨在强调，本案并没有出现且我们无需去解决以下问题，即属于令状条款例外情形之一的所谓的一览无余之“无意发现”要求（See *Coolidge v. New Hampshire*，403 U. S. 443，469－471，91 S. Ct. 2022，2040－2041，29 L. Ed. 2d 564（1971）（plurality opinion））。一览无余法则的这个“要求”从未被本院多数意见的判决所接受，因此我也不接受大法官奥康纳反对意见中的下述主张，即为了满足第四修正案的要求，扣押一眼就发现的证据必须是被无意发现的。执法官员发现立体声音响序列号的无意性不予考虑，我同意今天的多数意见。执法官员没有合理根据相信被申请人的立体声音响设备是盗窃来的，但仍对之进行了搜查。就是基于上述原因，亚利桑那州上诉法院的判决必须被维持。 p330

大法官鲍威尔（Powell，J.）发表了反对意见，首席大法官伦奎斯特（Rehnquist，C. J.）和大法官奥康纳（O'Connor，J.）表示附和。

我赞同大法官奥康纳的反对意见，并撰写简洁的意见来强调我认为是最高法院判决所带来的不幸结果。

今天，最高法院第一次认为，合理根据要求是适用一览无余法则的独立限制条件。[①] 柯立芝案（*Coolidge v. New Hampshire*, 403 U. S. 443, 91 S. Ct. 2022, 29 L. Ed. 2d 564（1971））的多数
p331 大法官意见仅仅要求，“警察应当立即明显地发现有证据出现在他们面前；直到最后某些具有归罪性的物品出现之前，一览无余法则都可能被用以将一种全面的探寻式搜查从一物扩张至另一物（*Id.*，at 466，91 S. Ct. at 2038）”。本案中不存在全面的探寻式搜查，并且我也不会赞同这种搜查。所有的相关物品都是一眼就发现的，并都能被视为经常会被偷的。本案中没有以下行为：查看壁橱，打开抽屉或衣箱，或者其他“到处翻找”的行为。大法官奥康纳正确地强调指出，移动一个一眼就能发现的可疑物品只对隐私构成了轻微侵犯。然而，本院仍认为“仅仅观察”一个一眼就能发现的物品是合法的，但是“移动”或“侵扰”那个物品进而根据合理怀疑进行调查的行为是不合法的。本案的事实完全说明这种区分的不合理性。

执法官员认为争点事实中的立体声音响是偷来的，这个怀疑是合理的，并且有详细的、可言说的事实作为根据。事实上，控方承认没有合理根据的做法是不明智的。在紧急情形中——从公寓地板穿过的子弹击伤了下一楼层居住的一名男子——警察合法

① 在布朗案（*Texas v. Brown*, 460 U. S. 730, 103 S. Ct. 1535, 75 L. Ed. 2d 502（1983））中，多数意见明确拒绝解决下述问题，即“在某些情况下，比合理理由程度低的怀疑是否将构成扣押的充足理由……” *Id.*，at 742，n. 7，103 S. Ct. at 1543 n. 7. 在多数意见看来，就算是合理理由标准也仅要求事实足以使“‘一个合理谨慎的人产生信念’认为，某些物品可能是走私或盗窃来的财产，或者被用以作为犯罪证据；它并不要求有任何迹象表明，这种信念是正确的或比错误更可能具有真实性”。*Id.*，at 742，103 S. Ct. at 1543（quoting *Carroll v. United States*, 267 U. S. 132, 162，45 S. Ct. 280，288，69 L. Ed. 543（1925））. See also *Texas v. Brown*, *supra*, at 746，103 S. Ct. at 1545（Powell，J.，concurring in judgment）（没有就以下问题作出决定，即是否要求具有合理理由来检查一眼就能发现的物品）。佩顿案（*Payton v. New York*, 445 U. S. 573，587，100 S. Ct. 1371，1380，63 L. Ed. 2d 639（1980））中的论述是本院认可的法官意见。

地进入了被申请人的公寓。他们在公寓内的所见所闻很难表明居住者是一位守法的公民。在客厅的地板上，一眼就能发现一把a. 25 – 口径的步枪。在被认可是合法的搜查中，执法官员发现了一把 a. 45 – 口径的自动手枪，一把 a. 22 – 口径的短管步枪和一个带面罩的绒线帽。公寓内到处洒落着零星的毒品。执法官员同时发现了两套昂贵的被盗的立体声音响设备。①

可以公平地问一句，尼尔森在这样的情况下应该怎么做？如 p332
果控方承认他没有合理根据，那么，他就不可能获得令状来扣押立体声音响。尼尔森也不能继续待在公寓内且以武力来防止被他们驱赶。执法官员尼尔森的证言指出，即使不移动音响，他也能够查阅序列号。② 然而，为了查阅邦恩·奥鲁夫森牌转盘上的序列号，他不得不“将转盘转过来或倒过来”。尼尔森记录下了音响上的序列号并打电话给全国犯罪信息中心，进而根据中心电脑中的被盗财产清单来进行核对。电脑确证了他的怀疑，至少这个邦恩·奥鲁夫森牌的转盘已经被盗。根据该信息，执法官员申请令状来扣押转盘和其他已证明被盗的音响设备。

本院认为，存在对转盘的非法搜查行为。最高法院同意“仅仅记录序列号并不构成扣押”这个说法。因此，如果根据看得见的序列号，电脑已经识别出该音响属于被盗财产的话，那么该证据具有可采性。但是，本院进一步认为，“执法官员尼尔森移动设备的行为……构成了‘搜查’……”，在查阅物品序列号和移动、拿起同一物品来查阅其序列号之间，存在一个宪法性的区别。为使这个观点确定无误地清晰化，最高法院得出结论认

① 在交叉询问中回答问题时，执法官员尼尔森解释说，他的怀疑是“来自于12 年的警察经验。那段时间中我办理过不同的盗窃犯罪案件……并且，我正好熟悉那些自己使用盗窃来的立体声音响和电视的人”。

② 执法官员尼尔森作证说，在一套立体声音响背面和墙之间有约三英尺的敞开空间。据推测，这个敞开空间足够大，能让执法官员尼尔森在不移动音响的前提下看到背后的序列号。

为，“搜查就是搜查，就算除了转盘底座外没有发现任何物品”
p333 （*Ante*，at 1153）。恕我直言，在“观察”一眼就发现的物品和就算只“移动”它几英尺之间进行区分，使得第四修正案变得琐碎化。[①] 本院的新规则将带来不确定性，并可能阻碍尽责的警察合法地获取将有罪之人绳之以法所必须的证据。撇开解释第四修正案原理的重要性不论，今天的判决不会提高对隐私利益的保护，反而可能阻碍法律实施。正因为如此，我表示反对。

大法官奥康纳（O'Connor，J.）发表了反对意见，首席大法官伦奎斯特（Rehnquist，C. J.）和大法官鲍威尔（Powell，J.）表示附和。

今天最高法院问错了问题，尽管答案是正确。最高法院设问，在扣押一眼看见的物品或对之进行彻底的搜查前，警察是否一定需要具有合理根据？并可以据此得出结论认为他们必须具有合理根据。我表示赞同。然而，在我看来，本案呈现的是另一个不同的问题：警察在仓促检查一眼就发现的物品前是否需要具有合理根据。我得出结论认为，如果警察了解的事实或者相关背景能为合理怀疑某物是犯罪证据提供正当性理由，那么该检查就是合理的。所以，我将撤销亚利桑那州上诉法院的判决。因此，我表示反对。

p334 在柯立芝案（*Coolidge v. New Hampshire*，403 U. S. 443，91

---

① 许多经常被盗的物品都有识别性的号码，这些物品包括贵重的手表和照相机，也包括信用卡。假设如下案件中，一名执法官员合理地怀疑一眼就能发现的两块相同的手表已经被盗。根据本院判决，如果一块手表面朝上放着而另一块面朝下放着，查阅一块手表的序列号的行为将不是搜查。但是，将另一块手表翻转过来进而查阅序列号的行为将构成搜查。而且，执法官员查阅序列号的能力可能取决于它在房中的位置以及特定时间下的灯光条件。如果执法官员基于合理怀疑，使用一个袋式手电筒或者打开电灯来查阅号码而不是将之移动到序列号清晰可见的地方的话，它们之间是否存在宪法性的区别呢？

S. Ct. 2022，29 L. Ed. 2d 564（1971））中，大法官斯图尔特概括了多位大法官意见认为的搜查或扣押一眼就发现的物品所必需的三点要求。第一，警察必须合法地造成最初的侵扰，或者用别的方法使他们处于能看到特定区域的位置。第二，他们必须“无意”发现归罪性证据。第三，他们必须“立即明显地”看到可能是犯罪证据、违禁物品或其他可扣押的物品。作为布朗案（*Texas v. Brown*，460 U. S. 730，737，103 S. Ct. 1535，1540 – 1541，75 L. Ed. 2d 502（1983））中的另一种多数意见，这三项要求从未被本院多数意见明确采纳过。但是，“作为本院四位大法官（柯立芝案的多位大法官意见）的参考意见，被认为明显是就该争点作进一步讨论的相关因素”。在本案中，毫无争议的是，前两项要求都已经满足。基于紧急情形执法官员合法地进入公寓，并且发现立体声音响也是无意的——执法官员并不是“将一览无余法则作为托词，也没有‘提前知道某个证据的位置并意图扣押它’”（*Ibid.* quoting *Coolidge v. New Hampshire*，*supra*，at 470，91 S. Ct. at 2040）。相反，本案中的争议聚焦于“立即明显”要求的适用；争点问题是，警察的合理怀疑是否足以为仓促检查一眼就发现的物品提供正当性理由。

“立即明显”要求的目的旨在防止“对个人物品进行全面的探寻式的搜寻翻找”（*Coolidge v. New Hampshire*，403 U. S.，at 467，91 S. Ct. at 2038）。如果执法官员能够无差别地搜查一眼就发现的每一样物品，那么基于有限目的——诸如紧急情形——而具有正当性的搜查行为将可能用以剔除第四修正案的保护。因此，为了防止这种全面的搜查，我们要求物品的相关性必须是“立即明显”地发现的。正如大法官斯图尔特所解释的那样：

当然，仅当警察立即明显地发现证据就在他们面前时，将最初的（为当前情况提供的）正当性理由进行扩张是合法的；直到最后某些具有归罪性的物品出现之前，一览无余法则都可能被用以将一种全面的探寻式搜查从一物扩张至另一物（Cf. p335

Stanley v. Georgia，（394 U. S. 557），571 – 572（89 S. Ct. 1243，1251 – 1252，22 L. Ed. 2d 542）（1969）（Stewart，J.，concurring in result）.）。（*Id.*，at 466 – 467，91 S. Ct. at 2038 – 2039）

因此，我同意本院的如下说法：即使根据一览无余法则，在警察扣押物品或对一眼就发现的证据进行彻底搜查前，也必须具有合理根据。此合理根据要求将防止一览无余法则授权执法官员进行全面搜查。然而，这并不是说，即使仅仅检查可疑物品也必须具有合理根据的支持。当执法官员对一眼就发现的可疑物品进行仓促的检查并判定它实际上是否是犯罪证据时，不存在任何“探寻式的翻找搜寻”。警察只能够检查他们“合理地怀疑”是犯罪证据的物品，并且更重要的是，这种检查的范围也相当有限。简言之，对于警察在合法搜查中发现的物品，如果存在合理的、可言说的怀疑认为它们是犯罪证据的话，那么在我看来，警察可以为了证实他们的怀疑而进行仓促的检查。然而，如果他们打算超出此仓促检查的范围，那么他们必须具有合理根据。

大法官斯图尔特首先提出了以下两者之间的区别：彻底的搜查扣押一个物品和纯粹对之进行检查。在柯立芝案所援引的斯坦利案（*Stanley v. Georgia*，394 U. S. 557，89 S. Ct. 1243，22 L. Ed. 2d 542（1969））的协同意见中，大法官斯图尔特注意到，联邦执法官员在合法令状的授权范围内打开了被告人书桌的抽屉。当他们在一个抽屉里发现的不是令状所描述的赌博器材而是
p336 电影带时，他们继续在被告人的放映机上播放了电影带，并且随后以持有淫秽物品为名逮捕了被告人。大法官斯图尔特同意多数意见，认为必须排除电影带，但是与此同时，他指出对一眼就发现的证据进行较少侵犯性的检查将产生另一种情形：“这不是以下的情形——执法官员在合法的搜查过程中一眼就发现了违禁物品、犯罪活动或者犯罪证据。因为法庭记录清楚地表明，通过纯粹的检查无法判定电影带的内容（*Id.*，at 571，89 S. Ct. at 1251（emphasis added）（footnote omitted））。”

根据大法官斯图尔特的意见，绝大多数州和联邦法院都认为，对一眼就发现的物品进行侵犯性最低的检查不需要合理根据。正如拉费弗教授对这些法院意见所概括那样，“如果执法官员最初知道了某些事实和情况，具有正当的合理怀疑（不是传统意义上的合理根据）认为，一眼就发现的物品就是或者包含有犯罪的果实、工具或证据，那么对之进行查看或检查所产生的最小化的额外侵扰就是具有正当性理由的（2 W. LaFave, *Search and Seizure* § 6.7（b），p. 717（2d ed. 1987）；see also id.，at 345（一般认为，为了记录一个未知物品表面的品牌名字、序列号或其他识别性的特征，仅仅将它拿起的做法并无不当））”。因此，当法院要求更宽泛的搜查需要合理根据时，仓促的检查——包括为了更好地观察物品而将之拿起或移动——仅仅需要合理怀疑（See，*e.g.*，*United States v. Marbury*，732 F. 2d 390，399（CA5 1984））（如果警察具有合理怀疑相信一眼就发现的物品是证据的话，那么他们可以检查它进而判定它是否就是犯罪证据）；*United States v. Hillyard*，677 F. 2d 1336，1342（CA9 1982）（如果警察具有“合理怀疑”，那么他们能够简短地精读可疑文件）；*United States v. Wright*，667 F. 2d 793，798（CA9 1982） p337
（“如果执法官员至少具有‘合理怀疑’去相信其发现的物品就是证据，那么他可以对之进行检查”）；*United States v. Roberts*，619 F. 2d 379，381（CA5 1980）（“即使当警察不进行检查就无法查明一眼看到的物品就是进口的物品，也不能要求他们忽视这些物品的重要性”）；*United States v. Ochs*，595 F. 2d 1247，1257－1258，and n. 8（CA2 1979）（Friendly，J.）（same））。

实际上，在案件事实类似于本案的判决中，一些州法院已经适用了合理怀疑的标准（See，*e.g.*，*State v. Noll*，116 Wis. 2d 443，343 N. W. 2d 391（1984）（执法官员一看见电视机就能核查它的序列号）；*State v. Riedinger*，374 N. W. 2d 866（ND 1985）（执行毒品令状的警察可以核查微波炉的序列号）；*People v. Dorris*，

110 Ill. App. 3d 660，66 Ill. Dec. 390，442 N. E. 2d 951（1982）（警察可以记录存款单的账号，因为当他们具有合理怀疑认为一眼就发现的物品是被盗财产时，核查外部识别性号码产生的最小化的额外侵扰是适当的）；*State v. Proctor*，12 Wash. App. 274，529 P. 2d 472（1974）（支持警察记录计算器序列号的行为）；*People v. Eddington*，23 Mich. App. 210，178 N. W. 2d 686（1970）（支持检查鞋后跟的行为），rev'd on other grounds（387 Mich. 551，198 N. W. 2d 297（1972））。

基于侵犯的相对性而对搜查所作的区分——以及随后美国诸法院对其的一致采纳——是与我们第四修正案的法理完全一致的。长久以来，我们已经认识到，搜查的侵犯性是多种多样的，并且一些短暂的搜查对于第四修正案的法益来说“可能只有如此最小化的侵犯性，以至于与之相对的迫切的政府利益，仅根据特定的、可言说的事实”——譬如争议事实中的物品是违禁物
p338 品或犯罪证据——“就能为搜查提供正当性理由（*United States v. Place*，462 U. S. 696，706，103 S. Ct. 2637，2644，77 L. Ed. 2d 110 1983））”。在普鲁斯案（*Delaware v. Prouse*，440 U. S. 648，654，99 S. Ct. 1391，1396，59 L. Ed. 2d 660（1979））中，我们认为，特定执法实践的允许性，应当通过对以下两者的权衡比较进行判断：它对个人第四修正案权益的侵犯以及它对政府合法利益的促进。因此，“当谨慎地权衡政府和个人利益后，表明低于合理根据的第四修正案之合理性标准能够最大限度地服务于公共利益时，我们将毫不犹豫地采纳此标准（*New Jersey v. T. L. O.*，469 U. S. 325，341，105 S. Ct. 733，743，83 L. Ed. 2d 720（1985））”。政府利益被认为包括预防犯罪和发现犯罪（*Terry v. Ohio*，392 U. S. 1，22，88 S. Ct. 1868，1880，20 L. Ed. 2d 889（1968））。这个标准在于执法利益是否非常“重要”，而不是像本院所说的在于“操作上的必须性是否使得（低于合理根据的标准）成为侦查某些种类犯罪的唯一可行的方法（*See United*

States v. Place, *supra*, at 704, 103 S. Ct. at 2643)”。

在我看来，这种对于政府和个人利益的权衡，强有力地支持对仓促检查一眼就发现物品适用合理怀疑标准。为了获得一眼就发现的物品的序列号而对之进行仓促的检查，它所产生的额外侵犯是极小的。事实上，与普雷斯案（*United States v. Place*, *supra*）中扣押怀疑为属于毒贩的行李和特瑞案（*Terry v. Ohio*, *supra*, at 24–25, 88 S. Ct. at 1881–1882）中“虽然短暂，却是对珍贵的个人安全的严重侵犯”相比，本案中的侵犯行为更加短暂且侵犯性更小。

与最小化的额外的隐私侵犯相对而言的是相当可观的执法利益。在追寻被盗财产中，使用识别性的号码是一种强有力的执法利器。与仅靠警察收集的证据相比，序列号在发现被盗财产的过程中更具辅助性，而且更准确（Cf. *New York v. Class*, 475 U.S. 106, 111, 106 S. Ct. 960, 964, 89 L. Ed. 2d 81 (1986)（看到了车牌号码的重要性））。考虑到在我们全国性经济活动中生产、 p339
流通的大量商品，序列号经常是准确发现被盗财产的唯一方法。对于政府和个人利益的权衡，强有力地支持多数法院已经接受的如下观点，即合理怀疑标准满足第四修正案的要求。

不幸的是，为了创设一个“明确的”标准，本院选择了一种忽视众多先例、给合理的执法实践设置严重障碍的方法。事实上，在本案中，仅仅根据执法官员的合理怀疑，他不可能获得令状来搜查立体声音响进而记录它的序列号；并且，在本院看来，执法官员甚至不能移动音响的转盘进而检查它的序列号。今天本院所采用的“搜查就是搜查”这一分析方法的理论优势太过遥远，不能给这种分析方法对强加给合法有效的执法活动所造成的实际严重的损害提供正当性理由。

就算合理根据是合适的标准，我也几乎不怀疑本案中的搜查行为已经满足了该标准。在为调查罪大恶极的非法活动而进行的搜查过程中，警察发现了盗窃工具（一把短管步枪和一个带面罩的绒线帽）并观察到在一套狭小的公寓内存在两套立体声音响设备——就周围环境来看，音响是相当昂贵的，并且它们也是盗窃活动的首选目标——综上所述，已经满足了合理根据的"灵活的，常识性的标准"（*Texas v. Brown*, 460 U. S. , at 742, 103 S. Ct. at 1543（plurality opinion））。

因为本院今天忽视了合理根据的存在，并且在仓促检查一眼就发现的证据的合理性标准上，打乱了一系列广为接受的先例，因此，谨发表反对意见如上。

2.3 美方评论

希克斯案是对一览无余原则的公正适用。一览无余原则规定，在执法活动中，如果执法官员仅仅通过观察就能确定，有合理根据认为某物品属于犯罪证据，那么该执法官员有权对该物品实施无证扣押。例如，在希克斯案中，如果执法官员进入公寓后，看见桌子上放着一些毒品，那么他们将有权扣押这些毒品（请注意，由于执法官员知道有人在该公寓开枪射击，因此基于公共安全的合法理由，他进入该公寓是合法的）。在希克斯案中，执法官员的问题在于：控方承认，仅仅通过观察，执法官员对于转盘唱机属于被盗物品尚未形成合理根据的判断。对此，希克斯案澄清说，为了适用一览无余规则，扣押某物品的合理根据必须是仅仅通过观察就一清二楚的。如果为了形成合理根据还需要进一步的搜查——而且，该搜查行为已经超出了该执法官员执法活动的范围，那么就不能再适用一览无余规则了。在此，进一步的搜查行为和扣押某物品的行为，都会受到第四修正案的禁止。在希克斯案中，有关转盘唱机系被盗物品的合理根据，是执法官员通过拿起该物品并查看后面的产品序列号而形成的。但是，该搜查行为——拿起转盘唱机并查看其背后的序列号——已经超出了该执法官员最初进入该公寓的合法理由。该行为不是为了寻找枪支。因此，该搜查行为以及扣押转盘唱机都是非法的。

就希克斯案而言，最重要的一点不在于它关于一览无余规则的讨论，而在于它关于搜查行为的一般论述。控方承认，执法官员查看转盘唱机背后序列号的行为属于搜查。但是，控方争辩说，由于这一搜查行为只具有非常低的侵害性，因此，根据低于合理根据的证明标准也是合法的。质言之，控方主张的是关于搜查的浮动标准：搜查的侵害程度越高，所要求的证明标准也就越高；搜查的侵害程度越低，所要求的证明标准也应该越低。但是，在希克斯案中，最高法院拒绝了这种浮动标准的分析方法。恰如最高法院所言，“搜查就是搜查”。如果某行为侵害了合法的隐私期待，无论其侵害程度多么小，都需要具有合理根据的支持。这是公民享有的一项重要保护，因为所谓的浮动标准通常导致的是“浮动”而非“标准”，也即法院系统极有可能判决说，某干预行为并没有那么严重，因此根据较低的证明标准，执法官员也应该有权实施此类行为。

需要指出的是，最高法院已经将浮动标准的分析方法适用于扣押活动，即由于截停的干预程度小于逮捕，因此根据合理怀疑这一相对较低的证明标准，也可以实施截停。但是，在希克斯案中，最高法院拒绝将搜查与扣押等量齐观。此外，根据低于合理根据的证明标准（但具有保障警察安全或公共安全的正当理由），实施某些搜查行为也是允许的——具体而言，如特瑞式拍身搜查、基于“特殊需要”的搜查（如机场搜查）。希克斯案立足于以下命题，即如果执法官员为了发现犯罪证据而进行搜查，就必须具有合理根据的支持——在此，搜查行为只具有非常低的侵害性是无关紧要的，因为如前所述，“搜查就是搜查”。因此，希克斯案是一个重要的判例，它为搜查证据的执法活动设定了一条基线，即必须具有合理根据的支持。

2.4 阅读文献

- Denise Marie Cloutier, *Arizona v. Hicks: The Failure to Recognize Limited Inspections as Reasonable in Fourth Amendment Jurisprudence*, 24 Colum. J. L. & Soc. Probs. 351 (1991).
- David M. Seid, *Aftermath of Arizona v. Hicks: An Expectation of Privacy at Home*, 17 Am. J. Crim. L. 81 (1989－1990).
- Steven D. Mellin, *Look but Don't Touch – The Limits of the Plain View Doctrine following Arizona v. Hicks*, 10 Geo. Mason U. L. Rev. 533 (1987－1988).
- Tonya C. Cumalander, *Criminal Procedure – The Supreme Court Takes a Stance with Plain View Searches and Seizures – Arizona v. Hicks*, 10 Campbell L. Rev. 331 (1987－1988).
- Robert J. Kuker, *Arizona v. Hicks: Probable Cause Requirement under the Plain View Doctrine*, 21 J. Marshall L. Rev. 903 (1987－1988).

3. 一览无余法则的新标准：

霍顿案（*Horton v. California*）

496 U. S. 128, 110 S. Ct. 2301（1990）

3.1 案件信息

• **本案争点**

证据是"意外发现"的，是否是适用一览无余法则的必要条件？也就是说，如果证据的发现并非出于意外而是预先就知道，那么对一眼看到的证据进行无证扣押，是否违反第四修正案？

• **最高法院的判决**

美国最高法院以7∶2的投票结果作出了不利于申请人霍顿的判决。大法官史蒂文斯代表最高法院撰写了本案的判决意见，首席大法官伦奎斯特，大法官怀特、布莱克曼、奥康纳、斯卡利亚和肯尼迪表示附和。大法官布伦南发表了反对意见，大法官马歇尔表示附和。

美国最高法院判决认为，第四修正案并不禁止无证扣押一眼看见的证据，即使该证据并非出于意外发现。尽管意外发现证据是大多数一览无余扣押的特征，但是并非适用一览无余规则的必要要件。

- **该判例的影响**

本判例认为，“意外发现”的证据并非适用一览无余法则的必要要件，在这一点上，本判决推翻了柯立芝案确立的并且为大部分州和联邦法院所适用的规则，扩大了警察的搜查权。

3.2 判决正文

特瑞·布赖斯·霍顿
诉
加利福尼亚州

第 77—7164 号

1990 年 2 月 21 日进行辩论

1990 年 6 月 4 日作出裁决

大法官史蒂文斯（Stevens，J.）代表最高法院撰写了本案的判决意见。

在本案中，我们重新探讨在柯立芝案（*Coolidge v. New Hampshire*，403 U.S. 443，91 S. Ct. 2022，29 L. Ed. 2d 564（1971））中已经讨论过但没有最终解决的问题：如果执法官员并非意外发现证据，那么第四修正案是否禁止对其一眼发现的证据进行无证扣押。我们得出结论认为，尽管“意外发现证据”是大多数“一览无余”扣押的特征，但是它并非必要条件。

一

申请人由于持械抢劫欧文·沃勒克而被判决有罪。欧文·沃勒克是圣何塞市硬币俱乐部（San Jose Coin Club）的财务员。俱乐部年度展出结束后，他就回家了。当他进入车库时，突然来了两个蒙面人，一个手持机器手枪，另一个拿着电击仪器——有时也叫“眩晕枪”（stun gun）。二人对沃勒克实施了电击并将其手铐住，进而抢劫了他的珠宝和现金。二人在这一过程进行的谈话，使得沃勒克事后得以识别出他们独特的声音。而且，这一识别得到了目击抢劫犯离开现场的证人以及申请人参加过硬币展出的证据的佐证。

经验丰富的拉·劳尔特警官侦查了犯罪现场，并且认为存在合理根据搜查申请人的住宅以查获遭抢劫的赃物和抢劫者使用的
p131 武器。根据记载了武器和赃物的侦查报告，他向地方法官申请搜查令状并作了附誓宣言，但是地方法官签发的令状却只授权搜查赃物——包括3个特别记载的戒指。

根据这一令状，拉·劳尔特警官对申请人的住宅进行了搜查，但是没有发现被抢的财物。不过，在这一搜查过程中，他一眼就发现了那些武器，遂将其扣押。具体而言，他扣押了一把乌兹机关枪、一把38毫米口径的连发左轮手枪、两把眩晕枪、一把手铐钥匙、一份圣何塞市硬币俱乐部的广告小册子以及一些经被害人辨认的衣物。[1] 拉·劳尔特作证说，在搜查戒指的过程中，他还对发现其他与抢劫有关的证据很感兴趣。因此，被扣押的证据并不是“意外发现”的。

初审法院拒绝排除在申请人住宅发现的证据，经陪审团审判，申请人被判有罪并被处以监禁刑。加利福尼亚州上诉法院维持了原判（App. 43）。法院驳回了申请人的下述主张：在柯立芝案中，美国联邦最高法院要求将令状中没有列举的已扣押证据排除，因为它们不是被意外发现的（App. 52－53）。法院援引了加利福尼亚州最高法院在诺斯案（*North v. Superior Court*，8 Cal. 3d 301，104 Cal. Rptr. 833，502 P. 2d 1305（1972））中的判决。在该案中，法院指出：在柯立芝案中，大法官斯图尔特先生将一览无余法则限定于“意外发现”证据的情形；但是，由于只得到

---

[1] 警察还看到了其他手枪和步枪，但是没有实施扣押，因为他没有合理根据相信它们与犯罪有关。App. 30；See *Arizona v. Hicks*，480 U. S. 321，327，107 S. Ct. 1149，1153，94 L. Ed. 2d 347（1987）.

了3名大法官的赞同，因此这一观点并不具有先例的效力。① 加利福尼亚州最高法院驳回了申请人的审查要求（App. 78）。

由于加利福尼亚州最高法院对一览无余法则的解读与其他法 p132
院有冲突②，而且这一未决问题很重要，我们批准了调卷令申请（493 U. S. 889，110 S. Ct. 231，107 L. Ed. 2d 183（1989））。

p133

---

① 在柯立芝案中，警察在杀人嫌疑犯的住宅中将其逮捕，紧接着扣押了他的汽车。后来在警察局对该汽车进行的搜查，发现了证明被害人曾经坐过该车的实物证据。法庭记录显示，警察知悉汽车在犯罪中的大概作用已经有段时间，而且并没有"紧急情形"证明无证搜查是正当的，因此，大法官斯图尔特执笔的多数意见得出结论：这样的扣押，不能根据汽车本身是"犯罪工具"，并且是被警察"一眼就发现的"这一理由而正当化。大法官斯图尔特的观点是：只有在归罪证据是意外发现的情况下，一览无余法则才能适用。如果柯立芝案多数意见有先例约束作用的话，我们就很难把这一判决与本案进行区别，因为在本案中，警察同样并非意外发现申请人的汽车。但是，大法官斯图尔特执笔的多数意见中建议对一览无余法则采取新限制的那部分，只有4个大法官的签名（大法官斯图尔特、道格拉斯、布伦南和马歇尔）。大法官哈兰虽然对法院判决持协同意见，但是拒绝赞成这一部分，而其他4个大法官，则明确表示在该问题上不同意斯图尔特大法官的意见。*North v. Superior Court*，8 Cal. 3d，at 307 – 308，104 Cal. Rptr.，at 836，502 P. 2d，at 1308（1972）（citations omitted）.

② See，e. g.，*Wolfenbarger v. Williams*，826 F. 2d 930（CA10 1987）；*United States v. $10，000 in United States Currency*，780 F. 2d 213（CA2 1986）；*United States v. Roberts*，644 F. 2d 683（CA8），cert. denied，449 U. S. 821，101 S. Ct. 79，66 L. Ed. 2d 23（1980）；*United States v. Antill*，615 F. 2d 648（CA5 1980）；*Terry v. State*，271 Ark. 715，610 S. W. 2d 272（App. 1981）；*State v. Johnson*，17 Wash. App. 153，561 P. 2d 701（1977）；*Commonwealth v. Cefalo*，381 Mass. 319，409 N. E. 2d 719（1980）；*State v. Sanders*，431 So. 2d 1034（Fla. App. 1983）；*State v. Galloway*，232 Kan. 87，652 P. 2d 673（1982）；*Clark v. State*，498 N. E. 2d 918（Ind. 1986）；*State v. Eiseman*，461 A. 2d 369，380（R. I. 1983）；*State v. McColgan*，631 S. W. 2d 151（Tenn. Crim. App. 1981）；*Tucker v. State*，620 P. 2d 1314（Okla. Crim. App. 1980）；*State v. Dingle*，279 S. C. 278，306 S. E. 2d 223（1983）. See also the cases cited in the Appendices to Justice BRENNAN's dissenting opinion，*post*，at 2314 – 2316. 至少其他两个州法院已经赞同加利福尼亚州最高法院的意见。See *State v. Pontier*，95 Idaho 707，712，518 P. 2d 969，974（1974）；*State v. Romero*，660 P. 2d 715（Utah 1983）.

二

第四修正案规定："个人的人身、住宅、文件和财产不受不合理搜查和扣押的权利，不得侵犯，而且除非存在合理根据、以宣誓或代誓宣言保证并具体说明拟欲搜查的地点和拟欲扣押的人或物，不得签发司法令状。"第四修正案所保护的人身和财产的安全权，可能被多种不同方式的搜查和扣押所侵犯。搜查，危及个人的隐私利益；扣押，剥夺了个人对他或她的身体或财产的支配权（*United States v. Jacobsen*, 466 U. S. 109，113，104 S. Ct. 1652，1656，80 L. Ed. 2d 85（1984））。一览无余法则，通常被认为是无证搜查原则上都是不合理的这一一般规则的例外。[①] 但是，这一看法忽视了搜查和扣押之间存在的重要区别。[②] 如果一个物品能
p134 一眼就被看到，那么观察或扣押都不会再涉及对隐私的任何侵犯（*Arizona v. Hicks*，480 U. S. 321，325，107 S. Ct. 1149，1152，94 L. Ed. 2d 347（1987）；*Illinois v. Andreas*，463 U. S. 765，771，103 S. Ct. 3319，3324，77 L. Ed. 2d 1003（1983））。但是，很显然，扣押该物品将会侵犯公民的所有权（*Maryland v. Macon*，472

---

① 在闵希案（*Mincey v. Arizona*，437 U. S. 385，390，98 S. Ct. 2408，2412，57 L. Ed. 2d 290（1978））中，大法官斯图尔特代表持一致意见的最高法院论述了第四修正案规定的基本原则，对此我们再次予以重申："第四修正案禁止任何不合理的搜查和扣押。其首要原则是，除非属于少数具体的、得以清晰界定的例外情形，否则，未经法官或地方法官预先批准、未经司法程序审查而实施的搜查活动，本质上属于第四修正案的不合理搜查。"*Katz v. United States*，389 U. S. 347，357（88 S. Ct. 507，514，19 L. Ed. 2d 576（1967））（footnotes omitted）. *United States v. Ross*，456 U. S. 798，824－825，102 S. Ct. 2157，2173，72 L. Ed. 2d 572（1982）.

② 柯立芝案确立了一览无余法则，从而为扣押物品的行为提供了正当化理由。将该法则与警察对一眼就看到了的物品进行单纯地观察之行为进行区别，是很重要的。后者一般不涉及第四修正案意义上的搜查。See infra，at 740（103 S. Ct.，at 1542；*Katz v. United States*，389 U. S. 347（88 S. Ct. 507，19 L. Ed. 2d 576）（1967）. 而前者，一般会牵涉到该修正案对扣押个人财产的限制。*Texas v. Brown*，460 U. S. 730，738，n. 4，103 S. Ct. 1535，1541，n. 4，75 L. Ed. 2d 502（1983）（opinion of Rehnquist，J.）.

U. S. 463, 469, 105 S. Ct. 2778, 2782, 86 L. Ed. 2d 370 (1985); *Jacobsen*, 466 U. S., at 113, 104 S. Ct., at 1652)。如果说“一览无余”构成适用令状要求之例外的一个正当理由，那么这一例外肯定是关于扣押而非搜查的。

柯立芝案（*Coolidge v. New Hampshire*, 403 U. S. 443, 91 S. Ct. 2022, 29 L. Ed. 2d 564 (1971)）确立了“一览无余”扣押的一般性指导标准。在该案中，法院认为，警察在逮捕被告人过程中扣押了一眼就看到的停在被告人车道上的两辆汽车，是违反第四修正案的。因此，随后利用吸尘器从其中一辆汽车中里发现的黑色火药粉末，就不能作为不利于被告人的证据使用。控方试图从四个方面来证明扣押汽车以及随后在警察局进行的对车的搜查的正当性，其中一个理由就是一览无余法则。[①]“一览无余”是早期判例发展起来的规则，这一规则的适用范围，在斯图尔特大法官执笔的以下三段判决意见中得到了很好的概括：

> 一个既定的规则是：在特定条件下，警察可以在没有令状的情况下扣押一览无余的物品。但是，很重要的是，我们要谨记，在绝大部分案件中，警察扣押的任何证据都是一览无余的——至少在扣押的当时肯定如此。一览无余法则的关键，在于甄别是否属于一览无余且有重要意义——而不只是作为任何合法或非法的 p135
> 搜查活动的常态伴随物——的情景。
>
> 适用一览无余法则的一个例子，是警察持有在特定地点搜查指定物品的令状，在这一搜查过程中，警察碰巧看到了其他具有归罪性质的证据（Cf. *Go – Bart Importing Co. v. United States*, 282

① 控方的基本主张是：扣押得到了检察总长签发的令状的授权；但是，法院认为，该令状是无效的，因为其并非由“中立、超然的地方法官签发”。403 U. S., at 449 – 453, 91 S. Ct., at 2029 – 2031. 此外，控方还根据令状要求的三个例外：(1) 附带搜查；(2) 汽车例外；以及 (3) 一览无余法则。*Id.*, at 453 – 473, 91 S. Ct., at 2031 – 2042.

U. S. 344，358（51 S. Ct. 153，158，75 L. Ed. 374（1931））；*United States v. Lefkowitz*，285 U. S. 452，465（52 S. Ct. 420，423，76 L. Ed. 877（1932））；*Steele v. United States*，267 U. S. 498（45 S. Ct. 414，69 L. Ed. 757（1925））；*Stanley v. Georgia*，394 U. S. 557，571（89 S. Ct. 1243，1251，22 L. Ed. 2d 542（1969））（Stewart，J.，concurring in result））。如果使警察得以一眼就看见此类物品的最初侵入（initial intrusion），不是基于令状，而是根据一项已获得认可的令状要求的例外，那么扣押也是合法的。因此，警察在对逃跑的嫌疑人进行"热追捕"的过程中，可以扣押意外发现的证据（*Warden v. Hayden* 387 U. S. 294，87 S. Ct. 1642，18 L. Ed. 2d 782（1967））；cf. *Hester v. United States*，265 U. S. 57（44 S. Ct. 445，68 L. Ed. 898（1924））。在附带搜查过程中——尽管根据现行法其适用范围已经受到了适当的限制——对于进入视线范围内的物品，警察亦可无需令状而予以扣押（*Chimel v. California*，395 U. S.（752，）762－763（89 S. Ct. 2034，2039－2040（1969）））。最后，尽管警察当时并不是在搜查不利于被告人的证据，然而如果意外发现了归罪证据，那么一览无余法则仍适用（*Harris v. United States*，390 U. S. 234（88 S. Ct. 992，19 L. Ed. 2d 1067（1968））；*Frazier v. Cupp*，394 U. S. 731（89 S. Ct. 1420，22 L. Ed. 2d 684（1969））；*Ker v. California*，374 U. S.（23，）43（83 S. Ct. 1623，1635，10 L. Ed. 2d 726（1963））. Cf. *Lewis v. United States*，385 U. S. 206（87 S. Ct. 424，17 L. Ed. 2d 312（1966）））。

适用一览无余法则之案件的一个共同特点是：在每个案件中，警察都先有正当理由实施某一侵入行为，在这过程中，他意外发现了某个能证明被告人有罪的证据。这一法则只是补充了这一先前的正当理由——不论是持有搜查其他物品的令状、"热追捕"、附带搜查还是与被告人的搜查无关的其他合法在场理由——从而允许无证扣押而已。当然，只有在警察能立即明显

p136

(immediately apparent) 地看出他面前的物品具有证据价值的条件下，扩大最初正当理由所允许的侵犯范围才具正当性；一览无余法则不得被扩大成没有特定目的的探索性搜查，即从一物延伸到另一物，一直到最后发现归罪证据为止（*Id.*，at 465 – 466，91 S. Ct.，at 2037 – 2038 (footnote omitted)）。

大法官斯图尔特接着阐述了他认为该规则所暗含的两个限制：第一，“仅仅根据一览无余，并不足以证明无证扣押的正当性”（*Id.*，at 468，91 S. Ct.，at 2039）；第二，“证据必须是被意外地一眼发现的”（*Id.*，at 469，91 S. Ct.，at 2040）。

大法官斯图尔特对一览无余法则的这一分析，并没有得到多数大法官的支持，而且本院在此后一个案件的多数意见中已经明确表示，这一观点“没有先例约束力”（*Texas v. Brown*，460 U. S. 730，737，103 S. Ct. 1535，1541，75 L. Ed. 2d 502 (1983) (opinion of Rehnquist，J.)）。大法官哈兰在发表协同意见并对反对意见进行回应时（403 U. S.，at 473 – 484，490 – 493，91 S. Ct.，at 2042 – 2047，2050 – 2051），并没有加入多数意见关于一览无余法则的讨论（See *id.*，at 464 – 473，91 S. Ct.，at 2037 – 2042）。尽管如此，这一判决本身是具有先例约束力的。因此，尽管本案只涉及第二个限制条件，在此仍有必要先解释一下为何第一个条件已经足以支持本院在该案中的判决。

任何对归罪证据的无证扣押，要想被认定为合法，必须满足的前提条件是：警察不是通过违反第四修正案的方式，出现在一眼就能看见该证据的地方。但是，要使无证扣押合法化，还必须同时满足另外两个条件。第一，这一物品不仅必须是一眼就能看见，而且其归罪性质也必须是“立即明显的”（*Id.*，at 466，91 p137
S. Ct.，at 2038；*Id.*，at 466，91 S. Ct.，at 2038；See also *Arizona v. Hicks*，480 U. S.，at 326 – 327，107 S. Ct.，at 1153.）。在柯立芝案中，汽车显然是一眼就能看见的，但是其证据价值在对汽车内部进行搜查并仔细检查之前都是不确定的。第二，警察不

但必须合法地出现在一眼就能看见该物品的地方，而且他或她还必须有合法的权力接近该物品本身。[①] 正如控方所说，大法官哈兰在柯立芝案中之所以赞成法院的判决，可能就是基于以下事实：汽车系通过无证侵入被告人财产的方式而被扣押的。[②] 综合各种情况，我们完全有理由认为，在柯立芝案中，没有满足“意外发现证据”这一要求，并不是法院驳回控方“一览无余”主张的必要条件。

三

大法官斯图尔特认为，宪法明确要求扣押证据必须持有一个详细描述被扣押之物的合法令状，因此意外发现证据，是避免违反这一宪法规定的必要条件。他解释说：

> 正如刚才所言，这一令状要求之例外的基本理念是：允许扣押一览无余发现的证据，并不会把一个开始有效（并因此受

---

① “这只不过是我们上面已经讨论过的一个原则的必然推论。这一原则是：任何程度的合理根据都不能为缺乏‘紧急情形’的无证搜查或扣押提供正当性。能证明有罪的证据就在犯罪嫌疑人的住所内，这一通过感官所获得的无可争议的证言，完全可以确立最大限度的合理根据。但是，即使该物品是违禁品，本院已经反复强调并践行一个基本规则：警察不可以进入住宅以实施无证扣押。*Taylor v. United States*, 286 U. S. 1（52 S. Ct. 466, 76 L. Ed. 951（1932））；*Johnson v. United States*, 333 U. S. 10（68 S. Ct. 367, 92 L. Ed. 436（1948））；*McDonald v. United States*, 335 U. S. 451（69 S. Ct. 191, 93 L. Ed. 153（1948））；*Jones v. United States*, 357 U. S. 493, 497–498（78 S. Ct. 1253, 1256, 2 L. Ed. 2d 1514（1958））；*Chapman v. United States*, 365 U. S. 610（81 S. Ct. 776, 5 L. Ed. 2d 828（1961））；*Trupiano v. United States*, 334 U. S. 699（68 S. Ct. 1229, 92 L. Ed. 1663（1948））。” *Coolidge*, 403 U. S., at 468, 91 S. Ct., at 2039. 我们在进入住宅实施逮捕的案件中也适用了相同的规则。See *Minnesota v. Olson*, 495 U. S. 91, 110 S. Ct. 1684, 109 L. Ed. 2d 85（1990）；*Payton v. New York*, 445 U. S. 573, 100 S. Ct. 1371, 63 L. Ed. 2d 639（1980）.

② See Brief for United States as *Amicus Curiae* 7, n. 4.

到限制）的搜查转化成无特定目的的搜查；而若要求申请一个针对该意外发现之证据的扣押令状却会带来极大的不便。但是，如果预先知晓将会发现这一证据，即警察事先知道该证据的所在并打算扣押它，那么情况就完全不同了。在这种情形下，要求扣押令状并不会造成任何不便——至少在下述法律制度中是不存在宪法上认可的不便的，因为在这一法律制度中，缺乏“紧急情形”而实施的无证搜查被认为“本质上是不合理”的。尽管最初的侵入有令状作为根据，但是如果该令状中未提及警察知道其所在并打算扣押的某一物品，那么警察扣押该物品，就违反了“令状……详细描述……被扣押之物”这一宪法的明确要求（403 U. S. , at 469 - 471，91 S. Ct. , at 2040 - 2041）。 p138

我们认为，这一论证逻辑存在两个问题。第一，保证法律得以公正实施的最好方式，在于适用客观的行为标准，而不是仰仗警察的主观状态。只要搜查限定在令状所描述的地点和时间范围之内或符合令状的有效例外，扣押一眼就能看到的物品，就是合法的——即使警察对某一证据感兴趣且完全期望在搜查过程中发现它。如果警察已经近乎确定地知道能找到该物品，我们认为，他或她没有理由在申请搜查令时故意不记载该物品。[①] 对这一物品的详细描述，只会扩大警察可以搜查的范围。而另一方面，如 p139
果他持有搜查某物的有效令状，而对另一物只不过存有怀疑而已——不论是否达到合理根据的程度——我们看不出，为何此种怀疑就应当使在对某物的合法搜查过程发现的另一物免受扣押。大法官怀特在柯立芝案的协同意见和反对意见中所举的假想案件颇具启发性：

---

① “如果警察有合理根据搜查照片和步枪并着手申请令状，他们没有动机故意记载步枪而将照片省略；反之亦然。如果警察确信他们有合理根据对照片进行搜查，那么只有疏忽或粗心才能解释在令状申请过程中的这一省略行为。” *Coolidge*，403 U. S. , at 517，91 S. Ct. , at 2063（White，J. , concurring and dissenting）.

我们假定，警察获得了在房间中搜查步枪的令状。在搜查步枪的必要范围内，他们在卧室一眼就发现了死者的两张照片。我们再假定，其中一张照片是无意之中发现的，而另一张则是事先知道能够发现的。本院只允许扣押其中的一张照片。但是，就对第四修正案的价值所造成的“轻微”危害而言，这两张照片显然并不存在差别：对财产的侵犯程度相同，而且警察对两张照片所作的评价的可靠性程度也是一样的。如果警察被要求必须离开现场以获取令状，那么，由此所带来的实际不便以及对证据的危险，在两种情形下也都是相同的（*Id.*，at 516，91 S. Ct.，at 2063）。

第二，以下说法并不具有说服力：要求证据是意外发现的，是防止警察进行无特定目的的搜查或者把特定化了的令状转换成一般令状的必要措施。理由是，以下两项要求已经足以实现这一目的：除非“详细描述被搜查的地点和被扣押的人或物”，不得
p140 签发令状（See *Maryland v. Garrison*，480 U. S. 79，84，107 S. Ct. 1013，1016，94 L. Ed. 2d 72（1987）；*Steele v. United States No.* 1，267 U. S. 498，503，45 S. Ct. 414，416，69 L. Ed. 757（1925））①；以及无证搜查必须严格限定于允许发动搜查之情形，并以此作为它的正当理由（See，e. g.，*Maryland v. Buie*，494 U. S. 325，332 - 334，110 S. Ct. 1093，1098 - 1099，108 L. Ed. 2d 276（1990）；*Mincey v. Arizona*，437 U. S. 385，393，98 S. Ct. 2408，2413，57 L. Ed. 2d 290（1978））。严格遵循这些要求，足以限制搜查的地域范围和持续时间，而意外发现之要求无

① 第四修正案无条件地禁止任何令状的签发，除非“详细描述被搜查的地点和被扣押的人或物”。很明显，这一特定化要求的目的在于防止没有特定目的的搜查。这一要求，通过把搜查权限制在有合理根据搜查的特定地点和物品之上，保证搜查完全地遵守其正当理由并且不会呈现出制宪者试图禁止的、范围宽泛的探寻式搜查的情形。*Maryland v. Garrison*，480 U. S.，at 84，107 S. Ct.，at 1016.

法充分地实现这一目的。而且，一旦这些要求已经满足并且警察有合法的权力实施侵犯行为，意外发现之要求不可能进一步促进对第四修正案权利的保护。如果搜查逾越了合法签发的令状或令状要求的相关例外所设定的范围，随后的扣押就不再合宪。因此，在附带搜查情形下，“如果偏离了戚莫尔案允许的搜查范围，那么警察就已经违反第四修正案了，如此扣押的证据必将遭到排除。因此不值得为排除证据之目的再增加一个额外的理由（*Coolidge*，403 U. S.，at 517，91 S. Ct.，at 2063（WHITE，J.，concurring and dissenting））”。相似地，进行汽车搜查时，搜查的对象也已经限定了搜查的范围：

汽车搜查的范围，并不受藏匿违禁品的容器本身性质的限制，而是受搜查的对象以及有合理根据认为会在那里发现该物品的场所的限制。正如有合理根据相信被盗的剪草机可能会在车库被发现，并不足以支持对楼上的卧室进行搜查；有合理根据相信货车正在运送非法入境的移民，也并不使得对手提箱的无证搜查合法化；有合理根据相信放在出租车后备箱的容器内藏有违禁品或证据，并不能使得对整个出租车的搜查合法化（*United States v. Ross*，456 U. S. 798，824，102 S. Ct. 2157，2172，72 L. Ed. 2d 572（1982））。 p141

在本案中，警察实际搜查的范围并没有因为令状中未提及武器而有所扩大。如果令状中所涉及的3枚戒指和其他物品在一开始就被发现，或者如果申请人持有这些物品并且见到令状就立即将其交出，那么对武器的搜查就不可能发生。怀特大法官在柯立芝案中发表的协同意见和反对意见又再次给我们以启发：

持有搜查步枪令状的警察，只可以搜查步枪可能隐藏的地方，并且一旦步枪被发现，搜查就应停止；“意外规则”无论如何也无法缩小他们可以合法进行查看的地域范围（403 U. S.，at 517，91 S. Ct.，at 2063）。

如前所述，我们假定，对一眼就看到的物品进行扣押并不会侵犯隐私。[①] 如果隐私权被侵犯，那么这一侵犯行为肯定发生在该物品被一眼看到之前。因此，没有必要为了惩罚这一行为而要求扣押必须出于意外。不得实施无特定目的的搜查，不得签发一般令状，这些禁止性规定的主要目的是保护隐私免受不合理的侵犯。但是，这里涉及的只是一览无余例外的适用范围问题，而这一例外仅仅授权警察在缺乏令状的情况下合法地扣押某一物品而
p142 已。因此，以侵犯隐私权为由，并不恰当。

在本案中，警察根据合法签发的令状对申请人的住宅进行搜查，在这一过程中发现了争议中的证据。一旦发现这些证据，警察就立即明显地看出其属于归罪证据。他持有搜查被劫财物的搜查令，同时，也有合理根据相信发现的这些武器和手枪曾在其正在侦查的案件中使用过。搜查有令状的授权，扣押有一览无余法则的授权。因此，维持原判。

特此判决！

大法官布伦南（Brennan，J.）发表了反对意见，大法官马歇尔（Marshall，J.）表示附和。

我仍然认为，斯图尔特大法官在柯立芝案（*Coolidge v. New Hampshire*，403 U.S. 443，91 S. Ct. 2022，29 L. Ed. 2d 564

---

① 即使该被扣押之物是一个容器，对它的扣押也不会减损所有人对里面的物品所享有的隐私利益，因此只有根据搜查令状，See *Smith v. Ohio*，494 U.S. 541，110 S. Ct. 1288，108 L. Ed. 2d 464（1990）；*United States v. Place*，462 U.S. 696，701，103 S. Ct. 2637，2641，77 L. Ed. 2d 110（1983）；*Arkansas v. Sanders*，442 U.S. 753，99 S. Ct. 2586，61 L. Ed. 2d 235（1979）；*United States v. Chadwick*，433 U.S. 1，97 S. Ct. 2476，53 L. Ed. 2d 538（1977）；*United States v. Van Leeuwen*，397 U.S. 249，90 S. Ct. 1029，25 L. Ed. 2d 282（1970）；*Ex parte Jackson*，96 U.S. 727，733，24 L. Ed. 877（1878），或第四修正案的其他详细描述的例外，See *Colorado v. Bertine*，479 U.S. 367，107 S. Ct. 738，93 L. Ed. 2d 739（1987）；*United States v. Ross*，456 U.S. 798，102 S. Ct. 2157，72 L. Ed. 2d 572（1982），警察才可以打开它。

(1971)）中正确地阐述了一览无余法则。第四修正案允许执法警察在没有令状的情况下扣押物品，如果它们是一眼就被发现的，并且（1）警察有权出现在他看到物品的地方；（2）“意外发现”该物品；（3）警察立即明显地看出这些物品是犯罪证据、违禁品或其他可以扣押的物品。为了规避意外发现之要求，多数意见竟无视第四修正案的明确要求，即令状应当详细描述被搜查的场所以及被扣押的物品。对于此种篡改第四修正案的行为，我谨呈反对意见如下。

一

第四修正案规定：“个人的人身、住宅、文件和财产不受不合理搜查和扣押的权利，不得侵犯，而且，除非存在合理根据、以宣誓或代誓宣言保证并具体说明拟欲搜查的地点和拟欲扣押的人或物，不得签发司法令状。”该修正案保护两种不同的权利。 p143
禁止不合理的搜查扣押并要求令状“详细描述被搜查的地点”，保护的是隐私权。而禁止不合理的搜查扣押并要求令状“详细描述……被扣押的物品”，保护的是所有权（See *ante*, at 2306; *Texas v. Brown*, 460 U. S. 730, 747, 103 S. Ct. 1535, 1546, 75 L. Ed. 2d 502 (1983)（Stevens, J., concurring in judgment)）。[①] 第四修正案的这种措辞，表明隐私权和所有权同等重要。正如本院最近所说：“尽管第四修正案保护公民不受不合理搜查的权利和保护公民不受不合理扣押的权利之间存在很大不同，但是，两者

① 正如多数派所承认的，令状必须详细描述扣押物这一要求，在防止无特定目的的搜查的同时，也保护了隐私权。*Ante*, at 2309 - 2310. 搜查仅限于以下地方，在这些地方中，警察存在合理根据相信可能找到令状中详细描述的某一物品。警察不可以在卧室中搜查剪草机或在手提箱里搜查非法入境的移民。*Ante*, at 2310（citing *United States v. Ross*, 456 U. S. 798, 824, 102 S. Ct. 2157, 2172, 72 L. Ed. 2d 572 (1982)）. 同样地，一旦找到了令状中详细描述的所有物品，搜查活动必须停止，而不得再进一步进行侵犯隐私的活动。*Ante*, at 2310.

中任何一个的价值都不次于另一个或必然只需要较少的保护（*Arizona v. Hicks*，480 U. S. 321，328，107 S. Ct. 1149，1154，94 L. Ed. 2d 347（1987）（citation omitted））。”

第四修正案对这两项同等重要的权利予以了相同方式的保护：要求在搜查或扣押前，由中立、超然的地方法官，审查控方是否有合理根据，以及是否已经详细地描述了被搜查的地点和被
p144 扣押的物品。因此，正如缺乏紧急情形的无证搜查，本质上是不合理的；在第四修正案意义上，扣押个人财产“本质上也是不合理的，除非根据合法的司法令状而实施，并且该令状是基于合理根据而签发，同时还详细描述了被扣押之物”（*United States v. Place*，462 U. S. 696，701，103 S. Ct. 2637，2641，77 L. Ed. 2d 110（1983）（footnote omitted）；Citing *Marron v. United States*，275 U. S. 192，196，48 S. Ct. 74，76，72 L. Ed. 231（1927））。“中立、超然的地方法官的事前审查，是久经考验的保障第四修正案权利得以实现的方式（*United States v. United States District Court*，*Eastern District of Michigan*，407 U. S. 297，318，92 S. Ct. 2125，2137，32 L. Ed. 2d 752（1972））。”侵犯财产所有权的决定，是如此重要，以至于不能留待狂热的警察来自由裁量——他们总是“从事往往具有对抗性质的追究犯罪活动”（*Johnson v. United States*，333 U. S. 10，14，68 S. Ct. 367，369，92 L. Ed. 436（1948））。“令状必须详细描述被扣押之物，这一要求使得无特定目的的搜查不再可能，而且避免了根据描述一物的令状去搜查另一物。在对公民权利造成不利影响的场合，不能给执行令状的警察留下自由裁量的余地（*Marron*，*supra*，at 196，48 S. Ct.，at 76）。”扣押个人财产必须有令状授权，一览无余法则是这项一般规则的例外。正如大法官斯图尔特在柯立芝案（403 U. S.，at 470，91 S. Ct.，at 2040）中解释的那样，当警察合法地出现在一个地方并意外发现了某一犯罪证据时，鉴于为扣押这一新发现的证据而“寻求令状所带来的不便”，我们认可了

这一无证扣押。但是，“当扣押是预期的，即警察事先知悉证据的所在并打算扣押它”，那么获取令状将带来“不便”的主张，就失去了很多——即使不是所有的——说服力（*Ibid.*）。除非存在紧急情形，警察没有理由在进入住宅前不去申请扣押该证据的令状。“意外发现证据”这一要求的背后所蕴涵的理念其实很简单：如果警察知道证据的所在、有合理根据进行扣押并打算扣押它，但是却不愿费心去申请详细描述该证据的令状，那么我们将不会免除警察获取扣押令状的一般义务。警察的行为违反了 p145
“令状……详细描述……被扣押之物”这一宪法的明确要求，而且“公然背离了下述基本规则：任何程度的合理根据都不足以构成无证扣押的理由（*Id.*，at 471，91 S. Ct.，at 2040）”。

虽然只得到其他3个大法官的赞同，大法官斯图尔特关于意外发现要求的讨论，已经广为接受（See *Texas v. Brown*，*supra*，at 746，103 S. Ct.，at 1546（Powell，J.，concurring in judgment）（“不论在裁决柯立芝案时我的观点如何，我认为，现在没有理由再批评法院在该案中关于一览无余例外的有关阐释。十几年来，法院的观点已经被普遍接受。”））。现在，46个州、哥伦比亚特区[①]以及12个联邦上诉法院[②]，都要求一览无余扣押必须符合意外发现这一要件。执法人员并没有大声疾呼，称意外发现要件给他们增加了不必要的负担。这一要件是第四修正案规定的不可缺少的，我无法理解本院今天摒弃一览无余规则这一要件的动机何在。

---

① See Appendix A，*infra*，at 2314－2315. 只有3个州——加利福尼亚州、爱达荷州和犹他州——反对意外发现要求。See *People v. Bittaker*，48 Cal. 3d 1046，1076，259 Cal. Rptr. 630，644，774 P. 2d 659，673－674（1989），cert. pending，No. 89－6223；*State v. Pontier*，95 Idaho 707，712，518 P. 2d 969，974（1974）；*State v. Kelly*，718 P. 2d 385，389，n. 1（Utah 1986）. 特拉华州意外要求的状况，并不清楚。See，e. g.，*Wicks v. State*，552 A. 2d 462，465（Del. Super. 1988）.

② See Appendix B，*infra*，at 2315－2316.

本院断定，大法官斯图尔特的逻辑中存在两个“问题”，并且认为，这两个“问题”足以证明意外发现这一要件是不适当的。但是，这些“问题”是否存在，仍有待商榷。第一，多数意见解释说，在“近乎确定地知悉”可以在特定地点找到某物
p146 的情况下，警察没有理由“在申请搜查令时故意不记载这一特定物品（*Ante*，at 2309）”。但是，警察在申请搜查令时为何故意不记载某特定物品，对于所有权被侵犯的个人而言，并不重要。不论基于何种理由，只要警察有合理根据扣押某物但在申请搜查令时没有提及，而在此后却直接扣押该物品，那么其行为本质上就是不合理的。排除如此扣押的证据，将促使警察在将来申请令状时做得更精确、更缜密。

第二，在许多场合下，警察可能故意选择在申请令状时不提及某些物品，即使他有合理根据实施扣押，知道这些物品在房屋内，并打算在一眼就发现它们的时候将其扣押。例如，令状申请程序常常耗费时间——特别是当警察试图扣押大量物品的时候。一个希望尽可能快地进行搜查的警察，很可能为了节省时间而决定只列出一到两件很难发现的物品。例如，本案中被窃的戒指，因为他相信，在找到令状中所列举的物品之前，他就会一览无余地发现所有其他证据。由于戒指几乎可能藏在房间内外的任何地方，因此搜查并扣押戒指的令状，就不太可能限制警察搜查的范围。警察可能理智地认为，申请程序中节省出来的时间利益，胜过立即发现令状中所列举的物品而不得不立即结束搜查的风险。

多数意见还主张，一旦警察合法地进入房间，搜查的范围已经由令状充分地限定了，“意外发现之要求不可能进一步促进第
p147 四修正案权利的保护（Ante，at 2310）”。换句话说，“意外规则决不会缩小执法警察可以合法搜查的地点的范围（*Ante*，at 2310（quoting *Coolidge*，403 U.S.，at 517，91 S.Ct.，at 2063（White，J.，concurring and dissenting）））”。多数意见说得对，但是他们所提的问题是错的。意外发现之要求，的确不会促进隐

私权的保护：这一要求，根本不会缩小警察的搜查范围或减少其可以观察的地点的范围。但是，它确实能保护所有权（Cf. *Illinois v. Andreas*, 463 U. S. 765, 771, 103 S. Ct. 3319, 3324, 77 L. Ed. 2d 1003（1983）（“一览无余法则建立在以下基础之上：如果警察合法地出现在一眼就看到物品的地方，所有人对该物品已经没有隐私权；所有人可以继续保有该物品的所有权而不是隐私权。”）（emphasis added））。如果我们认真对待第四修正案对所有权和隐私权的保护，意外发现之要求就将是必不可少的（See *supra*, at 2304）。现在，本院以不能促进隐私权之保护为由，废除了一个旨在进一步保护所有权的规则。我不能赞同这样的宪法性诡辩。

二

幸运的是，本判决的影响势必很有限，因为本院今天所面对的不是下级法院所描述的“借口式”搜查（a“pretextual” search）之情形（See, *e. g.*, *State v. Lair*, 95 Wash. 2d 706, 717-718, 630 P. 2d 427, 434（1981）（en banc）（裁定借口式搜查无效））。例如，尽管警察基于搜查某一犯罪证据的令状进入住宅，而警察真正关心的是扣押与另一犯罪有关的证据，而对该证据他并没有令状，那么这一搜查就只是一个“借口”，由此得来的证据应当予以排除（See, *e. g.*, *State v. Kelsey*, 592 S. p148
W. 2d 509（Mo. App. 1979）（警察完全有机会获得一个与对谋杀的侦查有关的令状，然而却凭借一个与毒品犯罪的侦查有关的令状进入房间，并且只搜查了可能隐藏凶器的地方，而没有真正地搜查毒品，因此证据被排除））。类似地，警察可能会利用广泛适用的令状要求之例外——如“热追捕”——作为借口进入房间，以扣押他知道将会一览无余发现的物品。此类行为，企图故意绕过令状“详细描述被搜查的地点以及被扣押的人和物”的宪法要求，因此不能得到宽恕。

在借口式搜查过程中，证据显然不是“意外”发现的，因此必须予以排除。即使是拒绝采纳意外发现要求的那些州法院，也认为第四修正案禁止借口式搜查（See *State v. Bussard*, 114 Idaho 781, 788, n. 2, 760 P. 2d 1197, 1204, n. 2 (1988); *State v. Kelly*, 718 P. 2d 385, 389, n. 1 (Utah 1986)）。尽管法院在今天的判决中没有涉及借口式搜查问题，但是我认为，这样的搜查无疑是违反第四修正案的。[①]

三

第四修正案保护个人财产免受政府的不合理扣押，因此该修正案不仅仅要求执法官员证明存在合理根据，还要求其事先获得
p149 中立、超然的地方法官的授权。法院在今天的判决中无视第四修正案的明确规则——以与保护隐私权相同的方式来保护所有权。法院的这一判决，废除了一览无余法则的一个重要要件，而该要件并没有给执法活动造成明显困难，并且已经为司法实践所广泛接受。不过，我深信，如果碰到比本案情节更严重的警察行为（*Ante*, at 2304 – 2305），诸如借口式搜查的情形，法院对宪法的解释不会像今天这样狭隘。我谨呈反对意见如上。

---

① 法院也没有否定以下搜查活动的违宪性：“为了寻找令状中所提及的物品而进行的一项搜查活动，走得如此远，以至于变成了对可能发现的任何犯罪证据的一般探寻式搜查。” *United States v. Tranquillo*, 330 F. Supp. 871, 876 (MD Fla. 1971). 法院甚至还重申，“把具体令状转化成一般令状”是违反宪法的；而且，强调必须严格遵守令状需详细描述被搜查的地点和被扣押的物品的要求，以及无证搜查“需要受为其行动提供正当化事由的紧急情形的限制”。*Ante*, at 2309 – 2310.

附录一

接受意外要件的州

Ala. *Taylor v. State*, 399 So. 2d 881, 892 (Ala. 1981)

Alaska. *Deal v. State*, 626 P. 2d 1073, 1079 (Alaska 1980)

Ariz. *State v. Ault*, 150 Ariz. 459, 464, 724 P. 2d 545, 550 (1986)

Ark. *Johnson v. State*, 291 Ark. 260, 263, 724 S. W. 2d 160, 162 (1987)

Colo. *People v. Cummings*, 706 P. 2d 766, 771 (Colo. 1985)

Conn. *State v. Hamilton*, 214 Conn. 692, 701, 573 A. 2d 1197, 1201 (1990)

D. C. *Gant v. United States*, 518 A. 2d 103, 107 (DC App. 1986)

Fla. *Hurt v. State*, 388 So. 2d 281, 282 - 283 (Fla. App. 1980), review denied, 399 So. 2d 1146 (Fla. 1981)

Ga. *Mooney v. State*, 243 Ga. 373, 383 - 384, 254 S. E. 2d 337, 346, cert. denied, 444 U. S. 886, 100 S. Ct. 179, 62 L. Ed. 2d 116 (1979) p150

Haw. *State v. Barnett*, 68 Haw. 32, 35, 703 P. 2d 680, 683 (1985)

Ill. *People v. Madison*, 121 Ill. 2d 195, 208, 117 Ill. Dec. 213, 520 N. E. 2d 374, 380 - 381, cert. denied, 488 U. S. 907, 109 S. Ct. 257, 102 L. Ed. 2d 246 (1988)

Ind. *Clark v. State*, 498 N. E. 2d 918, 921 (Ind. 1986)

Iowa. *State v. Emerson*, 375 N. W. 2d 256, 259 (Iowa 1985)

Kan. *State v. Doile*, 244 Kan. 493, 497, 769 P. 2d 666, 669

(1989)

Ky. *Patrick v. Commonwealth*, 535 S. W. 2d 88, 89 (Ky. 1976)

La. *State v. Stott*, 395 So. 2d 714, 716 (La. 1981)

Me. *State v. Cloutier*, 544 A. 2d 1277, 1281, n. 4 (Me. 1988)

Md. *Wiggins v. State*, 315 Md. 232, 251 – 252, 554 A. 2d 356, 365 (1989)

Mass. *Commonwealth v. Cefalo*, 381 Mass. 319, 330 – 331, 409 N. E. 2d 719, 727 (1980)

Mich. *People v. Dugan*, 102 Mich. App. 497, 503 – 505, 302 N. W. 2d 209, 211 – 212 (1980), cert. denied, 455 U. S. 927, 102 S. Ct. 1292, 71 L. Ed. 2d 471 (1982)

Minn. *State v. Buschkopf*, 373 N. W. 2d 756, 768 (Minn. 1985)

Miss. *Smith v. State*, 419 So. 2d 563, 571 (Miss. 1982), cert. denied, 460 U. S. 1047, 103 S. Ct. 1449, 75 L. Ed. 2d 803 (1983)

Mo. *State v. Clark*, 592 S. W. 2d 709, 713 (Mo. 1979), cert. denied, 449 U. S. 847, 101 S. Ct. 132, 66 L. Ed. 2d 57 (1980)

p151 Mont. *State v. Hembd*, 235 Mont. 361, 368 – 369, 767 P. 2d 864, 869 (1989)

Neb. *State v. Hansen*, 221 Neb. 103, 108 – 109, 375 N. W. 2d 605, 609 (1985)

Nev. *Johnson v. State*, 97 Nev. 621, 624, 637 P. 2d 1209, 1211 (1981)

N. H. *State v. Cote*, 126 N. H. 514, 525, 526, 493 A. 2d 1170, 1177 – 1178 (1985)

N. J. *State v. Bruzzese*, 94 N. J. 210, 237 – 238, 463 A. 2d 320, 334 – 335 (1983), cert. denied, 465 U. S. 1030, 104 S. Ct. 1295, 79 L. Ed. 2d 695 (1984)

N. M. *State v. Luna*, 93 N. M. 773, 779, 606 P. 2d 183, 188 (1980)

N. Y. *People v. Jackson*, 41 N. Y. 2d 146, 150 – 151, 391 N. Y. S. 2d 82, 359 N. E. 2d 677, 681 (1976)

N. C. *State v. White*, 322 N. C. 770, 773, 370 S. E. 2d 390, 392, cert. denied, 488 U. S. 958, 109 S. Ct. 399, 102 L. Ed. 2d 387 (1988)

N. D. *State v. Riedinger*, 374 N. W. 2d 866, 874 (N. D. 1985)

Ohio. *State v. Benner*, 40 Ohio St. 3d 301, 308, 533 N. E. 2d 701, 709 – 710 (1988), cert. denied, 494 U. S. 1090, 110 S. Ct. 1834, 108 L. Ed. 2d 962 (1990)

Okla. *Farmer v. State*, 759 P. 2d 1031, 1033 (Okla. Crim. App. 1988)

Ore. *State v. Handran*, 97 Ore. App. 546, 550 – 551, 777 P. 2d 981, 983, review denied, 308 Ore. 405, 781 P. 2d 855 (1989)

Pa. *Commonwealth v. Davidson*, 389 Pa. Super. 166, 175, 566 A. 2d 897, 901 (1989)

R. I. *State v. Robalewski*, 418 A. 2d 817, 824 (R. I. 1980) p152

S. C. *State v. Culbreath*, 300 S. C. 232, 237, 387 S. E. 2d 255, 257 (1990)

S. D. *State v. Albright*, 418 N. W. 2d 292, 295 (S. D. 1988)

Tenn. *State v. Byerley*, 635 S. W. 2d 511, 513 (Tenn. 1982)

Tex. *Stoker v. State*, 788 S. W. 2d 1, 9 (Tex. Crim. App. 1989) (en banc)

Vt. *State v. Dorn*, 145 Vt. 606, 620 – 621, 496 A. 2d 451, 459 – 460 (1985)

Va. *Holloman v. Commonwealth*, 221 Va. 947, 949, 275 S. E. 2d 620, 621 – 622 (1981)

Wash. *State v. Bell*, 108 Wash. 2d 193, 196, 737 P. 2d 254, 257 (1987)

W. Va. *State v. Moore*, 165 W. Va. 837, 852 – 853, 272 S. E.

2d 804，813 -814（1980）

Wis. *State v. Washington*，134 Wis. 2d 108，119 -121，396 N. W. 2d 156，161（1986）

Wyo. *Jessee v. State*，640 P. 2d 56，63（Wyo. 1982）

附录二

接受意外发现要件的美国联邦上诉法院

CA1：*United States v. Caggiano*，899 F. 2d 99，103（1990）

CA2：*United States v. Barrios - Moriera*，872 F. 2d 12，16，cert. denied，493 U. S. 953，110 S. Ct. 364，107 L. Ed. 2d 350（1989）

p153 CA3：*United States v. Meyer*，827 F. 2d 943，945（1987）

CA4：*Tarantino v. Baker*，825 F. 2d 772，777，n. 3（1987）

CA5：*Crowder v. Sinyard*，884 F. 2d 804，826，n. 30（1989），cert. pending，No. 89 -1326

CA6：*United States v. Poulos*，895 F. 2d 1113，1121（1990）

CA7：*United States v. Perry*，815 F. 2d 1100，1105（1987）

CA8：*United States v. Peterson*，867 F. 2d 1110，1113（1989）

CA9：*United States v. Holzman*，871 F. 2d 1496，1512（1989）

CA10：*Wolfenbarger v. Williams*，826 F. 2d 930，935（1987）

CA11：*United States v. Bent - Santana*，774 F. 2d 1545，1551（1985）

CADC：In re Search Warrant Dated July 4，1977，for Premises at 2125 S Street，Northwest，Washington，D. C.，215 U. S. App. D. C. 74，102，667 F. 2d 117，145（1981），cert. denied，456 U. S. 926，102 S. Ct. 1971，72 L. Ed. 2d 441（1982）

3.3 美方评论

在霍顿案中，最高法院判决认为，即使执法官员事先已经知道，根据一览无余规则能够找到某一物品，也并不影响一览无余规则的适用效力。也就是说，一览无余规则并不要求执法官员根据该规则发现的证据必须是“意外发现”（inadvertently）的产物。“意外发现”的要求是不合理的。对此，至少存在以下两方面的理由：第一，意外发现标准是一项主观标准，因而不会被最高法院接受。如果采取这一标准，一项扣押行为将因为执法官员的主观心理状态而归为无效。但是，根据诸如武瑞恩案（*Whren*）、布里格姆市案（*Brigham City*）之类的判例，我们知道，第四修正案的分析重在客观意义上的合理性。而且，在司法实践中，诉诸执法官员的主观心理状态，也难以排除相关证据；原因之一在于，判断执法官员的主观心理状态几乎是不可能的事情。在排除证据的听证中，执法官员不可能作证说，“在进入某公寓的时候，我怀着这样一种期待：我将会根据一览无余规则找到一些申请司法令状时没有提到的物品”。另外一种方案是一种更客观一些的分析方法，即最高法院可以判决说，如果有合理根据相信，执法官员在申请搜查令状时已经知道搜查过程中将会发现某项证据，但在搜查令状中并没有提及该物品，那么即使通过搜查找到了这一物品，也不得根据一览无余规则对其实施扣押。但是，这种“预知其存在的合理根据”标准可能会导致某种荒谬的结果。在排除证据的听证中，控方可能会争辩说，在申请搜查令状时，他们并不具有搜查该物品的合理根据，而被告人可能争辩说，当时执法官员确实具有搜查该物品的合理根据。显然，要求控方主张被告人是无辜的而要求被告人争辩自己是有罪的规则，明显是有问题的。

第二，最高法院认为，以下主张并不具有说服力：为了预防一般性的无证搜查，必须规定意外发现的要求。为了适用一览无余规则，执法官员必须处于为发现搜查令状中记载的物品而有权进入的区域，或者处于无证搜查的适当范围以内。因此，不要求必须出于意外发现，并不意味着允许执法官员可以探查其原本无权搜查的更大区域，或者允许其实施原本不应该实施的搜查强度。事实上，执法官员会将所有可以扣押的物品都列入司法令状，因为这么做只会扩大其合法搜查的范围。简言之，最高法院判决认为，主张将意外发现作为一览无余规则要件之一，不仅无法得到司法实践的支持，而且会成为一项无法执行的规则。

3.4 阅读文献

- Joel Schwartz, *Inadvertence Requirement of the Plain View Doctrine in Horton v. California: A Foreseeable End*, 21 Sw. U. L. Rev. 225 (1992).
- Robert Eyer, *Plain View Doctrine after Horton v. California: Fourth Amendment Concerns and the Problem of Pretext*, 96 Dick. L. Rev. 467 (1991 - 1992).
- Loren Keith Newman, *Horton v. California: Searching for a Good Cause*, 46 U. Miami L. Rev. 455 (1991 - 1992).
- John A. Mack, *Horton v. California: The Plain View Doctrine Loses Its Inadvertency*, 24 J. Marshall L. Rev. 891 (1990 - 1991).
- Michael J. Pear, *Plain View Seizures in California after Horton v. California*, 18 W. St. U. L. Rev. 129 (1990 - 1991).

同意搜查

1. 是否自愿的判断标准：

施奈克罗斯案（*Schneckloth v. Bustamonte*）

412 U.S. 218, 93 S.Ct. 2041 (1973)

1.1 案件信息

- **本案争点**

当控方试图将被搜查人的同意作为搜查的正当根据时，控方需要证明什么事项以表明该同意出于“自愿”？

- **最高法院的判决**

最高法院以6:3的投票结果作出了有利于申请人的判决。大法官斯图尔特代表最高法院撰写了本案的判决意见。大法官布莱克曼发表了协同意见。大法官鲍威尔发表了协同意见，首席大法官伯格、大法官伦奎斯特表示附和。大法官怀特投了赞成票。大法官道格拉斯、大法官布伦南与大法官马歇尔各自发表了独立的反对意见。

最高法院判决认为，当被搜查人没有被羁押且控方试图将其同意作为搜查的正当理由时，控方必须证明该同意是自愿作出的；自愿性是一个事实问题，需要综合全案情形作出判断；搜查对象是否明知他有权拒绝同意，这是判定自愿性的一个考量因素，但是，控方无须将“明知”作为证明自愿性的前提条件。

- **该判例的影响**

就如何判断同意搜查的自愿性问题，最高法院确立了综合全案情形的审查规则。自愿性是一个事实问题，需要综合全案情形作出判断。此外，警方在征得被搜查人同意前，无须告知他有权拒绝同意。

1.2 判决正文

加利福尼亚州保管中心负责人
默尔·R. 施奈克罗斯
诉
罗伯特·克莱德·布斯塔曼特

第71-732号
1972年10月10日进行辩论
1973年5月29日作出判决

大法官斯图尔特（Mr. Justice Stewart）代表最高法院撰写了本案的判决意见。 p219

根据第四修正案和第十四修正案，下述是一条确证的规则，即在没有基于合理根据签发令状的情形下执行的搜查，“本质上是不合理的……它只有几个明确规定并详细描述的例外。”（*Katz v. United States*，389 U.S. 347，357，88 S. Ct. 507，514，19 L. Ed. 2d 576；*Coolidge v. New Hampshire*，403 U.S. 443，454-455，91 S. Ct. 2022，2031-2032，29 L. Ed. 2d 564；*Chambers v. Maroney*，399 U.S. 42，51，90 S. Ct. 1975，1981，26 L. Ed. 2d 419）同样明确的是，一个作为令状和合理根据要求的双重例外是依据同意执行的搜查（*Davis v. United States*，328 U.S. 582，593-594，66 S. Ct. 1256，1261-1262，90 L. Ed. 1453；*Zap v. United States*，328 U.S. 624，630，66 S. Ct. 1277，1280，90 L. Ed. 1477）。本案涉及的宪法性问题是，在第四修正案和第十四修正案语境下，对“同意”的界定问题。

一

被申请人因为被指控持有支票、意图诈骗罪而交付加利福尼亚州法院审判。[①] 他提出动议要求排除某一材料作为不利于他的证据，理由是该材料系通过违宪搜查和扣押的方式所得。为回应
p220 动议，初审法院举行了证据听证，并确证争议事实中的材料是控方在以下情形下获得的：

某一天凌晨2时40分左右，詹姆斯·莱德警官在加利福尼亚州的桑尼维尔地区例行巡逻过程中，发现一辆车的前车灯和车牌灯都没有亮，于是他将车截停，发现有6个人坐在车上。乔·埃卡拉、被申请人罗伯特·克莱德·布斯塔曼特和司机乔·冈萨雷斯坐在前座，3个年龄较大的人坐在后座。在回答警察的问题时，司机冈萨雷斯不能出示驾照，莱德警官又问其他人是否可以出示身份证件。此时，只有埃卡拉拿出了证件，解释说这是他哥哥的车。在另外两位警察赶到后，莱德警官要求他们6个人下车。莱德警官问埃卡拉是否可以进行搜查。埃卡拉回答，“当然，搜吧”。在搜查之前，没有任何人受到会被逮捕的威胁。依据莱德警官未被反驳的证词，“当时气氛是和谐的”。冈萨雷斯之后也证实，埃卡拉的确通过打开汽车后备箱和汽车仪表盘上小柜的方式，协助警察进行搜查。依据冈萨雷斯的证词，警察问埃卡拉，“可以打开后备箱吗?”埃卡拉回答说，“可以”。他去汽车里拿了钥匙，打开了后备箱。之后，在汽车后座的左座底下，警察发现了3张揉成一团的支票，支票是从先前一辆正在被清洗的车上被盗的。

初审法官驳回了排除证据的动议，在针对布斯塔曼特的审判中，争议事实中的支票被采纳作为证据。基于该证据和其他证据，被申请人被定罪。加利福尼亚州第一巡回区上诉法院维持原

① Cal. Penal Codes 475a.

判（270 Cal. App. 2d 648，76 Cal. Rptr. 17）。在支持搜查和扣押合法性时，上诉法院适用了加利福尼亚州最高法院特雷勒法官在先前判决意见中创制的标准："在某一特定案件中，表面上同意是否自愿作出的，还是屈服于明示或暗示的权威的产物，这一事实问题需要通过综合情状标准来加以判定。"（*People v. Michael*，45 Cal. 2d 751，753，290 P. 2d 852，854）上诉法院认定，本案中控方已经满足了证明同意的必要条件，因为初审法院可以通过清楚明白的情形，确定同意是自由作出的，不是强迫或屈服于权威的产物。在提出搜查汽车要求的那一刻，按照莱德警官所说，气氛是"和谐"的，没有任何有关犯罪的讨论。正如上文所指出的那样，冈萨雷斯说，"埃卡拉甚至在协助进行搜查"（270 Cal. App. 2d，at 652，76 Cal. Rptr.，at 20）。加利福尼亚州最高法院拒绝重新审查本案①。 p221

之后，被申请人在联邦地区法院申请人身保护令遭到拒绝。② 在上诉中，第九巡回区上诉法院依据先前丝珀赫案（*Cipres v. United States*，343 F. 2d 95）和施菩岭案（*Schoepflin v. United States*，391 F. 2d 390）的判决，驳回了地方法院的指令（448 F. 2d 699）。上诉法院论证说，同意是公民对第四修正案和第十四修正案权利的放弃，控方不仅仅有义务证明同意是在不受胁迫的情形下作出的，而且，还要证明他是在明知能够自由、有效地拒绝同意的情形下作出的。法院认为，不能仅仅因为没有胁迫或存在口头同意就认定同意。鉴于地方法院没有判定埃卡拉是否明知他能够拒绝同意且他本可以拒绝搜查他的车子，故上诉法院撤销了否决申请令的指令，并将本案发回重审。我们签发调卷令，以决定第四修正案和第十四修正案是否要求这一上诉法院认为是必要的证明（405 U. S. 953，92 S. Ct. 1168，31 L. Ed. 2d p222

① 加利福尼亚最高法院的命令没有被报道。

② 地方法院的判决没有被报道。

230)。

二

首先，有必要弄清楚本案没有涉及什么情形。被申请人承认，宪法允许基于有效的同意而进行搜查。在卡兹案（*Katz v. United States*，389 U. S.，at 358，88 S. Ct.，at 515）和最近的维尔案（*Vale v. Louisiana*，399 U. S. 30，35，90 S. Ct. 1969，1972，26 L. Ed. 2d 409）中，我们承认，通过同意授权的搜查是完全有效的（See *Davis v. United States*，328 U. S.，at 593 –594，66 S. Ct.，at 1261 – 1262；*Zap v. United States*，328 U. S.，at 630，66 S. Ct.，at 1280）。①同样地，控方承认，“当检察官试图依据同意来为搜查的合法性提供正当性理由时，他就承担下述证明责任，即同意事实上是自由、自愿地作出的。”（*Bumper v. North Carolina*，391 U. S. 543，548，88 S. Ct. 1788，1792，20 L. Ed. 2d 797. See also *Johnson v. United States*，333 U. S. 10，68 S. Ct. 367，92 L. Ed. 436；*Amos v. United States*，255 U. S. 313，41 S. Ct. 266，65 L. Ed. 654）

p223 那么，本案的一个明确的问题在于，检察官必须证明什么事项以表明同意是“自愿”作出的。州法院和联邦法院在对本案所涉及的搜查进行审查的过程中，对这个问题的看法存在截然不同的观点。第九巡回区上诉法院得出结论认为，证明某人明知有权拒绝同意是控方初步证明责任的一个重要方面。而加利福尼亚州法院遵循了下述规则，即自愿性是一个事实问题，应当通过综合情状标准加以判定，而且，被告人明知的主观状态只是评估同

---

① 可以期待，一个如普通法那样无懈可击的体制，在维护自由的最全面准则问题上，也承认例外。这无疑适用于以下情况：除非由适当根据支持的司法令状授权，否则所有的搜查和扣押都会被视为不合理而禁止。*Davis v. United States*，328 U. S. 582，609，66 S. Ct. 1256，1269，90 L. Ed. 1453（Frankfurter，J.，dissenting）.

意的“自愿性”时的一个考量因素（See e. g. *People v. Tremayne*, 20 Cal. App. 3d 1006, 98 Cal. Rptr. 193; *People v. Roberts*, 246 Cal. App. 2d 715, 55 Cal. Rptr. 62）。

（一）

在本院基于第四修正案之目的而必须判定被告人自白的“自愿性”的先例中，有关“自愿性”内涵最为广泛的司法性阐述得到了不断的发展。大约40年前，在布朗案（*Brown v. Mississippi*, 297 U. S. 278, 56 S. Ct. 461, 80 L. Ed. 682）中，本院认为，根据第十四修正案正当程序条款，将以残忍和暴力的方式获得的自白作为刑事有罪判决的根据是不合宪的。在布朗案与埃斯科贝多案（*Escobedo v. Illinois*, 378 U. S. 478, 84 S. Ct. 1758, 12 L. Ed. 2d 977）之间的这段时间里，最高法院共判决了30多起此类案件，在这些案件中，法院总是需要判定争议中的自白事实上是否为“自愿”作出。[①] 在当前情形中，我们就以这些判例 p224
法，作为本案讨论“自愿性”含义的指导原则。[②]

那些判例并不能产生一个对“自愿性”万能的定义，使它能够机械地适用于发生问题的众多场合。正如大法官弗兰克福特曾经写道：“自愿性”的概念“本身就是两栖的”（*Culombe v. Connecticut*, 367 U. S. 568, 604 - 605, 81 S. Ct. 1860, 1880 - 1881, 6 L. Ed. 2d 1037）。它不能被字面地解释为一个“明知的”选择。“除了一个人在没有意识或者毒瘾发作，或者其他缺乏有意识选择能力的场合下，所有的有罪自白——即使是在被残忍对待下作出的——从被赋予选择机会的意义上来说，都是‘自愿’的。另外，

① See *Miranda v. Arizona*, 384 U. S. 436, 507, and n. 3, 86 S. Ct. 1602, 1645, 16 L. Ed. 2d 694 (Harlan, J., dissenting); *Spano v. New York*, 360 U. S. 315, 321 n. 2, 79 S. Ct. 1202, 1206, 3 L. Ed. 2d 1265 (citing 28cases).

② 相似地，当我们最近考虑“自愿”有罪答辩的含义时，我们又回到了由强迫自白案件发展起来的“自愿性”的标准上。

如果‘自愿性’包含‘全有全无’的原因认识时，那么问题在于，若没有警察的询问或其他行为，是否还会作出该陈述。根据该检验标准，没有一个陈述事实上是‘自愿’的，因为很少有人会在警察没有采取某种措施时作出有罪自白。”① 因此，很明显，无论是语言学或认识论都不能对“自愿性”的含义提供一个完整的定义。

相反，“自愿性”问题反映了涉及警察讯问嫌疑人过程中不
p225 同价值需要之间的融合。光谱的一端是以下述方式获得自白的必要性，即作为有效执行刑事法律工具的警察询问（See *Culombe v. Connecticut*, *supra*, at 578 – 580, 81 S. Ct., at 1865 – 1866）。没有这样的调查，无辜者可能会被错误定罪，有罪之人可能会完全逃脱追诉，大部分的刑事案件将不了了之。简言之，所有人的安全将得不到保障（*Haynes v. Washington*, 373 U. S. 503, 515, 83 S. Ct. 1336, 1344, 10 L. Ed. 2d 513）。光谱的另一端是反映下述社会坚定信念的一系列价值，即刑法不能被用作不公平的工具，警察采取不公平甚至是残忍手段的可能性构成了对公民正义感的真正、严重的威胁。“在涉及非自愿自白的案件中，本院坚持维护我们社会所强烈认同的下述观点，即政府执法官员寻求有罪判决的过程中，如果违背被告人意志强取自白的话，那么，就会牺牲人民的重要价值。”（*Blackburn v. Alabama*, 361 U. S. 199, 206 – 207, 80 S. Ct. 274, 280, 4 L. Ed. 2d 242. See also *Culombe v. Connecticut*, *supra*, 367 U. S., at 581 – 584, 81 S. Ct., at 1867 – 1869；*Chambers v. Florida*, 309 U. S. 227, 235 – 238, 60 S. Ct. 472, 476 – 478, 84 L. Ed. 716）

---

① Bator & Vorenberg, *Arrest, Detention, Interrogation and the Right to Counsel: Basic Problems and Possible Legislative Solutions*, 66 Col. L. Rev. 62, 72 – 73. See also 3 J. Wigmore, *Evidence* 826（J. Chadbourn rev. 1970）. 例如，当使用威胁时，存在的是二选一情形，固然，哪一种都令人不快，但它仍是一个选择。在折磨和自白之间，后者通常被认为令人不快的程度会低一些，但它仍是一个自愿的选择。

本院的判决意见反映出下述明显的认识，即宪法既不要求牺牲安全，也不要求牺牲自由。正当程序条款并不要求警察放弃所有询问，或者赋予警察从嫌疑人那儿获取信息的绝对权力。“最终的检验规则仍然是那个两百年来英美法系国家法院唯一确证的规则：自愿性检验标准。自白是否是自白者在本质上自由、无拘束的状态下选择的结果？如果是，而且他愿意自白，那么，该自白可以用作不利于他的证据。如果不是，而且他的意志被压垮或者他自我决定的能力受到了严重削弱，那么，使用他的自白就侵犯了正当程序。”（*Culombe v. Connecticut*, *supra*, 367 U. S., at p226 602, 81 S. Ct., at 1879）

在特定案件中判定被告人的意志是否被压垮时，本院会评估综合情状——被告人的特征以及询问的细节。某些考量因素也包括被告人的年龄，如哈利案（*Haley v. Ohio*, 332 U. S. 596, 68 S. Ct. 302, 92 L. Ed. 224）；没有接受教育，如佩恩案（*Payne v. Arkansas*, 356 U. S. 560, 78 S. Ct. 844, 2 L. Ed. 2d 975）；智商低下，如菲克斯案（*Fikes v. Alabama*, 352 U. S. 191, 77 S. Ct. 281, 1 L. Ed. 2d 246）；缺少对被告人宪法权利的任何告知，如戴维斯案（*Davis v. North Carolina*, 384 U. S. 737, 86 S. Ct. 1761, 16 L. Ed. 2d 895）；羁押时间的长短，如钱伯斯案（*Chambers v. Florida*, *supra*）；询问被重复进行并被延长的本质，如阿斯克瑞夫特案（*Ashcraft v. Tennessee*, 322 U. S. 143, 64 S. Ct. 921, 88 L. Ed. 1192）；使用诸如剥夺睡眠和食物之类的人身惩罚措施，如雷克案（*Reck v. Pate*, 367 U. S. 433, 81 S. Ct. 1541, 6 L. Ed. 2d 948）。[1] 在所有这些判例中，本院考虑与自白相关的所有事实情形，评价（这些情形）对被告人的心理带来的影响，并且评估

---

① See generally *Miranda v. Arizona*, 384 U. S., at 508, 86 S. Ct., at 1645（Harlan, J., dissenting）; 3 J. Wigmore, *Evidence* 826（J. Chadbourn rev. 1970）; Note, *Developments in the Law: Confessions*, 79 Harv. L. Rev. 938, 954 – 984.

被告人如何反应的法律意义（*Reck v. Pate*，367 U. S. 433，81 S. Ct. 1541，6 L. Ed. 2d 948）。

所有这些判例中值得关注的事实是，没有一个判例将某个因素是否存在作为唯一的决定性判断标准；每个案件反映的都是对周围一切情状的仔细审查（See *Miranda v. Arizona*，384 U. S. 436，508，86 S. Ct. 1602，1645，16 L. Ed. 2d 694（Harlan，J.，dissenting opinion）；*id.*，at 534 – 535，86 S. Ct.，at 1659 – 1660（White，J.，dissenting opinion））。本院从未在任何判例中判决认为，正当程序条款要求控方将证明被告人明知有权拒绝接受警
p227 察询问作为初步证明责任。尽管被告人的主观状态以及警察未告知被告人权利的事实，当然都是评估被告人自白“自愿性”的因素，但它们本身绝不是决定性的因素（See e. g. *Davis v. North Carolina*，*supra*；*Haynes v. Washington*，*supra*，373 U. S.，at 510 – 511，83 S. Ct.，at 1341 – 1342；*Culombe v. Connecticut*，*supra*，367 U. S.，at 610，81 S. Ct.，at 1883；*Turner v. Pennsylvania*，338 U. S. 62，64，69 S. Ct. 1352，93 L. Ed. 1810）。

（二）

类似的考量因素引领本院赞同加利福尼亚州法院的下述判决意见，即同意搜查是出于“自愿”，还是明示或暗示的胁迫或武力的产物，这是一个事实问题，需要综合一切情状加以判断。尽管明知有权拒绝同意是一项考量因素，但控方无须确证该明知以作为有效同意的必要条件。就警察询问而言，在判定“自愿”同意的含义时，需要调和下述两项竞争性的利益——此类搜查的合法需要和确保没有强迫情形。

在下述情形中，即警察对违法行为有一定的证据，但尚未达到搜查和逮捕所需的合理根据时，有效同意授权的搜查可能是获

得重要、可靠证据的唯一途径。[1] 例如，在本案中，尽管警察有理由以违反交通法规而截停汽车，但控方却未主张，具有合理根据来搜查该车，或者该搜查是附带于对车内乘客的有效逮捕。[2] p228
但是，该搜查发现的实物证据可以用作控诉的根据，从而确保完全与犯罪无关的人不会被错误地起诉。此外，若警察有合理根据可以实施搜查或逮捕，但却没有获得令状时，同意搜查仍然是有价值的。如果搜查后一无所获，这本身就会使警察确信，不需要实施可能令人感到耻辱、尴尬的逮捕，或者根据令状进行的更宽泛的搜查是没有正当理由的。简言之，依据同意进行的搜查，对搜查对象来说，给他们造成的不便相对较小；而且，如果适当实施，它也是宪法所允许的、完全合法的一种有效执法活动。

虽然如此，第四修正案和第十四修正案要求，不能通过明示或暗示的胁迫或武力，强制取得他人同意。因为，无论使用的胁迫多么轻微，如此产生的“同意”都将成为警察侵犯行为的借口，而第四修正案就是旨在防止这种行为的。用博伊德案（*Boyd v. United States*，116 U. S. 616，635，6 S. Ct. 524，535，29 L. Ed. 746）的经典表述：

> 此种程序可能是以一种以最为温和、最不受排斥的形式出现的可憎之物；但是，通过对程序的法定模式的悄然无息的接近和轻微的背离，不合法和不合宪的做法便以这种方式开始立足。这种情形，仅能通过坚持下述这一规则才能避免，即对保障人身和财产安全的宪法条款作自由解释。一个忠实于原文的字面解释，p229
> 消除了宪法条款的一半功效，并导致权利的逐渐消亡，仿佛权利

---

① See Note，*Consent Searches*；*A Reappraisal After Miranda v. Arizona*，67 Col. L. Rev. 130，130 – 131.

② 如果搜查汽车有合理根据，那么在本案中，搜查令状就不是必须的了。See *Brinegar v. United States*，338 U. S. 160，69 S. Ct. 1302，93 L. Ed. 1879；*Carroll v. United States*，267 U. S. 132，45 S. Ct. 280，69 L. Ed. 543.

更多是听起来如何，而并非其实质。法院肩负着这样的职责，即密切注意公民的宪法性权利，警惕对权利的一切暗中侵犯。

协调下述两者间的矛盾——同意搜查的合法性和不受任何形式官方胁迫的要求——不能通过任何绝对有效的标准来解决。若未经最为谨慎的审查而支持此类搜查，将可能认可官方的胁迫；若对此类搜查施加武断的限制，则会损害其基本的有效性。如同自白一样，同意的“自愿性”要求也反映了对所有相关宪法性要求之间的一种融洽的整合。在审查周围的一切情状来判定同意搜查事实上是否受到胁迫时，必须考虑警察提问时微妙的胁迫因素，以及同意者可能易受影响的主观状态。那些作为警察胁迫产物的搜查就能被过滤出去，而不损害同意搜查持续的有效性。总之，我们没有理由将同意搜查的领域从“自愿性”的传统界定中分离出去。

在本院过去那些试图界定“自愿性”的判例中，第九巡回区上诉法院的方法无法获得任何先例的支持。该院判决认为，控方必须积极地证明搜查对象明知有权拒绝同意；这在实践中却导
p230 致了下述严重的质疑，即是否可以继续实施经同意的搜查。下述案件可能极为罕见：法庭记录能证明某人事实上肯定知道他有拒绝的权利。例如，他向警察宣布，如果我不签同意的协议，“你们就会去申请搜查令状”，[①] 或者通过之前的经历和训练，能明确地、有信服力地表明他是“明知”的。[②] 但是，更常见的情形是，没有任何证据表明存在明示或暗示的胁迫，控方也无法证明搜查对象事实上明知有拒绝的权利。

依据本案上诉法院适用的规则，证明询问的真正客体——一个人主观理解的本质——加大了控方证明责任的难度。任何作为搜查对象的被告人，在搜查仅由他同意而获授权的情形下，只要

---

① *United States v. Curiale*, 414 F. 2d 744, 747 (2 Cir.).

② Cf. *Rosenthall v. Henderson*, 389 F. 2d 514, 516 (6 Cir.).

简单地通过不对他事实上明知可以拒绝同意的事项作证，就可以有效地阻挠证据作为搜查结果而被提交。但是，这几乎不大可能满足的控方责任，也表明了本院为什么从不接受任何此类石蕊试纸式的“自愿性”的检验标准。回顾加利福尼亚最高法院特雷勒法官当时的担忧是有益的：

警察为了与嫌疑人或证人交谈或基于这样的目的去他们家中拜访并非是不合理的。不过，这种询问，尽管是有礼貌作出的，而且不具有任何宣称可以进入住宅或搜查或获取回答的权力，但是，罪犯将会以下述方式来挫败对他的指控：他自愿地揭示所有不利于他的证据，随后主张他这么做只是对暗示的非法权威所作的回应。（*People v. Michael*, 45 Cal. 2d, at 754, 290 P. 2d, at 854） p231

避免证明搜查对象明知他有权拒绝同意的替代性方法是，在获得他同意之前先告知他享有拒绝的权利。然而，几乎所有的联邦[①]或州法院[②]都对此表示拒绝，我们也极为赞同。因为，在日常的同意搜查中，施加这么一个详细、有效的警告要求是十分不
p232 实际的。同意搜查是执法机构标准的调查手段的一部分。它们通常发生在高速公路上，或在一个人的家中和办公室中，以及其他非正式的、没有固定形式的场合。推动警察要求进行搜查的情形可能会瞬息万变，或者会在逻辑上扩大警察调查询问的范围。警察可能试图进一步调查可疑的环境或者在犯罪现场继续追踪线索。这些场合与审判环境截然不同；在审判环境下，如果他选择寻求律师帮助的话，那么，被告人就会被告知他所享有的法庭权利（Cf. *Boykin v. Alabama*，395 U. S. 238，243，89 S. Ct. 1709，1712，23 L. Ed. 2d 274）。尽管比起审判来，它可能更接近“羁押性讯问”，但是二者之间迥然不同。在上文提到的米兰达案（*Miranda v. Arizona*，*supra*）中，我们认定，宪法要求警察在询

---

① E. g. see *Gorman v. United States*，380 F. 2d 158，164（CA1）；*United States ex rel. Code v. Mancusi*，429 F. 2d 61，66（CA2）；*United States ex rel. Harris v. Hendricks*，423 F. 2d 1096，1101（CA3）；*United States v. Vickers*，387 F. 2d 703，707（CA4）；*United States v. Goosbey*，419 F. 2d 818（CA6）；*United States v. Noa*，443 F. 2d 144，147（CA9）；*Leeper v. United States*，446 F. 2d 281，284（CA10）. But see，*United States v. Nikrasch*，367 F. 2d 740，744（CA7）；*United States v. Moderacki*，280 F. Supp. 633（D. Del）；*United States v. Blalock*，255 F. Supp. 268（ED Pa.）. 尽管在尼克拉施案中，一位法官的协同意见认为，警告是构成有效同意的必要条件，但之后，第七巡回区上诉法院放弃了这一立场，称它为“可疑的礼节”。*Byrd v. Lane*，398 F. 2d 750，755. 上诉法院将尼克拉施案局限在事实层面——一个因为混乱执行的控诉而被逮捕、又被羁押八小时的嫌疑人，同意将他投进监狱以及搜查他的汽车。

② See，e. g.，*People v. Roberts*，246 Cal. App. 2d 715，55 Cal. Rptr. 62；*People v. Dahlke*，257 Cal. App. 2d 82，64 Cal. Rptr. 599；*State v. Custer*，251 So. 2d 287（Fla. App.）；*State v. Oldham*，92 Idaho 124，438 P. 2d 275；*State v. McCarty*，199 Kan. 116，427 P. 2d 616，vacated in part on other grounds，392 U. S. 308，88 S. Ct. 2065，20 L. Ed. 2d 1115；*Hohnke v. Commonwealth*，451 S. W. 2d 162（Ky.）；*State v. Andrus*，250 La. 765，199 So. 2d 867；*Morgan v. State*，2 Md. App. 440，234 A. 2d 762；*State v. Witherspoon*，460 S. W. 2d 281（Mo.）；*State v. Forney*，181 Neb. 757，150 N. W. 2d 915；*State v. Douglas*，260 Or. 60，488 P. 2d 1366.

问前作一个现在为人所熟知的权利告知。然而，对于典型的同意搜查，我们使用下述措辞，拒绝扩大告知的要求：

我们的判决并非旨在妨碍警察在侦查犯罪方面的传统职能……当一个人因合理根据而被羁押时，警察当然可以就地搜寻法庭上对他不利的证据。这种调查可能会包含询问未受限制的人员。在犯罪现场围绕犯罪事实的常规询问，或者在事实发现过程中对公民进行的其他常规询问，并不受我们判决的影响。提供任何他所了解的、可能有助于执法的信息，是每一个富有责任感的公民的行为。(384 U. S., at 477－478, 86 S. Ct., at 1629－1630)

因此，本院不能接受上诉法院在本案中的立场——证明明知有权拒绝同意是证明同意“自愿性”必备的前提条件。相反， p233
只有通过分析该人作出同意时周围的一切情状，才能确定他事实上是自愿的还是被胁迫的。对每起案件的特殊事实和环境进行仔细的筛选，正是我们之前的判决涉及同意搜查案件时所使用的分析方法。

如戴维斯案（*Davis v. United States*, 328 U. S. 582, 66 S. Ct. 1256, 90 L. Ed. 1453）中，执行战时汽油配给规定的联邦执法人员逮捕了一个加油站的操作人员，要求查看他的配给券。最后他打开了一间屋子，在那里，联邦人员发现了作为定罪根据的配给券。地区法院认定申请人是同意搜查的——尽管他一开始拒绝交出配给券，但很快就被劝服了，（其间）执法人员并没有采取武力或以武力相威胁。本院最后的结论是：不能说上述判决是错误的，大法官道格拉斯审查关于同意的一切情状，支持了有罪裁决：“财产的公共特征，工作时段，要求在配给券保存的地点要求交出配给券的事实，检查权的存在，要求的特质以及最初拒绝后来很快对要求予以默认交出配给券的事实——这些情状都支持地区法院的结论。”（*Id.*, 328 U. S., at 593－594, 66 S.

Ct. ,at 1261 - 1262, 90 L. Ed. 1453. See also *Zap v. United States*, 328 U. S. 624, 66 S. Ct. 1277, 90 L. Ed. 1477)

相反，如果依据综合情状，发现同意并不是出于“自愿”作出的——而是通过胁迫或武力而被强制作出的，或者只是迫于合法权力的要求——那么，我们认定同意是无效的，搜查也就是不合理的（See e. g. *Bumper v. North Carolina*, 391 U. S. , at 548 - 549, 88 S. Ct. , at 1791 - 1792; *Johnson v. United States*, 333 U. S. 10, 68 S. Ct. 367, 92 L. Ed. 436; *Amos v. United States*,
p234 255 U. S. 313, 41 S. Ct. 266, 65 L. Ed. 654）。在巴姆普案中，有一位66岁的黑人寡妇，住在乡下的一条肮脏的、被隔离的一英里长的道路的尽头。几个白人警察在宣称他们有搜查令状后，她便允许他们进屋搜查。我们判决认为这个所谓的同意是无效的，并指出“当警察宣称依据令状有权搜查住宅时，他实际上是在宣布居民没有权利拒绝搜查。这种场合本质上是带有胁迫性的——尽管看上去是合法的胁迫。有强迫的地方就没有同意。”(391 U. S. , at 550, 88 S. Ct. , at 1792)

所有这些判例都体现一种共识：明知有权拒绝搜查不是自愿同意的前提条件。如果要求控方证明明知要件，在没有证据证明戴维斯和赞普明知的情况下，就不能认定其同意搜查。同样，如果未能证明此种明知足以表明一个无效的同意，那么，阿莫斯案、约翰逊案和巴姆普案的判决意见无疑应当关注同意者的主观状态。但是，它们并没有这么做。

简而言之，无论是本院的先例还是“自愿性”的传统定义都不要求将证明明知有权拒绝作为有效同意搜查的一个必要条件。①

（三） p235

然而，有人认为“同意”是对第四修正案和第十四修正案权利的“放弃”。其论据是，通过允许警察进行搜查，个人放弃了他用以防御警察搜查的权利。依据约翰逊案（*Johnson v. Zerbst*, 304 U.S.458, 464, 58 S.Ct.1019, 1023, 82 L.Ed.1461）确立的原则是，控方若要确证“弃权”，必须证明此人“有意让渡或者放弃这一明知的权利或特权”。

但是，这些标准是在约翰逊案中，为保障一个公平的刑事审判的语境下阐明的。我们的判例并不表明，不加辨别地要求人们在每个未能援引宪法保护的场合，都作出明知、明智的弃权。正如大法官布莱克曾经评论所说，“‘弃权’是一个模糊的条款，适用于各种各样善良或邪恶的法律目的”（*Green v. United States*, 355 U.S.184, 191, 78 S.Ct.221, 226, 2 L.Ed.2d 199）。例如，关于正当程序，本院已经承认，弃权是可能的，尽管对是否需要

① 这个观点得到柯立芝案（*Coolidge v. New Hampshire*, 403 U.S.443, 91 S.Ct.2022, 29 L.Ed.2d 564）的支持。在该案中，本院判决认为，当嫌疑人的妻子将她丈夫的手枪和衣服交给警察时，她并不是政府的一个代表。我们发现促使配偶与警方合作的主观动力并没有任何宪法上的可疑之处。“这些动力中包含：简单的品质——公开和诚实，对秘密行为会加剧可疑性的担心，哪种途径对不在场的配偶最有帮助的不确定性。”*Id.*, at 488, 91 S.Ct., at 2049.“检验规则是：鉴于所有的情形，柯立芝夫人交出她丈夫的所有物时，她是否被视为政府的工具或代表行事？”*Id.*, at 487, 91 S.Ct., at 2049.正如柯立芝案，分析周围一切情状来评估柯立芝夫人提供证据的合法性是必需的，那么评估围绕搜查的一切情状——作为对警察最初询问的回应已获得同意——同样很有必要。

p236 证明“明知、明智”的弃权问题悬而未决① (See *D. H. Overmyer Co.*, *Inc. v. Frick Co.*, 405 U. S. 174, 185－186, 92 S. Ct. 775, 782, 31 L. Ed. 2d 124; *Fuentes v. Shevin*, 407 U. S. 67, 94－96, 92 S. Ct. 1983, 2001－2002, 32 L. Ed. 2d 556②)。

在涉及被告人下述决定有效性的案例中，即被告人决定放弃那些旨在保障公平审判和真实发现过程的可靠性的宪法性权利，我们详细阐述了“明知”、“明智”弃权的要求。上文提到的约翰逊案（*Johnson v. Zerbst*, *supra*）就处理了联邦刑事审判中拒绝律师帮助的问题。在该案件中，本院判决认为，依据第六修正案，刑事被告人有权获得律师的帮助，如果他没有足够的钱聘请律师，政府有义务为他免费提供律师。正如大法官布莱克代表本院所撰写的判决意见，“第六修正案作为一个永恒不变的警告屹立在那里：如果连宪法提供的基本保障都丢失了，那么正义也就不可能‘仍会实现’。”它包含了对下述显而易见的真理的现实认识，即当被告人被一种可以剥夺他自由和生命的权力带至法

① 约翰逊案（*Johnson v. Zerbst*, 304 U. S. 458, 58 S. Ct. 1019, 82 L. Ed. 1461）本身依赖三个民事案件，但是没有一个案件支持以下主张：弃权，若要有效，就必须是明知、明智的。霍奇案（*Hodges v. Easton*, 106 U. S. 408, 1 S. Ct. 307, 27 L. Ed. 169）因为将特别裁决交付陪审团，涉及对民事陪审团审判权利的放弃，也仅仅指出：“每个合理的推定都应该不偏向于弃权”。*Id.*, at 412, 1 S. Ct., at 311. 肯尼迪案（*Aetna Ins. Co. v. Kennedy*, 301 U. S. 389, 57 S. Ct. 809, 81 L. Ed. 1177）也有相同的效应。俄亥俄州贝尔电话公司案（*Ohio Bell Tel. Co. v. Public Utilities Comm'n*, 301 U. S. 292, 57 S. Ct. 724, 81 L. Ed. 1093），涉及对正当程序权利可能的弃权，仅仅建议：“我们在丧失基本权利的场合，并不假定默许的存在。”*Id.*, at 307, 57 S. Ct., at 731.

② Cf. *Parden v. Terminal R. Co.*, 377 U. S. 184, 84 S. Ct. 1207, 12 L. Ed. 2d 233. 铁路公用运输业者的运营被认定是对免受政府管理权的放弃，尽管反对者认为约翰逊案不存在弃权。国家设备租用公司案（*National Equipment Rental*, *Ltd. v. Szukhent*, 375 U. S. 311, 84 S. Ct. 411, 11 L. Ed. 2d 354）在没有遵循约翰逊案的反对声中，认定对法律正当程序的弃权有效。See also *Employees of Dept. of Public Health and Welfare*, *Missouri v. Department of Public Health and Welfare*, Missouri, 411 U. S. 279, 296, 93 S. Ct. 1614, 1623, 36 L. Ed. 2d 251 (Marshall, J., concurring in result).

庭，面对那些有丰富经验和知识的律师代理的控方时，普通的被告人没有专业的法律技能来保护自己。一些对律师来说简单、有序和必要的（程序），在那些没有经过训练的外行人看来，往往显得错综复杂、晦涩难懂并且神秘莫测（304 U. S.，at 462－463，58 S. Ct.，at 1022（footnote omitted））。因此，为了维持审判程序的公正性，在认定弃权前，本院要求控方承担合理的证明责任——“有意识地让渡或放弃那些明知的权利或特权。” p237
（*Id.*，at 464，58 S. Ct.，at 1023）

要求明知、明智的弃权只适用于宪法保障刑事被告人获得公正审判权利的场合，对此几乎不存在例外情形。[①] 因此，若考虑到约翰逊案本身的事实，将这一明知、明智的弃权标准适用于检验审判的有效性[②]或检验有罪答辩[③]时放弃获得律师帮助权的有效性问题中，不足为奇。而且，本院也经常将约翰逊案的标准适用于评价放弃其他庭审权利的有效性问题。例如，对质权[④]，获

---

① 一个显著的例外是马尔凯蒂案（*Marchetti v. United States*，390 U. S. 39，51－52，88 S. Ct. 697，704，705，19 L. Ed. 2d 889）。我们认定当一个赌徒被迫支付赌注税时，不存在对反对强迫自证其罪特权的有意放弃。我们的理由是，当一个赌徒面对放弃赌博或提供有罪信息这两个选择时，实际上是没有选择权的。因此，分析来看，尽管法院引用了约翰逊案，但马尔凯蒂案的中心问题是缺乏“自愿性”的弃权而非缺乏任何“明知”、“明智”的弃权。

② See e. g. *Glasser v. United States*，315 U. S. 60，62 S. Ct. 457，86 L. Ed. 680；*Adams v. United States ex rel. McCann*，317 U. S. 269，63 S. Ct. 236，87 L. Ed. 268；*Carnley v. Cochran*，369 U. S. 506，82 S. Ct. 884，8 L. Ed. 2d 70；cf. *Chessman v. Teets*，354 U. S. 156，77 S. Ct. 1127，1 L. Ed. 2d 1253. 在州法庭记录的解决方案上，没有显示任何的对律师帮助权的放弃。

③ See e. g. *Von Moltke v. Gillies*，332 U. S. 708，68 S. Ct. 316，92 L. Ed. 309；*Uveges v. Pennsylvania*，335 U. S. 437，69 S. Ct. 184，93 L. Ed. 127；*Moore v. Michigan*，355 U. S. 155，78 S. Ct. 191，2 L. Ed. 2d 167；*Boyd v. Dutton*，405 U. S. 1，92 S. Ct. 759，30 L. Ed. 2d 755.

④ See e. g. *Brookhart v. Janis*，384 U. S. 1，86 S. Ct. 1245，16 L. Ed. 2d 314；*Barber v. Page*，390 U. S. 719，88 S. Ct. 1318，20 L. Ed. 2d 255.

得陪审团审判的权利①，迅速审判的权利②，禁止双重危险的权
p238 利③。有罪答辩经常被仔细审查，以判定被告人是否知道和理解他在法庭上所享有的全部权利，是否有意识地选择放弃它们④。本院已经在类似类型的审判场合下，对明知、明智地放弃审判权利的这一做法的本质作出了评价。例如，在行政机构⑤和议会委员会⑥面前，放弃不得强迫自证其罪的权利，或者在审理未成年人案件的程序中放弃律师帮助的权利⑦。

向刑事被告人提供的审判阶段的保障同样也适用于在真正审判开始之前的几个阶段——任何声称的弃权必须符合有意放弃“已知”权利的标准。但是，那些适用于刑事诉讼“审前”阶段
p239 的“审判”保障，同样也是为了保障审判本身的公正性。

因此，在韦德案（*United States v. Wade*，388 U. S. 218，87 S. Ct. 1926，18 L. Ed. 2d 1149）和吉尔伯特案（*Gilbert v. Califor-*

---

① See e. g. *Adams v. United States ex rel. McCann*，*supra.*

② See e. g. *Barker v. Wingo*，407 U. S. 514，92 S. Ct. 2182，33 L. Ed. 2d 101.

③ See e. g. *Green v. United States*，355 U. S. 184，78 S. Ct. 221，2 L. Ed. 2d 199.

④ See e. g. *McCarthy v. United States*，394 U. S. 459，89 S. Ct. 1166，22 L. Ed. 2d 418；*Boykin v. Alabama*，395 U. S. 238，89 S. Ct. 1709，23 L. Ed. 2d 274. 我们关于有罪答辩合法性的案件强调了一个事实：一个人是否是“自愿”行事的问题和他究竟是否“放弃”了审判权利的问题是截然不同的。前一个问题的解决，我们在布莱迪案（*Brady v. United States*，397 U. S.，at 749，90 S. Ct.，at 1469）中已经明确阐明，只有通过综合周围一切的相关情状才能决定他是否被胁迫。而后一个问题取决于他明知的程度。我们在麦克曼案中（*McMann v. Richardson*，397 U. S. 759，766，90 S. Ct. 1441，1446，25 L. Ed. 2d 763）作了同样的区分：“有罪答辩后的定罪，通常基于被告人在公开的法庭上承认他犯了被指控的罪行。那种自白一般不是被胁迫的，同时，既然有罪答辩也是对审判权利的放弃——除非适用的法律有别的规定，否则就是放弃对政府本要出示的不利于被告人的证据可采性问题进行争辩的权利——它必须是一种明智的行为“对有关的环境和可能的后果有充分的认识”。（Footnote omitted.）

⑤ See e. g. *Smith v. United States*，337 U. S. 137，69 S. Ct. 1000，93 L. Ed. 1264.

⑥ See e. g. *Emspak v. United States*，349 U. S. 190，75 S. Ct. 687，99 L. Ed. 997.

⑦ See *In re Gault*，387 U. S. 1，42，87 S. Ct. 1428，1451，18 L. Ed. 2d 527.

nia, 388 U. S. 263, 87 S. Ct. 1951, 18 L. Ed. 2d 1178）中，本院判决认为，“在起诉后的审前列队辨认中，由证人辨认被告人的活动是刑事指控的一个关键阶段，警察在没有告知权利也没有律师在场的情形下组织的列队辨认，侵犯了被告人享有的第六修正案和第十四修正案赋予的获得律师帮助的权利。”（*Id.*, at 272, 87 S. Ct., at 1956）相应地，本院指出，明知、明智的弃权标准应适用于检验列队辨认中对律师帮助权的放弃（See *United States v. Wade*, *supra*, 388 U. S., at 237, 87 S. Ct., at 1937）。本院强调了下述二者——在起诉后的审前列队辨认中有律师在场以及保障审判程序本身——之间的相互联系：

既然被告人的定罪可能取决于法庭上的辨认——审判时有效审查的对象，而事实上该辨认又是嫌疑人在审前没有获得律师帮助而接受辨认的结果，所以，这种做法实际上剥夺了被告人交叉询问的权利，而该权利是他有权向不利于他的证人对质的重要保障。(*Pointer v. Texas*, 380 U. S. 400, 85 S. Ct. 1065, 13 L. Ed. 2d 923.）即使交叉询问是公正审判的可靠的保障，却不能被认为是对准确性和可靠性的保障。因此，在当前存在诸多变数和缺陷的环境下，防御的第一步必须是在列队辨认中防止不公平以及减少证人在辨认中存在的危险。在决定被告人命运的法庭审判中可能不会这么做，但在审前对质中，一方是不利于被告人的、联合起来的控方，目击证人就只有陪审团，被告人对不利于他的有意 p240
或无意的过激行为没有任何防卫，对目击证人的裁判也很少或没有有效的上诉救济手段——这就是他所处的环境。(*Id.*, at 235 –236, 87 S. Ct., at 1936 –1937)

在米兰达案（*Miranda v. Arizona*, 384 U. S. 436, 86 S. Ct. 1602, 16 L. Ed. 2d 694）中，本院认定警察实施的羁押性讯问本质上是胁迫性的，因而判决认为，需要给予详细的告知以保障不被强迫自证其罪的特权。本院明确指出判决的根据在于保证审判本身的公正性：

通过讯问获取一个人的自白时，律师在场显然会增强法庭上事实发现过程的司法的廉正性（integrity）。律师的在场和对个人的警告，会有助于被告人在原本有压力的环境下，有效地叙事而不至于害怕，这样就减少了讯问中的罪恶。没有充分的警告和获得律师帮助权利的保护，所有精心建立起来的对被告人或是其他目击证人作证的保护，都只会变成程序中空洞的形式。因为最主要的、可能的有罪证据、自白，已经被警察在没有任何监督的情况下轻松获得了。(*Id.*，at 466，86 S. Ct.，at 1623)

因此，约翰逊案的标准被认为是认定有效弃权的必要前提(See 384 U. S.，at 475－479，86 S. Ct.，at 1628－1631. Cf. *Escobedo v. Illinois*，378 U. S.，at 490 n. 14，84 S. Ct.，at 1765)①。

p241 刑事诉讼中保障的公正审判权和第四修正案所保障的权利二者之间存在着巨大的差异。无论是“明知”、“明智”地放弃审判权这一要求背后的目的，还是对这一要求的实际适用，都未表明它应该扩张至禁止不合理搜查和扣押的宪法性保护。

严格的弃权标准已经适用于下述权利，它们是保障刑事被告人尽可能地有机会来利用宪法模式下公正刑事审判的每一个方面。任何通过降低那种模式的要求进行的审判，都可能导致一个不是完全公平的结果，因为没有提供宪法所详细阐述的所有保障

---

① 正如我们已经注意到的，supra，at 2050，米兰达案本身涉及讯问羁押中的嫌疑人，没有涉及通常情形下警察在场询问的调查程序。384 U. S.，at 477，86 S. Ct.，at 1629. 出于同样的原因，本案并不要求确立一个适当的标准以评价下述问题：仅仅根据从已经处于羁押状态的人那里获得的同意，授权搜查是否合法。然而，我们注意到，别的法院已经对以下场合胁迫加剧的可能性十分敏感：当对搜查的同意是出自一个被关押的人之口时。See e. g. *Judd v. United States*，89 U. S. App. D. C. 64，66，190 F. 2d 649，651；*Channel v. United States*，285 F. 2d 217（9 Cir.）；*Villano v. United States*，310 F. 2d 680，684（10 Cir.）；*United States v. Marrese*，336 F. 2d 501（3 Cir.）.

措施。最主要的例子就是获得律师帮助的权利。因为若没有这一权利，完全无辜的被告人就会面对下述现实的、实质性的风险，即仅因为缺乏法律知识，他就可能被定罪。正如大法官哈兰曾经写道的："（获得律师帮助的权利）如此自由地延伸至刑事审判的各个阶段，其理由正在于，让那些未受过训练的被告人面对一系列法律、证据的技术要素和技巧——这些对控方来说颇为熟悉，对他则完全陌生——会带来严重不公正的风险。"（*Miranda v. Arizona*，*supra*，384 U. S.，at 514，86 S. Ct.，at 1649（dissenting opinion））宪法要求，竭尽全力保证刑事被告人不会在无知的状态下放弃那些在宪法起草者看来是公正审判不可或缺的基本保护。① p242

然而，第四修正案保护的是一种完全不同的要求，与在刑事审判中促进公平地真实发现没有任何关系。相反，如同大法官弗兰克福特代表本院在沃尔夫案（*Wolf v. Colorado*，338 U. S. 25，27，69 S. Ct. 1359，1361，93 L. Ed. 1782）中的判决意见所说，第四修正案保护"个人隐私不受警察恣意的侵犯……"在拒绝将马普案（*Mapp v. Ohio*，367 U. S. 643，81 S. Ct. 1684，6 L. Ed. 2d 1081）的排除规则适用于最终的定罪判决时，本院强调指出，"在搜查和扣押案件中，不可靠的可能性与存在的胁迫之间没有什么联系"（*Linkletter v. Walker*，381 U. S. 618，638，85 S. Ct. 1731，1742，14 L. Ed. 2d 601）。在林克特案中，本院指出，那些具有追诉效力的案件有助于"审判的公正性——事实发现过程中真正的司法廉正性。而本案中……审判的公正性并没有受到质疑。"（*Id.*，at 639，85 S. Ct.，at 1743）第四修正案"并不附

---

① "在统一构建的场合——被告人被正式地要求答辩或接受审判，通过律师在场，保证每样东西都获得，任何值得重视的利益都不遗失。对以上场合，这种不变的规则起了很好的作用。" Friendly，The Bill of Rights as a Code of Criminal Procedure，53 Calif. L. Rev. 929，950.

属于真实的发现”。第四修正案的保障立足于“保护不同的宪法价值——关注社会中的每个人不受侵犯的价值。而认识到这一点，只不过是给予那些价值以平等的尊重。”（*Tehan v. United States ex rel. Shott*, 382 U. S. 406，416，86 S. Ct. 459，465，15 L. Ed. 2d 453）

甚至不能说，如果一个人同意搜查的话，搜查——与最终审
p243 判相比——在某种程度上是“不公平”的。尽管第四修正案和第十四修正案限制警察实施搜查的情形，但是，当一个人自愿同意搜查时，宪法对此并没有任何的质疑。实际上，这种搜查的行为同警察获得令状后进行搜查的行为是相同的。与其他保护被告人审判时享有的宪法权利不同，在此却不能说，应该尽量满足每个与自愿放弃相左的合理假定。我们最近才说过，“第四修正案和第十四修正案所蕴涵的政策没有哪一部分是阻碍公民竭尽全力帮助抓捕罪犯的。”（*Coolidge v. New Hampshire*, 403 U. S.，at 488，91 S. Ct.，at 2049）相反，鼓励同意具有真正的社会利益。因为搜查的结果可能会获得追诉犯罪和打击犯罪的必要证据，而这些证据可以保证一个完全无辜的人不会被错误地予以刑事追诉。

过去那些适用约翰逊案（*Johnson v. Zerbst*）判决的案例清楚地表明，将“有意地放弃明知的权利和特权”这一标准，适用

于同意搜查几乎是不可能的。① 依据约翰逊案和它之后的判例，必须仔细地审查权利放弃人是否真实了解这一权利以及放弃的含义，而这是在法庭环境下为初审法官所设计的。正如本院在约翰逊案所说： p244

被指控的人获得律师帮助的宪法权利本身就援引了初审法院的保护，在法庭上如果没有律师，被指控的人的自由和生命将有危险。这种保护的义务赋予初审法官认真、重大的责任：由他决定被指控的人的弃权是否是明智和适格的。尽管被告人可以放弃律师帮助的权利，但这个弃权是否适当，应当由初审法院明确判定，并且只有将这种决定记录在案才是稳妥和适当的。(304 U. S., at 465, 58 S. Ct., at 1023, 82 L. Ed. 1461②)

期待在一个非正式的、无固定形式的同意搜查环境中，由警察来完成约翰逊案所要求的对获得的证据是否被污染作出审查， p245

---

① 尽管我们时常将同意搜查看做是“弃权”，但我们从未用这个术语意指“有意地放弃或抛弃一项明知的权利或特权”，因此，如在约翰逊案（*Johnson v. United States*, 333 U. S. 10, 68 S. Ct. 367, 92 L. Ed. 436）中，本院认定同意是无效的：“在搜查的最初，就在官方的幌子下要求进入被告人的住宅。他的同意是迫于权力而非理解并有意放弃这一宪法性权利。” *Id.*, 333 U. S., at 13, 68 S. Ct., at 368, 92 L. Ed. 436. 尽管本院按照“弃权”进行论述，但结论是，从对一切客观情状——不是从缺乏约翰逊知道拒绝这一权利的口头表示或者缺乏外在的警告角度——分析上，并不存在弃权。See also *Amos v. United States*, 255 U. S. 313, 41 S. Ct. 266, 65 L. Ed. 654.

② 本院在冯·莫特克案（*Von Moltke v. Gillies*, 332 U. S., at 723 - 724, 68 S. Ct., at 323）中甚至表现得更为直接：“因为反对将律师帮助权作放弃的推定，法官为了履行这一职责（保证弃权明智的本质），必须尽其所能地对案件的所有情形进行全面彻底的调查。被告人可能告诉法官他已经被告知了律师权并且期望放弃这一权利的事实，但这并不能自动终止法官的职责。要使这样的弃权有效，必须理解以下几点：起诉的本质、违反的法律、根据以下事项允许惩罚的范围、针对起诉和其中的减轻情节可能的辩护、总体理解整个事件所必需的其他事实。法官只有通过对作出答辩时的所有情状进行敏锐和综合的审查之后，才能确定，被告人宣称的对律师权的放弃，是在明智的和理解的基础上作出的。”

这是不现实的。而且，如果基于此原因，认为可以接受一种放宽的弃权形式，那么它本身就说明了一个事实，即没有一个通用的标准适用于每一个放弃宪法权利的场合。①

同样，对同意搜查的“弃权”方法也与我们之前支持的第三人同意完全不一致。在柯立芝案（*Coolidge v. New Hampshire*, 403 U. S., at 487 –490，91 S. Ct., at 2048 –2050）中，妻子把她丈夫的枪和衣服交给警察。我们认定，既然他的妻子未受胁迫，那么在审判时就没有宪法理由不采纳这一证据。弗雷泽案（*Frazier v. Cupp*, 394 U. S. 731，740，89 S. Ct. 1420，1425，22 L. Ed. 2d 684）的判决认为，在由被告人的堂弟同意授权的搜查中，从被告人行李袋里发现并扣押的证据可以在审判时被采纳（See also *Abel v. United States*, 362 U. S. 217，80 S. Ct. 683，4 L. Ed. 2d 668）。在希尔案（*Hill v. California*, 401 U. S. 797，802 –
p246 805，91 S. Ct. 1106，1110 –1111，28 L. Ed. 2d 484）中，我们判决认为，警察在逮捕第三人时，对申请人屋中的证据进行附带扣押是合法的，因为警察有合理根据逮捕申请人，而且合理地相信——虽然有误——那个被逮捕者就是申请人。然而，下述情形是难以想象的，即宪法支持第三方可以放弃被申请人获得律师帮助的权利，或者因初审法官合理地——尽管有误——相信被申请

---

① 很清楚的是，即使是一个有限的要求适用“有意放弃明知的权利和特权”标准的观点，也会不可避免地导致以下情形：在任何的同意搜查之前都需要详尽的警告。这是一个迄今为止，几乎遭全体反对的要求。See nn. 13 and 14, supra. 例如，本院在米兰达案中，对强迫自证其罪的特权所说的那样：“我们不会就个案在没有警告的条件下，调查被告人是否知道其权利。对被告人已有认识的评价——基于他年龄、教育程度、智商或者先前与警方接触等信息——也只不过是一种猜测，警告是一个清楚的事实。”*Miranda v. Arizona*, 384 U. S., at 468 – 469，86 S. Ct., at 1625 (footnote omitted). See *United States v. Moderacki*, 280 F. Supp. 633（D. Del.）; *United States v. Blalock*, 255 F. Supp. 268（E. D. Pa.）.

人已经放弃了作无罪答辩的权利而认定弃权。①

简而言之，约翰逊案（*Johnson v. Zerbst*）对弃权的要求，无论其目的还是具体适用，都不能使以下的做法正当化，也不具有说服力：将明知的弃权简单地等同于同意搜查。这种等同只是对我们过去一些判决中宽泛的说理论证进行的归纳，而忽视了宪法保障之间相异的主旨。我们不愿意遵循下述方法，该方法被一位学者称为“宪法判决的多米诺骨牌方法——先前意见中的每个解释性陈述都可以延伸成为截然不同的场合之下案件的判决理由。”②

（四）

以上所述解决了本院在米兰达案判决中的争议，在米兰达判决中，我们得出结论认为，明知有权拒绝是有效同意的必不可少的要件。但是，本院在判决米兰达案的过程中所考虑的种种因素并不适用于本案。在米兰达案中，本院认定，警察询问的技巧和 p247
羁押环境的特质造成了一种潜在的胁迫性的环境。本院得出结论认为，“除非使用适当的保护性措施，以消除羁押环境中内在的胁迫因素，否则被申请人所作的任何自白都不能被看做是他‘自愿’选择的结果。”（384 U. S.，at 458，86 S. Ct.，at 1619）此外，本院还就另一问题指出：“在没有适当的保障措施时，讯问被羁押的嫌疑人和被告人的过程本身包含了胁迫性的压力，而这种压力会削弱个人抵抗的斗志，迫使他不得不说话。”（*Id.*，at 467，86 S. Ct.，at 1624）

然而，在本案中，无论是从警察询问的特质还是询问发生的环境来看，都没有证据显示，警察使用了潜在的胁迫手段以获得

① 我们今天的判决，当然是有关什么事项构成一个有效的同意，而非谁能同意的问题。但是，第三方同意在宪法上的有效性则显示出，同意搜查与放弃审判权二者有着完全不同的性质。

② Friendly，*supra*，n. 30，at 950.

同意。事实上，由于同意搜查通常发生在被告人熟悉的场所内，所以，这不同于下述情形，即被告人在某个偏远的警察局内接受讯问，而且与外界隔绝。[①] 没有理由认为，在如同本案的环境下，还可以推定，对警察提问的回答是胁迫所致。因此，也没有理由拒绝那种传统意义上确定一个人的回答是否是“自愿”的方法。米兰达规则当然不适用于未被羁押而接受警察调查性询问的情形，而这恰恰与同意搜查的情形最为相似（See *supra*, at 2050)。

p248 也有人争辩认为，在同意搜查中，若不要求控方将证明明知作为成立有效同意的前提条件，将导致第四修正案沦为一项为“机巧、博学、特权”之人所独享的权利，对此，我们不予认同。我们今天采取传统意义上的“自愿性”定义，一直都将低学历、低智商、缺少对个人权利的警告等证据因素考虑进来，那些情形中的任何陈述都是经过仔细审查之后，才判定它事实上是否是自愿作出的。[②]

---

① 正如在上文39页提到的，本案并不需要决定羁押的环境对仅由所谓的同意授权的搜查有什么影响。

② See e. g. *Clewis v. Texas*, 386 U. S. 707, 87 S. Ct. 1338, 18 L. Ed. 2d 423; *Culombe v. Connecticut*, 367 U. S. 568, 81 S. Ct. 1860, 6 L. Ed. 2d 1037; *Reck v. Pate*, 367 U. S. 433, 81 S. Ct. 1541, 6 L. Ed. 2d 948; *Payne v. Arkansas*, 356 U. S. 560, 78 S. Ct. 844, 2 L. Ed. 2d 975; *Fikes v. Alabama*, 352 U. S. 191, 77 S. Ct. 281, 1 L. Ed. 2d 246; *Harris v. South Carolina*, 338 U. S. 68, 69 S. Ct. 1354, 93 L. Ed. 1815; *Haley v. Ohio*, 332 U. S. 596, 68 S. Ct. 302, 92 L. Ed. 224.

大法官怀特曾经回应过一个相似的观点：本院可能关心一个更狭窄的事项，即无知的被告人对警察的询问作出了回应，因为他错误地认为，他必须回答并且他的自白将不会用作不利于他的证据。事实上，未能告知被告人不必回答以及他的回答可能会用作对他不利的证据，与这个自白是否受到强迫有关。退一步说，本院的案件从来没有鼓励对宪法权利的忽视。如果被告人被告知他必须回答，他上当了，因而发生的自白能否被用来反对他就变得很可疑。若被告人完全没有被告知的权利，则法院仔细地查看周围环境也是标准的、合适的做法。*Escobedo v. Illinois*, 378 U. S. 478, 499, 84 S. Ct. 1758, 1769, 12 L. Ed. 2d 977 (White, J., dissenting).

（五）

本院今天的判决的范围相当有限。我们只是认为，当搜查对象没有被羁押，控方试图基于他的同意作为搜查的正当理由时，第四修正案和第十四修正案要求控方证明同意事实上是自愿作出的，而不是明示或暗示的胁迫和武力的产物。自愿性问题是一个 p249 综合一切情状予以判断的事实问题，尽管搜查对象明知有权拒绝是一个考量因素，但是，控方无须将此明知作为同意搜查成立的前提条件。由于加利福尼亚州法院是依据这些原则维持了对被告人的定罪，[①] 同时由于第九巡回区上诉法院将此案发回重审，要求重新进行证据听证，对控方提出了更多要求，所以，我们撤销它的判决。

特此判决！

撤销上诉法院判决。

大法官布莱克曼（Mr. Justice Blackmun）发表了协同意见。

我附和本院的意见和判决。

在判决考夫曼案（*Kaufman v. United States*，394 U. S. 217，89 S. Ct. 1068，22 L. Ed. 2d 227（1969））时，我作为上诉法院——该法院的判决后来被撤销——法官中的一员（但不属于它的合议庭），同大法官哈兰表达的观点一致，他代表他自己和

---

① 控方也要求我们裁决：州或联邦的囚犯不能用间接审查的方式，针对他的定罪，提出违反排除规则的动议，因此要求我们撤销考夫曼案（*Kaufman v. United States*，394 U. S. 217，89 S. Ct. 1068，22 L. Ed. 2d 227）、怀特利案（*Whiteley v. Warden*，401 U. S. 560，91 S. Ct. 1031，28 L. Ed. 2d 306）、哈里斯案（*Harris v. Nelson*，394 U. S. 286，89 S. Ct. 1082，22 L. Ed. 2d 281）、曼库西案（*Mancusi v. DeForte*，392 U. S. 364，88 S. Ct. 2120，20 L. Ed. 2d 1154）等相反的判决。因为我们在本案中没有发现能够得到第四修正案和第十四修正案支持的主张，所以我们不考虑这个问题。

我的兄长大法官斯图尔特撰写反对意见（*Id.*，at 242，89 S. Ct.，at 1082）。自判决考夫曼案以来的四年间，我们的态度没有发生改变。

尽管我同意大法官鲍威尔在他详细阐述、富有说服力的协同意见中几乎所有的内容（*post*，p. 2059），但我这次不愿意附和他的意见，因为正如大法官斯图尔特的意见所揭示的那样，还没有必要为了判决本案而重新考虑考夫曼案。

p250 **大法官鲍威尔（Mr. Justice Powell）发表了协同意见，首席大法官伯格（Mr. Chief Justice Burger）、大法官伦奎斯特（Mr. Justice Rehnquist）表示附和。**

尽管我附和本院的判决意见，但我认为，它没有解决诉讼摘要和法庭辩论中所涉及的本案最主要的争点问题：对那些州监狱中试图排除证据的囚犯而言，他们主张证据是非法搜查、扣押获得的，联邦的人身保护令在多大程度上可以为他们所用？我将判决认为，联邦对州囚犯提出的第四修正案申请的间接审查（collateral review）——该审查很少与无罪相关——应该仅限于下述问题，即州法院是否给申请人提供了一次公平的机会，以提出申请并加以裁决这个问题。鉴于此争点问题对我们刑事司法制度的重要性，我认为发表我的看法是合适的。

一

尽管对联邦人身保护令的申请，涉及广泛的、多种多样的宪法问题，但是，在本案中，我们只关注第四修正案的下述主张，即警察实施了非法搜查，而且州法院并未排除由此获得的证据是错误的。判决考夫曼案（*Kaufman v. United States*，394 U. S. 217，89 S. Ct. 1068，22 L. Ed. 2d 227（1969））的最高法院存在分歧，但多数意见认为，根据美国联邦法典第28卷第2255条，联邦申请人提出动议要求对搜查和扣押进行间接审查是合适的。在考夫曼案之前，联邦上诉法院绝大多数判决意见认为，关于非法搜查和扣押的主张，“根据第2255条，并不属于能在撤销量刑的动议中提出的适当的事项……” （*Id.*，at 220，89 S. Ct.，at 1070）这个观点的基本原理已由本院清楚地概括如下：

控方争辩认为，拒绝对第四修正案免受不合理搜查和扣押的权利提供保护，本质上与拒绝其他宪法性权利——我们已经裁决这些权利可以因联邦囚犯的请求而接受间接审查——是不同的。因为，举例来说，不同于侵犯了获得有效的律师帮助权或者侵犯了不得强迫自证其罪特权的主张，拒绝非法搜查扣押的主张并不会影响事实发现过程的正洁性，也不会将证据质疑为本质上是不可靠的。相反，对非法扣押证据的排除仅仅是一个预防性策略，通常只是旨在威慑执法人员违反第四修正案的行为。（*Id.*，at 224，89 S. Ct.，at 1073） p251

在否认这一基本理论时，本院指出，根据先前的判决“联邦的人身保护令救济延伸至州的囚犯——他们声称审判时采纳了以不合宪的方式获得的证据”① ——并得出结论认为，没有理由限制“联邦囚犯基于非法搜查、扣押的主张，申请联邦的间接救济（collateral remedies），而同时对州囚犯却没有类似的限制。”（*Id.*，at 225－226，89 S. Ct.，at 1073－1074）简而言之，现有的规则是：无论是州囚犯根据第2254条提出的人身保护令的申请，还是联邦囚犯根据第2255条提出的由联邦地区法院签发的联邦间接审查，都可以提出第四修正案的主张，并且对排除规则的适用必须与直接审查采取完全相同的方式。无论是人身保护令的历史或目的，还是适用于第四修正案主张的排除规则所期

① 作为例子引用的案件包括曼库西案（*Mancusi v. DeForte*，392 U. S. 364，88 S. Ct. 2120，20 L. Ed. 2d 1154（1968））、加拉法斯案（*Carafas v. LaVallee*，391 U. S. 234，88 S. Ct. 1556，20 L. Ed. 2d 554（1968））和典狱长案（*Warden v. Hayden*，387 U. S. 294，87 S. Ct. 1642，18 L. Ed. 2d 782（1967））。

望的预防效用，抑或是与我们联邦体制下刑事司法体制有关的任何合理理由，都不能使这一权力正当化。

p252

二

这个涉及第四修正案判例法的联邦审查远远超出了人身保护令的传统目的。现在，对人身保护令的大部分理解都源于有关人身保护令历史性功能的修正主义观点，即人身保护令意味着执行。历史上的重要论点都集中于令状在以下两个时期的特质：合并入我们宪法的那个时期，以及通过人身保护令法案的1867年——当代人身保护令法律的直系鼻祖。[①] 在费伊案（*Fay v. Noia*，372 U. S. 391，426，83 S. Ct. 822，842，9 L. Ed. 2d 837（1963））中，本院对令状的历史性地位解释如下：

在人身保护令特权被载入联邦宪法时，它被确定用以检验任何与基本法相悖的对人身自由的限制。在英国，这是在大宪章中最终确立起来，而在我国则包含于成文宪法之中。1867年，国会试图通过将联邦法院人身保护令的权力延伸到宪法所能允许的最大范围的方法，为各州那些享有宪法性辩护权的囚犯提供一个

p253 联邦法院的平台。遵从于这个目的，我们一直都认为，联邦法院的管辖权是由那些声称被不合宪地限制人身自由的主张所授予的，并且这一权力不会因为任何发生在州法院程序中的事情而受影响。

---

① 1867年2月法案（The Act of Feb. 5，1867，c. 28，s 1，14 Stat. 385.）规定，“美国诸法院，在他们各自的管辖权内，外加法律已有的授权，有权对所有以下案件批准人身保护令——任何人可能因为违反宪法和美国的任何条约或法律，自由受到限制……”

联邦对州监禁的人的人身保护令的审查现在根据美国联邦法典第28卷第2254条（a）的以下规定获得授权：“最高法院、巡回区法院、地方法院的法官将接受人身保护令的申请，该人身保护令代表那些依照州法院的判决而被监禁的人。该判决基础是因为他违反美国的宪法、法律或条约而被监禁。”

如果这是对相关历史的正确解释，那么当今对人身保护令宽泛范围的支持是言之成理的，尽管存在令人印象深刻的反对理由。但是，最近学者已经开始严重质疑费伊案对它的历史性功能解释。

已经明确的是，宪法的起草者和1867年法案的制定者都要求，人身保护令的范围会随着它在普通法中的历史性发展来确定。① 首席大法官马歇尔在早期确定它在宪法和法律上的范围时，提到了其在普通法上的概念（*Ex parte Bollman*，4 Cranch 75，93－94，2 L. Ed. 554（1807）；*Ex parte Watkins*，3 Pet. 193，201－202，7 L. Ed. 650（1830））。欧克斯教授也指出，“当1867年国会规定，宪法权利受到侵犯、人身自由被剥夺的人，可以从联邦法院那儿获得人身保护令时，毫无疑问，国会旨在把它在普通法上的运用和救济的功能吸收进来，除非法律有相反的规定。”②

因此，准确地理解人身保护令在以下两个时期——被宪法所吸收的时期以及并入1867年人身保护令法案的时期——在普通法上的范围就变得十分重要。最近，正好有两个学者分别对这些问题做了研究。③ 他们的努力既十分关注细节，又具有启发性。 p254
他们的结论同费伊案（*Fay v. Noia*）中本院的如下结论存在很大的不同，即人身保护令在传统上可用于“救济任何种类的、违背基本法的政府的限制性行为。”（372 U. S.，at 405，83 S. Ct.，at 831）

---

① Bator，*Finality in Criminal Law and Federal Habeas Corpus for State Prisoners*，76 Harv. L. Rev. 441，466（1963）；Habeas Corpus，Oaks，*Legal History in the High Court*－64 Mich. L. Rev. 451，451－456（1966）.

② *Oaks*，*supra*，n. 3，at 452.

③ Professor Paul M. Bator of Harvard Law School and Professor Dallin H. Oaks formerly of the University of Chicago School of Law. Citations to the relevant articles are in n. 3，*supra*.

由这些学者列举的大量证据在这里无须重述。欧克斯教授提出了一个令人信服的论据：在批准宪法的那个时期，依据人身保护令的普通法规则，“一旦个人被上级法院或享有普通管辖权的法院定罪，处理人身保护令申请的法院除了核实定罪法院形式上的管辖权外，不能基于别的目的探究这一定罪。”[①] 的确，当首席大法官马歇尔如下陈述时，他也是这样理解的：

> 这个令状（人身保护令），如前所述，具有再审令的性质，据此，应当提交被羁押者本人并说明羁押事由。毋庸置疑，法院可以对该原因的充分性进行调查。但是，如果是一个有管辖权的法院作出的判决，尤其是一个根据法律不可由该法院予以更改的判决，那么难道该判决本身不是一个充分的理由吗？难道法院还可以根据这个令状不顾原判决，重新审查判决所依据的指控吗？判决，在本质上已经对它的审查对象下了结论，宣布了案件适用的法律。享有最终管辖权的法院，其法庭记录上的判决同本院判决所应具有的效力一样，对全世界都具有终局性。该判决对本院同对其他法院一样，都同样具有终局性。它通过判决，终止了对相关事实的调查。（*Ex parte Watkins*, 3 Pet., at 202 –203）

p255 在制定宪法的时期和 19 世纪早期，普通法对法院判决终局性的尊重，自然尚未明确地考虑人身保护令在联邦和州的关系背景下进行运作的问题。联邦对州的囚犯一直未能进行审查，直到 1867 年人身保护令法批准通过。但是，没有证据显示，国会意图通过那部法律，摒弃之前由再审法院体现的对享有适格管辖权法院先前作出的判决的尊重。该法案在国会没有得到普遍的重视和考虑，[②] 实际上，有人抱怨它的效用完全不能为人所理解。事实上，正如巴特教授指出的那样，需要压倒性的证据来得出以下

---

① *Oaks*, *supra*, n. 3, at 468.

② *Bator*, *supra*, n. 3, at 475 –476.

结论：1867年的国会意图“将人身保护令从历史的含义和范围的背景中完全分离出来，使之变成一个常规的再审令，从而适用于涉及联邦问题的任何刑事案件”。① 然而，显然不存在这样的证据。相反，众议院下设的司法委员会在1884年评价该法案时，作了如下的理解：“制定者并没有试图将此法律适当解释为，授予下级联邦法院法官推翻享有普通管辖权的州法院所作的最终判决的权力。”②

当然，自第一部人身保护令法以降，已是沧海桑田（See *Fay v. Noia*, 372 U. S., at 449 – 463, 83 S. Ct., at 854 – 862 (Harlan, J., dissenting)）。联邦人身保护令对州囚犯的适用范围，已经从一个相当有限地审查作出判决的州法院是否享有管辖权（See *Andrews v. Swartz*, 156 U. S. 272, 15 S. Ct. 389, 39 L. p256
Ed. 422 (1895); *In re Moran*, 203 U. S. 96, 27 S. Ct. 25, 51 L. Ed. 105 (1906)），发展到审查申请人在州法院是否被赋予了充分的机会来提出他的宪法性主张（*Frank v. Mangum*, 237 U. S. 307, 35 S. Ct. 582, 59 L. Ed. 969 (1915)）。到最后，实际上是由联邦法院基于各种宪法性主张对州法院的判决予以重新裁定（*Brown v. Allen*, 344 U. S. 443, 73 S. Ct. 397, 97 L. Ed. 469 (1953)）。现在，没有人会建议本院仍应受人身保护令所在的那个时期——18世纪末和19世纪——每个具体细节的禁锢。但是，意识到了这个现实，并不等于就可以把我们从历史的限制中解放出来。历史性证据告诉我们，在批准宪法的那个时期，因为考虑到法院判决的终局性问题，人身保护令的目的被搁置了。但是，在通过人身保护令法案的1867年，国会第一次将联邦人身保护令的审查扩大到双重法院体系之间微妙的相互关系时，这一

① *Id.*, at 475.

② H. R. Rep. No. 730, 48th Cong., 1st Sess., 5 (1884), quoted in Bator, *supra*, n. 3, at 477.

考量因素被充分地、完好无缺地保存了下来。

三

然而，最近的判决已经趋向于在刑事案件中贬损先前判决终局性的重要价值（*Kaufman*，394 U. S.，at 228，89 S. Ct.，at 1075，22 L. Ed. 2d 227；*Sanders v. United States*，373 U. S. 1，8，83 S. Ct. 1068，1073，10 L. Ed. 2d 148（1963）；*Fay*，*supra*，372 U. S.，at 424，83 S. Ct.，at 841）。如果一个被州羁押的人提出了有关他无罪的宪法性主张，那么这种趋势就可以成为人身保护令演变的正当理由。但是，一旦涉及典型的、对第四修正案主张的间接审理问题，漠视历史关于它的范围和功能的理由似乎就不再显得那么明显了。对于后一种情况，被定罪的被告人通常要求社会重新判定一个与羁押他的基本正义（basic justice）无关的事项。

在自由社会中，人身保护令的确应该对一个被不合宪地剥夺
p257 其自由的无罪的人提供额外的保证。审理费伊案的最高法院把人身保护令描述为“对社会认为的任何不能忍受的限制提供的一种救济”，并且承认，它应该赋予那些“被社会错误定罪的可怜人，以及那些迟来的自由远远不足以对其进行补偿的人”。（*Id.*，at 401－402，441，83 S. Ct.，at 829，850）在该案中，本院认为，人身保护令的核心理由在于对个人的不公平予以弥补。最近的评论家也已经认识到相同的核心观念，也有人指出，“在涉及人身自由方面，一个民主社会……必须坚持实现正义比得出一个不可动摇的判决更重要（emphasis added）。”① 雷拉案（*Leyra v. Denno*，347 U. S. 556，74 S. Ct. 716，98 L. Ed. 948（1954））对人身保护令再次大加赞赏，宣称“若没有联邦的人

① Pollak，*Proposals to Curtail Federal Habeas Corpus for State Prisoners*：*Collateral Attack on the Great Writ*，66 Yale L. J. 50，65（1956）.

身保护令，这两个人将会因为他们不曾犯过的罪行而被执行死刑。”①

我意识到，历史没有表明，人身保护令与无罪或有罪的宪法性主张之间存有联系。传统上，它甚至不适用于众多关于申请人无罪的宪法性主张，而当代很多支持扩大使用人身保护令的人，却允许对下述人员签发它，即那些毫无争议地理应被羁押的人。虽然如此，我们现在所面临的任务是将下述二者协调起来，即历史上对法院判决终局性的尊重和当代法院对人身保护令角色的扩大。考虑到令状内在的各种价值，要实现这个协调任务，只有求助于人身保护令的核心理由：通过一个特别的令状程序，提供一种手段来纠正那些不公平的羁押。 p258

但是，审查搜查和扣押的联邦人身保护令与上述这个理由无关。间接地提出第四修正案主张的囚犯通常情况下是被正当地羁押的。通过搜查和扣押获得的证据经常能“最清楚地证明嫌疑人是有罪的”，而且具有较高的可靠性。② 很少有人主张，搜查致使证据不可靠或者这个手段使人们对囚犯的定罪产生了怀疑。大法官布莱克的下述措辞有助于人们理解这一点：

> 根据第四修正案而提出的非法搜查、扣押的主张与众多其他宪法权利存在根本的差异；通常来说，扣押的证据决不会因为扣押的方式而变得不可靠，而且事实上，单是这个证据本身就已经从本质上排除了对被告人有罪的任何合理怀疑。（*Kaufman v. United States*, 394 U. S., at 237, 89 S. Ct., at 1079 (1969) (dissenting opinion)）

因此，人身保护令对搜查和扣押的审查，使得我们刑事司法

① Reitz, *Federal Habeas Corpus: Post - conviction Remedy for State Prisoners*, 108 U. Pa. L. Rev. 461, 497 (1960).

② Friendly, *Is Innocence Irrelevant? Collateral Attack on Criminal Judgments*, 38 U. Chi. L. Rev. 142, 160 (1970).

制度的缺陷彰显出来：一个已被定罪的被告人仅仅依赖于一个与无罪不相关的宪法性主张——声称非法搜查——就有权获得联邦的人身保护令，从而来审查州的定罪判决，并且如果审查法院得出结论认为搜查是违法的话，那么他还有可能被释放。实际上，联邦法院重新审查这一与囚犯是否无罪不相关的宪法性主张，且如果搜查被认定为非法的话，还有可能把他从羁押中释放的做法，在一个合理的法律制度中，不仅损害了社会的利益，而且无法实现弥补个人正义的目的。

p259

四

人身保护令如此空前的扩张远远超过了其历史上的限度，也忽视了它的主要目的，这在我们制度中是反常的。尽管我会在本意见的第五部分中，提到作为该制度正当理由的外在根据，但是首先让我们看看这个反常现象所付出的代价——它以一种严重的形式侵犯了其他社会价值。正是这些其他价值经常被列入较低级别——并不是代表可能无罪的人去促进正义的实现，而是经常性地服务于一些与实现个案正义无关的机械性规则。但是，这些被忽略的价值，对宽泛意义上的正义或者对我们的政治制度而言并非不重要。它们包括：1. 对有限的司法资源最大效率的利用；2. 刑事审判终局效力的必要性；3. 将我们联邦和州司法制度之间的摩擦减小到最低程度；4. 维持联邦学说赖以建构的宪法性平衡。

当申请联邦人身保护令时，其主张大体上会被两个或更多的州法院予以考虑。保护人身自由并且依据联邦法律仔细考虑这些主张，是州法院的神圣职责，该职责并不次于联邦法院。因此，那些要求联邦法院依照人身保护令执行的任务，通常是州法院之前早已或本应完成的。下述假定是合理的，即“一项工作如果能一次做好，就不应该做两次”，应予考虑最大限度地利用“这个法律制度所提供的智力、道德和政治资源”。[①]

这些资源是有限的，但对它们的需求却在不断上升。无论是 p260
很多新奇、复杂、密切影响了许多人生活的民事行为，还是值得我们最为谨慎关注的、最初的刑事审判和上诉，都对联邦法院提出了持续的需求。[②] 从要求联邦法院基于间接审查的主张重新审 p261
查的意义上来看，[③] 它剥夺了主要当事人迅速结案和成熟反思的权利。毕竟，我们制度的资源是有限的：它们过度扩张将会危害公正司法所必要的关怀和品质。

---

① *Bator*, *supra*, n. 3, at 451. 传统上扩展联邦人身保护令使它能对州法院的判决进行间接审查的正当理由在考夫曼案中作了概括。理由如下：“联邦法院对有关联邦法律问题有最后发言权的必要性在于：州的程序不充分，担心州的法官对联邦创造的权利不关注，本院在行使调卷令，审查州的定罪判决上存在制度上的限制。”每个正当理由在一定场合都是有价值的，尽管与过去相比，声称州的程序不充分和州法官态度漠不关心等理由已经很不现实。争议点，根本上是一个角度问题和理性的权衡问题。联邦间接审查的适当性在很多场合都是很明显的，但是很难得出以下结论：为了促进个体正义的目的——令状最关心的问题——有必要不加选择地将人身保护令审查予以扩展。这点在联邦审查第四修正案，导致贬低其他重要的社会价值和利益上，尤为如此。

② 简要地，美国地方法院的民事案件数量从 1961 年的 58293 件增长至 1972 年的 96173 件。美国上诉法院开展的上诉案件总数从 1961 年的 4204 件增长到 1972 年的 14535 件。州囚犯提出的人身保护令的申请从 1961 年的 1020 件上升至 1972 年的 7949 件。尽管由州囚犯签署的人身保护令从 1970 年的 9063 件降至 1972 年的 7949 件，但从 10 年前最初的 1000 件开始增长，总体增长趋势是强劲的。此外，根据美国联邦法典第 42 卷第 1983 条规定，囚犯民事权利的申请也在过去 5 年里从 1072 件上升至 3348 件。有些对事实和监禁的时间提出质疑，要求释放的案件，现在必须作为人身保护令的诉讼提出来。*Preiser v. Rodriguez*, 411 U. S. 475, 93 S. Ct. 1827, 36 L. Ed. 2d 439 (1973). See 1972 Annual Report of the Director of the Administrative Office of the United States Courts, Ⅱ -5, Ⅱ -22, Ⅱ -28—32.

③ 首席大法官伯格已经展现了重新起诉有时竟被允许的荒谬范围：“在有些多重审判和上诉案件（间接审查）中，被告人与社会持续作战长达 8 年、9 年、10 年甚至更多。在一起案件中，超过 50 名上诉法官在上诉中对案件进行了审查。”Address before the Association of the Bar of the City of New York, N. Y. L. J., Feb. 19, 1970, p. 1. 连“一直以公正对待被告人而受到尊重”的英国法院也从未如此扩展人身保护令的范围。Friendly, *supra*, n. 12, at 145.

在刑事诉讼一个合理的终结点上，联邦人身保护令的现有范围，也使社会的利益受挫。阿姆斯特丹教授已经认识到一些终局性的利益在间接诉讼中存在的危险：

它们包括（a）司法的重复努力；（b）刑事诉讼处于闲置状态下的迟延；（c）将一个囚犯押送到量刑法院听审的不便和潜在的危险；（d）对事实诉讼的延误，使得事实重现过程变得不大可靠：（i）关系到过去定罪主张本身；（ii）如果间接审查以一种再审的形式进行下去，就涉及关于定罪的争议……

p262 他得出结论认为：

总的来说，这些终局性的考量因素或多或少地将构成令人信服的争辩，用以反对任何特定间接审查主张的可审理性。这一争辩的力度取决于主张的本质、在定罪程序中的处理方式（如果有的话），以及间接诉讼赖以存在的环境。①

没有任何一种有效的制度能够承受得住下述做法，即承认下述一种持续存在的理论上的可能性：每个审判都会存在错误，每个羁押都是没有根据的。从某种意义上说，法律必须向被羁押者传递这样一种信息：既然已经犯了错误，也已施加了相应的惩罚，那么一个人不应该再带着下述观点追忆过去，即重新利用每个可以想到的理由来进一步争讼，而应该期望回归社会，重新生活，变成一个对社会有用的公民。②

这个观点的价值，在申请间接审查非法搜查和扣押上，比其

① Amsterdam, *Search, Seizure, and Section 2255: A Comment*, 112 U. Pa. L. Rev. 378, 383 - 384 (1964). 这篇文章提出了对联邦囚犯进行间接救济的问题，但它的基本原理也强有力地适用于联邦人身保护令对州囚犯的救济。

② 大法官哈兰说得好："有罪的被告人个人和社会，在保证有一个确定的点来终止诉讼方面，都存在利益，注意力最后将集中于被告人能否返回社区，成为社区中有用的一员，而非定罪是否还存在错误。" *Sanders v. United States*, 373 U. S. 1, 24 - 25, 83 S. Ct. 1068, 1082, 10 L. Ed. 2d 148 (1963) (dissenting opinion).

他任何地方都表现得更加不言自明；申请人经常会要求社会重新判定一项主张，而该主张与羁押的公正性完全没有关系。阿姆斯特丹教授已经指出，“基于适用于所有搜查和扣押申请的普遍理由”，他“会判决认为，哪怕是微弱的终局性利益都足以否定间接救济”。[①] 然而，事实上却存在着一个有力的终局性利益，妨碍人们同意对搜查和扣押作出间接审查。除了绝大多数人身保护 p263
令程序内在的资源重复使用限制外，搜查和扣押请求的有效性通常依赖于事件发生的复杂环境——对于人身保护令的审查法院来说，探究这些事实细节的确相当困难。下述情形尤其如此，而且往往也确实如此，审判活动在间接审查的几年前就已经进行，而州的法庭记录又只是一个草草的梗概。[②]

最后，现在的人身保护令范围容易侵蚀我们联邦政府制度的内在价值。就每个州的刑事判决都要不确定地受到联邦宽泛、重复的监督而言，我们对州法院的行为表现出极大的不尊重，而这

① *Supra*, n. 16, at 388.

② 后者因为各种各样的理由而发生，即在审判中被告人没有提出该主张，州法院裁定主张不足以举行听审，或者是本院最近的决定扩大了被告人的权利（尽管对于第四修正案的申请，这样的决定很少追溯适用）。See, e. g., *Linkletter v. Walker*, 381 U. S. 618, 85 S. Ct. 1731.

将损害宪法在两个法院系统间的平衡状态。[①] 当今联邦人身保护令的审查范围日益扩大，导致了联邦和州司法系统之间较大的摩
p264 擦。马塞诸塞州最高法院的法官兼当时州法院的国家中心负责人保罗·C. 里尔顿在识别这两个系统间存在的问题时，坦率地指出："毫无疑问，第一个问题就是联邦人身保护令程序对州法院的影响。"他说道，对上诉法院的法官而言，由联邦地方法院的独任法官来审查由州最高一级上诉法院的全体法官作出的判决，无疑是一种羞辱。在他看来，联邦人身保护令享有这么宽泛的权力，无疑鼓励公众在心目中进一步贬损州法院和它们的功能。[②] 法官里尔顿用以下的话对巴特教授予以回应：

从一个法官的责任感和内心良知来说，我想象不出还有什么比不分选择地接受"所有的调子总要有别人来定"这一观念更具有破坏性，责任感和良知是构成复杂和微妙的裁判艺术的基

① 权力在州和联邦政府之间的分配由宪法预先规定，如大法官哈兰所评论的，"我们政治制度的结构完全说明了我们所拥有的自由社会。事实上，制定者在起草宪法时，根本上正是基于政府的结构。出于惨痛的教训，他们对每个全能的中央集权式的权力存在疑虑，他们通过建立联邦制来分散行政、立法和司法的权力，保证上述的中央集权政府永远不会在这个国家存在。在联邦和州之间分散权力也是基于同样的目的，而随着联邦机构的规模持续扩大，它具有额外的意义。" *Thoughts at a Dedication: Keeping the Judicial Function in Balance*, 49 A. B. A. J. 943, 943 - 944 (1963). 大法官哈兰认识到，"人身保护令管辖权的问题是宪法的一个方面，涉及联邦制下司法权力分支的核心部分。" *Fay v. Noia*, 372 U. S. 391, 464, 83 S. Ct. 822, 862, 9 L. Ed. 2d 837 (1963) (dissenting opinion). 这样的观点也不是一个法官的产物。正如本院在解决一个关于州和联邦司法权力冲突领域的历史性裁决中注意到的："美国的宪法承认和维护各州的自主和独立——立法的独立和司法的独立。对州立法和司法行为的监督，除了宪法明确授权或者代表美国的事项，在其他任何场合都不被允许。任何的干预，除了已获许的，都是对州权力的侵犯，甚至上升到否定州的独立这么一种程度。" *Erie R. Co. v. Tompkins*, 304 U. S. 64, 78 - 79, 58 S. Ct. 817, 822 - 823, 82 L. Ed. 1188 (1938), quoting Mr. Justice Field in *Baltimore & O. R. Co. v. Baugh*, 149 U. S. 368, 401, 13 S. Ct. 914, 927, 37 L. Ed. 772 (1893).

② Address at the annual dinner of the Section of Judicial Administration, American Bar Association, San Francisco, California, Aug. 14, 1972, pp. 5, 9, and 10.

本组成部分。① p265

在我看来，没有什么职责比本院承担起恢复州和联邦法院间的相互尊重以及平衡分担法院之间的责任——这已经由我们的传统和宪法本身明智地思忖过了——这个职责更加紧迫。该职责的实现无须撤回我们承袭的坚定主张：人身保护令，作为一种纠正不公正的手段，继续保持其完整的活力。

本案只涉及关于人身保护令适用范围的一个相对较窄的方面。摆在我们面前的具体争点和这次需要解决的唯一问题就是：州囚犯基于第四修正案的主张可以在多大程度上获得联邦人身保护令的审查。无论对一个重要、广泛的争点问题形成何种全面答案（无论是通过阐明立法或是之后的决定），在我看来，大法官布莱克的下述建议，可以作为这类案件适当的门槛要求：

> 我一直要求，已被定罪的被告人提出的宪法性主张，必须对他的定罪本身存有一定的质疑。（*Kaufman v. United States*，394 U. S.，at 242，89 S. Ct.，at 1082（dissenting opinion））

亨利·J. 弗瑞德里法官通过敏锐的分析，也表达了相似的观点。他对人身保护令的审查范围划一界限，将那些“表面上就缺乏无罪因素的主张”排除在外：“除了几个重要的例外，只 p266
有当囚犯的宪法性主张有无罪的主张作补充时，定罪才应该接受间接审查的检验。”②

如果宪法性主张与无罪不相关，那么，联邦法院对人身保护令的审查——审查囚犯针对第四修正案提出的主张——就应该仅

① *Bator*，*supra*，n. 3，at 451.

② *Friendly*，*supra*，n. 12，at 142. 弗瑞德里法官的理论，正如他逐步阐明的，将会在联邦体制和州囚犯的联邦保护令审查中广泛包含间接审查。除了他文章中仔细描述的少数例外以外，弗瑞德里法官会把“看上去无辜的”标准适用于任何定罪的间接审查，既包括第五、第六也包括对第四修正案的审查。*Id.*，at 151 – 157. 在本案件中，我们只考虑第四修正案的申请而不必考虑其他。

限于以下问题：在州法院中，被告人是否被赋予了公平的机会来提出第四修正案的主张以及获得对此主张的判决。通过用这种方式来限制审查人身保护令的范围，将会减小联邦法院在决定宪法性主张——不涉及申请人是否无罪——的是非曲直问题时的作用，并有助于将我们刑事司法制度中最近被忽视的价值恢复到原来合适的位置。

五

上文提及的价值的重要性不容置疑。那么是什么理由促使本院在最近的判决中将人身保护令扩大到对第四修正案的众多主张中，而不予考虑历史以及上述价值呢？在考夫曼案中，针对大法官布莱克的反对意见——间接提出的宪法性主张应该与申请人的无罪有关——多数意见指出：

> 它（大法官布莱克的意见）启动了对排除规则自身适当性问题的讨论。然而该规则的适用并不以无辜的可能性是否存在为
> p267 中心，相反，排除那些通过非法扣押获得的证据，被认为在保护全体公民——而不只是审判中的公民——不受不合理搜查和扣押的权利方面是必需的。（394 U. S.，at 229，89 S. Ct.，at 1075）

排除规则产生了很多争议，多数是因为对它的适用使得有罪的被申请人能逃脱制裁，而违反法律的警察却没有受到惩罚。①

① See *Bivens v. Six Unknown Named Agents of Federal Bureau of Narcotics*，403 U. S. 388，411，91 S. Ct. 1999，2012，29 L. Ed. 2d 619（Burger，C. J.，dissenting）；Paulsen，*The Exclusionary Rule and Misconduct by the Police*，52 J. Crim. L. C. & P. S. 255，256（1961）；see also J. Wilson，*Varieties of Police Behavior*（1968）；8 Wigmore，Evidence s. 2184，pp. 51 – 52（J. McNaughton ed. 1961），and H. Friendly，Benchmarks 260 – 261（1967）（指出即使在审判中，排除规则也应该局限于排除“有意或公然的违法行为的后果”）. But see Kamisar，*Public Safety v. Individual Liberties*：*Some Facts and Theories*，53 J. Crim. L. C. & P. S. 171，188 – 190（1962），and Kamisar，*On the Tactics of Police – Prosecution Oriented Critics of the Courts*，49 Cornell L. Q. 436（1964）.

该规则经常主张的理由是威慑警察非法的搜查和扣押行为（*Elkins v. United States*, 364 U. S. 206, 217, 80 S. Ct. 1437, 1444, 4 L. Ed. 2d 1669（1960）; *Mapp v. Ohio*, 367 U. S. 643, 656, 81 S. Ct. 1684, 1692, 6 L. Ed. 2d 1081（1961）; *Linkletter v. Walker*, 381 U. S. 618, 636, 85 S. Ct. 1731, 1741, 14 L. Ed. 2d 601（1965）; *Terry v. Ohio*, 392 U. S. 1, 29, 88 S. Ct. 1868, 1884, 20 L. Ed. 2d 889（1968））[1]。然而，通过最近的实证法研究，有 p268
人对这个威慑功能的有效性提出了质疑。无论该规则在审前和上

① 这些表达先于第一个学者的实证式研究，大法官斯图尔特在埃尔金斯案（*Elkins v. United States*, 364 U. S. 206, 218, 80 S. Ct. 1437, 1444, 4 L. Ed. 2d 669（1960））中注意到，"对这个规则的有效性不存在实证数据"，这个情形一直存在，直到奥克斯教授的研究完成。的确，在提到排除规则的基础时，奥克斯教授注意到，"它不是基于事实，而是求助于争论、修辞和直觉获得支持。" *Studying the Exclusionary Rule in Search and Seizure*, 37 U. Chi. L. Rev. 665, 755（1970）. See also Burger, *Who Will Watch the Watchman*? 14 Am. U. L. Rev. 1（1964）. 我这里提到排除规则的争论——不是为了建议对它全部的抛弃（尤其在缺少其他一些对警察不规范行为的威慑方法时），而是为了强调它不稳定和未论证的基础，尤其当它适用于依据第四修正案，对州法院的判决申请联邦审查时。

p269 诉阶段是什么价值[1]——这个问题不是本案的争点——将它适用于间接审查的情形是不具有说服力的。在间接审查问题上，排除规则保留了它主要的缺点，而溶解了它的优点。无论该规则在审判和上诉时能起多大的威慑作用，经过几个月、几年以后，到间接审查某一主张时，这个作用也会大大降低。由于这种不被允许的行为已过于久远，此时联邦法院对州警察所做的这种迟来的、轻微的斥责将不损害除社会以外的任何人的利益，因为已被定罪的罪犯又被重新释放了。[2]

搜查和扣押是法律的一个不透明的领域：对第四修正案公然的滥用很少不被发现，但是它还存在一个很广阔的灰色地带，对

---

① 奥克斯教授对排除规则的有效性问题作了最透彻的实证性研究，他得出结论，“作为直接威慑警察非法搜查和扣押行为的设计，排除规则是失败的”。*Supra*, n. 25, at 755. 尽管奥克斯教授承认还没有确实的数据，他将他的研究结果归纳如下：“没有理由来期待这个规则，会对绝大部分无意要提起诉讼的警察行为有任何直接的影响，也没有证据显示，规则对一小部分针对控诉的法律实施行为有威慑的效果。而我们所知道的制裁的威慑效应表明，排除规则完全没有起到威慑警察的作用。对该规则最严厉的批评是它的无效性。它是贯彻免受警察不合理搜查和扣押基本保证的唯一手段，然而在这个重大的任务上它却是失败的。

“排除规则的适用给刑事司法体系增加了额外的代价。它对无辜之人没有任何补偿却开释了罪犯。它提供了执法人员大规模说谎的场合和动机。它将刑事控诉的重心从判明被告人是否有罪转变为对警察的审判。只有对不合理存有无限耐心的体系才会容忍以下事实：如果只有一个错误，被告人会被惩罚；如果出现了两个错误，被告人和警官都会被开释。这不是作为对警察违法行为有效救济的一个额外的代价，而是为了某个空虚的理由，付出了令人望而却步的代价。” *Id.*, at 755.

尽管深信排除规则是一个“失败”，但奥克斯教授在没有东西替换它之前，不会完全废除它。他建议“一个有效的向违法警官和他的雇主提出的侵权救济”。他注意到，“这样的侵权救济将会给法院一个裁决宪法权利内容的机会（加拿大的例子表明怎么做），它会提供所需的真实结果使保障变得可信。” *Id.*, at 756 – 757.

② 由于排除规则反复适用，看上去，有些场合的威慑效应会达到一个减小回报的临界点，过了这个点，继续对它的适用将成为公众所讨厌的事物。*Amsterdam*, *supra*, n. 16, at 389.

此已有法官评述说，我们的“判决……很少以预见性闻名”①，另一个法官也评论说，本院“将基本原理划分得太琐碎，以至于无法再作区分了。”② 那些严重侵犯第四修正案的行为，可以由州法院的法官或通过本院直接审查来处理。但是，那些获得间接审查机会的有关第四修正案的主张，最可能存在于这个灰色过渡地带，于此法院本身就很难适用法律，更别说让那些巡逻的警察来理解法律了。这正是排除规则的威慑作用最不灵验的案件类 p270
型，它们最缺乏合理根据，来释放那些已经被适当定罪的被告人。③

我们的判决并不支持以下观点，即某一情形中适当的宪法政策会自动成为适用于任何时间和任何情形的政策。在林克特案（*Linkletter v. Walker*，381 U. S.，at 629，85 S. Ct.，at 1738）中，本院承认了极具说服力的现实考量因素，而反对追溯适用排除规则。本院并没有将规则视为具有永恒宪法意义的真理，相反，本院判决认为：

通过查明争议之中的规则的历史，来衡量每个案件的优点和缺点，它的目的和影响，以及溯及既往的适用将会起促进或者是妨碍作用。我们相信，就第四修正案禁止不合理搜查和扣押而言，这种方法是特别正确的。（*Id.*，at 629，85 S. Ct.，at 1738）

此种实用性的方法迫使本院得出结论认为，溯及既往地适用这一规则不会有助于威慑作用的发挥：

马普案之前，警察的不当行为已经发生，不会通过释放涉嫌

---

① *Ker v. California*，374 U. S. 23，45，83 S. Ct. 1623，1646，10 L. Ed. 2d 726（1963）（Harlan，J.，concurring in result）.

② *Coolidge v. New Hampshire*，403 U. S. 443，493，91 S. Ct. 2022，2051，29 L. Ed. 2d 564（1971）（opinion of Burger，C. J.）. 首席大法官在引用明尼苏达州最高法院大法官斯通的话。

③ *Friendly*，*supra*，n. 12，at 162－163.

的囚犯予以纠正。而那些已被破坏的被害人的住宅和财产的隐私权也不会得到恢复。补偿来得太晚。（*Id.*，at 637，85 S. Ct.，at 1742）

（See also *Desist v. United States*，394 U. S. 244，89 S. Ct. 1030，22 L. Ed. 2d 248（1969））对排除规则的必要性同样实用、具体的分析，在沃尔德案（*Walder v. United States*，347 U. S. 62，74 S. Ct. 354，98 L. Ed. 503（1954））中也很明显。在该案中，本院允许控方利用非法扣押获得的证据弹劾被告人——在自我辩护
p271 中第一次作证——的可信性。实际上，本院判决认为，在审判中，防范伪证和保证程序公正的需要超过了排除规则所要保护的政策。本院得出结论认为，在此场合适用排除规则“将会曲解第四修正案”（*Id.*，at 65，74 S. Ct.，at 356）。沃尔德案的判决意见尖锐地指出，排除规则背后的政策既不是绝对的，也不是包罗万象的，它必须和另一具有竞争性的、更具有说服力的政策一起被权衡和裁量，那个政策就是审判时有效认定事实真相的需要。

总而言之，排除规则适用的情形会随着它所在的具体场景而变化。没有理由将适用于马普案的规则扩张至联邦人身保护令的程序中，因为如果那样做，它声称的威慑效果将会十分有限，而它显而易见的危害结果却会完全保留下来。

六

最后审查的是，上面的立场与美国联邦法典第28卷第2254（a）条的下述规定是否相一致：

只有当对一个人的羁押违反了美国的宪法和法律或者条约时，最高法院的法官，巡回区的法官，和地区法院的法官才可以为了那个人——因为州判决而被羁押——的利益，接受人身保护令的申请。

最近几年目睹了这样一种趋势：宪法权利不断增殖，"在刑事案件中，由于足智多谋的律师总能找到宪法依据，故上诉申请不断膨胀。[①]"联邦人身保护令的管辖权也已经远远超过了那个时期——当现行第2254（a）条中"违宪羁押"的概念第一次出现在一百多年前的联邦法律中时——任何人的预期和真意。[②] p272

大法官布莱克指出，"不是任何一起案件，仅仅由于它的某个部分拒绝了宪法权利，都可以在定罪后，受到人身保护令或者第2255条程序的审查"（*Kaufman*，394 U. S.，at 232，89 S. Ct.，at 1077，22 L. Ed. 2d 227（dissenting opinion）），这一观点无疑是正确的。没有证据显示，国会意图使每个违反宪法的主张都能获得适当的间接审查：事实上，关于1966年联邦人身保护令法的最新修订[③]和第2254条（a）的制定都是在以下时期诞生的，即多数上诉法院都认为，非法搜查、扣押的主张"并不适于依据第2255条的撤销量刑动议提出，而只能通过对定罪的上诉程序适当地提出。"（*Id.*，at 220，89 S. Ct.，at 1070，quoting *Warren v. United States*，311 F. 2d 673，675（CA8 1963））[④] 尽管在考夫曼案详尽的讨论中涉及了联邦囚犯根据第2255条提出的主张，但是原先区分直接或间接审查搜查和扣押程序的原则仍然清楚地存在。

没有迹象表明，国会意图抹掉这种区分。实际上，1966年修订法的主要目的也指向相反的方向。参议院司法委员会的报告指出：

尽管有一小部分人身保护令的适用被认为是具有价值的，

---

① *Friendly*，*supra*，n. 12，at 156.

② See Part Ⅱ，*supra*.

③ 1966年对联邦人身保护令法的修订，其中，现有的是美国联邦法典第28卷第2254条（a）、（d）、（e）和（f）。

④ See *Kaufman*，*supra*，394 U. S.，at 220－221，nn. 3 and 4，89 S. Ct.，at 1070－1071. 上诉法院各自立场一览表。

p273 但总体来看，它们的适用给联邦法院施加了沉重的负担。……法案旨在通过在人身保护令程序中引入较高标准的判决终局性，来减轻不必要的负担。（S. Rep. No. 1797，89th Cong.，2d Sess.，2 (1966) U. S. Code Cong. & Admin. News 1966，p. 3664）[①]

众议院的报告也相似地指出：

尽管在很少的几个适用人身保护令的案件中，申请人成功了。但是，他们不仅增加了联邦法院不必要的工作负担，而且在很多案件中，通过延迟州判决的适当执行，干扰了州法院的程序和进程。(H. R. Rep. No. 1892，89th Cong.，2d Sess.，5（1966))

国会最近关于联邦人身保护令范围的表述，反映了以下一种感受，该感受得到了法官和立法者的认可，即人身保护令已经冲垮了历史的堤岸，淹没了联邦法院的判决日程表，降低了州法院的地位。尽管国会没有处理手头的这一问题，但是在通过州法律时，或者历史上使用“违反宪法而被羁押”——第2254条（a）源自于此[②]——的措辞时，第2254条（a）的任何内容都不要求法院作出以下判决，即州法院对非法搜查和扣押主张作出的

p274 裁决必须在间接程序中重新审查和判定。

七

在过去的20年中，可能没有一个刑事法律的发展，会像逐步扩大联邦人身保护令的适用范围——重新启动和重新裁判州法院的判决——那样，产生这么深远的影响。我已经在上文的第四

---

① 在巡回区法院法官欧瑞.L.菲利普斯，美国人身保护令司法大会委员会——发起1966年的立法——主席，给参议院改进司法功能小组委员会主席的一封信中，也着重强调加速“裁决联邦法院中有关州法院囚犯提出的那些没有价值和重复申请”的必要性。S. Rep. No. 1797，89th Cong.，2d Sess.，5（1966）；U. S. Code Cong. & Admin. News 1966，p. 3667.

② See Part Ⅱ，*supra.*

部分对这些影响作了评论：体制的负担[1]，在法院、检察官、辩护律师、其他人员和设备的需求方面；刑事程序缺乏效率和终局性，削弱了法律的威慑功能和（罪犯）回归社会的效果；州法院不适当的从属地位，导致激化州和联邦的关系；并且，逐渐侵蚀联邦制度本身。也许，这种悬而未决式的人身保护令审查导致的一个最令人担忧的结果，就反映在大法官杰克逊的预先警示中，“偶尔的几次有意义的适用，将淹没于大量徒劳的审查这一片汪洋中”。[2]

如果这些结果源于保障那些无罪人的宪法请求，那么这些结果当然可以被接受，因为它们是为了弥足珍贵的正义标准而支付了可容忍的代价。同时，通过进一步努力以追求发现更为合理的程序。但是，正如今天我们面前的案件那样，人身保护令的问题，极少是关于囚犯对其定罪是否无辜的问题，[3] 更常见的是关 p275
于一些完全有证明力的证据因为违反了排除规则——总是仪式性地适用而不考虑它是否存在达到预防目的的最小可能性——而需要考虑其是否应该被采纳的问题。

正是这个制度的自相矛盾——常常看似实质从属于形式——招致了越来越多的批评以及对司法缺乏信心。甚至，很难解释为

---

① 大法官杰克逊在 20 年前布朗案（*Brown v. Allen*，344 U. S. 443，532，73 S. Ct. 397，423，97 L. Ed. 469（1953））的协同意见中悲叹：“一些陈旧、琐碎和重复的申请（由囚犯提起的联邦人身保护令）洪水淹没了下一级法院的判决日程，也增加了我们自己的工作量。” *Id.*，at 536，73 S. Ct.，at 425. 为大法官杰克逊所担忧的洪水由 541 个这样的申请构成。在 1971 年，数据可得的最新一年，仅仅州囚犯就签署了 7949 份要求联邦地方法院审查的申请，这个数字是杰克逊法官表明他的担忧时数字的 14 倍。

② *Brown v. Allen*，*supra*，at 537，73 S. Ct.，at 425.

③ 在对我们刑事司法制度的曲解作出评价时，伊利诺伊州最高法院法官沃尔顿·沙佛说道，“令我担忧的是，今天，我们几乎没有一个关于有罪和无罪真正的争点。制度已经变成：在法庭上我们是在审判普遍存在的警察行为和公诉人行为。” Address before Center for the Study of Democratic Institutions，June 1968，cited by Friendly，*supra*，n. 12，at 145.

什么下述刑事司法制度应受尊重：它允许在普通审判程序结束并产生终局性裁判很久之后，又对它进行再次审查，并且审查的理由甚至与被定罪人是否无辜不相关。在“神圣的人身保护令”周围一直有一圈光环，没有人想使它黯淡下来。但是，人们也必须考虑，超越了任何正当理由，如此扩张式地使用令状最终是否削弱而不是增强了令状的活力呢？

大法官道格拉斯（Mr. Justice Douglas）发表了反对意见。

我同意上诉法院的意见，“对搜查的口头同意”是不够的，对同意搜查的事实并不意味着嫌疑人明知有这么一个可以拒绝的选择存在（448 F. 2d 699，700）。正如上诉法院指出的那样

在多数情况下，一个理智之人会把警察“我可以？”的说法
p276 理解为有法律强制力作为后盾支持的一种礼貌表达。（*Id.*，at 701）

一个重要的宪法性保障就取决于该狭隘的争点问题。在实施搜查时，警察没有合理根据相信汽车中藏有违禁品和其他非法的物品。警察仅仅是因为没有打开前灯和牌照灯才截停这辆车。这辆车属于埃卡拉的哥哥，他是从他哥哥那儿借来的，埃卡拉有驾驶执照。警察适当地开了交通罚单。汽车被搜查了，当前的法庭记录显示埃卡拉是同意的。但是，究竟埃卡拉是否明知他有权拒绝，我们不得而知。上诉法院所做的只是将案件发回地区法院重审，以认定事实真相——如果必要的话，对该争点举行听证。

基于上述理由，我将听凭本案顺其自然地发展，本院持久、费时的争论即可消弭。至少我们可以确定，如果它再返回（本院接受审查），我们将不会给出一个顾问式的意见。如果要我对是否批准该申请作出表决，我会建议驳回它，因为该批准的作出并不谨慎。但是，作为少数意见，我受制于四票的表决规则。

大法官布伦南（Mr. Justice Brennan）发表了反对意见。

第四修正案明确保障“个人的人身、住宅、文件和财产不受不合理搜查和扣押的权利，不得侵犯……”我们也一以贯之地认为，控方根据合法取得的令状进行的搜查或者合理的附带搜查，并不违反这一保障。然而，在本案中，正如本院自身所承认的那样，没有获得搜查令状，控方甚至都没有表示“有合理根据来搜查车辆或者进行附带搜查”。（*Ante*，at 2048）结果，对汽 p277
车的搜查仅仅基于汽车所有人的弟弟的同意——他放弃了第四修正案保障的免受“不合理”搜查的权利——而获得正当化。本院今天判决认为，个人可以有效地放弃这一权利，即使他全然不知以下事实——没有他的同意，这种对他隐私权的侵犯会为宪法所禁止。当我们的公民完全没有意识到某一宪法保障存在时，怎么可以意味深长地说他已经放弃了这一保障？这完全超出了我的理解范围。在我看来，本院的结论既不能从“语言学”上也不能从“认识论”上，甚至无法从“常识”中获得支持。我谨呈反对意见。

大法官马歇尔（Mr. Justice Marshall）发表了反对意见。

几年前，大法官斯图尔特提醒我们，“宪法保障……一个可以自由选择的社会。这样的社会假定社会中的每位成员都有选择的能力。”（*Ginsberg v. New York*，390 U. S. 629，649，88 S. Ct. 1274，1285，20 L. Ed. 2d 195（1968）（concurring in result））我认为，选择的能力必须依赖于明知可以进行选择这一认识。但是，本院今天得出了一个奇怪的结论，即一个人可以选择放弃他的宪法权利——不受不合理搜查的权利——而不知道他可以选择拒绝警察搜查的要求。[①] 对此，我不能同意，因而持反对意见。

p278

一

我相信，本院误解了本案中真正的争点问题。争点不在于本院所指出的警察是否压制了埃卡拉的意愿而获得了他的同意，相反，争点在于仅有一个对搜查同意的简单陈述，而没有其他理由，[②] 是否足以允许警察实施搜查，从而作为埃卡拉对拒绝警察的宪法权利的放弃。[③] 本院一直小心翼翼地审查以下主张：一个人已经放弃了主张宪法权利的机会（See，e. g.，*Fuentes v. Shevin*，407 U. S. 67，92 S. Ct. 1983，32 L. Ed. 2d 556（1972）；*D. H. Overmyer Co.*，*Inc. v. Frick Co.*，405 U. S. 174，92 S. Ct. 775，31 L. Ed. 2d 124（1972）；*Boykin v. Alabama*，395 U. S. 238，89 S. Ct. 1709，23 L. Ed. 2d 274（1969）；*Carnley v. Cochran*，369 U. S. 506，82 S. Ct. 884，8 L. Ed. 2d 70（1962））。我看不到任何
p279 理由应该对同意搜查给予较少的审查。迄今为止，本院对涉及此

① 本院裁决认为，在州法院的程序中，埃卡拉对搜查的同意，作为对第四修正案权利的放弃，已经被证明是合乎宪法的。在那些程序中，关于埃卡拉是否知道有权拒绝同意的证据没有出示。第九巡回区上诉法院的判决——今天被撤销——要求申请人出示此类证据。正如下文讨论的，上诉法院并没有裁决，把警察必须告知调查对象拒绝同意的权利这一条件作为保障同意搜查的基本前提。

② 本院承认警察在搜查时缺少合理根据。*Ante*，at 2047－2048. 在搜查发生时，有三辆警车在汽车旁边。270 Cal. App. 2d 648，651，76 Cal. Rptr. 17，19（1969）. 也许警察事实上有一些理由相信会搜查到一些有罪证据，尽管没有记录在案。但是也有可能，那么晚的时间加上埃卡拉汽车中的乘客数目暗示第一个到场的警察要等其他警察到来后再进行调查会谨慎些。

③ 由于布斯塔曼特被起诉持有被盗支票罪，而发现支票时，他也在场，所以他有理由来反对这个搜查，即使他对汽车没有任何所有者的利益。*Jones v. United States*，362 U. S. 257，80 S. Ct. 725，4 L. Ed. 2d 697（1960）. Cf. *People v. Ibarra*，60 Cal. 2d 460，34 Cal. Rptr. 863，386 P. 2d 487（1963）；*People v. Perez*，62 Cal. 2d 769，44 Cal. Rptr. 326，401 P. 2d 934（1965）.

类搜查的每个案件，都将同意视为弃权[①]（See, e. g., *Amos v. United States*, 255 U. S. 313, 317, 41 S. Ct. 266, 267, 65 L. Ed. 654 (1921); *Zap v. United States*, 328 U. S. 624, 628, 66 S. Ct. 1277, 1279, 90 L. Ed. 1477 (1946); *Johnson v. United States*, 333 U. S. 10, 13, 68 S. Ct. 367, 368, 92 L. Ed. 436 (1948))[②]。可能擅长语言学和认识论的人可以无视这些评论，但我发现绝不能忽视它们。 p280

本院通过以下三种途径来处理这个争点的做法具有一定误导性，理解这一点很重要。第一，当口头同意作为对拒绝侵入权的放弃而起作用时，判断的标准源自于同意搜查的正当理由。但是，该理由与我们先例中对第四修正案例外的要求是不一致的，而且该理由也不能回应同意搜查例外的特殊本质。第二，它适用

① 法院将戴维斯案解读为支持本案基于同意进行搜查的一个案件。但是，在那起案件中，法院推理的核心是扣押的物品在大卫被拘禁时，是由政府暂时控制的。See *id.*, at 587 - 593, 66 S. Ct., at 1258 - 1261. 政府的代理人因而可以简单地对他们享有合法请求的财物要求返还。正因为如此，本院判决认为，“可允许的种类限制并不像获取私人文件那么狭窄。”*Id.*, at 593, 66 S. Ct., at 1261. 因此，法院的意见拒绝陈述一项搜查令状依据的一般规则。出于第四修正案的分析，纯粹证据与违禁品或者犯罪工具的区别已经废除。*Warden, Maryland Penitentiary v. Hayden*, 387 U. S. 294, 87 S. Ct. 1642, 18 L. Ed. 2d 782 (1967). 但这不是忽视以下事实的理由——当裁决戴维斯时，这个区分在法院完成分析时，起了很大的作用。在赞普案（*Zap v. United States*）中，法院裁决当申请人为了得到政府的生意，明确同意允许检查他的账目和记录时，他“自愿”地放弃了这种对隐私权的申请——其他情况下他可能享有的对与那些合同有关的商业文件的尊重。由于赞普签署了一份合同，明确规定他的记录在任何时候都对政府开放，他事实上已经放弃了他以秘密状态保存这些记录的权利。Cf. *United States v. Biswell*, 406 U. S. 311, 92 S. Ct. 1593, 32 L. Ed. 2d 87 (1972).

② 除了赞普案和戴维斯案，*supra*, n. 4，我没有找到任何由本院判决的案件明确支持基于被告人同意进行的搜查。所以“第九巡回区上诉法院的方法，在我们的判决中找不到支持”并不奇怪。*Ante*, at 2049. 但是几乎在每个详细讨论问题的案件中，法院都将同意视为弃权。所以将它们都描述为分析一切情境的做法，是对那些案件的不当描述。*Ante*, at 2056 n. 31. See *infra*, at 2076 - 2077.

了在不同情境中发展起来的“自愿性”标准，而这些标准所依赖的政策与本案涉及的不同。第三，它错误地展现了我们先前涉及同意搜查的案件的特点。

（一）

本院臆断本案中的争点在于，法院在判断同意是否是“自愿”作出时所遵循的标准是什么？然后，将长期发展起来的判定强迫自白这一完全不同的问题的标准，引入搜查和扣押法的领域。①

第五修正案明确规定，没有人“可以在任何刑事案件中被迫自证其罪”。第十四修正案的正当程序条款所保护的利益也是如此。在某一案件中，当自白因以违宪的方式获得而受到质疑
p281 时，则必须审查警察的行为是否达到了强迫被告人的程度。② 因为权利具有不受强迫的本质属性，所以没有必要审查被告人在作出陈述前是否明知这一点，没有一个健全的人会有意地放弃这一不受强迫的权利。以此方式，强迫的问题和侵犯权利的问题本身就复杂地纠缠在一起。因而，在涉及强迫自白的案件时，就会省略明知权利这个问题，认为它是无关的，而直接转向是否受强迫的问题。

米兰达案（*Miranda v. Arizona*, 384 U. S. 436, 86 S. Ct. 1602, 16 L. Ed. 2d 694（1966））肯定了这种分析。本院判决认为，一

① 运用“多米诺骨牌效应”的裁决方法是有误导性的，这点我相信可以通过以下事实来加以证明：“自愿同意”的短语，在某种程度上显得多余。而“自愿自白”的短语却不是。

② 根据每个被告人独特的本质，法院在这些案件中使用“自愿”或“不自愿”的术语作为评价警察行为缩略的标签。因为对一些人不胁迫的行为可能对另一些人来说，就会强迫他们作出有罪自白。See, e. g., *Haley v. Ohio*, 332 U. S. 596, 599, 68 S. Ct. 302, 303, 92 L. Ed. 224（1948）; *Stein v. New York*, 346 U. S. 156, 185, 73 S. Ct. 1077, 1093, 97 L. Ed. 1522（1953）; *Fikes v. Alabama*, 352 U. S. 191, 77 S. Ct. 281, 1 L. Ed. 2d 246（1957）.

些警告必须在询问嫌疑人之前作出，当嫌疑人明知他可以保持沉默后，羁押性询问所内含的胁迫本质就会降低。但是，尽管这些警告传达给了被告人所享有的各种权利的信息，但是这信息本身只是为了保障嫌疑人不会屈服于警察询问等另一方面的强迫。我们通常不会认为嫌疑人将放弃不受强迫的权利，如我们允许嫌疑人在警察警告后放弃那些警告中的权利，相信告知本身可以充分地减少强迫获取自白的几率（*Id.*，at 475－476，86 S. Ct.，at 1628－1629）。因此，在涉及强迫自白的案件中，被告人的任何行为都不会被视为他对不受强迫权利的放弃，当然，被告人做出陈述的事实也永远不会被视为他放弃了不受强迫的权利。[①] p282

（二）

相反，本案并不是处理“强迫”，而是处理“同意”，两个概念有着微妙的差别，在过去都以不同的标准适用法律。不受强迫是一个实体法的权利，由第五修正案和第十四修正案予以保障。而同意是一种机制，无须适用实体要件。在第四修正案的背景下，相关的实体要求是，搜查只有在证明搜查具有正当性，且证据已经提交给公正的地区法官判定合理根据存在后才可以进行。当然，基于各种各样的紧急情形，对仅因警察没有获得令状

① 当然，我同意法院关于当同意的口头表达是通过强迫获得时，不是真正的同意的分析。*Ante*，at 2048. 在我看来，既然强迫同意后的搜查和未被告知同意后的搜查都是违宪的，我同意阿莫斯案（*Amos v. United States*，255 U. S. 313，41 S. Ct. 266，65 L. Ed. 654 （1921））、杰克逊案（*Johnson v. United States*，333 U. S. 10，68 S. Ct. 367，92 L. Ed. 436（1948））和巴浦案（*Bumper v. North Carolina*，391 U. S. 543，88 S. Ct. 1788，20 L. Ed. 2d 797（1968））的基本理论。而在这些案件中使用的另一可选择的理论在我看来是无关的。

p283 而使搜查无效的不合理的情形创设了例外。① 但是，当搜查仅仅因为同意而正当化时，那些涉及最重要的执法需要的例外，没有一个是适用的。相反，执法的需要被大大削弱了，因为可能没有搜查的合理根据，但是如果能获得搜查对象的同意，则搜查是被允许的。因此，允许同意搜查，不是因为该例外——合理根据和令状要求的双重例外——是执法所不可或缺的，而是因为我们允许我们的公民来选择是否要行使他们的宪法权利。我们先例的判决并不支持下述观点，即仅仅因为没有对搜查对象施加胁迫和武力，就认为同意人作出了一个合法的选择。

例如，在巴浦案（*Bumper v. North Carolina*, 391 U. S. 543, 88 S. Ct. 1788, 20 L. Ed. 2d 797（1968））中，四个警察来到巴浦的祖母家。他们宣称有搜查令状，于是巴浦的祖母便允许他们进入。之后，检察官选择不依赖令状，而试图通过祖母的同意来证明搜查是正当的。我们判决认为，同意不能仅仅通过对合法权力的默许而成立（*Id.*，at 548 –549，88 S. Ct.，at 1792）。在该案中，我们没有探究一切情状，而只关注于一个简单的事实，即宣示权力，即使祖母作证没有存在胁迫（*Id.*，at 547 n. 8，88 S. Ct.，at 1791）。基于该案事实，可能综合一切情状，推断她的同意就是不自愿的。但是，我们显然没有适用今天本院所采取的检验标准。而且，无论在案件到达本院时是什么状态，如果警察

① See, e. g., *Coolidge v. New Hampshire*, 403 U. S. 443, 91 S. Ct. 2022, 29 L. Ed. 2d 564（1971）; *Chimel v. California*, 395 U. S. 752, 89 S. Ct. 2034, 23 L. Ed. 2d 685（1969）; *Warden, Maryland Penitentiary v. Hayden*, 387 U. S. 294, 87 S. Ct. 1642, 18 L. Ed. 2d 782（1967）. 在戚莫尔案（*Chimel*）中，我们解释到，附带搜查的正当理由是保护警察免受被逮捕人袭击的需要以及保证在嫌疑人所及范围内易毁坏的证据不被破坏的需要。395 U. S.，at 762 –763，89 S. Ct.，at 2039 –2040. 在柯立芝案中，我们认为，在高速公路上对汽车的搜查具有正当理由，因为警觉的罪犯可以在警察获得搜查令状之前，轻易地将证据转移。403 U. S.，at 459 –462，91 S. Ct.，at 2034 –2036. 没有任何场合，把警察便利作为成立令状要求例外的充分理由。但是，今天的法院看上去却是在说仅仅把便利作为同意搜查的正当理由。

确实所言持有司法令状就绝不能说巴浦案中的警察采取了威胁或胁迫的方式，但是当案件起诉到法院时，早在搜查后不久，警察并无司法令状授权已得到了确认。① p284

该案件清楚地表明，警察在决定进行搜查时，可以不礼貌地命令搜查对象就站在一旁。但在发出这种命令时不存在胁迫和残忍的行为。按照今天本院所承认的那样，在这样的搜查中没有利益受到损害。因此，所有警察需要做的只是采取一套必然反映要求同意的象征性动作。只要他们显示出任何坚定的立场，毫无疑问，他们必将获得同意的口头表述。我不相信宪法的保护就只意味着这么少一点。

二

我对本案的态度很直截了当，对我来说，很明显，同意概念的建立需要对第四修正案权利的放弃。我全然不理解为什么同意“不能被字面理解为一个‘明知’的选择”（*Ante*，at 2046）。事实上，我也不明白，当搜查对象不知道还有别的选择存在时，如何能把他作出的决定看做是一个选择。

如果同意搜查意味着一个人选择放弃拒绝警察搜查的权利，那么由此即可得出结论认为，除非他明知他事实上能够拒绝警察进入，否则他的同意便不能被认为是一个有意义的选择。然而， p285
本院似乎拒绝了这么一个最适度的选择——如果事实的审理者相信，搜查对象并非明知他有权拒绝同意警察搜查的要求，就应认定搜查是不合宪的——因为它只说“明知有权拒绝同意是需要考量的一个因素”（*Ante*，at 2048）。我认为这让人难以理解。我

① 法院对一个相似的案件，约翰逊案（*Johnson v. United States*，333 U. S. 10，68 S. Ct. 367，92 L. Ed. 436（1948））的解释是令人困惑的。在约翰逊案中，法院事实上没有像今天本院所论证的那样，*ante*，at 2056 n. 31，分析一切情状，唯一的事实是警察主张有权搜查，但是实际上那时他们缺乏这样的权力，正是基于此，最后本院认为搜查没有获得有效的同意。

想不出别的情形——我们会在相信一个人并非明知存在其他可以遵循的途径时，还认为那个人同意了某一行动的途径。因此，我将会认为，在最小程度上，如果搜查对象不知道他可以拒绝同意，则不允许控方依据假定的同意进行搜查。我想这就是上述巴浦案（*Bumper v. North Carolina*，*supra*）的意义。当警察宣称有权进行搜查，但事实上缺乏这一权力时，搜查对象并不知道他可以拒绝他们进入，而正是因为他的这一无知才使得同意无效。

如果接受了这个观点，那么接下来就只剩下一个简单的问题：是应当由控方证明搜查对象明知他有这一权利呢，还是由搜查对象证明他不知道这一权利呢?

我想任何公平的证明责任分配都会要求控方承担这一责任。在这个问题上，本院沉湎于所谓的稻草人式的判决方法。本院通过过分抬高这一责任来回应这个提议。当指出让警察向搜查对象告知他的权利以使控方的举证责任能轻易满足时，本院通过拒绝
p286 要求警察作一个“详细的”询问予以回应（*Ante*，at 2057）。如果本院能够坦率地面对证明责任分配这个真正的问题，任何伎俩都不可能发挥作用。

如果证明责任由被告人承担，所有搜查对象能做的就是作证说他不知道有这个权利。我怀疑很多初审法官会仅仅根据那个证言就作出对被告人有利的判决。正是因为证据很难得到，法院传统上不大愿意要求一方证明否定性的事项，如不知道（See，e. g.，9 J. Wigmore，*Evidence* 274（3d ed. 1940）；F. James，*Civil Procedures* 7. 8（1965）；E. Morgan，*Some Problems of Proof Under the Anglo – American System of Litigation* 75 – 76（1956））。

相反，有几种方法可以证明搜查对象知道他的权利。在搜查发生时，搜查对象可以通过他的回应来肯定地表示他知道这一权利。例如，库里亚莱案（*United States v. Curiale*，414 F. 2d 744（CA2 1969））与本案相同，如作出同意的人不是被告人，那么控方就可以要求那个人宣誓作证。对明知的否认可以通过成立以

下事实予以反驳——在不远的过去，搜查对象显示出他知道这一权利，如当警察要求时，他拒绝他们进入。搜查对象之前的经验和训练在有些案件中支持以下推论，即他明知他有权阻止警察进入。

当然，如果警察在要求同意搜查时，告知搜查对象他有权拒绝同意，并且他拒绝的决定将会得到尊重，那么控方的证明责任将会消失。虽然本院有相反的断言，但这种实现控方证明责任的方法并没有什么不实际的。[①]必须强调，关于是否告知搜查对象 p287
权利的决定，将是寻求同意的警察的职权。如果他们相信提供这一信息将会阻碍他们的调查，他们也许只征求同意，而甘愿承担下述风险，即控方随后可能不能证明搜查对象明知有拒绝的权利或者只能寻找一些其他搜查成立的根据。

本院多数意见主张，如果警察停下来告知搜查对象其权利，警民间这种非正式的交流将荡然无存。我不认为这种非正式的交流，会因为下述事实而消失，即警察简单地告知一个人有权拒绝同意，提醒搜查对象他有权知道的事实。过去多年来，联邦调查局人员在要求同意搜查时，都会例行告知搜查对象有权拒绝同意，这种做法并非没有意义（Note，*Consent Searches：A Reappraisal After Miranda v. Arizona*，67 Col. L. Rev. 130，143 n. 75（1967）（citing letter from J. Edgar Hoover））。被报道的那些警察告知搜查对象有权拒绝同意的案件，也反映出先前告知并不妨碍办案的流畅性（See，e. g.，*United States v. Miller*，395 F. 2d 116（CA7 1968））。那些证据都强有力地指出，即使警察在征求搜查

① 本院拒绝了他引用的案件中的主张，如同在米兰达案中（*Miranda v. Arizona*，384 U. S. 436，86 S. Ct. 1602，16 L. Ed. 2d 694（1966））向搜查对象陈述其权利，是要求同意搜查的一个前提条件。本案并没有要求我们指出那个主张，在这里涉及的争点是控方通过证明警察告知搜查——经由同意而获得正当理由——对象那项权利，能够履行证明搜查对象知道有权拒绝同意的责任。

p288 对象的同意前，告知他有权拒绝同意并且他的拒绝会得到尊重，也不会影响侦查犯罪。①

我不大情愿得出以下结论：即当本院提到实用性时，它真正指的是警察能继续利用公民的无知来完成任务。警察借口说，若仅仅依赖明知对宪法权利的放弃，他们就不能实现目标。当然，如果我们所指的“实用”是抓捕更多的罪犯，即使它会让无罪人的宪法权利也落空，那么警察忽视第四修正案的命令就是“实用”的。但是，允许警察以无视宪法对他们行为的限制为代价，来获得这个实用的利益，恐怕宪政的民主政治将不能长期承受这个代价。

我发现本院的判决意见中没有任何言语能驱散我以下的信

p289 念，即在这样的案件中，正如第九巡回区上诉法院所说，“在很多情形下，一个理智之人可能会将警察‘我可以吗’的询问解读为有法律强制力作为后盾支持的一个礼貌的表达。”很多案件，在我看来，和巴姆普案（*Bumper v. North Carolina*，391 U. S. 543，88 S. Ct. 1788，20 L. Ed. 2d 797（1968））是相似的。通常，同意的作出只是对固有的有权搜查主张的默许。我不相信在没有任何保证——搜查对象在作出同意时明知这是在放弃他的

---

① 本院认为，要求警察做出一个类似法院考虑被告人是否放弃审判权利的详细检查，是不切实际的，法院的这一表述不值得评价。摆在我们面前的问题涉及当控方试图成立同意时，法庭应做的调查。因此我不同意法院的以下论点：一个人可以放弃宪法权利，而不必做出明知和明智的选择，只要该权利与刑事审判的公正性无关。然而我认为，那个论点在根本上与违宪条件的法律不一致。See，e. g.，*Perry v. Sindermann*，408 U. S. 593，92 S. Ct. 2694，33 L. Ed. 2d 570（1972）；*Shapiro v. Thompson*，394 U. S. 618，89 S. Ct. 1322，22 L. Ed. 2d 600（1969）；*Sherbert v. Verner*，374 U. S. 398，83 S. Ct. 1790，10 L. Ed. 2d 965（1963）；*Speiser v. Randall*，357 U. S. 513，78 S. Ct. 1332，2 L. Ed. 2d 1460（1958）. 韦德案（*United States v. Wade*，388 U. S. 218，87 S. Ct. 1926，18 L. Ed. 2d 1149（1967），*ante*，at 2054）的讨论也与大法官斯图尔特在科比案（*Kirby v. Illinois*，406 U. S. 682，92 S. Ct. 1877，32 L. Ed. 2d 411（1972））中的意见不一致。无论如何，我不理解一个人怎么可以在不知道权利是否存在的情况下抛弃这一权利，而这是该案件中唯一的争点。

宪法权利——的情形下，宪法会认可这种形式的搜查。

三

我相信，本案合适的解决方法是现实地评估公民和警察之间相互关系的本质，以一种方式而非其他方式来评估证明责任分配的现实重要性。本院试图通过将它的论证提升到一种没有保障的高度来避免这种评估，但是无论本院用的措辞多么有力，它都难以避免以下的批判：这些对警民接触活动的想象怎么可能符合现实？尽管本院未经真正的阐述，就说它“不同意”以下的说法（*ante*，at 2058），但今天的判决的确将第四修正案提供的禁止在没有合理根据情形下搜查的保护，局限于“机巧、博学”，我再加上一句，“少数人”的领域。[①] 在最后的分析中，本院现在认可了一个捉迷藏的游戏，在那里，警察总是处于优势，一切都是为了警察的便利。但是，第四修正案的保障从来不会在这么短暂 p290
和多变的利益面前有意地收缩。第四修正案的起草者早已将天平倾向于一些基本的公民权利，而非警察的那种便利。本院仅仅因为自己关于警察执法需要的观点而去重新进行平衡，这种做法是不适宜的。我担心这会是今天判决产生的影响。

很可惜，本院执意认可像本案进行的那种搜查的合法性，这在本院的论证中已经很明显了，它模糊了本院的视线——第四修正案是如何设计来调节我们社会公民和警察之间的关系的。我相信，经验和反思会证明这一观点是多么狭隘和不准确。我谨呈反对意见。

---

① 法院缺乏热情的辩护——会将不知道这一条件“予以考虑”——听起来很不诚恳，鉴于以下意见所含的明显意思：在法院对自愿性的特殊定义下，即使搜查对象能证明他缺乏这一认识，仍然会被看做是“自愿”地作出同意。

1.3 美方评论

施奈克罗斯案是关于第四修正案意义上的“同意”及其含义的具有开创意义的判例。其中，最重要的一点在于：它宣布，之所以允许同意搜查，并不是因为相对人放弃了他的第四修正案权利。如果将权利放弃理论作为同意搜查的根据，控方就必须证明，被告人明知他享有什么样的权利，而且明知且明智地放弃了这些权利。但是，对于同意搜查而言，并不要求必须符合这些要件的严格要求。判断是否同意的标准是自愿性（*voluntariness*）——该标准只要求同意搜查是一种自由意志的决定，而不要求它必须是一种非常明智的决定，或者，是在明知该行为将产生何种法律后果之下作出的决定。在施奈克罗斯案，最高法院并没有将权利放弃理论作为同意搜查的根据，而只是简单地判决说，征得相对人自愿同意后实施的搜查属于第四修正案意义上的合理搜查。因此，同意搜查无须司法令状的授权，无须具有合理根据的支持——事实上，根本不需要具有任何犯罪嫌疑。

将自愿性标准而非权利放弃理论作为同意搜查的理论根据，其重要意义在于：执法官员没有义务告知被告人有权拒绝搜查。如果将权利放弃理论作为同意搜查的理论根据，那么为了保证被告人对第四修正案权利的放弃是出于主观上的明知，理应要求执法官员必须进行权利告知——就像最高法院在米兰达案（*Miranda v. Arizona*）这一标志性判例中对放弃第五修正案权利所要求的那样。但是，将自愿性标准而非权利放弃理论作为同意搜查的理论根据，由此可能引发以下问题：由于不要求执法官员必须告知嫌疑人有权作出拒绝同意搜查的表示，许多个人之所以同意搜查纯粹是因为他们根本不知道还有其他更好的选择。这意味着执法官员可以利用嫌疑人的无知而受益。但是，如果考虑到最高法院的以下基本立场，即社会应当鼓励公民与警方进行配合，那么最高法院拒绝对警察施加以下要求也就毫不奇怪了：要求警察在获得嫌疑人同意以前，必须告知他享有哪些权利。因此，在德雷顿案（*United States v. Drayton*, 536 U. S. 194（2002））中，最高法院再次强调并重申了鼓励与执法机构进行配合的立法政策，并再次拒绝了以下主张：执法官员应当告知嫌疑人有权拒绝同意搜查，否则，不应当认定其所做的同意是自愿作出的。

根据施奈克罗斯案和德雷顿案，在判断搜查同意是否具有自愿性时，应当考虑综合情状（the totality of circumstances）。其中，值得考虑的因素包括：1. 被告人处于羁押状态下；2. 警察使用了强制性手段；3. 被告人配合警方行动的程度和范围；4. 被告人事实上知道他享有拒绝搜查的权利；5. 被告人的教育程度、智力状况；6. 被告人关于不存在犯罪证据的确信信念。但是，没有任何一项因素具有决定性意义。简言之，法院系统基本上只考虑：执法官员是否以某种显然不当的方式积极促使被告人作出了搜查同意的决定。

1.4 阅读文献

- Gerard E. Lynch, *Why Not a Miranda for Searches?*, 5 Ohio St. J. Crim. L. 233（2007）.
- Alan C. Michaels, *Rights Knowledge: Values and Tradeoffs*, 39 Tex. Tech L. Rev. 1355（2007）.
- Janice Nadler, *No Need to Shout: Bus Sweeps and the Psychology of Coercion*, 2002 Sup. Ct. Rev 153（2002）.
- Marcy Strauss, *Reconstructing Consent*, 92 J. Crim. L. & Criminology 211（2002）.

- Mark V. Tushnet, *Judicial Revision of the Habeas Corpus Statutes: A Note on Schneckloth v. Bustamonte*, 1975 Wis. L. Rev. 484 (1975).
- William Kluwin, Joseph Walkowski, *Valid Consent to Search Determined by Standard of Voluntariness - Schneckloth v. Bustamonte*, 12 Am. Crim. L. Rev. 231 (1974 - 1975).
- Michael J. Friedman, *Another Stab at Schneckloth: The Problem of Limited Consent Searches and Plain View Seizures*, 89 J. Crim. L. & Criminology 313 (1998 - 1999).

2. 无须告知有权拒绝：

德雷顿案（*United States v. Drayton*）

536 U. S. 194, 122 S. Ct. 2105（2002）

2.1 案件信息

- **本案争点**

警察在公车上对乘客进行询问，是否构成扣押？乘客的同意是否自愿？在询问前，是否必须告知乘客有拒绝合作的权利？

- **最高法院的判决**

最高法院以6:3的投票结果作出了有利于申请人的判决。大法官肯尼迪代表最高法院撰写了本案的判决意见，首席大法官伦奎斯特，大法官奥康纳、斯卡利亚、托马斯和布雷耶表示附和。大法官苏特发表了反对意见，大法官史蒂文斯、金斯伯格表示附和。

最高法院判决认为，便衣警察在公车上对乘客进行询问的行为，不构成扣押。尽管警察没有告知乘客有拒绝合作的权利，但乘客对搜查的同意授权符合自愿性标准。

- **该判例的影响**

该判例进一步扩大了同意搜查的适用范围，支持了综合情状的标准。

2.2 判决正文

美国联邦政府
诉
克里斯多佛·德雷顿和克里夫顿·小布朗

第 01－631 号

2002 年 4 月 16 日进行辩论

2002 年 6 月 17 日作出判决

大法官肯尼迪（Kennedy，J.）代表最高法院撰写了本案的判决意见。 p197

第四修正案允许警察任意接近公共汽车上的乘客，向他们询问，在征求他们的同意后执行搜查，只要一个理性人在这种情况下知道他或她享有拒绝的权利（*Florida v. Bostick*，501 U. S. 429，111 S. Ct. 2382，115 L. Ed. 2d 389（1991））。本案要求我们来作出裁定，在这种接触的情形下，警察是否必须告知公车上的乘客有拒绝合作的权利。

一

1999 年 2 月 4 日，被申请人克里斯多佛·德雷顿和克里夫顿·小布朗乘坐自佛罗里达州罗德岱堡市驶往密歇根州底特律市的灰狗长途汽车。长途汽车在佛罗里达州的塔拉哈西市例行停靠。司机要求乘客下车，以便给汽车加油和清洗。乘客重新上车后，司机检查了他们的车票，之后离开公车，去站内登记。离开时，他允许塔拉哈西市警察部门的三名警察上车，进行查禁毒品和武器的例行检查活动。警察身穿便衣，携带隐蔽的武器，并于明显处佩戴警徽。

一上车，胡佛警官就跪在司机的座位上，面向汽车的后方，
p198 以便能观察到车内所有的乘客，保障其他两名警察的安全，又不会堵塞过道或者阻塞出口。而朗警官和布莱克本警官则走到汽车的后方。之后，布莱克本警官站在后方没有移动，目视前方。而朗警官则从汽车的后方开始向前方进行检查，他每经过一位乘客，都与他们交谈。他向乘客询问出行计划，试图将乘客与位于他们头顶行李架上的行李一一对应起来。在同他们交谈时，朗警官为了避免堵塞过道，就站在与他交谈的每一位乘客的附近或者身后。

根据朗的证词，那些不愿与他合作或者在任何时间选择离开公车的乘客，都会得到无条件的允许。不过，根据朗的经验，大多数人都愿意与警方合作。有些乘客甚至会称赞警察为他们的出行安全所做的努力。朗回忆，在上一年度，只有五六次，有乘客拒绝搜查他们的行李。此外，当警察在车上时，乘客走下公共汽车去抽根烟或者吃顿饭也是很普遍的。朗有时会告知乘客有拒绝合作的权利。但是，争议事实发生的那一天，他没有这么做。

两位被申请人紧挨在一起坐在公车上。德雷顿坐在靠近过道的位置，而布朗坐在靠窗的位置。朗从背后靠近被申请人，俯身于德雷顿的肩膀上方。在足够长的时间内，他出示了警徽，以便使被申请人清楚地知道他是一名警察。此时，朗的脸离德雷顿的脸只有12英寸至18英寸的距离，他用一种足以使被申请人听到的声音说道：

> 我是塔拉哈西市警察部门的侦查人员朗。我们在执行公车截停（原文如此（sic）*），意图阻止一些人借助公共汽车贩运毒品和非法武器。你们在车上有行李吗？（App. 55）

---

* 使用“原文如此（sic）”，目的是为了让读者意识到原文中的措辞可能使用得不大恰当——译者注。

两个被申请人都指向位于头顶上方行李架上的一个绿色的包。朗问道："我可以检查一下吗?"布朗回答："检查吧。"（Id.，at 56）朗警官将包递给布莱克本警官检查。他没有在包里发现任何违禁品。 p199

这时，朗警官注意到，尽管天气这么热，两个被申请人都还穿着厚厚的夹克和肥大的裤子。根据朗的经验，毒贩总是利用宽松肥大的衣服来隐藏武器或者毒品。于是，朗警官问布朗，他是否携带有武器或毒品。布朗未回答。然后他问布朗："检查一下你的身体，可以吗?"布朗回答："当然。"他从位子上站起身，从口袋中拿出了手机，拉开了夹克，予以配合（*Id.*，at 61）。朗越过德雷顿，对布朗的夹克和口袋，包括他的腰部、侧身、大腿上部进行了拍身搜查。在双腿的部位，朗发觉有硬硬的物体，与其他场合发现的毒品袋相似。于是朗逮捕了布朗，给他戴上了手铐。之后，由胡佛警官在车上陪同布朗。

接着，朗问德雷顿："我可以检查你吗?"（*Id.*，at 65）德雷顿将手举到离他大腿 8 英寸远的距离，以示回答。朗对德雷顿的大腿部位进行了拍身搜查，发觉也存在硬硬的物体，与布朗身上找到的相似。他逮捕了德雷顿，在车上陪同他。通过进一步的搜查发现，被申请人在他们几条拳击短裤间都藏有可卡因粉末管状的塑胶袋。布朗有三袋，总共含有 483 克的可卡因。而德雷顿有两袋，总共含有 295 克的可卡因。

之后，被申请人以共谋销售可卡因罪，违反美国联邦法典第 21 卷第 841 条（a）（1）和第 846 条以销售为目的持有可卡因罪，违反第 841 条（a）（1）受到指控。被申请人以拍身搜查的同意无效为由，提起排除可卡因的动议。在仅有朗警官作证的听证后，美国佛罗里达州北部地区法院驳回了他们关于排除证据的 p200
动议。地区法院认为，警察的行为不存在胁迫，被申请人对搜查的同意是自愿的。地区法院指出了以下事实，即警察都是身穿便衣，没有以一种命令的方式炫耀性地显示警徽，没有对全车乘客作一个全面的宣告，没有以一种强制性的口吻与任何乘客说话。它指出，警察没有堵塞过道或者出口，并且“很明显，（被申请人）可以同他们之前的乘客一样，起身离开”（App. 132）。地区法院得出结论认为，“在朗警官与德雷顿、布朗先生之间发生的所有情形都表明，他们是自愿合作的。不存在任何强制的因素，不存在任何的对抗。”（*Ibid.*）

第十一巡回区上诉法院撤销原判，发回重审，要求批准被申请人要求排除证据的动议。（231 F. 3d 787（2000））法院认为，先前的华盛顿案（*United States v. Washington*，151 F. 3d 1354（1998））和古阿皮案（*United States v. Guapi*，144 F. 3d 1393（1998））的判决促使以此方式处理本案。上述判例的判决都认为，当缺少“可以拒绝同意的积极迹象”时，公车乘客将不能自由地无视警察的搜查要求（*Washington*，supra，at 1357）。

我们批准调卷令（534 U. S. 1074，122 S. Ct. 803，151 L. Ed. 2d 689（2002））。得出以下结论：被申请人没有被扣押，他们对搜查的同意是自愿的，撤销原判。

二

如果警察仅仅是在街上或者其他公众场合接近一个人，并在他们愿意聆听的情形下向他们询问，并不违反第四修正案关于禁
p201 止不合理扣押的规定（See *e. g.*，*Florida v. Royer*，460 U. S. 491，497，103 S. Ct. 1319，75 L. Ed. 2d 229（1983）（plurality opinion）；see *id.*，at 523，n. 3，103 S. Ct. 1319（REHNQUIST，J.，dissenting）；*Florida v. Rodriguez*，469 U. S. 1，5－6，105 S. Ct. 308，83 L. Ed. 2d 165（1984）（*per curiam*）（认为在机场进行这样的交流是“一种双方自愿同意下的接触，并不涉及任何第四修正案的利益”））。甚至当执法人员没有任何根据怀疑具体人员时，他们仍然可以发问，询问身份，征求搜查行李的同意——只要他们不是借助强制手段来促使合作（See *Florida*

v. *Bostick*, 501 U. S., at 434 – 435, 111 S. Ct. 2382 (citations omitted))。如果一个理性人感觉能够自由地终止接触，那么他或她就没有被扣押。

本院在先前的某些场合，曾处理过在公车上查禁毒品活动这一特定问题。在波斯迪克案（*Bostick*）中，两名警察征求车上一位乘客的意见，意图搜查他的行李。乘客表示同意，结果在他的行李中搜出了可卡因。佛罗里达州最高法院排除了可卡因。理由在于，它采纳了下述本质违法规则（a per se rule），即鉴于公车上狭窄的范围，询问行为将会剥夺一个人行动的自由，因此该行为构成第四修正案意义内的扣押。

本院撤销原判。波斯迪克案第一次明确表明，在第四修正案的调整范围中，多数情况下并不适用本质违法的规则。调查的适当性，要求考虑“与截停相关的一切情状”。（*Id.*, at 439, 111 S. Ct. 2382）紧接着，本院注意到，传统的规则——规定只要一个理性人感觉“可以自由地无视警察，做他自己的事情”，则扣押没有发生（*California v. Hodari D.*, 499 U. S. 621, 628, 111 S. Ct. 1547, 113 L. Ed. 2d 690 (1991)）——并不是衡量公车上的强制接触的准确手段。如果存在下述风险，即当再次上车前，公车将可能已经开走，那么乘客可能就会不愿下车（*Bostick*, 501 U. S., at 434 – 436, 111 S. Ct. 2382）。在这种意义上，公车乘客的行动确实受到了限制，但这是他选择乘坐公共汽车的自然结果。它与警察的行为是否存在胁迫无关（*Id.*, at 436, 111 S. Ct. 2382）。适当调查是指，一个理性人能否感觉还可以自由地拒绝警察的要求或者终止接触。（*Ibid.*）最后，本院拒绝了波斯迪克的下述主张，即他那时应该已经被扣押了，因为没有一个理性人会同意对他藏有毒品的行李进行搜查。本院解释说，一个理性人的检验标准是客观的，“并以一个无辜的人为前提条件”（*Id.*, at 437 – 438, 111 S. Ct. 2382）。 p202

鉴于有限的法庭记录，波斯迪克案避免对是否发生扣押做出判断（*Id.*，at 437，111 S. Ct. 2382）。但是，本院要求将案件发回重审时，确定了两个“特别值得注意”的因素（*Id.*，at 432，111 S. Ct. 2382）。第一，尽管警察携带武器这点显而易见，但他并没有从口袋里拿出手枪或者把它用作强制的手段。第二，警察告知乘客他有权拒绝搜查。（*Ibid.*）

基于后一个因素，第十一巡回区法院将以下做法视为一项本身违法规则，即除非警察已经告知乘客有权不予合作或者拒绝同意搜查，否则，在公车上查禁毒品的活动中获得的证据必须被排除。在古阿皮案（*United States v. Guapi*，*supra*）中，上诉法院将古阿皮案和波斯迪克案涉及的两种接触之间“最显著的差异”表述为：“完全缺少对乘客的告知——他们事实上有拒绝搜查要求的自由……倘若存在这个简单的告知……那么，它可能是保证与宪法相一致的最有效的方法。”（144 F. 3d，at 1395）接着，上诉法院列举了其他导致构成强制性接触的因素：（1）在乘客于固定的停靠站下车之前，警察实施了查禁活动；（2）警察以一种统一告知公车全体乘客的方式解释了他的出现；（3）警察
p203 穿着制服；（4）警察自汽车前方走向后方时，询问乘客，因而阻塞了通往出口的道路（Id.，at 1396）。

古阿皮案判决之后，上诉法院又判决了华盛顿案（*United States v. Washington*）和本案。尽管存在以下事实，法院还是排除了在类似查禁毒品活动中获得的证据：（1）在这两起案件中，警察都是在乘客重新上车后进行查禁活动的；（2）在本案中，警察没有对公车上全体乘客作一个统一的告知，而是单独地与每个乘客进行交谈；（3）警察在这两起案件中都没有穿制服；（4）警察在这两起案件中都是在自汽车的后方向前方的走动中询问乘客，而且很小心，努力使他不阻塞公车的出口。

尽管上诉法院否定了本身违法规则的要求，但在所有这些案件中，缺少对乘客明确的告知是唯一的共同因素。（See *Washington*，151 F. 3d，at 1357（“就我们而言，显而易见的是，如果警

察真的想保证他们与公车乘客之间所有接触都是自愿的话，他们只需简单地说明即可））。由于本案缺少这样的告知，我们认为，一个理性人不会感觉他在拒绝警方‘要求’时还是自由的”，(231 F. 3d，at 790（指出“本案完全受古阿皮案和华盛顿案的规制，而没有考虑这三个案件之间任何事实上的差异，且将这种差异视为无关”））根据这些判例，在没有告知乘客可以拒绝合作的情形下，上诉法院似乎会排除任何查禁毒品活动中获得的证据。上诉法院的这一方法是错误的。

将波斯迪克案的基本结构运用于本案特定的事实之后，我们得出结论认为，当警察上车开始询问乘客时，他们并没有扣押被申请人。警察的行为，没有使乘客有任何理由相信，他们必须回答警察的问题。当朗警官走向被申请人时，他没有炫耀性地显示 p204
武器或者做出任何胁迫性的举动。他让出过道，方便被申请人下车。他以一种友好、文雅的声音，逐一与乘客交谈。在一个理性人看来，警察所说的话中没有任何内容暗示：禁止他或她离开公共汽车，或者终止接触。

地区法院有足够的理由得出以下结论：“在朗警官和被申请人间发生的各种情形都表明，他们是自愿合作的”，他们之间的接触“不存在任何的强制性或者对抗性”（App. 132）。没有使用武力，没有强制性的举动，没有展示势不可当的武力，没有炫耀武器，没有阻塞出口，没有威胁，没有命令，甚至没有官僚性的口吻。毫无疑问，如果这种接触发生在街上，那么它就是合宪的。接触发生于公车上这一事实，并不会把警察对市民的常规询问转变成一种非法的扣押（See Bostick，501 U. S.，at 439 – 440，111 S. Ct. 2382）。事实上，因为有那么多和他相同的乘客都在现场目睹警察的行为，若一个理性人决定不与警察合作，那么他在公车上会比在其他场合更觉得有安全感。

被申请人十分重视朗警官显示警徽这一事实。然而，在罗德里格斯案（*Florida v. Rodriguez*，469 U. S.，at 5 – 6，105 S. Ct.

308）中，本院否定了以下主张，即当警察在机场接近被告人，出示警徽，并要求他回答几个问题时，被告人已被扣押。同样地，在德尔加多案（*INS v. Delgado*，466 U.S. 210，212－213，104 S. Ct. 1758，80 L. Ed. 2d 247（1984））中，本院认为，移民局人员佩戴徽章，在工厂询问工人时，并不构成扣押。尽管本案中朗警官和他的同事既没有身穿制服，也没有明显携带武器，但这些因素其实在分析中只具有很小的证明力。警察经常被要求身穿制服，但在很多情形下这只是为了让人放心而非让人感到不
p205 安。这一原因也可以用来解释戴袖标的行为。此外，由于公众大多知道绝大多数警察携带武器这个事实，因此在没有积极显示武器的情形下，面前的手枪皮套也并不会致使接触具有强制性。

胡佛警官处在车前的位置，这一事实也不会成为同意被申请人主张的决定性理由。胡佛没有做出任何的举动来威胁乘客，也没有暗示人们不能离开，实际上，他将过道空了出来。在德尔加多案中，本院认为，尽管有几个身着便衣的移民局人员站在工厂的出口处，但仍不存在扣押（*Id.*，at 219，104 S. Ct. 1758）。本院指出："出口处人员的在场没有对这些工人造成合理的羁押威胁……如果他们试图离开大楼，就要接受询问，但这一可能性并不应该导致他们中任何人产生如下的想法，他们会以任何方式被扣押或者羁押。"（*Ibid.*）

最后，根据朗警官的经验，只有几个乘客会拒绝合作的事实，并不表明一个理性人将不能感觉可以自由地终止公车上的接触。根据朗的经验，在警察询问乘客时，乘客离开公车去抽根烟或者吃顿饭是很平常的（App. 70，81）。更重要的是，公车上的乘客回答警察的问题或者与警察合作，不是因为受到强制，而是因为乘客知道他们的参与会有助于保障他们自身和周围人的安全。"尽管绝大多数的市民会回应警察的要求，但人们这么做，且在未被告知可以不予回应的情形下，依然这么做的事实，并未消除回应的两相情愿的本质。"（*Delgado*，supra，at 216，104

S. Ct. 1758）

德雷顿表示，即使布朗与警察的合作是自愿的，但他是被扣押的，因为没有一个理性人会在布朗被逮捕后，还感觉能自由地终止与警察的接触。对此主张，上诉法院没有予以处理，无论如 p206
何，这一主张是不能成立的。对一个人的逮捕并不意味着他周围的其他人都已经被警察扣押了。如果说意味着什么，那么布朗的被捕应该能使德雷顿注意到，继续回答警察问题、继续与警察接触的后果。甚至在布朗被捕后，朗仍然以一种礼貌的态度与德雷顿交谈，丝毫没有任何命令德雷顿回答提问的迹象。

现在，我们从被申请人是否被扣留的问题转向他们是否受到合理搜查的问题，即对他们毫无怀疑的搜查的同意是否是不自愿的。在这些自愿性问题遍及搜查和扣押的调查场合中，对他们各自的分析皆呈现出非常相似的事实。正如上述事实所示，被申请人对行李和身体的搜查的同意是自愿的。在朗警察的言语中，没有任何迹象显示他有命令要求同意搜查。相反，当被申请人告知朗，他们在车上还有一个包时，朗还征求他们的同意来进行检查。当朗请求搜查布朗和德雷顿的人身时，他首先问他们是否反对，因此旨在向一个理性人表明，他或她有拒绝的自由。甚至在逮捕布朗后，也没有任何迹象显示，朗要求德雷顿同意搜查。相反，朗征求德雷顿的同意，来对他进行搜查（“我可以检查你吗?”），德雷顿同意了。

本院曾以专门的术语否决了以下建议，即警察在征求无证搜查的同意时，必须总是告知公民有拒绝的权利（See，*e. g.*，*Ohio v. Robinette*，519 U. S. 33，39 – 40，117 S. Ct. 417，136 L. Ed. 2d 347（1996）；*Schneckloth v. Bustamonte*，412 U. S. 218，227，93 S. Ct. 2041，36 L. Ed. 2d 854（1973））。“尽管明知有拒绝同意的权利是考虑的一个因素，但控方无须将此明知作为一个有效同意的必要条件。”（*Ibid.*）本院的判决意见也没有表明， p207
即使不存在本身违法规则，如果公民没有被明确告知可以自由地拒绝合作，则推定搜查是无效的。相反，本院反复强调综合情状的标准占主导地位，而不应过多考虑是否缺失这类警告（See, e. g. , *Schneckloth*, supra; *Robinette*, supra, at 39 - 40, 117 S. Ct. 417）。尽管朗警官没有告知被申请人有拒绝搜查的权利，但他的确是在征求他们的同意之后才搜查的，依据综合情状的标准，他们的同意是自愿的，因而搜查是合理的。

在法治社会里，赞同、同意这两个概念应当被赋予其应有的分量和尊严。执法警察征得相对人的同意，是一种完全合乎法律的做法。公民一方向执法警察表明自己的意愿，警察一方在获得相对人的理解的前提下采取行动，这么做有助于强化法治的精神。而且，通过这种交流活动，也摒除了存在强制因素的推论。

我们没有必要来问一个可替代的问题，即在布朗被捕后，是否有理由对德雷顿实施特瑞式的截停和拍身搜查（*Terry v. Ohio*, 392 U. S. 1, 88 S. Ct. 1868, 20 L. Ed. 2d 889（1968）），尽管可能就是这种情形。很明显，德雷顿和布朗是一同出行的，朗警官观察到他们两人一同重新上车；都穿着厚实、宽松的衣服，并不适合温暖的天气；他们在车上坐在一起；他俩都主张那个绿色手提包归他们所有。一旦朗识别出布朗携带的是毒品时，他就有理由怀疑并对德雷顿进行特瑞式的截停和拍身搜查。然而，那个问题并没有呈现给我们。警察可能存在合理怀疑的事实并不阻止他们
p208 可以依赖公民的同意进行搜查。如果我们在判决认为布朗的同意是自愿后，仅仅因为警察在那时有更为强有力的根据可以羁押德雷顿，而认为他的同意是无效的话，那么这将是一个自相矛盾的理论，一个对执法官员和法院来说最为困惑的理论。当警察羁押布朗之后，他有权基于同意继续行事，寻求德雷顿的合作。

撤销上诉法院的判决，并将该案发回进行重审，重审不得与本判决相违。

特此判决！

大法官苏特（Souter，J）发表了反对意见，大法官史蒂文斯（Stevens，J）、金斯伯格（Ginsburg，J）表示附和。

今天任何坐飞机出行的人，作为登机的一个条件，都要接受人身和行李的搜查。众所周知，为防止当今连孩子也了解的危险，这样的侵犯是必需的。然而，航空飞行中普遍的预防措施到目前为止尚未成为陆地交通的正当理由，这样的条件还尚未施加于搭乘火车和公共汽车的乘客身上。因此，本院的下述解释是不切实际的，即公交乘客同意搜查他们的行李是为了增强他们自身和周围乘客的安全（Ante，at 2113）。而且，其他那些暗含于本院有利于控方结论的事实评估也不具有说服力。

我们审查的争点在于，判定警察对包括被申请人在内的公车乘客的检查，根据第四修正案，是否构成了无嫌疑根据的扣押[①]。如果是，则任何对搜查的同意都是无效的，因为它是非法扣 p209
押的结果。（See *Florida v. Royer*，460 U. S. 491，507－508，103 S. Ct. 1319，75 L. Ed. 2d 229（1983）（plurality opinion）（“同意被非法行为所污染而无法作为搜查的正当理由”）；*id.*，at 509，103 S. Ct. 1319（Powell，J.，concurring）；*id.*，at 509，103 S. Ct. 1319（Brennan，J.，concurring in result））

---

① 本院对自愿性争议的解决紧随扣押调查之后，但是被申请人同意的自愿性问题并不在本院接受再审的范围内。与此相一致的，Reply Brief for United States 20，n. 7（声明同意问题“并不由本案呈现，这里的问题是，是否一开始存在非法的扣押”）。尽管第十一巡回区法院的确试图提出“是否每个被告人对搜查的同意都是不受胁迫、且在法律上是自愿的”这一问题（231 F. 3d 787，788（2000）），在别处，法院很清楚地表示它是在适用波斯迪克案（*Florida v. Bostick*，501 U. S. 429，111 S. Ct. 2382，115 L. Ed. 2d 389（1991））的标准，而这只与扣押事项有关。231 F. 3d，at 791，n. 6. 因此，本案没有任何场合可以涉及未被扣押污染的同意事项。如果有涉及，则同意需要满足施奈克罗斯案（*Schneckloth v. Bustamonte*，412 U. S. 218，93 S. Ct. 2041，36 L. Ed. 2d 854（1973））的自愿性标准，他强调一个人主观理解的本质，*id.*，at 230，93 S. Ct. 2041，要求考虑被指控人的特征和询问的细节，*id.*，at 226，93 S. Ct. 2041.

波斯迪克案（*Florida v. Bostick*，501 U. S. 429，111 S. Ct. 2382，115 L. Ed. 2d 389（1991））构建起判决公车乘客在宪法意义上是否被扣押的框架。在那起案件中，我们舍弃了警察询问公交乘客本质上构成扣押这样一个立场，而认为扣押事项应该由综合情状的客观标准加以解决：一个理智的乘客是否感觉可以“自由地拒绝警察的要求或者终止接触”（*Id.*，at 436，111 S. Ct. 2382.）。因此，我们将下述更具一般性的标准适用于公交乘客，即被询问的人是否可以自由地“忽视警察的存在，做他自己的事情。”（*Id.*，at 437，111 S. Ct. 2382（quoting *Michigan v. Chesternut*，486 U. S. 567，569，108 S. Ct. 1975，100 L. Ed. 2d 565（1988））

在将这个标准适用于本案之前，从其他一系列不同的事实中获取一些观点可能是有益的。一个关于警察行为不带有任何扣押色彩的主张的最完美的例子是，警察在街上走近一个路人，并向他询问（See *Royer*，460 U. S.，at 497，103 S. Ct. 1319；see *id.*，at 523，n. 3，103 S. Ct. 1319（Rehnquist，J.，dissenting））。两
p210 位警察询问一个过路人，仅此而已，也大概能支持同样的结论。现在考虑三位警察的情形，一位站在路人的身后，另一位站在他面向通行无阻的人行道一侧，而第三位在离他一两步的位置向他发问。最后，考虑这一相同的情形发生在一个窄巷中。自然，基于这样干巴巴的事实，即使是最后一个情形，人们可能也不能得出扣押已经发生的结论，但是若没有其他限定，人们就可以说，第一个接触的氛围与最后一个接触的氛围截然不同。在最后一个例子中，有充分的理由相信，那个路人，面对这样令人不安的情形，将会理解大法官斯图尔特所形容的“几位执法官员威胁性地在场”这么一种情景（*United States v. Mendenhall*，446 U. S. 544，554，100 S. Ct. 1870，64 L. Ed. 2d 497（1980）（opinion of Stewart，J.））。警察不仅拥有合法的权威而且可以自由地行使立即检查的权力，当几位警察的注意力都集中于一个公民时，这种

即时力量对比的不平衡状态是显而易见的。我们都能理解这一点，也能理解当权力呈现出达到大法官斯图尔特所说的“威胁性”程度时，它可能会压制一个正常人自由行动的能力，即便没有外在的命令或者正式手续的羁押。尽管这个理解十分平常，但在本院的意见中却没有怎么反映。我自己对相关事实及其意义的理解如下：

当争议事实中的公共汽车在塔拉哈西市常规性停靠时，司机要求乘客下车，以便给汽车进行清理和加油（App. 104）。乘客重新上车后，司机检查并没收了他们的车票，之后离开公车。离开时，他允许塔拉哈西市警察部门的三名警察上车（*Id.*，at 77－78）。尽管警察没有穿制服，但是他们出示了警徽，表明了自己的警察身份。一个人坐在司机的位置，挨着前门，面向并注视着乘客。其他两个走向后方，边走边执行任务，一个向乘客询 p211
问，另一个做他的后盾（*Id.*，at 47－48）。他们有必要很近地与乘客进行交谈，因为过道只有 15 英寸宽，每个座位只有 18 英寸①。而且，这一区域又因为头顶上方、距离乘客座位只有 19 英寸的行李架而变得更加拥挤不堪。靠窗的乘客不能直着站起身来（*id.*，at 55），最近的那位警察的脸与最近的那位交谈的乘客的距离只有一步或者 18 英寸（*Id.*，at 57）。在这样的交流中，警察俯视，而乘客如果想面向警察的话，就要仰视。警察轻声地提问。他首先表明自己的警察身份和职责，即“在公共汽车上查禁毒品”，他对乘客说，“我们希望您的合作，您在车上有什么行李吗?”以此作为序言后，他开始征求乘客的同意来搜查他们的行李，并对他们的人身进行拍身搜查（*Id.*，at 82）。

因此，基于未被解释的理由，持有允许乘客出行车票的司机，将他对整个车辆和所有乘客的照管权让与三名警察，显而易

① 这些数字来自于被申请人的陈述（在本院书记员的法庭记录中是可得的），控方没有质疑它的准确性。

见，他们的权威超过了司机本身。警察们掌控了整个乘客车厢，一个人守在门口注视着所有的乘客，其他两个从后面开始工作。第三名警察在第一名警察站在他身后，另一名站在他身前的情形下，开始与每位乘客就他们所在的位置搭话，地方是那么的狭小和拥挤，以至于一半的乘客甚至都不能站起身来面向说话者。没有一个人被问及他是否愿意与警方交谈，加入这个调查。相反，警察说他们正在“执行公车查禁活动”，在此过程中，“希望获得公众的合作”（*ibid.*）。合理的推论是，该“查禁”不是一种
p212 两相情愿的活动，而是无论面对什么情形，警察都会进行的一种执法活动，他们更倾向于“合作”，但是如果缺少“合作”，他们也不会因此而受到阻碍。那一天，也没有出现相反的迹象，因为没有一位乘客拒绝所要求的合作，也没有一位乘客有理由相信，在警察满意之前，司机会回来，旅程会继续。通过这一前奏，场景已经被设定，强制性的参与氛围也已经被确立起来。之后以“你介意……吗?”为开场白的搜查请求，自然可以理解为接触的开端。

很难想象布朗或者德雷顿会认为，如果他们拒绝与警方合作，将不会有任何损失，或者他有自由选择的机会来无视警察。没有一个理智的乘客会如此认为，除了那些不善解人意的人。作为安全的防范措施，查禁活动的执行，是由三名警察，而不是一名完成的（See id.，at 47）。事实是，当布朗和德雷顿被要求作出回应时，他们中的任何一人大概都会意识到，有三名警察在场，一名正站在前面监视着他，一名在他身边进行询问，而另一名则在他的背后，防止他变得不规矩或者“合作”不能实现。这一场景很类似于一个人在窄巷子中，几个人离他很近，他事实上不能移动，被告知需要他的合作。尽管我打算说，如果之前没有对乘客作出可以自由拒绝的警告，任何公车上的交谈和搜查都不能通过波斯迪克案的检验标准来界定，但是本案事实的确要求警察采取更多的行动，而不仅仅是一个轻声的语调。一名必然能

实现自己目的的警察是没有必要大声喊叫的。

当然，警察作证说，有时公交乘客也会拒绝合作（App. 81），但是这一证据并不会使得本案事实有任何的不同。我们不知道在什么情形下乘客会拒绝要求，可能只有在警察告知乘客有 p213
权拒绝时（正如有时警察会告知他们）才会发生（*Id.*，at 81－82）。此外，通过回想德尔加多案（*INS v. Delgado*，466 U. S. 210，104 S. Ct. 1758，80 L. Ed. 2d 247（1984）），将其作为先例来重新审视本案的事实也是不可能的。在那起案件中，本院的多数意见认为，当工人被移民局人员询问，且每个工厂的出口都站着人员时，仍不构成扣押。（*Id.*，at 219，104 S. Ct. 1758）无论这个意见是否合理，本院在那个案件所审查的事实与本案是不同的。德尔加多案考虑的是一个赋予有利于被申请人简易审判的指令，而结果是要求本院按照有利于移民局的方法解释法庭记录和所有的争点问题（See *id.*，at 214，104 S. Ct. 1758；id.，at 221，104 S. Ct. 1758（Stevens，J.，concurring））。因此，本院强调，即使在“启动调查后，雇员们仍在忙于他们的日常工作——操作机器以及完成其他工作任务”（*id.*，at 218，104 S. Ct. 1758），但是在本案中，布朗和德雷顿似乎被警察们所控制，事件的常规发展过程被阻断。一名警察坐在司机的位置，公共汽车不会开往别处，可以合理地假定，没有乘客能够忙于自己的事情，直到警察们允许他们这么做。

无论如何，我并不打算将此案的分析作为反对德尔加多案的一个案例，我更愿意将波斯迪克案综合情状的标准适用于本案，并且探寻乘客在本案的情形下，究竟是否还会理智地感觉可以自由地终止与三位警察的接触——通过拒绝和完全无视警察的存在。在我看来，答案是清楚的。本院相反的结论告诉我，多数意见并没有比大法官斯图尔特看得更远，我谨呈反对意见如上。

2.3 中方评论

德雷顿案涉及两个争点：一是，执法官员在公共汽车上的盘查行为是否构成扣押？二是，在征求相对人搜查同意以前，是否应当预先告知相对人享有拒绝搜查的权利？其中，就第一个争点而言，该判例可以看做是门登霍尔标准的具体应用：在该案中，最高法院的基本态度是，在公共汽车清查活动中，警察询问乘客的行为不构成第四修正案意义上的扣押（或者，更准确地说，不构成特瑞式截停）。就第二个争点而言，该判例重申了施奈克罗斯案（*Schneckloth v. Bustamonte*）① 的立场：执法官员无须告知相对人享有拒绝搜查的权利，同意搜查是否具有自愿性，应当综合全案情状予以确定。

其中，就同意搜查而言，自愿性问题具有举足轻重的地位。因为，除非同意搜查的授权是自愿的（而不是"因为受到以明示或默示方式施加的威胁或者强迫的结果"），否则，该项同意授权在法律上将属于无效授权，所谓的同意搜查也就难以成立。在美国司法实践中，对于同意的自愿性问题，应当由检察官负证明责任，对此，检察官应以优势证据加以证明。②

就同意搜查的自愿性而言，存在着两种解释思路：一种思路认为，同意搜查相当于对宪法权利的放弃，而根据最高法院的一贯立场，个人放弃其宪法权利应当是"对明知自己享有的权利或特权，故意做出的让渡或舍弃"。③ 因此，从权利放弃理论出发，为了保证同意搜查的自愿性，执法官员在征得同意授权以前，应当预先告知相对人享有拒绝搜查的权利。另外一种思路

① *Schneckloth v. Bustamonte*, 412 U.S. 218 (1973).

② See *Bumper v. North Carolina*, 391 U.S. 543 (1968).

③ *Johnson v. Zerbst*, 304 U.S. 458, 464 (1938) (emphasis added).

是，借鉴最高法院有关自白任意性标准的一贯立场，根据综合全案情状的方法，确定特定案件中的同意搜查授权是否具有自愿性。

需要指出的是，尽管在早期的第四修正案判例中，美国最高法院曾经将权利放弃说作为同意搜查的理论根据，但是早在20世纪50、60年代，美国最高法院就已经明确拒绝了权利放弃理论。[①] 同时需要说明的是，尽管美国最高法院在拒绝权利放弃理论以后，一直在为同意搜查寻找新的理论根据，但是无论是所谓的“不具合理隐私期待理论”，还是“合理性理论”，都无法为美国司法实践中的同意搜查提供一个令人信服的理论解释。[②]

在施奈克罗斯案中，最高法院并没有论及同意搜查的理论根据，而是将同意搜查的自愿性与第十四修正案正当程序条款之下犯罪嫌疑人自白的任意性问题联系在一起，试图通过有关自白任意性的宪法判例，提炼出一个有关同意搜查自愿性的判断标准。就此，需要说明两点：第一，所谓的“自愿性”与“任意性”只是翻译上的不同。在英文中，同意搜查的“自愿性”与自白的“任意性”都是“voluntariness”。因此，在施奈克罗斯案中，最高法院诉诸自白的任意性标准似乎也并非毫无道理。第二，在正当程序条款之下，任意性是一个相对模糊的标准，需要综合全案情状做出判断。一般而言，在判例中，最高法院经常诉诸“压垮自由意志”的标准（the overborne will standard）。因此，诉诸自白的任意性标准，也就等于转向了综合全案情状的审查方法。

在德雷顿案中，最高法院再次重申了施奈克罗斯案的基本立

① *E. g.*, *Johnson v. United States*, 333 U. S. 10, 13 (1948)（如果相对人同意搜查只是出于对警察的顺从，而不是有意放弃自己的宪法权利并理解这么做的法律意义，那么该项同意授权就是无效的）。

② 参见［美］约书亚·德雷斯勒、艾伦·迈克尔斯：《美国刑事诉讼法精解》，吴宏耀译，北京大学出版社2009年版，第263~265页。

场：一方面宣布，征得搜查同意前，无须告知相对人享有拒绝搜查的权利；另一方面，要求根据综合全案情状的方法，来确定相对人的同意授权是否具有自愿性。根据综合全案情状的审查方法，所有因素都具有关联性，但是没有任何一项因素具有决定意义。德雷斯勒教授认为，在美国司法实践中，可以作为证明同意授权不具自愿性的因素主要有：

(1) 警察亮出了武器（如掏出了手枪），从而让相对人觉得他无法依照自己的意愿拒绝搜查；(2) 现场有大量的警察，从而让相对人觉得“无论他是否予以配合，警察都会采取行动”；(3) 相对人表示拒绝后，警察一再地提出同样的要求；(4) 关于相对人的年龄、种族、性别、受教育的程度、情绪状态以及精神状况等因素的证据——如果这些证据表明，执法官员的行为已经超出了相对人意愿的承受程度。①

但是，尽管可用以否定同意搜查自愿性的因素有很多，在美国司法实践中，法院宣布同意搜查不具自愿性的情形却极为罕见。对此，德雷斯勒教授的解释是，在绝大多数法院看来，自愿性不是一个事实问题，而是一个规范问题。换句话说，法院在审查是否具有自愿性时，他们关心的不是特定个人拒绝作出同意授权的意愿事实上是否已经“被压垮”，也不是置身被告人处境之下的理性人是否觉得自己已经受到了“强制”，而是就执法目的而言，警察获取同意授权的方式是否具有道德上的可接受性。②

在我国，《刑事诉讼法》没有规定同意搜查的内容。但是，《刑事诉讼法》第110条规定，“任何单位和个人，有义务按照人民检察院和公安机关的要求，交出可以证明犯罪嫌疑人有罪或

① 参见［美］约书亚·德雷斯勒、艾伦·迈克尔斯：《美国刑事诉讼法精解》，吴宏耀译，北京大学出版社2009年版，第266页。

② 参见［美］约书亚·德雷斯勒、艾伦·迈克尔斯：《美国刑事诉讼法精解》，吴宏耀译，北京大学出版社2009年版，第266页。

无罪的物证、书证、视听资料。”据此，在我国司法实践中，侦查机关似乎发展形成了一种刑事搜查的“合作性替代措施”，[①]即证据提取。对此，左卫民教授描述：

从理论上说，侦查机关之所以要搜查是因为不知道证据的具体下落，如果知道证据具体下落，如位于何处、由何人控制的话，根据《刑事诉讼法》第110条的规定，公安机关可以要求证据持有者将证据提交，从而避免了搜查措施的使用。在调研中，J区公安机关的侦查人员L向我们描述了证据提取的具体过程。L表示，如果在讯问中犯罪嫌疑人交代了犯罪证据的下落，……更多的时候是带上犯罪嫌疑人一起去提取证据，并以扣押方式来完成证据保全的过程。通常而言，证据持有人都会主动交出证据，对于一些坚持认为没有持有证据，或者不愿意交出的人，侦查人员则通过以追究其包庇罪的威胁对证据持有者施加压力，最终都能达到收集所需要证据的目的。对此，Y区、N县公安机关的侦查人员表示了相同的看法。[②]

在此，首先需要说明的是，以“提取证据”这种带有合作性质的方式取代搜查，是一种值得肯定的做法。从法理上讲，根据比例原则的要求，搜查权理应是一种“最后的、不得已才使用的权力”，或者说，应该是一种备而不用的权力。而且，相对于搜查这一强制手段，“提取证据”暗含了对相对人自由意志、自愿选择的尊重。在德雷顿案中，大法官肯尼迪曾经指出：

① 这是左卫民教授在其有关我国搜查扣押实证分析研究中提出的概念。根据证实调查数据，左卫民教授认为，在我国司法实践中，法律规定的搜查程序“被规避与替代”。其中，替代手段有三：一是，到案检查替代了人身搜查；二是，以场所管理为由而实施的治安检查替代了场所搜查；三是，证据提取作为一种合作性替代措施取代了一般搜查。参见左卫民等：《中国刑事诉讼运行机制实证研究》，法律出版社2007年版，第71~76页。

② 左卫民等：《中国刑事诉讼运行机制实证研究》，法律出版社2007年版，第75页。

在法治社会里，赞同、同意这两个概念应当被赋予其应有的分量和尊严。执法警察征得相对人的同意，是一种完全合乎法律的做法。公民一方向执法警察表明自己的意愿，警察一方在获得相对人的理解的前提下采取行动，这么做有助于强化法治的精神。而且，通过这种交流活动，也摒除了存在强制因素的推论。①

其次，在提取证据过程中，“对于一些坚持认为没有持有证据，或者不愿意交出的人，侦查人员则通过以追究其包庇罪的威胁对证据持有者施加压力……”，已经涉及了“同意的自愿性问题”。但是，就我国司法实践而言，探究这一问题似乎并不具有太大的现实意义。一方面，美国的司法实践告诉我们，很难在“威胁”与“自愿性”之间划出一条明确的界限；另一方面，由于发动搜查、扣押的权力完全掌握在侦查机关手里，因此抬高自愿性的门槛事实上意味着“迫使”侦查人员转向原本应当谦抑行使的搜查扣押权。

尽管如此，在理论上，是否属于自愿同意依然是一个值得深究的问题。值得注意的是，在我国台湾地区，“刑事诉讼法”为配合取消检察官的搜查决定权，于2001年增订了“同意搜查例外”。现行台湾“刑事诉讼法”第131-1条规定，“搜索，经受搜索人处于自愿性同意者，得不使用搜索票。但执行人员应出示证件，并将其同意之意旨记载于笔录。”对此，立法理由指明，“为免受搜索人是否出于自愿性之同意发生争执，爰明文规定应将同意意旨记明笔录，以示责任。”

根据该条规定，林钰雄教授认为，在判断是否“出于自愿性同意”时，应注意以下要点：② 1. 是否出于自愿，应依具体个案综合情况认定之。2. 因执行人员使用违法的强暴、胁迫手

① *United States v. Drayton*, 536 U.S. 194, 207 (2002).

② 林钰雄：《搜查扣押注释书》，台湾元照出版有限公司2001年版，第169页。

段而来的同意，非出于自愿。3. 自愿并不等于心悦诚服或心甘情愿、半推半就的同意，亦有可能是出于自愿。4. 处于拘禁状态者之同意，有无自愿性可言？不能一概而言。首先，违法的拘禁，尤其是以违法羁押作为取证的手段者，受羁押人的同意搜查，并非出于自愿。其次，以违法裁量手段而获取受拘禁人的同意，也不应认定为自愿。对于此种情形，林钰雄特别指出，“由于侦查官员极其容易就可诈取受拘禁者之同意，因此相较之下，就受拘禁人自愿性质判断，必须特别审慎。”5. 同意必须出于明示。

至于执法官员在征得同意授权前是否必须履行告知义务，林钰雄教授则从资讯落差入手，分析了告知义务的重要性。

同意固然以自愿性为实体要件，但是基于国家与个人之间的权力落差以及伴随的资讯落差，“搞不清楚状况的同意”可以说是所有强制处分之同意的典型问题。……事实上，“善”用这种资讯落差，正是警员能够于实务上大量使用同意搜索的关键所在。……不应该容许检警擅用资讯落差而创制搜索的例外。据此，应依法定程序确保自愿性，防范出于资讯落差的同意，亦即，国家机关必须事先践行已定的程序之后，始能主张其处分因获同意而合法。例如，国家机关若欲以同意为由而进行搜索，必须践行特别的告知义务，事先告知受处分人，其于法律上并无配合或忍受义务，并将告知意旨记明笔录，一来确定受处分人之真意，二来杜绝未来证明程序之争端。①

不过值得注意的是，在美国，根据施奈克罗斯案和德雷顿案，告知相对人享有拒绝搜查的权利并非同意搜查是判断具有“自愿性”的必要条件。而且，在沃森案中（*United States v.*

① 林钰雄：《搜查扣押注释书》，台湾元照出版有限公司2001年版，第176页。

Watson)①，最高法院进一步指出，这一规则同样适用于“在各种羁押状态下获得的同意，尽管相对人的被羁押状态与其同意授权是否出于自愿具有关联性，但是被羁押状态并不具有决定意义。”②

2.4 阅读文献

- Daniel R. Williams, *Misplaced Angst: Another Look at Consent – Search Jurisprudence*, 82 Ind. L. J. 69 (2007).
- Ric Simmons, *Not "Voluntary" but Still Reasonable: A New Paradigm for Understantding the Consent Searches Doctrine*, 80 Ind. L. J. 773 (2005).
- Dennis J. Callahan, *Law Student in the Supreme Court: United States v. Drayton and the Future of Consent Search Analysis*, 13 Wm. & Mary Bill Rts. J. 567 (2004 – 2005).
- Jeremy R. Jehangiri, *United States v. Drayton: Attention Passengers, All Carry – On Baggage and Constitutional Protections Are Checked in the Terminal*, 48 S. D. L. Rev. 104 (2003).
- Joshua Fitch, *United States v. Drayton: Reasonableness & (and) Objectivity – Discussion of Race, Class, and the Fourth Amendment*, 38 New. Eng. L. Rev. 97 (2003 – 2004).
- Marissa Reich, *United States v. Drayton: The Need for Bright – Line Warnings during Consensual Bus Searches*, 93

① *United States v. Watson*, 423 U. S. 411 (1976).

② Stephen A. Saltzburg & Daniel J. Capra, *American Criminal Procedure: Cases and Commentary*, Thomson/West (2007), p. 459.

J. Crim. L. & Criminology 1057 (2002 - 2003).

- Andrea K. Mitchell, *United States v. Drayton*: *Supreme Court Upholds Standards for Police Conduct during Bus Searches*, 51 Am. U. L. Rev. 1065 (2001 - 2002).

3. 第三人同意搜查：

伦道夫案（*Georgia v. Randolph*）

547 U. S. 103, 126 S. Ct. 1515 (2006)

3.1 案件信息

- **本案争点**

当警察为收集证据而对多人共同居住的住宅实施无证搜查时，如果当时在场的共同居住者明确表示反对，那么同住的其他居民对搜查的同意是否可以成为警察无证搜查的正当性理由?

- **最高法院的判决**

最高法院以5:3的投票结果作出了有利于被申请人伦道夫的判决。大法官苏特代表最高法院撰写了本案的判决意见，大法官史蒂文斯、肯尼迪、金斯伯格和布雷耶表示附和。大法官史蒂文斯和大法官布雷耶发表了协同意见。首席大法官罗伯茨发表了反对意见，大法官斯卡利亚表示附和。大法官斯卡利亚和大法官托马斯各发表了反对意见。大法官阿利托没有参加本案的评议与判决。

最高法院判决认为，对于在现场并且明确表示反对的居民而言，警察基于其他共同居住的居民的同意而进行的搜查，是不合理且没有正当性理由的。

- **该判例的影响**

最高法院的分析方法从马特洛克案确立的风险承担原则转向了普遍接受的社会期待标准。但是，这是一种形式化的标准，提供的保护也相当苍白无力，而且在一定程度上有悖于作为第四修正案根基的、客观意义上的合理性标准。因此，本案判决引发了巨大的争议。

3.2 判决正文

佐治亚州
诉
斯科特·费兹·伦道夫

第 04－1067 号

2005 年 11 月 8 日进行辩论

2006 年 3 月 22 日作出判决

大法官苏特（Souter，J）代表最高法院撰写了本案的判决意见。

p106 在下述情形中，第四修正案认可了一种有效的无证进入并搜查住宅的行为，即警察获得了一名居民的自愿同意，该居民与同住者分享或警察合理地相信其分享对共有区域的权利，而该同住者后来反对使用以此方式获得的证据（*Illinois v. Rodriguez*，497 U.S. 177，110 S. Ct. 2793，111 L. Ed. 2d 148（1990）；*United States v. Matlock*，415 U.S. 164，94 S. Ct. 988，39 L. Ed. 2d 242（1974））。本案的问题在于，当一名居民同意而另一人——他后来试图排除证据——就在现场且明确表示拒绝时，扣押证据的行为是否同样合法。我们认为，在本案争点事实的情形中，一名身处现场的居民反对执法官员进入住宅的意见处于优势地位。因此，无证搜查对他而言是不合理且无效的。

一

被申请人斯科特·伦道夫和他的妻子珍妮特在 2001 年 5 月下旬分居。此后珍妮特便离开位于佐治亚州亚美利卡斯市的婚房，带着他们的儿子和一些财物，前往加拿大和她父母一起居住。7 月，她和孩子一起回到了亚美利卡斯市的住宅，然而，法庭记录没有显示出她是意在和解还是取回剩余财产。

7 月 6 日早晨，她向警察控诉说，在一次家庭纠纷后，她的丈夫把儿子带走了，当警察抵达住宅后，她告诉他们她丈夫是一个可卡因吸食者，且这个恶习已经引起了经济问题。她提及婚姻问题并说，她和儿子是在和她父母住了几周后，最近才回来的。警察抵达后不久，斯科特·伦道夫回来了并解释说，他已经把孩子送到邻居家以防他妻子再次把孩子带出国，他否认自己吸食可卡因并反驳说，事实上是他妻子吸毒、酗酒。 p107

其中一名执法官员默里警长和珍妮特·伦道夫一起去接回孩子，当他们回来时，她不仅再次控诉她丈夫是一名毒品吸食者，而且还主动说屋子里有“毒品的证据物”（Brief for Petitioner 3）。默里警长征求斯科特·伦道夫的同意以便搜查屋子，但他毫不含糊地拒绝了。

警长转而寻求珍妮特·伦道夫的同意以便进行搜查，她欣然允诺了。她将警察引领上楼来到斯科特的卧室，在那里，警长注意到了一节吸附有粉状残留物的吸管，他怀疑残留物即是可卡因。接着，他离开屋子并在斯科特车中查获一个作为证据的提包。他打电话给辖区检察官办公室，检察官指示他停止搜查去申请令状。当他再次回到屋子时，珍妮特·伦道夫撤回了她的同意。警察将吸管和伦道夫夫妇一起带回了警局。在获得令状之后，他们返回屋子并扣押了关于吸食毒品的更多证据。据此，斯科特·伦道夫被指控犯持有可卡因罪。

他提出动议来排除这些证据，因为它们是无证搜查他住宅的产物，他妻子的同意不能取代他的明确的反对进而为搜查授权。但初审法院驳回了这一动议，裁定认为珍妮特享有共有的权利来同意进行搜查。 p108

佐治亚州上诉法院撤销了初审法院的判决（264 Ga.

App. 396，590 S. E. 2d 834（2003）)，之后佐治亚州最高法院维持了上诉法院的裁定，主要基于以下理由，即“一名居民，当着另一名身处现场且拒绝同意无证搜查的居民的面，所作的同意无证搜查住宅的意思表示是无效的。”（278 Ga. 614，604 S. E. 2d 835，836（2004)）佐治亚州最高法院认可了本院在马特洛克案（415 U. S. 164，94 S. Ct. 988，39 L. Ed. 2d 242）中的判决意见，认为“对住宅或财产享有共有权利的一方的同意是有效的，并可以用来反对与其分享权利的不在场、不同意的另一方”（*id.*，at 170，94 S. Ct. 988)，但是认定本案与马特洛克案不同，因为斯科特·伦道夫并没有“缺席”交谈现场——警察是通过该交谈而获得同意授权的。佐治亚州最高法院强调说，马特洛克案中的警察并没有“面对着身处现场的同住者，他们一方同意搜查而另一方表示反对。”（278 Ga.，at 615，604 S. E. 2d，at 837）它认为，选择与其他人一起居住的个人承担的风险不外乎，“当他不在家时，无法控制让谁进入住宅，”（*ibid*（quoting 3 W. LaFave，*Search and Seizure* § 8.3（d），p. 731（3d ed. 1996）（hereinafter LaFave)）但是他不会想到，如果其他人请求搜查共享的住宅，他的反对将被忽视掉。

我们签发调卷令来解决分享权利的问题，即一名居民是否有权有效地同意执法官员搜查共享的住宅，并用以反对身处现场且拒绝同意搜查的同住者①（544 U. S. 973，125 S. Ct. 1840，161

① 考虑过此问题的所有四个上诉法院都得出结论认为，即使存在当面明确的反对，同意仍然是有效的。See *United States v. Morning*，64 F. 3d 531，533－536（C. A. 9 1995)；*United States v. Donlin*，982 F. 2d 31，33（C. A. 1 1992)；*United States v. Hendrix*，595 F. 2d 883，885（C. A. D. C. 1979）（*per curiam*)；*United States v. Sumlin*，567 F. 2d 684，687－688（C. A. 6 1977). 在解决这一问题的州法院中，大多数也得出了此结论。See，e. g.，*Love v. State*，355 Ark. 334，342，138 S. W. 3d 676，680（2003)；*Laramie v. Hysong*，808 P. 2d 199，203－205（Wyo. 1991)；but cf. *State v. Leach*，113 Wash. 2d 735，744，782 P. 2d 1035，1040（1989）（en banc）（要求获得所有在场同住者的同意）。

L. Ed. 2d 722（2005））。现在我们维持原判。

二 p109

通常来说，第四修正案规则禁止无证进入个人住宅，并认为这在本质上是不合理的（*Payton v. New York*, 445 U. S. 573，586，100 S. Ct. 1371，63 L. Ed. 2d 639（1980）；*Coolidge v. New Hampshire*, 403 U. S. 443，454－455，91 S. Ct. 2022，29 L. Ed. 2d 564（1971）），但一项"谨慎而仔细创立的"例外（*Jones v. United States*，357 U. S. 493，499，78 S. Ct. 1253，2 L. Ed. 2d 1514（1958））认可了享有权利的个人自愿同意搜查的有效性。（*Rodriguez*，497 U. S.，at 181，110 S. Ct. 2793）当嫌疑人不在场时（*Matlock*，*supra*，at 170，94 S. Ct. 988），搜集证据所针对的可能是户主（*Schneckloth v. Bustamonte*，412 U. S. 218，222，93 S. Ct. 2041，36 L. Ed. 2d 854（1973）），也可能是一名对财产享有共有权利的同住者。并且，此项同意的例外甚至扩张至下述情形，即警察合理却错误地相信，表示同意的同住者作为占有人，有权同意他们进入住宅并搜查（*Rodriguez*，*supra*，at 186，110 S. Ct. 2793）。虽然如此，我们关于同住者同意搜查的判例没有一个出现了进一步的案情，即第二名居民身处现场且拒绝同意搜查，随后又动议排除以此方法获得的证据。[①] 这种拒绝的重要意义在于它开启了对自马特洛克案以来所认可的同住者同意规则的讨论。

（一）

在那起案件中，被告在他住宅——他和格拉夫女士以及她的几个亲戚居住在那——的庭院内被逮捕，并且被羁押于停在附近 p110
的警察巡逻车内。当警察走向大门时，格拉夫女士同意他们进入

① 注意到居住情况的多样性，我们使用不同的术语来描述共同居住的居民。然而，我们这种做法并不意味着暗示适用该规则时也会类似地存有差异。

住宅并进行搜查（415 U. S.，at 166，94 S. Ct. 988）。被告人反对使用无证搜查获得的证据。在解决这一问题时我们指出，“对住宅或财产享有共有权利的一名居民的同意是有效的，并可以用以反对与其分享权利的不在场、不同意的另一方。”（*Id.*，at 170，94 S. Ct. 988）第四修正案的权利并不受财产法的限制（*Katz v. United States*，389 U. S. 347，352 - 353，88 S. Ct. 507，19 L. Ed. 2d 576（1967）），与先前这一理解相一致，我们解释说，第三方享有的“共有权利”不同于技术化的财产利益：

> 从其产生的历史和判例法的发展历程来看，为第三方同意提供正当性理由的权利不是取决于财产法，而是取决于人们基于众多目的互相使用共同占有或控制的财产。所以，认可以下情况是合理的，即任何一名同住者有权基于自己的权利来同意进行检查，并且，其他人已经承担了其中一人可能同意搜查共有区域的风险。（415 U. S.，at 171，n. 7，94 S. Ct. 988（citations omitted））

（See also *Frazier v. Cupp*，394 U. S. 731，740，89 S. Ct. 1420，22 L. Ed. 2d 684（1969）（“在允许他的兄弟分享使用粗呢包的情况下，当他离开屋子时，他已经承担了下述风险，即他的兄弟可能会允许其他人查看包里的物品。”））因此，第四修正案所意指的共有权利可能比财产法赋予的权利范围更广（See *Rodriguez*，*supra*，at 181 - 182，110 S. Ct. 2793（某人合理地表现出对被搜查的住宅享有共有权利，但事实上没有任何财产权利，他的同意却已经足矣）），尽管它的限制也反映于对于警察来说明显是
p111 特定化的租赁协议之中（See *Chapman v. United States*，365 U. S. 610，81 S. Ct. 776，5 L. Ed. 2d 828（1961）（房东不同意搜查房客的屋子））。

因此，对于同意搜查的案件，在判断是否符合第四修正案合理性标准时，始终需要考量的因素是，应当赋予那些普遍接受的

社会期待（widely shared social expectations）更多的关注——这些社会期待当然受财产法的影响，但是财产法规则不是最终的决定因素（Cf. *Rakas v. Illinois*，439 U. S. 128，144，n. 12，99 S. Ct. 421，58 L. Ed. 2d 387（1978）（如果某种隐私期待具有“第四修正案以外的渊源，或者涉及不动产、个人财产法的概念，或者涉及社会所认可并同意的理解，那么它就是合理的”））。相应地，马特洛克案不仅认为，有时候，单独一名居民即可同意对共享的住宅进行搜查，而且该案也支持下述观点：此类搜查的合理性很大程度上取决于对下述常识性的理解，即共同居住的人在行使自己权利的时候都会对大家的利益产生影响。

（二）

以马特洛克案为例的常识性理解是显而易见的。如果应门时某人后面还跟着一个小孩，正如格拉夫夫人那样，那么这表明她住在此处。并且，仅凭此事实就足以告知执法官员或任何其他访客，如果她和其他人共同占有此地，那么她住在此处的前提假设是，房客在分享住宅时经常享有共有权利。他们明白，他们中任何一人都可能允许访客进入住宅，因此可能产生以下后果，即其中一名居民讨厌的客人可能在其不在时被另一名居民带进住宅。正如马特洛克案指出的那样，分享租赁物被理解为“承担一种风险”，据此警察将可能获得授权。尽管同住的一群人可能会作出奇特的约定，使得非经大家一致同意否则没人能同意让客人进来，但是达成这种古怪方案的可能性太小，以至于无法期待访客在接受进门邀请前去调查这户人家特有的规则。所以，马特洛克 p112
案所根据的就是一种经常性的情形，即在没有理由去质疑正常情况时，不给警察施加任何负担，去排除存在非典型约定的可能性。

同样，也可以非常容易地想象到下述不同的事实情形，即如果知悉这一事实，无须敏感地去质疑共有权利。例如，一个在场并表明自己是房东或旅馆老板的人，不需要诉诸任何对权利的习惯性理解，就能同意客人进入，也无须征得当前其他居民的同意（See *Chapman v. United States*, *supra*（房东）；*Stoner v. California*，376 U. S. 483，84 S. Ct. 889，11 L. Ed. 2d 856 (1964)（旅馆老板））。在正常情况下，一名房客不能以租赁房屋为由，有反对房东允许访客进入屋子的任何正式或非正式的意思表示（*Chapman*，*supra*，at 617，81 S. Ct. 776），并且一名旅馆客人通常也没有理由期待老板只允许他自己的雇员进入房间（See *Stoner*，*supra*，at 489，84 S. Ct. 889；see also *United States v. Jeffers*，342 U. S. 48，51，72 S. Ct. 93，96 L. Ed. 59（1951）（旅馆工作人员以清扫和保养为目的进入房间，但无权允许警察进入房间））。在这些情形中，州财产法权利、普通契约性的协议或任何其他渊源都没有表明存在一种对权利的下述常识性理解，即当住宅内的居民不同意时，一般允许第三方进入。而且，当通过办公室出票人员进行搜查时，可能出现的情况是，就算是一名明显属于该办公室的成员，也可能缺乏任何可知的权利来表示同意。“一名八岁的孩子有可能被认为有权同意警察穿过门槛进入屋子的某个地方，任何诸如民意调查者或推销员之类的来访者也可能被允许进入这些地方（4 LaFave § 8.4（c），at 207 (4th ed. 2004)）”，但是没有人会合理地期待这个孩子能够授权任何人去彻底搜查他父母的卧室。

p113 （三）

尽管我们没有直接审查下述行为的合理性——在一名居民同意而另一人立即表示质疑时，警察进入了住宅——我们在早期判例中已朝此方向迈出了一步，该案处理的是关于第四修正案权利的争点问题，即警察在没有令状或令状要求之任一例外的支持时，进入住宅并逮捕了一名社会访客。奥尔森案（*Minnesota v. Olson*，495 U. S. 91，110 S. Ct. 1684，109 L. Ed. 2d 85（1990））的判决认为，过夜的访客在他们临时性的住处享有合法的隐私期待，因为“主人不可能不顾客人的反对而允许想要会见或结识访客的人进入住宅。”（*Id.*，at 99，110 S. Ct. 1684）如果那种礼仪或敬意的习惯性期待是过夜访客的第四修正案权利之基础的话，那么我们大概也应该接受以下做法，即共享住宅的居民至少可以提出类似主张，而且同住者当然也能提出更有力的主张。

首先，如下说法是公平的，即当一名同住者在共享的住宅门口说“不准进来”时，一名访客将没有理由认为，另一名居民的邀请是进入住宅的充分正当的理由。当缺乏某些正当理由时，任何理智之人都不会在此情形下走进住宅。如果是基于对邀请他们进入住宅的同住者或住宅里面其他人人身安全的担心，警察当然有理由进入住宅。但是，在此情形下，警察进入住宅的正当性理由是当时存在着危及生命或身体健康的风险，而不是争吵中的同住者的同意授权。①

没有此类正当理由时，访客的谨慎行为显示出的不是胆怯而是以下现实，即当同住者不同意他进入某共有住宅时，应当通过自愿协商而不是诉诸执法机关的方式来解决问题。除非同住的人属于某些被认为是具有等级化的群体，如父母子女一家人或居住不同级别军人的兵营，否则并不存在任何优先或次要的社会性理解。这也是我国财产法下述标准化表达所反映的事实，即“每个共同占有人都有权使用、享有整个财产，就好像他或她是唯一的所有人那样，仅受其他共同占有人相同权利的限制。”（7 R. Powell，Powell on Real Property § 50.03［1］，p. 50－14（M. Wolf gen. ed. 2005））持不同意见的居民之间不存在任何已获认可的优先权，此点同样反映于法律在处理双方无法解决的冲突的处理方法之中。法律并不关心谁在冲突中处于有利地位，它仅 p114

① Cf. *Mincey v. Arizona*，437 U.S. 385，393，98 S. Ct. 2408，57 L. Ed. 2d 290（1978）（承认警察有权在“危及生命或肢体”的紧急情形下采取应对措施，并指出，如果搜查“严格控制在为启动搜查提供正当性理由的紧急情形内”，那么警察可以进行无证搜查）。

仅赋予每个共同占有人一项权利，即使在最不合理的情况下，去获得一份分割财产的裁决（当财产关系是一种共同所有制时）并终结这种财产关系（See，e. g.，2 H. Tiffany，Real Property § § 468，473，474，pp. 297，307－309（3d ed. 1939 and 2006 Cum. Supp.））。而且，当分割财产的裁决无法解决共同占有人之间的分歧时，这种情况也反映了共同所有制不支持下述看法，即任一共同占有人能优先控制他们共同占有的住宅的使用权。总而言之，不存在任何下述常识性理解，即一名同居者享有权利或权力去压制另一方明确的意愿，而无论争点问题是窗帘的颜色抑或是对于外人的邀请。

（四）

就一名同住者为第三方开门的意愿而言，鉴于它没有任何法律或社会实践认可的授权来压制身处现场并表示反对的同住者，所以与警察根本没有获得任何同意相比，仅存的这个富有争议的邀请无法让警察更有利地主张其进入住宅的合理性。因此，在平
p115 衡禁止不合理搜查所承载的个人与政府间竞争性的利益时（*Camara v. Municipal Court of City and County of San Francisco*，387 U. S. 523，536－537，87 S. Ct. 1727，18 L. Ed. 2d 930（1967）），提供合作的居民的邀请并没有给政府方增加任何影响力去反抗对方的以下安全性主张，即防止政府侵犯他的寓所。鉴于我们坚持这项“历史悠久的尊重住宅隐私的原则”（*Wilson v. Layne*，526 U. S. 603，610，119 S. Ct. 1692，143 L. Ed. 2d 818（1999）），“毫无疑问，作为我们人民私人生活的中心，住宅被赋予了特殊的保护。”（*Minnesota v. Carter*，525 U. S. 83，99，119 S. Ct. 469，142 L. Ed. 2d 373（1998）（KENNEDY，J.，concurring））总之，我们所生活的国家的整个历史中都理解“这一古老的格言，即就算是最贫穷的人也可以在他的陋室中反抗所有来自于国王的暴力，就此点而言，个人住宅是他的城堡。”（*Miller v. United States*，357 U. S. 301，307，78 S. Ct. 1190，2 L. Ed. 2d 1332（1958）

(internal quotation marks omitted))①、

因此，存有争议的同意无法与第四修正案的核心价值相匹配，并且控方的其他辅助性的主张也无法在总和上超越它。② 的确，我们认可表示同意的居民作为公民享有了解刑事活动的权益 p116 (See *Coolidge*, 403 U. S. , at 488, 91 S. Ct. 2022 (“阻碍公民竭尽所能帮助逮捕刑事罪犯，这绝不是第四修正案的根本政策”))。我们也理解同住者的下述合法的自我权益，即与警察保持一致，来转移因与刑事罪犯分享住宅而产生的嫌疑（See 4 LaFave § 8.3 (d), at 162, n. 72)(“某人知道可能被判处持有毒品罪并试图让其他同住者转移毒品的风险绝不是无足轻重的”)；(cf. Schneckloth, 412 U. S. , at 243, 93 S. Ct. 2041)(根据同意搜查获得的证据“可以确保完全无辜的人不被错误地指控犯有刑事罪行”))。

但是，社会经常能够得益于这些利益而无须依靠同意理论，该理论忽视了一名居民对无证搜查的反对意见。同住者可能会主动地向警察移交证据（*Coolidge*, *supra*, at 487 - 489, 91 S. Ct. 2022（嫌疑人的妻子在他们夫妇的房子里寻回了他的枪支并将它们移交给警察)），而且告知警察他所知道的事情，以便

① 在主要的反对观点中，几个世纪以来所依赖的对于住宅隐私的特殊保护已经消失殆尽。反对意见将邀请警察进入共有的住宅而不顾其他室友的反对等同于告密的行为，post, at 1537 - 1538 (opinion of ROBERTS, C. J.)，并且通过该不恰当的类比，强调指出了一种蓄意的旨在贬低寓所隐私重要性的意图。住宅隐私并无特别，正是这一看法构成了反对意见下述简单假设的基础，即与他人分享的隐私实际上是可放弃的隐私，包括警察无证搜查在内。

② 在权益性的执法中的一般性利益不能也无法更多地为无证搜查提供正当性理由。See *Mincey*, 437 U. S. , at 393, 98 S. Ct. 2408 (“在执行刑事法律的过程中，不可以最大化的简便为名而完全牺牲个人住宅和财产的隐私”)，*Coolidge v. New Hampshire*, 403 U. S. 443, 481, 91 S. Ct. 2022, 29 L. Ed. 2d 564 (1971) (“令状要求……不是一种累赘进而在某种程度上‘超越’了警察效率之诉求”)。

p117 在地区法官面前申请令状。[①] 这种依靠同住者的信息而不是富有争议的同意的做法，与法律一般的偏向性相一致，即“与无证搜查扣押相比，法律更偏向于获得令状支持的警察行为”（*United States v. Ventresca*，380 U. S. 102，107，85 S. Ct. 741，13 L. Ed. 2d 684（1965））。“就宪法所允许的搜查扣押而言，与执法官员匆忙行事相比，我们更倾向于由授权签发令状的知情、谨慎的地区法官来作出决定。”（*United States v. Lefkowitz*，285 U. S. 452，464，52 S. Ct. 420，76 L. Ed. 877（1932））

第四修正案确证的该政策也不应当被反对意见的下述主要主张所侵蚀，即它将庇护配偶间的施暴者和其他残暴的同住者；当被害人向警察寻求帮助时，他们将拒绝允许警察进入住宅（*Post*，at 1537（opinion of ROBERTS，C. J.）（hereinafter the dissent））。反对意见并没有过分夸大家庭暴力，我们也承认家庭内的暴力行为在美国是一个严重的问题（See U. S. Dept. of Justice，National Institute of Justice，P. Tjaden & N. Thoennes，*Full Report of the Prevalence，Incidence，and Consequences of Violence Against*

---

① 当然，有时候，通过创造紧急情形来为警察立即采取行动提供正当性理由，在表示反对的居民面前进行的信息交流可能使得同意不具有相关性。如果在获取令状所需的时间内，不能制止反对方去毁坏能轻易获得的证据，see *Illinois v. McArthur*，531 U. S. 326，331－332，121 S. Ct. 946，148 L. Ed. 2d 838（2001）（当警察申请搜查令状时拒绝嫌疑人进入他的（挂在汽车后面拖动的）活动屋），那么根据令状要求之紧急情形例外，当场相当明显的保存证据的需求可以为进入住宅并进行搜查提供正当性理由，cf. *Schmerber v. California*，384 U. S. 757，770－771，86 S. Ct. 1826，16 L. Ed. 2d 908（1966）（“当获取令状所必需的延迟……危及证据时”，允许进行无证搜查”（internal quotation marks omitted））。

其他紧急情形可能为无证搜查提供正当性理由。See，e. g.，*Warden，Md. Penitentiary v. Hayden*，387 U. S. 294，298，87 S. Ct. 1642，18 L. Ed. 2d 782（1967）（热追捕）；*Chimel v. California*，395 U. S. 752，89 S. Ct. 2034，23 L. Ed. 2d 685（1969）（保护警察的安全）；*Michigan v. Tyler*，436 U. S. 499，98 S. Ct. 1942，56 L. Ed. 2d 486（1978）（即将破坏建筑物）；*Johnson v. United States*，333 U. S. 10，15，68 S. Ct. 367，92 L. Ed. 436（1948）（嫌疑人将要紧急逃逸的可能性）。

Women 25 - 26 (2000)(指出2000万女性和600万男性在其一生中成为亲密伴侣间施暴的受害者); U. S. Dept. of Health and Human Services, Centers for Disease Control and Prevention, National Center for Injury Prevention and Control, *Costs of Intimate Partner Violence Against Women in the United States* 19 (2003)(发现在美国女性中,每年存在近530万名亲密伴侣间暴力的牺牲品,造成约200万女性受伤和1300名女性死亡); U. S. Dept. of Justice, Bureau of Justice Statistics, Crime Data Brief, C. Rennison, *Intimate Partner Violence*, 1993 - 2001 (Feb. 2003)(指出在2001年,亲密伴侣间的暴力构成了20%的针对女性的暴力犯罪); see also Becker, *The Politics of Women's Wrongs and the Bill of "Rights": A Bicentennial Perspective*, 59 U. Chi. L. Rev. 453, 507 - 508 (1992)(指出作为家庭成员施暴的结果,妇女会在家中有人身上的不安全感)。 p118

但是,本案与警察保护家庭暴力受害人的能力无关。反对意见未能区分以下两个不同点,即警察何时可以进入住宅而不构成非法侵入,以及警察何时可以进去搜查证据。警察有权进入住宅去保护居民免遭家庭暴力侵害,此点没有或不会合理地存在任何问题,这是一种愚蠢的意见——只要他们有正当理由相信存在这样的威胁,那么警察的进入行为就将构成侵权,而无论配偶一方或其他同住者如何强烈地反对。例如,让控诉一方有机会去收拾东西并安全地走出来,或者判定暴力(或暴力威胁)是否已经发生或正要(或一会儿将要)发生(并且,鉴于警察随后将合法地处于住宅中,毫无疑问他们可以扣押一眼就发现的证据或者基于随后产生的任何合理根据而采取进一步措施,see *Texas v. Brown*, 460 U. S. 730, 737 - 739, 103 S. Ct. 1535, 75 L. Ed. 2d 502 (1983)(plurality opinion))。因此,警察是否可以为了提供任何合理的保护而不顾反对合法地进入住宅,这个问题不能简单地回答为可以(See 4 LaFave § 8.3 (d), at 161"即使当……

两个人相当明显地享有平等的权利处在某地时，就像两个人在平等的基础上分享一套公寓那样，有时也存在一定的根据来认可一方超越另一方的利益……当被告人使第三方受害时……这种情况的紧急性特质就是如此，即尽管被告人表示反对，第三方同意应当使无证搜查合法化”（internal quotation marks omitted; third o-
p119 mission in original)）。然而，为了保护被害人，警察毫无疑问享有的进入住宅的权利与本案中处理的下述问题没有任何关系，即基于一名同住者同意进行的搜查，对于站在门口并明确表示反对的另一名居民来说，是否是正当的。①

反对意见所援引的判例都不能支持它不切实际的下述观点，即认可仅针对证据搜查的限制将削弱保护胆怯的居民的能力。在那些判例的案情中，不存在任何下述危险，即仅仅因为施暴的同住者拒绝同意搜查，胆怯的居民将被留在屋子关闭的门后（See *United States v. Donlin*, 982 F. 2d 31, 32（C. A. 1 1992）（当警察抵达时，受害人已经在她公寓外，并实际上已经处于执法官员的保护性守护下）；*United States v. Hendrix*, 595 F. 2d 883, 885 - 886（C. A. D. C. 1979）（*per curiam*）（就算受到威胁的居民之同意不能为无证搜查提供正当性理由，然而基于紧急情形这一理由，警察进入住宅的行为也是允许的）；*People v. Sanders*, 904 P. 2d 1311, 1313 - 1315（Colo. 1995）（en banc）（受害人在远离其住宅的地方表示同意搜查并且在警察来访时不在场；此外，存在的紧急情形满足了无证搜查的例外）；*Brandon v. State*, 778 P. 2d 221, 223 - 224（Alaska App. 1989）（受害人在远离其住宅的地方表示同意搜查并且在警察来访时不在场）；*United States*

---

① 我们理解下述可能性，即一个被殴打致伤的人将不敢坦言表达恐惧，但是这似乎不像是支持下述做法的理由，即这个人将邀请警察进入住宅来搜查针对另一方的证据。因此，如果同意优于不同意的这一规则建立在希望保护家庭受害人的基础之上，那么它将歪曲第四修正案，而对家庭暴力的调查带来微弱的（如果有一点的话）建设性的效果。

v. Davis，290 F. 3d 1239，1241（C. A. 10 2002）（在丈夫“命令”妻子滚出屋外后，即时的侵害不复存在））。

将反对意见中分散注意力的意见放到一边，我们当然知道，p120
存有争议的同意之其他替代物不会总是给警察搜查其怀疑就在屋内的证据敞开大门。表示同意的居民可能没有揭露足够的信息或者信息不够真实，进而总和相加不能表明存有合理根据，并且也可能没有任何紧急情形为迅速采取反应措施提供正当性理由。但是，社会习惯或其在私法上的反映，都不支持下述主张，即与在政府不顾居民反对搜查私人住宅前要求具有清楚的正当性理由相比，当着拒绝同意的居民的面深入私人住宅搜查证据具有较高的价值。因此，我们认为，不顾身处现场的居民明确对同意搜查的拒绝，在共享住宅内无证搜寻证据，与以另一名居民对警察所作的同意为搜查基础的情形一样，都不能被证明具有合理性。①

（五）

存有两个未决事项，第一个出现在马特洛克案的解释中，即同住者同意进入并搜查住宅具有充分的合宪性：“由于人们出于众多目的普遍互相使用共同占有或控制的财产，所以以下情况是合理的，即任何一名共同占有人都有权基于自己的权利同意接受检查……”（415 U. S.，at 171，n. 7，94 S. Ct. 988）如果与马特洛克同住的居民“基于自己的权利”表示同意的话，那么他“自己的权利”怎么会因另一方的反对而被排除呢？答案似乎就在所援引陈述的脚注中：马特洛克案中涉及的允许警察进入的“权利”并不是私人财产法上所理解的那种永久的、具有执行力的所有权，相反它是一种社会习俗所认可的权利，而且在特定情 p121

① 反对意见批评指出，我们没有就下述搜查的合宪性发表意见，即一名居民同意搜查而另一名居民同时提出反对时，政府意图将这种情况下搜查扣押获得的证据用以反对第三名居民，*post*，at 1536. 我们就摆在我们面前的此案作出判决，而不是其他不同的案件。

形中与第四修正案的合理性标准有重大的联系。因此，当问及下述问题时——当一名身处现场的居民表示反对时，另一人是否有权同意警察进入住宅——我们并不是在质疑，某些财产性权利是否仅仅会因另一方的反对而被剥夺。相反，问题在于，习惯性的社会理解是否赋予表示同意的居民以足够强大的权利来压制同住者的反对。审理马特洛克案的最高法院并不意在回答这个问题，但另一项陈述（反对意见没有援引）使之清晰明白：最高法院将同住者的同意描述为是合理的，能够反对"不在场、不同意的居民"（*Id.*，at 170，94 S. Ct. 988）。

第二个未决事项是本案判决之后马特洛克案和罗德里格斯案的重要性。尽管马特洛克案中的被告人不在场，也没有机会表示反对，他在不远处的警察巡逻车内，罗德里格斯案的被告人实际上在公寓内睡觉，而且警察可能已经在敲门进入时吵醒了他，警察进入仅获得一名表见占有人的同意（the consent of an apparent co－tenant）。如果那些判例不会因今天的判决而受到冲击的话，那么我们必须承认，我们现在划出了一条清晰的界限：如果一名出于自己利益表示反对的潜在被告人事实上就在门口并提出反对，那么同住者的同意并不足以满足搜查的合理性要求；然而如果潜在的反对者虽然就在附近但没有被邀请参与门前的谈话，那么就可以合理地进行搜查。

这就是我们划出的界限，并且我们认为，这一形式化的界限是有正当理由的。只要没有证据表明，警察为了避免出现可能的反对而将潜在的反对者从进门处撵走的话，下述简单清晰的补充性规则就具有实际价值——一方面，在没有同住者在场时，对一名居民的同意表示认可；另一方面，在同住者表达相反的意愿
p122 时，赋予它决定性的力量。正是基于罗德里格斯案的判决意见——要求警察积极采取措施，去确认享有表见授权并表示同意的居民之实际授权，这是不合理且不切实际的——如果认为合理性要求迫使警察在基于已经获得的同意而采取行动前，必须采取

积极措施去找出一名潜在的表示反对的居民，那么我们认为，这将不必要地限制警察在此场合中对貌似合法的机会作出回应的能力。也没有任何现成的理由去相信，获取反对意见的努力将在众多案件中举足轻重，而每一个居民的同意将变成对下述事项的检验，即警察是否努力与每一名潜在的反对者进行充分的协商。考虑到在此场合以及审判法庭中的时间消耗，并且也不存在任何明显系统化的正当理由，所以与施加要求相比，最好还是接受将马特洛克案与本案区分开来的这种形式化的划分界限。而且，接受此简易划分的实用性决定可以通过大量判例获得支持：在那些判例中，嫌疑人被询问是否同意搜查，尽管是一种不明智的做法，但他们实际却都表示同意①——这一事实剔除了任何下述争论，即警察应当设法找出一名可疑居民，因为他的拒绝将意味着一种可预见的结论。

三

本案直接适用了下述规则，即一名身处现场的居民明确拒绝同意警察搜查时，这对于他而言是决定性的，且无须考虑另一名同住者的同意。斯科特·伦道夫的拒绝是明确的，而且法庭记录 p123
中除了珍妮特·伦道夫的同意之外，没有任何东西能为搜查提供正当性理由。控方没有争辩，她给予警察的暗示表明需要对屋内提供保护，这本可能为警察进入住宅并来到发现附有粉末吸管的地方提供正当性理由（如果将之合法扣押，随后可能将其用以在签发令状时确证存有合理根据）。控方也没有主张，进入住宅并搜查应当能基于紧急情形这一例外而获得支持，理由是警察担

① See 4 LaFave § 8.1，at 4（“所谓的同意搜查经常被警察依赖作为调查嫌疑人犯罪行为的方法”（footnote omitted））；Strauss，*Reconstructing Consent*，92 J. Crim. L. & C. 211，214（2001－2002）（“尽管详述根据同意进行搜查的珍贵数据无法——可能从来无法——获得，但是毫无争议的是，这种搜查每年影响的人数如果没有数百万，也有数十万”（footnote omitted））。

心斯科特·伦道夫可能在获得令状前毁坏吸食毒品的证据。

因此，我们维持佐治亚州最高法院的判决。

特此判决！

大法官阿利托（Alito，J）没有参加本案的评议和判决。

大法官史蒂文斯（Stevens，J）发表了协同意见。

基于确定宪法条款的原初理解之目的而研究历史，基于确定制定法之立法者的意图而研究立法史，这两者之间十分相像。在上述两种情形中，研究所发现的事实经常是相互联系的，但并不必然是决定性的。本案论证了下述问题的原因，即为什么即使是最忠实于寻求原初理解的宪法性解释方法，也会认可我们社会变化的相关性。

至少自 1604 年以来，下述规则就已经确立，即不存在紧急情形时，政府官员无权进入“住宅”或“城堡”，除非有效的令状授权他们这么做（See *Semayne's Case*，5 Co. Rep. 91a，77 Eng. Rep. 194（K. B. ））。住宅的每一位居民都有权拒绝执法官员进入住宅，该权利受普通法保护长达几个世纪，并且自 1791 年以来也受第四修正案的保护。当一名居民表示同意进入住宅，他或她就放弃了弥足珍贵的宪法权利。为了确保弃权是自愿的，执法官员正确的做法——有些最高法院的法官认为该做法对于自

p124

愿弃权是必需的[1]——是告知居民那项权利。[2] 本案的争议点涉及执法官员应当告知的内容，他们在门口遇见一男一女时，很明显，他们是同住的居民或是财产的共同所有人。

在 18 世纪通过第四修正案时，权利告知的内容可能与今天认为是恰当的表述迥异。当时，丈夫享有的财产权利远远大于妻子，因此仅有丈夫的同意可能已经足矣。无论“住宅的主人”同意或反对，丈夫的决定将处于支配地位。因此，如果“原初理解”将规制本案结果的话，那么搜查明显就是无效的，因为丈夫没有表示同意。虽然如此，历史并不是决定性的考量因素，因为像现今所清楚的那样，作为宪法性的议题，男女是平等的主体（*Reed v. Reed*，404 U. S. 71，92 S. Ct. 251，30 L. Ed. 2d 225 p125
(1971)）。

在现今社会中，执法官员唯一能够给予的恰当意见是，明确告知配偶中任何一方都享有宪法权利来独立地维权或弃权。假设配偶都是有行为能力的，那么他们没有哪一个是主人，进而享有权利去压制另一方的宪法权利，从而拒绝执法官员进入他们的城堡。

鉴于这些评论，我附和本院的意见。

---

① See, e. g., *Schneckloth v. Bustamonte*, 412 U. S. 218, 284 - 285, 93 S. Ct. 2041, 36 L. Ed. 2d 854 (1973)（Marshall, J., dissenting）（他指出，很难理解“当缺乏可供选择的替代性选择方案时，究竟如何能将某项判决看做为一种选择”，并且争辩说，“如果同意搜查意味着一个人选择放弃他排除警察对他们拟欲的场所进行搜查的权利，那么他的同意不能被视为有意义的选择，除非他知道他事实上可以将警察拒之门外”）。

② 当然，这种告知比起执法官员表达他或她进入并搜查的愿望来说，在文字上更为可取，后者可能被解读为一种命令或询问。See *id.*, at 275 - 276，93 S. Ct. 2041 (Douglas, J., dissenting)（指出“在很多情况下，理智之人都可能将执法官员‘我可以吗’解读为有法律强制力支持的礼貌的表达”（quoting *Bustamonte v. Schneckloth*, 448 F. 2d 699, 701 (CA9 1971)））。

大法官布雷耶（Breyer，J.）发表了协同意见。

如果第四修正案迫使我们在两条明确的规则之间作出选择的话——规则1：经常认为一名居民的同意足以为无证搜查提供正当性理由；规则2：与之完全相反。我相信，我们应当选择第一个。正如首席大法官罗伯茨的反对意见指出的那样，这是因为允许进行此种搜查的规则能够满足重要的执法需求（例如，在家庭暴力案件中），并且同意方的共同占有权削减了反对方的合理隐私期待。

但是，第四修正案并不偏好明确的规则。相反，它承认任何一个法律规则都无法主宰不断变化的人类生活之复杂性。所以，它使用一般性的术语——“不合理的搜查和扣押”。并且，本院也不断地强调，“合理性……是……通过检验综合情状来加以衡量的。”（*Ohio v. Robinette*，519 U. S. 33，39，117 S. Ct. 417，136 L. Ed. 2d 347（1996）；see also *Illinois v. Wardlow*，528 U. S. 119，136，120 S. Ct. 673，145 L. Ed. 2d 570（2000）（STEVENS，J.，concurring in part and dissenting in part）；*Florida v. Bostick*，501 U. S. 429，439，111 S. Ct. 2382，115 L. Ed. 2d 389（1991）；*Michigan v. Chesternut*，486 U. S. 567，572－573，108 S. Ct. 1975，100 L. Ed. 2d 565（1988）；*Florida v. Royer*，460 U. S. 491，506，103 S. Ct. 1319，75 L. Ed. 2d 229（1983）（plurality opinion））

p126 本案涉及如下情形：所争议的搜查仅仅是为了搜寻证据。反对方就在现场，并且对试图进入住宅的警察明确地、直接地表示反对。警察不能以可能毁坏证据为其搜查提供正当性理由（Cf. *Thornton v. United States*，541 U. S. 615，620－622，124 S. Ct. 2127，158 L. Ed. 2d 905（2004）；*Skinner v. Railway Labor Executives´ Assn.*，489 U. S. 602，623，109 S. Ct. 1402，103 L. Ed. 2d 639（1989）；*Schmerber v. California*，384 U. S. 757，770－771，86 S. Ct. 1826，16 L. Ed. 2d 908（1966））。而且，就法庭记录来看，警察可以轻易地控制住宅并获得允许他们进入住宅的

令状（See *Illinois v. McArthur*, 531 U. S. 326，121 S. Ct. 946，148 L. Ed. 2d 838（2001））。因此，今天本案的“综合情状”并不足以为摒弃第四修正案对警察无证进入住宅的传统敌意提供正当性理由。

然而，我之所以强调综合情状的原因在于，如果情况明显发生改变，那么结果也应当随之改变。本院的判决意见并不适用于下述情形，即反对者不在现场“并表示反对”（*Ante*, at 1527）。

而且，这对于现行犯和其他紧急情形所带来的风险将有重要的意义。例如，我们考虑下家庭暴力案件（See *ante*, at 1525）。“每年家庭纠纷电话……构成了警局收到的最多的单类电话。”（Mederer & Gelles, *Compassion or Control: Intervention in Cases of Wife Abuse*, 4 *Journal of Interpersonal Violence* 25（Mar. 1989）（emphasis deleted）；see also, e. g. , Office of the Attorney General, California Criminal Justice Statistics Center, *Domestic Violence Related Calls for Assistance*, 1987 - 2003, County by Year, http://ag. ca. gov/cjsc/publications/misc/dvsr/tabs/8703. pdf（as visited Mar. 1, 2006, and available in Clerk of Court's case file）（提供的数据表明，加利福尼亚州警察平均每年收到 207848 个与家庭暴力相关的电话）；Cessato, *Defenders Against Domestic Abuse*, Washington Post, Aug. 25, 2002, p. B8（“哥伦比亚特区的警察报告显示，在 2000 年收到的约 39，000 个家庭犯罪电话中，几乎一半涉及家庭暴力”）；Zorza, *Women Battering: High Costsand the* p127
State of the Law, Clearinghouse Review, 383, 385（Special Issue 1994）（“警察三分之一的时间用于回应家庭纠纷电话”））并且，执法官员应当能够有效地回应可能遇到的暴力。

如果一名潜在的暴力受害者邀请作出反应的警察进入住宅或同意警察进入住宅的要求，那个邀请（或同意）本身就能反映出被害人害怕被留下与施暴者单独相处。一种积极配合的方式同样能暗示存在某些证据，而其他表现方式可能就意味着没有证据。在那种情况下，邀请（或同意）将为警察立即进入住宅而非随后进入提供特殊的理由。并且，通常来说，接受一方的邀请或同意而进入住宅是合理的，即使当着直接表示反对的另一方的面。情况虽是如此，但与首席大法官罗伯茨的意见相反（*post*, at 1537），今天的判决将不会不利地影响日常执法实践。

考虑到本案所判决案件的特殊类型，且基于上述这些理解，我附和本院的判决及意见。

首席大法官罗伯茨（Roberts，C. J.）发表了反对意见，大法官斯卡利亚（Scalia，J.）表示附和。

当一名社会访客遇到完全是非典型的情况时，最高法院正通过臆测什么是典型情况来创制宪法。多数意见所推崇的规则并没有执行第四修正案的重要职能来保护隐私，而是基于随机性和偶然性来提供保护。例如，当一名居民同意搜查时，对恰好就在门前的居民提供保护，而不对正在隔壁房间睡觉或看电视的居民提供保护。这种提供随机性保护的代价是巨大的，这可以从不断发生的下类案件中得到佐证，即被施暴的配偶试图授权警察进入住宅，这个住宅是他们与不同意搜查的施暴者分享的。

p128 解决今天问题的正确方法在我们的先例中已被明确勾画出来了：第四修正案保护隐私。如果个人与他人分享信息、文件或住宅，那么他就承担了下述风险，即其他人可能转而与政府分享那些信息、文件和住宅。而且，与他人分享非法计划或归罪性文件的个人不能仅因其恰好就在现场，而当他人将信息呈交政府时提出反对。与此相同的是，与他人分享住宅的个人也不能仅因反对者恰好就在现场，而当他人决定同意警察进入住宅时就提出反对。

如果警察获得有权同意搜查的个人之自愿同意，那么无证搜查就是合理的。共同居民已经“承担了下述风险，即他们其中一员可能同意对共享区域进行搜查。”（*United States v. Matlock*,

415 U. S. 164, 171, n. 7, 94 S. Ct. 988, 39 L. Ed. 2d 242 (1974)) 正如伦道夫太太能够走上楼，然后下来将她丈夫的可卡因吸管交给警察一样，总之，她也能同意警察进入住宅并对她的住宅进行搜查。

一

在罗德里格斯案（*Illinois v. Rodriguez*，497 U. S. 177，110 S. Ct. 2793，111 L. Ed. 2d 148（1990））中，本院论述说，“第四修正案给予个人的保证不在于，除非征得个人的同意，否则政府将不能搜查他的住宅，而在于不能进行任何‘不合理’的搜查。”（*Id.*，at 183，110 S. Ct. 2793）能够使政府无证搜查住宅“合理化”的一个要素就是自愿同意（*Id.*，at 184，110 S. Ct. 2793；*Schneckloth v. Bustamonte*，412 U. S. 218，219，93 S. Ct. 2041，36 L. Ed. 2d 854（1973））。证明自愿同意“不限于证明同意是由被告人作出的”，政府也“可以表明搜查的同意是从第三方获得的，他享有共有权利或存在其他与住宅的充分联系”。（*Matlock*，*supra*，at 171，94 S. Ct. 988）今天的意见创造 p129
了该明确规则的一项例外：如果获得的证据所反对的同住居民就在现场并且反对进入住宅进行搜查的话，那么第三方同意搜查是不合理的，也因此是宪法所不允许的。

这项例外以多数意见描述的“普遍接受的社会期待”为基础，即“当同住居民反对使用他们的共享住宅时，必须通过自愿协商的方法来加以解决。”（*Ante*，at 1521，1523）但是，该多数意见分析使用的基本措辞使我们一头雾水：是反对方迁就同意方的意愿，还是同意方迁就反对方的意愿呢？多数意见所假定的自愿协商仅会导致出现以下常见的僵局，即两位绅士都坚持让对方先进入住宅。

尽管如此，多数意见满怀信心地假设——有足够的信心将此假设并入宪法之中——一位受邀请的社会访客抵达共享住宅的门前时，迎接他的是不友善的同住者并对他喊“不准进来”，这时访客将会径直离开（*Ante*, at 1523）。本院论述说，“在此情形下，没有哪个理智之人会走进屋去”（*ibid*），并且据此得出结论认为，发出邀请的居民没有“权利”将自己的意愿置于同住者意愿之上（*Ibid.*）。但是，这看起来等同于正确地认为——根据多数意见的结论，一方没有权利去压制同住者明确的意愿——反对者也没有“权利”将自己的意愿置于其同住者希望客人进屋的意愿之上。

事实是能够想象存在多种不同的社会情形，这些不同的情形会产生出不同的社会期待。对于两个长期不和的室友而言，他们
p130 的亲戚或好朋友很可能会不顾对方的反对而进入寓所。受邀请人出现在门口的原因也影响着期待：一名来庆祝居民生日的客人，或者一个基于特定理由远道而来的人，可能不会仅因为室友的反对而转身离去。场所本身的类型也具相关性：如果与不友善的室友分享一个房间，受邀请人可能作出一种反应；如果存在共享区域而能轻易期待表示反对的室友可能不在场的话，那么情况就会不同。变换数量也可能改变社会期待：如果两名同住者邀请客人进屋，那么他们可能会不顾另一居民的反对而进入住宅。

可能的情形是无限的，事实版本微小的变化就会对下述事项产生完全不同的期待，即受邀请人被期待进入住宅抑或离开。此种不断变化的期待不能成为一项宪法规则富有生命力的基础，尤其是因为多数意见无法让它的基本假设——面对两名表示反对的同住者时，受邀请的访客将会离开——获得支持，从而避免沦为对下述事项的纯粹预言，即在非典型的情形下，人们将如何作出典型的反应。

而且事实上，本院并没有依据此类期待来判定第四修正案意义内的同意问题，而是仅仅决定何时进行搜查、特定的人是否有资格反对搜查。为审查后者，我们探讨个人在特定场所是否享有主观隐私期待，“社会是否将此期待认可为‘合理的’。”（*Katz v. United States*, 389 U. S. 347, 361, 88 S. Ct. 507, 19 L. Ed. 2d 576（1967）（Harlan, J., concurring）; see *Minnesota v. Olson*, 495 U. S. 91, 95 – 96, 100, 110 S. Ct. 1684, 109 L. Ed. 2d 85 (1990)（将卡兹案的标准扩展至主体资格审查））但是，社会期待的概念并未适用于第四修正案的所有问题中，至少没有适用于关于同意的所有争点问题中。一名罪犯可能强烈地期待，他长久以来的密友将不会允许政府监听他们的私人对话，虽然如此，他也可能因背叛而遭受沉重打击。根据第四修正案，政府依据他密友的同意而监听的做法是合理的（See *United States v. White*, 401 U. S. 745, 752, 91 S. Ct. 1122, 28 L. Ed. 2d 453（1971）（plurality opinion））。 p131

多数意见指出，“普遍接受的社会期待”是“评价第四修正案的合理性标准始终不变的要素”（*ante*, at 1521（citing *Rakas v. Illinois*, 439 U. S. 128, 144, n. 12, 99 S. Ct. 421, 58 L. Ed. 2d 387（1978））），但是情况并非如此。相反，多数意见援引的第四修正案判例涉及的是“合法的隐私期待”（*Id.*, at 143, n. 12 (emphasis added; internal quotation marks omitted)）。无论多数意见试图保护的是何种社会期待，它都绝不是一种隐私。出现于分享信息、文件、容器或住宅案件问题中的措辞是与他人分享的隐私。我们普遍的社会期待可能就是，对于已经与他人分享的东西，他人将不会转而与别人——包括警察在内——分享它们，但是我们在分享的同时也承担着风险。如果两个朋友分享一个储物柜且其中一人将违禁品保存于内，他可能信任他的朋友将不会让其他人查看储物柜。但是，通过分享私人空间，就共用储物柜的人而言，隐私“已经被破坏了”（*United States v. Jacobsen*, 466 U. S. 109, 117, 104 S. Ct. 1652, 80 L. Ed. 2d 85（1984））。如果两个室友分享一台电脑，并且其中一人在共用的驱动上装有盗版软件，那么他可能会认为他的室友将不会向警察告发。但是，通过在他们共用的电脑上装载软件的方式，那个人就已经向他的室友放弃了隐私。

多种多样的、通常是微妙的社会习俗可能会影响下述期待，即他人与我们分享私密的东西时，期待我们如何作出反应。而且，那些习俗标有不同的称号——礼貌、好的方法、习惯、礼仪，甚至是盗贼间的敬意。然而，宪法并不保护这些东西而只保护隐私，并且一旦隐私被分享，那么被分享的信息、文件或住宅的秘密性就只能听凭其密友处理了。

p132

二

我们的判例反映了上述那种理解。在怀特案（*United States v. White*）中，我们认为，对话的一方当事人能够同意政府进行监听，而且另一方当事人的陈述在审判中将具有可采性（401 U. S., at 752, 91 S. Ct. 1122）。这条规则就是以隐私为基础："不容置疑的是，一个经常从事非法活动的人必定认识到并承担下述风险，即他的同伴可能向警察报告……如果他没有提出质疑，或者忽视他们，或者自愿承担他所担忧的风险，那么风险就由他承担。"（*Ibid.*）

本院将此相同的分析也适用于物品和场所。在弗雷泽案（*Frazier v. Cupp*, 394 U. S. 731, 89 S. Ct. 1420, 22 L. Ed. 2d 684 (1969)）中，两兄弟"共用"一个粗呢包（*Id.*, at 740, 89 S. Ct. 1420）。本院认为，就将扣押的证据用以反对二人而言，一人同意即是有效的："在允许他的兄弟分享使用粗呢包的情况下，认为被告人必定已经承担了下述风险，即他的兄弟将可能允许其他人查看此包。"（*Ibid.*）

正如本院在前引雅各布森案中所解释的那样：

> 可以确定的是，当个人向他人揭露私密信息时，他就承担了下述风险，即他的密友将向当局揭露该信息。并且，如果发生那样的情况，第四修正案并不禁止政府使用该信息。一旦破坏了最初的隐私期待，第四修正案就不禁止政府使用现在已不再是私密

的信息："本院再三重申，第四修正案并不禁止获得此类信息——它们揭示给第三方并由他传达给政府当局——即使该信息是基于下述假定而揭露的，即它将仅基于有限目的而使用，而且信任第三方不会背叛他。"（*Id.*，at 117，104 S. Ct. 1652（quoting *United States v. Miller*，425 U. S. 435，443，96 S. Ct. 1619，48 L. Ed. 2d 71（1976））） p133

相同的分析也适用于下述问题，即我们的隐私是否会因那些与我们分享共同起居空间的人而受到损害。如果某人在他住宅的共享区域内存放违禁品，那么他就承担了下述风险，即他的室友将会把违禁品送交警察。在柯立芝案（*Coolidge v. New Hampshire*，403 U. S. 443，91 S. Ct. 2022，29 L. Ed. 2d 564（1971））中，柯立芝太太寻回她丈夫的四把手枪以及他前夜所穿的衣服，并将它们交给警察。我们认为，这些物品在审判中能够适当地被采信，因为"柯立芝太太自愿地交出手枪和衣服以便警察检查……制止她或者转移自己的视线不是警察分内的职责。"（*Id.*，at 489，91 S. Ct. 2022）

甚至在我们最为私密的关系中，我们那些看得见的行动和财产在听凭我们周围人处理的情形下仍是私密的。丈夫能够要求他的妻子不将她在住宅内看到的违禁品或她所见证的非法活动告诉陪审团，但是是由她来决定是否援引作证的婚姻特权（*Trammel v. United States*，445 U. S. 40，53，100 S. Ct. 906，63 L. Ed. 2d 186（1980））。在特拉梅尔案（Trammel）中，我们评论说，先前的规则——禁止妻子就其丈夫所言的值得关注的罪行作证——"远远超越了让'每个人的住宅成为他的城堡'的做法，反而允许某个人将他的住宅变为'贼窝'。"（*Id.*，at 51－52，100 S. Ct. 906（quoting 5 J. Bentham，*Rationale of Judicial Evidence* 340（1827）））

以一种不同于我们在先前案例中如何评价隐私利益的方式，来对物理性搜查共享空间进行评价，这是没有依据的，而且事实上，本院在考虑此类搜查中，业已沿着相同的理路前行。在马特洛克案中，警察在住宅前的庭院里逮捕了被告人并将他置于警察巡逻车内，随后，他们征得格拉夫女士的同意之后，在共享的卧室中搜查马特洛克抢劫银行的证据（415 U. S.，at 166，94
p134 S. Ct. 988）。警察当然能够预想到，如果询问双手被铐、坐在外面车内的马特洛克的话，他将表示反对。另外，在罗德里格斯案中，费舍尔小姐同意警察进入她与罗德里格斯表见分享的公寓，进而为逮捕她熟睡中的男友提供便利（497 U. S.，at 179，110 S. Ct. 2793）。警察可能已经注意到，这种进入住宅的方式毫无疑问是与罗德里格斯的社会期待相悖的。然而，根据第四修正案，这些搜查都是合理的，因为格拉夫女士享有权利，费舍尔小姐享有表见授权去同意他人进入她们实际控制的区域，而几乎不用理会她们当前同住者的某些意愿。

在我们支持根据第三方同意进行搜查的判例中，共同的理路在于下述理解，即个人“承担着风险”，那些占有并控制他的共享财产的人可能会同意搜查（*Matlock*，415 U. S.，at 171，n. 7，94 S. Ct. 988）。在马特洛克案中，我们解释说，这种风险承担源自于第三方对共享财产“基于众多目的的共同占有或控制”（*Ibid.*）。并且，我们得出结论认为，对于财产的分享使用使得“认可任一共同占有人都有权基于自己的权利去同意接受检查的做法具有合理性。”（*Ibid.*）

在此意义上，由同住者承担的风险类似于将自己私密信息揭露给他人的那个人所承担的风险。如果某人有归罪性的信息，在警察当面提出分享它的要求时，他仍能将之保密，因为他享有第四修正案赋予的该项权利。如果某人居住的住宅内有归罪性的信息，在警察当面提出搜查住宅的要求时，他也能将之保密，因为他享有第四修正案赋予的该项权利。但是，如果他与他人分享信息或住宅的话，那么他人就能在上述任一例子中授权警察获得它们。[1]

如果个人想要确保他的财产仅因自己的同意才接受同意搜查的话，他可以自由地将这些物品置于他人无法分享和控制的区域，如私人房间或床下上锁的手提箱内。伦道夫先生在他的证据排除动议中认识到了这一区别，并将其办公室和住宅的其他区域区分开来，称办公室是“他单独控制和支配”的区域（App. 3.）。然而，作为“共享区域”，“共同占有或控制”的同住者可以同意警察进入住宅并搜查（*Matlock*, *supra*, at 171, n. 7, 94 S. Ct. 988）。 p135

通过强调反对者就在现场并且注意到居民认为不受欢迎的访客可能“在其不在场时被同意进入住宅”（*ante*, at 1522），多数意见似乎在复活一种我们先前判例中提出的代理同意理论（agency theory of consent）。（See *Stoner v. California*, 376 U. S. 483, 489, 84 S. Ct. 889, 11 L. Ed. 2d 856 (1964)（论述认为旅馆职员

① 多数意见认为这种对比是“错误的等式”，并且甚至看出“一种蓄意的图谋来贬低住宅隐私的重要性”。*Ante*, at 1524, n. 4. 但是，多数意见和本反对意见的不同之处可归结如下：根据多数意见，当同住者就在门口时，警察不能进入住宅并进行搜查，但是当他在隔壁房间睡觉时警察就可以这么做，根据我们的观点，在这两种情形中，同住者的同意都是有效的。将前一种方法定位于为城堡中的人提供巨大的保护，而将后一种方法定位于传达“几个世纪以来对住宅隐私的特别保护将要终结”的信号，ibid.，这似乎有点杞人忧天的感觉。本院在马特洛克案（*United States v. Matlock*, 415 U. S. 164, 94 S. Ct. 988, 39 L. Ed. 2d 242 (1974)）中与今天多数意见所犯的错误一样，进行了相同的对比，see *id.*, at 171, n. 7, 94 S. Ct. 988，而且多数意见归因于本反对意见的“蓄意图谋”很明显被所有上诉法院和州最高法院就此问题的多数意见所分享。see *ante*, at 1520, n. 1.

多数意见同样将本反对意见错误地定位于认为“与他人分享的隐私总的来说是一种可以放弃的隐私，包括警察无证搜查的情形在内”。*Ante*, at 1524, n. 4. 当然，这个问题不在于某人通过与他人分享警察可以任意进入的空间来放弃隐私，而在于分享空间需要对共享空间的人有限地让渡隐私，如他人享有授权同意搜查共享空间一样。See *supra*, at 1531, 1533–1536.

p136 不能同意搜查客人的房间，因为客人没有“通过语言或行为，直接或以代理的形式”放弃他的权利）*Chapman v. United States*, 365 U.S. 610, 616 – 617, 81 S. Ct. 776, 5 L. Ed. 2d 828 (1961))。马特洛克案和罗德里格斯案中的被告人都在场，但仅仅没有被征询同意。通过这一相同的案件事实，代理理论被证伪。本院在那些判例中清楚地表明，同住者表示同意的权利，不是基于不在场的居民选择委任代理人的行为，而是基于表示同意的同住者对于财产的“共同占有或控制”（*Matlock*, *supra*, at 171, n. 7, 94 S. Ct. 988; see *Rodriguez*, *supra*, at 181, 110 S. Ct. 2793; *United States v. McAlpine*, 919 F. 2d 1461, 1464, n. 2 (C. A. 10 1990)（“代理理论的分析在最高法院关于马特洛克案的推理中终结”））。

法律承认，尽管我们可能不期待我们的朋友和家人会同意政府进入共享区域，但是分享空间就需要承担风险。个人承担着下述风险，即他的室友可能会同意对共同占有和控制的区域进行搜查——正如他们可能举报他的非法活动或将他的违禁品上缴给政府那样（See *United States v. Karo*, 468 U. S. 705, 726, 104 S. Ct. 3296, 82 L. Ed. 2d 530（1984）（O'Connor, J., concurring in part and concurring in judgment)（发现这是一种“相当容易出现的情形……在特定的场所、容器或对话中，两个人分享相同的、重叠的隐私利益。此时，他们都有权向第三方泄露对方的隐私”））。

三

多数意见陈述它的规则如下：“不顾身处现场的居民明确对同意搜查的拒绝，在共享住宅内无证搜寻证据，与以另一名居民对警察所作的同意为搜查基础的情形一样，都不能被证明具有合理性。”（*Ante*, at 1526）

多数意见确立其规则的根据不是隐私，同理，其所保护的也不是隐私。如果同住者在警察抵达时碰巧不在场，而在后院的花园、在隔壁房间中睡觉或正用耳机听音乐，以至于只有他的同住者听到有人在敲门，那么此时隐私利益就无法得到保护。该规则 p137 的适用具有如此大的随机性，以至于它与第四修正案保护的隐私没有任何现实的联系。多数意见所保护的至多只是运气较好的同住者的隐私，他在警察抵达时恰好就在门口。通常来说，当第四修正案的判例法导致如此恣意的规则时，我们将之作为一种需要重新对规则进行考量的信号（See *California v. Acevedo*, 500 U. S. 565, 574, 580, 111 S. Ct. 1982, 114 L. Ed. 2d 619（1991））。就其倡导者所赏识的规则而言，一开始我们就不应当希望它将会划出清晰、形式化的界限（See *ante*, at 1527）。

与划出此种随机性、偶然性的界限——并且伪装宪法能为之正名——相比，更为合理的方法是采纳下述规则，即分享起居空间需要给他人让渡有限的隐私，而且从历史上看，法律允许我们让渡给其隐私的人反过来和政府合作。就我们第四修正案合理性要求的先例而言，这项规则更为自然顺畅，而且在逻辑上也能以第四修正案蕴涵的隐私概念为基础。

多数意见所确立的规则的适用范围不仅恣意而且也模糊不清。多数意见多次重申，同住者对于同意进入住宅的当场拒绝使得搜查不具合理性且“对他而言”是无效的（*Ante*, at 1519, 1526, 1528）。这意味着，进入住宅并搜查“对于”其他人来说将是合理的，“其他人”可能是表示同意的同住者以及任何其他不在场的同住者。第四修正案的标准化规则是，如果警察合法地处于住宅内，那么他们一眼看见的物品就具有可采性。“对于”伦道夫太太而言，如果根据她的同意进入住宅并且搜查是合理的话，那么为什么在“对于”伦道夫太太的合法搜查中一眼就发现的可卡因吸管“对于”伦道夫先生而言就不应被采信呢？致 p138 力于发现是否发生家庭暴力而进入住宅（并随后授权扣押一眼就发现的物品）和致力于搜寻其他犯罪证据而进入住宅之间，多数意见对此二者的区分同样具有迷惑性（See *ante*, at 1525－1526）。在评价第四修正案的问题时，本院以下述合理根据拒绝了警察的主观动机：警察无须一个特定的理由来征求同意搜查，无论是存有家庭暴力的迹象抑或持有与毒品相关的证据（See *Whren v. United States*, 517 U. S. 806, 812－813, 116 S. Ct. 1769, 135 L. Ed. 2d 89（1996））。

当多数意见确立的规则保护随机性的利益时，它的后果是相当严重的。当无辜的同住者试图将自己从现行犯罪中脱身或保护自己时，就会经常出现问题（See, e. g., *United States v. Hendrix*, 595 F. 2d 883, 884（C. A. D. C. 1979）（*per curiam*）（妻子请求警察“去接回她的孩子并将一把短锯火枪带出屋子”）; *People v. Cosme*, 48 N. Y. 2d 286, 288－289, 293, 422 N. Y. S. 2d 652, 397 N. E. 2d 1319, 1320, 1323（1979）（一名妇女请求警察从共享的壁橱中拿走可卡因和一把手枪）; *United States v. Botsch*, 364 F. 2d 542, 547（C. A. 2 1966））。根据多数意见的规则，将会存在诸多下述情形，即表示同意的同住者邀请警察进入住宅的意愿将被另一名在场的反对者所压制。在表示同意的同住者担忧其他犯罪活动的案件中，多数意见是否能想象，在门咔嗒一声关闭以后将会发生什么事情？表示反对的同住者可能会稍等片刻，来决定是否毁坏任何犯罪证据抑或首先对表示同意的居民施以报复，但几乎无可置疑的是，他会立即将两者付诸实践。有人认为，表示同意的居民可以和警察一起离开，但这根本不能解决问题。请记住，这也是她的家，而且另一个同住者就在现场，她能对此表示反对，也可以防止表示同意的居民做任何事情，而不仅仅是她力促警察进入住宅。

p139 也许，多数意见规则的最为严重的后果是其在家庭暴力场合下的操作实践，而家庭暴力是我们当前经常遇到的问题（See *Rodriguez*, 497 U. S., at 179, 110 S. Ct. 2793; *United States v. Donlin*, 982 F. 2d 31（C. A. 1 1992）; *Hendrix*, *supra*; *People v.*

Sanders, 904 P. 2d 1311 (Colo. 1995)(en banc); *Brandon v. State*, 778 P. 2d 221 (Alaska App. 1989))。同住在一起的人一般都会基于他们同住者的意愿而提供住所，同住者有不同意见时也可能寻求警察的帮助。本院得出结论认为，鉴于在存有争议的同意面前“没有哪个理智之人会走进住宅”(*ante*, at 1523)，而且表示同意的居民因此也“没有被认可的权利”去坚持让客人进入住宅(*ibid*),“与警察根本没有获得任何同意相比，警察无法更有利地主张其进入住宅的合理性。”(*Ibid.*)但是，警察进入住宅的优先主张是显而易见的：伦道夫太太并没有邀请警察共进点心或咖啡，警察敲门的真正目的在于帮助伦道夫夫妇解决纠纷——伦道夫太太感到需要警察的保护并请求警察赶到事发现场。如果施暴者的行为促使对方寻求警察的帮助但施暴者反对警察进入住宅的话，那么很明显，多数意见的规则将禁止警察进入住宅去帮助解决家庭纠纷。①

多数意见认识到了这些担忧，但是却基于以下理由忽视了它们，即他们认为只有存在紧急情形时才能适用该规则，并且警察能够依赖于紧急情形之例外为进入住宅提供正当性理由(*Ante*, at 1524 - 1525, n. 6)。这是一种使规则具有正当性理由的奇怪 p140

① 为了回应这种担忧，多数意见主张该规则“仅针对证据搜查”适用。*Ante*, at 1526. 但是，多数意见论证的基本前提是，发出邀请的同住者“没有被认可的授权”来“开门”而不顾另一名同住者的反对。*Ante*, at 1523; see also ante, at 1519(“一名在现场的同住者反对同意进入住宅的陈述占优势，使得针对他的无证搜查变得不合理且无效”(emphasis added)); ante, at 1522 - 1523(“当同住者站在那儿并说‘不准进来’时，一名站在共享住宅门前的访客将没有信心……进入住宅”(emphasis added)); *ante*, at 1523(“单单只有存有争议的邀请而无其他，不能使得警察……主张其进入住宅具有合理性”(emphasis added))问题在于，多数意见的规则将一开始作为同意进行证据搜查的请求转变为其他混为一谈的事项，赋予了一名同住者压制另一方意愿的否决权，从而不让警察进入住宅。多数意见将为现在看来是相当脆弱的表示同意的居民提供足够的时间来收拾财物并离开，see *ante*, at 1525, 而明显没有顾及下述事实，即那也是她自己的城堡。

方法，而且为进入住宅提供替代性正当理由的事实并不能表明，根据同意而进入住宅就是不合理的。另外，基于紧急情形而进入住宅这一例外是否足以在家庭纠纷中保护居民安全，这点也远不清楚（See，e. g.，*United States v. Davis*，290 F. 3d 1239，1240 - 1241（C. A. 10 2002）（认定下述案件中不存在紧急情形：当警察回应家庭暴力的举报时，他们抵达时没有听到任何喧哗，被告人告诉警察他的妻子在镇外，接着妻子出现在门口，看上去没有受伤但对丈夫关门表示反抗））。

多数意见再次改变了确证的第四修正案规则，通过赋予表示反对的配偶以否决权来进行辩护。与之相比，倒不如承认，表示同意的配偶享有权利同意进入她的住宅，从而来避免出现此类情形。在进入住宅能够基于紧急情形而正当化之前，警察可能根据该规则而转身离开——为了回应这一担忧，多数意见创造了一项新规则：进入住宅的“正当理由”，加上一名居民的同意，将确保警察是“合法地处于住宅内”（*Ante*，at 1525）。作为对此“同意加正当理由”规则的支持，多数意见援引了一篇论文，它本身仅涉及了紧急情形下进入住宅（*Ante*，at 1525 - 1526（citing 4 W. LaFave，*Search and Seizure* § 8. 3（d），p. 161（4th ed. 2004）））。为了给它所认为是清晰的、形式化的界限进行辩护，
p141 多数意见延续使用一种完全崭新的框架来分析紧急情形。现在，警察可以基于“正当理由”进入住宅，并相信“暴力（或暴力危险）已经出现或正要（或不久将要）出现。”（*Ante*，at 1525）而且，很明显，允许基于“合理理由”且不存在紧急情形时进入住宅，它的关键要素即在于一名居民的同意，而多数意见一开始就认定它是相当不充分的理由。

多数意见的分析改变了大量第四修正案确证的判例法。多数意见在同意搜查的问题中引入了“社会期待”这一概念，它先前只被用于判定搜查是否已经发生以及特定的人是否有资格来反对搜查（*Ante*，at 1521，1522）。为了判定进入住宅并搜查是否

合理，多数意见考虑到了警察在征求同意时的主观动机，然而这是我们在评价第四修正案问题时所避免采取的做法（*Ante*，at 1525 -1526）。而且，多数意见创造了一项新的令状例外，在潜在的家庭暴力案件中，为不存在紧急情形而无证进入住宅提供正当性理由。（*Ibid.*）

考虑到多数意见的规则仅关注对警察征求其同住者同意搜查时正好就在门口的居民提供保护，而不对在隔壁房间睡觉或在后院花园的居民提供保护，多数意见在改变第四修正案原理时付出了巨大的代价，而只在隐私方面取得了一点宝贵的收获。可能有一天，随着多数意见分析方法之结果越发明朗，今天的多数意见将会受到与多数意见对待我们在马特洛克案和罗德里格斯案的意见一样的对待——作为一种“未决事项”亟待解决（*Ante*，at 1527）。

本案一项协同意见指出，如果必须在下述规则中作出选择——一名同住者的同意是有效的或者是无效的——它将选择前者（*Ante*，at 1529（opinion of BREYER，J.））。然而，协同意见 p142
认为“任何一个法律规则都无法主宰不断变化的人类生活之复杂性”（*ibid*），并且“考虑到本院所判决的个案之类型”，它附和了后来成为多数意见的意见（*Ante*，at 1531）。用它自身的术语来表示，多数意见所确立的是“**下述规则**，即一名身处现场的居民对于同意警察搜查的明确拒绝，对他而言是**决定性的**，而无须考虑另一名同住者的同意。”（*Ante*，at 1528（emphases added））协同意见表示附和，同时明显“理解”多数意见的“规则”根本不是规则，仅是一种“个案”的判决意见（*Ante*，at 1530 -1531（opinion of BREYER，J.））。最终结果是，该规则对于警察在此领域内完全缺乏实践性的指导，更不用说下级法院了。

我们在第三方同意的判例中已经承认，与他人共享区域的人“承担着下述风险，即他们其中一员可能同意对共享区域进行搜查。”（*Matlock*，415 U. S.，at 171，n. 7，94 S. Ct. 988）多数意见高调提醒我们说，个人之住宅即是他的城堡（ante，at 1524），但是根据多数意见的规则，如果他不在场，在休息室睡觉或在警察抵达门前时忙于其他事情的话，那么住宅就不是他的城堡，而将成为他的同住者的城堡。当然，如果他想要同意警察进入住宅而同住者反对时，它也不是他的城堡。与其将此恣意的规则宪法化，我们倒不如承认分享私人场所的决定，与分享秘密或机密文件的决定一样，必然需要承担下述风险，即那些我们与之分享的人可能转而选择与警察进行分享——基于他们自我保护或其他理由。

谨发表反对意见如上。

大法官斯卡利亚（Scalia，J.）发表了反对意见。

我附和首席大法官的反对意见，但就回应大法官史蒂文斯的协同意见提出一些看法。

p143 和大法官史蒂文斯不一样，我并不清楚在第四修正案通过的年代，警察可以进入已婚妇女的住宅而不顾她的反对，而且也不能仅基于她的同意而进入住宅。我同样不清楚的是，这些问题的答案仅仅取决于谁拥有该住宅。然而，我完全清楚的是，如果问题确实仅取决于财产权利，那么近现代财产权利的改变也将改变近现代第四修正案的结果——而不改变第四修正案本身。

根据第四修正案原初意义所涉及法律的背景资料，大法官史蒂文斯试图对原旨主义所作的评论混淆了第四修正案的原初意义。从正式批准第四修正案的日子起直至进入20世纪，对于第四修正案的违反就与普通法上的侵入紧密联系（See *Kyllo v. United States*，533 U. S. 27，31－32，121 S. Ct. 2038，150 L. Ed. 2d 94（2001）；see also *California v. Acevedo*，500 U. S. 565，581，583，111 S. Ct. 1982，114 L. Ed. 2d 619（1991）（SCALIA，J.，concurring in judgment））。以上述联系为依据，那些有权批

准私人搜查住宅的人可以授权警察进行搜查（See 1 Restatement of Torts § 167，and Comment b（1934）；see also *Williams v. Howard*，110 S. C. 82，96 S. E. 251（1918）；*Fennemore v. Armstrong*，29 Del. 35，96 A. 204（Super. Ct. 1915））。一般而言，谁可以表示同意这一争点问题反而取决于财产法的"历史的、判例法的发展历程"（*United States v. Matlock*，415 U. S. 164，171，n. 7，94 S. Ct. 988，39 L. Ed. 2d 242（1974））。随着财产法的发展，以前不能授权搜查的个人可能也能够了，而那些能够表示同意的人却可能不再享有那项权力。但是，第四修正案所涉及的财产法之变化将不会改变该修正案的意义：能够授权私人搜查的人也可以同意警察进行无证搜查。

下述主张没有任何新颖或惊人之处，即我们涉及其他部门法 p144
的宪法可能会自我改变。例如，第五修正案规定，"非有恰当补偿，不得将私有财产充作公用"。但是，它并不旨在界定财产权利。我们始终认为，"财产利益的存在取决于所涉及的'现存规则或者源于对诸如州法律之类的独立渊源的理解。'"（*Phillips v. Washington Legal Foundation*，524 U. S. 156，164，118 S. Ct. 1925，141 L. Ed. 2d 174（1998）（quoting *Board of Regents of State Colleges v. Roth*，408 U. S. 564，577，92 S. Ct. 2701，33 L. Ed. 2d 548（1972）））第十四修正案正当程序条款对于"财产"的保护也是如此（See *Castle Rock v. Gonzales*，545 U. S. 748，756，125 S. Ct. 2796，——，162 L. Ed. 2d 658（2005））。这种涉及不断变化的法律并不代表原旨主义存在任何问题。没有人会认为，宪法的含义会随着国家版图扩大、不断削弱财产权利而改变。因此，如果情况确实如此，那么在 1791 年妻子就不能授权搜查她丈夫的住宅。与下述广为确证的事实相比——国家若要剥夺它建立时尚不存在的财产权利，就必须进行补偿——目前财产法所规定的事实，对于原旨主义而言，不再是令人费解的了。

根据现代财产法妇女享有平等的权利，但无论如何，大法官史蒂文斯对此的赞颂无法支持他的下述结论："假设……配偶都是有行为能力的，那么他们没有哪一个是主人，进而享有权利去压制另一方的宪法权利，从而拒绝执法官员进入他们的城堡。"（*Ante*，at 1529）当前的争点在于，当平等的双方存有冲突时应该如何解决。既然妇女有权表示同意，正如大法官史蒂文斯主张曾经仅男性享有那项权利那样，这并不意味着拒绝同意的配偶应当是争论中的胜者。大法官史蒂文斯也可能跟随相同的历史发展
p145 而得出相反的结论：既然"男女双方是平等的伴侣（*ibid.*）"，而且妇女可以同意搜查他们的财产，那么男性就不再能妨碍他们配偶的意愿。在多数意见的框架下，男女之间不再"平等"，双方都能否决对方的同意，而在反对意见中，双方都不能。

最后，我必须对此表示深刻的质疑，即今天的判决作为向女权平等迈进的一部分，值得大法官史蒂文斯为之庆祝。考虑到家庭暴力通常的形式，我们可以期待警察是否会频繁地遇到下述情形，即一名男性力劝警察进入住宅而同时妇女要求他们待在外面。今天判决最为通常的实践影响，就所关注的男女之间的争议而言，在于赋予男性有权阻止妇女同意警察进入他们的住宅——非常奇怪的是，先前大法官史蒂文斯并不认为在1791年男性享有该权利。

大法官托马斯（Thomas，J.）发表了反对意见。

长期以来，本院已经承认，"在执法中提供任何可能有用的信息是有责任心的公民的行为表现。"（*Miranda v. Arizona*，384 U.S. 436，477－478，86 S. Ct. 1602，16 L. Ed. 2d 694（1966））与此原则相一致的是，本院在柯立芝案（*Coolidge v. New Hampshire*，403 U.S. 443，91 S. Ct. 2022，29 L. Ed. 2d 564（1971））中认为，如本案一样，当被告人的配偶自愿引领警察获取被告人违法行为的证据时，没有发生任何第四修正案意义上的搜查（*Id.*，at 486－490，91 S. Ct. 2022）。因为柯立芝案恰当

地规制着本案，所以本院无须去解决下述问题，即是否允许警察基于伦道夫太太的同意去对伦道夫夫妇的住宅进行一般搜查。我谨发表反对意见如下：

在本案中，伦道夫太太告诉处理家庭纠纷的警察，被申请人正在吸食大量的可卡因。基于警察的请求，她同意对她的住宅进 p146 行一般搜查并就她所说的进行调查。然而，正如本院详述的事实所论证的那样（*ante*, at 1519），法庭记录清楚地表明，警察没有进行一般搜查。相反，布雷特·默里警长询问伦道夫太太可卡因放在哪里，然后他被带至楼上的卧室，并在那里看见了梳妆台上的"一根被剪断的吸管"（Corrected Tr. of Motion to Suppression Hearing in Case No. 2001R－699（Super. Ct. Sumter Cty., Ga., Oct. 3, 2002), pp. 8－9）。通过进一步检查，默里警长在吸管上发现了白色残留物，并得出结论认为，这根吸管曾被用以吸食可卡因（*Id.*, at 8）。随后，他将吸管和残留物作为证据收集起来（*Id.*, at 9）。

默里警长基于伦道夫太太的邀请而进入伦道夫夫妇的住宅，进而去查看被申请人吸食可卡因的证据，这一行为并不构成第四修正案意义上的搜查。根据本院之先例，只有政府代理人的行为方能构成第四修正案意义上的搜查，因为第四修正案"旨在限制统治者授权的活动，而不是对政府代理人以外的人进行限制。"（*Burdeau v. McDowell*, 256 U.S. 465, 475, 41 S. Ct. 574, 65 L. Ed. 1048（1921）（emphasis added）. See also *Coolidge*, 403 U.S., at 487, 91 S. Ct. 2022）通过在柯立芝案中适用该原则，本院认为，当公民引领警察进入与她配偶共享的住宅并向他们展示与所调查犯罪相关的证据时，那位公民并不是作为警察的代理人，因此也不会发生任何第四修正案意义上的搜查（*Id.*, at 488－498, 91 S. Ct. 2022）。

对于柯立芝案事实的审查清楚地表明它规制着本案。当警察审问柯立芝并将之作为他们调查一桩谋杀案的一部分时，另外两名警察被派往去和他的妻子进行交谈（*Id.*，at 485，91 S. Ct.
p147 2022）。在询问柯立芝太太的过程中，警察问到她的丈夫是否拥有任何枪支（*Id.*，at 486，91 S. Ct. 2022）。柯立芝太太作了肯定的回答，并主动给警察找出了武器。很明显，她是基于下述假设，即这么做将有助于减轻她丈夫的罪行。（*Ibid.*）警察陪伴柯立芝太太前往卧室去获得枪支和柯立芝太太告诉他们，她的丈夫在谋杀案当晚所穿的衣服。（*Ibid.*）

在本院面前，柯立芝争辩认为作为证据的枪支和衣服应当作为非法搜查的产物而加以排除，因为柯立芝太太服从警察"命令"的行为表明，她正在充当他们的"工具"或代理人（*Id.*，at 487，91 S. Ct. 2022）。本院承认，如果柯立芝太太完全出于自愿找出枪支并将之交给警察的话，那么"根据现行法，毫无疑问的是，这些物品随后将被采信作为证据。"（*Ibid.*）基于警察请求而配合他们所做的上述行为，并不会将她转变成为警察的代理人。总之，"阻碍公民竭尽所能帮助逮捕刑事罪犯，这绝不是第四修正案和第十四修正案的根本政策。"（*Id.*，at 488，91 S. Ct. 2022）鉴于警察在询问枪支时"行为表现正常且适当"，而且就衣服对柯立芝太太进行的询问也是"存在逻辑相关性且不存在强制因素"，所以第四修正案没有要求警察在柯立芝太太出示枪支和衣服接受检查时"转移他们的视线"（*Id.*，at 488 –

489，91 S. Ct. 2022）[①]。

本案并没有不同于柯立芝案，所以迫使我们得出下述结论，即当伦道夫太太同意默里警长进入她的住宅并引领其获得归罪性证据时，她并没有成为警察的代理人。[②] 正如柯立芝太太一样，她自愿主动地将她丈夫的武器和衣服交给警察而不涉及第四修正案，伦道夫太太也可以仅仅从住宅内找出吸管并将之交给默里警长。事实上，多数意见也同样对之表示承认（*Ante*，at 1524（“同住者出于自愿的行为可能会把证据交给警察，*Coolidge*，*supra*，at 487－489 . . . ，91 S. Ct. 2022，并且能够告知警察他所知道的事情，用以在地区法官面前申请令状”））。在下述两者之间作出具有宪法性意义的重大区分——本案的情况和伦道夫太太独立地提交相关证据——不仅与柯立芝案不相一致，而且是过分呆板的。[③] p148

因此，初审法院适当地拒绝了被申请人排除下述证据的动

① 虽然本院已经将柯立芝案描述为“第三方同意”的案例，*United States v. Matlock*，415 U. S. 164，171，94 S. Ct. 988，39 L. Ed. 2d 242（1974），但是本院的意见，以其自己的术语，并不是基于柯立芝太太授权同意搜查她的住宅这一概念，也不是基于柯立芝先生不在现场这可能具有相关性的事实。*Coolidge*，403 U. S.，at 487，91 S. Ct. 2022（“我们无须考虑申请人下述进一步的主张，即柯立芝太太不能够、也没有‘放弃’她丈夫反对不合理搜查扣押的宪法性保护”）。See also *Walter v. United States*，447 U. S. 649，660－661，n. 2，100 S. Ct. 2395，65 L. Ed. 2d 410（1980）（White，J.，concurring in part and concurring in judgment）（“类似地，在柯立芝案中，本院认为妻子将她丈夫的枪支和衣服交给警察的这一自愿行为，并不构成政府的搜查或扣押”）。

② 上诉法院对下述询问的适当性表示反对，即警察的涉入是否会将私人转变为警察的代理人或工具。See *United States v. Pervaz*，118 F. 3d 1，5－6（C. A. 1 1997）（概括了诸多巡回法院的不同方法）。本案与柯立芝案的相似性避免了任何需求来解决本案中的广泛争议。

③ 与柯立芝案中的警察不一样，默里警长可能意图对该住宅进行一般搜查，但这是无关紧要的，而且最后他也没有这样做。他仅观察了伦道夫太太出示的那些物品。下述事实也不具有相关性，柯立芝太太意图帮助警察逮捕罪犯，因为她相信这么做将减轻她丈夫的罪行，而伦道夫太太相信帮助警察将牵涉到她丈夫的罪行。

议——伦道夫太太提交给警察的证据以及作为随后搜查结果而获得的证据。所以，我将撤销佐治亚州最高法院的判决。

3.3 美方评论

如果符合以下条件，即 1. 第三人自愿同意警方进行搜查；2. 第三人对于被搜查区域享有同意搜查的权利，那么根据第三人的同意授权，也可以对嫌疑人享有隐私期待的区域实施搜查。根据第三人同意进行的搜查具有两方面的正当理由：第一，如果第三人有权进入或控制某私人区域，那么对于这一区域，第三人与嫌疑人分别享有独立的隐私利益，并享有放弃这一隐私利益的独立权利。第二，由于嫌疑人同意第三人进入该隐私区域，因此嫌疑人理应承担以下风险，即第三人可能会同意警察对该地进行搜查。

伦道夫案解决了以下难题：如果搜查的相对人表示反对，根据第三人的同意授权是否可以进行搜查？根据社会公众的理解（societal understandings），最高法院得出结论说，当搜查的相对人表示反对时，第三人的同意授权无法超越相对人的反对意见。在本案中，最高法院为探究什么是社会公众理解所采用的方法，与卡兹案中为确定警察行为是否属于搜查所采用的方法非常类似。不幸的是，与卡兹案一样，由最高法院决定社会公众理解存在着严重的缺陷。最高法院的大法官们好像不是生活在我们的现实社会里一样。他们不会去杂货店买东西，不会开车四处兜风，也没有在犯罪高发区生活过。他们过的是一种令人羡慕、让绝大多数社会成员难以企及的生活。因此，最高法院经常依赖一种对社会公众理解的假定。根据上述难以令人信服的假定，最高法院作出了伦道夫案的判决，即如果某人造访的是两个人共同生活的住宅，如果住宅的一个主人想让他进去，而另外一个表示反对，那么这个人就只能打道回府、悄然走开。但是，最高法院怎么知道社会公众理解应该是这个样子呢？大法官们不会有过这样的遭遇。而且，多数的社会成员可能会理所当然地认为，如果他们想去拜访某个与他人共同居住的朋友，他们根本无须考虑其他居住人是否会就此表示异议。

在此，请注意，最高法院提供的保护是多么的软弱无力：只有当第三人表示同意搜查时，被告人恰好就站在门口并当即表示反对，之后的搜查才会被认定为无效。如果当时被告人碰巧到地下室拿东西，那么即使执法官员知道如果被告人当时也在门口肯定会表示反对，第三人的同意授权依然有效。最高法院指出，如果有证据表明执法官员通过某种策略致使被告人当时不在门口，那么第三人的同意授权可能会被宣告无效。但是，如何进行判断呢？这是否意味着要对执法官员的主观动机展开调查呢？——但是，这么做显然有悖于作为第四修正案根基的、客观意义上的合理性标准。质言之，在伦道夫案中，最高法院既没有给公民个人带来任何好处，同时又把同意搜查规则弄得异常复杂。如果最高法院真的想为公民提供法律上的保护，那么它应当将有关搜查的同意授权重新定位为对第四修正案保护的放弃。在后一种保护机制下，执法官员必须告知公民个人有权拒绝表示同意，否则，同意搜查无效。这样做将会使执法官员与公民个人居于更平等的地位（即这样做将保护公民不会遭受以下风险：执法官员利用公民对权利的无知而受益）。同时，这么做还可能意味着，根本没有必要考虑调整以下情形的规则，即第三人表示同意但被告人表示反对这一相对罕见的情形。

3.4 阅读文献

- Monique N. Bhargava, *Protecting Privacy in a Shared Castle: The Implications of Georgia v. Randolph for the Third – Party Consent Doctrine*, 2008 U. Ill. L. Rev. 1009 (2008).
- Kyle Evans, *There is No Place Like Home: The Supreme Court's Refusal to Allow Searches of the Home Based on Disputed Consent in Georgia v. Randolph*, 60 Okla. L. Rev. 627 (2007).
- Shane E. Eden, *Picking the Matlock: Georgia v. Randolph and the U. S. Supreme Court's Re – Examination of Third – Party – Consent Authority in Light of Social Expectations*, 52 S. D. L. Rev. 171 (2007).
- Jason E. Zakai, *You Say Yes, but Can I Say No – The Future of Third – Party Consent Searches after Georgia v. Randolph*, 73 Brook. L. Rev. 421 (2007 – 2008).
- Renee E. Williams, *Third Party Consent Searches after Georgia v. Randolph: Dueling Approaches to the Dueling Roommates*, 87 B. U. L. Rev. 937 (2007).
- Lesley McCall, *Georgia v. Randolph: Whose Castle Is It, Anyway*, 41 U. Rich. L. Rev. 589 (2006 – 2007).
- Jason M. Ferguson, *Randolph v. Georgia: The Beginning of a New Era in Third – Party Consent Cases*, 31 Nova L. Rev. 605 (2006 – 2007).
- Nicholas S. Hines, *Fourth Amendment's Consent to Entry Exception: Protecting the Castle from the Co – Tenant's Consent – Georgia v. Randolph*, 11 Jones L. Rev. 117 (2006 – 2007).

- Nathan A. Wood, *Georgia v. Randolph*: *What to Do with a Yes from One but Not from Two*, 58 Mercer L. Rev. 1429 (2006 – 2007).
- C. Dan Black, *Georgia v. Randolph*: *A Murky Refinement of the Fourth Amendment Third – Party Consent Doctrine*, 42 Gonz. L. Rev. 321 (2006 – 2007).
- Alissa C. Wetzel, *Georgia v. Randolph*: *A Jealously Guarded Exception – Consent and the Fourth Amendment*, 41 Val. U. L. Rev. 499 (2006 – 2007).
- Joshua Brannon, *Georgia v. Randolph*: *An Exception to Co – Occupation Consent under the Fourth Amendment*, 31 Okla. City U. L. Rev. 531 (2006).
- Nathan S. Lew, *Nothing to Be Worried about*: *Consent Searches after Georgia v. Randolph*, 28 Whittier L. Rev. 1067 (2006 – 2007).
- Mary I. Coombs, *Shared Privacy and the Fourth Amendment, or the Rights of Relationships*, 75 Cal. L. Rev. 1598 (1987).

“特殊需要”的搜查

1. 高规制行业的安全检查：

伯格案（*New York v. Burger*）

482 U. S. 691, 107 S. Ct. 2636（1987）

1.1 案件信息

- **本案争点**

根据制定法授权，执法官员对废旧汽车处理场的无证搜查行为是否属于对受到严格规制的行业所实施的行政检查？对该场所进行的无证搜查是否违反了宪法第四修正案？

- **最高法院的判决**

美国最高法院以6∶3 投票结果作出了不利于被申请人伯格的判决。大法官布莱克曼代表最高法院撰写了本案的判决意见，首席大法官伦奎斯特，大法官怀特、鲍威尔、史蒂文斯和斯卡利亚表示附和。大法官布伦南发表了反对意见，大法官马歇尔表示附和，大法官奥康纳就第三部分以外的其他内容表示附和。

最高法院判决认为，由于废旧汽车处理场属于受到政府严格规制的行业，且在预防车辆失窃方面具有重大的政府利益，故允许对该场所进行无证检查。

- **该判例的影响**

本案裁决重申了行政检查作为令状原则例外的法律地位。根据该判例，要想对某行业实施无证检查，必须具备三个条件：该行业属于受到政府严格规制的行业；政府对于规制方案应当享有“实质性”利益，而且应当提供一个在宪法意义上足以替代司法令状的相应措施；虽然拒绝检查应当受到刑事处罚，但不得以暴力方式强行进入被检查场所实施检查。但是，伯格案事实上降低了“严格规制”的标准，以至于事实上几乎所有的行业都可以看做受到政府严格规制的行业。

1.2 判决正文

纽约州
诉
约瑟夫·伯格

第86－80号
1987年2月23日进行辩论
1987年6月19日作出判决

大法官布莱克曼（Blackmun J.）代表最高法院撰写了本案判决意见。

本案中的问题之一是：根据制定法授权，无证搜查废旧汽车处理场的行为是否属于对受严格规制的行业所实施的行政检查的令状例外？问题之二是：正当的行政检查活动是否违反了宪法？因为，该搜查所依据的管制法规最终旨在实现的目的——威慑犯罪行为——与刑事法律的目的完全相同，致使行政检查的依据可能同时兼具违反管制法规与刑事法律的性质。

一

被申请人约瑟夫·伯格（Joseph Burger）是纽约布鲁克林区一家废旧汽车处理场的老板，兼营车辆拆装与车辆组件的销售业务。这家汽车处理场是一片空地，没有任何建筑物，高高的金属护栏环绕四周，场地中央摆放了大量的车辆和车辆组件。1982年11月17日中午时分，纽约市警察局汽车犯罪调查科的约瑟夫·维嘉（Joseph Vega）警官与其他4名便衣警察来到被申请人的废旧汽车处理场，根据《纽约州车辆与交通法》第415条a

款第 5 项的规定（N. Y. Veh. & Traf. Law § 415 - a5（McKinney 1986））进行检查[①]（Tr. 6.）。该调查科每天都会挑选 5 至 10 家
p694 车辆拆装厂、汽车处理场或者相关行业进行例行检查[②]（*Id.*，at 26）。

警察一进入这家废旧汽车处理场，就要求查看伯格的营业执照[③]及其“管制账簿”（police book）——他所拥有的有关车辆
p695 及其组件的记录。伯格回答说他没有这两样东西。[④] 于是，警察表明来意，要求根据《纽约州车辆与交通法》第 415 条 a 款第 5 项的规定进行检查。伯格没有提出异议（Tr. 6，47）。警察像往常一样，记下了汽车处理场内一些车辆及其组件的识别码（VINs）（*Id.*，at 7，20，44，46）。在与警局的电子数据库进行

① 该法中的相关部分规定：“记录与识别：（a）本条所要求的一切记录，只适用于车辆、具有（机动车辆管理局）局长颁发的所有权证书或者应当具有该所有权证书的车辆组件。任何按照本条进行登记注册的个人，应当保存一份所有购进与出售汽车、拖车及其主要组件的记录，此外还应当具有证明汽车、拖车及其主要组件所有权的材料。这些记录应当按照本局局长指令的方式与形式进行保存。如果局长根据车龄认为记录要求不具有任何实质性价值，可以通过行政规章免除对车辆或者车辆组件适用全面或者部分的记录要求。一旦本局的工作人员或者任何警察要求进行检查，并且在汽车拆装厂正常的（regular）、通常的（usual）营业时间内，该厂就应当提供此类记录，允许上述工作人员或者警察检查这些记录与任何按照本条要求应当予以记录并存放在厂房内的车辆或者车辆组件……不能提供记录或者允许按照本款规定的方式检查任何依据本条应当进行登记的个人，将被判处 A 级轻罪。”

② 从相关记录中，看不出警察当天选择伯格的废弃汽车场进行检查的理由。Tr. 23 - 24. 被指定检查的这家废弃场显然是从纽约市警察所汇总的同行业名单中挑选出来的。*Id.*，at 24.

③ 在纽约，个人经营汽车拆装业务应当获得许可资格：“汽车拆装商的定义与登记注册。汽车拆装商是一切从事收购二手汽车或者拖车业务，以拆装其中的组件或者将其作为废料转售的个人。任何人不得从事或者经营汽车拆装业务，除非根据本条的规定进行登记注册。违反此项规定的，将被判处 E 级重罪。”N. Y. Veh. & Traf. Law § 415 - a1（McKinney 1986）.

④ 刚一开始，检查人员似乎还弄不清楚：伯格究竟是没有制作管制账簿，还是只不过该账簿在检查时不在他手中。See Tr. 6，30，46 - 47，59 - 60.

比对后，他们确定：被申请人拥有的车辆与车辆组件均属于被盗物品。① 因此，警察逮捕了伯格，并指控其构成了五项非法持有盗窃物罪②与一项违反《车辆与交通法》第 415 条 a 款第 1 项的无证经营废旧汽车处理场罪。 p696

在国王郡（Kings County）初审法院，伯格提出动议要求排除此次检查所得的证据，其主要理由是：《纽约州车辆与交通法》第 415 条 a 款第 5 项的规定违反了宪法。法院经过听审，驳回了此项动议。理由是：废旧汽车处理场经营业务是一个受到"严格规制"的行业，无证对其进行行政检查是适当的；该法令严格限制了"检查的时间、地点与范围"；一旦警察具有合理根据相信某些车辆与车辆组件属于被盗物品，他们就可以逮捕伯格，并且无须令状即可扣押这些物品（App. to Pet. for Cert. 18a – 19a.）。随后，被申请人援引上诉分庭刚刚作出的一项判决（*People v. Pace*, 101 App. Div. 2d 336, 475 N. Y. S. 2d 443 (1984), aff'd, 65 N. Y. 2d 684, 491 N. Y. S. 2d 618, 481 N. E.

① 此外，警察还发现，伯格拥有的一台轮椅与一辆残疾人助步车被放置在一辆失窃汽车内。See *id.*, at 8 – 11, 13, 34 – 36.

② 被申请人因违反纽约州当时的一条法律规定，被指控构成了两项二级非法持有盗窃物罪："任何人不得被判处二级非法持有盗窃物罪，除非明知持有盗窃物而意图使本人或失主以外的其他人受益，或者阻碍失主找回被盗物品；并且：1. 被盗物品的价值超过 250 美元……3. 该人从事典当行业或者买卖、处理赃物等其他相关行业……""二级非法持有盗窃物罪属于 E 级重罪。" N. Y. Penal Law § 165. 45 (McKinney 1975). 根据纽约州的另一条法律规定，伯格还被指控构成了三项三级非法持有盗窃物罪："任何人不得被判处三级非法持有盗窃物罪，除非明知持有盗窃物而意图使本人或失主以外的其他人受益，或者阻碍失主找回被盗物品。""三级非法持有盗窃物罪属于 A 级轻罪。" N. Y. Penal Law § 165. 40 (McKinney 1975).

2d 250（1985）），提出动议要求就此再次举行听证，[①] 法院准予再次辩论。在再次听证过程中，法院区分了佩斯案（*People v. Pace*，101 App. Div. 2d 336，475 N. Y. S. 2d 443（1984））与本
p697 案的不同情况。法院认为，上诉分庭在审理佩斯案时，并没有对存有争议的搜查适用第 415 条 a 款第 5 项的规定（125 Misc. 2d 709，711，479 N. Y. S. 2d 936，938（1984））；无论如何，在佩斯案中，警察所实施的活动并非是行政检查，而是基于最近发现的证明一家汽车回收站内发生了犯罪活动的证据所展开的刑事调查活动（*Id.*，at 712 – 714，479 N. Y. S. 2d，at 939 – 940）。因此，法院再次维持原判，认为本案中第 415 条 a 款第 5 项的规定具有合宪性。[②] 上诉分庭基于同样的理由，维持原判（112

---

① 在佩斯案（*People v. Pace*）中，最高法院上诉分庭所面临的问题是：警察在怀疑一家汽车回收站内发生犯罪活动之后，立即对其展开了无证搜查。法院并未裁决此种情况可以适用无证行政检查的例外（101 App. Div. 2d，at 340，475 N. Y. S. 2d，at 446.），但是，作出了以下注评："警察声称其所依据的《车辆与交通法》第 415 条 a 款第 5 项规定，实际上并无适用的空间。尽管该条要求汽车拆装厂记载车辆及其组件的买卖情况，但是警察在这家回收站中并没有发现相关的管制账簿，因此他们不可能运用所谓默示权力去核对账面记录与存货清单。" *Id.*，at 339，n. 1，475 N. Y. S. 2d，at 445，n. 1.

被申请人认为，该注评的实际意思是：如果汽车拆装厂没有提供详细记载物品买卖情况的账簿，那么警察就必须取得搜查令。也就是说，在缺少账簿的情况下，警察不能无证进行检查。See 125 Misc. 2d 709，711，479 N. Y. S. 2d 936，938（Sup. 1984）.

② 此外，法院还认为：根据《纽约市宪章与行政法》（New York City Charter and Admin. Code）第 436 条的规定（（Supp. 1985）. 125 Misc. 2d，at 712 – 715，479 N. Y. S. 2d，at 939 – 940.），搜查行为具有正当性。该条规定："（警察局）局长负责全面地监督、检查本市一切合法的与未经许可的典当商、卖主、旧货店店主、旧货运输者、卡车司机、从事二手商品交易与拍卖的商人；负责检查与警察履行职责相关的人士及其职员、雇员、账簿、营业场所与所拥有的商品。拒绝或者疏忽遵守本条中任何有关典当商、卖主、旧货店店主、旧货运输者、卡车司机、从事二手商品交易与拍卖的商人或者其职员、雇员的规定，将受到刑事审判并处以 30 天以下的监禁或 50 美元以下的罚金，或者两者并罚。"

App. Div. 2d 1046，493 N. Y. S. 2d 34（1985））。

然而，纽约州上诉法院最终裁定撤销判决（67 N. Y. 2d 338，502 N. Y. S. 2d 702，493 N. E. 2d 926（1986））。在它看来，第415条a款第5项规定违反了第四修正案中禁止不合理搜查扣押的规定。[①] 该法院认为，"第415条a款第5项规定的根本缺陷在于：（它所授权的）搜查只是为了发现犯罪证据，而不是为了实施一项全面的规制方案。实际上，这里所谓'行政方案'只 p698
是为了向警察提供一种便捷的手段，以帮助其对非法持有盗窃物的犯罪实施刑事制裁（*Id.*，67 N. Y. 2d，at 344，502 N. Y. S. 2d，at 705，493 N. E. 2d，at 929）。"与该法院裁决具有合宪性的那些授权无证检查的法规不同，第415条a款第5项"只是授权了一般性搜查，这种搜查包括警察对某些商业场所实施的搜查（*Ibid.*）。"当然，由于第415条a款规定要求经营者持有营业执照、保存相关商业记录并且授权对这些商业记录进行检查，这项规定似乎是行政性质的。"然而，该款不符合一项正当、全面的规制方案应当具有的宪法性要求，因为——如同本案的搜查那样——尽管缺乏任何可与搜查结果相比较的记录，但是它仍然允许搜查车辆及其组件（*Id.*，at 344 - 345，502 N. Y. S. 2d，at 705 - 706，493 N. E. 2d，at 929 - 930）。"因此，这种搜查的唯一目的只是为了确定废旧汽车处理场的所有者是否在营业场所内藏有盗窃物品。[②]

由于纽约州在规范汽车拆装或者废弃汽车业的行政方案中享

① 上诉法院指出，该法与宪章是否合宪的问题恰恰出现在本案中，而不是在佩斯案（People v. Pace）中，主要是因为，佩斯案中不存在有关检查的依据是否是那些规定的争议。67 N. Y. 2d，at 342 - 343，502 N. Y. S. 2d，at 493 N. E. 2d，at 928.

② 基于相似的理由，上诉法院裁定：宪章第436条也违反了第四修正案中禁止不合理搜查扣押的规定。67 N. Y. 2d，at 344 - 345，502 N. Y. S. 2d，at 705 - 706，493 N. E. 2d，at 929 - 930.

有极其重大的利益，[①] 因此我们准予签发调卷令（479 U. S. 812，

---

① 许多州都规定，可以无证检查汽车拆装厂与废弃汽车场。See，e. g.，Ala. Code § 40 – 12 – 419（1985）；Ariz. Rev. Stat. Ann. §28 – 1307C（Supp. 1986）；Ark. Stat. Ann. § 75 – 1803（1979）；Cal. Veh. Code Ann. § § 2805（a）and（c）（West Supp. 1987）；Conn. Gen. Stat. § 14 – 67m（a）（Supp. 1987）；Del. Code Ann.，Tit. 21，§ 6717（a）（1985）；Fla. Stat. § 812. 055（Supp. 1987）；Ga. Code Ann. § 43 – 48 – 16（1984）；Ill. Rev. Stat.，ch. 95 1/2，? 5 – 403（Supp. 1986）；Ind. Code § § 9 – 1 – 3. 6 – 10（a）and（d）and 9 – 1 – 3. 6 – 12（1979 and Supp. 1986）；Iowa Code § § 321. 90（3）（b）and 321. 95（1985）；Kan. Stat. Ann. § 8 – 2408（c）（1982）；Ky. Rev. Stat. § 177. 935（7）（1985）；La. Rev. Stat. Ann. § 32：757（West Supp. 1987）；Me. Rev. Stat. Ann.，Tit. 29，§ 2459（Supp. 1986）；Md. Transp. Code Ann. § 15 – 105（Supp. 1986）；Mich. Comp. Laws § 257. 251（Supp. 1987）；Miss. Code Ann. § 27 – 19 – 313（1972）；Mo. Rev. Stat. § 301. 225（Supp. 1986）；Mont. CodeAnn. § §75 – 10 – 503 and 75 – 10 – 513（1985）；Nev. Rev. Stat. § 482. 3263（1986）；N. H. Rev. Stat. Ann. § 261：132（1982）；N. J. Stat. Ann. § 39：10B – 2c（West Supp. 1987）；N. M. Stat. Ann. § 66 – 2 – 12（A）（4）（1984）；Okla. Stat.，Tit. 47，§ 591. 6（Supp. 1987）；Ore. Rev. Stat. § 810. 480（1985）；R. I. Gen. Laws § 42 – 14. 2 – 15（Supp. 1986）；S. C. Code § 56 – 5 – 5670（b）（1976）；S. D. Codified Laws § § 32 – 6B – 38 to 32 – 6B – 40（Supp. 1987）；Tenn. Code Ann. § 55 – 14 – 106（1980）；Tex. Rev. Civ. Stat. Ann.，Art. 6687 – 2（e）（Vernon Supp. 1987）；Utah Code Ann. § § 41 – 3 – 23（2）and（4）（Supp. 1981）；Vt. Stat. Ann.，Tit. 23，§ 466（1978）；Va. Code § 46. 1 – 550. 12（Supp. 1986）；Wash. Rev. Code § § 46. 80. 080 –（5）and 46. 80. 150（1970）；W. Va. Code § 17A – 6 – 25（1986）；Wis. Stat. § 218. 22（4）（c）（1982）；Wyo. Stat. § 31 – 13 – 112（e）（iii）（1987）.

法院支持这些反对攻击联邦宪法的法规。See，e. g.，Bionic Auto Parts & Sales，Inc. v. Fahner，721 F. 2d 1072，1081（CA7 1983）；People v. Easley，90 Cal. App. 3d 440，445，153 Cal. Rptr. 396，399，cert. denied，444 U. S. 899，100 S. Ct. 208，62 L. Ed. 2d 135（1979）；Moore v. State，442 So. 2d 215，216（Fla. 1983）；People v. Barnes，146 Mich. App. 37，42，379 N. W. 2d 464，466（1985）；State v. Zinmeister，27 Ohio App. 3d 313，318，501 N. E. 2d 59，65（1985）；又见 State v. Tindell，272 Ind. 479，483，399 N. E. 2d 746，748（1980）；Shirley v. Commonwealth，218 Va. 49，57 – 58，235 S. E. 2d 432，436 – 437（1977）. But see People v. Krull，107 Ill. 2d 107，116 – 117，89 Ill. Dec. 860，864 – 865，481 N. E. 2d 703，707 – 708（1985），rev´d，480 U. S. 430，107 S. Ct. 1160，94 L. Ed. 2d 364（1987）；State v. Galio，92 N. M. 266，268 – 269，587 P. 2d 44，46 – 47（1978）.

107 S. Ct. 61，93 L. Ed. 2d 20（1986））。

二 p699

（一）

法院长期以来都承认：第四修正案中禁止不合理搜查扣押的规定不仅适用于商业场所，还适用于私人住宅（*See v. City of Seattle*，387 U. S. 541，543，546，87 S. Ct. 1737，1739，1741，18 L. Ed. 2d 943（1967））。因此，某一企业的所有者或者经营者对于商业财产享有隐私期待，而这种期待的合理性即将被社会承认（See *Katz v. United States*，389 U. S. 347，361，88 S. Ct. 507，516，19 L. Ed. 2d 576（1967）（Harlan，J.，concurring））。传统上警察为了收集犯罪证据而实施的搜查中存在这种期待，而且旨在执行管制法规的行政检查中也存在这种期待（See *Marshall v. Barlow's，Inc.*，436 U. S. 307，312 – 313，98 S. Ct. 1816，1820 – p700
1821，56 L. Ed. 2d 305（1978））。但是，对商业场所的隐私期待则不同，并且也确实无法达到对私人住宅隐私期待的程度（See *Donovan v. Dewey*，452 U. S. 594，598 – 599，101 S. Ct. 2534，2537 – 2538，69 L. Ed. 2d 262（1981））。尤其是在受到"严格规制"的行业中，这种对于商业财产隐私的期待遭到了加倍削弱。法院在审理马歇尔案（*Marshall v. Barlow's，Inc.*）时指出："某些行业曾经有过受到政府监管的历史，以至于经营者对此类企业的财产（436 U. S.，at 313，98 S. Ct.，at 1821）毫无合理的隐私期待可言（See *Katz v. United States*，389 U. S. 347，351 – 352，88 S. Ct. 507，511 – 512，19 L. Ed. 2d 576（1967））。"

法院首先对于"严格规制"行业中两家"长期受到政府严格监管"的企业在接受检查时所出现的"独特"问题进行了研究。（*Ibid.*）在科伦内德公司案（*Colonnade Corp. v. United States*，397 U. S. 72，90 S. Ct. 774，25 L. Ed. 2d 60（1970））中，法院考虑了依据联邦税法中授权检查酒类经营场所的规定对餐饮业实施的无证搜查。法院不赞成这种搜查，理由是：法律规定如果经营者拒绝检查，应当受到制裁；但并未授权在此种情况下可以进行无证检查。但是法院承认“酒类行业长期以来受到了严格的监管与检查”（*Id.*，at 77，90 S. Ct.，at 777）。让我们回到贝斯威尔案（*United States v. Biswell*，406 U. S. 311，92 S. Ct. 1593，32 L. Ed. 2d 87（1972））的争议上来，该案涉及对当铺进行无证检查，其中当铺商持有联邦营业执照，可以按照1968年《枪械管制法》（Gun Control Act of 1968，18 U. S. C. § 921 et seq.）的规定出售运动专用武器。尽管我们注意到“联邦政府管理州际枪支交易的历史不如控制酒类行业的历史那样悠久”（406 U. S.，at 315，92 S. Ct.，at 1596），但是我们认为，《枪械管制法》授
p701 权的无证检查“只会对经营者合理的隐私期待构成有限的威胁”（*Id.*，at 316，92 S. Ct.，at 1596）。我们注意到：“一旦经营者选择从事这种受到严格规制的行业，并且取得联邦营业执照，就等于明知其商业记录、枪支以及弹药将会受到有效的检查”（*Ibid.*）。

“科伦内德—贝斯威尔”原则，即从事某一受到“严格规制”行业的商业场所的所有者对隐私享有有限的期待，在最近的判决中重新得到了青睐。在马歇尔案（*Marshall v. Barlow's, Inc.*）中，我们认为该原则仍有适用的空间，但是最终没有作出以下判决：根据1970年《职业安全健康法》（84 Stat. 1598，29 U. S. C. § 657（a））对所有从事州际贸易的行业所实施的无证检查，都可以适用这一狭窄的原则。然而，我们裁决认为，根据1977年《联邦矿山安全与健康法》（Occupational Safety and Health Act of 1970，Federal Mine Safety and Health Act of 1977，91 Stat. 1290，30 U. S. C. § 801 et seq）所实施的无证检查是恰当的，因为它们属于受到“严格规制”的行业（Donovan v. Dewey，supra.）。

的确，在多诺万案（Donovan v. Dewey）中，我们并没有只

限于考虑采矿业这一具有争议的行业受到联邦规制的时间（452 U. S.，at 605 – 606，101 S. Ct.，at 2541 – 2542）。我们指出，该原则实质上体现了"联邦规制的普遍性、规律性"以及这种规制对所有者的隐私期待所产生的影响（See *id.*，at 600，606，101 S. Ct.，at 2538，2542）。但是，我们认为，在确定是否可以根据规制方案进行无证检查时，"这项特定的规制方案所存续的时间"仍然是一个"重要的参考因素"（Id.，at 606，101 S. Ct.，at 2542）①。

（二） p702

由于从事受到"严格规制"行业的商业场所的所有者或者经营者对隐私享有有限的期待，因此在这种情况下，司法令状与合理根据的要求——符合传统第四修正案下政府搜查的合理性标准，也就减少了适用（See *O'Connor v. Ortega*，480 U. S. 709，741，107 S. Ct. 1492，——，94 L. Ed. 2d 714（1987）（dissenting opinion））。但是，我们认为，如同在政府具有"特殊需要"的其他情况下一样（See *New Jersey v. T. L. O.*，469 U. S. 325，353，105 S. Ct. 733，750，83 L. Ed. 2d 720（1985）（opinion concurring in judgment））——所有者享有的隐私利益受到削弱，而政府的利益在管理这些特殊的行业时随之增大——对商业场所实施的无证检查也符合第四修正案下的合理性标准。

然而，即使是针对受到严格规制的行业，只要满足以下三个标准，这种无证检查也将具有合理性。首先，政府对于据以实施检查的规制方案应当享有"实质性"利益（See *Donovan v. Dew-*

---

① 在多诺万案（*Donovan v. Dewey*）中，我们解释道："如果受到规制的时间是唯一的评判标准，那么就可能产生许多荒谬的结果。按照被上诉人的观点，如果只是因为相关的管制法规是在近期才颁布的，那么新兴产业——包括诸如具有潜在的、巨大的安全与健康问题的核动力工业在内——即使是根据最严密的检查方案，也绝不可能受到无证搜查。"452 U. S.，at 606，101 S. Ct.，at 2542.

ey，452 U. S.，at 602，101 S. Ct.，at 2540（“联邦政府享有改善本国地下矿山与露天矿山的卫生、安全条件的实质性利益”）；*United States v. Biswell*，406 U. S.，at 315，92 S. Ct.，at 1596（枪支管理对于“联邦政府预防暴力犯罪与协助州政府管理本州的枪支交易活动具有重要的意义”）；*Colonnade Corp. v. United States*，397 U. S.，at 75，90 S. Ct.，at 776（联邦政府享有“预防各种税收犯罪”的利益））。

其次，无证检查应当是“进一步贯彻规制方案的必要方式”（Donovan v. Dewey，452 U. S.，at 600，101 S. Ct.，at 2539）。例如，在杜威案中，我们认为：强制要求矿山检查人员在每次检查之前都必须获得令状，可能会提醒矿主或经营者为即将到来的检查作出防范，从而可能使《矿山安全与健康法》旨在发现并阻
p703 止危害安全与健康活动的目的落空（Id.，at 603，101 S. Ct.，at 2540）。

最后，“根据调整该行业的制定法适用的确定性与规律性，制定法规定的检查方案必须提供一个在宪法意义上足以替代司法令状的相应措施（*Ibid.*）。”换句话说，调整该行业的制定法必须具有司法令状的两项基本功能：第一，必须让商业场所的所有者知道，该搜查活动是根据法律授权进行的，而且其范围有着适当的限定；第二，必须对检查人员的裁量权进行限定（See *Marshall v. Barlow's, Inc.*，436 U. S.，at 323，98 S. Ct.，at 1826；see also id.，at 332，98 S. Ct.，at 1830（Stevens，J.，dissenting））。为了体现第一个功能，制定法的内容应当“足够全面，并且规定：商业财产的所有者应当清楚，其所有的财产将会受到定期的、具有特定目的的检查（*Donovan v. Dewey*，452 U. S.，at 600，101 S. Ct.，at 2539）。”此外，在确定制定法应当如何限定检查人员的裁量权时，我们认为，“检查的时间、地点以及范围必须受到审慎的控制（*United States v. Biswell*，406 U. S.，at 315，92 S. Ct.，at 1596）。”

三

(一)

在我们看来，根据第 415 条 a 款第 5 项的规定所实施的搜查，显然属于对受到“严格规制”的行业进行行政检查时所需的令状要求的例外。[①] 首先，调整该行业的制定法的性质表明，经营一家包括车辆拆装业务在内的汽车处理场，在纽约州属于受政府“严格规制”的行业。[②] 这些规范汽车拆装活动的条文十分 p704
详尽。任何人不得从事此类行业，除非首先获得许可资格，也就是说，经营者必须符合登记的要求，并且交付一定的费用。[③] 根据第 415 条 a 款第 5 项（a）的规定，经营者必须制作一份记载车辆及车辆组件购销情况的管制账簿，能够提供这些记录和存货清单以供警察或者机动车辆管理局的工作人员检查。并且，经营

① 由于我们认为：根据第 415 条 a 款第 5 项的规定，本案中存在争议的行政检查符合宪法的要求，因此无须再探讨《纽约市宪章》第 436 条是否合宪的问题。此外，由于上诉法院只裁决了行政检查具有合宪性的一般问题，而不是具体的有关搜查扣押轮椅与残疾人助步车的行为是否属于检查范围的问题，因此我们也不必在此探讨后一问题。

② 纽约州上诉法院并未指出，汽车废弃场不属于该州受到“严格规制”的行业。但是认为，规范此类行业的行政法规在某一方面存在瑕疵。67 N. Y. 2d, at 344－345, 502 N. Y. S. 2d, at 705－706, 493 N. E. 2d, at 929－930. 在反对申请调卷令的诉讼文书中，被申请人通过表示纽约州立法机关可以针对此类行业制定一项“全面的规制方案”，似乎承认该行业在该州受到了“严格的规制”。Brief in Opposition 3.

③ 根据第 415 条 a 款第 1 项（§ 415－a1）的规定，“任何人不得从事或者经营汽车拆装业务，除非根据本条进行登记注册。”在申请登记注册时，经营者应当提供“两份清单，一份列明其所有的重罪判决与其他有关非法销售或者拥有车辆、车辆组件的有罪判决，另一份列明申请人与其他应当在申请中提到的人员违法而被逮捕的情况”（§ 415－a2）。第 415 条 a 款第 3 项（§ 415－a3）要求经营者应当交纳登记注册费用，第 4 项则规定“不得准予或者重新进行登记注册，除非申请人拥有一个固定的营业场所，可以在此遵守普通市政法第 136 条与所有的地方法律或者条例开展申请登记注册的活动，并且经过（机动车辆管理局）局长确定申请人与所有在该行业中享有经济利益的人适合从事此类行业。”

者还必须在其营业场所、交易文件及其经营的车辆、车辆组件上以醒目的方式标注自己的登记编号（§ 415 - a5（b））。此外，如果不遵守以上规定，从事该行业的人员将会受到刑事制裁，并
p705 被吊销营业执照或者处以民事罚款（See §415 - a1，5，and 6）[①]。除纽约州以外，其他各州也相继出台了类似的全面规范汽车处理场的法令，以进一步加强对于此类行业的“严格规制”（See n. 11，*supra.*）。

在确定汽车拆装业是否属于受到“严格规制”的行业时，“（这项）特定的规制方案所存续的时间”（*Donovan v. Dewey*，452 U. S.，at 606，101 S. Ct.，at 2542）具有一定程度的关联性。第 415 条 a 款可以算是一项近期出台的法律条文（see 1973 N. Y. Laws，ch. 225，§ 1（McKinney）），该款第 5 项中关于检查的规定只在 1979 年有所增补（See 1979 N. Y. Laws，ch. 691，§ 2（McKinney））。但是，由于汽车对当时的社会而言是一种相对新鲜的事物，它的广泛使用更加不可思议，因此汽车处理场与拆装厂存在的时间并不是很长，也着实没有受到政府长期的监管。直至 20 世纪 50 年代，该行业才真正引起政府的重视，于是

---

① 第 415 条 a 款中针对汽车拆装与其他类似的，如车辆回收（§ 415 - a1 - a）、车辆碾压（§ 415 - a1 - b）、流动收购车辆（§ 415 - a1 - c）、车辆改装（§ 415 - a8）、废料处理（§ 415 - a9）、废料回收（§ 415 - a10）的规定，进一步表明：政府管理汽车拆装行业的范围十分宽泛。此外，机动车辆管理局局长还颁发了规范该行业的实施细则。例如，N. Y. Comp. Codes，Rules & Regs.，Tit. 15，§ 81.2（1986）（登记注册）；§ 81.8（收购废旧车辆的相关程序）；§ 81.10（车辆识别码）；§ 81.12（记录）。

法庭之友认为，第 415 条 a 款算不上是一项真正的行政方案，因为这些规定还不足以涵盖该行业的全部内容。See Brief for American Civil Liberties Union et al. as Amici Curiae 34 - 36. 尽管在确定某一行业是否受到“严格规制”时，的确需要考虑相关规定的数量，但是仅凭这点尚不能够起到决定性作用。重点在于，“这些规定是否足够全面，并且规定：商业财产的所有者应当清楚，其所有的财产将会受到定期的、具有特定目的的检查”。*Donovan v. Dewey*，452 U. S.，at 600，101 S. Ct.，at 2539. 第 415 条 a 款的规定显然符合这项要求。

所有的报废汽车不再轻易地被钢铁业回收，人们更加关注与其相关的环境与审美问题（See *Landscape* 1970：*National Conference on the Abandoned Automobile* 11；see also *Report to the President from the Panel on Automobile Junkyards*，*White House Conference on Natural Beauty* 1（1965）（查尔斯主席的发言："城市街道上与乡间小路旁堆满了废旧的汽车，使美国变得如此丑陋而不具有美感"））。 p706

然而，废弃汽车业只是一个业已存在并且长期受到严格规制的行业的新兴分支。它极其类似于二手商店或者一般的废旧物堆积地。两者都具有回收废旧物及其组件的目的，这些废旧物及其组件的原始形态已丧失了使用价值。而汽车拆装商则是对这种传统活动的现代化、专业化的诠释。① 在纽约州，一般的废旧物堆积地与二手商店长期以来一直受到政府的规制。纽约州的一个法院指出：

汽车拆装商所从事的活动既属于废旧物行业，也属于汽车行业……早在制定《车辆与交通法》第415条a款之前，他们就受到了一些有关规范废旧物许可与经营的管制法规的限制。这些法规包括以下规定：从事废旧物回收与二手商品交易的商人……应当详细地记载废旧物品的买卖情况，并且确保这些记录在合理的时间受到包括警察在内的相关指派人员的检查。 p707

① 一名从事废弃汽车行业的人士是这样描述的："韦伯斯特提出，废旧物品就是破旧的金属、碎屑与垃圾。当然，"junk"这个词也可以作为动词使用，同样意味着丢弃。而我认为，这一行业实际上是在购买不再适合运输的交通工具。这些交通工具已经被破坏、损坏或者变得运转不灵。我们的同行一一将其拆卸。仍然能用的部分交给了修车铺、车身修理厂与一般民众作为修理其他车辆的二手零部件，不宜作为组件的部分则交给了废料处理人，由其随后将这些废品或者残屑转化为适合熔炼的产品"。Junkyards & Solid Waste Disposal in the Highway Environment，Proceedings of National Seminar，June 10－11，1975，p. 19（1976）（唐纳德·罗斯的陈述，此人是国家汽车与卡车回收协会的成员，以美国汽车拆卸与回收专家著称）。

这些强制要求废旧物行业记录相关情况与无证检查的规定，作为纽约州法律与布鲁克林区法律的一部分，至少已经拥有140年的历史（*People v. Tinneny*，99 Misc. 2d 962，969，417 N. Y. S. 2d 840，845（Sup. 1979））。

（See also N. Y. C. Charter and Admin. Code § B32－113. 01（1977）（"'废旧物商人'。任何从事收购或出售废旧物品行业的人"）；§ B32－126. 0a（"'从事二手商品交易的商人'，是指任何通过某种方式或者作为经营旧货的负责人或代理人：收购或出售任何类型二手商品的人"））[①] 政府对与废旧物相关的活动进行规制的历史，强有力地证明了废旧汽车处理场属于受到"严格规制"的行业。

因此，根据调整该行业的制定法以及相关行业受到规制的历史，从事车辆拆装业务的废旧汽车处理场的经营者对这一受到政府"严格规制"的行业隐私享有有限的期待。

p708 （二）

纽约州的规制方案符合——根据第415条a款第5项的规定实施合理的无证检查所必须具备的——三个标准。第一，州政府对于车辆拆装与废弃汽车行业的规制享有实质性利益，因为汽车盗窃案在该州呈上升趋势，而盗窃的问题与该行业存在密切的联系。当今，汽车盗窃已经成为一个严峻的社会问题，对各州公民在经济上与人身上均产生了巨大的负担。例如，当1979年批准在第415条a款第5项中新增有关对废旧汽车处理场的商业记录及存货清单实施检查的规定时，纽约州州长曾解释道：

① 实际上，通过假定《宪章》第436条中有关"废旧物商人"与"从事二手商品交易的商人"的规定，see n. 8，*supra*，可以适用于被申请人，纽约州上诉法院已经认为，汽车拆装商在这些规定的范围之内。See also *People v. Cusumano*，108 App. Div. 2d 752，754，484 N. Y. S. 2d 909，912（1985）.

在纽约州，汽车盗窃案正在迅速地增长。这已经成为了一个呈百万美元速度增长的产业，给纽约州的公民带来了难以承受的经济负担。早在1976年，就有报道指出：纽约州被盗汽车的数量已经超过13万，造成的损失更是超过了2亿2500万美元。由于频频发生汽车被盗的情况，纽约州的汽车综合保险费也远远超过了全国平均水平。此外，被盗的汽车还常常被用做实施其他犯罪的交通工具，高事故率造成了与其相关的财产损失与人身伤害。(Governor's Message approving L. 1979, chs. 691 and 692, 1979 N. Y. Laws 1826, 1826 – 1827 (McKinney))

(See also 25 Legislative Newsletter, New York State Automobile Assn., p. 1 (May 10, 1978), reprinted in Governor's Bill Jacket, L. 1979, ch. 691 (1979 Bill Jacket) ("在纽约州，汽车盗窃已经成为一种低风险高收益、呈百万美元速度增长的产业，对车主造成了难以承受的经济负担"))[①] 由于现代的汽车都是标准化生 p709
产，因此为何会发生全国大面积的汽车盗窃案以及由此产生的忧虑也就可以理解了。

第二，对车辆拆装业进行规制，完全符合州政府在根除汽车盗窃罪中所享有的实质性利益。通过控制赃物的下家或流通市场，可以有效地解决该盗窃问题 (2 W. LaFave & A. Scott, Substantive Criminal Law § 8. 10 (a), p. 422 (1986) ("如果没有(职业的销赃人)，盗窃将是无利可图的")；2 Encyclopedia of Crime and Justice 789 (Kadish ed. 1983) ("(销赃人)……诱发了美国高达95%甚至更多的盗窃犯罪"))。车辆拆装厂与汽车处理场是被盗车辆及其组件的主要销赃市场 (See Memorandum

① 由于同样担心盗窃汽车的现象可能迅速蔓延至整个社会，其他各州相继出台了规范汽车拆装行业的法律。See, e. g., Ill. Rev. Stat., ch. 951/2, 5 – 100 – 1 (Supp. 1985) (法律规定，"有关盗窃车辆及其组件的犯罪在过去几年中一直稳步增长，给本州居民造成的损失高达数百万美元")。

from Paul Goldman, Counsel, State Consumer Protection Board, to Richard A. Brown, Counsel to the Governor (June 29, 1979), 1979 Bill Jacket (“有人认为，被盗车辆、车辆组件及登记文件的主要源头，可能是经营废旧汽车的商人所经手的那些汽车”))。因此，州政府可以合理地相信：通过制定相关法律，预防废旧汽车处理场成为被盗汽车的流通市场，并且帮助查明汽车组件的来源与去向，将会减少汽车盗窃类犯罪。①

此外，根据第 415 条 a 款第 5 项的规定所实施的无证行政检

p710 查，“有助于进一步实现规制方案的目的”（*Donovan v. Dewey*, 452 U. S., at 600, 101 S. Ct., at 2539）。在这一方面，我们看不出这种检查与法院在贝斯威尔案（*United States v. Biswell*）与多诺万案（*Donovan v. Dewey*）中所认可的那类检查有任何不同。我们在贝斯威尔案中解释道：

> 如果要使检查卓有成效并且发挥威慑作用，那么即使频繁地未经通知进行检查也是必要的。在这种情况下，令状的前提要件可能很容易阻碍检查活动的开展；如果检查的时间、范围与频率可以保持必要的灵活性，那么令状所提供的保护将是微不足道的（406 U. S., at 316, 92 S. Ct., at 1596）。

（See also *Donovan v. Dewey*, 452 U. S., at 603, 101 S. Ct.,

---

① See, Governor's Message approving L. 1979, chs. 691 and 692, 1979 N. Y. Laws 1826, 1827 (McKinney)（“如果使被盗车辆与组件的交易活动变得极其困难，那么势必将会大幅减少汽车盗窃类犯罪，而且保险公司与公众的成本也可能得以降低”）. 就像伊利诺伊州立法机关目前针对此类行业所规定的那样，“（2）对于盗窃汽车的犯罪集团而言，最重要的是：能够通过汽车行业中合法的商业渠道转让或者出售车辆或其组件；（3）汽车经销商、二手零部件商、废料处理人、汽车组件回收人与车辆改装人所从事的行业，经常使其自身与工作受到来自汽车盗窃犯的压力与影响；（4）有组织犯罪的成员经常试图控制从事汽车销售与维修的行业，以进一步扩大其犯罪利益”。Ill. Rev. Stat., ch. 951/2, 5 – 100 – 1 (1985). See also Kan. Stat. Ann. § 8 – 2402 (1982); Nev. Rev. Stat. § 482. 318 (1985)。

at 2540）同样地，在本案中，令状要求也妨碍了管制法规旨在通过识别车辆及其组件是否属于赃物与关闭此类赃物的流通市场达到阻遏汽车盗窃犯罪的目的。由于被盗车辆及其组件在废旧汽车处理场中的流通速度通常很快，因此基于发现犯罪的目的，"频繁的"并且"未经通知的"检查是必不可少的。总而言之，如果要使规制方案彻底有效地解决这一重大的社会问题，那么突袭检查便是至关重要的。

第三，第 415 条 a 款第 5 项的规定提供了一个"在宪法意义上足以替代司法令状的相应措施"（*Donovan v. Dewey*, 452 U. S. , p711
at 603，101 S. Ct. , at 2540）。该项规定使汽车拆装业的经营者知道：此类检查将会是定期进行的（*Id.*，at 605，101 S. Ct. , at 2541）。因此，在进行此类检查时，汽车拆装商知道：这是根据制定法进行的检查，而不是政府执法官员任意作出的决定（See *Marshall v. Barlow's*，*Inc.*，436 U. S. , at 332，98 S. Ct. , at 1830（dissenting opinion））。第 415 条 a 款第 5 项还详细地列举了检查的范围，使经营者知道应当如何遵守这一规定。此外，该制定法还明确告知经营者，由谁负责此类检查。

最后，对"检查的时间、地点与范围"进行限制（*United States v. Biswell*, 406 U. S. , at 315，92 S. Ct. , at 1596）是为了适当地约束检查人员的裁量权（See *Donovan v. Dewey*, 452 U. S. , at 605，101 S. Ct. , at 2541）。检查人员只有在"正常的（regular）、通常的（usual）营业时间"内，才被准许进行检查

（§415－a5）[①]。检查活动只能针对车辆拆装业及其相关行业。而且，法律准许检查的范围极其狭窄：检查人员可以检查相关商业记录与“任何按照本条要求应当予以记录并在经营场所内的

p712 车辆或者组件（*Ibid.*）[②]。”

四

因此，根据第415条a款第5项的规定所实施的搜查，显然是在对受到“严格规制”的行业实施行政检查时所需的令状要求的例外。然而，上诉法院裁定该制定法违反了第四修正案，因为在它看来，该规定实际上并不具备真正意义上的行政目的，“只是为了向警察提供一种便捷的手段，以帮助其对非法持有盗窃物的犯罪实施刑事制裁（67 N. Y. 2d，at 344，502 N. Y. S. 2d，at 705，493 N. E. 2d，at 929）。”法院认为：该制定法旨在实现的行政目的只是一个借口，根据第415条a款第5项“授权实施的搜查实际上完全是为了发现被盗物品的相关证据”的规定，因为即使经营者没有提供其商业记录，检查人员仍然可以为发现被盗车辆及其组件而实施检查（*Id.*，at 344，345，502 N. Y.

① 被申请人主张，第415条a款第5项的规定违反了宪法，因为它没有限制在既定时间内对某一特定行业进行检查的次数。Brief for Respondent 12. 尽管在分析某一特定的制定法是否适当时需要考虑这些限制是否存在，但是只要该制定法从整体上适当地限制了检查人员的裁量权，有无限制也就不能起到决定性作用了。实际上，我们确实赞同一些授权无证检查的制定法，即使它们没有限定在特定时间内进行检查的次数。See *United States v. Biswell*，406 U. S. 311，312，n. 1，92 S. Ct. 1593，1594，n. 1，32 L. Ed. 2d 87（1972）. 我们认为，在某些情况下，应当频繁地进行检查以实现规制方案的目的。*Id.*，at 316，92 S. Ct.，at 1596（“在此，如果要使检查卓有成效并且发挥威慑的作用，那么即使频繁的、未经通知的检查也是必要的”）。

② 至于制定法中的程序是否适当，本案的情况与贝斯威尔案大同小异。在贝斯威尔案中，《枪械管制法》的规定允许在“任何合理的时间内”对相关的商业记录和存货清单实施无证检查。*Id.*，at 312，n. 1，92 S. Ct.，at 1594，n. 1. 法院认为，该法充分地告知了枪械经销商“检查人员的目的与其检查的范围”。*Id.*，at 316，92 S. Ct.，at 1596.

S. 2d，at 705，706，493 N. E. 2d，at 929，930）。与此同时，法院还指出，检查人员的身份——警察——对于揭示规制方案的真正性质起到了至关重要的作用（*Id.*，at 344，502 N. Y. S. 2d，at 705，493 N. E. 2d，at 929）。

在裁判的过程中，上诉法院并没有意识到：要解决一个重大的社会问题，执法官员既可以通过行政方法，也可以诉诸刑事制裁。就矫正特定社会问题这一最终目的而言，行政法规和刑事法律可能是完全一样的，但是他们有着迥然不同的次级目的，而且为处理该问题规定了迥然不同的方式。行政法规通过详细地列举指导经营者行为的规则以及允许政府官员确保此类规则得以遵守的方式，确定了应当如何经营某一受到"严格规制"的行业。 p713
这种管理方法与刑事法律恰好相反，后者主要强调对实施特定行为的个体进行惩罚。

在贝斯威尔案中，由于注意到《枪械管制法》的最终目的旨在"预防暴力犯罪，并且协助执法官员管理管辖范围内的枪支交易活动"，我们认识到，无论是行政法规还是刑事法律，都可以达到同样的目的（406 U. S.，at 315，92 S. Ct.，at 1596）。毫无疑问，某些州的刑事法律与其具有相同的目的。但是，《枪械管制法》的管理目标相对有限：该法确保"武器是通过正规渠道、以可追溯的方式出售的，使得预防武器落入不法人员手中与查明特定枪支来源的事实成为可能（*Id.*，at 315 - 316，92 S. Ct.，at 1596）。"该法中包括那些授权无证检查在内的规定既可以达到这些直接目标，也有助于达到刑事法律旨在实现的最终目标。

本案也说明，行政方法也可以达到与刑事法律相同的最终目的，即使它的管理目标相对较窄。正如我们在上文中所解释的那样，纽约州也同其他州一样，面临着一个严峻的关于汽车盗窃犯罪的社会问题，正是由于这一问题，该州享有管理汽车拆装业的实质性利益。纽约州刑事法律通过制裁汽车盗窃罪或者包括个人购销赃物在内的非法持有赃物罪，试图解决这一问题（See n. 6, *supra.*）①。此外，由于享有管理废弃汽车业的利益，州政府还通
p714 过规制的方式加以解决。从整体上看，第415条a款服务于以下规制目的，即“旨在保证车辆拆装者必须是具有合法资质的经营者，并保证被盗车辆以及汽车处理场处理过的车辆组件能够被识别出。”② 尤其是该款第5项的规定，有助于促进这些目标的实现，如同该法通过时所阐释的那样：

本法的实施不仅可以通过行政执法方式，还可以通过使不法分子在赃车市场上无利可图的方式来实现。

运用此种方法的不同行业已经被研究过，对这些行业的控制与要求是通过以下方式实现的，即允许该行业的从业人员采用合法有效的经营手段，而使不法分子得益于倒卖被盗车辆或者组件
p715 的勾当变得极为困难。一般的方案是识别任何合法从事此行业的

---

① 刑事法律经常随着某一类犯罪数量的增长而发生改变的。例如，纽约州在1986年修改了有关重大窃盗罪的定义，新增以下规定：“任何人不得被判处四级重大窃盗罪，除非盗窃财物，并且：8. 财物的价值超过100美元，其中包括一辆《车辆与交通法》第125条中所界定的汽车，而不是该法第123条中所界定的摩托车”。1986 N. Y. Laws, ch. 515, § 1 (McKinney), codified at N. Y. Penal Law § 155. 30 (McKinney Supp. 1987).

② See, e. g., Memorandum of State Department of Motor Vehicles in support of 1973 N. Y. Laws, ch. 225, 1973 N. Y. Laws 2166, 2167 (McKinney) （第415条a款旨在“建立一个档案系统，以便从废弃场中查找相关汽车的线索，确保这些废弃场的经营者具有合法的从业资格，而不是汽车盗窃集团”）; Letter of John D. Caemmerer, Chairman of Senate Committee on Transportation, to Michael Whiteman, Counsel to the Governor (Apr. 12, 1973), reprinted in Governor´s Bill Jacket, L. 1973, ch. 225, p. 15 (1973 Bill Jacket) （“该法为一个极易混杂一些希望处理被盗汽车或其组件的盗窃犯的行业，提供了必要的保护”）; Letter of Peter M. Pryor, Chairman of New York State Consumer Protection Board, to Michael Whiteman, Counsel to the Governor (Apr. 18, 1973), 1973 Bill Jacket, p. 6 （“有组织犯罪集团利用废旧物回收业作为一个从事有关汽车经营与其他违法活动的便利场所。立法提案使得该行业受到了警察与机动车辆管理局的监管，因而减少了利用它掩护不法活动的可能性”）。

人员，提供一个记录系统使得车辆及其组件可以被追溯至最后一个合法登记或者享有所有权的业主。合法从事此行业的人员常常有理由抱怨，由于方案对该行业缺乏全面的覆盖，他们与那些目前能够在法律规章之外经营的人相比往往处于劣势。他们还合理地指出，现行的管制法规与烦琐的记录要求之间固有的迟滞，使得盈利经营变得极为困难。

该法是在征求了不同行业中德高望重人士的意见后起草的，提供了一个更加切实可行的管理被盗车辆及其组件交易的制度（*Letter of Stanley M. Gruss, Deputy Commissioner and Counsel, to Richard A. Brown, Counsel to the Governor*（June 20, 1979），1979 Bill Jacket）。

因此，对于州政府而言，第415条a款第5项规定的"真正的目的"是收集犯罪证据达成刑事判决这一事实，实际上忽略了a款一般规定与第5项具体规定显而易见的行政目的。

如果承认第415条a款第5项的规定具有行政目的，那么上诉法院发现在允许检查人员——甚至是在缺少相关记录的情况下——检查车辆及其组件时所出现的困难将会消失。检查人员通过对某一特定汽车拆装商的商业记录与其经营场所中的车辆及其组件进行对比，确实可以实现第415条a款第5项的规制目的。p716
然而，即使是在经营者出于某种原因没有制作任何商业记录的情况下，允许检查人员检查其存货清单，同样能够实现以下目的，即废旧汽车处理场由合法的经销商经营以及追溯此类行业中所售汽车的来源。[①] 反之，如果禁止检查人员在此种情况下检查经营者的存货清单，则可能纵容不法的汽车拆装厂阻碍实现行政方案的目的，并且出现荒谬的结果，即其制作商业记录的同行反而会

① 未制作商业记录构成了第415条a款第5项中的轻罪，该项规定是第415条a款第6项中吊销经营者营业执照的依据。吊销营业执照的目的，在于清除该行业中的不法分子。

受到更加细致的搜查。①

我们不认为，仅仅由于检查人员在实施检查的过程中除了违反方案本身以外，还可能发现犯罪证据，该行政方案就违反了宪法。在贝斯威尔案（*United States v. Biswell*）中，典当行经营者不仅被指控违反了检查据以实施的制作商业记录的规定，还被指控违反了检查过程中其他几项规定（406 U. S.，at 313，n. 2，92 S. Ct.，at 1594 – 1595，n. 2）。最终，因为他没有缴纳经营具体型号的枪支所必需的开业许可税而被判有罪（*Id.*，at 312 – 313，92 S. Ct.，at 1594 – 1595）。在正当的行政检查过程中发现犯罪证据，并不能使搜查违法或者使行政方案看起来可疑（Cf. *United States v. Villamonte – Marquez*，462 U. S. 579，583 – 584，and n. 3，103 S. Ct. 2573，2577，and n. 3，77 L. Ed. 2d 22（1983））②。

最后，从警察——而非“行政”机关——被准许根据第415条a款第5项进行检查的这一事实，我们看不出任何宪法上的意义。
p717 被申请人主张其意义在于，警察扮演着刑事执法者的角色，

① 的确，在贝斯威尔案中，我们认为：尽管经营者没有妥当地保管营业记录，*id.*，at 313，n. 2，92 S. Ct.，at 1594 – 1595，n. 2，但是，授权检查相关记录与存货清单的规定（406 U. S.，at 312，n. 1，92 S. Ct.，at 1594，n. 1）与实际检查营业场所的行为都不存在宪法性问题。

② 有关第415条a款一般规定与该款第5项具体规定的立法史说明，纽约州立法机关对于所制定的行政方案具有适当的规制目的，并不是将其作为一个促使执法机关收集犯罪证据的“借口”。See *supra*，at – and n. 24；see also *Illinois v. Krull*，480 U. S. 340，351，107 S. Ct. 1160，——，94 L. Ed. 2d 364（1987）（“我们没有理由相信，立法者倾向于推翻他们自己的誓言与第四修正案”）。此外，也没有理由相信，突袭检查实际上只是一个为了获得被申请人的犯罪证据而编造的“借口”。毫无疑问，检查完全是按照行政方案进行的。实际上，由于此处的搜查正是第415条a款第5项中的检查，因此，上诉法院能够在本案而不是佩斯案（65 N. Y. 2d 684，491 N. Y. S. 2d 618，481 N. E. 2d 250（1985））中解决管制法规是否合宪的问题。See 67 N. Y. 2d，at 342 – 343，502 N. Y. S. 2d，at 703 – 704，493 N. E. 2d，at 928；see also n. 7，*supra*.

他们有权逮捕犯罪分子而不是那些违反行政方案的人。但是，还应当注意到，就像纽约州的警察那样，州警察除了承担与传统警察工作相关的任务以外，还履行着许多其他的职责（See *People v. De Bour*，40 N. Y. 2d 210，218，352 N. E. 2d 562，568（1976）（"只考虑到警察在逮捕和刑事程序中的行为，实际上是一种不必要的误解"）；see also ABA Standards for Criminal Justice 1 -1. 1（b） and commentary（2d ed. 1980，Supp. 1982））。实际上，许多州都没有足够的财力将执行某一特定行政方案的任务指派给一个专门机构。只要规制方案具有适当的行政性，它就不会因为——检查人员除了逮捕违反方案规定的人之外还有基于其他理由而逮捕人的权力——这一事实而变得违法。① 总而言之，我们拒绝强制州政府必须将执行管制法规的任务交由专门机构。 p718

五

因此，撤销纽约州上诉法院的判决，并将本案发回重审。

特此判决！

大法官布伦南（Brennan J.）发表了反对意见，大法官马歇尔（Marshall J.）表示附和，大法官奥康纳（O'Connor J.）就第三部分以外的内容表示附和。

如果确有必要凸显州政府的紧急利益，并且得到了管制法规的授权，对检查的时间、地点与范围进行了审慎地控制，那么，对于受到"严格规制"的行业实施无证检查就是合法的。我不反对这个一般规则。但是，法院今天却认为：行政方案完全是针

① 在贝斯威尔案（*United States v. Biswell*）中，存在争议的搜查是由一名市警察与一名美国财政部的工作人员（406 U. S.，at 312，92 S. Ct.，at 1594.）联合实施的，后者被授权逮捕触犯联邦法律的犯罪分子。See 27 CFR § 70. 28（1986）. 在科伦内德公司案中，实施搜查的国税机构工作人员也享有类似的权力。397 U. S. 72，73，90 S. Ct. 774，775，25 L. Ed. 2d 60（1970）；See 26 U. S. C. § 7608（a）.

对受到严格规制的行业而言的。伯格从事的汽车拆装行业并没有受到严格的规制（除非纽约市的大部分行业都受到了规制），因此对其进行搜查之前应当持有行政令状。此外，法院还注意到：这一显然不足以规避令状要求的法规，实际上是在谨慎地指导与控制着警察的裁量权。最后，法院指出：仅仅是为了发现犯罪证据而实施的搜查具有行政性质。结果，法院实际上使得一般规则，即对商业财产实施行政搜查必须获得令状，没有任何意义。①

一

在席案（*See v. City of Seattle*，387 U. S. 541，543，87 S. Ct. 1737，1739，18 L. Ed. 2d 943（1967））中，我们裁定：通常只
p719 有根据令状，才能对商业财产实施行政搜查。但是，在受到政府“严格规制”的行业中，我们相信，商业经营者的隐私利益恰当地受到了详细明确的、授权无证检查的规制方案的保护。因此，我们认为：该规则具有例外，可以规避适用令状的要求（See *Donovan v. Dewey*，452 U. S. 594，599，101 S. Ct. 2534，2538，69 L. Ed. 2d 262（1981））②。法院曾经明确指出：“受到严格规制的行业……属于该规则的例外（*Marshall v. Barlow's*，*Inc.*，436 U. S. 307，313，98 S. Ct. 1816，1820 - 1821，56 L. Ed. 2d 305（1978））。”然而，不幸的是，今天的裁决却使例外成为规则。

最初，法院只从行政令状的要求中排除了那些“传统上长

① 法院没有解决：根据《纽约市宪章与行政法》第436条（Supp. 1985）的规定，搜查是否合法的问题。我赞同纽约州上诉法院的分析，认为该条规定显然违反了宪法。

② 我们只将这一例外适用于三种行业。See *Colonnade Catering Corp. v. United States*，397 U. S. 72，90 S. Ct. 774，25 L. Ed. 2d 60（1970）（酒类行业）；*United States v. Biswell*，406 U. S. 311，92 S. Ct. 1593，32 L. Ed. 2d 87（1972）（枪支与弹药销售业）；*Donovan v. Dewey*，452 U. S. 594，101 S. Ct. 2534，69 L. Ed. 2d 262（1981）（采矿业）.

期受到严格的政府监管"（*Donovan v. Dewey*，*supra*，452 U.S.，at 605，101 S. Ct.，at 2541，quoting from Marshall v. Dewey，493 F. Supp. 963，964（1980）），或者"可能对健康或生活构成潜在的、直接的危险"的行业（Note，48 Ind. L. J. 117，120 - 121（1972））[①]。今天，法院对历史理由产生了实质性的依赖，主张汽车拆装行业属于一个拥有长期规制历史的普通废旧物品行业的一部分。然而，在杜威案中，我们予以澄清：尽管历史上的监管有助于证明严格规制的存在，但正是"规制的普遍性与规律性最终决定了要使检查活动在第四修正案下具有合理性，令状是否必要的问题（452 U.S.，at 606，101 S. Ct.，at 2542）[②]。" p720

在纽约州，管理汽车拆装行业的规定不太详尽。汽车拆装商必须进行许可登记、交付一定的费用、在多种情况下以醒目的方式标注自己的登记编号、制作一份存货清单，并允许相关人员进行检查（See N. Y. Veh. & Traf. Law §§ 415 - a1 - 6（McKinney 1986））。当然，检查本身不能作为证据证明汽车拆装行业受到了严格规制，从而规避令状的要求；这显然是一种"步步为营法"（bootstrapping）。此外，许可登记与记载商业记录的要求也不能被视为是受到严格规制的体现。就像许多州与自治市一样，纽约市也对大量的交易与行业施加了类似的、并且通常更为严格

① *Compare Biswell*，*supra*，406 U.S.，at 315，92 S. Ct.，at 1596（允许无证搜查，因为尽管枪支管制不像控制酒类行业那样拥有悠久的历史，但是，"严格地控制此类交易对于联邦预防暴力犯罪而言，显然具有极其重要的意义"）；*Dewey*，*supra*，452 U.S.，at 602，101 S. Ct.，at 2539（允许对"国内最危险的行业之一"——采矿业进行无证搜查）；*Marshall v. Barlow's*，*Inc.*，436 U.S. 307，98 S. Ct. 1816，56 L. Ed. 2d 305（1978）（如果管制法规授权某个机构对从事州际贸易的行业进行健康与安全方面的检查，令状就是必须的）。

② 此外，"传统上长期受到严格的政府监管"与确定某一行业是否受到严格的规制具有关联性。*Id.*，at 313，98 S. Ct.，at 1821. 历史上，政府对一般的废旧物品行业实行的规制与以下所讨论的现代规制相差无几。无论是一般的废旧物品行业，还是汽车拆装行业，都没有受到或者曾经受到过严格的规制。

的有关经营许可、商业记录记载与其他方面的管理要求。[①] 积极地投身于汽车拆装业，几乎不受任何实体资格的限制；经营场所
p721 的条件、管理方法、营业时间以及机械设备等也都没有规定。这一行政计划与诸如多诺万案（*Donovan v. Dewey*）中相关的《采矿安全条例》（*supra*）形成了强烈的对比。[②]

总而言之，如果纽约市行政方案使汽车拆装行业受到了严格规制，那么鲜有其他行业能摆脱此种命运。在这种情况下，令状

---

① 参见《纽约市宪章与行政法》中有关经营许可与管理的要求：§ B32 - 1.0（1977 and Supp. 1985）（公共娱乐场所或运动场所），§ B32 - 22.0（电影展览会），§ B32 - 45.0（台球桌与撞球桌），§ B32 - 46.0（保龄球馆），§ B32 - 54.0（路边咖啡馆），§ B32 - 58.0（路边摊），§ B32 - 76.0（观光导游），§ B32 - 93.0（公共交通工具和司机），§ B32 - 98.0（讨债公司），§ B32 - 135.0（典当商），§ B32 - 138.0（拍卖人），§ B32 - 167.0（洗衣店），§ B32 - 183.0（修锁匠和钥匙匠），§ B32 - 206.0（销售业），§ B32 - 251.0（汽车修理站和停车场），§ B32 - 267.0（商业垃圾清除），§ B32 - 297.0（公共舞厅、酒店和餐饮业），§ B32 - 311.0（咖啡馆），§ B32 - 324.0（观光巴士和司机），§ B32 - 352.0（家具装饰行业），§ B32 - 467.0（电视、录音机和音响设备放送服务与维修），§ B32 - 491.0（杂货商），§ B32 - 532.0（仓库保管）。

纽约州同样全面地规定了有关营业执照与经营许可证的要求。See N. Y. Exec. Law § 875（McKinney Supp. 1987）："超过35个州的相关机构颁发了影响企业、组织与个人的经营规则与许可证。法律规章制度中还需要有大量的许可证号码规定。受到规制的行业需要拥有大量的经营规则、许可证、营业执照与批准证件。"

② 并不是说，最少的规定就是确定受到严格规制的前提（see ante, at 2645, n. 16.），相反，这只是关于规制最小的实体范围。杜威案中存在争议的《矿山安全与健康法》（supra.）强制检查所有的矿山，规定了检查的频率（至少每年检查两次露天矿山，四次地下矿山，不定期地每隔5天、10天或15天检查一次产生爆炸气体的矿山），强制在违反相关规定后跟踪进行检查，一旦矿工或者矿工代表告知存在危险的条件，应当立即强制进行检查，要求遵守该法与《联邦管制法》第30条中规定的一系列具体标准，要求个人告知矿主所有该法所规定的标准。See *Dewey*, *supra*, 452 U. S. , at 604, 101 S. Ct. , at 2540.

要求只是一个例外而不是一般规则，席案的判决被彻底地推翻了。[①]

二

即使汽车拆装行业的确受到了严格规制，我也认为：这种无证搜查的行为违反了第四修正案。令状要求通过确保"检查某一特定的行业时，应当遵守合理的立法或行政标准"（*Camara v. Municipal Court*, 387 U. S. 523, 538, 87 S. Ct. 1727, 1735, 18 L. Ed. 2d 930（1967）)，能够防止企业所有者受到"执法者与行政官员不受约束的裁量权"的支配（*Marshall*, *supra*, 436 U. S., p722
at 323, 98 S. Ct., at 1826)。为了达到与令状相同的效果，行政法规应当创造"一个可预测的、具有引导性的政府行为（*Dewey*, 452 U. S., at 604, 101 S. Ct., at 2541)。"第415条a款第5项的规定还达不到"适用的确定性与规律性"标准——这一标准对于提供一个"在宪法意义上足以替代司法令状的相应措施"来说是必要的（*Id.*, at 603, 101 S. Ct., at 2540）[②]。

该制定法并没有告知汽车拆装业的经营者：检查将会是定期

① 法院在允许州政府对本州享有实质性利益的行业无证进行检查时，进一步削弱了对于受到严格规制的行业的限制。See *ante*, at ——. 法院应当要求在检查受到严格规制的行业时必须持有令状，除非检查方案进一步凸显了政府的紧急利益。See *Dewey*, *supra*, at 599－600, 101 S. Ct., at 2538－2539, *Biswell*, *supra*, 406 U. S., at 317, 92 S. Ct., at 1597.

② 由于经常需要突袭地以及/或者频繁地进行搜查，因此我也怀疑，无证搜查能否进一步体现规制方案的目的。如果突袭检查（如同其在刑事案件中那样）至关重要，那么令状就不是必须的。See W. LaFave, Search and Seizure § 10. 2（e), p. 653（1987）. 如果州政府试图频繁地进行检查，那么相关法律（或者某些管理机构）应当在某处明确地将这一情况告知受到规制的行业。

进行的；实际上，根本不能保证检查将会在何时进行。[①] 在任何既定的时间段内对任何特定的企业进行搜查，都不受次数的限制。[②] 相关的法规、规章或者管理机构也没有对如何选择汽车拆
p723 装厂进行检查提供任何限制或者指导。实际上，州政府根本无法解释为什么会选中伯格的废旧汽车处理场进行检查（67 N. Y. 2d 338，341，502 N. Y. S. 2d 702，703，493 N. E. 2d 926，927（1986））。这也正是反对马歇尔案中被判无效的检查方案的原因：该检查方案没有“提供任何标准指导检查人员如何挑选搜查的企业或者如何进行搜查”（*Dewey*，*supra*，452 U. S.，at 601，101 S. Ct.，at 2539）。

法院还主张，该制定法有效地限定了搜查的范围。我们以前认为“企业经营者需要遵守的标准应当都是详细明确的”这一论断十分重要（452 U. S.，at 604，101 S. Ct.，at 2541），因为，对潜在的行政违法行为进行清晰完整地定义，就等于间接地限制了检查的范围。显然，一个授权——不能发现任何行政违法行为——搜查的制定法，还不足以充分地限定搜查范围以规避令状要求。该制定法没有使行政检查的范围与对受规制行业产生的特别关心相适应。我认为，“检查的频率与目的，实际上取决于政府官员不受限制的裁量权”（*Ibid.*）。在本案中，警察的行为印证了这一点。警察清除了一辆残疾人助步车与一台轮椅上的识别码，这二者均不在该制定法所允许的行政搜查范围内。

① See § 415－a5（a）（“一旦本局的工作人员或者任何警察要求进行检查，并且在汽车拆装厂正常的、通常的营业时间内，该厂就应当提供此类记录，允许上述工作人员或者警察检查这些记录与任何按照本条要求应当予以记录并存放在厂房内的车辆或者组件”）。

② 当然，在杜威案（*supra.*）中，每年检查矿山的次数并无上限限制，但是由于相关法律规定每年都对每个矿山进行检查，因此大大降低了选择某一特定矿山重复或者深入检查的几率。See 452 U. S.，at 599，101 S. Ct.，at 2538（检查可能不会极其“随意、罕见或者不可预知，以至于所有者实际上不能真正地期待：其财产将会偶尔地受到政府官员的检查”）。

法院还指出，明确告知经营者谁有权负责搜查商业场所也非常重要。但是，我认为，该制定法中限制“任何警察”或者“（政府部门）专员代理人”的规定没有任何意义。我所看到的唯一一条对警察搜查汽车拆装商的商业场所施加的限制是：搜查应当在其营业时间或者其他开放时间内进行。该制定法赋予警察的不受约束的裁量权，使之不可能取代令状。

p724

三

第415条a款第5项的根本缺陷在于：它所授权的搜查，只是为了发现犯罪证据。纽约州上诉法院正确地判决：第415条a款第5项授权搜查伯格经营的废旧汽车处理场，“只是为了查明被申请人是否在其营业场所内藏有被盗物品（67 N. Y. 2d, at 345, 502 N. Y. S. 2d, at 706, 493 N. E. 2d, at 930）。”在行政搜查法中，存在一个表述清楚并得到一致赞同的原则：政府不能利用一项行政检查方案实施搜查从而发现犯罪行为（See *Michigan v. Clifford*, 464 U. S. 287, 292, 104 S. Ct. 641, 646, 78 L. Ed. 2d 477（1984）（opinion of Powell, J.）（在调查火灾时，灭火之后的检查是否合宪取决于“搜查的目的究竟是确定起火原因，还是收集犯罪证据”）; *Michigan v. Tyler*, 436 U. S. 499, 508, 98 S. Ct. 1942, 1949, 56 L. Ed. 2d 486（1978）（如果政府当局是在寻找刑事指控的证据，那么应当适用通常的合理根据的标准）(citations omitted); *Donovan v. Dewey*, *supra*, 452 U. S., at 598, n. 6, 101 S. Ct., at 2538, n. 6（“如果搜查商业财产是为了发现违禁品或犯罪证据，那么应当适用令状原则与合理根据的要求”）; *Almeida - Sanchez v. United States*, 413 U. S. 266, 278, 93 S. Ct. 2535, 2542, 37 L. Ed. 2d 596（1973）（Powell, J., concurring)（在边境搜查汽车时不需要传统的合理根据，因为“这种搜查主要是为了达到行政的目的而不是起诉的目的”）; *Camara v. Municipal Court*, *supra*, 387 U. S., at 539, 87 S. Ct., at

1736（以低于合理根据的标准授权实施行政搜查，不会“危及那些历史悠久的适用于刑事调查的原则”）；*see v. City of Seattle*, 387 U. S. , at 549, 87 S. Ct. , at 1742（Clark, J. , dissenting）（“检查的目的并不是为了提起刑事指控”）；*Abel v. United States*, 362 U. S. 217, 226, 80 S. Ct. 683, 690, 4 L. Ed. 2d 668（1960）（“政府处心积虑地运用行政令状达到收集犯罪证据的目的，应
p725 当经受得住法院严格的考验”）；*id.* , at 248, 80 S. Ct. , at 701（Douglas, J. , dissenting）（政府不能“通过利用行政官员的身份作为掩护，实际上旨在提起刑事指控这一简单的伎俩”，规避适用第四修正案）；*Frank v. Maryland*, 359 U. S. 360, 365, 79 S. Ct. 804, 808, 3 L. Ed. 2d 877（1959）（“不得扣押犯罪证据，除非法官签发了搜查令”））①。

在本案中，州政府只是利用行政方案作为借口，在不具有合理根据的情况下搜查犯罪证据。因此，这种行为实际上是通过改变搜查行为的标签来规避第四修正案的要求。这一关键点通过以下事实得到了明确的诠释：警察分别记下了汽车处理场中一台轮椅与一辆残疾人助步车上的识别码，并且确定二者都属于被盗物品。显然，这两种物品既不属于车辆也不属于车辆组件，而且它们与州政府实施行政方案毫无关系。单凭搜查的范围就可以看出：此次搜查纯粹是为了发现犯罪证据。②

---

① 在卡莫若案（*Camara v. Municipal Court*, 387 U. S. 523, 87 S. Ct. 1727, 18 L. Ed. 2d 930（1967））中，法院运用目前相关的寻找失窃物品的例子指出：“公共利益的存在，使得大面积地对整个城市展开搜查以找回失窃物品的可能性几乎为零。因此，只有在具有‘合理根据’相信可能在某个特定的地方发现这些物品时，对其实施的搜查才是‘合理的’”。*Id.* , at 535, 87 S. Ct. , at 1734.

② 因此，对于法院的判决，即“没有理由相信，突袭检查实际上是一个旨在发现被申请人犯罪证据的‘借口’”，我谨呈反对意见。*Ante*, at 2651, n. 27. 检查轮椅与残疾人助步车上的识别码这一事实说明，此次搜查超越了任何想象得到的行政目的。至少，指控伯格非法持有盗窃物的——涉及轮椅与残疾人助步车的——第二项与第三项罪名，应当被驳回。

此外，搜查的真正用意实际上也不可能是旨在发现应当受到行政制裁的不良行为。伯格说，他并没有根据第 415 条 a 款第 1 项的规定对汽车拆装厂进行登记注册，也没有按照该款第 5 项（a）的规定记载管制账簿。[①] 就这一点而言，他已经违反了行政方案的所有规定。没有任何一条行政规定禁止经营者拥有被盗的车辆或者车辆组件。[②] 一旦发现所有可能违反行政规定的行为，那么检查就变成了搜查犯罪证据的活动。[③] p726

州政府主张：采纳这种观点可能会纵容某一汽车拆装厂简单地以不登记注册、不制作商业记录的方式阻碍实现行政方案的目的。实际上，这只是一种假象。不登记注册与不制作商业记录的行为确实违反了行政方案，应当受到行政制裁与刑事处罚（See n. 13，*supra.*）。但是，这并不阻碍州政府实施进一步的刑事调查；警察只需取得令状，然后继续搜查商业场所。如果被申请人 p727

① 省略这些步骤还可能使其承担潜在的刑事责任：未进行登记注册的，将被判处 E 级重罪（§ 415 - a1）；没有制作管制账簿的，将被判处 A 级轻罪（§ 415 - a5(a)）。

② 假如伯格登记注册经营汽车拆装业务，那么该项登记注册将会由于其非法拥有被盗车辆或者组件而被宣告无效，并且检查拆装厂中的车辆及其组件也将具有行政目的。但是，他根本没有登记注册。

③ 在克利福德案（*Michigan v. Clifford*，464 U. S. 287，104 S. Ct. 641，78 L. Ed. 2d 477（1984））中，涉及一个寻找起火原因与着火点的行政检查，法院"一致同意：在调查人员确定了起火原因并且找到了着火点之后，只能根据基于犯罪行为已经发生的合理根据而签发的令状，搜查房屋的其他部分"。*Id.*，at 300，104 S. Ct.，at 650（Stevens，J.，concurring）；see also id.，at 294，104 S. Ct.，at 647（"一旦确定了起火的原因，那么允许无证搜查起火原因的情况就不能再使收集犯罪证据的搜查活动具有正当性"）；*id.*，at 306，104 S. Ct.，at 653（REHNQUIST，J.，dissenting）（"尽管在没有取得基于合理根据而签发的令状时，尚不能搜查房屋的其他部分，"但是，可以适当地搜查地下室以寻找起火的原因与着火点）。因此，"如果消防人员一开始时没有向独立的司法官员提交合理根据，那么他就不能根据在正当的行政搜查中所发现的犯罪证据扩大行政搜查的范围"。*Id.*，at 294，104 S. Ct.，at 647. 同样地，如果已经达到了所有的行政目的，那么行政检查也就应当予以终止。进一步的调查必然是一种搜查犯罪证据的活动，因此需要一个基于合理根据而签发的令状。

不进行登记注册与制作商业记录的做法相当于合理根据，那么纽约市警察局汽车犯罪调查科的检查人员就具有了合理根据，可以获得授权搜查伯格这家废旧汽车处理场的刑事令状。① 某些警察在其同事取得令状之前可能会留下来，以确保这一未获许可资格的汽车拆装商不再继续营业。任何不便之处对于警察而言都是最小的，无论如何，“不便之处本身从不被认为是规避令状要求的适当理由”（*Almeida - Sanchez*, 413 U.S., at 283, 93 S. Ct., at 2544（Powell, J., concurring））。

法院完全承认：“要解决一个重大的社会问题，执法官员既可以通过行政方法，也可以诉诸刑事制裁（*Ante*, at 2649）。”违反行政规定可能构成犯罪，而正当的行政检查有时会发现犯罪证据；这两种情况并不会必然地产生与检查方案相关的宪法性问题。
p728 题。在本案中，问题完全与之不同。在只牵涉行政搜查的情况下，法院才允许州政府实施“行政搜查”——这种搜查不违反任何行政规定，也不可能产生任何行政性后果。②

因此，法院含蓄地指出：如果行政方案旨在实现某些目的，而搜查恰好能够满足这些目的，那么即使某次特定的搜查没有产

① 尽管不能确定警察实施的搜查究竟是行政性的还是刑事性的，但这一事实应当提醒法院谨慎地裁判，因为，“警察实施的搜查较之纯粹的行政检查，在本质上更具侵犯性”。此外，不同于行政机关的是，警察享有一般性的犯罪调查权，该权力超越了合法的范围与纯粹行政检查的目的。*Commonwealth v. Lipomi*, 385 Mass. 370, 378, 432 N.E.2d 86, 91（1982）. See also LaFave, Criminal Search and Seizure § 10.2（f）, p.661（1987）（“现有的对于检查范围的限制将会被给予更多的重视，也就是说，根据法律，只能由那些了解并遵守既定范围限制的专业检查人员而不是任一执法人员进行检查”）；*United States ex rel. Terraciano v. Montanye*, 493 F.2d 682, 685（CA2 1974）（Friendly, J.）（强调修改纽约州有关检查毒品记录的法规，以“限制卫生部代表而非本州一切‘治安官员’所享有的检查权”）。

② 因此，本案中没有出现更加难以解决的问题：州政府是否可以采取任何刑事措施，使其违反行政规定，然后在无合理根据的情况下搜查违反新制定的行政规则的证据？违反行政法规与刑事法律所产生的日益增多的交叠，显然使州政府愿意这么做，而且容忍此类作为借口的搜查将允许第四修正案提供直接的保护。

生任何具体的行政结果，也应当予以支持。这是一种危险的观点，因为行政方案所要实现的目的经常与刑法的目的产生交叠。因此，法院在论证时提出：只要行政检查达到了一个抽象的行政目的，如预防汽车盗窃犯罪的发生，就可以规避适用第四修正案。立法机关不能仅仅通过声明某一行政搜查方案的目的是预防某类犯罪，而取消宪法性保护。如果要使第四修正案在商业环境下仍富有意义，那么应当将其适用于搜查犯罪证据的活动——即使这些搜查行为也符合行政目的，除非该行政目的具体化为寻找某一违反行政规定的行为。①

p729

四

法院意见的深层含义——如果能够体会得到——实际上是要在行政搜查的情况下，排除第四修正案对于商业场所的保护。任何州都不会将以下规定作为一个经营条件：无论基于任何目的，一律准许无证搜查。

我谨呈反对意见。

1.3 美方评论

最高法院已经将第四修正案的合理性条款适用于基于传统刑事执法需要以外的其他目的而实施的搜查扣押活动。最高法院论证说，关于司法令状和合理根据的传统要求，尽管对于执法官员搜查扣押犯罪证据的活动意义重大，但是对于政府官员基于正当的行政执法或管理目的而实施的搜查活动，却并非完全契合。这

① 当然，今天的判决也考虑了搜查是否符合州宪法的问题。See *People v. P. J. Video, Inc.*, 68 N. Y. 2d 296, 508 N. Y. S. 2d 907, 501 N. E. 2d 556 (1986); *People v. Class*, 67 N. Y. 2d 431, 503 N. Y. S. 2d 313, 494 N. E. 2d 444 (1986).

些所谓基于特殊行政需要的搜查，有别于普通的刑事执法活动。因此，如果某项搜查或扣押行为的根据是特殊的行政需要，而不是出于传统的刑事执法目的，那么最高法院将通过根据合理性条款进行的利益权衡方法，来确定此类搜查或扣押行为应当遵守什么样的最低要求。基于这种合理性分析（就像特瑞案中为保护执法官员而允许实施搜查时所做的那样），最高法院将权衡以下两个方面的因素：实施特定搜查或扣押行为的行政需要，以及该搜查或扣押行为对个人权利的侵害程度。如果合理根据标准和/或令状原则没有给予政府相关利益足够的重视（即就此类行为造成的侵害程度而言，不适当地降低了政府利益），那么最高法院将宣布，放弃这些宪法要求并采取诸如合理怀疑或者控制执法官员裁量权限的其他方式是合理的。但是，如果除了刑事执法目的外别无其他特殊行政需要，那么该搜查行为将被视为基于刑事执法目的而收集证据的行为；因此，推定其应当适用合理根据与司法令状的要求，或者应当属于令状原则的某个例外，如紧急情形例外（*See Arizona v. Hicks*）。

根据“特殊需要”学说允许实施搜查的第一种情形涉及对住宅的安全检查。在卡莫若案（*Camara v. Municipal Court*，387 U. S. 523（1967））中，最高法院对实施此类搜查的行政需要与住宅居民遭受的侵害程度进行了权衡。在卡莫若案中，最高法院拒绝了住宅居民的以下请求：检查住宅的权利应限定于以下情形，即执法人员有合理根据相信某栋特定的建筑物违反了某项规定。最高法院判决认为，根据其他理由（如距离上次检查已经过了一段时间，该建筑物的性质，或者该检查行为属于在较大区域内进行住宅检查活动的一部分），执法人员也有权进入住宅。在卡莫若案中，最高法院论证说，定期对较大区域内的住宅进行检查，对于保证住宅安全检查制度的有效性，具有至关重要的作用；而且，对此要求必须具有合理根据的支持，否则将有损政府在住宅安全方面的正当利益。最高法院指出，许多事关住宅安全的隐患“从建筑物外面是无从发现的，而且居民自己事实上也可能根本发现不了”；如果对此要求必须具有合理根据的支持，那么这些隐患将无从得到解决。相对于政府在住宅安全方面具有的巨大利益，最高法院又进一步考量了由此危及的个人利益，并宣布说，住宅安全检查“对于城区公民的隐私，其侵害性是相对有限的”。最高法院论证说，在性质上，此类检查行为针对的不是个人，而且也不会对住宅进行细致全面的搜查。因此，最高法院结论说，合理根据的标准无法在政府利益与个人利益之间达成一种适当的平衡。

在卡莫若案中，最高法院判决认为，除非存在紧急情形或者征得房屋主人的同意，否则负责住宅安全检查的官员要想进入公民的住宅——尽管不需要具有合理根据的支持——必须获得搜查令状的授权。最高法院再次对由此涉及的利益进行了权衡并结论说，要求申请令状不可能对住宅安全检查的行政执法目的造成影响。它论证说，“在住宅法规的执法活动中，几乎没有必要进行立即搜查。”这是因为，如果检查人员转身去申请司法令状，由此并不会对政府利益造成实质意义的损害。从最坏的角度讲，在因申请令状而推迟检查这段时间里，房屋的主人可能会进行一些“仓促的应对措施”，但是这种应对措施本身同样有助于实现住宅安全检查的最终目的。最高法院还进一步论证说，令状原则只会对政府造成极小的负担，因为当检查人员提出实施检查的请求后，尽管他们并没有获得司法令状的授权，绝大多数的房屋主人都会自愿配合；对于房屋主人而言，造成检查人员不愉快几乎毫无好处可言——这些检查人员获得司法令状授权后依然要对住宅进行检查，而且他们执掌着以违反住宅法规为由传唤住宅主人到庭接受审判的权力。

值得注意的是，与刑事侦查活动中地方法官对搜查令状的审查相比，司法官员根据卡莫若案对住宅安全检查进行的令状审查活动，必然承载着不同的功能。如上所述，对于住宅安全检查而言，签发令状的证明标准有别于传统的合理根据的标准。而且，负责住宅安全检查的官员可以将以下一般性事实用作证据：例如，距离上次检查已经过了一段时间、该建筑物的性质、这是对大规模住宅检查活动的一部分。在卡莫若案中，最高法院强调说，在对住宅安全检查是否具有相应理由进行司法审查时，“不应审查以下问题，即对基本机构检查特定区域的决定进行重复评价”。因此，地方法官没有权力审查以下问题：检查的频繁程度、所需资源成本等诸如此类的、立法政策方面的决定或行政执法政策方面的决定。地方法官只需确定：是否存在一个既定的检查政策、拟签发令状授权的检查活动是否符合该检查政策的规定。在卡莫若案中，最高法院假定：地方法官通过审查拟于进行的检查活动是否属于既定检查项目的范围，将保护房屋主人的隐私利益不会受到侵害。例如，出于个人恶意动机而提出的令状申请，或者行政检查人员为进行“地毯式”检查活动而提出的令状申请，很显然不符合既定检查政策关于检查频率的限制性规定。因此，在此类制度背景下，令状审查程序旨在限制任意的、被滥用的搜查活动。

在伯格案中，摆在最高法院面前的问题之一是：对于商业地点的搜查，是否应当适用卡莫若式的司法令状？此前，最高法院曾经判决说，如果某行业属于“受到严格规制的行业”，对其进行安全检查将不适用令状原则的限制。因为，如果某行业受到“严格的规制”，也就意味着：对生产地点进行安全检查，政府享有较大的利益；对于不受检查，被告人则享有非常小的利益（这是因为，由于受到政府细密的规制，个人的隐私期待已经大打折扣）。伯格案事实上降低了“严格规制”的标准，以至于事实上几乎所有的行业都可以看做是受到政府严格规制的行业。在伯格案中，控辩双方存在争议的规制行业符合以下条件：1. 要求该行业的经营者必须取得许可资格并交付一定的费用；2. 要求经营者必须制作一份存货清单；3. 要求经营者必须在经营地点、交易文件和商业运营中的存货清单上，以醒目的方式标注自己的登记编号。上述规制措施显然属于非常“轻的”规制。因此，当最高法院认定伯格案中的商业活动属于受到严格规制的行业时，事实上等于宣布说，对于所有商业活动，进行安全检查都不要求适用卡莫若式的令状要求。最高法院之所以如此判决，其原因可能在于：最高法院显然已经对卡莫若案的令状申请程序失去了信心。终究，由于对此类搜查根本不要求必须具有合理根据的支持，因此此类司法令状并不是根据合理根据作出的不偏不倚的决定。而且，考虑到绝大多数商业经营者极有可能不愿意要求负责监管的检查人员去申请司法令状（如果这样，该经营者今后可能将承担不良后果），因此很显然，最高法院的结论是，卡莫若式的司法令状是一种徒劳无益的努力。

一、调整该行业的制定法必须具有足以替代司法令状的相应措施

在伯格案中，最高法院判决认为，即使是针对受到全面规制行业的检查，据以实施检查的规定也必须提供某种可以替代司法令状的措施。最高法院认为，为了保护商业经营者的隐私利益不会受到政府官员的任意搜查（该官员的行为不适用令状原则的限制），据以实施检查的规定本身必须“提供一个在宪法意义上足以替代司法令状的相应措施”。最高法院特别指出，调整该行业的制定法必须具有“司法令状的两项基本功能”。第一，必须让相对公民知道，该搜查活动是根据法律授权进行的，而且其范围有着适当的限定；第二，必须通过对搜查的时间、地点和范围的审慎控制，以限定执法官员的裁量权。伯格案的难题之一在于：在实际运行中，制定法规定的检查方案是否确实对执行搜查官员的裁量权规定了有意义的控制机制？最高法院根据以下因素判决说，该案中的制定法是合宪的：1. 根据该制定法的规定，经营者知道此类检查需要具备某些常规理由；因此，在进行此类检查时，经营者知道，这是根据制定法进行的检查，而不是“政府执法官员任意作出的决定”。2. 该检查活动的范围被合理地限定于商业记录和存货清单。3. 该制定法必须明确告知经营者规定了由谁负责此类检查。4. 该制定法仅适用于车辆拆装及其相关行业。5. 该制定法规定，检查人员只能在正常的营业时间进行此类检查。

但是，伯格案认定其合宪的制定法存在以下问题：该制定法并没有限定对特定车辆拆装公司实施检查的频繁程度。根据该制定法，在理论上，检查人员可以对特定公司一天检查数次，而不是几天或数周检查一次。因此，该制定法给检查人员进行骚扰性检查留下了巨大的空间和不受限制的裁量权。但是，立足以下事实，最高法院拒绝了有关频繁检查的担心：对于某些行业，为了确保该行业经营活动的适当性从而充分实现政府的利益，可能确实需要进行频繁的检查活动——对于车辆拆装行业而言，尤其如此。因为该行业的交易活动流转得特别快。但是，无论如何，如此仓促地拒绝就搜查的频繁程度施加任何限制，事实上传达了这样一种令人忧心的信息，即对于检查人员的裁量权，制定法没有必要提供充分的规制。

二、刑事执法活动

在伯格案中，最重要的问题在于：该项检查是否属于基于“特殊行政需要”而实施的搜查？如果该行为属于为发现犯罪证据而实施的搜查，那么在没有司法令状授权和合理根据支持的情况下（或者，符合“特殊行政需要”以外的其他令状例外），不得实施此类行为。据此，可以提出以下强有力的主张，即根据该制定法授权对车辆拆装行业进行的搜查并非真正意义上的、基于行政目的而实施的搜查，而是旨在为警察提供一种更便捷的手段，以帮助其发现被盗物品的相关证据。值得注意的是，根据该项制定法的规定，即使经营者没有提供其商业记录，检查人员仍然可以为发现被盗车辆的组件而实施检查——在此意义上，该项检查并不是针对是否进行适当商业记录而进行的行政搜查。因此，让人担心的是，只需给发现证据的搜查行为贴上"为检查商业记录而进行行政搜查"的标签，政府就可以轻而易举地规避令状原则和合理根据的传统要求。

在伯格案中，最高法院判决认为，对于刑事法问题（在本案中，是盗窃车辆的行为），政府既可以采取行政方法，也可以诉诸刑事制裁。最高法院认为，"就矫正特定社会问题这一最终目的而言，行政法规和刑事法律可能是完全一样的，但是它们有着迥然不同的次级目的，而且为处理该问题规定了迥然不同的方式。"因此，根据伯格案，如果某一搜查行为诉诸的是行政方式（例如，执法官员检查的是商业记录和经营状况，而不是刻意地搜寻犯罪证据），而且如果其目的是为了贯彻执行特定的行政规制标准（例如，应当对商业活动制作适当的商业记录并维持其运行条件），那么该搜查就属于行政搜查。在伯格案中，最高法院判决认为，本案搜查行为所依据的制定法本质上属于行政法规，因为该制定法服务于以下规制目的，即"旨在保证车辆拆装者必须是具有合法资格的经营者，并保证被盗车辆以及汽车处理场处理过的车辆组件可以查出来"。最高法院论证说，通过搜查发现存货清单以及经营者的商业记录——即为了确定商业记录是否完整，需要将存货清单与商业记录进行对比——上述制定法的目的才能得以实现。即使经营者没有制作任何商业记录，制定法亦允许为发现存货清单而实施搜查；这同样属于行政执法利益的适当范围；因为如果不这样，不具合法资格的经营者仅仅通过拒绝制作商业记录，就可以"挫败该行政搜查方案的目的"。

总而言之，这意味着在某些情形下，"行政搜查"规则可以成为一种规避令状规则和合理根据这些基本规定的手段。为了调查某些涉嫌犯罪的企业，政府需要做的仅仅是规定一项针对商业记录的搜查制度——为了确定商业记录是否正确，该制度允许搜查商业经营者的存货清单；而且，即使商业经营者根本没有制作商业记录，但该制度依然可以授权对存货清单进行搜查——这被视为一种对没有制作商业记录的“行政制裁”。

1.4 阅读文献

- Robert D. Dodson, *Tea Years of Randomized Jurisprudence*: *Amending the Special Needs Doctrine*, 51 S. C. L. Rev. 258 (2000).
- Ronald M. Gould, Simon Stern, *Catastrophic Threats and the Fourth Amendment*, 77 S. Cal. L. Rev. 777 (2004).
- Gerald S. Reamey, *When "Special Needs" Meet Probable Cause*: *Denying the Devil Benefit of Law*, 19 Hastings Const. L. Q. 295 (1992).

2. 要求特定海关职员接受毒品检验：冯·拉比案

(*National Treasury Emplyees v. Von Raab*)

489 U.S. 656, 109 S. Ct. 1384 (1989).

2.1 案件信息

- **本案争点**

美国海关总署要求，凡将要调任或升迁至特定职位的雇员必须接受尿样检验，这一做法是否违反了第四修正案?

- **最高法院的判决**

最高法院以5:4的投票结果作出了部分不利于申请人的判决，同时，决定就第三个争点问题发回第五巡回区上诉法院进行重审。大法官肯尼迪代表最高法院撰写了本案的判决意见，首席大法官伦奎斯特、大法官怀特、布莱克曼和奥康纳表示附和。大法官马歇尔发表了反对意见，大法官布伦南表示附和。大法官斯卡利亚发表了反对意见，大法官史蒂文斯表示附和。

最高法院判决认为，海关的毒品检验计划必须接受第四修正案合理性标准的检验。海关为实施该计划无须获得司法令状的授权；而且，根据第四修正案，对于那些申请负责截获毒品或需要携带枪支职位的雇员，要求他们必须接受无嫌疑根据的毒品检验，也是合理的。但是，要求那些处理“机密”信息职位的雇员进行此类检验是否合理，因相关法庭记录无法提供充足的信息，最高法院拒绝作出裁判，而是就此将案件发回重审。

- **该判例的影响**

冯·拉比案的社会背景是毒品泛滥的现实。由于该检验计划不是服务于刑事执法的需要，所以这些搜查活动不仅不需要司法令状的授权，而且根本无须具有任何犯罪嫌疑。

2.2 判决正文

财政部雇员工会等
诉
威廉姆斯·冯·拉比，美国海关总署长官

第 86－1879 号

1988 年 11 月 2 日进行辩论

1989 年 3 月 21 日作出判决

大法官肯尼迪（Kennedy，J.）代表最高法院撰写了本案的判决意见。

我们签发调卷令的目的是为了审查以下问题：美国海关总署要求将要调任或升迁至特定职位的雇员必须接受尿样检验的做法，是否违反了第四修正案？

一

（一）

美国海关总署——财政部的一个下设机构，是负责下述工作的联邦政府机构，即处理进入美国的人员、运输载体、货物和邮件，征收进口关税以及执行关税和其他相关法律。（See United States Customs Service，Customs U. S. A.，Fiscal Year 1985，p. 4）海关总署的一项重要职责在于拦截并扣押包括违禁毒品在内的走私物品。（*Ibid.*）仅 1987 年一年，海关总署就扣押了零售价值 p660 近 90 亿美元的毒品。（See United States Customs Service，Customs U. S. A.，Fiscal Year 1987，p. 40）在履行日常职责的过程中，

许多海关雇员会直接接触那些以毒品交易牟利的人。经常被老练的犯罪集团所操纵的毒品走私（*United States v. Mendenhall*，446 U. S. 544，561 – 562，100 S. Ct. 1870，1880 – 1881，64 L. Ed. 2d 497（1980）（Powell，J.，concurring））可能会以暴力或暴力威胁的方式进行。作为必需的应对措施，许多海关工作人员在与他们职责相关的情形下携带并使用枪支。（App. 109）

1985 年 12 月，被申请人，即海关总署长官，建立了一个毒品检验工作组来研究在海关内执行毒品检验计划之可能性。（*Id.*，at 11）在广泛的研究并咨询该领域专家之后，工作组得出结论认为，"通过尿样进行毒品检验在技术上是可靠的、有充分根据的并且也是准确的。"（*Ibid.*）援引这一结论，长官宣布了要求那些申请海关职位的雇员和在职人员接受毒品检验的意图。（*Id.*，at 10 – 11）长官阐述他的信念说，"海关在很大程度上是与毒品绝缘的"，但也指出，"非常不幸的是，没有哪个社会能完全免受吸食违禁毒品之威胁。"（*Id.*，at 10）截获毒品已经成为工作人员之首要执法任务，并且长官强调说"在海关内不允许有违反禁止占有、吸食违禁毒品法律的人员存在。"（*Ibid.*）

1986 年 5 月，长官宣布实施毒品检验计划。毒品检验成为调任或被雇用至特定职位的条件，那些职位至少满足下述一项或多至三项的标准。第一个标准直接涉及截获毒品或执行相关法律，长官认为该活动对于海关职员的使命和生命来说充满了危
p661 险。（*Id.*，at 17，113）第二个标准要求现职人员携带枪支，正如长官总结所说，"公共安全要求携带致命武器并准备随时进行生死抉择的雇员应当与毒品绝缘。"（*Id.*，at 113）第三个标准是要求现职人员处理"机密"材料，长官认为，如果获得这些违禁毒品的雇员自己吸食的话，那么毒品可能容易因雇员被贿赂或勒索而落入走私者的手中。

在某一雇员符合海关毒品检验计划所涵盖的职位资格后，海

关将以书信告知其最终选拔将视是否成功通过毒品检验而定。独立的承办人会联系雇员以确定采集尿样的时间和地点。接受检验时，雇员必须出示附有照片的身份证明并脱去所有外衣，如外套或夹克，并放下其他个人物品。雇员可以在隔间内提供尿样，也可以选择在盥洗室内进行。为了防止使用假的样品或他人的替代样品，在雇员附近的地方会有一个同性监督人员监听正常排尿的声音。厕所的水也被加入染料，以防止雇员用水来稀释尿样。

收集到尿样之后，监督人员将对之进行检查以确保合适的温度和色泽，在容器上贴上防干扰的保管性封条，并粘上注明日期和个人尿样序号的识别性标签。雇员将签署一份由监督人员草签的保管链表格，随后尿样将被存放于塑料袋中并密封好，交给实 p662

验室。①

实验室的检验关注的是是否存在大麻、可卡因、鸦片制剂、安非他命和苯环利定。两项检验将被使用。第一项过滤性检验使用酵素多重免疫分析技术（EMIT）。在此项检验中任何被鉴别为阳性的尿样随后必须利用气象色谱/质谱测定法（GC/MS）对之进行确认。被确认为阳性的结果将被报告给“医疗审查官员”，“他是一名执业医师……他具有滥用毒品失调的相关知识，接受过适当的医疗培训，能结合他或她的医疗史和任何其他相关的生
p663 物医学信息来解释、评估个人的阳性检验结果。”（HHS Reg. § 1.2，53 Fed. Reg. 11980（1988）；HHS Reg. § 2.4（g），53 Fed. Reg.，at 11983）确证阳性结果之后，医疗审查官员就会将

① 在上诉法院判决此案后，816 F.2d 170（CA5 1987），为了与新近立法（Pub. L. 100 -71，§ 503，101 Stat. 468 -471）保持一致，美国卫生和人类服务部（United States Department of Health and Human Service，简称 HHS）也颁布了相应的法规（以下简称 HHS Regulations 或者 HHS Reg）来规制对某些联邦雇员实施的毒品检验计划。53 Fed. Reg. 11979（1988）. HHS 的法规对下述程序予以强化或背离该计划之程度进行规制，即被采纳作为法规 Pub. L. 100 -71 涵盖的毒品检查计划之部分程序。Pub. L. 100 -71，§503（b）（2）（B），101 Stat. 470. 双方当事人都同意海关的毒品检验计划必须符合 HHS 的法规。See Brief for Petitioners 6，n. 8；Brief for Respondent 4 -5，and n. 4. 因此，我们就 HHS 法规补充或取代海关长官最初的指令之程度来对其进行考虑。See *California Bankers Assn. v. Shultz*，416 U. S. 21，53，94 S. Ct. 1494，1513，39 L. Ed. 2d 812（1974）；*Thorpe v. Housing Authority of Durham*，393 U. S. 268，281 -282，89 S. Ct. 518，525 -526，21 L. Ed. 2d 474（1969）.

最初的长官指令不同于现在占优势的制度的一个方面在于，要求雇员揭露其个人医疗信息的程度不同。根据海关之最初计划，在采集尿样时，每个被检验的雇员都被要求说明过去30天内所接受的医疗，并解释过去30天内他已经与违禁物品合法接触的任何情形。此时，没有提供这些信息将导致工作人员在处理阳性检验结果时，不予考虑医疗或其他合法接触毒品的影响。根据 HHS 法规，当雇员提交待检尿样时，他无须提供关于医疗的信息。相反，仅在他被告知他的尿样检验就违禁毒品而言呈阳性后，他可以提交此类信息；此时医疗审查官员会审查通过雇员可以获得的所有记录，进而判定阳性结果是否可能源于合法使用毒品。See HHS Reg. § 2.7，53 Fed. Reg. 11985 -11986（1988）.

之转交给海关。

那些毒品检验的结果呈阳性且无法提供满意解释的雇员将会被海关解雇。虽然如此，检验结果在没有得到雇员书面同意时不会被转交给其他任何部门，包括刑事检察官在内。

（二）

申请人是一个联邦雇员工会和一名工会官员，他们代表现在试图获得海关职位的雇员，在路易斯安那州东部地区美国地区法院提起本诉讼。申请人的一项主张是，海关的毒品检验计划违反了第四修正案。地区法院表示同意（649 F. Supp. 380（1986））。地区法院承认了"在与毒品绝缘的工作场所和工作人员中合法的政府利益"，但得出结论认为"毒品检验计划构成了关于搜查扣押的具有过度侵犯性的政策，且缺乏合理根据或合理怀疑，这违反了合法的隐私期待（*Id.*，at 387）。"地区法院禁止了该毒品检验计划，并命令海关不能要求任何职位申请人接受毒品检验。

美国第五巡回区上诉法院一个独立的专案法庭撤销了禁令（816 F. 2d 170（1987））。它同意申请人的下述主张，即通过要求雇员提供尿样去接受化学检验，该毒品检验计划构成了第四修正案意义上的搜查。它进一步认为，根据第四修正案，按照长官指令进行的搜查是合理的。它首先指出，通过不要求可视性的观察排尿行为且告知雇员他将被检验，"海关已经试图将搜查的侵犯性最小化（*Id.*，at 177）。"该法院也认为下述做法是意义重大 p664
的，即该计划在判定哪些雇员接受检验时限制了自由裁量权（*Ibid.*），并指出检验是雇佣关系的一个方面。

上诉法院进一步认为，在满足海关计划标准的雇员中发现吸食毒品的情况，对于政府来说享有重要的利益。它推理论证认为，相关雇员吸食毒品将使公众对他们诚实地、充满精力地履行职责的能力产生巨大的怀疑，将腐蚀公众对于海关正洁性的信心，并且同时也会削弱海关执行毒品法律的努力（*Ibid.*）。上诉法院认为，违禁毒品吸食者易于被贿赂和勒索，可能被引诱转向吸食部分自己截获的任何毒品货物；而且，如果要求其携带枪支的话，当他们因吸食毒品而神志不清时，可能“危及他们的同事和自身的安全（*Ibid.*）。”“考虑到申请人将在海关供职的职位之特质和职责，”上诉法院认为，“作为一个分配到新职位的条件，强行要求同意（接受毒品检验）的做法并不是不合理的。”（*Id.*，at 179）

表示反对的法官得出结论认为，海关的该计划并不是实现其目标的有效方法。他主要争辩说，一名雇员“仅需提前五天被告知检验日期，就能戒绝吸食毒品以防止被辨认为毒品吸食者（*Id.*，at 184）。”同时他也指出，在敏感职位上已经供职的人不需要接受该检验（*Ibid.*）。因为他并不相信海关的计划能实现其目标，所以表示反对的法官认为根据第四修正案它是不合理的。

我们签发了调卷令（485 U.S. 903，108 S. Ct. 1072，99 L. Ed. 2d 232（1988））。现在，就支持对直接涉及截获毒品或要求其携带枪支的雇员进行检验而言，我们维持上诉法院的判决。就支持对下述职位的申请人——需要处理机密材料的职位——进行p665 检验而言，我们撤销该判决，并要求将本案发回重审。

二

在今天判决的斯亘纳案（*Skinner v. Railway Labor Executives' Assn.*，489 U.S. 602，616－618，109 S. Ct. 1402，1412－1413，103 L. Ed. 2d 639）中，我们认为，联邦法规要求民营铁路之雇员为化学检验提供尿样的做法违反了第四修正案，因为那些检验侵犯了合理的隐私期待。我们先前的判例已经确认，第四修正案保护个人免受政府的不合理搜查，即使当政府作为一名雇主时也是如此（*O'Connor v. Ortega*，480 U.S. 709，717，107 S. Ct. 1492，1498，94 L. Ed. 2d 714（1987）（plurality opinion）；see *id.*，at 731，107 S. Ct.，at 1505（Scalia，J.，concurring in judgment））。而且鉴于我们在斯亘纳案中认为的尿样检验即是搜查的观点，我们也可以

顺理成章地认为，海关的毒品检验计划必须满足第四修正案之合理性要求。

我们经常强调且今天再次重申，一般来说，搜查必须获得基于合理根据而签发的令状之支持（See，e. g.，*Griffin v. Wisconsin*，483 U. S. 868，873，107 S. Ct. 3164，3168，97 L. Ed. 2d 709（1987）；*United States v. Karo*，468 U. S. 705，717，104 S. Ct. 3296，3304，82 L. Ed. 2d 530（1984））。我们在斯亘纳案中也再次确认了下述长久以来的原则，即令状、合理根据、使怀疑具体化的任何实际方法都不是每一情形中合理性要求之必不可少的组成部分（*Ante*，at 1413－1416. See also New Jersey v. T. L. O.，469 U. S. 325，342，n. 8，105 S. Ct. 733，743，n. 8，83 L. Ed. 2d 720（1985）；*United States v. Martinez－Fuerte*，428 U. S. 543，556－561，96 S. Ct. 3074，3082－3085，49 L. Ed. 2d 1116（1976））。正如我们在斯亘纳案中指出的那样，我们的先例确证，当第四修正案意义上的入侵服务于特殊的政府需要并超越日常的执法需要时，下述做法就是必需的，即将个人隐私期待和政府利益进行权衡比较，以判定在特定场合中要求令状或某种程度的具体怀疑是否是不切合实际的（*Ante*，at 1413－1414）。 p666

海关的毒品检验计划并不旨在服务于日常执法之需要，这点是清楚的。没有征得雇员同意时，检验结果也不能用以刑事指控。该计划之目的是在那些有资格升迁至海关敏感职位的雇员中震慑吸食毒品的行为，也在于防止毒品吸食者升迁至那些职位。这些重要的利益，并不逊于斯亘纳案争点事实中的政府对于铁路运输安全之忧虑，因此显示出一种可以为背离令状和合理根据之一般要求的特殊需要。

（一）

在此情形中，获得令状需要对隐私和政府利益进行权衡，申请人对此并无争辩，任何此种争辩也是经不住仔细审查的。之前，我们已经承认，如果要求政府因每次与工作相关的侵犯而申请令状的话，“将会与下述‘常识性的现实相冲突，即如果每个工作决定都成为宪法性问题，那么政府机构将无法发挥作用’。”（*O´Connor v. Ortega*，*supra*，480 U. S.，at 722，107 S. Ct.，at 1500，quoting *Connick v. Myers*，461 U. S. 138，143，103 S. Ct. 1684，1688，75 L. Ed. 2d 708（1983）. See also 480 U. S.，at 732，107 S. Ct.，at 1506（Scalia，J.，concurring in judgment）；*New Jersey v. T. L. O.*，*supra*，469 U. S.，at 340，105 S. Ct.，at 742（指出“令状要求……不适合于校园情形：若要求教师在对怀疑其违反校规（或刑法）的学生进行搜查前去获得令状的话，将会不适当地妨碍维持学校所需的迅速、非正式的惩罚程序”））即使海关雇员比其他大多数政府工作人员更为熟悉获得令状所要求的程序，在此情形中要求获得令状也将仅能服务于下述目的，
p667 即将珍贵的部门资源从海关之首要任务中流失。海关被赋予了紧急职责，并且如果在与日常敏感的工作决定相关的情况下都要求其获得搜查令状的话，那么海关的使命将受到影响。

进一步说，就额外保护个人隐私而言，令状作用将几乎甚微或毫无建树。令状旨在告知公民侵犯是由法律授权的且被限制于法律允许的范围之内，也旨在将中立的地区法官置于公民和“从事往往具有对抗性质的追究犯罪活动”的执法官员之间（*Johnson v. United States*，333 U. S. 10，14，68 S. Ct. 367，369，92 L. Ed. 436（1948））。但在当前的案件中，“为毒品性检验和法律对此类侵犯的限制提供正当性理由的情形被狭窄地、特定地加以界定……而且相关雇员毫无怀疑是明确知道的（*Ante*，at 1415）。”根据海关的计划，试图调往相关职位的每一名雇员都知道他必须接受毒品检验，也因此知道海关在行政性检验中所必须遵循的程序。相关雇员不会简单地受制于“此领域官员的自由裁量”（*Camara v. Municipal Court of San Francisco*，387 U. S. 523，532，87 S. Ct. 1727，1732，18 L. Ed. 2d 930（1967））。当雇员选择申请并随后供职于相关职位时，这个程序就是自动适用的。因为

海关没有对出现的某些条件进行判断而自由裁量性地作出搜查决定，故实在没有"可供中立的地区法官评价的特定事实（*South Dakota v. Opperman*，428 U. S. 364，383，96 S. Ct. 3092，3104，49 L. Ed. 2d 1000（1976）（Powell，J.，concurring））。"

（二）

即使在特定情形中摒弃第四修正案之令状要求是合理的，搜查通常也必须基于合理根据（*Ante*，at 1416）。然而，我们的先例告诉我们，合理根据的标准"'与刑事侦查尤其相关的'（*Colorado v. Bertine*，479 U. S. 367，371，107 S. Ct. 738，741，93 L. Ed. 2d 739（1987），quoting *South Dakota v. Opperman*，*supra*，p668
428 U. S.，at 370，n. 5，96 S. Ct.，at 3097，n. 5）。"尤其是在分析具有日常行政性功能的合理性标准时，传统的合理根据的标准可能帮助不大（*Colorado v. Bertine*，*supra*，479 U. S.，at 371，107 S. Ct.，at 741；see also O´Connor v. Ortega，480 U. S.，at 723，107 S. Ct.，at 1500 - 1501），特别是当政府试图防止发生危险情形或发现下述违法行为时——对于搜查任何特定场所和个人很少产生可言说的理由（Cf. *Camara v. Municipal Court of San Francisco*，*supra*，387 U. S.，at 535 - 536，87 S. Ct.，at 1734 - 1735（指出依建筑法规进行的检查，不同于根据刑事侦查进行的搜查，它旨在"防止发生即使是非故意的情形——它有害于公共健康和安全"）；*United States v. Martinez - Fuerte*，428 U. S.，at 557，96 S. Ct.，at 3082（指出在墨西哥边境附近的主要高速公路上例行截停汽车之前，要求具有具体化的嫌疑"将是不切实际的，因为交通流量太大而无法允许对特定车辆进行个别化的研究，以期能够将之识别为可能运送非法入境者的工具"））。我们的先例已经明确，在某些有限的情形中，政府发现此类潜在的、隐藏的情况或防止它们发生的需要，足以为此类搜查——它缺乏任何具体化的嫌疑——侵犯的个人隐私提供正当性理由（E. g.，*ante*，at 1416 - 1417）。我们认为，政府实施海关计划所要求的无嫌疑根据搜查之需要超过了下述雇员之隐私利益，即那些直接从事截获毒品的雇员和因而要求携带枪支的雇员。

海关是我国应对影响人民健康和财富这一重大问题之第一道防线。之前，我们已经注意到了“由走私违禁麻醉毒品带来的切实的执法危机（*United States v. Montoya de Hernandez*, 473 U. S. 531, 538, 105 S. Ct. 3304, 3309, 87 L. Ed. 2d 381 (1985). See also *Florida v. Royer*, 460 U. S. 491, 513, 103 S. Ct. 1319, 1332, 75 L.
p669 Ed. 2d 229 (Blackmun, J., dissenting))。”我们的判例也反映了走私者似乎是无穷无尽的、欺骗性操作的节目单，并详细制定了针对走私麻醉毒品的应对之法（E. g., *United States v. Montoya de Hernandez*, *supra*, 473 U. S., at 538 – 539, 105 S. Ct., at 3309 – 3310; *United States v. Ramsey*, 431 U. S. 606, 608 – 609, 97 S. Ct. 1972, 1974 – 1975, 52 L. Ed. 2d 617 (1977))。本案的法庭记录指出，通过熟练地精选来源地、走私路线和日臻复杂的隐匿方法，毒品走私者已经不断向本国运入了大量违禁毒品（App. 111）。法庭记录同样显示，众所周知的事实是，毒品走私者会不惜使用暴力来保护他们暴利的交易并避免被逮捕。

大多数海关雇员经常面对这一犯罪行为和它试图走私运入我国的违禁物品（*Ibid. Cf. United States v. Montoya de Hernandez*, *supra*, 473 U. S., at 543, 105 S. Ct., at 3311）。这些雇员的人身安全可能会受到威胁，并且他们不仅可能被与其相勾结的走私者之贿赂所引诱，也可能被他们所能接触的由海关扣押和控制的大量价值连城的违禁物品所引诱。海关总署长官指出，“海关执法官员在履行职责时可能会被枪杀、刺伤、撞击，被汽车拖拉或被钝器袭击（App. at 109 – 110）。”自1974年以来，至少有9名执法官员在执行公务时牺牲。他同样指出，在众多场合，海关执法官员会成为走私者贿赂之目标，而且一些人也因收受贿赂或其他违反廉政性条款的行为而被逐出海关（*Id.*, at 114. See also United States Customs Service, Customs U. S. A., Fiscal Year 1987,

p. 31（报告显示内部侦查导致24名雇员和54位平民被捕）；United States Customs Service，Customs U. S. A.，Fiscal Year 1986，p. 32（报告显示上一财政年度中进行了334次刑事的、严重违反廉政性条款的侦查）；United States Customs Service，Customs U. S. A.，Fiscal Year 1985，p. 32（报告显示在1985年这一财政年度，进行了284次刑事的、严重违反廉政性条款的侦查，结果15名雇员和51位平民被捕））。 p670

相当明显的是，政府享有下述迫切的利益，即确保一线拦截人员身体条件上是适格的，并且具有无可置疑的廉洁性和判断能力。事实上，本案中政府之利益至少和搜查进入本国的旅行者一样重要。长久以来，我们认为，那些试图进入我国的旅行者可以被截停或被要求接受常规搜查，而无须合理根据甚至不需基于怀疑，“因为基于国家自我防卫的考虑，可以合理地要求任何进入该国的人证明他本人有权入境、他所携带的物品可以合法入境（*Carroll v. United States*, 267 U. S. 132，154，45 S. Ct. 280，285，69 L. Ed. 543（1925）. See also *United States v. Montoya de Hernandez*, *supra*，473 U. S.，at 538，105 S. Ct.，at 3308；*United States v. Ramsey*，*supra*，431 U. S.，at 617－619，97 S. Ct.，at 1979－1980）。”如果放松相关保障，那么美国的自我防卫将会不可避免地受到损害，因为雇员自己吸食毒品，就会漠视截获麻醉毒品之自身使命。一名毒品吸食者对海关之根本使命漠不关心，或更糟糕的是，如果他积极配合犯罪分子的话，将会便利大量毒品货物的输入或者阻碍对危险的罪犯实施逮捕。公共利益要求采取有效的措施，以禁止毒品吸食者供职于直接涉及截获违禁毒品的职位。

公共利益也要求采取有效的措施，来防止毒品吸食者升迁至要求雇员携枪的职位，即使该职位并不从事直接截获毒品工作。很明显，那些可以使用致命武器的海关雇员“履行的职责充满着伤害他人的危险，以至于片刻放松警惕就会造成灾难性的后果

p671 (*Ante*, at 1419)。”我们同意政府认为公众不应承担下述风险，即那些不具有健全的感知和判断能力的雇员将被提拔至需要他们使用致命武器的职位。事实上，确保不产生此类危险本身就将促进实现第四修正案的价值，因为使用致命武器在某些情形中就可能违反第四修正案（See *Ten－nessee v. Garner*, 471 U. S. 1, 7－12, 105 S. Ct. 1694, 1699－1701, 85 L. Ed. 2d 1（1985））。

与这些合法的公共利益相对，我们必须权衡要求这类雇员容忍尿样检验所带来的对个人自由之干涉。为随后的化学分析而采集尿样，在某些情形中，该行为干涉个人隐私的可能性会更大(*Ante*, at 1418)。虽然如此，我们已经承认，“此类工作场所的实际运作方式”可能使得管理者和同事造成的某些与工作相关的侵犯完全具有合理性，而它在其他场所中可能就被视为是不合理的（See *O'Connor v. Ortega*, 480 U. S., at 717, 107 S. Ct., at 1497; id., at 732, 107 S. Ct., at 1505（SCALIA, J., concurring in judgment））。然而，就搜查雇员的人身或雇员带到工作场所来的个人财产而言，这些实际运作方式很少会影响雇员的隐私期待（*id.*, at 716, 725, 107 S. Ct., at 1497, 1501），很明显，某些种类的公共职位可能会削弱隐私期待，甚至涉及此类人身搜查。举例来说，美国铸币厂的雇员在每天离开工作场所时，应被期待接受某种例行的人身搜查。相似地，那些加入我国军队或情报机关的人，可能不仅被要求具有其他场合中不必要的可靠性和正直性保障，也可能被期待接受侵犯性的调查来判定他们是否适合那些特殊的职位（Cf. *Snepp v. United States*, 444 U. S. 507, 509, n. 3, 100 S. Ct. 763, 765, n. 3, 62 L. Ed. 2d 704（1980）; *Parker v. Levy*, 417 U. S. 733, 758, 94 S. Ct. 2547, 2562, 41 L.
p672 Ed. 2d 439（1974）; Committee for GI Rights v. Callaway, 171 U. S. App. D. C. 73, 84, 518 F. 2d 466, 477（1975））。

我们认为，那些海关雇员——直接涉及截获违禁毒品或在履行职责时要求其携带枪支的雇员——就尿样检验带来的侵犯而言，也只享有被削弱了的隐私期待。与大多数一般公民和政府雇员不同，我们应当合理地期待，涉及截获毒品的雇员就他们的适格性和正直性接受有效的调查。对于那些要求其携带枪支的雇员而言，同样如此。鉴于他们职责的成功履行完全取决于他们的判断能力和灵敏度，这些雇员无法合理地期待对海关保留其直接与之适格性相关的个人信息（Cf. *In re Caruso v. Ward*，72 N. Y. 2d 432，441，534 N. Y. S. 2d 142，146 – 148，530 N. E. 2d 850，854 – 855（1988））。虽然旨在探寻该信息的合理检验毫无疑问将会侵犯某些隐私期待，但我们并不相信这些期待超过了政府在安全和美国边境完整性方面享有的迫切利益。①

申请人没有指摘政府利益——该利益支持在无嫌疑根据的场 p673

① 海关规定的用以采集、分析必要尿样的计划并不存在第四修正案旨在防止的下述严重的可能性，即"恣意地、暴虐地干涉个人安全。"*United States v. Martinez – Fuerte*，428 U. S. 543，554，96 S. Ct. 3074，3081，49 L. Ed. 2d 1116（1976）. 事实上，这些程序使该计划对隐私利益的侵犯显著地最小化。只有那些将要被提拔或调任至三种相关职位之一的雇员才被要求检验，而且这些申请人一开始就知道毒品检验是那些职位的一项要求。雇员同样会被提前通知预定的尿样采集，因此将可能伴随于意外侵犯隐私的任何"令人不安的权威表象"最小化。*Delaware v. Prouse*，440 U. S. 648，657，99 S. Ct. 1391，1398，59 L. Ed. 2d 660（1979）. Cf. *United States v. Martinez – Fuerte*，*supra*，428 U. S.，at 559，96 S. Ct.，at 3083（指出在高速公路检查站的例行检查对隐私造成的侵犯因下述事实而最小化，即司机"并非被突袭，因为他们知道或可能获知检查站的位置，且在别处都不会被截停"）；*Wyman v. James*，400 U. S. 309，320 – 321，91 S. Ct. 381，387 – 388，27 L. Ed. 2d 408（1971）（规定一名福利接受者因被提前告知她将被社会福利工作者访问而使访问所带来的侵犯得以最小化）。不存在对于排尿行为的直接观察，因为雇员可以在隐蔽的隔间内提供尿样。

进一步而言，尿样仅用于检查特定的毒品。利用尿样进行其他物质的检验是被禁止的。See HHS Reg. § 2. 1（c），53 Fed. Reg. 11980（1988）. 并且，正如上诉法院所指出的那样，假设保存、处理和检测技术都适当的话，海关所要求的 EMIT 和 GC/MS 检测技术具有高度的准确性。816 F. 2d，at 181. 最后，雇员无须向政府揭露个人医疗信息，除非他的检验结果是阳性的，并且即使如此，任何此类信息也只报告给执业医师。综观来说，这些程序使得海关毒品检查程序的侵犯性得以显著的最小化。

合中搜查这些雇员——之重要性，而却争辩认为，海关的毒品检验计划在下述两点上是不合理的。第一，申请人争辩认为该计划不具有正当性，因为它不是建立在下述信念之上的，即检验将揭露相关雇员中的任何一个毒品吸食者。为了强调此主张，申请人指出，海关的检验计划并不是针对海关雇员中已发现的毒品问题而实施的，并且该计划实际上尚未发现大量的毒品吸食者（Brief for Petitioners 37，44；Tr. of Oral Arg. 11 - 12，20 - 21）。申请人的律师在口头辩论中告知我们，在3600名雇员中只有不超过5人的毒品检验结果呈阳性（*Id.*，at 11）。第二，申请人主张海关计划并不是一种"足够有益的机制，从而为侵犯第四修正案的利益提供正当性理由"（*Delaware v. Prouse*，440 U. S. 648，658 - 659，99 S. Ct. 1391，1398 - 1399，59 L. Ed. 2d 660（1979）），因为违禁毒品吸食者能够轻易地通过暂时戒绝毒品或暗中调换尿样的方法来避免被发觉（Brief for Petitioners 46 - 47）。这些主张不具有说服力。

p674 申请人的第一项主张表现出一种关于海关实施检验计划的过分狭隘的视角。申请人对此并未提出争议，也不存怀疑，滥用毒品是我们当今社会遇到的一个最为严重的问题。正如我们在斯亘纳案中论证的那样，几乎没有任何理由去相信美国的工作场所会完全免疫于该普遍的问题（See also *Masino v. United States*，589 F. 2d 1048，1050，218 Ct. Cl. 531（1978）（描述了两名海关检查员吸食大麻））。就雇员而言，发现毒品对其造成的损害是一项困难的工作，尤其是在诸如本案一样的场合中，无法轻易地让雇员和他们的工作产品接受此种日常审查——该审查在更为传统的办公环境中即是行为模式。事实上，几乎是海关独特的使命赋予了政府下述迫切的利益，即确保多数相关雇员即使不当值时也不吸食毒品，因为此种吸食将会产生贿赂和勒索的风险，而政府就是要防范上述风险的。鉴于伴随于提拔毒品吸食者至特定职位——要求其携带枪支或截获违禁物品——产生的非同寻常的人身和国家安全之危害，海关震慑毒品吸食者获得此类职位的政策不能被视为是不合理的。

除少量雇员以外，所有接受检验的其他雇员都是无辜的，但不能以此情形抨击该计划的有效性。类似情形还有，被要求接受无嫌疑根据的建筑法规检查的户主（See *Camara v. Municipal Court of San Francisco*, 387 U. S. 523, 87 S. Ct. 1727, 18 L. Ed. 2d 930 (1967)），在马蒂尼兹－弗耶尔案（*United States v. Martinez－Fuerte*, 428 U. S. 543, 96 S. Ct. 3074, 49 L. Ed. 2d 1116 (1976)）中于检查站被截停的司机。海关计划旨在防止将毒品吸食者提拔至敏感的职位，与此相同，它也旨在发现那些吸食毒品的雇员。如本案中，当政府试图防范的潜在危害相当巨大时，防止其发生 p675
之需要就为旨在促进政府目标之实现而进行的合理搜查提供了正

当性理由。①

p676 我们认为，申请人的下述第二个主张夸大了案情——海关检验计划不是卓有成效的，因为通过检验之前短暂戒绝毒品或调换他们尿样的方法就能弄虚作假。正如上诉法院指出的那样，就算是在有限的时间内，瘾君子也不能戒绝毒品，或不了解某些毒品“逐渐减退的影响（816 F. 2d，at 180）”。更为重要的是，对于那些冒险尝试的雇员而言，申请人所提及的避免被发现的方法也

① 此点也可以通过联邦政府的下述实践得以论证，即没有任何根据来怀疑存在任何不当意图的特定乘客时，要求搜查所有试图登临商业性飞机的乘客，并搜查他们的手提行李。适用我们处理行政性搜查的判例，See，e. g.，*Camara v. Municipal Court of San Francisco*，387 U. S. 523，87 S. Ct. 1727，18 L. Ed. 2d 930（1967），考虑过此问题的下级法院已经得出一致性结论认为，根据第四修正案此类搜查是合理的。正如弗兰德里法官在一个此类搜查的重要判例中解释的那样：

“在劫持或爆炸大飞机的场合中，当风险危及成百上千条人命和成百万美元的财产时，仅该风险就满足了合理性标准，只要该搜查善意地在合理的范围内基于防止劫机或类似损害发生而进行，并且乘客已被提前告知他接受此类搜查之义务，以便能通过选择不坐飞机出行而避免此类搜查。” *United States v. Edwards*，498 F. 2d 496，500（CA2 1974）（emphasis in original）.

See also *United States v. Skipwith*，482 F. 2d 1272，1275－1276（CA5 1973）；*United States v. Davis*，482 F. 2d 93，907－912（CA9 1973）. 的确，正如申请人律师在口头辩论中指出的那样，作为应对国内外劫机危机的方案，这些航空隐私的预防措施得以被采纳。Tr. of Oral Arg. 13. 然而，我们将不会认为，如果承认这些搜查之有效性的话，那么在缺乏对特定机场和航班的危险论证时，将禁止政府进行此类搜查。政府享有迫切的利益来防止此种普遍的社会问题蔓延至具体场合中，至此足矣。

我们也不会认为，鉴于这些搜查明显的震慑性目的，政府在机场检查计划之有效性必然取决于，根据该计划进行的搜查是否实际发现了相当数量的假想的航空劫机者。在该计划施行的15年以来，已经检查过超过95亿人次的乘客和100多亿件行李。See Federal Aviation Administration，Semiannual Report to Congress on the Effectiveness of The Civil Aviation Program（Nov. 1988）（Exhibit 6）. 至今，绝大多数被搜查的人，如根据海关毒品检查计划而接受检验的海关雇员一样，被证明是无辜的——同期仅发现了42000支枪支。Ibid. 当政府利益寓于震慑高度危害性的行为之中时，此类行为之较低概率远不能够指摘贯彻该利益的计划之有效性，在逻辑上也更能被视为是成功的标志。See *Bell v. Wolfish*，441 U. S. 520，559，99 S. Ct. 1861，1884，60 L. Ed. 2d 447（1979）.

充满了不确定性和风险性。某一雇员消除特定毒品影响的方法无法被预见具有完美的效果，而且在任何情形中，该信息不可能被雇员获知或得到。申请人方的专家证人指出，尿样中特定毒品变得不被发现所需的时间因人而有广泛的差异，并可能多至22天左右（App. 66. See also *ante*, at 1420（指出上诉法院依靠下述学术著作，它们指出尿样检验能够发现"在注射毒品数周之后"吸食毒品的情况））。因此，与申请人的意见相反，雇员不能合理地通过在确定检验日期后短暂地戒绝毒品从而在检验中弄虚作假。鉴于尿样采集者为确保尿样之真实性而采取的预防措施，雇员试图调换尿样的图谋也不会得逞。综上所述，我们被说服进而认为，该计划与海关目标——即震慑那些试图升迁至敏感职位的毒品吸食者——之间具有紧密的、实质性的联系。①

总之，我们相信政府已经论证，保护我们边境和公共安全之迫切利益超过了下述雇员的隐私期待——那些试图被提拔至直接涉及截获违禁毒品的职位或要求其携带枪支的雇员。根据第四修正案，我们认为对雇员的检验是合理的。 p677

（三）

根据现有的法庭记录，在涉及要求其"处理机密材料"的雇员范围内，我们无法评价政府检验计划之合理性（App. 17）。我们欣然同意政府享有下述迫切的利益，即保护真正敏感的信息不让那些"在被强迫的情况下或因其他理由……可能危害该信息"的人获知（*Department of Navy v. Egan*, 484 U. S. 518, 528, 108 S. Ct. 818, 824, 98 L. Ed. 2d 918（1988）. See also *United States v. Robel*, 389 U. S. 258, 267, 88 S. Ct. 419, 425, 19 L.

---

① 事实上，申请人的反对主张是依据海关计划的那些特征——提前告知条款以及尿样采集者没有直接观察排尿行为——而那些特征显著地减少了该计划对隐私的侵犯。See *supra*, at 1394, n. 2. 因此，根据申请人的观点，"如果它更具说服力并更加侵犯隐私的话，该检验计划将更可能是合宪的。"816 F. 2d, at 180.

Ed. 2d 508（1967）（“我们承认当宪法保护个人权利不受侵犯时，它并未收回政府保护其重大利益的权力……政府能够拒绝将它的秘密交给那些将利用该信息危害国家之人”））。我们也同意，根据海关检验计划，那些试图升迁至处理敏感信息职位的雇员能被要求去接受尿样检验，尤其是相关职位属于下述种类时，即要求接受调查背景、医疗检查或其他侵犯隐私——就尿样分析
p678 检验而言，该侵犯可能会削弱隐私期待（Cf. *Department of Navy v. Egan*，*supra*，484 U. S.，at 528，108 S. Ct.，at 824（指出行政部门一般要求安全许可接受“背景调查，该调查根据申请人对国家安全造成的不利影响的程度而有所不同”））。

虽然如此，海关检验指令所界定的种类是否仅包含那些可能获得敏感信息的雇员，此点并不清楚。根据海关计划接受检验的雇员包括诸如以下职位的人员：“会计人员”、“会计技术员”、“动物看管者”、“律师（所有的）”、“行李员”、“工读生（所有）”、“电气设备维护人员”、“邮政人员”和“邮差”（App. 42－43）。我们认为，这些职位之所以被划入长官检验计划之中，是因为那些雇员可以获得“机密”信息；然而，我们并不清楚，他们会属于之前已经讨论过的两种情形之任何一种。而且，没有迹象表明，那些供职于这些职位的雇员将可能获得敏感的信息，并且这一明显差异在我们脑海中引发了下列问题，即为了满足长官的指令，海关对于此类雇员的界定是否过于宽泛而显得不必要。

根据当前的法庭记录，我们不能弄清楚这一谜团，并且我们认为，要求上诉法院重新审理本案是合适的，因为这对于弄清楚接受检验的此类雇员之范围是必需的。上诉法院应根据复审令来审查海关在下述活动中使用的标准，即判定什么样的材料是机密的以及决定根据该计划由谁来接受检验。在评价要求这些雇员接受检验之合理性时，上诉法院也应考虑与雇员隐私期待相关的信息，以及这些雇员已经接受的监督管理。

三

当政府要求其雇员提供尿样以分析作为吸食违禁毒品的证据时，对此尿样的采集和随后的化学分析就是搜查，它必须满足第 p679 四修正案之合理性要求。因为海关所采纳的检验计划并不旨在服务于日常执法之需要，所以我们在不涉及我们支持令状条款所详述的程序之通常假定前提下，权衡了海关检验计划中的公共利益和该检验所涉及的隐私，进而来评估海关所要求的检验是否合理。

我们认为，对于那些申请调任至直接涉及截获违禁毒品或要求现职人员携带枪支的职位之雇员而言，要求其接受无嫌疑根据的检验是合理的。为了防止提拔毒品吸食者至可能危及我国边境完整性或公民生命的职位，政府对此享有的迫切利益超过了下述雇员之隐私利益——他们试图升迁至这些职位，并且由于那些职位特殊的、明显的人身性和道德性的要求，他们只享有被削弱了的隐私期待。对那些申请被提拔至处理"机密"信息职位的雇员进行检验是否合理，我们对此不作判断，因为我们认为法庭记录就此并不充分。

部分维持、部分撤销第五巡回区上诉法院的判决，并将本案发回该法院进行重审；重审不得与本判决相悖。

特此判决！

大法官马歇尔（Marshall, J.）发表了反对意见，大法官布伦南（Brennan J.）表示附和。

基于我在斯亘纳案（*Skinner v. Railway Labor Executives' Assn.*, 489 U.S., at 635, 109 S. Ct., at 1423）反对意见中陈述的理由，我同样反对本院就该案所作的判决。在该案中，就像斯亘纳案一样，本院摒弃第四修正案的明确要求——搜查个人必须根据合理根据，这一做法是无原则、无充分理由的。但是即使我相信 p680

根据第四修正案权衡性的分析是合适的，基于下述理由我仍将反对今天的判决：大法官斯卡利亚在他的反对意见中陈述的理由（post，p. 1398），以及表示反对的法官指出的、与不能充分论证海关毒品检验计划的相关理由（See 816 F. 2d 170，182 - 184（CA5 1987）（Hill，J.））。

大法官斯卡利亚（Scalia J.）发表了反对意见，大法官史蒂文斯（Stevens J.）表示附和。

本案的争点不在于海关雇员是否会仅因吸食违禁毒品而合宪地在工作中被拒绝提拔或甚至解雇回家，答案是肯定的。本案的争点在于，可以合宪地采取怎样的措施来发现吸食毒品的行为。政府声称它能够要求雇员进行“传统上作为重大隐私而受到保护的排尿行为”（*Skinner v. Railway Labor Executives' Assn.*，489 U. S.，at 626，109 S. Ct.，at 1418），同时“有一名同性监督者……就在附近监听正常的便尿声音”（*ante*，at 1388），并且以此种方式提供的尿样将交由政府相关部门进行化学分析。本院同意这构成了第四修正案意义上的搜查——我认为，很明显，这就是一种搜查，尤其考虑到它对隐私的破坏性和对个人尊严的冒犯性。

直至今天，本院仅依赖具体环境之独特的危险特质，就已支持了下述人身搜查——该搜查独立于逮捕之外，且没有具体的违法嫌疑，仅与监狱囚犯相关（See *Bell v. Wolfish*，441 U. S. 520，558 - 560，99 S. Ct. 1861，1884 - 1885，60 L. Ed. 2d 447（1979））。在斯亘纳案中，我们曾经允许对涉嫌火车事故的铁路雇员进行具有较少侵犯性的人身搜查。我之所以在斯亘纳案中持协同意见，是因为作为检查目标的雇员被证明经常性地吸食毒品和酒精，且该吸食与严重危害之间存在联系，这使得搜查成为保
p681 护社会之合理方式。我拒绝协同本院在本案中的判决意见，是因为下述事项尚未得到证明，即吸食毒品的经常性以及其与危害之

间存在或可能存在联系。在我看来，海关规则是一种对隐私和个人尊严的献祭，且只是象征性地来反对吸食毒品的。

第四修正案保护"个人享有的人身、住宅、文件和财产不受不合理搜查、扣押的权利。"在第四修正案判例法中存有一些绝对化的规则，一旦那些规则被摒弃且问题可以归结为一项特定的搜查是否"合理"时，答案在很大程度上取决于推动搜查之社会必要性。因此，在支持对学生钱包进行行政性搜查时，我们开始于下述观察资料（由某一部门报告给国会的文件），即"维持教室秩序从未是轻而易举的，但近年来，学校的混乱以尤为丑陋的形式出现：在校园内吸食毒品和暴力犯罪成为主要的社会问题（*New Jersey v. T. L. O.*，469 U. S. 325，339，105 S. Ct. 733，741，83 L. Ed. 2d 720（1985））。"当我们支持在墨西哥边境设置固定检查站为查获非法入境者而截停、搜查车辆时，我们一开始就评论说，"移民和归化局指出，现今在我国的非法移民有100万至120万之多"，并且"拦截墨西哥来的非法移民人流产生了可怕的执法问题（*United States v. Martinez－Fuerte*，428 U. S. 543，551－552，96 S. Ct. 3074，3080，49 L. Ed. 2d 1116（1976））。"而且我们今天判决意见的实质性分析就始于斯亘纳案，"美国铁路系统内的滥用酒精的问题如铁路工业本身一样古老"，进而援引了统计数据来关注它所产生的问题和事故，包括一项1979年的研究——该研究发现"23%的操作人员是'有问题的酒徒'（*Skinner*，489 U. S.，at 606，and 607，n. 1，109 S. Ct.，at 1407，and 1407，n. 1）。"

然而，本院在本案中的判决意见在搜集现实问题——该问题将通过海关对雇员的尿样检验而加以解决——的证据时将是毫无裨益的。相反，它确信"海关是我国应对影响人民健康和财富这一重大问题之第一道防线"（*Ante*，at 1392）；"大多数海关雇员经常面对毒品走私者和他们试图走私运入我国的违禁物品"（*Ante*，at 1392）；"在众多场合中，海关执法官员会成为走私者 p682

贿赂之目标，而且一些人也因收受贿赂或其他违反廉政性条款的行为而被逐出海关”（*Ibid.*）；“政府享有下述迫切的利益，即确保一线拦截人员身体条件上是适格的，并且具有无可置疑的廉政性和判断能力”（*Ante*，at——）；“如果放松对其的保障，那么该国家的自我防卫将会不可避免地被损害，因为雇员自己吸食毒品，就会漠视截获麻醉毒品之自身使命”（*Ante*，1393）；“公众不应承担下述风险，即那些不具有健全的感知和判断能力的雇员将被提升至需要他们使用致命武器的职位”（*Ibid.*）。正如丘吉尔所说，所有这些包含的很多内容都明显是正确的，而且很多内容也是相关的；不幸的是，明显是正确的内容却不是相关的，而相关的内容也不是明显正确的。在我看来，仅有的相关内容只能通过臆测来获得支持，并且也并不是貌似合理的臆测。我不明白的是，吸食毒品的海关雇员明显更可能被毒品走私者所贿赂，佩戴钻石的海关雇员也明显更可能被钻石走私者所贿赂，但前者的可能性却多于后者；除非存在以下可能，即毒瘾是如此严重并需要大量的钱财来维持，以至于就算没有尿样检验也能发现（毒品吸食者）。我同样不明白的是，吸食毒品的海关执法官员明显可能较少地“尽职”于他们截获毒品的使命，驾驶私家车超速的警察也明显可能较少地尽职于他们执行交通法规的使命，而前
p683 者却比后者更甚（仅有的区别在于，海关执法官员的个人努力，如果它们是不可替代的话，在理论上能够影响其自身的毒品供给——这一理论的前途如此遥远，以致成为动机的荒谬根据）。最后，我不明白的是，防止携带枪支的官员“不具有健全的感知和判断能力”与下述情形相比——他们目前知道，如果神志不清，他们将在与神志清楚的走私者的不平等战斗中被射击致死——尿样检验对于前者而言是更有效的——除非，如上，他们的毒瘾是如此严重，以至于不需要任何尿样检验就能发现（毒品吸食者）。

在政府的正当性理由中所缺失的——明显缺失的，完全缺失

的，就我看来是决定性地缺失的——是没有提及任一确实发生的它所臆测的可怕事例：任意一件因吸食毒品而发生的实例，如受贿、低劣的目的、不尽职的执法或危害机密信息。尽管本院指出，过去一些雇员已因收受贿赂或其他违反廉政性条款的行为而被逐出海关，且自1974年以来，至少有9名执法官员在执行公务时牺牲（*Ante*，at 1392），但这并不表明这些事件与海关雇员吸食毒品相关。可能关于某一问题严重性的具体证据是不需要的，尤其是当众所周知的程度已到了法院几乎能对之进行司法认知时；但本案情况绝非如此。海关长官本人就说，他"相信海关在很大程度上是与毒品绝缘的"，"海关雇员吸食违禁毒品的程度并不是确立该计划的理由"，而且他"希望并期待通过毒品检验收到相当少的阳性结果的报告（App. 10，15）。"检验结果已经实现了那些希望和期待。据海关律师所言，在接受检验的3600名雇员中，毒品检验结果呈阳性的不超过5人。 p684

本院对于缺乏证据的回应是，"几乎没有理由去相信美国的工作场所是免疫于"滥用毒品这个"普遍的社会问题的"。(*Ibid.*) 如果争点事实中的工作场所出现了如此具有破坏性的危害，以致无论什么风险都不能容忍——例如，核动力设备的安全区域（See *Rushton v. Nebraska Public Power District*，844 F. 2d 562 (CA8 1988)），那么这种概论可能将是满足需要的。但是，如果此类概论在缺少具体化嫌疑时足以贬低人身搜查，并足以防止贿赂或勒索执法官员、粗心大意地使用枪支的话，那么第四修正案事实上就变成了一种脆弱的保护。在斯亘纳案、贝尔案、T. L. O. 案和马蒂尼兹—弗耶尔案中，我们努力确立了搜查、扣押之特殊需要的存在——该需要不是基于既存的"普遍的社会问题"以及对该问题在争点领域中的影响之臆测，而是基于在那些领域中众所周知的、完美论证的罪恶以及它的众所周知的、完美论证的后果。例如，在斯亘纳案中，我们提及了在铁路工业中滥用酒精的悠久历史，并指出在8年间因饮用酒精和吸食毒品导致铁路雇员神志不清而发生了45起火车事故，导致34人死亡、66人受伤，并造成了2800万美元的财产损失（Ante, at 1408）。相比之下，在本案中，不仅认为海关“在较大程度上是与毒品绝缘的”，吸食毒品和严重的社会问题之间存在的无论何种联系也完全是臆测性的。除了下述事实以外——即搜查个人比截停汽车更具侵犯性——本案类似于普鲁斯案（*Delaware v. Prouse*, 440 U. S. 648, 99 S. Ct. 1391, 59 L. Ed. 2d 660 (1979)），在该案中我们认为，第四修正案禁止随机截停汽车来核查司机的驾照和机动车辆登记簿。我们得出下述结论，即这项实践对于高速公路安全
p685 的贡献“充其量是微弱的”，因为旨在发现没有驾照而截停的有驾照的司机数量“事实上是巨大的”（*Id.*, at 660, 99 S. Ct., at 1399）。

今天的判决将是错误的，但如果它支持将毒品检验限制在特定委派其承担截获毒品职责的雇员范围内的话，那至少还存有一些有限的效果，因为相当少的公共雇员符合那种描述。但是，将对毒品检验的支持扩展至携带枪支的那些雇员，本院就迫使大量的公共雇员去面对这种不必要的侮辱。当然，从逻辑上看，如果那些携带枪支的人员能以这种方式加以对待的话，那么下列其他人员也应如此——如果受到毒品的影响，他们的工作可能危及他人，譬如机动车辆驾驶员，其他具有潜在危险性的设备操作人员，建筑工人和校园保安。就本院支持对那些接触“敏感信息”

的雇员进行毒品检验而言，也存在类似宽泛的范围。① 因为这一类人员并不局限于承担截获毒品职责的海关雇员，"敏感信息" p686 也不局限于必须与毒品走私存在特别联系，故今天的判决意见明显支持对所有承担安全检查职责的联邦雇员进行毒品检验——或者说，事实上是针对所有具有可泄露的、有价值的机密信息之联邦雇员。鉴于吸食毒品并不是海关的一个特有问题，所有政府雇员都可能违反公众信任，进而通过收受贿赂来满足自身吸毒的习性或在敲诈勒索面前屈服。而且，为何此种针对吸食毒品带来的危害而提供的绝佳保护措施必须被局限于公共雇员的范围内，并不存在任何理由；一部要求对个体公民——他们使用诸如枪支或汽车之类的危险工具或能够接触机密信息——进行类似检验的法律同样将是合宪的。

将本案争点中的检验区别于所有上述其他情形的明显依据仅有一项，但它并不是本院所愿意依赖的依据。我从未相信这些毒品检验规则背后的驱动力量就是律师提出、本院接受的、任一脆弱的正当性理由。在我看来，唯一貌似合理的解释在于长官本人在向海关雇员宣布该计划时的备忘录中的总结性陈词："施行毒品检验计划将在我国与这一最为威胁国民健康和安全的斗争中树

① 本院明显支持将尿样检验适用于可以接触"敏感信息"的个人。*Ante*, at 1396. 虽然如此，因为它并不确定"机密材料"是否属于"敏感信息"，所以在复审令中指示上诉法院"检查海关在判定何种材料是机密的以及根据该计划谁来接受检验所依据的标准。"*Ante*, at 1397. 我并不清楚这些指示意味着什么。诚然，将信息归类的人总是认为它在某种意义上是"敏感的"，本院也未指出哪一类特定的敏感性就是至关重要的。而且，在我看来最不可能的是，"海关在判定什么材料是机密时所用的标准"丝毫不同于总统在行政命令中就此议题所公布的标准，see Exec. Order No. 12356, 3CFR 166（1982 Comp.）；而且，如果存有差异，那它可能就是非法的，see § 5.4（b）（2），id., at 177. 不管怎样，海关无论使用何种特殊的分类标准，都已不具相关性；因为本案争点中的规则并不局限于海关所归类的材料，也包括（并可能也主要适用于）政府在其他地方所归类的、并转交给海关的材料。例如，联邦调查局，毒品缉私局或国务院。See App. 24 – 25.

立重要的榜样。”（App. 12）或者，像被申请人对本院所作的案情概要中所声称的那样：“如果执法机构及其雇员不认真对待法律的话，执法机构所影响的公众也将如此。”（Brief for Respondent 36）与让战斗于一线的雇员去面对侵犯隐私、侮辱尊严相比，表明政府认真对待“毒品战争”较好的方式是什么呢？诚然，就防止海关雇员吸食毒品导致的某些严重的公共危害而言，
p687 它只有微不足道的可能性，但它将向世界表明海关是“清白的”，并且——最为重要的是——将会表明海关为消除我们社会这一祸害的决心！我认为下述事项是显而易见的，即这一正当性理由是无法接受的；损害个人自由不能成为一种证明观点的方法；象征性的作用，即使是消除违禁毒品的富有价值的理由，也不能使不合理的搜查合法化。

在政府用以支持其主张所援引的大法官布兰代斯在奥姆斯泰德案（*Olmstead v. United States*，277 U. S. 438，485，48 S. Ct. 564，575，72 L. Ed. 944（1928））中的陈述中，存有讽刺意味的内容，即“无论好歹，政府都以自身实例教育着全体公民。”（Brief for Respondent 36）布兰代斯在此旨在反对本院采信政府通过非法监听而获得的证据。他并非旨在赞扬政府在与犯罪作斗争中的魄力和热忱，而是谴责“以结果为手段提供正当性理由”的做法（277 U. S.，at 485，48 S. Ct.，at 575）。在那著名的布兰代斯反对意见中更为适当的援引可能如下：

“侵犯有益于执法，这点并不重要。当政府之目的是仁慈的时候，经验教育我们应竭力保护自由。人人生而自由，他们会本能地保持警觉来反抗恶意的统治者对其自由的侵犯。自由之最大的危险潜在于热忱、善意却缺乏理解之人的隐伏性侵蚀（*Id.*，at 479，48 S. Ct.，at 572）。”

那些因缺乏对本案象征性检验的认识而受到损失的人员不仅有尊严受到冒犯的海关雇员，也包括所有容忍我国越来越世俗的

行为举止——它最终赋予了第四修正案内涵——之人，也包括受制于联邦官员管理之人——这些官员对于我们隐私的尊重几乎不可能比他们被教育对他们自己隐私的少量尊重更多。

2.3 美方评论

伯格案涉及的是根据“特殊需要”规则对商业活动进行的行政检查——该规则意味着，由于此类检查活动服务于有别于日常刑事执法目的的特殊行政执法需要，因此此类检查既不需要具有司法令状的授权，也无须具有合理根据的支持。作为一项重要的发展——该发展增强了对隐私权利的实质性威胁——在一系列案件中，最高法院运用“特殊需要”的利益权衡分析方法，维持了这些案件中在缺乏司法令状授权和合理根据支持的情况下，根据大众性搜查项目（civilbased searches）而对个人实施的搜查。其中，最重要的判例莫过于冯·拉比案。由于这些搜查活动不仅不需要司法令状的授权，而且根本无须具有任何犯罪嫌疑，因此个人隐私将面临更大的威胁。

冯·拉比案的社会背景是：由于毒品泛滥，越来越多的雇主开始要求其雇员接受尿样检验。如果进行此类检验的要求是由私人雇主提出的，那么并不适用第四修正案的规定（因为权利法案限制的是政府行为，而非私人行为），但是如果政府雇员接受了此类检验，或者政府要求私人雇员必须接受此类检验，那么将会引发第四修正案问题。

第一个问题是，毒品检验是否属于搜查？根据卡兹标准，除非某政府调查行为侵犯了个人的合法的隐私期待，否则该行为不构成搜查。对个人的尿样进行检验怎么会侵犯到个人的隐私期待呢？最高法院判决认为，尿样检验属于搜查行为，并指出，对尿样进行化验将披露诸多私人信息，如该雇员是否已经怀孕、是否患有糖尿病、是否正在服用处方药等。最高法院还强调说，此类检验活动本身也会对个人隐私利益造成侵犯，因为该活动要求对明显具有隐私性质的排尿活动进行监控。

在冯·拉比案中，最高法院判决指出，政府雇主实施的毒品检验活动服务于特殊的行政执法需要而非刑事执法目的，因此此类检测方案没有必要必须遵守司法令状和合理根据的传统要求。相反，对此提出什么样的要求才会合乎第四修正案合理性标准的一般要求，应当通过权衡相关利益来确定。对此，最高法院拒绝适用令状原则是毫不奇怪的。因为就冯·拉比案的检验计划而言，地方法官几乎毫无用武之地。地方法官无须探究是否具有合理根据的支持，因为在进行毒品检验之前，不需要对此具有任何怀疑。相反，只要某雇员请求提拔或调任到特定的工作岗位，就必须接受此类检验（搜查）。因此，这种事实性要件——提出了有关提拔或调任其他岗位的申请，根本不属于地方法官可以审查的内容。

在冯·拉比案中，更难解决的问题是：即使没有任何证据怀疑某雇员吸食毒品，而且没有任何迹象表明海关雇员吸食毒品已经成为一个值得关注的问题，为什么还要允许进行此类检验？最高法院认为，在此，涉及的利益面临着如此之大的危险，以至于不能要求政府必须等到具有合理怀疑时再采取行动。最高法院认为，至关重要的因素在于，这些应当接受检验的雇员一般属于户外工作人员，因此对于他们的活动很难进行严格的监控——因此，如果要求必须具有合理怀疑，那么将难以要求他们接受检验。这将意味着，即使这些雇员吸食毒品也不会被人发现，由此政府在维护安全方面的利益将无从实现。如果必须等到具有合理怀疑时才允许进行检验，那么这些雇员可能早已与毒品贩子达成了妥协，或者可能任毒品贩子逍遥法外并由此造成了损害。在冯·拉比案中，最高法院判决说，就不具任何怀疑而随机进行的毒品检验活动是否具有合理性而言，没有记录在卷的毒品泛滥现象并不具有决定意义。问题不在于是否存在毒品泛滥的现象，而在于如果毒品泛滥的现象没有被及时发现，将会带来多大的风险？在此，其风险在于，这些携带枪支的雇员可能会造成严重的人身伤害后果，这些负责查禁毒品的雇员可能会放任毒品流入美国境内。即使这些风险非常遥远，但是最高法院认为，这些风险的重大程度已经足以成为对不具任何嫌疑的雇员进行毒品检验的正当理由。

在冯·拉比案中，最高法院明显扩大了可以实施随机的、无任何嫌疑根据的毒品检验的适用范围。即使不存在记录在卷的毒品泛滥现象，如果吸食毒品可能造成某种重大的社会危害，而且如果等待出现针对个人的具体嫌疑将有损这方面的政府利益，那么进行无任何嫌疑根据的毒品检验就是合理的。但是冯·拉比案并不支持以下说法，即所有针对政府雇员进行的、随机的、无任何嫌疑根据的毒品检验都是合理的。事实上，在冯·拉比案中，当这种检验应用于海关其他雇员时——这些雇员有权接触"机密"档案——最高法院发现很难作出此类无任何嫌疑根据的毒品检验具有合理性的判断。最高法院担心，接受毒品检验的某些雇员事实上并不会接触到真正的敏感信息（因为大量的政府文件都会常规性地被列为"机密"文件），因此即使这些雇员吸食毒品而且没有被发现，也不会具有造成人身伤害的巨大风险并因此成为进行无任何嫌疑根据的毒品检验的正当理由。——可能发生的最坏情形是，这些受毒品影响的职员遗失了某些相对重要的文件或者把它们放错了地方。冯·拉比案以后，法院系统已经判决说，如果特定的工作场所并不存在记录在卷的毒品泛滥现象，而且如果特定雇员即使吸食毒品也最多只能对政府公务活动的一般效率造成影响，那么要求此类雇员接受无任何嫌疑根据的毒品检验应属于不合理的行为。

一、无嫌疑根据的毒品检验计划要想具有合理性必须具有中立性

暂且假定因涉及重大政府利益，无嫌疑根据的毒品检验行为具有合理性，第四修正案进一步要求，该检验活动的依据必须是具有某种程度的中立性、不存在具有歧视色彩的标准。中立的标准取代了针对个人的具体嫌疑；如果既不具有合理怀疑又缺乏中立标准，那么政府官员决定对特定的雇员进行此类检验将属于为所欲为的任意举动。例如，在冯·拉比案中，根据其毒品检验计划，任何将要调任或提拔到特定岗位的职员都必须接受毒品检验，就属于这样的中立标准。

二、冯·拉比案与“9·11”事件之后的安全性搜查

在冯·拉比案中，最高法院以赞许的态度引用了一些20世纪70年代以来下级法院作出的判例——这些被维持的判例是对机场旅客及其行李搜查行为的合理性进行衡量判断的标志性案例。这些搜查之所以被认定为具有合理性是因为：1. 在保证飞行安全方面，政府享有很大的利益。2. 如果将此类搜查限定在那些有合理怀疑其具有安全威胁的旅客身上，则难以实现政府这方面的利益。而且，基于以下原因，客观上也需要诉诸不具任何怀疑根据的搜查：某些旅客尽管并没有违法的主观故意，但是其行为却可能会危及飞行的安全（例如，保安人员携带的武器在飞机上可能会被劫机者偷走）；而且，有些人尽管表面看来并没有什么可疑之处，但是事实上他可能正在策划劫机活动或者要在飞机上实施爆炸。3. 此类搜查只具有很小的侵犯程度。这是因为，第一，所有的旅客都要接受搜查（这大大降低了因接受搜查而带来的羞辱成分）；第二，旅客事前都知道要接受搜查；第三，旅客可以拒绝接受此类搜查，转而选择其他旅行方式。

众所周知，“9·11”事件后，在机场或其他公共场所实施的无嫌疑根据的搜查，所具有的侵犯程度比以前更大了。机场的旅客在接受检查时，需要脱掉鞋子和外套；在某些机场，乘客还需要穿过一个朝其吹风的机器（从他身上吹落的粉尘，将会送去检验以确定是否含有爆炸物成分）；一些随机抽取的乘客，还要接受更全面的检查，包括用电子监测器进行检查、对私人物品进行彻底检查，以及与特瑞式拍身搜查相当的拍身检查。挑选某些旅客接受更具侵犯性的搜查，很显然是在毫无具体怀疑的情形下作出的，但是他们声称检查人员的裁量判断是根据中立标准作出的——此类搜查或者基于随机抽查，或者因为存在某些特定的事实，如买的是单程机票或者恰好符合了标志性判例中提到的特定情形。几乎所有诸如此类的更具侵犯性的搜查行为都已经得到了法院的认可，而且法院通常根据的就是冯·拉比规则——之所以维持此类搜查方式并不是因为有可能通过搜查会发现什么，而在于如果某些东西没有被发现将会造成严重的后果。

2.4 阅读文献

- J. Devereux Weeks, *Public Employee Drug Testing under the Fourth Amendment after Skinner and Von Raab*, 24 Urb. Law. 515 (1992).
- Russell C. Skousen, *Special Needs Exception to the Warrant and Probable Cause Requirements for Mandatory and Uniform Pre – Arraignment Drug Testing in the Wake of Skinner v. Railway Labor Executives´Association and National Treasury Employees´Union v. Von Raab*, 5 BYU J. Pub. L. 409 (1991).
- Phoebe Weaver Williams, *Suspicionless Drug Testing after Skinner and Von Raab: Constitutional Adjudication in the*

Courts of Appeals, 40 U. Kan. L. Rev. 733 (1991 – 1992).

- LeRoy Pernell, *Random Drug Testing of Student Athletes by State Universities in the Wake of Von Raab and Skinner*, 1 Marq. Sports. L. J. 41 (1990 – 1991).
- Roger A. Petersen, *Balancing Public Interests v. Individual Rights; Is Drug Testing of Federal Employees Here to Stay: National Treasury Employees Union v. Von Raab*, 11 Hamline J. Pub. L. & Polý 195 (1990).
- Cynthia D. Marino, *Is the Army's Urinalysis Program Constitutional under the Fourth Amendment in Light of Von Raab and Skinner: The Defense Perspective*, 1990 Army Law. 12 (1990).
- Harlin Ray Jnr. Dean, *National Treasury Employees Union v. Von Raab: The Fourth Amendment Hangs in the Balance*, 68 N. C. L. Rev. 389 (1989 – 1990).
- Alyssa C. Westover, *National Treasury Employees Union v. Von Raab – Will the War against Drugs Abrogate Constitutional Guarantees*, 17 Pepp. L. Rev. 793 (1989 – 1900).
- Jeffrey S. Pavlovich, *Just Say Yes to Drug – Testing Legislation: The Skinner and Von Raab Decisions*, 39 DePaul L. Rev. 161 (1989 – 1990).
- Lois Yurow, *Alternative Challenges to Drug Testing of Government Employees: Options after von Raab and Skinner*, 58 Geo. Wash. L. Rev. 148 (1989 – 1990).

3. 在高速公路上设置毒品检查站：

埃德蒙德案（*City of Indianapolis v. Edmond*）

531 U. S. 32, 121 S. Ct. 447 (2000)

3.1 案件信息

• **本案争点**

以发现并截获违禁毒品为主要目的而在高速公路上设置检查站，是否违反了第四修正案?

• **最高法院的判决**

最高法院以6:3的投票结果作出了不利于申请人的判决。大法官奥康纳代表最高法院撰写了本案的判决意见，大法官史蒂文斯、肯尼迪、苏特、金斯伯格和布雷耶表示附和。首席大法官伦奎斯特发表了反对意见，大法官托马斯表示附和，大法官斯卡利亚对第一部分表示附和。大法官托马斯发表了反对意见。

最高法院判决认为，在本案中，设置检查站进行毒品检查的主要目的是犯罪控制的一般性利益，因此，该检查站违反了第四修正案。

- **该判例的影响**

埃德蒙德案判决指出，如果执法官员具有合理根据或合理怀疑的支持，那么客观的合理性标准是能够发挥作用的。但是，如果某搜查行为属于无嫌疑根据的搜查，那么就必须探查执法官员的主观动机。这样做的目的在于，防止控方出于恶意，将基于“特殊需要”的搜查作为一种藉口，故意规避司法令状和合理根据的要求。

3.2 判决正文

印第安纳波利斯市等
诉
詹姆士·埃德蒙德等

第99－1030号
2000年10月3日进行辩论
2000年11月28日作出判决

大法官奥康纳（O'Connor, J.）代表最高法院撰写了本案的判决意见。

在席茨案（*Michigan Dept. of State Police v. Sitz*，496 U. S. 444，110 S. Ct. 2481，110 L. Ed. 2d 412（1990））和马蒂尼兹－弗耶尔案（*United States v. Martinez － Fuerte*，428 U. S. 543，96 S. Ct. 3074，49 L. Ed. 2d 1116（1976））中，我们认为，基于打击酒后驾车和拦截非法入境者之目的，在高速公路检查站进行短暂的、无嫌疑根据的扣押是合宪的。现在我们来考虑以发现并截获违禁麻醉毒品为首要目的的高速公路检查程序之合宪性问题。

一

1998年8月，印第安纳波利斯市为了截获违禁毒品，开始在该市公路上设置车辆检查站。当年8月至11月间，该市设置了六处此类路障，截停了1161辆车并逮捕了104名汽车驾驶员。被逮捕者中55人涉嫌毒品犯罪，49人涉嫌毒品以外的犯罪（*Edmond v. Goldsmith*，183 F. 3d 659，661（C. A. 7 1999））。因此，该检查程序的完全"命中率"大约为9%。

当事人双方达成如下证据契约，即印第安纳波利斯市警局以初步禁令程序（preliminary injunction proceeding）为目的的检查站操作程序如下：在每个检查站点，警察截停一辆预定编号的车辆。大约有30名警察在检查站供职。根据警察局局长签发的书面指令，至少有一名警察走近车辆去告知司机他或她已被暂时截停于毒品检查站，并要求其出示驾照和登记簿。警察也会寻找刮
p451 伤的痕迹并从外面对车辆进行开放视野式的检查。一条缉毒犬会绕行于每辆被截停车辆的周围。

指令指示警察说，仅当司机同意时或根据适当、具体的犯罪嫌疑，他们才可以进行搜查。警察应当以同样的方式截停每辆车直至出现具体的犯罪嫌疑，而且警察没有自由裁量权来无序地截停任何车辆。在证据契约中，印第安纳波利斯市承认检查站以此方式运作，接着保证说，没有合理怀疑或合理根据时，每次截停的总计持续时间将是五分钟或更少。

印第安纳波利斯市警局马歇尔·迪普由警长的附誓证言——尽管从技术上说，它不属于当事人双方的证据契约——就检查站之运作提供了进一步的信息。据迪普由警长所言，基于诸如区域犯罪统计数字和交通流量之类的考量因素，警察提前数周就会选定检查站点。一般来说，检查站在夜间运作并标示有以下发光的字样，“麻醉毒品检查——前方几英里处，使用K-9型缉毒犬，准备被截停。”（App. to Pet. for Cert. 57a）一旦截停一组车辆，其他交通工具继续通行不受拦截，直至所有被截停的车辆检查完毕或被移走展开进一步的检查。迪普由警长也说，截停一辆无须进一步检查的汽车的时间持续两至三分钟或更少。

被申请人詹姆士·埃德蒙德和朱尔·帕默在1998年9月末分别在一个麻醉毒品检查站被截停。随后，被申请人代表他们自己和所有汽车驾驶员——他们在印第安纳波利斯市的毒品检查站被截停过或将可能被截停——提起诉讼。被申请人主张，此类路障违反了美国宪法第四修正案以及印第安纳州宪法的搜查扣押条

款。被申请人要求获得对所有司机的确认赔偿请求（declaratory and injunctive relief），进行损害赔偿并承担他们的律师费用。

接着，被申请人提出动议申请初步禁止令。尽管被申请人声称截停他们的警察没有遵照书面指令，但是他们承认下述证据契约的相关内容，即以初步禁止令程序为目的的检查站运作程序。当事人双方的证据契约亦涉及原告方的集团诉讼资格。印第安纳州南部的美国地区巡回法院认同了集团诉讼资格，但拒绝了初步禁止令的动议，认为检查站之程序不违反第四修正案（*Edmond v. Goldsmith*，38 F. Supp. 2d 1016（1998））。美国第七巡回区上诉法院的一个独立的专案法庭撤销了上述判决，认为检查站违反了第四修正案（183 F. 3d 659（1999））。专案法庭拒绝复审。我们签发调卷令（528 U. S. 1153，120 S. Ct. 1156，145 L. Ed. 2d 1068（2000）），现在我们维持该判决。

二

第四修正案要求搜查和扣押必须是合理的。通常来说，在缺乏具体的犯罪嫌疑时，搜查或扣押是不合理的（*Chandler v. Miller*，520 U. S. 305，308，117 S. Ct. 1295，137 L. Ed. 2d 513（1997））。虽然这种嫌疑是合理性标准"不容削减的"组成部分（*Martinez－Fuerte*，428 U. S.，at 561，96 S. Ct. 3074），但仅在有限的情形中，我们认可了不适用一般规则的做法。例如，我们已经支持了某些无嫌疑根据的场合实施的搜查——该程序旨在服务于"特殊需要，超越了正常执法之需要。"See，e. g.，*Vernonia School Dist. 47J v. Acton*，515 U. S. 646，115 S. Ct. 2386，132 L. Ed. 2d 564（1995）（对于学生运动员的随机毒品检查）；*Treasury* p452 *Employees v. Von Raab*，489 U. S. 656，109 S. Ct. 1384，103 L. Ed. 2d 685（1989）（对试图调往或升迁至某些岗位的美国海关总署雇员进行毒品检查）；*Skinner v. Railway Labor Executives' Assn.*，489 U. S. 602，109 S. Ct. 1402，103 L. Ed. 2d 639（1989）

（对铁路工作人员进行毒品和酒精检查，他们涉嫌铁路事故或被发现违反了特定的安全规章））我们也允许基于某些行政管理之目的，在没有具体的犯罪嫌疑时进行搜查，只要这些搜查被适当地加以限制（See, e.g., *New York v. Burger*, 482 U.S. 691, 702 - 704, 107 S. Ct. 2636, 96 L. Ed. 2d 601（1987）（对“严格管制”行业的房屋的无证行政性检查）；*Michigan v. Tyler*, 436 U.S. 499, 507 - 509, 511 - 512, 98 S. Ct. 1942, 56 L. Ed. 2d 486（1978）（对被火灾摧毁的住宅进行行政性检查以判定火灾之起因）；*Camara v. Municipal Court of City and County of San Francisco*, 387 U.S. 523, 534 - 539, 87 S. Ct. 1727, 18 L. Ed. 2d 930（1967）（进行行政性检查以确保遵守城市住宅法规））。

我们也支持了下述场合中对汽车驾驶员进行短暂的、无嫌疑根据的扣押：在固定的边境巡逻检查站进行的旨在拦截非法入境者的扣押（*Martinez - Fuerte*, *supra*），以及在醉酒检查站进行的旨在将醉酒者转移出公路的扣押（*Michigan Dept. of State Police v. Sitz*, 496 U.S. 444, 110 S. Ct. 2481, 110 L. Ed. 2d 412（1990））。另外，在普鲁斯案（*Delaware v. Prouse*, 440 U.S. 648, 663, 99 S. Ct. 1391, 59 L. Ed. 2d 660（1979））中，我们指出，以核查司机驾照和机动车登记簿为目的而设置相似的路障是宪法所允许的。虽然如此，在上述任一先例中，我们并未暗示支持下述检查程序——它的首要目的在于发现日常犯罪行为的证据。

在马蒂尼兹－弗耶尔案中，我们通过第四修正案来质疑在两个永久性移民检查站实施的截停，它们位于离墨西哥边境不足100英里处的我国主要的高速公路上。我们指出了最初产生宪法性问题的特定情形，在较为详细的程度上，它被描述为非法入境者向北流动带来的“可怕的执法问题”（428 U.S., at 551 - 554, 96 S. Ct. 3074）。这些问题也是先前几个判例之关注点，它们主要解决其他边境巡逻交通检查运作的合宪性问题（See *United States v. Ortiz*, 422 U.S. 891, 95 S. Ct. 2585, 45 L. Ed. 2d 623

(1975); *United States v. Brignoni - Ponce*, 422 U. S. 873, 95 S. Ct. 2574, 45 L. Ed. 2d 607 (1975); *Almeida - Sanchez v. United States*, 413 U. S. 266, 93 S. Ct. 2535, 37 L. Ed. 2d 596 (1973))。在马蒂尼兹－弗耶尔案中,我们认为,支持政府在国边境中警务活动之利益使得平衡有所倾斜(428 U. S., at 561 - 564, 96 S. Ct. 3074)。作出如此认定之后,我们强调了在边境地区有效控制非法入境本身之难度(*Id.*, at 556, 96 S. Ct. 3074)。我们同样强调下述做法的不可行性——即对特定的车辆进行具体化的研究以期辨明它是否正运载有非法移民——也强调了由截停产生的侵犯是相对适度的(*Id.*, at 556 - 564, 96 S. Ct. 3074)。

我们随后的判例确认了下述做法,即考虑涉及边境警务活动的具体需要是我们马蒂尼兹－弗耶尔案判决的一个重要因素。例如,在蒙特亚·德·赫尔南德斯案(*United States v. Montoya de Hernandez*, 473 U. S. 531, 538, 105 S. Ct. 3304, 87 L. Ed. 2d 381 (1985))中,我们将马蒂尼兹－弗耶尔案视作"反映长期关注保护边境完整性"的众多第四修正案判例的一员。尽管马蒂尼兹－弗耶尔案中的截停本身并没有发生于边境,但检查站就位于边境附近且服务于边境控制之功能,监视整个边境的难度使得检查站不可或缺(See *Martinez - Fuerte*, *supra*, at 556, 96 S. Ct. 3074)。

在席茨案中,我们评价了密歇根州高速公路醉酒检查程序之合宪性。席茨式的检查涉及对汽车驾驶员短暂的、无嫌疑根据的截停,以便警察能够发现醉酒的迹象并将不清醒的驾驶员移出公路(496 U. S., at 447 - 448, 110 S. Ct. 2481)。显示出醉酒迹象的司机会被移送核查其驾照和登记簿,并且如果获得令状,可以对之采取进一步的酒精测试(*Id.*, at 447, 110 S. Ct. 2481)。很明显,检查程序旨在降低高速公路上醉酒司机带来的直接危害,而且在高速公路安全之迫切性和争点事实中执法实践之间存在明显的联系。酒后驾车问题的严重性以及将醉酒司机移出公路的州 p453

利益的重要性，在我们认定该程序是合宪的判决中占有重要的分量（See *id.*，at 451，110 S. Ct. 2481）。

在普鲁斯案中，我们认为，以抽样核查司机的驾照和机动车登记簿为目的而自由裁量地、无嫌疑根据地实施截停的做法是无效的。该案中警察的行为是不合宪的，主要是因为他进行了"毫无标准的、不受限制的自由裁量"（440 U. S.，at 661，99 S. Ct. 1391）。虽然如此，我们认可了美国的下述"重要利益，即确保仅允许那些有资格的人来操作机动车辆，这些车辆是适合安全操作的，因而必须遵守出示驾照、登记簿并接受检查之要求。"（*Id.*，at 658，99 S. Ct. 1391）故我们指出，"在设置路障式的截停中询问所有即将到来的交通工具"，将是服务于高速公路安全利益的一种合法的手段（*Id.*，at 663，99 S. Ct. 1391）。

我们进一步指出，在普鲁斯案中我们所考虑的此类假设性路障之目的区别于侦查犯罪之一般目的。为了试图使自由裁量式的抽样检查正当化，控方提出了下述其他利益，即"追回被盗的机动车辆，逮捕处于酒精或麻醉毒品影响之下的司机。"（*Id.*，at 659，n. 18，99 S. Ct. 1391）我们将上述整个后一利益归入州公路安全利益之内。（*Ibid.*）我们也指出，追回被盗车辆的利益也可以部分地包含于公路安全利益之内。（*Ibid.*）然而我们评论说，"余下的控制车辆盗窃之政府利益无法区别于犯罪控制之一般利益。"（*Ibid.*）席莰案和普鲁斯案，不仅排除了高速公路安全的共同隐患，而且普鲁斯案也揭示出，就第四修正案的重要性而言，高速公路之安全利益和犯罪控制之一般利益有所区别。

三

完全确证的是，在高速公路检查站对车辆实施的截停，构成了第四修正案意义内的扣押（See，*e. g.*，*Sitz*，*supra*，at 450，110 S. Ct. 2481）。在印第安纳波利斯市的检查站，警察带领缉毒犬绕行于每一辆车外围，这一事实并未将扣押转变为搜查（See

United States v. Place, 462 U. S. 696, 707, 103 S. Ct. 2637, 77 L. Ed. 2d 110 (1983))。正如在普鲁斯案中一样，对于汽车进行外部寻嗅并不要求进入车内，也并不是为了揭露是否存在麻醉毒品以外的任何信息（See *ibid.*)。与普鲁斯案中警犬寻嗅一样，警犬绕行于车辆的寻嗅"所产生的侵犯性远不及典型的搜查活动。"（*Ibid.* Cf. *United States v. Turpin*, 920 F. 2d 1377, 1385 (C. A. 8 1990)）相反，将这些检查站与那些我们先前支持的检查站区分开来的主要原因在于它们的首要目的。

正如申请人所承认的那样，毫无疑问的是，印第安纳波利斯市检查站程序之首要目的在于截获违禁麻醉毒品。在他们关于事实的证据契约中，双方当事人反复将检查站指称为"毒品检查 p454
站"并将它们描述为"处于印第安纳波利斯市的掌控之中，旨在截获该市的违禁毒品。"（App. to Pet. for Cert. 51a－52a）此外，附属于当事人双方证据契约的首份文件即冠名为"与通过警察局长命令颁布的警察指令相联系的毒品检查站。"（*Id.*, at 53a.）这些指令指示警察去"告知公民他们正被短暂地截停于毒品检查站。"（*Ibid.*）附属于证据契约的第二份文件冠名为"1998 年缉毒路障"并且包含有涉及检查行为信息的统计学数据分析（Id., at 55a.）。进一步说，根据迪普由警长所言，检查站标示有发光的下述字样，"麻醉毒品检查——前方几英里处，使用 K－9 型缉毒犬，准备被截停。"（Id., at 57a）最后，地区法院和上诉法院都承认，该路障之首要目的在于截获麻醉毒品（38 F. Supp. 2d, at 1026（指出双方当事人都"强调该路障之首要目的在于截获麻醉毒品"，而且"印第安纳波利斯市警局已经清楚表明，检查站之目的在于拦截运载麻醉毒品的交通工具"），183 F. 3d, at 665（评论说"该市承认它真实的目标在于抓获毒品犯"））。

我们从未支持下述一种检查站程序，即它的首要目的在于发现普通犯罪行为之证据。相反，我们关于检查站的先例已经认可了一般规则——即扣押必须附有一定程度的具体的犯罪嫌疑——受到限制的仅有例外情形。在普鲁斯案中，我们指出，我们不会将“犯罪控制之一般利益”信赖作为无嫌疑根据的截停场合中的正当性理由（440 U. S.，at 659，n. 18，99 S. Ct. 1391）。与此立场相一致，我们已支持的每个检查站程序皆主要旨在服务于下述目的，即与边境警务活动问题或确保公路安全之必要性紧密相连的目的。鉴于印第安纳波利斯市的麻醉毒品检查站程序之首要目的在于发现日常犯罪行为的证据，所以该程序违反了第四修正案。

相反，申请人以多种方式主张，当前检查站程序之发现麻醉毒品证据之目的类似于席茨案和马蒂尼兹－弗耶尔案中检查站之首要目的。申请人论述说，那些案件中的检查站具有相同的最终目的，即逮捕那些被怀疑实施犯罪的人（Brief for Petitioners 22）。确保边境安全和逮捕醉酒的司机当然是执法活动，而且执法官员在追逐这些目标时会利用逮捕和刑事追诉制度（See *Sitz*, 496 U. S.，at 447，450，110 S. Ct. 2481；*Martinez－Fuerte*，428 U. S.，at 545－550，96 S. Ct. 3074）。如果将本案置于一般性高度的层面之上，那么将几乎不会审查当局基于任何可想象之目的而设置路障的能力。如果不与主要旨在服务于犯罪控制之一般利益划清界限，那么第四修正案将难以防止此类入侵演变成为美国公民生活的日常部分。

申请人也强调毒品问题之严重的、难以应对的特质，以期为检查站程序提供正当性理由（Brief for Petitioners 14－17，31）。毫无质疑的是，通过交通工具运输违禁麻醉毒品带来了头等社会危害（Cf. Von Raab，489 U. S.，at 668，109 S. Ct. 1384）。同样的，由毒品交易产生的执法问题仍然令人畏惧且相当棘手的，尤其是它所衍生的众多形式的犯罪之副产品（Cf. *Montoya de Hernandez*，473 U. S.，at 538，105 S. Ct. 3304）。各种各样的其他非
p455 法活动也同样如此，仅仅只是程度较轻而已。但是，单单只有威

胁的严重性无法成为下述问题的决定性因素，即执法官员可以利用什么样的方式来追求特定的目的。相反，在判定是否要求存在具体的犯罪嫌疑时，我们必须考虑受到威胁的利益的性质以及它们与争点事实中特定执法实践的联系。当政府当局主要追求犯罪控制之一般目的时，我们尤为不愿意去认可具体需要的犯罪嫌疑这一一般性规则的例外情形。

在检查站截获麻醉毒品之目的也不能依据席茨案中类似的高速公路安全之考虑而合理化。几乎针对任何犯罪行为的发现和惩罚都广泛地服务于社区安全之目的，而且倘若没有违禁毒品的话，我们的街道也不一定会变得更加安全。虽然如此，仅就少量违法行为而言，社会即会遭遇到针对生命和肢体的、直接的、机动车导向型的威胁，而席茨案中的醉酒检查站即旨在消除这种威胁。

申请人也将印第安纳波利斯市检查站的反违禁品的日程安排比作马蒂尼兹－弗耶尔案中检查站之反走私目的（Brief for Petitioners 15－16）。申请人援引了本院在马蒂尼兹－弗耶尔案中的下述结论——交通流量太大而无法允许"对特定车辆进行个别化的研究，以期能够将之识别为可能运送非法入境者的工具"（428 U. S.，at 557，96 S. Ct. 3074）——并且主张认为该逻辑在此更加有力。该争辩的问题在于，当利用车辆隐藏违禁品或其他犯罪证据时，同样的逻辑在任何时候都有说服力。这种与公路的联系远远不同于席茨案和普鲁斯案中出现的与公路安全的紧密联系。而且，印第安纳波利斯市的检查站所处的情景远远不同于马蒂尼兹－弗耶尔案中检查站所处的至关重要的边境情景。虽然检查每一辆过往车辆的难度是使马蒂尼兹－弗耶尔案中利用的执法手段合法化的一个重要因素，但仅有这个因素不能为无嫌疑根据的搜查或扣押提供正当性理由。相反，我们必须更为关注此类场合中主要服务的公共利益之特质。

印第安纳波利斯市麻醉毒品检查站之首要目的终归于促进

“犯罪控制之一般利益”（*Prouse*, 440 U. S., at 659, n. 18, 99 S. Ct. 1391）。当警察利用检查站主要是为了侦查犯罪的日常工作时，我们拒绝终止具体的犯罪嫌疑之通常要求。我们不能仅基于下述理由就批准进行截停，即一般化的、曾出现的可能性表明，进行询问和检查将可能揭示出任一特定驾驶员已经实施了某种犯罪。

当然，有些情形可以为执法检查站提供正当性理由——除某种紧急情况外，它的首要目的与日常犯罪控制相关。举例来看，正如上诉法院所指出的那样，第四修正案通常会允许经适当考量而设置路障，它旨在挫败即将到来的恐怖袭击或擒获可能通过既定路线逃逸的危险罪犯（See 183 F. 3d, at 662－663）。这些情景产生的紧急情况远远不同于下述情形，即当局简单地截停车辆的通常目的在于，查看是否恰好存在一名逃离该辖区的重罪犯。尽管我们并不将为检查站程序提供正当性理由之目的限定于任何严格的种类之内，但如果程序之首要目的最终无法区别于犯罪控制之一般利益的话，我们拒绝对之表示支持。①

p456 申请人争辩认为，我们先前的判例没有对检查站程序之目的进行审查。例如，他们援引武瑞恩案（*Whren v. United States*, 517 U. S. 806, 116 S. Ct. 1769, 135 L. Ed. 2d 89（1996））和邦德案（*Bond v. United States*, 529 U. S. 334, 120 S. Ct. 1462, 146 L. Ed. 2d 365（2000））来支持下述主张，即“当政府清楚表达并

---

① 首席大法官的反对意见错误地将我们的意见描绘为依赖于适用一种“非以执法为首要目的之标准”。*Post*, at 460. 我们的意见在任何地方都未将席茨案和马蒂尼兹－弗耶尔案中检查站之目的描述为“主要不与刑事执法相关”。*Post*, at 459. 相反，我们的判决突出显示了下述事实，即印第安纳波利斯市的检查站之首要目的在于促进犯罪控制之一般利益。

首席大法官的意见同样错误地将我们的意见描绘为认为“使用缉毒犬……使得根据我们第四修正案判例法明显合宪的东西变得无效。”*Post*, at 458. 再次重申，该程序的宪法性缺陷在于，它的首要目的是促进犯罪控制之一般利益。

追求无嫌疑根据的截停之合法利益时，法院不应该关注其背后的利益进而判定政府之'首要目的'是否合法。"（Brief for Petitioners 34；see also *id.*，at 9）虽然如此，这些判例并不规制本案当前的情况。

在武瑞恩案中，我们认为，单个执法官员的主观意图与截停交通工具在第四修正案上的合法性不相关，只要在客观上相信已经发生交通违法行为的合理根据能使之具有正当性即可（517 U.S.，at 810－813，116 S. Ct. 1769）。我们评论说，我们的先例"排除了任何下述争辩，即截停交通工具之宪法合理性要求取决于每个涉案执法官员的实际意图。"（*Id.*，at 813，116 S. Ct. 1769）作出如此认定后，我们明确地将之与解决没有合理根据时搜查的有效性案件区分开来（See *id.*，at 811－812，116 S. Ct. 1769（distinguishing *Florida v. Wells*，495 U.S. 1，4，110 S. Ct. 1632，109 L. Ed. 2d 1（1990）（论述说"财产登记搜查不能成为诡计，从而为发现归罪性证据而进行一般性的搜寻翻找"），*Colorado v. Bertine*，479 U.S. 367，372，107 S. Ct. 738，93 L. Ed. 2d 739（1987）（指出没有不善良的信念以及缺乏纯粹侦查之目的与财产登记搜查的合法性是相关的），and *Burger*，482 U.S.，at 716－717，n. 27，107 S. Ct. 2636（评论说既无令状也无合理根据的有效的行政性检查不能成为搜查违反刑法的证据之理由））。

因此，武瑞恩案强化了下述原则，即虽然"主观意图在关于第四修正案合理根据的通常分析中不起任何作用"（517 U.S.，at 813，116 S. Ct. 1769），但实用性的目的可能与第四修正案允许的侵犯活动——它源于常规的意图而无具体的犯罪嫌疑的有效性息息相关。所以，武瑞恩案并不禁止审查此类情形中的实用性目的（Cf. *Chandler v. Miller*，520 U.S. 305，117 S. Ct. 1295，137 L. Ed. 2d 513（1997）；*Treasury Employees v. Von Raab*，489 U.S. 656，109 S. Ct. 1384，103 L. Ed. 2d 685（1989）；*Burger*，*su-*

pra; *Michigan v. Tyler*, 436 U. S. 499, 98 S. Ct. 1942, 56 L. Ed. 2d 486 (1978); *Camara v. Municipal Court of City and County of San Francisco*, 387 U. S. 523, 87 S. Ct. 1727, 18 L. Ed. 2d 930 (1967))。本案也不禁止审查实用性的目的。

最后在邦德案中，我们解决了下述问题，即执法官员对处于公交车中乘客头顶上隔室内的手提行李进行的接触式检查行为，是否违反了合理隐私期待。在处理该问题时，我们仅仅指出，武瑞恩案中的原则使得执法官员的主观意图与此分析不具相关性（529 U. S., at 338, n. 2, 120 S. Ct. 1462）。然而，正如申请人正确地注意到的那样，邦德案中分析的议题并不是“关于第四修正案合理根据的通常分析”（*Whren*, *supra*, at 813, 116
p457 S. Ct. 1769），邦德案中没有任何内容表明，我们将把武瑞恩案中的原则扩展至所有缺少具体的犯罪嫌疑的情形。相反，在邦德案中，主观意图不具相关性，因为我们先例所要求的审查关注于每个执法官员行为的客观效果。相比之下，我们处理侵犯性——它源于常规的意图而无具体的犯罪嫌疑——的先例经常要求在实用性层面上对目的进行审查。

申请人争辩说，印第安纳波利斯市的检查站程序可以通过下述次要的目的而具有正当性，即将不清醒的汽车驾驶员带出公路并核查其驾照和登记簿（Brief for Petitioners 31－34）。然而，如果情况确实如此，那么执法当局将能够基于现实中之任一目的去设置检查站，只要它们同样包括核查驾照或清醒检查即可。鉴于此，我们审查可以获得的证据来判定检查站程序之首要目的。虽然我们承认针对目的性审查的固有质疑，但作为一种将滥用权力的政府行为从合法行为中筛选出去的方法，法院在宪法判例法的众多领域中经常从事此项工作（Cf. 183 F. 3d, at 665）。随之而来的结果是，被禁止性的目的所驱动产生的程序可能被禁止，而被合法的目的推动产生的程序却是合法的，即使被质疑的行为可能在外观上类似。尽管第四修正案之合理性要求主要是一种客观上的审查，但是我们的特殊需要和行政性搜查判例论证了以下内容，即当根据常规意图产生的无嫌疑根据的侵犯是争议事实时，目的经常具有相关性。①

毋庸置疑的是，我们今天的判决意见不会改变我们在席茨案和马蒂尼兹－弗耶尔案中支持的醉酒和边境检查站之宪法性地位，也不会改变我们在普鲁斯案中指出的是合法类型的交通工具检查站。此类检查站程序的合宪性仍然取决于对下述两种竞争性利益的权衡比较，即所危及的利益和该程序之效果（See *Sitz*, 496 U. S. , at 450－455，110 S. Ct. 2481；Martinez－Fuerte，428 U. S. ，at 556－564，96 S. Ct. 3074）。然而，当执法当局在检查站首要追求的是诸如本案中的犯罪控制之一般目的时，截停仅能通过一定量的具体的犯罪嫌疑才具有正当性。

我们的判决意见也不会影响边境搜查或在类似于机场和政府建筑的场所进行的搜查，此时通过此类措施来确保公共利益之需要是相当迫切的。我们所谈及的其他侵犯的意见也不是主要旨在犯罪控制之一般利益以外的目的。我们的判决意见也不会损害警察根据信息适当地采取行动的能力——他们在检查站基于合法的首要目的而具有正当性的截停过程中适当地获知了该信息——即使此类行动可能导致基于不相关目的之犯罪而逮捕汽车驾驶员。最后，我们提醒说，在此场合中的目的性审查仅能在实用性层面上进行，并且也不是邀请去探查在现场采取行动的每一位警察之

① 因为申请人承认印第安纳波利斯市检查站之首要目的在于发现麻醉毒品，所以我们无须判定控方是否以下述目的确证了检查站程序，即以核查驾照或司机酒精度为首要目的，以截获麻醉毒品为次要目的。说明确些，我们并没有就下述问题表达观点，即为了在截停的汽车内发现毒品的存在，警察是否可以扩展检查站检查驾照或酒精度的范围。Cf. *New Jersey v. T. L. O.*，469 U. S. 325，341，105 S. Ct. 733，83 L. Ed. 2d 720（1985）（搜查必须"'合理地与为最初干预提供正当性理由的情况在范围上有所联系'"（quoting *Terry v. Ohio*，392 U. S. 1，20，88 S. Ct. 1868，20 L. Ed. 2d 889（1968）））；*Michigan v. Clifford*，464 U. S. 287，294－295，104 S. Ct. 641，78 L. Ed. 2d 477（1984）（plurality opinion）.

主观动机。（Cf. *Whren*，*supra.*）

p458 鉴于印第安纳波利斯市检查站程序之首要目的终究无法与犯罪控制之一般利益相区别，所以它违反了第四修正案。因此，维持上诉法院的判决。

特此判决！

首席大法官伦奎斯特（Rehnquist，C. J.）发表了反对意见，大法官托马斯（Thomas，J.）表示附和，大法官斯卡利亚（Scalia，J.）就第一部分表示附和。

根据本院判决意见所言，控方使用了缉毒犬，使得根据我们第四修正案判例法明显合宪的东西变得无效：短暂地、标准化地、无自由裁量权地设置路障扣押汽车，有效地服务于州重大利益的扣押仅会最小化地侵犯它们占有人的隐私。因为这些扣押服务于控方被认可的下述重大利益，即防止司机醉酒并核查其驾照和汽车登记簿，也因为法庭记录中没有任何内容指出额外的警犬寻嗅延长了这些合法扣押的时间，故我表示反对。

一

我将以讨论黑体字标示的路障扣押法为开端，尽管本院法庭意见中对此只字未提。"在检查站，对于第四修正案权利的主要保护在于适当地限制截停之范围。"（*United States v. Martinez - Fuerte*, 428 U. S. 543，566 - 567，96 S. Ct. 3074，49 L. Ed. 2d 1116（1976））路障扣押是与第四修正案相一致的，如果它们"根据一项计划所实施，且该计划包含有对每一警察行为的明确、无偏倚的限制。"（*Brown v. Texas*, 443 U. S. 47，51，99 S. Ct. 2637，61 L. Ed. 2d 357（1979））扣押之合宪性尤其取决于"对扣押所服务的公共忧虑之严重性进行的权衡，扣押所促进公共利益的程度，以及干涉个人自由的严重性。"（*Id.*，at 50 - 51，99 S. Ct. 2637）

我们首先在马蒂尼兹 - 弗耶尔案（*supra*）中适用了这些原

则，它支持以发现非法入境者为目的而设置高速公路检查站。在马蒂尼兹－弗耶尔案中，我们将检查非法移民流动这一我国的重大利益与对汽车司机有限制地进行"客观上的"、"主观上的"侵犯进行权衡比较。客观上的侵犯——截停本身，[①] 短暂询问车辆占有人以及对汽车进行视觉性的检查——被认为是受到限制的，因为"既没有搜查车辆，也没有搜查它的占有人。"（*Id.*，at 558，96 S. Ct. 3074）同样的，主观上的侵犯，或者是遵纪守法的司机因该类截停产生的恐惧和惊讶，被认为是最小化的，因为"运作检查站所建立起的规范化的方式即是有形的证据，使得遵纪守法的司机有所放心，截停是被适当授权的，且相信其是服务于公共利益的。"（*Id.*，at 559，96 S. Ct. 3074）事实上，路障的标准化运作被视为明显不同于四处巡逻，在此领域警察不受约束的自由裁量权可能导致对司机使用高速公路的无节制的干涉（Cf. *United States v. Brignoni－Ponce*，422 U. S. 873，95 S. Ct. 2574，45 L. Ed. 2d 607（1975））。而且，尽管马蒂尼兹－弗耶尔案的判决没有指向检查站之有效性，在合并审查案件中的一个案件的法庭记录论证说，在 0. 12% 的被截停车辆中发现有非法入境者（See 428 U. S.，at 554，96 S. Ct. 3074）。

在席茨案（*Michigan Dept. of State Police v. Sitz*，496 U. S. 444，110 S. Ct. 2481，110 L. Ed. 2d 412（1990））中，在适用马蒂尼兹－弗耶尔案和布朗案确立的框架后，我们支持州设置高速公路醉酒检查站的做法。在上述判例中，我们认可了州限制酒后驾车这一利益之重要性，并认为大约 25 秒左右的扣押所带来的客观侵犯是"轻微的"（496 U. S.，at 451，110 S. Ct. 2481）。至于主观上的侵犯，我们指出，该检查站是根据指令而挑选出来 p459

① 合并审查案件中的一起案件的法庭记录指出，该截停持续了三到五分钟。See *United States v. Martinez－Fuerte*，428 U. S. 543，546－547，96 S. Ct. 3074，49 L. Ed. 2d 1116（1976）.

的，而且由统一的执法官员所运作（See *id.*，at 453，110 S. Ct. 2481）。最后，我们得出结论认为，该程序有效地促进了州的利益，因为该检查站促使逮捕了两名醉酒的司机，或者说是被截停的126人中的1.6%（See *id.*，at 455-456，110 S. Ct. 2481）。

本案当然应遵循马蒂尼兹-弗耶尔案和席茨案。申请人承认这些路障之“首要目的”在于截获违禁毒品，但这一事实不应处于压倒性地位。即使接受本院的下述结论，即马蒂尼兹-弗耶尔案和席茨案争议事实中的检查站并不主要与刑事执法相关联，① 但执法目的是否可以支持路障扣押这一问题并没有在本案中出现。地区法院认定“检查站之另一目的在于核查司机的驾照和车辆登记簿”（App. to Pet. for Cert. 44a），并且，书面指令所言的是警察去“寻找刮伤的痕迹”（*Id.*，at 53a）。使用路障来寻找刮伤的痕迹因席茨案而合法化，而且普鲁斯案（*Delaware v. Prouse*，440 U. S. 648，663，99 S. Ct. 1391，59 L. Ed. 2d 660（1979））明确认可了使用路障来核查司机的驾照和车辆登记簿。② 这些路障服务于州合法的利益，对此不能有严重的争议，49人因涉及非毒品犯罪而被逮捕即是例证（*Edmond v. Goldsmith*，183 F. 3d 659，661（C. A. 7 1999））。而且，考虑到地区法院的认定、书面指令和实际进行的逮捕，也可以推测出下述结论，即除非为了州截获毒品的利益，申请人将不会使用这些

① 这一注解，see *ante*，at 452-453，454-455，根本不明显。马蒂尼兹-弗耶尔案中的被申请人因非法运送入境者而被提出刑事指控，而且，本院明确地指出“拦截从墨西哥来的非法入境者人流产生了可怕的执法问题。”428 U. S.，at 552，96 S. Ct. 3074. 审理席茨案的最高法院也承认，如果“警察的观察表明司机已经喝醉，那么可以实施逮捕。”496 U. S.，at 447，110 S. Ct. 2481. 但是，无论这种区别多么具有说服力，本院意见并未指摘马蒂尼兹-弗耶尔案和席茨案的持续有效性。See *ante*，at 457.

② 一些上诉法院已经支持以核查司机驾照和车辆登记簿为目的而设置路障。See，e. g.，*United States v. alindo - Gonzales*，142 F. 3d 1217（C. A. 10 1998）；*United States v. McFayden*，865 F. 2d 1306（C. A. D. C. 1989）.

路障。

鉴于这些实施路障扣押的有效理由，申请人试图去截获毒品在宪法上就不具有相关性。在武瑞恩案（*Whren v. United States*, 517 U. S. 806，116 S. Ct. 1769，135 L. Ed. 2d 89（1996））中，我们认为警察的主观意图将不会使得下述截停无效，即对车辆进行的客观上具有正当性理由的截停。警察截停汽车的自由裁量性决定之合理性，武瑞恩案的争点，取决于是否存在合理根据去相信已经发生了交通违法行为。高速公路检查站之合理性，本案的争点，取决于它们是否有效地服务于州的重大利益且给司机造成了最小化的侵犯。武瑞恩案中的截停在客观上是合理的，因为警察已经目击了交通违法行为，本案中的路障在客观上也是合理的，因为它们服务于下述重大利益——防止酒后驾车以及核查司机驾 p460
照和车辆登记簿——且给司机造成了最小化的侵犯。

一旦特定扣押活动满足了宪法性要求，那些对之负责的人的主观期待，无论是警察的或是市政议会的，都不具有相关性（Cf. *Scott v. United States*，436 U. S. 128，136，98 S. Ct. 1717，56 L. Ed. 2d 168（1978）（"仅有主观意图……不会使得合法的行为变得非法或不合宪"））。赋予第四修正案生命力的是州针对个人隐私所采取的行为之客观效果（See *Bond v. United States*，529 U. S. 334，338，n. 2，120 S. Ct. 1462，146 L. Ed. 2d 365（2000）（适用武瑞恩案来判定警察行为根据第四修正案是否构成"搜查"，因为"争点不在于他的意志状况，而在于他行为之客观效果"））。合法扣押之客观侵犯不能取决于任何人的主观想法，故我们的宪法性分析也是如此。①

鉴于这些检查站服务于州的两大重要利益，布朗案平衡标准的剩余一极就容易被满足了。扣押在客观上是合理的，因为它平

① 当然，在分析某些无嫌疑根据的搜查之合宪性时，我们必须留意该程序之目的。正如在第二部分讨论的那样，该原则从未被适用于扣押汽车中。

均持续二到三分钟，且并未涉及搜查（App. to Pet. for Cert. 57a）。主观上的侵犯也因此是受到限制的，因为检查站被清楚地标示出来且由统一的执法官员运作，他们被指示以相同的方式去截停每一辆车（*Ibid.*）。本案和席茨案之间仅存的差异在于出现了缉毒犬。然而，我们已经指出，通过经训练的缉毒犬进行“寻嗅检查”并不是第四修正案意义上的搜查，因为它并不要求物理性的侵犯被寻嗅的物品，也没有暴露违禁物品以外的任何东西（*United States v. Place*, 462 U.S. 696, 706 – 707, 103 S. Ct. 2637, 77 L. Ed. 2d 110（1983））。而且法庭记录中也没有任何内容表明警犬寻嗅延长了截停时间。最后，检查站的成功率——因与毒品无关的犯罪逮捕了49人——仅证实了州的下述合法利益，即防止酒后驾车并且确保适当地核查司机的驾照和他们车辆的登记簿。[①]

这些截停有效地服务于州之合法利益；它们以规范化的、中立的方式运作；并且它们最小化地侵犯了司机的隐私。因此它们应是合宪的。

二

本院不愿采纳这些先例所指出的直截了当的分析，而提出了一种崭新的非以执法为首要目的之标准，它源于对住宅和商业场所进行的搜查，这也是与第四修正案完全不同的另一相关领域。正如前文所讨论的那样，就接受扣押的理由而言，本院回答的问题甚至没有在本案中出现。但更为根本的是，无论非以执法为首要目的之标准在搜查情景中有何意义，当我们在评价一项程序之合宪性时不断地关注“截停的范围”的话，上述目的就不会适合于该短暂的路障扣押（*Martinez – Fuerte*, 428 U.S., at 567,

① 以统计学数据的形式看，被截停的1161人中有4.2%因非与毒品相关的犯罪而被逮捕。

96 S. Ct. 3074)。

我们已经拒绝过适用非以执法为首要目的之标准，而本院现在却认为它是如此的不可或缺。席茨案中的被申请人争辩说，布朗案中的平衡标准就路障扣押而言并不是"合适的分析方法"：

被申请人争辩说，在确定平衡分析法是合适的方法之前，一定存在有迹象表明某些特殊的政府需要"超越了"刑事执法之"正常的需求"，而控方尚未论证存在此类特殊需要。 p461

但通过解读冯·拉比案（*Treasury Employees v. Von Raab*，489 U.S. 656，109 S. Ct. 1384，103 L. Ed. 2d 685（1989））——在支持我们先前马蒂尼兹－弗耶尔案（*United States v. Martinez－Fuerte*，428 U.S. 543，96 S. Ct. 3074，49 L. Ed. 2d 1116（1976））的判决时，援引并讨论了它——下述说法就是完全清楚的，即在处理公共高速公路警察截停汽车司机这个问题时，我们绝不旨在复制先前的判例。马蒂尼兹－弗耶尔案——它在支持以发现非法入境者为目的的高速公路检查站时，使用了平衡分析法——和布朗案都是与本案相关的权威判例。(496 U.S.，at 449，450，110 S. Ct. 2481)

暂不考虑遵循先例原则，我们路障扣押的判例中没有吸纳"特殊需要"之标准的"完全清楚的"理由在于，扣押机动车辆"既不涉及搜查，也不涉及私人住宅之圣洁性，而它们通常处于第四修正案提供的最为严格的保护之中。"（*Martinez－Fuerte*，*supra*，at 561，96 S. Ct. 3074）

"特殊需要"这个原则，已被用以支持基于与执法无关之理由而进行的某些无嫌疑根据的搜查，它也是下述一般规则之例外，即搜查必须依据具体的犯罪嫌疑（See，e.g.，*Skinner v. Railway Labor Executives' Assn.*，489 U.S. 602，109 S. Ct. 1402，103 L. Ed. 2d 639（1989）（毒品检查、搜查）；*Camara v. Municipal Court of City and County of San Francisco*，387 U.S. 523，87

S. Ct. 1727，18 L. Ed. 2d 930（1967）（针对住宅的行政性搜查））。该原则允许侵犯第四修正案提供强大保护的个人之人身、住宅和其他领域。但是，本案中不存在此类侵犯。

“个人对汽车之隐私期待以及运行汽车之自由期待完全不同于传统的对于住宅享有的隐私和自由期待。”（*Martinez - Fuerte*, *supra*, at 561，96 S. Ct. 3074）原因在于“与住宅不同，机动车辆处于普遍的、持续的政府规制和控制之中。”（*South Dakota v. Opperman*，428 U. S. 364，368，96 S. Ct. 3092，49 L. Ed. 2d 1000（1976）；see also *New York v. Class*，475 U. S. 106，113，106 S. Ct. 960，89 L. Ed. 2d 81（1986）（“机动车辆无可非议地处于国家普遍的规制之中”）；*Cardwell v. Lewis*，417 U. S. 583，590，94 S. Ct. 2464，41 L. Ed. 2d 325（1974）（“个人在机动车辆中只有较少的隐私期待，因为它的功能在于运输，而且它很少作为个人的住宅或个人财产的仓库”））对于汽车较低的隐私期待所造成的侵犯具有以下特质：短暂的、标准化的、不具侵犯性的扣押。[①] 对于机动车辆之短暂扣押几乎不能与针对人身或住宅之侵犯性搜查相提并论。因此，正如“特殊需要”之审查既界定也限制了那些搜查之法律允许的范围那样，布朗案的平衡标准既界定也限制了扣押机动车辆之法律容许的范围。

鉴于这些针对路障扣押的外部限制，本院新得出的非以执法为首要目的之标准对于保障第四修正案权利不是必需的，而且也将必定因任何特定扣押之“目的”而带来诸多争讼。警察设置路障从不能确保它们的合法性，因为陪审团随后可能判定存在一
p462 种被禁止的目的。设置路障进行截停——完全等同于我们在10年前席茨案中支持的那种，或者等同于我们在24年前马蒂尼

① 该事实使得设置路障扣押机动车辆有别于机动车辆登记搜查。Cf. *Colorado v. Bertine*，479 U. S. 367，107 S. Ct. 738，93 L. Ed. 2d 739（1987）（机动车辆登记搜查）。

兹-弗耶尔案中支持的那种——现在可能会因下述根据而遭受质疑，即它们可能存在某种隐藏的、被禁止的目的。

很明显，在被数以万计的汽车司机使用的公共高速公路之上努力执法，对于我们社会来说是必需的。本院今天的判决意见，对那些过去根据遵循先例原则而被认为是完全合法的活动投下了阴影。相反地，如果印第安纳波利斯市警察在本案中的活动出于不同的目的，但却绝不改变针对每个汽车司机的所作所为，那么它可能就会是合法的（See *ante*, at 457, n. 2）。本院的非以执法为首要目的之标准完全不能成为一种替代品，进而来服务于在扣押汽车场合中第四修正案所关注的，或所应当关注的任何事项。

就设置路障扣押汽车而言，申请人的程序符合我们的先例，而且，额外使用警犬寻嗅并不会延长截停时间或增加截停的侵犯性。鉴于此类截停与第四修正案相一致，故我将撤销上诉法院之判决。

大法官托马斯（Thomas J.）发表了反对意见。

综合考虑席茨案（*Michigan Dept. of State Police v. Sitz*, 496 U. S. 444, 110 S. Ct. 2481, 110 L. Ed. 2d 412（1990））和马蒂尼兹-弗耶尔案（*United States v. Martinez - Fuerte*, 428 U. S. 543, 96 S. Ct. 3074, 49 L. Ed. 2d 1116（1976））的判决，我们的立场是，只要设置路障所依据的既定计划限制了实施截停的警察的自由裁量权，那么针对无犯罪嫌疑的人而设置的路检站是宪法所允许的。但是，我并不确信席茨案和马蒂尼兹-弗耶尔案是正确的判决。事实上，我相当怀疑第四修正案的起草者将会认为下述程序是"合理的"，即不加区分地截停不具违法行为的嫌疑人。

尽管如此，被申请人并没有提出要求推翻席茨案和马蒂尼兹-弗耶尔案的请求，因此由于无助于本案的答辩和口头辩论，我也不愿意考虑这一问题。基于首席大法官所阐述的理由，我相信那两个判例迫使我们支持本案中存在争议的执法项目。故此，我附和他的反对意见。

3.3 美方评论

在埃德蒙德案中，最高法院回答了“特殊需要”理论的法律意义——根据特殊需要理论，如果控方能够证明，其搜查扣押行为旨在实现有别于日常刑事执法目的以外的特殊行政执法需要，那么应当根据利益权衡的方式对其是否具有合理性作出判断。与针对犯罪证据的搜查、扣押相比，基于“特殊需要”的搜查、扣押只需具有明显低得多的证据就是合法的。如果属于针对犯罪证据的搜查，原则上需要有司法令状的授权并具有合理根据的支持。但是，如果该搜查或扣押行为是基于特殊行政执法需要，则只需具有合理性即可。在这一语境下，合理性仅仅意味着：根本不需要具有司法令状的授权；需要达到的最高证明标准也仅仅是合理怀疑；而且，在许多情形下，即使没有任何嫌疑，只要在限制执法官员裁量权方面具有足以替代证明标准的其他标准（如以随机抽取的方式进行），也可以进行搜查和扣押。

由于基于特殊需要的搜查扣押与针对犯罪证据而进行的搜查、扣押在判断标准方面迥然不同，这使得执法官员有强烈动机将针对刑事违法的搜查扣押伪装成基于特殊需要的搜查扣押。在埃德蒙德案中，最高法院讨论了这种动机，并指出，如果实施路检的动机是为了控制犯罪，那么该行为就必须符合刑事搜查的传统标准——这意味着，由于为检查毒品而设置的路检站旨在确定是否有合理根据证明嫌疑人正在从事毒品活动，因此实施路检根本不可能符合传统的刑事搜查标准。如果在实施路检以前已经具有合理根据的证据，那么执法官员也就没有实施路检的必要了，他完全可以直接对汽车实施截停并对司机进行逮捕。

埃德蒙德案对最高法院提出的以下一般规则施加了一项潜在的重要限制：在适用第四修正案时，关注的焦点应该是客观的合理性标准，而不应当是执法官员的主观动机。埃德蒙德案指出，如果执法官员具有合理根据或合理怀疑的支持，那么客观的合理性标准是能够发挥作用的，但是如果某搜查行为属于无嫌疑根据的搜查，那么就必须探查执法官员的主观动机。因为，在后一种情形下，虽然控方号称是基于特殊需要的搜查，但是事实上将其用以刑事执法目的的风险性太大了。这种风险性在于：控方出于恶意，将基于"特殊需要"的搜查这一标签作为藉口，故意规避司法令状和合理根据的要求。

不幸的是，埃德蒙德案对于作为执法藉口的搜查扣押施加的限制是比较温和的，因此可能很容易予以规避。为查禁毒品目的而设置的路检站是无效的，但是最高法院在判决时至少考虑了以下因素：1. 关于执法动机的调查仅限于制度规定层面。即不允许调查特定执法官员的主观动机，只能探究政府关于这一执法项目明确公布的理由。2. 对于政府公布的理由只做表面审查，因此如果政府说设置路检站是出于维护道路安全的目的，可能就足够了。3. 即使设置路检站的目的是为了发现犯罪，如果拟欲发现的犯罪与车辆安全驾驶有关（例如，发现酒后驾车或吸毒后驾车的司机），依然会得到认可。4. 最高法院还承认，由于某些犯罪的严重程度是如此之大，因此即使没有任何怀疑迹象也可以实施路检。例如，如果警察正在搜寻一名恐怖主义分子，那么他们可以采取路检的方式。

但是，尽管埃德蒙德案不可能对以下行为施加有效的限制，即将特殊需要规则作为执法藉口的搜查行为，但是该判例却具有非常重要的象征意义。该判例已经认识到，过于宽泛地使用基于特殊需要的搜查扣押存在着诸多危险。特殊需要规则的适用不应当宽泛到了彻底放逐司法令状与合理根据这些传统要求的地步。

3.4 阅读文献

- Doug Reeder, *City of Indianapolis v. Edmond: The Supreme Court Takes a Detour to Avoid Roadblock Precedent*, 40 Hous. L. Rev. 577（2003－2004）.
- Ann Mulligan, *City of Indianapolis v. Edmond: The Constitutionality of Drug Interdiction Checkpoints*, 93 J. Crim. L. & Criminology 227（2002－2003）.
- Leslie P. Butler, *City of Indianapolis v. Edmond: An Unprecedented Use of Primary Purpose Leaves Wide Open the Door for Secondary Problems*, 46 St. Louis U. L. J. 175（2002）.
- Kevin E. Meehan, George M. Dery, *Supreme Court's Curious Math: How a Lawful Seizure Plus a Non－Search Add up to a Fourth Amendment Violation in City of Indianapolis v. Edmond*, 32 U. Mem. L. Rev. 879（2001－2002）.

附录一：专业术语中英文对照

A

administrative searches 行政搜查
affidavit 宣誓书
affirmed 维持原判
agent 特情人员
airport searches 机场搜查
anticipatory search warrant（基于预见而申请签发的）搜查令状
anti－drug checkpoint 缉毒路检站
area of immediate control 立即控制的区域
arrest warrant 逮捕令状
assistant warrant 帮助令状
attenuation connection principle 稀释规则
automobile checkpoint 汽车路检站
automobile search warrant exception 汽车搜查例外

B

bench warrant（法官依职权签发的）司法令状
booking 警察登记程序
brief 案情摘要
bright－line rule 明确规则

C

checkpoint 路检站
citation 出庭通知

citizen's arrest 扭送
consent searches 同意搜查
contemporaneous search 同步搜查
custody 拘禁

D

dictum 法官意见
drug and alcohol testing 毒品与酒精检验
drug courier profile 毒品贩子的画像

E

electronic surveillance 电子监控
en banc decision 全院法官作出的判决
encounter（警民）接触
exclusionary rule 非法证据排除规则
exigent circumstance 紧急情形

F

field search 现场搜查
frisk 拍身搜查
fruit of the poisonous tree 毒树之果
full custody arrest 完整意义上的逮捕
full - blown search 完整意义上的搜查

G

general warrant 一般令状
good faith exception 善意例外

H

hot pursuit 热追捕

I

independent source exception 独立来源的例外
inevitable discovery exception 必然发现的例外
informant 线人
injunction 强制令
international border searches and seizures 国际边境的搜查与扣押
inventory searches 财产登记搜查

J

John Doe warrant（不知相对人姓甚名谁的）司法令状
Justice（联邦最高法院的）大法官
justice of peace 和平绅士

K

knock and announce principle 敲门并宣告规则
knock and announce rule 敲门并表明身份规则

M

merit rule 实质规则

N

neutral and detached magistrate 中立且超然的地方法官

O

open field doctrine 开放区域规则

P

plain feel/touch doctrine 一触即知规则
plain odor doctrine 一嗅即知规则
plain view doctrine 一览无余规则
petitioner 申请人
physical invasion/penetration 物理性侵入
physical search 人身搜查
pretextual stop 作为执法借口的截停
probable cause 合理根据
profile 犯罪画像
protective sweep 保护性目光扫视
purged taint exception 净化污染例外

R

racial profiling 种族画像
reasonable expectation of privacy 合理的隐私期待
reasonable grounds 合理理由
reasonable person 理性人
reasonable suspicion 合理怀疑
reasonableness balancing standard 有关合理性的利益权衡标准
record 法庭记录
respondent 被申请人
reversed and remanded 撤销原判并发回重审
reversed 撤销原判
roadblock 路障

S

search incident to lawful arrest 附带搜查

search incidental to arrest 附带搜查
search warrant 搜查令状
search with the warrant 令状搜查
search 搜查
seizure 扣押
silver platter doctrine 银盘理论
sobriety checkpoint 醉酒路检站
special needs searches and seizures 基于行政特殊需要的搜查与扣押
stop and frisk 截停与拍身搜查
stop 截停
subpoena 证据提出命令
summary arrest 立即逮捕
summon 传票

T

the government/state 控方
totality of circumstances 综合全案情状
two－pronged test 双叉标准

W

warrant 司法令状
warrantless search 无证搜查
warrantless searches 无证搜查
weapons searches 为确定是否携带武器的搜查
without unnecessary delay 无不必要迟延

附录二：美国最高法院历任大法官表

下表列出了自1789年以来所有的最高法院大法官，依据他们各自宣誓就职并开始履行职责的先后顺序排列。两位大法官罗伯特·H. 哈里森和埃德温·斯坦顿被任命为大法官却从未履行职务，所以没有列入。罗伯特·H. 哈里森是乔治·华盛顿总统最初任命的大法官之一，但他拒绝履行职务。埃德温·斯坦顿由尤利塞斯·S. 格兰特总统任命，但在就职之前就去世了，故只能在病榻上宣誓任职。

其中，根据国会休会任命办法（a recess appointment）续任的大法官，名字右上角以*标出。

	人名	来自何地	生卒时间	任职期间	是否担任首席大法官	任命总统	职务终止原因
1	James Wilson 詹姆斯·威尔逊	宾夕法尼亚州	1742 年 9 月 14 日 – 1798 年 8 月 21 日	1789 年 10 月 5 日 – 1789 年 8 月 21 日	无	华盛顿	逝世
2	John Jay 约翰·杰伊	纽约州	1745 年 12 月 12 日 – 1829 年 5 月 17 日	1789 年 10 月 19 日 – 1795 年 6 月 29 日	1789 年 10 月 19 日 – 1795 年 6 月 29 日	华盛顿	辞职
3	William Cushing 威廉·库欣	马萨诸塞州	1732 年 3 月 1 日 – 1810 年 9 月 13 日	1790 年 2 月 2 日 – 1810 年 9 月 13 日	无	华盛顿	逝世
4	John Blair 约翰·布莱尔	弗吉尼亚州	1732 年 – 1800 年 8 月 31 日	1790 年 2 月 2 日 – 1795 年 10 月 25 日	无	华盛顿	辞职
5	John Rutledge 约翰·拉特里奇	南卡罗来纳州	1739 年 9 月 18 日 – 1800 年 6 月 21 日	1790 年 2 月 15 日 – 1791 年 3 月 5 日	无	华盛顿	辞职
6	James Iredell 詹姆斯·艾尔德尔	北卡罗来纳州	1751 年 10 月 5 日 – 1799 年 10 月 20 日	1790 年 5 月 12 日 – 1799 年 10 月 20 日	无	华盛顿	逝世
7	Thomas Johnson 托马斯·约翰逊	马里兰州	1732 年 11 月 4 日 – 1819 年 10 月 26 日	1792 年 8 月 6 日 – 1793 年 1 月 16 日	无	华盛顿	辞职
8	William Paterson 威廉·佩森特	新泽西州	1745 年 12 月 24 日 – 1806 年 9 月 9 日	1793 年 3 月 11 日 – 1806 年 9 月 9 日	无	华盛顿	逝世
9	John Rutledge * 约翰·拉特里奇	南卡罗来纳州	1739 年 9 月 18 日 – 1800 年 6 月 21 日	1795 年 7 月 1 日 – 1795 年 12 月 15 日	1795 年 7 月 1 日 – 1795 年 12 月 15 日	华盛顿	参议院拒绝批准其连任

续表

	人名	来自何地	生卒时间	任职期间	是否担任首席大法官	任命总统	职务终止原因
10	Samuel Chase 塞缪尔·蔡斯	马里兰州	1741年4月17日－1811年6月19日	1796年2月4日－1811年6月19日	无	华盛顿	逝世
11	Oliver Ellsworth 奥利弗·埃尔斯沃思	康涅狄格州	1745年4月29日－1807年11月26日	1796年3月8日－1800年12月15日	1796年3月8日－1800年12月15日	华盛顿	辞职
12	Bushrod Washington 布什罗德·华盛顿	弗吉尼亚州	1762年6月5日－1829年11月26日	1799年2月4日－1829年11月26日	无	约翰·亚当斯	逝世
13	Alfred Moore 阿尔弗雷德·穆尔	北卡罗来纳州	1755年5月21日－1810年10月15日	1800年4月21日－1804年1月26日	无	约翰·亚当斯	辞职
14	John Marshall 约翰·马歇尔	弗吉尼亚州	1755年9月24日－1835年7月6日	1801年2月4日－1835年7月6日	1801年2月4日－1835年7月6日	约翰·亚当斯	逝世
15	William Johnson 威廉·约翰逊	南卡罗来纳州	1771年12月27日－1834年8月4日	1804年5月7日－1834年8月4日	无	杰斐逊	逝世
16	Henry Brockholst Livingston 亨利·布罗克霍斯特·利文斯顿	纽约州	1757年11月25日－1823年5月18日	1807年1月20日－1823年3月18日	无	杰斐逊	逝世

续表

	人名	来自何地	生卒时间	任职期间	是否担任首席大法官	任命总统	职务终止原因
17	Thomas Todd 托马斯·托德	肯塔基州	1765 年 1 月 23 日 - 1826 年 2 月 7 日	1807 年 5 月 4 日 - 1826 年 2 月 7 日	无	杰斐逊	逝世
18	Gabriel Duvall 加布里埃尔·杜瓦尔	马里兰州	1752 年 11 月 6 日 - 1844 年 3 月 6 日	1811 年 11 月 23 日 - 1835 年 1 月 14 日	无	麦迪逊	辞职
19	Joseph Story 约瑟夫·斯托里	马萨诸塞州	1779 年 9 月 18 日 - 1845 年 9 月 10 日	1812 年 2 月 3 日 - 1845 年 9 月 10 日	无	麦迪逊	逝世
20	Smith Thompson 史密斯·汤普森	纽约州	1768 年 1 月 17 日 - 1843 年 12 月 18 日	1823 年 9 月 1 日 - 1843 年 12 月 18 日	无	门罗	逝世
21	Robert Trimble 罗伯特·特林布尔	肯塔基州	1776 年 11 月 17 日 - 1828 年 8 月 25 日	1826 年 6 月 16 日 - 1828 年 8 月 25 日	无	约翰·昆西·亚当斯	逝世
22	John McLean 约翰·麦克莱恩	俄亥俄州	1785 年 5 月 11 日 - 1861 年 4 月 4 日	1830 年 1 月 11 日 - 1861 年 4 月 4 日	无	杰克逊	逝世
23	Henry Baldwin 亨利·鲍德温	宾夕法尼亚州	1780 年 1 月 14 - 1844 年 4 月 21 日	1830 年 1 月 18 日 - 1844 年 4 月 21 日	无	杰克逊	逝世

续表

	人名	来自何地	生卒时间	任职期间	是否担任首席大法官	任命总统	职务终止原因
24	James Moore Wayne 詹姆斯·穆尔·韦恩	佐治亚州	1790 年 - 1867 年 7 月 5 日	1835 年 1 月 14 日 - 1867 年 7 月 5 日	无	杰克逊	逝世
25	Roger Brooke Taney 罗杰·布鲁克·坦尼	马里兰州	1777 年 3 月 17 日 - 1864 年 10 月 12 日	1836 年 3 月 28 日 - 1864 年 10 月 12 日	1836 年 3 月 28 日 - 1864 年 10 月 12 日	杰克逊	逝世
26	Philip Pendleton Barbour 菲利普·彭德尔顿·巴伯	弗吉尼亚州	1783 年 5 月 25 日 - 1841 年 2 月 25 日	1836 年 5 月 12 日 - 1841 年 2 月 25 日	无	杰克逊	逝世
27	John Catron 约翰·卡特伦	田纳西州	1786 年 - 1865 年 5 月 30 日	1837 年 5 月 1 日 - 1865 年 5 月 30 日	无	范布伦	逝世
28	John Mckinley 约翰·麦金利	阿拉巴马州	1780 年 5 月 1 日 - 1852 年 7 月 19 日	1838 年 1 月 9 日 - 1852 年 7 月 19 日	无	范布伦	逝世
29	Peter Vivian Daniel 彼得·维维安·丹尼尔	弗吉尼亚州	1784 年 4 月 24 日 - 1860 年 5 月 31 日	1842 年 1 月 10 日 - 1860 年 5 月 31 日	无	范布伦	逝世
30	Samuel Nelson 塞缪尔·尼尔森	纽约州	1792 年 11 月 10 日 - 1873 年 12 月 13 日	1845 年 2 月 27 日 - 1872 年 11 月 28 日	无	泰勒	退休

续表

	人名	来自何地	生卒时间	任职期间	是否担任首席大法官	任命总统	职务终止原因
31	Levi Woodbury* 利瓦伊·伍德伯里	新罕布什尔州	1789年12月22日-1851年9月4日	1845年9月23日-1851年9月4日	无	波尔克	逝世
32	Robert Cooper Grier 罗伯特·库珀·格里尔	宾夕法尼亚州	1794年5月5日-1870年9月25日	1846年8月10日-1870年1月31日	无	波尔克	退休
33	Benjamin Robbins Curtis* 本杰明·罗宾斯·柯蒂斯	马里兰州	1809年11月4日-1874年9月15日	1851年10月10日-1857年9月30日	无	菲尔默	辞职
34	John Archibald Campbell 约翰·阿奇博尔德·坎贝尔	阿拉巴马州	1811年6月24日-1889年5月12日	1853年4月11日-1861年4月30日	无	皮尔斯	辞职
35	Nathan Clifford 内森·克利福德	缅因州	1803年8月18日-1881年7月25日	1858年1月21日-1881年7月25日	无	布坎南	逝世
36	Noah Haynes Swayne 挪亚·海恩斯·斯韦恩	俄亥俄州	1804年12月7日-1884年6月8日	1862年1月27日-1881年1月24日	无	林肯	退休
37	Samuel Freeman Miller 塞缪尔·弗里曼·米勒	印第安纳州	1816年4月5日-1890年10月13日	1862年7月21日-1890年10月13日	无	林肯	逝世

续表

	人名	来自何地	生卒时间	任职期间	是否担任首席大法官	任命总统	职务终止原因
38	David Davis 戴维·戴维斯	伊利诺伊州	1815 年 3 月 9 日 - 1886 年 6 月 26 日	1862 年 12 月 10 日 - 1877 年 3 月 4 日	无	林肯	辞职
39	Stephen Johnson Field 斯蒂芬·约翰逊·菲尔德	加利福尼亚州	1816 年 11 月 4 日 - 1899 年 4 月 9 日	1863 年 5 月 20 日 - 1897 年 12 月 1 日	无	林肯	退休
40	Salmon Portland Chase 萨蒙·波特兰·蔡斯	俄亥俄州	1808 年 1 月 13 日 - 1873 年 5 月 7 日	1864 年 12 月 15 日 - 1873 年 5 月 7 日	1864 年 12 月 15 日 - 1873 年 5 月 7 日	林肯	逝世
41	William Strong 威廉·斯特朗	宾夕法尼亚州	1808 年 5 月 6 日 - 1895 年 8 月 19 日	1870 年 3 月 14 日 - 1880 年 12 月 14 日	无	格兰特	退休
42	Joseph Philo. Bradley 约瑟夫·费洛·布拉德利	新泽西州	1813 年 3 月 14 日 - 1892 年 1 月 22 日	1870 年 3 月 23 日 - 1892 年 1 月 22 日	无	格兰特	逝世
43	Ward Hunt 沃德·亨特	纽约州	1810 年 6 月 14 日 - 1886 年 3 月 24 日	1873 年 1 月 9 日 - 1882 年 1 月 27 日	无	格兰特	退休
44	Morrison Remick Waite 莫里森·雷米克·韦特	俄亥俄州	1816 年 11 月 29 日 - 1888 年 3 月 23 日	1874 年 3 月 4 日 - 1888 年 3 月 23 日	1874 年 3 月 4 日 - 1888 年 3 月 23 日	格兰特	逝世

续表

	人名	来自何地	生卒时间	任职期间	是否担任首席大法官	任命总统	职务终止原因
45	John Marshall Harlan 约翰·马歇尔·哈兰	肯塔基州	1833 年 6 月 1 日 - 1911 年 10 月 14 日	1877 年 12 月 10 日 - 1911 年 10 月 14 日	无	海斯	逝世
46	William Burnham Woods 威廉·伯纳姆·伍兹	佐治亚州	1824 年 8 月 3 日 - 1887 年 5 月 14 日	1881 年 1 月 5 日 - 1887 年 5 月 14 日	无	海斯	逝世
47	Stanley Mattews 斯坦利·马修	俄亥俄州	1824 年 7 月 21 日 - 1889 年 3 月 22 日	1881 年 5 月 17 日 - 1889 年 3 月 22 日	无	加菲尔德	逝世
48	Horace Gray 霍勒斯·格雷	马萨诸塞州	1828 年 3 月 24 日 - 1902 年 9 月 15 日	1882 年 1 月 9 日 - 1902 年 9 月 15 日	无	阿瑟	逝世
49	Samuel Blatchford 塞缪尔·布兰奇福特	纽约州	1820 年 3 月 9 日 - 1893 年 7 月 7 日	1882 年 4 月 3 日 - 1893 年 7 月 7 日	无	阿瑟	逝世
50	Lucius Quintus Cincinnatus Lamar 卢修斯·Q. C. 拉马尔	密西西比州	1825 年 9 月 17 日 - 1893 年 1 月 23 日	1888 年 1 月 18 日 - 1893 年 1 月 23 日	无	克利夫兰	逝世
51	Melville Weston Fuller 梅尔特尔·韦斯顿·富勒	伊利诺伊州	1833 年 1 月 11 日 - 1910 年 7 月 4 日	1888 年 10 月 8 日 - 1910 年 7 月 4 日	1888 年 10 月 8 日 - 1910 年 7 月 4 日	克利夫兰	逝世

续表

	人名	来自何地	生卒时间	任职期间	是否担任首席大法官	任命总统	职务终止原因
52	David Josiah Brewer 戴维·约西亚·布鲁尔	堪萨斯州	1837 年 6 月 20 日 - 1910 年 3 月 28 日	1890 年 1 月 6 日 - 1910 年 3 月 28 日	无	B. 哈里森	逝世
53	Henry Billings Brown 亨利·比灵斯·布朗	密歇根州	1836 年 3 月 2 号 - 1913 年 9 月 4 日	1891 年 1 月 5 日 - 1906 年 5 月 28 日	无	B. 哈里森	退休
54	George Shiras. Jr. 小乔治·夏伊拉斯	宾夕法尼亚州	1832 年 1 月 26 日 - 1924 年 8 月 2 日	1892 年 10 月 10 日 - 1903 年 2 月 23 日	无	B. 哈里森	退休
55	Howell Edmunds Jackson 豪厄尔·埃德蒙德斯·杰克逊	田纳西州	1832 年 4 月 8 日 - 1895 年 8 月 8 日	1893 年 3 月 4 日 - 1895 年 8 月 8 日	无	B. 哈里森	逝世
56	Edward Douglass White 爱德华·道格拉斯·怀特	路易斯安那州	1845 年 11 月 3 日 - 1921 年 5 月 19 日	1894 年 3 月 12 日 - 1921 年 5 月 19 日	1910 年 12 月 19 日 - 1921 年 5 月 19 日	克利夫兰	逝世
57	Rufus Wheeler Peckham 鲁弗斯·惠勒·佩卡姆	纽约州	1838 年 11 月 8 日 - 1909 年 10 月 24 日	1896 年 1 月 6 日 - 1909 年 10 月 24 日	无	克利夫兰	逝世
58	Joseph Mckenna 约瑟夫·麦克纳	加利福尼亚州	1843 年 8 月 10 日 - 1926 年 11 月 21 日	1898 年 1 月 26 日 - 1925 年 1 月 5 日	无	麦金利	退休

续表

	人名	来自何地	生卒时间	任职期间	是否担任首席大法官	任命总统	职务终止原因
59	Oliver Wendell Holmes, Jr. 奥利弗·温德尔·霍姆斯	马萨诸塞州	1841 年 3 月 8 日－1935 年 3 月 6 日	1902 年 12 月 8 日－1932 年 1 月 12 日	无	西奥多·罗斯福	退休
60	William Rufus Day 威廉·鲁弗斯·戴	俄亥俄州	1849 年 4 月 7 日－1923 年 7 月 9 日	1903 年 3 月 2 日－1922 年 11 月 13 日	无	西奥多·罗斯福	退休
61	William Henry Moody 威廉·亨利·穆迪	马萨诸塞州	1853 年 11 月 23 日－1917 年 7 月 2 日	1906 年 12 月 17 日－1910 年 11 月 20 日	无	西奥多·罗斯福	退休
62	Horace Harmon Lurton 霍勒斯·哈蒙·勒顿	田纳西州	1844 年 2 月 26 日－1914 年 7 月 12 日	1910 年 1 月 3 日－1914 年 7 月 12 日	无	塔夫脱	逝世
63	Charles Evans Hughes 查尔斯·埃文斯·休斯	纽约州	1862 年 4 月 11 日－1948 年 8 月 27 日	1910 年 10 月 10 日－1916 年 6 月 10 日	无	塔夫脱	辞职
64	Willis Van Devanter 威利斯·范德文特	怀俄明州	1859 年 4 月 17 日－1941 年 2 月 8 日	1911 年 1 月 3 日－1937 年 6 月 2 日	无	塔夫脱	退休
65	Joseph Rucker Lamar 约瑟夫·洛克·拉马尔	佐治亚州	1857 年 10 月 14 日－1916 年 1 月 2 日	1911 年 1 月 3 日－1916 年 1 月 2 日	无	塔夫脱	逝世

续表

	人名	来自何地	生卒时间	任职期间	是否担任首席大法官	任命总统	职务终止原因
66	Mahlon Pitney 马伦·皮特尼	新泽西州	1858 年 2 月 5 日 - 1924 年 12 月 9 日	1912 年 3 月 18 日 - 1922 年 12 月 31 日	无	塔夫脱	辞职
67	James Clark McReynolds 詹姆斯·克拉克·麦克雷诺兹	田纳西州	1862 年 2 月 3 日 - 1946 年 8 月 24 日	1914 年 10 月 12 日 - 1941 年 1 月 31 日	无	威尔逊	退休
68	Louis Dembitz Brandeis 路易斯·德比兹·布兰代斯	马萨诸塞州	1856 年 11 月 13 日 - 1941 年 10 月 5 日	1916 年 6 月 5 日 - 1939 年 2 月 13 日	无	威尔逊	退休
69	John Hessin Clarke 约翰·汉生·克拉克	俄亥俄州	1857 年 9 月 18 日 - 1945 年 3 月 22 日	1916 年 10 月 9 日 - 1922 年 9 月 18 日	无	威尔逊	辞职
70	William Howard Taft 威廉·霍华德·塔夫脱	俄亥俄州	1857 年 9 月 15 日 - 1930 年 3 月 8 日	1921 年 7 月 11 日 - 1930 年 2 月 3 日	1921 年 7 月 11 日 - 1930 年 2 月 3 日	哈定	因病辞职
71	George Sutherland 乔治·萨瑟兰	犹他州	1862 年 3 月 25 日 - 1942 年 7 月 18 日	1922 年 10 月 2 日 - 1938 年 1 月 17 日	无	哈定	退休
72	Pierce Butler 皮尔斯·巴特勒	明尼苏达州	1866 年 3 月 17 日 - 1939 年 11 月 16 日	1923 年 1 月 2 日 - 1939 年 11 月 16 日	无	哈定	逝世

续表

	人名	来自何地	生卒时间	任职期间	是否担任首席大法官	任命总统	职务终止原因
73	Edward Terry Sanford 爱德华·特瑞·桑福德	田纳西州	1865 年 7 月 23 日 – 1930 年 3 月 8 日	1923 年 2 月 19 日 – 1930 年 3 月 8 日	无	哈定	逝世
74	Harlan Fiske Stone 哈兰·费斯克·斯通	纽约州	1872 年 10 月 11 日 – 1946 年 4 月 22 日	1925 年 3 月 2 日 – 1946 年 4 月 22 日	1941 年 7 月 3 日 – 1946 年 4 月 22 日	柯立芝	逝世
75	Charles Evans Hughes 查尔斯·埃文斯·休斯	纽约州	1862 年 4 月 11 日 – 1948 年 8 月 27 日	1930 年 2 月 24 日 – 1941 年 6 月 30 日	1930 年 2 月 24 日 – 1941 年 6 月 30 日	胡佛	退休
76	Owen Josephus Roberts 欧文·约瑟夫·罗伯茨	宾夕法尼亚州	1875 年 5 月 2 日 – 1955 年 5 月 17 日	1930 年 6 月 2 日 – 1945 年 7 月 31 日	无	胡佛	辞职
77	Benjamin Nathan Cardozo 本杰明·内森·卡多佐	纽约州	1870 年 5 月 24 日 – 1938 年 7 月 9 日	1932 年 3 月 14 日 – 1938 年 7 月 9 日	无	胡佛	逝世
78	Hugo Lafayette Black 雨果·拉斐特·布莱克	阿拉巴马州	1886 年 2 月 27 日 – 1971 年 9 月 25 日	1937 年 8 月 19 日 – 1971 年 9 月 17 日	无	富兰克林·罗斯福	退休
79	Stanley Forman Reed 斯坦利·弗曼·里德	肯塔基州	1884 年 12 月 31 日 – 1980 年 4 月 2 日	1938 年 1 月 31 日 – 1957 年 2 月 25 日	无	富兰克林·罗斯福	退休

续表

	人名	来自何地	生卒时间	任职期间	是否担任首席大法官	任命总统	职务终止原因
80	Felix Frankfurter 费利克斯·弗兰克福特	马萨诸塞州	1882年11月15日－1965年2月22日	1939年1月30日－1962年8月28日	无	富兰克林·罗斯福	退休
81	William Orville Douglas 威廉·奥维尔·道格拉斯	康涅狄格州	1898年10月16日－1980年1月19日	1939年4月17日－1975年11月12日	无	富兰克林·罗斯福	退休
82	Frank Murphy 弗兰克·墨菲	密歇根州	1890年4月13日－1949年7月19日	1940年2月5日－1949年7月19日	无	富兰克林·罗斯福	逝世
83	James Francis Byrnes 詹姆斯·弗朗西斯·伯恩斯	南卡罗来纳	1879年5月2日－1972年4月9日	1941年7月8日－1942年10月3日	无	富兰克林·罗斯福	辞职
84	Robert Houghwout Jackson 罗伯特·H. 杰克逊	纽约州	1892年1月13日－1954年10月9日	1941年7月11日－1954年10月9日	无	富兰克林·罗斯福	逝世
85	Wiley Blount Rutledge 威利·布朗特·拉特里奇	印第安纳州	1894年7月20日－1949年9月10日	1943年2月15日－1949年9月10日	无	富兰克林·罗斯福	逝世
86	Harold Hitz Burton 哈罗德·席茨·伯顿	俄亥俄州	1888年6月22日－1964年10月28日	1945年10月1日－1958年10月13日	无	杜鲁门	退休

续表

	人名	来自何地	生卒时间	任职期间	是否担任首席大法官	任命总统	职务终止原因
87	Frederick Moore Vinson 弗雷德·穆尔·文森	肯塔基州	1890年1月22日－1953年9月8日	1946年6月24日－1953年9月8日	1946年6月24日－1953年9月8日	杜鲁门	逝世
88	Tom Campbell Clark 汤姆·坎贝尔·克拉克	得克萨斯州	1899年9月23日－1977年6月13日	1949年8月24日－1967年6月12日	无	杜鲁门	退休
89	Sherman Minton 谢尔曼·明顿	印第安纳州	1890年10月20日－1965年4月9日	1949年19月12日－1956年10月15日	无	杜鲁门	退休
90	Earl Warren * 厄尔·沃伦	加利福尼亚州	1891年3月19日－1974年7月9日	1953年10月5日－1969年6月23日	1953年10月5日－1969年6月23日	艾森豪威尔	退休
91	John Marshall Harlan II 约翰·马歇尔·哈兰	纽约州	1899年5月20日－1971年12月29日	1955年3月28日－1971年9月23日	无	艾森豪威尔	退休
92	William Joseph Brennan,Jr. * 小威廉·约瑟夫·布伦南	新泽西州	1906年4月25日－1997年7月24日	1956年10月16日－1990年7月20日	无	艾森豪威尔	退休
93	Charles Evans Whittaker 查尔斯·埃文斯·惠蒂尔	密苏里州	1901年2月22日－1973年11月26日	1957年3月25日－1962年3月31日	无	艾森豪威尔	辞职

续表

	人名	来自何地	生卒时间	任职期间	是否担任首席大法官	任命总统	职务终止原因
94	Potter Stewart 波特·斯图尔特	俄亥俄州	1915 年 1 月 23 日 – 1985 年 12 月 7 日	1958 年 10 月 14 日 – 1981 年 7 月 3 日	无	艾森豪威尔	退休
95	Byron Raymond White 拜伦·雷蒙德·怀特	科罗拉多州	1917 年 6 月 8 日 – 2002 年 4 月 15 日	1962 年 4 月 16 日 – 1993 年 6 月 28 日	无	肯尼迪	退休
96	Arthur Joseph Goldberg 阿瑟·约瑟夫·戈德堡	伊利诺伊州	1908 年 8 月 8 日 – 1990 年 1 月 19 日	1962 年 10 月 1 日 – 1965 年 7 月 25 日	无	肯尼迪	辞职
97	Abe Fortas 阿贝·福塔斯	田纳西州	1910 年 6 月 19 日 – 1982 年 4 月 5 日	1965 年 10 月 4 日 – 1969 年 5 月 14 日	无	林登·约翰逊	辞职
98	Thurgood Marshall 瑟谷德·马歇尔	纽约州	1908 年 7 月 2 日 – 1993 年 1 月 24 日	1967 年 10 月 2 日 – 1991 年 10 月 1 日	无	林登·约翰逊	退休
99	Warren Earl Burger 沃伦·厄尔·伯格	弗吉尼亚州	1907 年 9 月 17 日 – 1995 年 6 月 25 日	1969 年 6 月 23 日 – 1986 年 9 月 26 日	1969 年 6 月 23 日 – 1986 年 9 月 26 日	尼克松	退休
100	Harry Andrew Blackmum 哈里·安德鲁·布莱克曼	明尼苏达州	1908 年 11 月 12 日 – 1999 年 3 月 4 日	1970 年 6 月 9 日 – 1994 年 8 月 3 日	无	尼克松	退休

续表

	人名	来自何地	生卒时间	任职期间	是否担任首席大法官	任命总统	职务终止原因
101	Lewis Franklin Powell, Jr. 小刘易斯·富兰克林·鲍威尔	弗吉尼亚州	1907年9月19日－1998年8月25日	1972年1月7日－1987年6月26日	无	尼克松	退休
102	William Hubbs Rehnquist 威廉·哈勃斯·伦奎斯特	亚利桑那州/弗吉尼亚州	1924年10月1日－2005年9月3日	1972年1月7日－2005年9月3日	1986年9月26日－2005年9月3日	尼克松	逝世
103	John Paul Stevens 约翰·保罗·史蒂文斯	伊利诺伊州	1920年4月20日至今	1975年12月19日至今	—	福特	—
104	Sandra Day O'Connor 桑德拉·戴·奥康纳	亚利桑那州	1930年3月26日至今	1981年9月25日－2006年1月31日	无	里根	退休
105	Antonin Gregory Scalia 安东尼·格雷戈里·斯卡利亚	弗吉尼亚州	1936年3月11日至今	1986年9月26至今	—	里根	—
106	Anthony Mcleod Kennedy 安东尼·麦克劳德·肯尼迪	加利福尼亚州	1936年7月23日至今	1988年1月18日至今	—	里根	—
107	David Hackett Souter 戴维·哈克特·苏特	新罕布什尔州	1939年9月17日至今	1990年10月9日至今	—	乔治·H.布什	—

续表

	人名	来自何地	生卒时间	任职期间	是否担任首席大法官	任命总统	职务终止原因
108	Clarence Thomas 克拉伦斯·托马斯	乔治亚州	1948年6月23日至今	1991年10月23日至今	—	乔治·H.布什	—
109	Ruth Bader Ginsburg 露丝·巴德·金斯伯格	纽约州	1933年3月15日至今	1993年8月10日至今	—	克林顿	—
110	Stephen Gerald Breyer 史蒂芬·杰拉尔德·布雷耶	马萨诸塞州	1938年8月15日至今	1994年8月3日至今	—	克林顿	—
111	John Glover Roberts, Jr. 小约翰·格洛弗·罗伯茨	马里兰州	1955年1月27日至今	2005年9月29日至今	2005年9月29日至今	乔治·W.布什	—
112	Samuel Anthony Alito 小塞缪尔·安东尼·阿利托	新泽西州	1950年4月1日至今	2006年1月31日至今	—	乔治·W.布什	—
113	Sonia Sotomagor 索尼亚·托玛约尔	纽约州	1954年6月25日至今	2009年8月至今	—	巴拉克·奥巴马	—